西方传统 经典与解释
Classici et commentarii

# HERMES

U0369869

# HERMES

在古希腊神话中，赫耳墨斯是宙斯和迈亚的儿子，奥林波斯神们的信使，道路与边界之神，睡眠与梦想之神，亡灵的引导者，演说者、商人、小偷、旅者和牧人的保护神……

西方传统 经典与解释
Classici et commentarii

# HERMES

古希腊礼法研究

程志敏 ● 主编

# 剑桥古希腊法律指南

## The Cambridge Companion to Ancient Greek Law

加加林（Michael Gagarin）
科 恩（David Cohen）● 编

邹 丽 叶友珍 等 ● 译

华东师范大学出版社

华东师范大学出版社六点分社　策划

古典教育基金·"资龙"资助项目

# 出 版 说 明

近代以来，西人即便在诗歌戏剧方面也从未"言必称希腊"，但在礼法方面，却往往"言必称罗马"：罗马政制和罗马法的确比古希腊礼法显得更为条理分明，而且也是西方现代制度和法学的基础。但这并不意味着希腊城邦政制没有"法理学"（jurisprendence），实际上，在更为根本的政治哲学和法理学方面，古希腊人比发明了res publica 这一术语以及 juris prudentia 这一学科的罗马人有着远为丰厚的思想资源——这或许就是希腊与罗马巨大差异的一种缩影：在具体的实施技巧上，罗马人无与伦比，而在学理的深思明辨方面，希腊人则更胜一筹。

罗马人曾遣使"抄录希腊人的制度、习俗和法律"（李维语），虽非信史，亦属有自。但希腊礼法却远不及罗马法有名，甚至连希腊法律的研究者也怀疑"希腊法律"之说是否成立。其实，古希腊思想家感兴趣的是礼法的来源、依据和目标等颇为抽象的问题，而不是"分权"、"监察"、"物权"、"继承"和"诉权"之类具体的礼法问题。以法律为例，在庭审中，普通希腊人往往更多就制度、法理或立法精神展开辩论，看重"正义"和"公平"甚于"真假"和"对错"，更重"城邦的福祉"而非个人的自由。所以，希腊人十分重视礼法所带来的"德性"、"幸福"和"美好生活"——这些更为根本的诉求在现代政治学和法学中几乎已踪迹全无矣,正所谓"古之民朴以厚,今之民巧以伪。故效于古者,先德而治;效于今者,前刑而法——此俗之所惑也"(《商君书·开塞》)。法理不能代替法律,德治不能取代法治,但离开了法理和德性,法律就变成了单纯的技术,不再有收拾人心、进德修业以求优良生存之鹄的。

与现代法学不同,古希腊法律思想与政治、宗教、哲学和伦理学联系十分紧密,"由最好的人来统治还是由最好的法律来统治更为有利"(《政治学》1286a8－9),诸如此类的元问题乃柏拉图和亚里士多德思考法学的出发点。古希腊"礼"、"法"密不可分,而法律的兴起与发达,本身就与民主政治互为因果:法律就是民主,或者说法律就是民之"主"。因此,"筚路蓝缕,以启山林"(《左传·宣公十二年》)的"礼法"就成了一个颇为宽泛的概念,与政治、伦理和宗教交织在一起,所谓"编著之图籍"均可为"法"(韩非语),都是"城邦的纽带"(欧里庇得斯语)。

所幸近半个世纪以来,古希腊礼法研究在西方学界渐始蓬勃——这才是我们的法学理论界应该与国际接轨的地方之一。编译这套译丛,不为救世,不为解惑,惟求提醒。苟能"以属诸夏"(《左传·襄公十三年》),则有益于我们远离空疏的自大和滑稽的空想。

古典文明研究工作坊

西方经典编译部戌组

2010 年 7 月

# 目　　录

中译本前言/１

英文版前言（加加林）/１

导论（科恩）/１


**第一部分　雅典的法律**/２９

　　1. 论希腊法的统一性（加加林）/３１

　　2. 论文字、法律和成文法（托马斯）/４５

　　3. 论法律与宗教（帕克）/６８

　　4. 论古希腊早期的法律（加加林）/９１


**第二部分　雅典的法律（上）：程序**/１０７

　　5. 论雅典的法律与讲演术（托德）/１０９

　　6. 雅典法庭中的相关性（兰尼）/１２６

　　7. 雅典法庭上不同的修辞策略（鲁宾斯坦）/１４５

　　8. 雅典法律中证人的角色（特吕尔）/１６３

　　9. 处罚理论（科恩）/１９１

　　10. 公元前4世纪雅典的法律修辞（尤尼斯）/２１６

**第三部分    雅典的法律(下):实体法**/237

11. 古雅典的犯罪、刑罚与法治(科恩)/239

12. 性别、性和法律(坎塔雷拉)/266

13. 家庭和财产法(马菲)/285

14. 雅典公民身份法(帕特森)/298

15. 商法(科恩)/325

**第四部分    雅典之外的法律**/339

16. 格尔蒂法典(戴维斯)/341

17. 外国背景下的希腊法律:延续与发展(鲁普雷希特)/370

18. 希腊化时期的希腊法律:家庭与婚姻

(莫杰耶夫斯基)/389

**第五部分    希腊法律的其他研究进路**/403

19. 法律,阿提卡谐剧以及谐剧言辞的规约(华莱士)/405

20. 雅典的肃剧和法律(艾伦)/428

21. 法律和政治理论(奥柏)/453

22. 希腊思想中的法律与自然(朗格)/473

参考文献/496

# 中译本前言

　　现代世界的法律体系无疑是建立在罗马法之上,因而与古希腊法律相比,罗马法受关注的程度以及研究的深度都要好得多。人们甚至怀疑是否存在着"古希腊法律"这样的东西,就连古希腊法律研究的推动者都在反复地思考这个很容易被人质疑而且也的确不好回答的问题。本书的编者之一加加林 20 年前也曾对这个问题持否定的态度,他的理由是那时的规范还较为粗糙,不符合严格意义上成文的"强制性权威",不存在超越性的法治,而且"古希腊"本身就是一个松散的集合概念,更不可能有统一而一贯的"古希腊法律"。

　　所有这些看法当然有一定的道理,但我们无法想象一个没有法律的社会。随着古希腊研究的不断深入,新材料、新方法和新观点不断涌现,人们逐渐发现古希腊法律是整个古典思想研究必不可少甚至十分重要的一环。古代的思想形态肯定与当今大不相同,但用今天的标准来衡量古人,不唯显得无知和愚蠢,更显得滑稽和可笑,现代人的自负已经蒙蔽了自己越来越知识化也越来越被自己的知识浑浊化的双眼。于是,有识之士便开始编辑了这部文集。尽管这些编者和供稿人认识到这部文集的开拓作用,但不一定认识到了其开拓的意义早已超出了法律的范围。

　　单纯地就法律而言,古希腊人当然远远不如罗马人那么严谨和全面,但这并不意味着这两个伟大的民族和伟大的时代就有什么高下之分。一句看似持中平和的"各有千秋"并不能说明古希腊法律的确在严格的法学意义上无法望罗马法之项背的原因:分散而混乱的古希腊政治版图不需要、也无法产生出强有力的统一规范,除此之外,更加注重个人德性和思想教化的古希腊人也必然不会太重视"伤恩薄厚"的杀伐决断。个人的德性修养和社会的制度建设这两者并不是非此即彼的二元选择,而是一个完美的社会都需要甚至不可或缺的两个至关重要的方面。

　　但受二元对立思想影响的现代人似乎早已经把这两个方面割裂开来,他们对人性的失望乃至绝望导致了法律和制度的畸形繁荣。他们与古代思想分道扬镳,看起来就弥补了人文教化的绵软和脆弱。的确,古希腊的法律和政制的确不够发达,但古希腊人一直都没有放弃过制度和规范的建设:从《格尔蒂法典》到《德拉古法律》,从梭伦立法到演说家的立论,从《荷马史诗》到亚里士多德的《政治学》,从希罗多德笔下的政体辩论到柏拉图的"理想国"——仅仅从该书的正副标题即"政治制度"和"论正义"来看,古希腊的大思想家从来没有想到过单一的指导方略,这些探讨尽管在现代人眼中并不成功,我们却丝毫不能否认其巨大的历史价值,就算是"教训",也值得我们细细揣摩。至少在政体和法律的形式、合理性及其意义的全面讨论上,后世很难比得上辉煌的古希腊文明。"言必称希腊"当然是一种幼稚病,而简单地反对和拒斥古希腊的优秀成果,也不见得有多成熟和"进步"。

　　罗马法的科学性、逻辑性和全面性不仅为现代法律奠基,更造就了更为广泛的价值体系。可以毫不夸张地说,现代世界就是一个放大了很多倍的罗马世界,这个"利维坦"的根源就在于罗马法律和政制之中。但在这个伟大的文明之外,还有一种与之差异很大的文明形态,也许可以作为目前刚刚开始的新一轮规模远超上次的"文艺复兴"的有益补充。未来的世界不能缺了罗马文化的种子,更不能没有古希腊法律的影子。所以,我们过分地强调古希腊法律的意义并不是因为古希腊法律有多么大的现实指导意义,而是因为我们过分地忽视了思想领域中一个不应该不受重视的维度。也许古希腊法律远远不如本书的作者们所认为的那样重要,但现在的确到了好好研究它们的时候,更何况其重要性很可能远远超出了那些鄙视和忽略它们的少数现代人的想象。

据说,罗马人在军事上征服了希腊人,但在文化上却被自己征服了的民族所征服。这种似是而非的定论并不能说明什么问题,至少罗马法就不是来自于古希腊。我们没有理由质疑这个钢铁一般的事实,但我们愿意举出一个更不能说明任何问题的"孤证"来唤起人们对古希腊法律的重视。

"古代罗马史学家中的法学家"李维(Titus Livius,59 BC——17AD)说,大约在公元前450年前后,古罗马的贵族与平民之间发生了颇为严重的冲突,双方"一致同意制定法律,但只是对法律制定人有分歧的情况下,派遣斯普里乌斯·波斯图弥乌斯·阿尔布斯、奥卢斯·曼利乌斯·普布利乌斯·苏尔皮基乌斯作为代表去雅典,让他们去抄录著名的梭伦法,熟悉希腊其他城邦的制度、习俗和法律"(《自建城以来》,王焕生译,中国政法大学出版社2009年,第113页)。中国早期的政治家和法学家王宠惠也说:"相传编订铜表之全权委员十人,曾亲历希腊调查法律,比较优劣,以定去取。"(见吴经熊编:《法学文选》,中国政法大学出版社2003年,第421页)当然,王宠惠的说法必定直接来自西方一些现成的文献,其源头可能就是李维的判断,虽不能说是以讹传讹,至少同样不足采信。

对于这条不大靠得住的证据,较为合理的看法是:"关于向雅典派遣使节的叙述,在现代人中产生了很多怀疑,这个叙述本身可能不真实;但是,意大利中部与意大利南部的那些希腊化的城市之

间存在经济联系,因此也有文化上的联系,这是不容置疑的,并且
埃特鲁里亚与希腊之间也有直接的贸易。因此,并非不可能,会考
虑派一个使团至少去意大利的那些希腊化的城市,以了解当地现
存立法的情况。更何况,这可能是某些人的一种缓兵之计,这些人
因为关于未来立法者的阶级归属的争论,反对进行这种立法的想
法。当然,承认派遣了一个使团前往希腊本土或意大利的那些希
腊化的城市,并不意味着也一定要承认《十二表法》的编纂是受到
希腊法或梭伦法律的影响。因此,对那些偶然的相同之处的审查
不具有决定性的意义。很明显,这个使团的目的肯定不是将希腊
的法律搬到罗马;它纯粹是政治性的。这一点从它本身是一种拖
延战术,并且使得立法推迟这些事实本身得到充分的说明。"(《罗
马政制史》,薛军译,北京大学出版社 2009 年,第一卷,第 226—
227 页)

再次重申,我们引述这种不大靠谱的历史花边材料,不是要证
明古希腊法律的高明,只是让人们"同情"弱者:对于制度化和体系
化的法律来说,古希腊法律的确远远比不上罗马法。但即便如此,
我们也需要首先对古希腊法律有一种"同情的了解"。毕竟,与现
代的法律不同,古希腊的法律不仅仅是法律,就像柏拉图的《法义》
(Laws)不仅仅谈法律,甚至大部分内容都不是在谈狭义的"法
律"。众所周知,在古希腊,被翻译作"法律"的 nomos 以及被翻译
成"政体"的 politeia 有着极为丰富的内涵,说不定我们一时半会
儿还没有能力全面了解和把握它们的内涵,那么,我们就从这本
《剑桥古希腊法律指南》开始吧。

本书的作者不都是法学家(更多的是古典学家),而本书的译
者则更不是法律方面的研究者。我们知道,翻译必须以研究为基
础,但如果没有时间、兴趣和能力阅读外语文献,那么,研究又需要
以可靠的译本为前提条件——这酷似"蛋、鸡问题"。在这个两难

的困境面前,我们选择了先干起来再说,因为古希腊法律的研究才刚刚开始(甚至在国内还没有开始),还找不到有足够研究基础的译者,但我们相信,随着法学家、史学家乃至哲学家的介入,这项初步而简陋的拓荒工作必然会成为未来丰收时的美好回忆。

译者分工如下:

邹丽:英文版前言、19 至 22 章;校订了部分稿件,协助中文版的编译工作。

李婷:导论、1 至 4 章;

叶友珍:5 至 10 章、16 至 18 章;

廖欣:11 章;

喻志:12 至 14 章;

彭素红:15 章(与喻志合作)。

程志敏

2012 年 12 月 5 日

于西南政法大学政治学院

西南政法大学古典学研究中心

# 英文版前言

加加林（Michael Gargarin）


五年前，当剑桥大学出版社的瑞尔（Beatrice Rehl）女士第一次与我谈起编辑《剑桥古希腊法律指南》的想法时，我觉得这将会是一项艰巨的任务。如今，回首这部作品从无到有的过程，我发现它已经远远超出了我最初构想的模样，正如这几年对希腊法律的研究已经远远超出了其传统界限一样。我和我的合作者科恩（David Cohen）招募了 18 位来自不同国家和不同思想流派的作者，尽管剑桥为我们提供了足够的空间，但仍然有很多优秀的学者和值得研究的主题未能得到探求。尽管如此，我们仍希望读者在阅读此书之时会发现它的丰富和有趣之处，这样，我们挑选这些篇章的努力也算得到了奖赏。

本书中，科恩和我各著有两篇文章，编辑的工作则各有分工。科恩主要负责写此书的导论——对最近 25 年希腊法研究领域变化的本质进行了精彩的阐述。我的主要任务则是编辑文献、修改文字以及时时提醒作者们交稿的时间。但是，所有较为重要的决定都由科恩和我一起商量决定。

在编辑过程中，瑞尔女士为我们提供了很多宝贵意见、持之以恒的鼓励和强有力的支持。剑桥大学出版社的协助也自始至终地给予我们引导。我们与剑桥大学出版社的全体员工及瑞尔女士的合作非常愉快。此外，我还要感谢迈纳（Jess Miner）女士对两篇德文文章的翻译。最后，我要感谢德克萨斯大学奥斯丁分校（University of Texas at Austin）的研究基金，它让我得以聘请萨拉（Luis Salas）完成最后的地名索引（Index Locorum）部分。

# 导　论

科恩（David Cohen）

　　20 世纪 70 年代中期，我与加加林（Michael Gargarin）在伯克利初次相逢。那时，在美国仅有我们（都还处于职业生涯的起点）将"希腊法"作为自己的学术专业。当时，麦克道威尔（Douglas Mac-Dowell）是这个既定专业中唯一一位英国学者。也就是说，研究希腊法律史主要还是欧洲大陆的事业，这一领域向来被德国学者所统领，其次是法国和意大利学者。而本书撰稿人员构成，表明近 25 年来这项研究领域所发生的显著变化。原因有很多——包括在奠定这门学科基石的德国等国中，人们对前现代法律史研究兴趣的衰减，以及英美学者对此兴趣的明显增加。本书的撰稿人之所以大多来自英美国家，正因为这儿是近年来此项研究学术兴趣最集中之地。尽管研究希腊法最为卓越和资深的名家中很多是欧洲人（此处以坎塔雷拉、马菲、鲁普雷希特、莫杰耶夫斯基［Modrzejeweski］和特吕尔［Gerhard Thür］为代表），一批年轻的英美学者（当然，本书撰稿人并非他们的全部）正迅速地在这门学科中刻下自己的痕迹。在为本书挑选撰稿人时，加加林和我试图体现多样化的探讨和广泛的题材范围——希腊法的学术研究正以此为特征。经慎重选择，最为资深的长者和最有希望的新人（如艾伦、兰尼、鲁宾斯坦、托马斯、托德和尤尼斯），以及杰出的个人（如朗格和帕克）——其专业领域虽在希腊法之外,专业知识却可卓有成效地用于研究某些核心的重点论题——都被纳入。我们的目标,不仅在于为该领域提供一个概括而详尽的介绍,还要让读者对其未来走向有所认识,对日渐运用于研究雅典及其他希腊法体系的振奋人心的多种知识和学科视角有所认识。因此,我们不仅收入了若干代表传统研究进路的文章,也将一些拓宽了该领域的论文吸收进来。

随着研究的重心从传统的中心——如德国——转移到美国和英国,关于何为希腊法以及如何研究希腊法的前提也随之发生了更重要的变化。英美学者的加入为该领域的研究带来了种种新的视角和方法。新的问题被提出,旧的资料被搁置,比较和理论的视角被运用于希腊法律制度的研究。这在很大程度上归因于古典学与法学、社会学和文化史知识的同步增长。带着一套全新的问题、方法和研究事项,学者们已将其注意力转向了希腊法律制度。他们的努力使这一领域的研究发生了突破性进展,也让这一领域变得更为丰富,希望我们对撰稿人的挑选可以让读者感受到这一激动人心的变革,现在此领域所进行的大部分工作正以此为特征。正如人们可能料想到的,学术活动的扩展也伴随着该领域读者数量的大量增加。30 年前,关于希腊法的学术成果——除了像麦克道威尔①撰写的小册子之外——只在专业期刊上发表,除了一个相当狭小的研究者圈子之外几乎无人阅读。今天,不仅限于少数专家,希腊法已经日益被当作理解古希腊一系列政治和社会制度所必不可少的一环。这最清晰地体现在,例如,对性别和性行为、古代民主、政治科学、政治理论和社会矛盾等问题的研究上。同时,一些曾经除希腊法专家之外极少有人阅读的资料,如有关雅典的法律演讲,现在也被认为对于研究雅典社会、政治和文化史有着核心重要性。

———————————

① 麦克道威尔(1978)。

在我看来,一个最为可喜的进步在于希腊法研究标准范式的消亡。在20世纪70年代,此领域的研究似乎被分离为两种进路:大部分的欧洲大陆学者,多数受过专业的法律训练,其研究沿着民法学(和罗马法学)的模式,主要关注专业的理论性问题;极少数的英国古典学者,并不通晓法律理论和实体法的知识,其关注点主要集中于程序及体系问题。回顾以往,与近年来迅速扩大了希腊法律史研究界限的多种进路相比,这两种流派之间的区分如今已不像过去那么重要了。统一研究范式的消失,使得曾经被忽略的问题如今正被探讨,过去认为已经解决了的争议被置于更开阔的视角——多集中于其他学科的方法和见解——内重新考察。围绕着希腊法实践和制度的基本问题,及其与更广的政治和社会框架之间的关系问题,如今正展开着生动多样的讨论,而过去关于希腊法的争论常集中于陈旧枯燥且范围狭窄的教条问题。如今的这种讨论才会受到欢迎和鼓励,编者也希望本书的读者会逐渐认识到,这样的讨论正如何拓展着该领域研究的界限。

为了进一步探索上述某些问题的范围和方法,同时也为读者提供正文的写作背景,下面我们就对本书的某些文章及其作者提出的问题作一概览。

在开篇的《论希腊法的统一性》中,加加林处理了关于希腊法的一个最古老的争议,其中囊括了界定此研究领域的若干最基本问题,例如"何为希腊法"。欧洲大陆的学者们一度认为古希腊存在一个基本统一的法律制度。20世纪50年代,这种观点的辩护者们受到了芬利(Moses Finley)的挑战,后者根据大量证据提出了相反的意见,于是这些学者们修补了统一制度的概念,将其重新界定为一个更为有限的观点,即基本观念的潜在统一。[①]　加加林主张,相对于欧洲大陆的学者们的观点,芬利的看法才是正确的:

---

① 　参见加加林。

就一般基本法律观念和实体法的基本原则来说,并没有"希腊法"。加加林重述了芬利的批评,指出在不同的希腊城邦之间,婚姻和继承领域的法律存在着怎样的根本差异。这些不可忽略的差异,已足以使得任何一般基本概念(Grundvorstellungen)失去意义。[1]更重要的是,加加林提出,我们对于希腊其他法律体系的不甚了解,在很大程度上使这种统一的观念得以产生,或使其有产生之可能:"当我们的知识越详尽,区别就会越清晰地凸显出来。"这强调了主要的方法论问题仍需探索;正如本书中鲁普雷希特和莫杰耶夫斯基的文章所表明的,统一制度的理论还有很多有影响力的拥护者。但在英美学界,压倒性的趋势却是,当提到某种法律学说或体系时,措辞会是"雅典法"或其他特定"城邦"的法。

　　至关重要的是,加加林指出了在这种争论中,存在着企图通过已知事物来重现未知事物[2]的根本问题。我们对于雅典之外的城邦所知甚少,学者们已试图通过希腊法的观念来填补这片知识的空白。利用希腊的证据以及类比现代美国法律,加加林表明了这种意图的愚蠢。

　　适当地指出了使我们可以视这个问题得到解决的方法之后,加加林接着将讨论引入一个新的层面。他提出了一个富有争议而饶有生趣的主张,即将希腊法的问题置于一个全新的视角之中。据其所见,尽管没有"实体"意义上的希腊法,但可能在程序——最宽泛意义的法律程序——领域存在着基本一致的观念。他提出一个高度原创的重要主张:审判方式作为一种基本程序概念,在古希腊是由当事人在"自认为合适"时自由提出的控告构成,这与其他很多前现代法律体系形成了对比。他的另一主张强调古希腊的立

---

[1]　并参见我对 hierosulia 的分析,基于对所有有关"盗窃神圣财产"犯罪史料的分析得出了相同的结论(1983:第 4 章)。

[2]　关于这些方法性问题还可参见大卫·科恩(1989、1991)。

法者易于认可法律中留有"空白"的概念,因为他们将法官的角色视为在个案中实现正义的"替补"。在他看来与此相反的是,某些法律体系相信"空白"无论如何必须避免,并试图否认法官"造法"的能力。这些主张都很重大,将需要做很多比较研究——囊括古希腊内外①——来仔细考察。与以往相同,斯巴达由于没有系统的成文法,将会阻碍这种通用性的观点得到认同。

但重点在于,通过一种十分有效的方式,加加林使得讨论重新集中。在这里我们看到,与几十年前这门学科的情况形成鲜明对比,当代的学术成果如何使我们越过了早年关于"希腊法的统一性"这一讨论的枯燥贫瘠。加加林在这里提出,我们将把重心从"古希腊"特征转移到思考一个城邦的"法律如何运转和实践"。这暗示了加加林所认为的附属于古希腊城邦的"广义上的程序"——我认为或许称作诉讼程序更为适当——与其特殊的政治组织形式有关,后者构成了希腊城邦时期的主要特征。通过这一大胆理论所显出的挑战性,以及回应它所必不可少的比较法律史研究,加加林已经为这个世纪的"希腊法"讨论打开了一扇大门。

托马斯(Rosalind Thomas)所著的文章——《论文字、法律和成文法》——表明了社会文化史为丰富传统的古希腊法律研究所作的贡献,同时也为过去几十年的研究行至何处提供了一个范例。托马斯可能是古希腊文学和文字方面首屈一指的专家。基于对书面文本和文学在政治体制发展中所起作用的研究,她在这里提出以下重要问题:成文法的性质,成文法与古风和古典时期希腊"城邦"政治和社会发展之间的联系,以及成文法与不成文法之间的关系。

---

① 可以与民法法系全面法典化的走向进行有效的对比,但同样的问题在很多司法领域内也讨论激烈。例如,20世纪早期颁布的瑞士民法典规定,一位法官若因为法律未规定或规定不全而拒绝审判案件,则属于法官的基本失职。

　　首先,正如在介绍成文法时所示,托马斯表明了在政治和社会的语境中理解法律的发展是何等重要。这在某些人看来似乎显而易见,但对于法律史学家们——他们惯于将法律体系视作自发自足的生命——来说,这种观点毫不显见。正缘于此,加上我们对于引入文字和文学之影响的理解日益加深,托马斯的作品成功超越了以往仅针对成文法在希腊古风和古典时期的性质和重要性研究的学术成就。

　　托马斯指出:"不同城邦的法律为了各种目的可以采取多种书面表达的形式;根据政治和环境,这些成文法的含义并非处处相同。"在对各种现存的不同"城邦"法律传统的证据(它们大多残缺不全)进行考察时,她证明了采纳书面立法怎样与重大的政治和社会变动相联系,而正是后者使得古代城邦发生变革。文字镌刻的创新似乎常发生在出现危机或制度改革的时期。在这种情况下,书面立法的策略或许可以依政治环境之需,限制或巩固当局和统治者的权力。

　　从比较法律史的观点来看,托马斯对于早期希腊立法的性质,以及它与不成文法或惯例之间关系的讨论更为重要。托马斯指出,成文法的引入建立于先行存在的传统和惯例基础之上。出于对现代实证主义法学家们的尊敬,她对于是否将此类惯例冠以"法律"踌躇再三,尽管希腊已有明确的"不成文法"概念。然而,我们不必太过在意法哲学家们的吹毛求疵,因为法人类学(legal anthropology)和比较法律史学都足以清晰地表明,复杂的法律体系即使没有成文法典仍旧可以运行。无论如何,文字镌刻出现并被采用往往是为了巩固和维持变革、决定或有争议的观点,这是托马斯核心的洞见之一:"这为我们提供了一种可能性,即对于大部分共同体而言,成文法是很特殊的:成文法不是为全体所认同的法,而是那些富有争议、问题不断的规则……"尽管道柏(David Daube)曾对早期罗马和《圣经》的法典编纂提出过相同的论点,但他关于这一重要问题的著述太容易被忽视,对于希腊法制史学家们几乎没有产生任何影响。①
托马斯对于早期法典编纂个例的分析揭示了在更广泛的社会和政
治语境中察看法律的变革有多关键。

　　希腊社会文化史研究的繁荣进而对其法律史研究的影响不啻
为一场小型革命,托马斯的文章就是一个生动的证明。若非我们
对于文字的使用和古代文学的性质及范围的理解加深,对成文法
的引入亦无从产生如此精微而丰富的解释。同样,托马斯对这些
问题拥有可信的判断力,这使得她在概括成文法和不成文法之间
的关系时,能够远远地超越早期对这一问题的讨论,从这个角度来
证实:"以书面形式立法的新主意,甚至可能象征着早期城邦对官
方文字的首次运用,不足为奇的是,这些早期的团体尝试着以尽可
能多的特别方式来突出某些法律,以赋予它们在其他情况下可能
无法获得的权威……不同于传统的习俗和共同体的规则,这些全
新的法律需要这种形式的保护。"

　　在《论法律与宗教》中,帕克(Robert Parker)探索了希腊法律
与宗教关系的不同维度。作为一位杰出的雅典宗教学者,这项任
务对他是再适合不过了。他的研究反映了我们对于希腊宗教实践
的制度架构,及其与城邦政治体制之间关系的理解的加深。和托
马斯的著述一样,他的研究也表明了这些希腊法的"门外汉"们在
处理法律问题和文本及其与更广的社会、文化和政治环境之间关
系上已经日臻成熟。

　　帕克详尽地处理了德国语言学家拉特(Kurt Latte)的重要文
稿,为我们理解法律程序中的神圣要素提供了便利。像拉特一样,
帕克并非希腊法的专家,但博览比较法律史。他在这一学科及其
他相关学科拥有的知识背景,使他能在某些重要方面远远超越拉
特,例如,拉特解释誓言及类似事物的发展时毫不保留地采用了法

---

① 　参见道柏(1947、1973)。

律进化论的观点,而帕克已意识到这种观点的局限性。这两位学者都表明了,在充分理解法律体制的前提下,古典学者和古代史学家可以运用各自独有的专业知识——如对宗教的知识,为理解希腊法律传统和实践的方方面面作出独特贡献。

在第 4 章《论古希腊早期的法律》中,加加林着手处理了另一重大的基本问题。早期希腊法律史是一个"重量级"课题,历代都有学者为其奉献学识和智力。早期罗马、日耳曼、英国法都是如此,因为大部分前现代法律体系都被裹藏在历史更迭的黑暗中,鲜有可靠的证据幸存。这对法律体系早期发展的研究提出了紧迫的实体及方法论问题。就希腊法律的最早时期(在该章中被定义为约公元前 700 年至公元前 500 年)而论,所涉及的问题诸如:资料的文学性;就荷马来说,史诗中所提到的法律制度和历史时期在多大程度上真实可信;如何解释和归纳相互孤立的、破碎的史料;如何抵制"进化论者"以后期的已知重塑"必然"如此的过程的倾向;怎样处理该时期史料的暂时的巨大空缺以及尝试将制度的"连贯性"溯至较晚时期的意图。

研究希腊法的学者们素来不愿面对这些问题,主要是因为,此种方法论的追问似乎会在根本上质疑我们的能力:既然对这一时期所知甚少,又怎能对其法律制度妄加断言呢? 学者们通常会认可,任何结论都需要"深思熟虑",而后却又花费大量精力为这种思索列举理由。赫菲斯托斯(Hephaestus)为阿喀琉斯(Achilles)制造的盾牌中所描述的审判场景(《伊利亚特》18,497—508),以及诸如此类的主题,在学术史中为上述倾向提供了大量证据。尽管还有很多类似的方法问题亟待更为详尽的处理,当代的某些早期希腊制度史学家在对它们的思考中已经取得了相当的进步。[①] 究竟进步了多少,加加林关于早期希腊法律的著述在这一领域所取得

① 在希腊法的方法问题上,参见大卫·科恩(1989)。

的进步恰能表明。

　　加加林是研究希腊法律史——这一困难而神秘的领域——的现代学者中的领路人。他的那一章表明根据已有的史料可以得出重要的结论，意识到方法的困难对此并无妨碍。进一步深化在《论希腊法的统一性》中所讨论过的主题，加加林表明了希腊人对解决争议的理解，及其如何在法律程序中避免形式主义，转而选择当事人和法官在认为合适的情况下相对自由地提起和判决案件的口头诉讼。加加林将"早期希腊法的两面——书面立法和口头诉讼"看作"一个独特的组合，不大可能是受其他法系影响的结果。当然，我将表明，两个方面都是在共同体的大部分成员中进行公开论辩的古希腊传统的例证"。在我看来，正是基于对现有的有限史料所能或"不能"——后者更为重要——告诉我们的东西进行审慎的估量，才能得出这样的结论。加加林更为详尽地处理了特吕尔对阿喀琉斯的盾牌所作的解释。但两者的方式形成了对比，正体现出方法意识是多么的至关重要——特吕尔似乎对方法问题完全缺乏关注，导致他得出那极端而又站不住脚的结论，被加加林轻而易举地推翻。若在此总结说，与其欧洲大陆的同行相较而言，研究希腊法的英美学者在很大程度上（尽管不是完全）以更加关注方法问题为特征，似乎并无不公。

　　加加林研究进路的另一功绩在于，提出了一个不同的重大方法论问题，不仅涉及法律史学，还涉及更广泛的历史学科，即如何使用来自其他法系的比较证据问题。他直接拒绝了所谓比较的方法，而这种方法正为该研究领域早期的主要人物所使用，诸如格内特（Louis Gernet）、沃尔夫（Hans Julius Wolff）、拉特以及最近的特吕尔。这种方法的根源可追溯至 19 世纪社会进化理论未经检验的假定，比较的证据之所以能被用来重构早期希腊的法律制度，其理论起点在于，"人类的头脑在法律问题中都是如此构造，以在相似的条件下对相似的情况进行相似的处理，这是不证自明的"

(沃尔夫,1946:35)。现代在人类学、社会理论、编史及其他学科所取得的学术成果远足以揭示这种方法存在的明显缺陷。在该章的剩余部分中,加加林以近东的法律体系为例,示范了怎样富有成效地运用比较的证据,即不再将其作为进化论的"模式"、"重构"的基础,而是作为一个分析工具来运用。依据早期希腊与近东在法律程序方面重要的不同之处,加加林得出这个重要的假定:

> 从一开始,希腊法就符合希腊人公开论辩的倾向,后者曾被部分人(劳埃德,1979)视作希腊智识成就的根源。希腊法在古风时期的发展,仍保持着这种富有成效的组合,即确定的、稳定的书面立法同口头的、灵活的争议解决程序相结合。而在雅典,这种组合无疑存续至古典时期。

在第5章《论雅典的法律与讲演术》中,托德(Stephen Todd)明确强调了雅典诉讼的参与性和言辞性。他探讨了雄辩家在当事人想要——至少大致上想要——准备和提起诉讼的制度中所扮演的角色。他指出,这种参与的、民主的特征同样延伸到非专业的法官,他们希望避免协商,也不借助法律专业知识来作出判决。托德主要将自己定位于一个阐述者,阐述雄辩家与雅典诉讼中的讼词代笔人或讲稿撰写人的角色之间的区别。正是这种阐述的传统使我们现在拥有的文集得以产生。尽管早期的学者,如沃尔夫,曾经就法律辩护做过一番考察,但当代英美学者对雅典法的研究具有不同的特点,他们更加关注雅典审判中修辞和表述的部分,并且十分重视修辞学,将其看作法庭论辩和法律思维有机结合的范畴。

在《雅典法庭中的相关性》中,基于一个律师对古代和当代诉讼的动态理解,兰尼(Adriaan Lanni)以相关因素为题提出了一些当代希腊法学界最为重要和最富争议的问题。希腊法学者们向来是以当代法律体系的标准(常被理想化)来衡量雅典的审判方式,故常发现后者的不足。雅典雄辩家通过修辞术的运用,诉诸情感或无关的事实问题使得法律程序常被"误用"。照这种观点,越"好"的辩护,就越紧扣手边的案子,从而表现出对法治的奉行。这种观点近年来备受攻击,在希腊法学界引起了广泛的反响。① 批评的要害在于提出,在以某些现代的标准指责雅典的审判之前,我们该询问的是,雅典人自己如何理解审判的目的、性质和合法性范围,及他们寻求的是何种类型的正义。从这种角度来看,雅典的审判似乎与现代差异很大,但这不是因为雄辩家为达到私人目的而有意煽动,肆意破坏法律程序,而是因为在这个互动的体系中,对于何为审判以及法律的正义应当如何被构想,雅典的法官和当事人与我们有着不同的预期。这种解释激怒了某些学者,因为后者希望证明雅典法庭是忠于法治的,而在他们看来,法治显然包含着将审判仅限于相关的法律和事实问题。② 但相对于现代的古典学家,雅典的法官们是如何考虑相关因素的? 为什么我们非得假设存在一个法律论证相关因素的普遍标准呢? 就是这些关键性的问题,常常被学者们忽视或回避。兰尼的篇章出色地处理了这个问题的核心。

　　在赞成一种研究方法时,兰尼提出了一个十分有力、引证详尽的论点,这种研究方法接受如下观点,即雅典法官认为他们的职责是基于某些考虑而作出具体情境下的判决。但这些考虑在现代西方判决中被视为无关的因素。除了对主要的三类"无关"论据——雅典的法官显然确实发现了相关性——进行切入的分析之外,她还举出了其他极具说服力的因素来支持自己的主张:在凶杀和海事法庭中,雅典人采用相关因素的标准明显严格得多。这表明他

---

① 　关于批评,参见 Osborne(1985)、奥柏(1989)和科恩(1991、1995、2003)。关于回应,参见兰尼对多种立场的清晰阐述和她的参考书目。

② 　参见,例如哈里斯(Harris,1994)、罗兹(Rhodes,2004)。

们绝非不知道有此概念,但若同样用于在普通法庭审理的那类案件,在他们看来就并不适宜:

> ……在绝大多数的案件中,对于做出一个公正的、适应于个案特殊情况的判断来说,大量的法外因素不仅是相关的,而且是重要的。雅典的陪审员们多半会鉴于此而做出专门的决议。从这一点看,雅典法庭与现代法庭之间的差距与公认的相比既不更多亦不更少:法治的体现并不能成为这种法律体系的特征,但那些参与者们仍然视程序的目的为可辨认的"合法",而非社会目的。在大众法庭上对相关因素的独特处理正反映了雅典高度个案化和情境化的正义概念。

　　然而,这里或许会有人更进一步地问道,对于民主雅典的法律体系来说,其中的参与者究竟视何者为"法治"呢?这里有一个小问题,即他们都自视遵守和拥护法治,在他们看来,民主有赖于法治。这里的关键点在于,他们并不像兰尼那样将"合法"和"社会目的"视为两个相反的概念。[①] 他们将民众的利益与法治理解为相辅相成的,正是这种理解催生了兰尼妥当地谓之"高度个案化和情境化的正义概念"。谁若回应兰尼的批评,必会当然地指出并非所有的案件都会以同样的方式处理,还会迅速举出这样的例证,即有些案子相当重视眼下的法律问题。每个个案,在其所处的特殊的社会和制度情境中考察,会为雄辩家和当事人运用修辞提供不同的机会。在某些案子中,一方(我们通常只对案件的一方有所了解,无从得知另一方在多大程度上"以牙还牙"地回应)集中关注的法律和事实问题,在现代的标准看来似

---

① 参见科恩(1995:第3章和第9章)对法治中"民主"概念及其与个案判决和人民所认知的利益之间联系的解释。

乎是相关的,而这可能只是特殊情境下的某种策略。但正如兰尼恰当地指出的,在很多审判中当事人并没有这么做,绝大多数现存的案例都包含这样的资料。这里必须注意的是,不要预先假定所有的案例都只能以一种范式来解释,也不要认为我们在将法治与社会利益置于绝对对立的位置。正如我已在其他地方试图表明的,情况当然并非如此。

争论再次显示了希腊法作为一个学科在近年的发展,兰尼的章节是这场争论中的主要代表作。不再像 20 世纪 80 年代之前,在一个主导的学术模式下集中于狭窄的学说或程序问题,在这里,一场活跃的争论正致力于从法律程序——而非法律结构的形式——的角度出发来探讨雅典法律体系的真正性质。不可避免的是,这场争论涉及某些基本问题,它们牵涉到我们对雅典民主制及其法律和正义概念的理解,也提出了一些政治哲学和法律理论的重要问题。我们只能期望,有关这些尚未解决的问题的争论可以继续,从而提供大量机会重新考察多种法律问题,以及法律之前何为正义——无论是在古代雅典世界还是在当代——的基本问题。

鲁宾斯坦(Lene Rubinstein)对雅典诉讼中修辞的特征更为敏感,这为其著述打下了根基。在《雅典法庭上不同的修辞策略》中,她仔细考察了修辞策略的运用如何在很大程度上取决于一场审判赖以运行的程序规则的类型。当事人对其自称所遭受的特定类型的侵害进行起诉时,有多种诉讼类型可供其选择,希腊法学者们已对此给予了相当的关注。尽管早期希腊法学界在考察这些类型时往往颇为死板,近年来学者们在阐释时已经变得更少拘泥于形式,开始强调公共与私人诉讼进行方式中的相似性。这与先前为了与现代的刑事诉讼和民事诉讼的概念相匹配,而致力于探讨雅典公共诉讼与私人诉讼之间的基本区别相比,已经是一个可喜的转变。事实上,无论哪种类型的诉讼,都完全依赖于公民个人的主动提起。逐渐意识到这点,有助于更好地理解雅典法律体系的参与性和民主性以及多样化的诉讼类型在其中所扮演的角色。通过表明不同类型的法律规则怎样通过多种方式限定修辞在审判中的位置,从而要求适当的修辞的回应,鲁宾斯坦进一步加深了这种理解。尽管这种观点乍看起来似乎显而易见,但向来未得到充分重视的是,特定修辞类型的控告天然更加合宜于某些特定的法律情境。鲁宾斯坦考察了三种这样的特定情境,表明:"在辩论中策略性地施展愤怒、痛斥,或是在法庭上扮演教导的角色,是需要审时度势的,当事人所打的官司是什么类型,明显影响着其申诉的方式。"另外,修辞行为在雅典的审判中处于中心的位置,对此产生的后果进行仔细考虑能够使我们更好地理解审判中形成诉讼结果的因素以及法律实践本身。

修辞在雅典法学术研究中的转变对偏向传统路线的学者们也产生了影响。例如,特吕尔,一位雅典证据法的领头专家,与大约27年前在其著述中对同样主题的处理相比,如今,对于在特定案例中理解修辞语境和技艺运用的必要性,他给予了更大的肯定。[①]本书中他的文章述及证人在雅典法中的作用,正表明了此种意识的提高对于在特定案例中考虑证人的作用有多么重要。特吕尔的篇章为希腊法研究的传统方法提供了一个很好的示范,也反映了上一代学者——如哈里森(Harrison)、汉森(Hansen)和麦克道威尔——重视对法律规则,特别是程序[②]进行详细的字面解释的特点。英美的方法主要产生于在社会和文化史的情境中考察法律程序的研究方向,从社会史、人类学及其他古今法律系统的实践中所提取的比较证据中获取研究资料。

以上两种希腊法研究进路之间的对比,十分清晰地展现在特

---

① 特吕尔(1977)。
② 参见,例如,哈里森(1968、1971)、汉森(1975、1976)和麦克道威尔(1963、1978)。

吕尔篇章的最后部分（第三部分），在那里他简明扼要地探讨了证人的几种类型，它们皆由英美学者们在近年来所阐发。[①] 此处可以察觉到作者试图沟通方法之间的隔阂，然而架设这座桥梁并非易事。方才提到了一些传统学者，在阅读他们的早期著述时，若与本书中很多类似主题的文章相比，同样的感觉也会油然而生。这里可以十分清晰地看到，在过去 20 年左右的时间里希腊法研究所行进的距离。但这并不否认传统学术研究进路的价值。它们仍旧至关重要，任何一个希腊法的研究者在仔细阅读这些文本时都将学到很多。重点在于 30 年前这种传统的方法占有压倒性的支配地位，而今我们研究的领域却受益于极其多样化的理论、方法、编史及知识方向（无论是否言明）。

尤尼斯（Harvey Yunis）的章节《公元前 4 世纪雅典的法律修辞》，提出了很可能在几十年前根本未经处理的问题。前辈法学家们在从事修辞问题的研究时，不是集中于辩护——被理解为一个类似罗马法中的概念——就是集中于剖析形式上的修辞术。同奥柏（Josiah Ober）一样，尤尼斯对雅典法的研究代表了主要获益于现代学术成果的研究进路，重新审视雅典的民主制，强调修辞的作用及民主制运行中的法庭实践。[②] 这种关于雅典民主的讨论取材于政治和社会理论、社会学和人类学方向的研究，使得这个曾一度被众多学者认为并无多少新事物可研究的主题再度焕发生机。雅典民主政治文化的特性一方面表现为参与的制度，另一方面表现在公认说服辞令（修辞术）的力量。当代的雅典法研究者通过表明雅典法律制度深嵌于其民主政治文化，迅速地将上述研究方向运用于对法律制度的研究。尤尼斯在这里提出了一个有关公元前 4

---

① 汉弗瑞斯（1985）、托德（1990）、科恩（1995：第 8 章）和鲁宾斯坦（2004），另外还有奥斯本（1985、1990）和托德（1993）。

② 参见奥柏（1989）和尤尼斯（1996）。

世纪雅典法律的观点,与早期的研究进路相对,他强调"实践"胜于
制度结构和形式规范,表明这些"实践"是由参与民主制(partici-
patory democracy)和以修辞术作为组成部分的政治文化所塑造成
型的。对于尤尼斯而言,这涉及将审判作为修辞的竞技来审视,同
时表明构造修辞的双重目标——实现手边个案中的正义和服务于
大众利益——如何产生民主的法治这样一个独特的概念。

　　在现代希腊法学术界,坎塔雷拉(Eva Cantarella)是一个举足
轻重的人物。她的著作全面覆盖了过去 30 年里走过的路径,一直
处于这门学科的前沿。她的作品产生于严密的法学思维,但也不
乏文学的润饰,她最闻名于世的著述有:20 世纪 70 年代关于荷马
史诗中的法律、杀人法的著述,以及接下来对女性、性和性别透彻
的跨学科研究。她与她的同事和研究生马菲(Alberto Maffi)一
起,超越了意大利学术界过去的人物(如保利和比斯卡迪、坎塔雷
拉),使得米兰成为当代欧洲大陆研究希腊法最重要的中心。尽管
意大利的希腊法学者曾一度在德国寻求灵感,近年来朝向创新的
力量已经开始崛起,而希腊(罗马亦如此)法律史领域传统的德国
势力已经式微。

　　正如在《性别、性和法律》中,她对从荷马到 4 世纪的雅典所做
的权威性研究所示范的那样,坎塔雷拉的研究方法以知识渊博为
特征,与此密切相关的是,她熟悉诸多学科在性研究方面所取得的
最新进步。除了多佛(Kenneth Dover)开创性的作品[1],对性和性
别的研究在希腊法研究中被忽略的时间比其他很多历史研究领域
还要长。然而,从 20 世纪 80 年代开始,就有大量的作品——其中
坎塔雷拉是一股重要的革新力量——将目光转向这类问题,开始
系统地研究在雅典和希腊世界的其他地方女性的角色和地位以及
对性行为的法律规制。基于对两性理论和人类学的深刻见解,坎

---

[1]　多佛(1978)。

塔雷拉将自己的研究设定为一项框架工程——仅限于将社会结构理论运用于法学之中："换句话说，有性别取向的法律同时塑造着社会：一方面，它反映着社会中两性角色的结构；另一方面，它也强化了这种结构。"

在自荷马以后浩瀚的资料中游刃有余，坎塔雷拉表明了最早的文学传说是怎样将女人定义为"一个不同的种类，的确，对希腊人来说，女人是男人所不能理解的异类。像任何不能理解的事物那样，女人——除非已经通过婚姻而被驯服——是危险的"。以此为起点，她逐步阐述了一个有力的观点，表明已知最早的雅典立法——即德拉古法律（the laws of Draco）——怎样将女性概念化，"将社会成见转化为法律分类的做法对女人的人生产生了根本的法律影响"。在篇章的余下部分，她描述了这种分类如何影响了人们在各种法律情形下——从通奸和强奸到财产、婚姻和继承的法律——对待女性的方式。尽管她的方法深深获益于女权主义者的学术成果和视角，然而在处理资料及二手文献时，她以其公正、独立的美德和开放式的思想，避免了某些学者所采取的极端观点。例如，在讨论得最为广泛的女性的法律地位问题上，她驳斥了那种认为女性的法律地位类似于奴隶和儿童的观点。①这种观点尽管广为流传，却完全错误。她意识到雅典的女性尽管不能参与政治事务，却是事实上的公民，这种地位有着重要的法律和政治后果。作出一个十分重要却常被某些学者所忽视的区分，坎塔雷拉总结道："换句话说，她们拥有公民的'地位'，却没有公民的职能……在公元前 450 年伯利克勒斯（Perikles）通过一项法案之后，她们的公民身份（as astai）成为她们的孩子拥有公民身份的前提条件。"

在坎塔雷拉与性别相关的作品中，正如她在本书中的论文所

---

① 参见希里（1990），那可能是此种解释最显著的例子。

充分体现的那样,人们可以看到希腊法律制度研究的进展,已经由一个边缘的和深奥的古典学分支,发展为一个可用以分析希腊社会和政治基本问题的有力工具。当然,法律本身也是一项核心的社会制度,法律史应当致力于处理类似的问题,而非固步自封,像是独立于更广大的社会和文化背景一般,仅限于研究教条和程序性的问题。在古代雅典情况更是如此,因为这里并没有像罗马那样的专门的法律体系,试图将自身定义为法学家空想出来的独立的王国。

在米兰,尽管与坎塔雷拉联系甚密,马菲的学术研究在很大程度上却采取了更为传统的方法。过去的 20 年里,马菲在雅典的私法方面承担了大范围细致而精密的研究。总的来说,这篇文章代表了对于我们理解家庭和财产法最有意义的作品之一。若在早期,这样的作品会处于希腊法研究的核心地位,而在今天,马菲却是集中研究这一领域的相对较少数的学者之一,这正是学科发生改变的象征。某些法律规范和实践塑造了希腊的经济生活,在提醒我们理解它们的重要性时,他独特的专业知识显得更为宝贵。通过大量有关方法论的著述,他还为概述希腊法当代学术研究的状况作出了十分重要的贡献。在本书对家庭和财产法的概述中,马菲大多回避了跨学科研究的方法和比较分析,仅基于对雅典法资料的精通,集中对婚姻、继承、所有制和财产法律的主要特征进行了理论分析。因此,这篇文章为私法的这些重要领域提供了一个不可或缺的导论和概览。

帕特森(Cynthia Patterson)是研究雅典公民身份法律方面的领头专家。由于多年来对古希腊家庭、婚姻和性别方面卓有成效的研究,她也是最能够将公民身份法律置于雅典自公元前 6 世纪至 4 世纪的政体、政治和社会发展的情境中研究的学者。这正是她在关于雅典公民身份的篇章中所做的,此文提供了对这个复杂的主题所能得到的最好的论述。作为近来在希腊法领域跨学科研

究的范例,这篇文章也表明了公民身份制度对于理解雅典民主制
的发展是多么的至关重要。但帕特森也指出伯利克勒斯著名的
"公民身份法"(将并非父母都具有公民身份的人排除在公民之外)
仅仅只是雅典"公民身份的法律"的一部分,并且它及其他法律规
定只有被置于公元前 4、5 世纪雅典社会对一系列重大变化的回应
中才能被理解。

　　她透彻的分析源自对公民身份概念的详加考虑,正是后者消
除了很多先前存在的误解,并且在我看来,可靠地论证了符合法律
条件的雅典女性也是公民,这与坎塔雷拉的看法一致。它还表明,
关于公民身份的规则在克莱斯忒涅斯(Cleisthenes)时期和伯利克
勒斯时期的发展,是雅典社会的民主改革和雅典城邦不断提升的
帝国身份的共同产物:"总而言之,尽管伯利克勒斯关于公元前
451 年或公元前 450 年的法律作为一份声明——即雅典作为一个
民主的帝国身份的声明——显然十分重要,它将雅典人(Athe-
naioi)区分于异邦人(xenoi),后者包括希腊人和蛮族人,但它绝非
雅典公民身份法律全部的情况,亦非完整的雅典公民身份法律。"
越过伯利克勒斯,转而研究下个世纪的战争及人口、社会和政治的
发展对有关公民身份的观念和实践所产生的影响,帕特森在缄默
中表明,仅集中于分析法律地位的方法是不充分的。她还表明,何
以唯有跨学科地理解有关婚姻、人口和家庭的社会制度,方能阐明
共同限定了雅典"公民身份法"的众多规则的复杂形式。基于这些
考虑,她恰当总结道:"因此,公民身份法应当这样理解,不仅包括
公民出生的最低限度的标准,还包括一系列调整继承、婚姻、宗教
参与的法律,当然还有司法和政治的特权。雅典并没有一部公民
身份法,但有一系列相互联系的法律来阐明'城邦中的共享者'所
拥有的特权和承担的义务。"

　　过去的 30 年里,科恩(Edward Cohen)在雅典的商业和银行
法,特别是海事法庭的运转方面的研究,奠定了他在这一领域雄厚

的专业功底。① 近年来,他的学术成果基本上为这一领域划定了界限,本书中的论述源自他对现代及古希腊的商事法律和实践深入的理解。他开阔的视角有助于在更大的社会经济和政治背景——即雅典在东地中海的显赫地位——中阐释雅典的商事和海事法律。他关于商事法的篇章明确了这样一个重大区分,即在雅典的法律和实践中存在着不包括海上贸易的"普通"商品交易和包含海上因素的商品交易之分。例如,后者需要书面契约而前者对书面契约几乎闻所未闻的事实,就基本证实了这种区分的真实性。它还表明了如托马斯所讨论过的那样,有关文字书写的问题在公元前 4 世纪有着持续的重要性。科恩的篇章不仅透彻地阐释了上述两项背景下的雅典商事法律,还提出了有待进一步探索的重大问题——关于这种区分与雅典的法律、社会和经济之间的密切关系。

在第四部分,我们脱离了雅典法。正如加加林在其关于希腊法的"统一性"中所论及的,对雅典之外的研究所普遍面临的一个最大的问题便是资料的匮乏。尽管对雅典我们拥有大量当时的文献资料以及法律铭文形式的多种证据,但对古风和古典时期希腊的其他地区,前者几乎已经全部遗失,后者虽数量不少,但就时期和主题内容而言甚为零乱。此种情形也有一个重大的例外,即以克里特城邦的格尔蒂(Gortyn)为代表的,拥有着希腊世界现存最大的单一法律碑文(以及最大的法律碑文群)。戴维斯(John Davies)是研究格尔蒂的权威学者。在第 16 章《格尔蒂法典》中,他着力探讨了这些文本代表着什么,由何人创造,以及为何以纪念碑的形式铭刻于城邦的中心。戴维斯提出了在面对除雅典之外的希腊城邦时,一个最为困难的方法论问题。这些法律规则置身于一种社会和政治的背景中,在缺乏勾勒这种背景的证据时,我们该如

---

① 爱德华·科恩(1973、1992)。

何运用这些法律规则？对于这些具体规则所属的法律体系，我们又能得出怎样的结论？

戴维斯有条不紊地处理了这些问题，无论解释整体的资料还是单一的条文，他对方法问题的困难性始终保持着审慎的认识。他考虑了这次立法的根源，它所体现的政体和制度的基本框架以及围绕着程序和证据的一系列独立主题；公民身份和法律地位（包括两性的）、婚姻和家庭、财产、契约和犯罪也在考察范围内。他对这些领域的考察，不仅为读者清晰地说明了能够在这些资料中获悉什么，也表明了我们知识的局限性。在这里，人们面临着研究任何古代法律体系都存在的最基本的方法问题，即资料必然的不完整和存有争议：有些我们无法得知却又急需知道，还有一些可以从我们已知的证据中进行合理的推导，这两者之间的界限如何划定？在研究雅典法也会面临同样问题，但其相对过多的资料使得学者们更易于回避这一暗含其中的问题。而在格尔蒂，一个人若想取得任何进步就必须直面这个问题，戴维斯为此提供了一个值得称道的范例。

法律资料集中于雅典在后古典时代还有一个重大的例外，即希腊罗马式的埃及（Greco-Roman Egypt）法律。这里成千上万的法律的纸草文献为大量的交易和规则提供了证明。它们向我们提供了作为实际法律工具的那类文献资料，以及这些资料的用途，而雅典几乎完全没有这些，此外，它们还提供了大量有关政府和社会背景——它们本身也是其中的一部分——的信息。致力于研究希腊法律史的这一领域需要熟稔技艺和博闻强识的结合，鲁普雷希特（Hans-Albert Rupprecht）是德国学术界的巨擘之一，而这一领域在过去的一个世纪都为德国学术界所限定。因为从希腊法的角度来看，埃及的情况代表着一种法律移植，鲁普雷希特的《外国背景下的希腊法律：延续与发展》的起点是，希腊化（Hellenistic）时期希腊的法律制度被引入混合文化背景的埃及时有何变化。他表明某些法律形式如何被废弃，另外一些被保存，并通常被改造以适应于新的环境，以及新的法律被创造。鲁普雷希特总结道，希腊法律制度保存了它们的"基本结构，延续数世纪直至罗马时期。这种延续性并未阻碍其随着经济和社会生活发展的需要而不断变化回应，相反，法律制度和形式的新进展顺畅地适应于先前建立的法律体系，后者的基本结构同时也保持着自身的完整"。显然，这种创新并非法学家们的功劳，而是实践者努力使法律形式适应商业和经济生活需要的产物。如上述所言，研究希腊埃及法与希腊其他地区法律——尤其是雅典法——的学者所关注的事是大相径庭的。本学科所未解决的重大方法问题之一就是，以何种方式来研究这卷帙浩繁的史料——埃及背景下的"法的生命"，能有助于我们理解希腊世界及其他任何地方不同时间和地点的法律文化。

莫杰耶夫斯基(Joseph Mélezè-Modrzejewski)的章节《希腊化时期的希腊法律：家庭与婚姻》提出了一些也曾被鲁普雷希特述及的相同问题。莫杰耶夫斯基处理了希腊法在亚历山大征服后随希腊世界的扩张而发展的问题。他的核心论点是，"希腊化的法律"并不代表着希腊和非希腊法律文化在东地中海地区的混合，"希腊化的法律不是别的，而是说希腊语的移民对希腊法的实践"。进一步说，这种法律的内容，并不产生于立法而是通过"法律文书的实践"，"达到了希腊法的统一"。产生的结果是，"一个希腊的'一般法'通行于希腊化的世界"。这样宽泛的提法自然引起了方法上和实体上重要的争议。莫杰耶夫斯基从婚姻和家庭法中特别提取案例来支持自己的主张。他也认同，尽管希腊法并未与当地法律传统"混合"，"多种私法的同时存在难免导致规则和实践中相互交流和借鉴的产生。要准确估量它们之间相互影响的程度并非易事"。莫杰耶夫斯基的主张暗示了一种契机，即希腊法学者们可以避开将雅典法同希腊化世界复杂的法律文化和文献资料作比较研究的寻常路径。从对现存证据——在存有重要的立法和交易证据的希腊化城邦的范围内——进行比较研究出发，对其更大的理论进行评估将是一项令人望而生畏但重要且值得的任务。不幸的是，对希腊法的研究已经变得如此专业化，以至于只有相对较少的研究还围绕着古典和希腊化时期甚至它们之间的实际联系。人们仍可以期待下一代的希腊法学者们担起这一重任。

　　"法律与文学"是当代跨学科法律研究最卓有成效的路径之一。我们提供范例二则，先是华莱士（Robert Wallace）关于法律与阿提卡谐剧（comedy，旧译"喜剧"）的篇章。华莱士已经对最高法院（Areopagus）*作出了重要研究，最近将其研究工作集中于个人道德的领域，以及雅典在公元前4世纪对个体自由态度的转变。在本书中，他的篇章将阿提卡旧式谐剧（Attic Old Comedy）中表现的过度的言论自由——在阿里斯托芬的戏剧中得到了最好的例证——作为其研究的起点。华莱士表明了戏剧的随意与重视表达自由之间的联系，而后者正是雅典极端民主的特征。他也探讨了法律对此种自由的限制，尤其谈到了诽谤法以及诽谤法在同时代的雅典谐剧的讽刺、雅典问题以及雅典政治家这些现象中的表现方式。绕开阿里斯托芬和公元前5世纪，华莱士深入地探讨了如米南德（Meanander）的剧作所反映的，新式谐剧（New Comedy）如何在对待法律和放任的自由——在阿里斯托芬的某些戏剧中所表现的——时采取了一个非常不同的态度。更重要的是，他再次表明这种体现在文学作品中的转变是怎样与法律、民主和道德准则的更大的社会变革息息相关：

　　　　在公元前4世纪的后半叶，雅典人逐渐认同人们的生活应当更谨慎地处在法律规则的指导之下。这种看法在谐剧的

---

*　中译本编者按：即"战神山议事会"，最初为退休长老的指导顾问机构，后来具有司法功能，负责审理大案要案，尤其是杀人案。

舞台上被重复和强化,戏剧中的角色也试图通过法律的手段来解决其面临的困难。阿里斯托芬的反叛和放浪不羁已经让位给一个更有条理和秩序的世界。这些变化都是历史的偶然。军事上的失败、法律的经验以及更广的文化转型使得雅典远离了它年轻时的放任自由,即公元前5世纪的民主,而转向了4世纪以更大的稳定为特征的平庸的社会和马其顿的统治。

在《普罗米修斯的世界:民主雅典的惩罚政策》(2000b)中,艾伦(Danielle Allen)以其文学和法政治理论的双重专业知识论证了方法的重要性。在《雅典的肃剧和法律》的章节中,艾伦探讨了主要的方法问题,即如何在民主雅典的背景之下将法律和肃剧(旧译"悲剧")对比阅读。先前有很多学者曾用肃剧作为法律制度①或法律思想②的依据。也有一些学者,特别是在关于埃斯库罗斯《俄瑞斯特亚》(Oresteia)的研究中,探讨了随着雅典政治变革,肃剧中对法律制度的描写和那些真实的政策与政治理论的概念之间的联系。③ 然而,极少有学者提出这种研究进路所引起的方法问题,因此艾伦的这篇文章显得尤为重要。在当代文学理论大大发展的基础上,艾伦强调,我们不能仅仅将肃剧视为法律制度相关资料的宝库。她在引用了肃剧中涉及愤怒和法律两种处理方式后,阐明了人们必须首先看到肃剧和法律怎样互为补充的方法,因为只有那样,我们才能建立起一种方法,使得我们可以充分理解关于肃剧法律可以告诉我们什么,反之亦然:

---

① B. Daube(1939).
② 例如,E. Wolf(1952)。
③ Meier(1988、1990).

只有当学者们已经花费了时间来理解雅典法的程序及其概念的基础和含义,肃剧对于研究雅典法才是有助益的。肃剧作家们深刻有力地回应了其所处时代的政治、法律和伦理目标,无论其对流行事物的看法如何。

在此种意义上说,艾伦的章节表明了这样一种研究进路必须提供什么,也举出了另一个例子说明,新颖的跨学科研究方法是怎样改变着我们对希腊法研究的看法。

像艾伦一样,奥柏从政治理论的角度来研究希腊法。奥柏在其对雅典民主政治开创性的解释中,论证了这种方法如何能够阐明法律制度在更广的政治背景下的作用。[①] 正如艾伦在其很多作品中充分运用了肃剧及其他文学体裁,奥柏远超出以前研究希腊政治理论和雅典民主制的学者,以演说家作为一个重要源泉来重新解释雅典的民主制度。在《法律和政治理论》中,他引用了多种资料探讨各种不同的问题,它们由雅典政治理论学家所提出,涉及法律的性质和法律制度。这些问题包括法律本身的概念;实证主义者关于雅典的法律、立法及法律解释的理论;惩罚的制度。在最后十分有趣的一部分,他考虑了何以像德谟斯忒涅斯(Demosthenes)这样的人物亦从事构筑政治理论的事业。对于奥柏来说,这暗示了雅典的法庭是法律实践和法律理论并存的地方:

> 雅典将法律和政治理论相结合,这在希腊并不特别。但雅典独特的民主风格为这种结合提供了格外厚实的基础。在其作为民主政治家的事业中,德谟斯忒涅斯不仅出任立法者(为重要的新法提出建议),也成为法律的"使用者"(经常是法律上的原告和被告)。但他同时因关注如下问题而称得上是

---

① 　奥柏(1989)。

"法律的公共政治理论家"：法律实施的权威性，法律修改程序
与实体法之间的关系，政治制度和法律判决的影响之间的关
系……尽管所有的希腊城邦都有这样那样的法律，我们也能
在希腊最早的文学作品中发现政治理论，但唯有在古代雅典，
自觉的政治理论与当时的法律实践之间的循环关系被最为充
分地意识到。

奥柏在这里的论述为以后对雅典演说的探讨另辟蹊径，它们
可以被当作有关法律制度的性质、法治等等的理论性对话来阅读。
奥柏的交叉学科方法，深深获益于当代的政治和法律理论，十分适
宜于这一事业，也为我们如何考察像德谟斯忒涅斯这类对法律理
论问题进行了原创性思考的人物提供了范例，从而搭建了一座连
接了亚里士多德、柏拉图，以及其他致力于思索法律的性质与正义
问题的希腊哲人的桥梁。

希腊文词汇中的法律（nomos）和自然（physis），尤其是法律
（作为惯例或风俗）相对于自然（普遍的而非偶然的）在使用中的相
互对立，已经引起了大量学者的关注。作为 physis 的对照，nomos
这个词汇本身早已成为长篇论述的主题了。[1] 这些论述通常集中
于政治的角度，包括 nomos 的概念在雅典民主制发展中所起的作
用，希腊政治思想中正义的性质或者法与合法性的概念。在其关
于希腊思想中的法律与自然的篇章中，朗格（A. A. Long）作为一
名优秀的希腊化哲学学者，转向研究由这两个概念所引申的"自然
法"（natural law）与"自然法则"（laws of nature，他正确地指出了
这两个常被人混淆的概念）之间的联系。考虑到早期希腊思想对
法律（nomos）和自然（physis）概念的先入之见，朗格提出了这样的
疑问：为何它们直到古代晚期——特别是斯多葛学派之时——之

---

[1]    参见奥斯帝瓦德（1969）和 Quass（1971）。

前一直未结合成自然法或自然法则这样的概念？朗格对这个问题的回答与其另一考察同样有趣而重大，后者即他从赫西俄德和前苏格拉底哲学家到政治哲学家柏拉图和亚里士多德，依次考察这些概念在法律和其他语境中的运用：

> 我认为，早期希腊哲学家之所以缄口不提将法律和自然联系在一起，其首要原因不在于两者之间固有的差异，即法律有着标准和严格的人类涵义，而自然则被认为是价值中立和纯粹的机械；若是这样，我们将不曾听到自然法、自然法则、神法或自然的人格化。更深层的解释必然是，人类的强者、特定的立法者和法律在公元前5世纪的政治生活中所获得的地方涵义。

朗格的视线从封闭在古代城邦世界里的政治和法律的沉思中移出，转而在更为广阔的希腊化和罗马的世界这一背景中探索这些概念所呈现的新生命。他对自然法的概念在斯多葛学派中的发展的描述十分有趣——不仅因为描述本身，还因为它显示了古代城邦的政治理论在某些重要方面如何被其自身择取的狭隘背景限制了眼界。在亚历山大为希腊世界的政治重新定向之后，这一切都变了：

> 正如我们在早期斯多葛学派的自然法概念中观察到的那样，伴随着希腊文化的扩张和城邦自治倾向的大量出现，法律的概念彻底冲破了地方的藩篱。当希腊哲学渗入罗马时，它遇到了一种远比近在手边的地方经验更加结构严密、表达清晰的法律传统。未受制于法律与自然之争的罗马思想家们发现，与其希腊的祖宗相比，将自然的概念解释为法律或准法律更为容易。

在这篇极为振奋人心的文章中，朗格还表明了能在多大程度上拓宽我们对希腊法律思想中哪怕是最基本的概念的理解。

这篇导论是对过去几十年希腊法研究发展状况高度个人化的反思。尽管我对这门学科的个人观点不一定为我的合编者们认同，我仍希望它能阐明当代希腊法观念和制度研究的著述所体现的独特的知识范围。对于加加林和我自己，我唯一能表达的就是，希望本书不仅能将这一领域介绍给读者，还能激励他们加入撰稿人所共同代表的这一如火如荼的事业。

# 第一部分
## 雅典的法律

# 1. 论希腊法的统一性

加加林(Michael Gagarin)

对于初次踏入该领域的人来说,当他们获悉连"希腊法"(Greek law)这个表述在学界都备受争议时,或许会大吃一惊。英美学者通常避免使用这一表述,而自 1950 年 Pringsheim 的《希腊交易法》(*Greek Law of Sale*)以来,在英国出版的著作中只有两本将"希腊法"冠于书名。[①] 即使是认同希腊法为一个有效概念的希里(Sealey),也仅将其著作命名为《论希腊的正义(而非法律)》(希里,1994;见加加林,1996)。这与罗马法的情况形成鲜明对比,后者在这方面毫无争议:罗马法的字眼频频出现在历史中、教科书上,以及对其的介绍中。欧洲大陆学者更倾向于认同希腊法的概念,但他们也注意避免在书名中使用这一表述(比斯卡迪,1982a,是一个显著的例外)。

尽管希腊城邦在政治上的各自独立使得希腊法的概念颇受质疑,19 世纪的学者们仍普遍认同这一观点,用 Ludwig Mitteis 的话说,即不同城邦的法律"倚靠相同的法律观念"。[②] Mitteis 的论点仍支配着 20 世纪的前半叶,直至遭到芬利的猛烈攻击。上

---

① 加加林(1986),Foxhall-Lewis(1996a)。我没有将 Stoddart(1990)一篇没有再版的论文计算在内,(当然)也不包括对现代希腊法的研究成果。

② "Auf den gleichen juristischen Anschauungen ruhten"(Mitteis,1891:62).

述问题在 Pringsheim 一本书的回顾中第一次被提及,随后就有了一篇名为《论希腊法的统一性问题》("The Problem of the Unity of Greek Law")①的论文更加全面地述及这一问题。在提到希腊在亚历山大征服之前从未有过政治上的统一后,芬利评述道,无论某些希腊城邦可能从其他城邦的法律中借鉴了多少条文,或受到多大的影响,但我们有相当数量的证据表明,本质上的显著差别是清楚明白的,即使是在少数地方。例如,关于婚姻,芬利写道(140):

　　　若我们一一考察荷马史诗、格尔蒂、雅典和希腊最早由古埃及的托勒密王朝传入的纸草,并不能从中发现一个单一普遍的"基本概念"或"原则",除了婚姻的概念,即与古今所有家庭以及财产的传递有关的一种安排,而纵观全世界,即使是最不同的两种社会在婚姻的概念上也是相似的。

换句话说,共同特征仅存在于一种情况,即这种特征已经普遍到这种程度,以至于希腊法的概念已经可有可无;每当我们有具体规则的证据时,本质上的显著差别便同时显现了。

尽管芬利的质疑基本上已为英美学者所接受(但另参希里,1990、1994),却遭到欧洲大陆学者的普遍拒绝。在德国,当时最著名的学者沃尔夫曾再三重申他对希腊法概念的坚信不疑。比斯卡迪,意大利学者中此专业的翘楚,也认同沃尔夫的观点,明确地将其著作命名为《古代希腊法》(*Diritto greco antico*)。对沃尔夫来说②(与 Mitteis 一样),希腊法是将一种精神上的统一性(geistige Gemeinsamkeit)具体化而成,后者作为不同希腊城邦的法律体系

---

① 　芬利(1951);芬利(1966,引文出自 1975 年的再版)。
② 　引自沃尔夫(1975:20—22);还可参见沃尔夫(1965)。

之间的纽带，与其他民族法律的精神基础相区别。无论具体的法律之间差别可能有多大，某些基本观念（Grundvorstellungen）是明证。在这些基本观念中蕴含着政治组织的原则（Organisationsprinzipien）和共同的概念，如 dikē（法律、正义）、blabē（损害、伤害）、hybris（傲慢）、homologein（认同）和 kyrios（主人、控制）。沃尔夫还强调了不同城邦中都存在调整"女继承人"的法律①，却只强调其存在的共同性，而忽视这些法律之间的实质区别。比斯卡迪以类似的方式为这个概念辩护，指出希腊人自己已经意识到，他们的法律背后有一种存在于语言、宗教和习俗中的共同文化基础（questo fondo culturale comune，1982a：9）。

那些被沃尔夫和比斯卡迪用来为希腊法概念辩护的基本观念或原则，却被芬利弃置一旁，他总结道（137），关于财产法所谓的基本原则——私有制、血亲继承，及其与罗马法的不同——"如果这些就是希腊法统一性的全部所指，那确实不会有争议，但同样也没什么可值得争议的了"。少数学者还试图为实体法个别领域的统一性进行辩护，然而希里，一个从教于美国却深受欧洲大陆学者影响的英国学者，直接提出了反对芬利的主张，尤其是在他的《论希腊的正义》②一书中。婚姻，是希里提出的第一个相关理由，他在此对芬利的断言（如上所述）——即作为不同城邦之间唯一共同特征的婚姻法太过普遍以致没有了说服力——提出质疑。

撇开希里所提到的一些瑕疵和夸大③，我们可以将芬利的理由

---

① 　"女继承人"是最贴切的英语概念，指代一个妇女，其父逝世时膝下没有在世的子嗣。女继承人有望与其父亲那边的亲戚结婚，从而使他的财产继续留在他的家族中。

② 　希里（1994：59—89，esp. 67—83）对希里（1990：151—160）展开详述。

③ 　希里（1994：68—69）自己也有某些叙述错误。第一，从"继承"的通常意义上说，雅典的妇女不继承财产。财产可以转移给一位"女继承人"或其他的男性亲戚，但她可以说只是一个导管，将财产交给丈夫支配，并被其子嗣继承。妇女自己并不支配财产，并且在我们了解到的所有类似的继承案中（例如，Isaeus 3），都会有两位男性亲戚争夺财产的控制权。第二，妇女和她的保护人之间的关系并不同（转下页注）

重述如下：在公元前 4 世纪的雅典，一个公民必须与另一个公民成婚，其子女才为法律所认可。在大多数情况下，订婚伴随着礼金，然而一个"女继承人"携有她父亲的全部财产，自然不再收取额外的礼金。一个没有继承的女人，对超过很少数量的财产即没有管理或控制的权利，并且依赖一个"保护人"（kyrios）——通常是父亲或兄弟——来照管自己在法律事务或重大财产交易上的利益。然而在格尔蒂，既没有"保护人"的标志，也没有正规的订婚或礼金的迹象。相反，女人像男人一样，以其自身权利直接继承财产（但财产数量只有男人的一半）；她们自己掌握其财产，若离异可以自行携带，也像男人一样将自己的财产传给子女或血亲。即使在考虑这些叙述的共同性时，这两个城邦之间也仍存在实际的和本质的差别，再多巧妙辞令的辩解也不能将这种差别变为"仅仅是措辞上的差别"。①

此外，甚至在女性和家庭法领域，人们还能指出其他未被芬利提及的明显差异。例如，与雅典对公民婚姻的种种限制形成对比的是，在格尔蒂，一个自由的女人②可以与一个奴隶成婚，若为他

---

（接上页注）于现代的诉讼当事人与其代理人之间的关系。妇女对于由谁来做自己的保护人或究竟要不要一个保护人并没有选择的机会，保护人在事务中的行为——诸如投资她的嫁妆——也无需得到妇女的认可（甚至知晓）。第三，格尔蒂的确有一条规定提及妇女在婚姻上屈服于父兄的可能性，但这并不意味着那里存在订婚（engyēsis）的制度，与雅典一样。在很多文明中，男方会在婚姻中抛弃妇女。

① "在格尔蒂，与雅典一样，妇女携带财产进入婚姻。这种财产在雅典称作嫁妆，在格尔蒂称为妇女的财产。这只是措辞上的差别。"（希里，1994：80）这忽视了两者之间真实的差别，前者是一个男性亲戚的财产连同新娘的财产一起（在谈判后）交给另一个男人，他将同时支配新娘和财产；后者是属于妇女的财产即由妇女自己支配，无论其结婚与否。

② 极少有迹象表明格尔蒂除了自由人身份之外还有任何关于公民身份的概念。条约中可能会提及"格尔蒂人"（Gortynians），但没有任何证据表明在格尔蒂曾有人研究过这个词语的具体含义。Willetts（1967：10—11）将 dromeus（字面意思："跑步者"）理解为公民（citizen），但该词汇的含义好像无非是"成年人"（adult）或"成年"（of age）而已（它与 apodromos 或 minor[未成年人]形成对比）。另一个词汇，apetairos（字面意思：从 hetaireia[团体]或部落中被驱逐）可能意指一类有着内部优先权的自由人。进一步参阅后面戴维斯的章节。

生育子女，孩子不仅合法而且是自由的。由于这些区别，我们只能得出这样的结论，即这两个城邦的家庭和财产法律在任何一个重要方面都不相同，我们也不能在任何有效的方面说希腊的婚姻和家庭法背后存在一系列统一的基本原则。

简单地说，尽管我们能够发现一些实体法的普遍特征为雅典和格尔蒂所共有，还可能为全希腊所共有，然而，当我们的知识越详尽时，区别就会越清晰地凸显出来。因此，芬利的观点在很大程度上具有正确性。但这也不必然意味着我们应该忽视相似性的观点，或完全弃置沃尔夫、比斯卡迪和其他人的主张，即共同的文化传统必然会在不同城邦的法律体系上得到某种程度的反映。

统一性的问题就是简单的定义问题，即若从广义的角度来看可以接受，而从狭义的角度则会拒斥——这是我们接下来必然得出的结论吗？那倒也不尽然，如果回到芬利问过的这一问题，"究竟何为争议的要点所在？"Foxhall 和 Lewis 的这段话指示了一条可能的路径(1996a:2—3)："这些资料涉及了希腊大范围的历史时期和地点，其中的法律行为在结构上的延续性暗示了一个'希腊法'的概念，或称之为'希腊法律行为'也许更好，后者作为前者的变体在这个论题上还具有分析上的有效性。"但他们并没有将"分析上的有效性"这个想法往前推进一步。或许一个更好的方法是反问：为何研究希腊法律的学者们会如此关注统一性的问题？而与此同时，例如，美国法律史学家们可以引证成文法、法院判决和各州的法律文书，撰写关于"美国法"的书籍，而显然不受这项事实——即美国除联邦政府的法律之外各州都有自己的法律——的干扰。[1] 希腊法有何不同之处？

正如芬利所恰当理解的，答案在于学者们对这一概念的利用，

---

① 例如，在他那本很有影响力的《美国法律的变革 1780—1860》(1977)中，Morton Horwitz 并未提出是否存在美国法(American law)的问题。

由此也直接引出了这一事实,即我们拥有的有关希腊法的史料(与我们拥有的美国法律史的资料相比)是如此之稀少。任何一位美国法律史学家会根据,比如说,加利福尼亚州的法律来重构得克萨斯州的法律,因为他们直接拥有该州的史料。但希腊法律史学家们就无从享受这份奢侈的便利。像沃尔夫这样的学者看来似乎将统一性的问题视为一个纯理论问题,然而很多统一性的辩护者们通常会含蓄地使用这一概念,以阐明一个我们没有直接充分史料的城邦的法律。在这一点上,比斯卡迪(1982a:9)或许最为明显:

> 对阿提卡法律(Attic Law)的研究可以视作不仅仅为了其自身的目的,若恰当理解,它还可以作为复原其他希腊法律的工具;让我们重申,它们之间的法律无疑是有别的,但在这些法律之中仍然可以发现一个共同基础的存在,这与刚刚提出的保留一起,使得仅为教导的目的而继续谈论纯粹的希腊法并无不当。①

这种做法的危险性显而易见,芬利对 Pringsheim 著述的很多不满实际上是察觉到一个特定的结论,比如,来自古埃及托勒密王朝的史料并不能作为雅典法的根据。但考虑到史料的稀缺,如果一个人试图撰写一本标题类似于《希腊交易法》的书,他将不得不依据一个体系作出关于另一个体系的结论。解决问题的更好办法是,针对特定主题的法律,仅描述它们在几个不同城邦中所能发现

---

① Lo studio del diritto attico può essere considerato non solo come fine a se stesso, ma anche, a ben vedere, come mezzo di recupero degli altri diritti greci; diritti, ripetiamo, indiscutibilmente diversi fra loro, ma fra i quali tuttavia 'e riscontrabile l'esistenza di un sostrato comune, che rende tuttora legittimo-sia pure con le riserve ora esposte-che, non foss' altro a scopi didattici, si possa continuare a parlare di diritto greco "tout-court"(比斯卡迪,1982a:9)。

的特征,且不能主张相同的特征一定存在于其他地方。这就是莫杰耶夫斯基在他那篇颇具影响力的论文(1983)中所使用的方法。在这篇关于婚姻的论文中,他将自己的取材主要限定于古典时期的雅典和大量希腊化的城邦。他几乎没有提及格尔蒂,后者在一些重要方面(例如礼金的缺失)并不符合他的一般模式。莫杰耶夫斯基的方法证明是有效的,尽管其并不符合芬利所坚决主张的:任何使用希腊法概念的作品,应当首先确定我们拥有证据且为所有时期和地区所共有的重要特征(还要有别于其他大部分的法律体系)。

据我所知,在希腊法的实体方面没有任何作品符合了芬利所要求的标准,并且(和上面提到的一样)英美学者几乎已经弃置了这个概念。[①] 但法律的另一面在这场论辩中通常会被忽视,即程序,[②]广义上理解为诉讼过程和司法组织(立法、法院、法官/陪审员、执法员等等)。我认为,在这个大致的范围内,我们可以发现即使不为所有,至少也为大多数我们拥有史料的城邦所共有的相似特征,并且(同样重要)在希腊之外类似的法律体系中没有发现这些特征。

当然,与实体法相比,希腊法在程序方面的史料是有限的,得出的结论也只能是尝试性的。无论如何,正如我在其他地方(加加林,2001:尤其是 42 页)所提出的,希腊法律程序似乎拥有某些在其他前现代法律体系中未曾发现的特征。例如,希腊法——至少雅典和格尔蒂法律——对程序给予了相当的关注,而在设定对违法行为的惩罚上则显得不太感兴趣。此外,大部分案子是由法官和陪审员在听取了当事人的答辩之后自由判决的,像宣誓之类的

---

① 很多人会认同托德所倾向的措辞(1993:16):"希腊法律体系族"(the Greek family of legal systems)。
② 在这里,希里(1994)仍是一个例外;见下文。

机械程序使用得相对较少。换句话说,在雅典和格尔蒂,公开的法庭辩论和自由的司法判决是法律程序的核心,而它们在非希腊法的法典所描述的法律体系中则相对较少。

据以做出这些结论的大部分证据来自雅典和格尔蒂,少量来自其他城邦的证据亦与之相符。我们确实会在案件的决议中偶尔看到机械程序[1],当然很多法律也会设定对违法行为的惩罚。但对于程序的关注(加加林,1986:尤其是72—77页)以及口头论辩,法律碑文也提供了大量证据,后者还成为雅典和格尔蒂程序的特征。因此,希腊大部分城邦显然在司法程序方面共享着同一个普遍做法,即当事人以其自认为合适的方式,自行在法官和陪审员面前为自己的案件辩护,而法官和陪审员则在既定规则(例如依照法律等等)之内以其自己的判断自由作出判决。在罗马法和早期英国法中久负盛名的形式主义,似乎从未在希腊法律程序中占有一席之地。

要理解希腊法律程序中的另外一些特征,最好从希里等人所提到的一个方向出发,即立法空白的存在。因为再勤勉的立法者也无法制定出覆盖所有可能情形的法律,总会有一些法律"空白"的存在,新案件中也会出现一些既存立法中没有直接包含的情形。[2] 希腊为数不多的立法活动,并不是为了处理这些空白,而是显然已经意识到空白存在的希腊人们愿意忍受这种空白。一些城邦的法律并没有在立法中苦苦寻求填补空白的规则,而是明确规定了法官或陪审员对既有法律未涉及的情形应当"根据最公正的观点"(γνώμη τῇ δικαιοτάτη)——或其他与之类似的表述——

---

[1]　例如,亚里士多德(《政治学》,1269a1—3)写道,在库梅(Cumae),"只要控告者提出几个本族或近亲作证人,就可判被告的重罪"。

[2]　希里曾写道(1994:55):"罗马法和现代法律制度没有空白。"我想,他的意思是说,发现法律存在空白之处,则需要由司法解释或司法判决来填补。但没有一种方法可以填补所有可能的空白。

进行判决。除了雅典之外,希里(1994:51—52)引证了伊勒苏斯(Eresus)和诺帕克都(Naupactus)的立法,表明这种做法是遍布全希腊的。他还误引了格尔蒂的立法(11.26—31),后者区分了两种情形,一种是法律要求法官根据证人或誓言来判决,还有一种是法官自己"在宣誓之下根据答辩来判决"。这条规则并不符合法律中存有空白的情形,但它可能源自同一个普遍愿望,即不对司法判决实行过多的立法限制,而是允许法官或陪审员根据自己的判断自由裁量。当然了,格尔蒂人可能也有与其他我们拥有史料的城邦处理法律空白同样的方法,如果不是法律,至少是习惯性做法。①

像现代的民法法系和普通法系一样,罗马法对待法律空白的方式是不同的——并不是作为一个法官或陪审员在个案中作出他能够作出的最好判决的机会,而是作为一个需要运用法律推理进行补救的法律缺陷,补救的结果便是造出新的规则来覆盖未经立法的情形(参见希里,1994:53—54)。新的规则是通过解释(通常运用类推)来获得的,确实,罗马法学家的很多工作都包含了提出新的规则来覆盖先前未经预见的情形。同样地,在今天的民法法系和普通法系,立法中的空白是通过法律专家或法官运用类似的法律推理来填补,在之后的一段时间内,他们制定的规则通常会在立法中被正式采纳。而希腊处理法律空白的方式显然不同:希腊人精通类比推理②,但他们显然认为没有必要填补空白,而更乐意将其留给法官或陪审员在个案中判决。③ 近东处理法律空白的方式也与希腊不同。尽管在汉穆拉比(Hammurabi)法典藏品及其

---

① 格尔蒂的立法中显然有空白存在,例如,大法典中有关性侵犯的规定(2.2—45)。

② 例如,在 Hyperides3 中,由于没有直接适用其情形的法律可以援引,原告即运用类推的方法,从规定了某些其他交易行为的法律中推衍出一般原则,再以该原则证明其起诉的正当性(参考希里,1994:54,注释 68)。

③ 某些对梭伦之法的批评(《雅典政制》,9.2)不是因其存在空白,而是因为它不够简洁。公元前 5 世纪对雅典法修订或重新编排的目的在于剔除矛盾之处及过时的法律,而非填补既有的空白。

他法律中有很明显的空白,也没有迹象表明有人认为这些空白需要填补,然而在近东的法律中也没有任何迹象表明制定法没有覆盖到的个案应当如何处理。现存的中世纪早期法律同样如此,尽管看起来它们为完整做出了更大的努力。[1]

在大多数学者看来,近东的法律记载显然对弥补空白毫不关心的原因之一是,这些法律不是真正的立法,因为它们并不打算用来指导实际的司法活动。相反,它们是用来展示当时君主的公正和对正义的忠诚,在其后裔中维持一位明君的形象。[2] 也有人主张盎格鲁-撒克逊的法律有着与之相似的目的(Wormald,1999)。然而,希腊法是真正的立法,其目的就在于为实际案件中的当事人和法官或陪审员提供指导。对此,有一个清晰的象征,即德拉古(Draco)的严酷法律和格尔蒂法典中的某些部分都包含了这样的条文,载明一部特别的法律是否有溯及力(Westbrook,1989)。只有当法律被打算运用于实际案例中的时候才需要这样的规定。

希腊法律与此相关的特征之一是,从很早的时候开始,法律不仅是书面的,还被刻在石头或其他相对耐久的材料上,展示在显眼的公共场合,通常不是宗教场所就是集市或公共集会的地方。[3] 对幸存下来的早期法律铭文所进行的细致研究表明,当时的人们在早期有限的书写能力之内,已经注意到将它们表述得更清晰,能为当时可能需要使用这些法律的人们所理解。显然,人们确实使用了它们,因为这些公共的法律铭文迅速扩散至全希腊。[4]

然而,除了书面和公共展示立法的喜好之外,希腊人与其他民

---

[1]　有关中世纪法典的结论以两部最重要的文献为基础,Salian Franks 的 Lex Salica (Drew,1991)是其一,另一部是 Lombards(Drew,1973)。进一步参考加加林 2001。

[2]　参见,例如罗斯(Roth,2000)、Lafont(2000)对此持异议。

[3]　基于我当前的研究,以下对希腊法中书写的论述将发表于一本即将问世的拙作中。对这些材料的初步研究参见加加林(2003、2004)。

[4]　和在其他事务中一样,斯巴达仍是例外。

族相比,似乎较不喜欢在其他法律事务上使用文字。13 世纪——如果不是更早的话——的英国已经完全确立使用敕令作为主要的立法工具(Clanchy,1993),而在汉穆拉比法典中大约有百分之十的条文涉及书面文件,例如契约或财产转移;或许这些都没有提到过成文法。① 但在格尔蒂法典中,恰恰相反,无论法典本身的其他部分还是其他地方的法律铭文中,唯一提到书写的地方即涉及成文法,而古风时期整个希腊的法律铭文普遍如此。事实上,这个时期在希腊的很多地区,描述法律的词汇某种形式上就是描写书写的词汇——to graphos(书写),ta gegrammena(成文)等等。法律对书写的这种高度局限、近乎排他性的使用,一直持续到古典时期的雅典法,文书——如契约和遗嘱——的使用则是在公元前 4 世纪早期的实践中才得以确立。类似的文书可以携入法庭,但尽管如此,文书还是必须向陪审员大声朗读,后者只接受口头形式的案件信息。古典时期有关其他城邦法律程序的史料的缺乏使得我们无法自信地得出一般性结论,但避免在法律程序之中使用文字与书面公开立法相结合的倾向,可能不仅是雅典和格尔蒂法律的特征,也是其他希腊城邦法律的特征。

　　另一个相关的特点是缺乏专业化,这显然是雅典法的特征,或许还是希腊法律的普遍特征。当书面文字运用得越来越多之时,法律作为一项职业在发展,专业人员的重要性也日益增加,这在罗马和早期英国的法律体系的历史沿革中得到了清晰的展示。无论书写能力在这些社会的普通成员中普及得多广,大多数法律书写的技术要求通常需要抄写员或专业人员的帮助,前者在汉穆拉比时期是很常见的,后者如英国的书记员或罗马的法学家。但在希腊化以前的古希腊,关于抄写员我们仅有为数不多的史料,从中可

---

① 在罗斯的译文(罗斯,1995)中,有两处提及"钦定条例"(royal ordinances),这些大概是法令。

以看出抄写员在那里的主要作用是撰写用来公开展示的文本,例如法律。奴隶也可能书写文件供其主人使用,但雅典的法庭演讲通常由当事人发表,其他人各自书写(和阅读)各自的文件。雅典法缺乏法律专业人员是众所周知的。[①]

在这些方面,古埃及托勒密王朝的法律体系显出了与早期实践的重大差别。尽管这一时期有大量幸存的纸草文本,我们关于托勒密法庭程序的了解仍然很不全面,但看来似乎抄写员和书记员在法律事务中扮演着重要的角色,其他专业的执法官也在很大程度上操控着法律体系。有时这些官员并不是当地的,而是巡回的司法官员群体。有时也有非司法官员在其特殊领域内解决纠纷。陪审员审判似乎相对较少。此外,司法事务中文字的使用似乎大大增加了。[②] 对于托勒密的法律我们有很多的未知之处,但无疑早期法律的某些特征至少在一定时期内延续了下来。然而,尽管延续肯定存在,法律作为一个共同体支配之下的开放和公开的制度,其整个概念似乎已经发生了改变。

这种变化可能与亚历山大之后政治基础所发生的变化有关。因此有理由认为,创建于希腊古风和古典时期的政治组织类型与前面提到过的某些程序特征之间存在着某种联系。这些程序特征包括:口头辩论在司法程序中起的作用较大,形式主义和机械证据起的作用较小,公开成文法的迅速增加,在这些法律中所表现出的对程序的关注,书写在法律程序本身中的相对缺乏,最后是没有专业化。无论希腊城邦的政府是由民主还是寡头支配,它们似乎都允许共同体的绝大部分对重大问题进行公开的讨论。甚至早在荷

---

① 参见,例如,托德(1993:77—78)。雅典法的半职业性人员中可能包括向当事人收费的法庭讼词代笔人,以及 exēgētai[译者],当法律争议偶尔牵扯到宗教事务时,他会给出相关(无约束力的)意见。

② 那个时期幸存下来的大量纸草文献便暗示了这一点,尽管史料之间的差别性使得与早期进行的对比并不可靠。

马之时,国王们(basileis)就经常聚集在大广场内对重要公共事务进行讨论,这种集会作为公众的代表,可能还包括了共同体中最不可取的部分(如《伊利亚特》第二卷的塞耳西忒斯)。对公开论辩的热情似乎影响到了希腊思想的很多方面(劳埃德,1979),希腊法律程序中的公开或许是其进一步的反映。

希腊在古风和古典时期的法律有着开放的特性,此时的政治体制相对缺乏独裁主义——如果这两者之间确有联系,那么当希腊法被一个当时由单一极权的君主统治——之前已统治数世纪——的国家所引进时,它将要经历的重大变化就是我们能够预见的。在古埃及托勒密王朝,大多数法律不再来源于公众,而是直接由国王和亚历山大的君主政府颁布,由此,诉讼也就不再是古风和古典时期的公开的程序,而更大程度上成为当事人与执法官——在抄写员与书记员的帮助之下——之间非公开的事务。从这一点来看,无论实体法中还存有多少古希腊法律的成分,法律体系在根本上已经发生了改变。

当希腊法被引入先前对其一无所知的部分亚洲地区——即除小亚细亚在爱琴海沿岸的希腊城邦之外的所有地区——时,可能也发生了类似的变化。但爱琴海沿岸这些年代久远的希腊城邦,与希腊大陆的城邦一样,似乎在其对内事务上还保有一定的自主权,至少不完全受君主统治的压迫。与雅典、科林斯(Corinth)和其他城邦一样,士麦那(Smyrna)和以弗所(Ephesus)确实处于希腊化时代的君主统治之下,但它们似乎在私法中还保有相当的自治权。有关这一时期法律的史料分散较广且几乎都是间接的,我们还需完成大量工作之后,方能就上述问题得出有关希腊化时期法律的确定结论。[①] 但如果仅限于考虑古埃及托勒密王朝的法律,我们完全可以确定,先前论及的古风和古典时期法律的特征,

---

① 参见本书中莫杰耶夫斯基和鲁普雷希特的章节。

至少有一部分不再为后期法律体系所有。

　　这个结论可以说是一个悖论。统一的希腊法概念是在罗马法的基础之上,由像 Mitteis 一样训练有素的纸草学家初创于 19 世纪,最初特指托勒密王朝和罗马埃及的希腊法。即使在芬利的挑战之后,统一性理论主要的辩护者们仍旧是受训于罗马法和(经常是)纸草学,且大量从事希腊化法律研究的学者。另一方面,那些反对统一希腊法的传统观点的学者(主要是英美学者),主要从事对古代雅典法的研究,并倾向于将其视作一个独特的体系。而我得出的结论却表明,尽管雅典实体法的细目可能有所不同,但在程序(广义理解)的领域中,它与古风和古典时期希腊的其他法律体系共享着重要的特征。这使得我们可以宣称,希腊法中——或至少在希腊法律程序中——存在本质上的统一性,这与芬利所想的或许稍有不同,但我想,应该符合他对统一性的标准。然而,在古希腊和古埃及托勒密王朝的法律体系之间似乎有着本质上的差别。因此,我所发现的希腊法的统一性,建立在古风和古典时期而非希腊化时期,是就广义上的程序而非实体而言。这与 Mitteis 及其追随者们恰恰相反。但即使是在古风和古典时期,这种程序上的大致统一也没有如此强大的说服力,以致允许我们以一个城邦的法律为基础推导出有关另一个城邦的结论。然而这个统一希腊法的概念可有助于理解古风和古典希腊时期不同法律体系——包括雅典法——的性质,还有助于鉴识希腊与其他地区法律之间的区别。

# 2. 论文字、法律和成文法

托马斯（Rosalind Thomas）

古典时期的雅典人是如此尊敬他们古老的立法者梭伦，以至于在激进民主时期，梭伦之法仍构成雅典法的基础。直到公元前5世纪晚期，法典经过修订以后，雅典人仍将其法律称为"梭伦之法"，将新旧法律混淆在这一个描述之下。尽管这些法律据说是有瑕疵的。亚里士多德在《雅典政制》（*Constitution of Athens* 9. 2）中提出了批评：他们声称，梭伦之法因缺乏明晰引起争议而受损，还"有人认为这是有意让大众控制审判"。① 这个例子引出了本章的若干主题：希腊早期法律和立法者（如梭伦）的作用，成文法在理论上和实践中的重要性，当法律以文字记载下来时所引发的问题，成文法和将其付诸实践的主体之间的密切联系。

批评中至少有一些是来自寡头政治的，因为亚里士多德随后便告诉我们三十人僭主在其剥取民众一切权力的渴求中，"废除了厄菲阿尔特（Ephialtes）和阿尔克斯特勒图斯（Archestratos）关于最高法院（Areopagus）的法律，还废除了梭伦模棱两可（diamphisbētēseis）的法律和陪审员的权力"（35. 2）。他们认为，允许恶意起诉的法律应当是关于继承和死者遗嘱权威的法律。这

---

① 参见普鲁塔克《梭伦》18。

给予了立遗嘱者全权以决定其遗嘱的内容,"除非当他精神错乱、老年和处于女人的影响之下时"。这就给审问遗嘱提供了一个极好的理由,因此也为寄食者提供了机会——至少三十人僭主是如此宣称的,他们就废除了这个例外。《雅典政制》的作者为梭伦辩护的基础是,立法者应当根据普遍的情况来制定法律(9.2),但我们在这里马上看到的是,成文法的性质和范围可以是联系寡头主义与民主主义的纽带。民主人士更愿意为陪审员在个案中的解释留有余地,而寡头主义者更急切地想要消除模棱两可。这凸显了法律效力与其制度背景之间的密切联系——如果没有拥护民主的陪审员来支持民主的法律,后者的存在就无所助益——也显示了成文法么需要法律解释作为补充,因为它们不可能覆盖所有的情况,正如亚里士多德在《政治学》(1282b2)中所述。这为一个更深层的主题提供了例证——不同城邦的法律为了实现相当多样的目的可以采取多种书面表达的形式;根据政治和环境,这些成文法的含义并非处处相同。

古典时代的希腊人认为希腊城邦是法治的,蔑视缺乏法律的非希腊人(想象中或现实社会中的)。公元前 5 世纪的下半叶,成文法被迅速认为是为所有人提供正义的必要条件。欧里庇得斯的《乞援人》(*Suppliants*)中所刻画的倾向于民主的雅典国王忒修斯,以其高尚的言辞宣称:"当法律被写下的时候,贫弱和富强将拥有平等的正义。"(430—434)[①]它们表达了古希腊共同的观念,即成文法是将正义带给所有人的必需,因为其超越了个别社会群体的利益,并能公正地付诸实践。它们还暗示了希腊城邦对法治的普遍认同。但可以逐渐认识到的是,成文法的出现在古代社会中并不必然伴随着更大的正义和平等,更别说民主了。[②] 此外,理想和实践并不总相匹配,成文法在希腊社会的意义和希腊城邦的发展错综复杂,令人

---

① 参见 Gorgias,DK 82,11a 30:"成文法是正义的守护者"。

② 参见加加林(1986)第 6 章、托马斯(1995)、Eder(1986)、Hölkeskamp(1992)。

困惑丛生。人们设想中通过制定成文法会努力去做的事情，可能根本无法付诸实践，也有人质疑成文法有时会有无法预料的含义。

经证实，最早的成文法大约出现在公元前 7 世纪中期，其逐渐增多正是在希腊城邦发展为更加规范的政治组织之时，即城邦走向正轨的进程中。在这更大的变革中可以观察到成文法所扮演的角色，在很大程度上是因为早期的成文法被城邦的官员们强制检查的着实不在少数，而城邦又经常容易起内讧。对古风和早期古典时期的希腊法，我们所拥有的最可靠的证据仍是铭文记载的法律，因此我们对这些镌刻在石头上从而幸存到今天的法律的了解，要远甚于对那些刻在木头或青铜上的法律的了解。需要进一步指出的是，这些稀有的法律文本很难反映出其中可能存在的复杂性，比如说一个关于继承或担任公职的法律争议，更别说社会和政治的剧变，后者可能会给试图实施的新法带来额外的阻力。后来希腊的传说将大量的法律和改革归于早期的希腊立法者，这些传说似乎变成了精心炮制的叙述，使这些立法者们总保持着模糊和不确定的特性。关于雅典的梭伦，现存的资料只有他早期的诗歌和后期的法律记载，以及日后理想化或宣扬性的传说。①

然而依旧清楚的是，成文法在古典时期被广泛视为其"本身"（in itself）不仅有助于民主，还有助于实现公平、正义和平等。成文法在古风时期的逐渐发展不仅涉及文字的作用，还与古风时期某些核心的发展挂钩。梭伦在这里作为一个象征性的人物，在诗歌中如此呈现其改革：拯救城邦于内讧之中，创立"良好的秩序"或欧诺弥亚（eunomia），防止任何派别非正义地获胜以及——不可或缺的——"为富人和穷人立下同样的法律，使公正宜于各人"。②

---

① 参见 Szegedy-Maszak(1978)；将这位伟大立法者的观念视为本质上的 4 世纪构想，参见 Hölkeskamp(1999) 和 Robinson(2003)。

② 残篇 36W，引自《雅典政制》12.4；比较本书中加加林关于早期希腊法的相关章节。

在这里,我们集中探讨古希腊成文法的特性和意义,及其与早期的统治形式和秩序维持之间的关系,最后是围绕在古典时期雅典成文法周围的理想。

　　希腊的文字出现于公元前 8 世纪早期,很快就被运用于私人之间的通信、标记和献辞。直到公元前 7 世纪的后半叶,我们才有最早的官方公开将文字运用于铭刻法律的具体证据。迄今为止发现的最早成文法来自克里特的德雷洛斯(Dreros,约公元前 650年)——一个拥有足够的市民意识,已经建立了集市的地方。贯穿整个公元前 6 世纪直至公元前 5 世纪,克里特的城邦都是石刻法(inscribed stone laws)的主要创造者,以"格尔蒂法典"为其集大成者,从古风时期开始为我们留下了石刻法的克里特城邦有 11 个之多,这使得克里特的史料具有压倒式的重要性。[1] 克里特显然从一开始就格外热衷于成文法(石头上),这绝非偶然。文学资料还增加了有关早期立法者的传说,这些立法者可能属于公元前 7 世纪,诸如,卡塔纳(Catana)的卡戎达斯(Charondas)、洛克里(Locri)的扎勒乌克斯(Zaleucus)、科林斯的菲洛劳乌斯(Philolaos)、忒拜(Thebes)的立法者、斯巴达的吕库戈斯(Lycurgus)等等,尽管这些传说显然难以令人接受。[2] 相比之下更加可靠的是,雅典公元前 7 世纪晚期的德拉古和公元前 6 世纪早期的梭伦,前者的杀人法在公元前 5 世纪晚期被重新铭刻。然后大约在公元前 6 世纪早期,成文法变得常见。法律铭文的史料在公元前 6 世纪中后期变得更加普遍。那么,为何这些共同体要诉诸成文法呢?这些法律是否只是共同体中某些群体的庇护(或武器)呢?这些成文法在多大程度上再现或"编撰"了先前的惯例,或是彻底制定了

---

[1]　参见 van Effenterre 和 Ruzé(1994—1995)重要的政治和法律铭文集——之后,Nomima;Whitley(1997)富有成效地收集了克里特的史料。另见本书中戴维斯的章节。

[2]　参见 Szegedy-Maszak(1978)和 Hölkeskamp(1999)。

新的规则？这明显大规模的立法怎会归之于那些传说中的立法者呢？

　　有关古老立法者的那些传说不仅常不可靠，还确实与铭文之间有出入。我们的史料提供了来自克里特的大量石刻法，少量刻在青铜上的法律来自奥林匹亚/伊利斯（Olympia/Elis）和阿尔哥利斯（Argolid），尤其是阿尔戈斯（Argos），但是没有或只有极少数片段来自以下以其立法者闻名的城邦：忒拜、卡塔纳、斯巴达、雅典和洛克里。斯巴达的传说讲述他们的立法者——斯巴达的吕库戈斯——实际上禁止了成文法（普鲁塔克，《吕库戈斯传》13.3）。至于其他，还有少量片段来自 Leontini(Monte San Mauro)和以弗所（Ephesus），它们都有立法者的传说。① 梭伦的大量立法写在 axones(木板)和 kyrbeis(公布法令的三角板)上，并未幸存至今，古风时期的雅典没有为我们留下镌刻在石头上的古代法律。② 这留下了一种可能性（除非我们完全不相信这些关于立法者的传说），即某些城邦将法律的内容载于石头之外的其他材料上，也有可能完全没有公开记载。文学中的传说记载着卡戎达斯（Charondas）的法律有时是被吟诵或歌唱着的，尤其是在赞歌（paeans）之后，"这样那些法令就会深深印在脑海中了"。③ 并非所有学者都乐于视其为真实，但它唤起了一种可能，即某些古老立法者并不是以某种固定的方式来颁布或保存他们的法律，将法律记载于不会腐烂的材料上并置于公共场所的方式在以后才成为一种标准。

　　要理解为何共同体越来越诉诸成文法，我们必须首先考虑这

---

① Hölkeskamp(1999),109—114;Sokolowski:LSAM(1955),注释 30、30A、30B。

② 关于梭伦的木板和公布法令的三角板，基础性研究是 Stroud(1979)；关于梭伦的法律，则是 Ruschenbusch(1966)。

③ Stob. IV 2.24,154—155 页 Hense；另见 Athen. 619b＝Hermippus 残篇 88 Wehrli；关于口头或吟唱的法律，主要参见 Camassa(1988)、Piccirilli(1981)、托马斯(1995:62—64)。

些早期法律的主题和形式。现存最古老的法律中很多都表现出对设置惩罚、规定公共机构对处理不当行为的责任以及调查官员的极度关注。例如，一部梯林斯(Tiryns)较近颁布的法律，可能是一部宗教法，日期可溯至公元前7世纪晚期或公元前6世纪早期，仍旧十分晦涩，但是我们可以找出有关罚金、各种税收、实施惩罚，以及有关"共同体"或民族的条款。① 阿尔戈斯有些镌刻在石头或青铜上的法律至少可溯至公元前575—550年，其中有一部关于刑罚的法律，镌刻在青铜匾上，列举了危害城邦的主要罪行及其将会遭受的惩罚，包括诅咒、死刑和流放，以针对损坏铜匾本身的惩罚开头。② 关于类似的制裁和官员责任等级有一个很好的范例，出自伊利斯(奥林匹亚)的一部法律，镌刻在一块青铜匾上，详细列举了制裁和罚金：它的首要主题是伊利斯的大臣 Patrias，其中一则条款似乎宣称此人及其家眷若被控告可以被豁免——一个减轻公职的责任，保护 Patrias 的尝试。③ 这种对惩罚和公职的强调意味着有时——尤其是从零散的文本中——难以判定何为基本的不当行为。

总的来说，这些镌刻的法律并没有设立政治制度(很多在任何情况下都关注着程序——我们先前已讨论过)。然而文学传说将重整或改变城邦的社会和政治结构归于各种各样的立法者，我们也不得不相信其中的某些，尤其是雅典的梭伦和可能性很大的斯巴达。公元前6世纪(ML 8)早期希俄斯(Chios)的著名法律可能属于此类，因为石头的一面(Back[C])提到向"人民委员会"上诉，似乎还设定了会议的时间及职能，但是前面(A)像是保护赫斯提(Hestia)圣殿的财产和提到民众的法令(rhetras)，市长(de-

① Jeffery(1990),443,注释9a。至于含混的 platiwoinoi 和 platiwoinarchoi,参见 No-mima I78;参见 Osborne(1997),75。
② Jeffery(1990),158,168 页注释9(约公元前575—公元前550)。
③ IvO 注释2;Jeffery(1990),220 页注释15,218 页和注释5;Nomima I 23。

marchs)和国王(basileus)。① 在我们的铭文资料中,这种有关政制事务的法律相对较少。尽管来自德雷洛斯的早期法律是另一部广为人知的政制法律,第一次宣布城邦已经决定让现任最高执政官 Kosmos 10 年内不得担任最高执政官,接着列举了破坏这条规则的惩罚。让人颇感惊讶的是,现存最古老的石刻法是一部限制首席执政官任职期限的法律。通常来说,它是一部混合了规范和程序的法律,第一次划定了禁止的界线。这意味着,成文法可能经常在政治和社会剧变时期被诉诸,在某些地区(如德雷洛斯)也可能表现为试图限制或规范活跃的政治精英——可能恰恰是他们的同僚。②

趋向成文法的动力在这广泛的不同地区或许并不统一,但毫无疑问的是,这种书面形式被认为意义重大。对于梭伦之法,我们有他自己的言语,和他的表述"我为富贵贫贱者同等立下这法"(thesmoi,36W),与他在诗歌中强调社会正义,以及限制内讧双方的过分要求完全相符:对于梭伦来说,一部书面形式的法律将会牢牢抓住所有的阶层;所有人在它面前都是平等的。仅此一点就足以表明,成文法作为一位衡平者,并非错置于古风时代。尽管其他有约束力的法律可能没有采取书面形式,我们也无需附和 Whitley 的建议,即与那些主要以口头形式传达的法律相比,不一定要在法律中赋予成文法以特殊地位(1997:640)。成文法的重要性逐渐与口头的法律相融合,这可能是一个无意的结果,但在这种情况下难以发现城邦究竟为何要写下法律——如果它们并未打算与之前有何不同的话。另外,又为什么很多古代法都那样强调遵守"写下的内容",以及不准损坏"那些文字"? 梭伦诗意的断言巩固了这

① 关于希俄斯的早期民主,参见 Robinson(1997),90 页及其以下和 Robinson(2003)。
② 比较 Eder(1986)关于编纂成文法典作为一项保守行为的论述。关于 Dreros 的法律,参见 ML 2 = Jeffery(1990),plate 59,1a。

个观念,即成文法应该被认为意义重大。

以书面形式立法的另一个目标或许是稳定。在雅典,梭伦以书面形式立法的意图可能在于赋予其稳定性。在变革期间,对改革和其他措施达成的共识如果轻易被遗忘或被反对者"错置"(mislaid),则会失去其作用。因此,公然可见的木板和三角板就变得重要起来。一度被认可的法律将会被忽视,或者被理应受到法律约束的人们撤销,如官员或统治精英中的其他成员——这种担心在所难免。而公开书面的形式既可理解也可看见,即使能够真正阅读它们的公民只有少数,那些能够阅读的人大概也足够了,也许还有更多——如果谁能将公开的铭文作为一位法律的提醒者。因此,针对篡改铭文的行为常会有严厉的惩罚。一些最近公布的提奥斯诅咒(Tean Curses)中有一条诅咒某些没有"尽其记忆和力量"读出石柱上的文字的官员(这涉及另一个事实,即他们是凭记忆背诵它们的吗?)[1]。任何损坏石头的人可能也要受到诅咒,并且在其他的提奥斯诅咒中,无疑还有针对任何破坏了石柱,删去或抹掉了文字的人所处的极刑(ML 30)。自然,所有这一切都暗示了一种对稳定性以及保存公共石刻法律的渴求。

现在我们或许要回到克里特。与克里特城邦大量立法有关的一个悖论是,这里有着固定的石刻成文法的传统,但却很少有其他类型的文字资料存留下来,这些令人印象深刻的石碑铭文看来几乎是克里特在文学方面的唯一体现了。[2] 正如我们在雅典所发现的那样,现实中缺乏任何非正式文字有力地表明,普通的克里特公民并不阅读这些法律。然而,与其说是一个悖论,不如说是一个尴尬的提醒——这先进式样的法律并不总能得到适用。克里特未能提供某种模范形式的成文法"可以"促进平等甚至民主,现代对克

---

[1]    SEG 31. 985 D 和 Herrmann(1981)。

[2]    参见 Whitley(1997)一份有用的列表,以及 Nomima I 和 II。

里特法的讨论间或会有一丝为其辩白的论调。但我们不能将克里特的证据作为一种偶然的发现搪塞掉——克里特毕竟创造了迄今为止最大数量的法律铭文，尽管近年来在其他地方也发现了一些。因此，我们得自己寻找其他的解释。铭刻的法律可能是以一种恐吓的形式在人们心中打下法律权威的烙印。但这似乎仍让人不甚满意，正如近年来提出的一个观点，认为格尔蒂法典首先意味着一个壮观的文本，"首先是纪念碑，其次才是文本"。代表着"象征整个共同体的符号形式"（Whitley，1997：660）。然而，"法典"以其精密和复杂而著称于世，它的法规覆盖了生活中方方面面可能（以及一些不可能）发生的情况，诸如继承、收养和女继承人；还有增加的修正以及试图体系化的迹象——所有这些都表明其不仅仅是一个巨大的象征性宣言。此外，格尔蒂法典只是格尔蒂数量众多的法律铭文中最长的一部，显然构成了石刻法传统背景中的一部分。[①]

　　格尔蒂那些保存着法典的巨大雕刻墙壁凸显着法律的权威、法典的庄严和建造者的力量。但仅此而已吗？如果克里特与希腊的其他城邦是如此不同，为何不同的恰恰是它？又是怎样的背景使得它如此不同？如 Spensithios 法令所示[②]，书记员在古代克里特的作用确实十分广泛，这是一种暗示：书记员是公职中的一种，其权力可能需要监督，同样的情况也出现在格尔蒂法典的记诵官（mnēmones）和法官中，还成为其显著的特征。如果书记员拥有权力，成文法似乎可以有效地约束他们的行为。[③] 这些法律的实际内容也需要考虑。法典中有很多关于公职人员的行为和权力的内容，包括实施法律制裁，以及"按照成文法"行事的警告。例如，有一些规定是关于在一种特别复杂的情形中法官和顾问官

① 　Willetts（1967）保存了最齐全的版本。进一步参见加加林（1982），加加林（1986：尤其是 109—111 页），戴维斯（1996）以及他在本书中的章节。

② 　珍本原版见 Jeffrey and Morpurgo-Davies（1970）。

③ 　参见 Ruzé（1988）关于早期希腊的抄写员和书记员的潜在权力。

(mnēmōn)所应遵循的程序(IX 24—40);无论"成文法"规定如何，法官必须"按照成文法"作出判决(XI 26—31);规定从被写下的那一刻起即生效(XI 19—23)。这表明法典之所以设立大量的有关继承、财产和女继承人的法规，某种程度上是为了约束和限定法官对这些事务的处理，以覆盖那些随后会出现的问题，当成文法的传统已经确立下来之后，这些都是很可能发现的情况。

有趣的是，尽管这里的成文法十分详细，顾问官在法典中仍拥有大量权威，因为他们牢牢依附于法官，并与其分享着作为旧案结果见证人的潜在权力，因此这两个公职都有着权威性的知识。[1]尽管绝大部分民众都无法阅读，但官员们大概可以，因此书面形式的法律可以部分达到授权公职人员相互监督的目的[2]。亚里士多德(《政治学》1272a36—39)评论过公元前4世纪晚期克里特的官员，"生活不受约束，任期没有限制，一经当选就成为终身职务，这些都是不应有的特权;还有他们往往不依成规而只凭私意决定可否——这就可能引起政治上的争执而造成邦国的祸患"，但这可能表明的是法律没有得到"实施"，而非自始就未打算使法律具有威慑力。

尽管法律铭文在克里特的突出地位无疑是个例外，但仍值得考虑的是，成文法在克里特的地位有没有可能代表或暗示了法律在古代其他共同体中的地位——这些法律的内容并不为平等主义或民主型的组织所支持，其实施和执行也不依靠一个有权的官方以及顾问官和他们(内在不稳定的)的"记忆力"。毕竟，从文学传说上看，克里特法律是为其他希腊人所赞赏和模仿的。颇有意味的是，碑文与文学传说的一次相互增进，使得之后的希腊作家们，

---

① IX 31 及其以下;比较 Willetts(1967)，IX 32;参看 Ruzé(1988)、托马斯(1995)，66页及其以下，关于顾问官在希腊通常是拥有潜在权力的人物。

② 但参见戴维斯(1996;54—55)提出的限制条件——法典对照检索的困难。

包括希罗多德(Herodotus)、柏拉图和亚里士多德,确信了克里特法律传统的重要性。不可否认的是,传说强调克里特神话中的立法者回到米诺斯(Minos),而早在希罗多德那里就记载了斯巴达的吕库戈斯取法于克里特(1.65.4),在柏拉图的《法义》和亚里士多德的《政治学》中有对此更加详尽的表述。[1] 成文法存在于没有民主特征或意向的城邦中,这在希腊或许比雅典的(和梭伦的)例子更为普遍。

文字似乎给予法律以持久、稳定和保证。这给我们带来了进一步的问题——写在一部古代法律中的究竟是什么内容,以及书写的时候怎样运用铭文。让我们且先站在一边,更深入地考察这些法律——或多或少——在被写下之前,共同体内发生了什么。

早期成文法的效果一定——至少部分地——要受到更早的惯例、维持秩序和解决纠纷的系统以及确已存在的政府官员和政治结构的影响。这引出了一个问题,即我们是否可以讨论先前存在的非成文的或口头的法律(一些应当称为"法律"的相当严格的强制性规则)。常有人坚持认为——尤其是现代法学家——法律按其定义必须是成文的;否则它们将缺乏清晰、独立、特殊标志和准确,而正是这些使得法律成为法令或法律。确实很难设想制定法是不成文的,人们也容易认同,一旦规则被写下来,它就获得了某种独立和特殊的地位,也许会被提升到高于其他的强制性规则的地位。但在古希腊,如果我们将法律视作有效的成文法,那么描述成文法的发展就是描述发明法律本身[2],这似乎要冒过于简化事实的风险,也会使理解这个问题变得更加困难:在希腊我们可能发现虽未被写下但相当严格的规则/标准,为何只有法律被写下来

---

[1] 关于柏拉图对法律及成文法的态度所作的启发性探讨,参见 Bertrand(1999)和 Nightingale(1999)。

[2] 参见加加林(2003);上文第 10 个注解中托马斯(1995)关于"口头法"更详尽的观点和论文。

了？它还留给我们另一个得不到解答的问题，即希腊常用于表示规则或法则——我们愿称之为法律——的措辞为何常常那样含混。

确实，提到法律常常只是提到它们的存在形式。早期的法律常简单地自称为"刻书"（the writing）：例如，格尔蒂法典反复自称为"刻书"（to graphos）。① 公元前 6 世纪晚期，奥林匹亚一部禁止神殿中不当行为的法律（IvO 注释 7）附加了可怕的警告，"违反写作（παρ το γραφοζ；写作）而作出的裁判一律无效"，显然那是指法律本身——有趣地暗示了他们担心某些官员很可能完全忽视这部法律（前面已经提过）。然后，这句话宣称"人们的判决（the rhētra of people）具有最终的决定性"。这里的 rhētra 似乎是指人们针对某些违法者所作出的一次性判决，但在其他地方，rhētra 在某种意义上被用于指代法律（IvO 注释 2），意即，一个对于可预见的未来有约束力的规则，而不是一个详尽的判决，rhētra 这个词汇的根本含义是指一个口头的宣告。且不说在维持共同体的秩序中这个有趣的书面和口头的混合，我们可能更想知道的是，将法律称作"刻书"是否真的意味着：第一，周围唯一的或主要的文字就是这部法律；第二，成文法的概念还没有从非成文法中分离出来。写下法律可能是"迈向"将法律定义为成文法的重要一步，尽管还没到最后一步。

伯罗奔半岛之外的地区通常将（成文的）法律称作 thesmos②，蕴含了某种特为将来所设立的确定之事的意味，因而创设了除传统和惯例之外的规则。另一个众所周知的宽泛概念是 nomos③，指代风俗习惯、强制规则，以及成文的和不成文的法律（比如在

---

① 例如 XI 19—23；另参见 Hölkeskamp（1994：尤其是 137—138 页；2000）。

② 例如梭伦 36W，18 行；比较 ML 13 和 ML 20（两次出现），此处的形式为 tethmos。

③ 尤其参见 Hölkeskamp（2000：74—81），强调 nomos 固有的模糊性；另参见弗瑞斯（1988）、奥斯帝瓦德（1969）、托马斯（1995：64—65）。

Erythrae 和 Halicarnassus)。在雅典,经过一段不确切的时期之后,它在公元前 403 年的政制中最终确定为指代成文法,"不成文法"的使用同时被禁止。① 或是为了回应政治操纵,或是对定义"the law/nomos"的困难有所察觉,后者在公元前 5 世纪后期常为诡辩家们所讨论(见以下朗格的篇章),因此 nomos 获得了一个更加明确清晰的含义。例如,希庇亚斯(Hippias)曾问道,正义是否可以定义为遵守法律,因为法律可以变更,但不成文法,诸如人人都要照顾自己的父母这样的法律,是神圣而普遍得到遵循的(色诺芬《回忆录》4.4.13 及其以下)。斯巴达人以其严格遵守自己的法律(nomoi)而著称于世,希罗多德暗示这是他们最大的优势(使用了 nomos,7.104.4),尽管这些法律肯定是口头的。② 希罗多德还描述了在非希腊地区发现的非常明确而有约束力的惯例,人们可能同等地称之为惯例或法律,所用的词语是 nomos。他称赞了埃及国王 Amasis 的 nomos,因其强迫每个人每年都要向地方长官说明他诚实挣得的生计——如果没有说明,就将之处以死刑(2.177.2)。希罗多德补充道,这为雅典的梭伦所借鉴,若它(如果是真实的)的确是成文法,大概成为了反对怠惰的法律(nomos argias)。Amasis 的 nomos 是否成文并不清楚,但只要政治施压和习俗支持,是否成文或许就无关紧要了。

希腊作家曾明确地提及不成文法。之后的资料中也谈到过对法律的颂扬,表明后来的希腊人对法律是否根深蒂固并非毫不担忧,还会通过歌颂的方式来使之深入人心,即使这些来源于古风时代的证据未必可靠。"不成文法"的术语首次出现在公元前 5 世纪

---

① Andocides 1.85、87 提供了法令的文本;不成文法可能被寡头政体随意篡改。

② 加加林(1986:57—58);一个明显的例外是普鲁塔克所提到的大法(the Great Rhetra),它以某种方式记载下来,上面的禁令似乎是后来的发展,然而斯巴达在 7 世纪也像其他希腊共同体一样试着使用了成文法。关于希罗多德对 nomos 的叙述,参见托马斯(2000:Ch.4)。

晚期：现存资料中第一次提到它是在索福克勒斯（Sophocles）大约公元前 442 年的作品《安提戈涅》(454—455：agrapta nomima）中，随后还出现在阿里斯托芬公元前 532 年的作品《阿卡奈人》中(532行）和阵亡将士国葬典礼上伯利克勒斯的演说中（修昔底德 2.37）。尽管我们不得不同意，这可能是一个危险含混的概念，但它的出现似乎仍然暗示了希腊法律性质的一个进步，或许是一个前提——即大部分法律都是成文的——扩大了，又或许是，公元前 5世纪晚期的雅典拓展了对"成文"法性质的讨论。① 但无论如何，关于成文法是迈向正义的一大进步这类出自雅典人之口的评论有力地表明，在此之前已然存在某些作为判决依据的强制性规则的概念。在欧里庇得斯（Euripides）那里，正如我们所提到的，忒修斯（Theseus）宣称，"当法律被记载下来之时"，会给所有人带来同等的正义，而在此之前，僭主统治之下"没有公共的法律（nomoi koinoi），只有一人以其自己认同、为己所用的法律进行统治"(《乞援人》429—434；参见梭伦残篇 36W）。这明显表明在成文法之前可能有一个单独的僭主控制着法律，但一旦成文法出现，这些更容易理解、为公众掌握的法律即将为所有人提供正义。

　　这也提醒我们不成文法所固有的危险性——适用中的耍花招，规避适用不便的法律，对一个墨守成规的政治体系中存在的社会陋习和政治偏见毫无防备等等，但成文法本身也未必能获得正义、公平，以及对所有人一视同仁、始终如一。成文法十分依赖于将其付诸实施的法官和司法系统，并且，即使法律文本已被详细审查，司法程序制度中也允许讨论，法律解释的问题和具体条文中的漏洞仍不可避免。当然，成文法也可以存在有意的不公，南非的种族隔离制度是个很好的例子。古风时代的希腊城邦似乎已经意识

---

① 参见托马斯（1995：64 页及其以下）、奥斯帝瓦德（1973）、奥斯帝瓦德（1969）、Hölkeskamp(2000)。

到官员自己也可能犯错，因此很多法律中都有试图约束官员和迫使他们遵循新法的条文。

　　这里呈现的是成文法之前多少已有些强制性规则的存在，无论你称之为不成文法，nomoi，还是口头法。因此，在成文法和不成文法的使用之间有着动态的转换关系，对它们各自意义的理解伴随着政治和社会环境在那几个世纪的变化。然而，尽管古风时期的城邦通过颁布成文法力图惩罚任意的判决，预防政治的混乱，但在公元前 5 世纪晚期及公元前 4 世纪，某些作家又回到这样的观点，认为不成文法本质上更加公正和根深蒂固：我们在上面提到过希庇亚斯（Hippias），亚里士多德在 4 世纪后期也说到，习惯法（即不成文法）更为公正（《政治学》1287b）。我们在这里或许可以看到人们对成文法怀有更大的担忧，一旦它们变得大量而常见，显然是可变的，还可能被特定的群体所有意操控——这正是人们丧失了对法律不变的天真信任的后果。

　　有些早期的成文法以不成文法为前提。很多早期成文法关注程序甚于实体；对于不当行为的案件，它们细化了所要遵循的程序，而非设定所谓的"戒律"或禁令。结果有可能创制（照我们看来）出相当不完善的法律。例如，德拉古的杀人法（ML 86），从公元前 5 世纪晚期的原稿"第一轴"的声明开始，似乎就迈了好大一步："即使谁犯杀人罪并非出于自愿……"接着就是起诉的程序，强调的是谁有责任将杀人者束之于法，而非阐明杀人的罪行。杀人者——即使是非故意杀人——需要受惩罚，它将此视为理所当然，并没有对其进行明确的规定。换句话说，它似乎预设了一种对待杀人行为的确定传统，成文法中不是规定当前的程序就是规定（更有可能）之后要怎么办。其他的法律集中于列举惩罚，而不是阐明法律的实质（即犯罪）。甚至德雷洛斯法也是言简意赅，留下很多含混之处。斯巴达的早期法律称为"大法"（Great Rhetra，普鲁塔克，《吕库戈斯传》6），没有解释它的主要条款,混乱地包含着一些仅由限定它们的名词组成的动词(譬如,obing the obe[划分族区],但何为 obe[族区]?)。

那么多的理所当然有趣地暗含了文字的作用。首先,它表明在创造有约束力的书面规则的较早阶段,人们并不一定知道哪些内容该予以说明。而这为以后——当曾经清楚的含义被遗忘时——埋下了隐患。第二,它还表明,这些法律背后都有大量的前设条件和传统惯例,这些似乎无需在文字中表达出来。有些制度和公职无需在法律中予以规定——从克里特的 kosmos 到希俄斯岛(Chios)的 boulē——除非他们被选派去其他地方(在剧烈的政治变革时期这也可能引发问题)。现代历史学家的一个重要盲点就是每个被提及的公职,其各自预设的功能和职责是什么。成文法出现之前,那些解决纠纷和统治城邦的官员之间一定存在着某种连续性。他们的权力,无论是专断的还是传统的,通常会延续下来,这可能会扭曲新的成文法。① 换句话说,成文法注定要嫁接于先前存在的大量习惯、传统和预设条件之上。这究竟意味着什么?我们会在后来的丧葬立法上格外清楚地看到,它表明丧葬中处处都有着当时的风俗习惯需要约束或禁止。例如,当公元前 5 世纪晚期 Keos 的法律规定,"逝者应当被覆盖着安静地运送至坟墓",这表明当时的惯例所支持的恰恰与之相反。② 对这些早期成文法中的任何一部来说,可能都有很多当时的惯例被其简明而神秘的条文扫除了。

这为我们提供了一种可能性,即对于大部分共同体而言,成文法是很特殊的:成文法不是为全体所认同的法,而是那些富有争议、问题不断的规则,正如在格尔蒂法典中罗列了那么多的女继承

---

① 例如,托马斯(1995)强调了 mnēmōn 所拥有的传统的和延续的权力;比较 Osborne (1997)对"背景结构"的某些看法。

② Sokolowski(1969)注释 97,A,10—12 行。

人法。它们或许是动荡不安的政治局势的产物，我们可以推测，相互敌对的贵族轮流使用它来夺取权力或为其自身目的而扭夺最高机关，他们的幕僚们则会聚在一起尝试制定一个永恒的解决方案。或许这正是德雷洛斯法背后的立法目的（ML 2），即试图限制最高官员获得高级职位。

我们能够设想任何一部这样的法律在一个完全口头的语境中被认同吗？如果可以，这些书面文本又增加了些什么呢？毕竟，我们可以设想在公元前 7 世纪德雷洛斯的集会上（或某些更小的群体）人们达成了口头上的一致，规定 10 年之内不得有人两次担任 kosmos。在公元前 5 世纪的提奥斯（Teos），他们刻下了具有实质法律效力的诅咒，其本应仅有口头的形式：“任何制造毒药侵害提奥斯城或个人的人，他和他的家人都将死去。”在列举出其他违法行为——从妨碍粮食进口到阴谋——之后，铭文的结尾是“无论谁取走了这些刻有诅咒的石碑并打破它们，或者凿去上面的文字使其无法辨认，他和他的家人都将死去”（ML 30，A 面，1—5 行；B 面，35—41 行）。这与一个口头上的声明同样有力——口头上的诅咒自有其力量所在。但它被写下来了，或许是期望通过书面形式赋予额外的权威和分量以及恒久性，因为一个书面的诅咒比口头的更好。德雷洛斯的法律被镌刻在庙墙上，以对神明的祈祷开始，以向法律“宣誓”的官员（damioi）结束。这看起来像是在尝试使方才提到的这些约束比口头上的宣誓更加牢固。镌刻于庙墙上意味着，它不仅仅处于公共场合，神圣的权威也将对法律的执行施加影响。① 其他的某些早期法律曾明确提到一位特定的神明作为保护者或保证人。一部大约公元前 525 年至公元前 500 年的洛克里斯（Locrian）早期法律宣称自己“属于神圣的德尔菲的阿波罗和

① H. 和 M. van Effenterre（1994）提到神明通过文字来发话，尽管这种观点缺乏充分的佐证。

与他居住在一起的神明们",它希望,或者更确切地说,它规定"遵守此法者将得到神明的庇护"(ML 13、14—16 行)。大约在公元前 550 年至公元前 525 年,Sybaris 和 Serdaioi 之间签订了条约,宙斯和阿波罗与"其他神明和波塞冬尼亚的城邦"一起被邀为保证人,作为象征的青铜匾树立于奥林匹亚的希腊神殿,使得其他希腊人也可以看见它。[1]

纪念碑的书面形式只是这些早期社会试图使其法律得到遵守的诸多用意之一。我们可以设想,成文法不仅可以使过去可能引起争议——至少不会被轻易接受——的判决定型并趋向稳定,还使得城邦可以将其——现在它有物质形态了——置于突出的公共场合,并宣称其受神明的保护。提奥斯的诅咒将所有这些结为一体。它们巧妙地通过诅咒的形式祈求神明的助佑来支撑法律,以书面和永恒的形式呈现自身,从而放大了诅咒的力量,还在安塞斯特里昂节(Anthesteria,ML 30,B 29 行及其以下)上说起——以恐吓的形式——这些诅咒的口头宣言,同时还威胁道,任何损坏石柱上这些文字的人将会走向毁灭。提奥斯诅咒(Tean curses)出现在公元前 5 世纪早期,与雅典建立激进民主制是同一时期。这也提醒我们,并不是所有城邦的政治或法律发展都与雅典相同。[2]

这些早期法律有很多创立于政治和社会的剧变或革命时期。这恰恰不是以平静稳定和政治自足为标志的时期,而在这一时期,新的协议和法律可能处于最为脆弱的境况。古风时代的立法者被召集之时总是城邦处于内部动荡的时期——雅典的梭伦,库勒涅的德摩纳克斯(Demonax at Cyrene,希罗多德 IV 161—162)——并且,我们可以合理推测,对于一个单独的法令,其究竟能否被遵

---

[1] ML 10;注意该条约是"永久的"。

[2] 另请参阅 SEG 31. 985 D 和 Herrmann(1981)。一则出自希俄斯的铭文(GDI 5653,C 5—10 行)捎带提到"当国王发出惯常的诅咒时",提醒我们这种行为可能经常发生。

循可能还很成问题。于是，最有可能的是，社会处于紧急情况下将会力图赋予新法以尽量多的权威；若这些法律试图约束某些贵族的野心，又在统治精英中获得了事实上的认可——这在德雷洛斯和很多古代城邦无疑是真实的，则可能存在着同样的压力。对很多城邦而言，以书面形式立法的新主意，甚至可能象征着早期城邦对官方文字的首次运用。不足为奇的是，这些早期的团体尝试着以尽可能多的特别方式来设置法律，其意图在于赋予这些法律以权威，否则它们可能无从获得：书面的存在方式，尤其是镌刻在石头（或青铜）上；保存在一个神圣的场所；以向神明祈祷开头；结尾处宣誓和祈求神明作为保证人。不同于传统的习俗和共同体的规则，这些全新的法律需要这种形式的保护。[1]

在成文法之前就有着"不成文规则"或规范（norms）和惯例，即使在一些法律被写下之后，其他的仍旧保持不成文。当然，那种有关"普遍不成文规则"（例如有关尊敬父母的法律）的观念——这些规则在成文法逐渐到来之前就已经具有完全的约束力了——还相当模糊[2]，但由于缺乏有关早先"规则"的准确证据，我们只能推测。在德拉古的杀人法之前，有关杀人者的责任、赔偿和惩罚（可能是流放）以及死者亲属许可的行为的规则大概已经是公认的了。或许有太多的模棱两可，或对于"意外"杀人——既存法律的主题——的模糊不清，促使了以书面形式阐明，并将程序进一步细化。[3] 在官员的权力方面，传统习惯似乎也开始让人们无法忍受了：在一个新兴的政治体系中，权力的范围可能一开始还能含糊地为人们所理解，渐渐地在人们看来就宽泛得危险，于是尝试以成文

---

[1] 参见托马斯（1995）中更翔实的例证；另请参阅 Hölkeskamp（1994）。

[2] 加加林（2003）、Osborne（1997）。

[3] 关于这些法律，特别参见加加林（1981）。加加林（1986：89 页注释 23）提到杀人法在古风时期并不普遍，因为杀人行为可能是由各个家族处理的：这再次暗示了存在某个不成文规则被人们普遍认可的时期。

法来限制官员的权力。

　　撇开口头或不成文法的概念是不明智的,因为人们在立法之前没有一些强制性规则的概念是难以行事的。《伊利亚特》18卷497—508行中,阿基里斯盾牌上的仲裁场景背后显然有一套习惯规范和程序——很难想象它们还能有什么其他的称呼。① 在盾牌上,我们看到了长者或法官、一位仲裁者、人民以及一场命案中有关杀人者赔偿的辩论,但是没有成文法。它预设了共同体中对于杀人者的惩罚和辩论的程序已经达成了基本的一致。不成文法必然存在这样一个问题,它总是要依赖社会的记忆以及有责任处理争议的官员或长者。如果当大量成文法存在的时候还有争议发生,我们可以设想当不成文法存在的时候,争议同样会发生甚至发生得更多。

　　接着,我们在希腊的很多地方看到并未构成整套法律中一部分的单个的法律:它们像是单独颁布的,当它们提到"刻书"时,这样的措辞也暗示了这一点。这让人禁不住想问,这些城邦究竟如何处理公共或宗教生活中的其他问题? 也有很多早期法律关注宗教活动,通常称为"神事法"(sacred laws),一些早期的残篇提到过宣誓。早期的成文法与宗教制裁紧密相连,很多早期的城邦法律可能的确与神明有关。② 这也与前面关于不成文法先存在的设想相吻合,因为这些不成文法可能经常被认为由神明所维护,正如安提戈涅(Antigone)的"神明未写下的法律"(unwritten laws of the gods)。我们还可为这幅图景添上大量的立法者,他们为某些城邦创立了更多的法律——既可能写下来了,也可能只是口口相传。

　　这些立法大多作为城邦发展的一部分。当城邦发展为一个自

---

① 参见加加林(1986第二章)及下文关于早期希腊法的论文。
② 参见本书中帕克的篇章。

觉、自治的实体时,方能积极地为社会制定新的法律。毋庸置疑,大多古风时期的共同体都被一个享有特权的精英或贵族统治着,诸如"它是由城邦所决定的"(如在德雷洛斯法中)这样的措辞,可能并不是宽泛地指基于民众所作的决定。这位精英可能试图通过很多古代的规则——而非民众运动——来确保他的同僚们举止端正。然而即便如此,创立一块公共的碑文,在上面声明它是一个城邦的决议(德雷洛斯),或埃利亚的法令,或禁止接纳异邦人进入城邦"将有益于 Lyttians",这必然意味着共同体在某种程度上意识到自己有制定新法的可能性。或许文化水平低下也无甚紧要,只要那些处于特殊地位的人们——即那些不容忽视的人们——可以读懂即可:我们没必要把它们仅仅视作某种象征。① 这些早期法律是城邦作为一个自治、自觉的社会在早期的重要表现。在这些法律中有很多地方急切地强调遵守碑文,这似乎表明了一种不切实际的希望,即希望这些书面规则将以某种方式来扭转乾坤。同样地,梭伦理应离开雅典十年,在此期间雅典人逐渐认可他的法律,不能修改它们。如果成文法——无论正确与否——在其第一次被制定之时就被认定将永久设立,这将是城邦作为一个自治的共同体在成型的过程中所迈的一大步。

在公元前5世纪晚期的雅典,有关成文法与不成文法的地位问题出现了公开的论辩,雅典承诺自公元前403年起在法庭中只使用成文法。可能这读起来像是在经历了寡头政治和战争失败之后尝试自我休整;有趣的是,在如此之多的政治变动中,成文法始终被誉为良好秩序的护身符。同样,雅典法律的修改,始于公元前410年,拖延了6年,结果是一部修订后的法典,刻在国王廊柱(Stoa Basileos)的墙上,和一桩以尼克马库斯(Nicomachus,吕西阿斯30)为被告的法庭案件,此人被认为"抹去了一些法规并刻上

---

① 不同于 Whitley 的观点:"它们是共同体作为一个整体的象征。"(1997:660)

了其他的"。这些大多还没有被完全地理解。[①] 但首先,这些修正可能尝试着为雅典的法律和法令树立规则,因为前者当中存在着相互矛盾的规则——这又是一个为了使经历政治剧变之后的城邦恢复安宁的例证,其方法是将法律进行系统整理,而后者正是政治秩序的象征和保障。其次,法典化(若它是法典的话)尝试的效果若不是负面的,也收效甚微,因为在公元前 399 年之后,没有一次论辩提到过新刻上墙壁的法律。[②] 可能是因为修正案使雅典人不得不面对他们不愿面对的事情:法律是可以改变的,他们如此敬畏的"祖先之法"可能真的不再有效了。[③]

这再次使我们回到对"法律"、尤其是成文法的深深敬畏中。亚里士多德对成文法是否可以更改这个问题作过大量的评论,无端改变成文法有削弱法律权威的危险,衡平(epieikeia)、公正(fairness)或通常所翻译的"公平"(equity)的重要性伴随着成文法(《尼各马可伦理学》1137b),因为"积习所形成的'不成文法'比'成文法'实际上还更有权威,所涉及的事情也更为重要"(《政治学》1287b)。这使我们想起公元前 4 世纪所盛行的关于成文法的讨论[④]:成文法优于不成文法吗? 智慧的个人能够比法律更智慧吗(一个有利于君主制的观点,如亚里士多德在《政治学》1286a10所述)? 成文法应该准确到何种程度呢? 陪审员和地方法官在何种情况下必须考虑法律未涵盖的问题? 讨论得最多的是,与成文法相对,"衡平"在多大程度上可用于雅典法庭。[⑤] 对于没有严格涵盖在一部直接相关法律中的法外事项所进行的考虑,无疑会对

---

① Clinton(1982)、Robertson(1990)、托德(1996)特别是对 Nicomachus;最近的 Carawan(2002)。

② 汉森(1990a:70—71)。

③ 由托德(1996:130)提出。

④ 参见《修辞学》I 1. 7,1354a—b;I 13. 13,1373—1374;《政治学》1268b 39、1269a 8 以下的内容,1282b 2、1286a10。

⑤ 例如,托德(1993:58—63)和哈里斯(1994)。另请参阅本书中兰尼的篇章。

雅典法庭产生一定影响。但修辞地诉诸法律是如此有力，以至于雅典的陪审员们从未被公开请求忽视法律（nomoi，即成文法）——法庭上的所有陪审员都需拥护法律（卡利，1996）。尽管后来有增加（例如，德谟斯忒涅斯 20.92）和修改，雅典仍旧称其法律为"梭伦之法"，显然在公元前 4 世纪，诉诸立法先祖的意图更具有修辞上的号召力（托马斯，1994），当然它也表明了一种对于背离了古代和祖先之法的强烈不安，以及对其伟大立法者梭伦的单一权威的深切怀念。

德谟斯忒涅斯（24.139 及其以下）的确援引过一部洛克里斯的（Lokrian）法律作为借鉴和范例，它在其他地方被归于古代立法者 Zaleukos（波里比阿 12.16）：谁想颁布新法就必须在其脖颈套上锁链。于是，洛克里斯人在过去的 200 年中只有过一部新法也就不足为奇了。这同时证明了希腊成文法的强大和孱弱：它赋予法律以持久、稳定和重要性，甚至神圣制裁，然而恰恰正因如此，它才忌讳变更，即使是在明显有必要的时候。对于成文法与不成文法的关系，希腊人是如此的矛盾重重，或许是因为，成文法在真正的实践中常不能行其所诺。

# 3. 论法律与宗教

帕克（Robert Parker）


## 有关祭仪的规则："神事法"（Sacred Laws）

在"法律与宗教"这个标题之下，集结着一堆问题。最重要的问题之一产生于公元前 440 年或公元前 420 年，雅典集会所通过的零散法令中：

> （姓名不详者）提议：一位雅典娜胜利女神庙的女祭司……须由所有的雅典妇女指定，神殿应当按照卡里克拉特（Kallikrates）的规格修建大门。出租的公职应当放弃在 Leontis 五百人大会的工作。女祭司应该得到 50 德拉克马和公共祭品的腿部和表皮。应当按照卡里克拉特的规格建造庙宇和石祭坛。（ML①44）

这里我们看到雅典有关"神明"或"神事"（这些与希腊语中不可译的"宗教"语义最相近）的立法是如何通过的：它与其他的立法

---

① 本文的缩略语均取自《牛津古典辞典》第 3 版。

主题一样要经过公民大会的审查("命令"［decrees］与"法律"
［laws］的区别在此就无甚紧要了）。我们知道,关于宗教事务与世
俗事务的判决由同一主体作出的这项原则,通行于整个希腊社会
的所有历史时期。从严格的寡头政体到雅典,判决的主体和程序
特征会相差甚远,但我们无论在哪里都不会发现一个关于"神事"
的独立会议或程序。

　　古希腊宗教生活的基本结构是这样规范和——若有必要的
话——调整的。在某一点上,例如,可能由于财政原因,希腊东部
的很多城邦决定改变对公共祭礼的祭祀职务的任命方式:从今往
后很多——如果不是全部——职务将会拍卖给出价最高的竞买
者。任何一种像这样对祖先传统造成根本破坏的情况,都由公民
大会来决定。希腊宗教现在常被描述 polis religion,即城邦的宗
教。① 这种描述并非意在否认个人自发地献祭和供奉——否则便
会得出荒谬的结论。更恰当的理解是,通过一句"古希腊没有教
堂"的老话,反映其在权威和决议方面的意蕴。除了城邦和它的属
地之外②,没有人(human body)拥有管理宗教事务的权力。

　　"人"添加在上述最后一句中是为了一个重要的限定作准
备。③ 神明,常被咨询——通过神谕——关于改变传统实践的重
要甚至细微的事项。继续刚刚提到的话题,公元前 5 世纪的雅典
人曾咨询过一条神谕,可能是在多多那,关于第二位新设立的(朋
迪斯女神的)祭司的任职资格(IG I³ 136),在公元前 1 世纪初 Lat-
mos 山下的 Herakleia 城邦问过类似的问题,即 Athena Latmia 的
祭司的任职是应当每年推选还是标价出售并终身任职(SEG xl
956 IIa)。在柏拉图的《王制》中,所有类似的问题都将委托给德尔

---

① 　受 Sourvinou-Inwood(1990)一份重大研究的影响。
② 　或者,因为希腊的宗教是由 ethnos(部落、民族)及其下属单位组织的。
③ 　比较:Garland(1984;80—81)。

菲的阿波罗来决定(427b—c)。在这些事项上一旦寻求到神明的意见,总会得到遵循。但是否咨询神谕以及具体咨询什么问题是由公民大会决定的。神明只能从提供给他的选项中选择,选项至少能为公民所接纳——若不能被赞许的话。在这里,一个祭司阶级不能自己安排议程。这是神权政治最受束、最温和的类型。

现代学术对一种被称为"神事法"的铭文是熟悉的。[1] 这个有时被称为"神事法"的词语在希腊有着古老的权威,现代文献中发现的某些文本偶尔也被这样描述。但是现代的范畴较为模糊,它看起来似乎没有古代的用法准确。很多"神事法"确实是真正的法律——就规范的意义而言,它们由公民大会或城邦的其他立法主体制定,并倚靠其权威施行。这也正是上述论证引导人们所想到的。城邦为祭司的待遇、神殿的保护、节日的良好秩序以及公共支出的献祭等事项立法。而其他的"神事法"不妨称作完善宗教仪式的建议。它们的设立似乎并不意在预防潜在的违法者,而是作为一个范例,为那些渴望敬神、尊重当地繁琐的传统仪式的人提供指导。它们首先说明在一个特定的神殿中如何献祭,以及进入神殿需要哪些洁净条件:交媾之后要推延至次日,接触产妇之后推延至第三日,接触尸体后推延至第五日……这些文本通常不包含对于违反者的处罚,且可能出自于当地的集会而非大会的特殊决议。有些"神事法"综合了这两种特征。一段出自 Iulis 的著名碑文开头是"这些是有关逝者的法律/惯例",融合了社会控制的措施和诸如"不可置杯于棺材下或向坟墓中倾倒水和清扫物"这样的规则(Sokolowski,1969:注释 97)。

## "不虔敬":反冒犯宗教的法律

现在让我们来更加具体地考察用以威慑冒犯宗教者的制裁。

---

[1]　参见帕克(2004)。这些文本收集在 Sokolowski(1955、1962、1969)中。

这个讨论几乎只涉及雅典①；尽管其他很多希腊城邦的铭文中也清楚写有"神殿抢劫"和"不虔诚"的违法类型，但我们只能在雅典看到施行中的法律。

在雅典，至少有 4 种宗教的罪项可以被起诉。"有关节日的不当行为"作为一种特殊的罪项，倘若不是碰巧作为一项活动的背景，可能早已不为人知了。在德谟斯忒涅斯一次出色的抨击——《诉梅地亚斯》(*Against Meidias*，德谟斯忒涅斯 21)——中，富有的梅地亚斯作为其部落合唱队的赞助人(chorēgos)，在酒神节期间打了德谟斯忒涅斯。演说者动人地说道(126)，在这种情况下，殴打不仅伤害了自己，也攻击了宗教本身。这种指控通常在节日的次日通过特殊程序——称为 probolē——提交给委员会和人民讨论(另参 Andoc. 1.111—112)。德谟斯忒涅斯的演讲包含了一小份有用的事例目录，表明"关于节日的不当行为"通常②涉及节日期间实施的身体暴力(可能是在追讨债务中扣押财物的形式)，对此的惩罚以死刑判决为限。因此，设立这样的规则是为了保持和睦，而节日作为一个特殊时间段正是以和睦为特征的，那时债务人也可以漫步于公共场合而无需害怕债权人。

"窃取神圣财产"是一项鲜为人知的控告，从一个已经证实的案例中(德谟斯忒涅斯 19.293)推测出来，该案的被告支付一笔神事款项迟了三天。③ 还有"不虔敬"、"神庙抢劫"和有关圣橄榄树的犯罪(最后一项可能被划入其他的罪责中，尽管如此，它们仍在不同的法庭审判)。对雅典人来说，苍老多节的圣橄榄树就像是原始虔敬的遗迹：案子要在最高法院庄严的法庭进行审理，起初罪犯容易受到严厉的惩罚(据亚里士多德说是死刑，尽管案件被证实只提到了罚款④)。

----

① 比较麦克道威尔(1978：192—202)、托德(1993：307—315)。
② 至于另一种可能性(因不明原因而失败地提供了神圣的花环)，参见 Dem. 21.218。
③ 另外只有一处提及，安提丰 2.1.6，仅将这种行为定性为 graphē atimētos。
④ 亚里士多德《雅典政制》60.2；吕西阿斯 7。

但在公元前 6 世纪,仅在确定的日期才有保护圣橄榄树的必要,即在雅典娜节上,决定将无数罐盛满的圣油作为奖励之时。公元前 4 世纪创立了一个收油的新制度(不再以属人的树,而是以土地),这样的审判就再没有发生了(亚里士多德《雅典政制》60.2)。资料还被保存着,像神话一样。

至于其他的控告类型,不虔敬,确实与雅典历史上一些最著名的事件有关,比鲜为人知的神庙抢劫更能引起学者的兴趣。[1] 但神庙抢劫是受法律控制的更大的暴行。与不虔敬和损坏圣橄榄树的行为一样,对于神庙抢劫的公诉(graphē)也可以因奴隶所持的信息而启动,在定罪的情况下,奴隶有希望获取自由。或许只有在与宗教有关的犯罪中,奴隶才能获得高于主人的权力。[2] 神庙抢劫者仅与叛国者共享古代社会所能施予的最严厉的刑罚、死刑或流放,以及没收财产和被剥夺葬于阿提卡的权利(色诺芬《希腊志》1.7.22)。与不虔敬不同的是,这种罪行显然被公认没有等级之分。一个很大的不足之处在于我们没有实例,无法表明究竟什么才算神庙抢劫,以及雅典人对即使不严重的神庙抢劫行为的愤恨程度有多深。

不虔敬可能并没有明确的内容[3]:法律的形式可能是"若有人犯不虔敬之罪,让任何想要控告他的人⋯⋯"然后起诉人要在起诉书中描述不虔敬行为的具体表现:

> 某某人因为破坏了神明的肖像/因为揭露了神迹/因为违反了这部或那部神事法/因为与弑父母者来往/因为不与其他

---

[1] 关于这三种控告类型,参见托德(1993),307 n. 19。

[2] 参见哈里森(1968),171,注释 1 以及 Osborne(2000a)提出的重要限制。Dem. 25. 79 证实了奴隶通常告发不虔敬案件(与公元前 415 年发生的不寻常事件形成对照)的事实。

[3] 参见科恩(1991:203—217)。

雅典人信奉同样的神明,而信奉其他的新神①,因此他犯了罪
(do wrong)(甚至关于不虔敬,犯罪这个动词也经常出现,例
如对苏格拉底的控告)。

　　某些行为方式被公认为是不虔敬的表现,但起诉人也可以设
法将其他行为引入这一标题之下;因为没有固定的刑罚,严重程度
不等的罪行都可以视为不虔敬。当雅典在得洛斯岛(Delos)上的
"近邻同盟"(Amphictyons)——一个心怀不满的外邦军队,被逐
出神庙的同时还被一群得洛斯人以 376 对 5 殴打,得洛斯人被控
所犯的罪行就是不虔敬的一种。② 指控不虔敬也可以引入多种多
样的程序(德谟斯忒涅斯 22.27)。如果这种论证思路是正确的,
诸如向雅典"引进新神"是否违法的问题将无法回答,如果它是以
这种方式表达的话:并没有特定的法律反对"引进新神",但在错误
的情况下引进错误的神明则会构成不虔敬的控诉书上的一款。
　　与引进新神一同进入人们视野的问题中,有关宗教宽容和思
想自由(错乱了时代的说法)的问题最受现代的雅典观察者们关
注。风险是巨大的,史料在很多点上都面临着质疑和争议:这是一
个即便最可靠的询问者也容易以自己的希望和恐惧来刻画雅典的
典型例子。古代资料告诉我们,雅典在公元前 5 世纪晚期有一连
串对知识分子的控告——阿那克萨格拉、普罗泰戈拉、普洛狄科,
甚至伯利克勒斯的情妇阿斯帕西娅(Aspasia),以及另一位,阿波
罗尼亚的第欧根尼(Diogenes of Apollonia),多半被定罪为不虔

① 最后一项在公元前 399 年苏格拉底的审判被提及;前两项在公元前 415 年的诽谤
　　中被提及(Thuc. 6.27—29、60—61;Andoc. 1 以及各处);其他的参见 Dem. 59.
　　116(以及 do wrong 这个动词),Dem. 22.2. Dem. 59.116 表明一桩由违反某部具
　　体神事法引发的案子通常被认为是"不虔敬";其他类似案例参见 Andoc. 1.113—
　　116。
② IG II² 1635(Tod,2,注释 125),134—142。

敬,"近乎危险";据说,受到质疑的不虔敬通常包含在他们作品里关于神明的放肆言论中。但攻击这些哲学家的史料都不是当时留下的,其论证也常不可靠。[①] 其中最可靠的例子是有关阿那克萨格拉(他认为太阳不是一位神明而是一块石头)的,却有资料显示这则控告是出于不光彩的政治动机而针对其保护人伯利克勒斯所作的攻击(考虑到伯利克勒斯的名声,无法解释为何陪审员们会投票定罪——若他们这么做了的话)。可以相当肯定的是,公元前4世纪末,出自政治目的所作的不虔敬指控曾针对过哲学家泰奥弗拉斯托斯(Theophrastus)和亚里士多德;他们的前马其顿政治立场遭到人们的普遍怨恨,形式上的指控对包括陪审员在内的所有相关人而言可能只是一个借口。我们还被告知,在伯罗奔半岛战争前不久,一位先知Diopeithes拟订了一部法令,"谁不承认神明的权威"或"传授流言"就应当以一种称作eisangelia的特别程序被控诉,大概也是以不虔敬的罪名。这些资料来自普鲁塔克的一个片段(普鲁塔克32.2),其可信度较高。毫无疑问,哲学家苏格拉底在公元前399年以不虔敬被处以死刑。几乎可以肯定,是政治上的不满导致他被定罪,但在正式的起诉书上写着"苏格拉底因为不承认城邦所承认的神明,以及引进新神而犯罪。他还因为腐蚀青年而犯罪"。

要通过这片沼泽地,首先得区分两个问题。如果有人问起在实践中雅典社会对待异端学说(和异教)的宽容度如何,答案会随着个人对疑案的判断而变化,但系统镇压之说定然得不到支持。如果有人问起雅典人是否承认思想自由或宗教宽容的观念,答案

---

① 多佛(1988)十分怀疑的研究奠定了基础;对这些争议的处理进一步参考帕克(1996),第10章和(Theophrastus and Aristotle)276—277。Melos的诗人Diagoras的案子有所不同:根据最早的史料(Ar. Av. 1071—1073以及古代的评注;Lys. 6. 17—18),他的确被定了罪,但不是因为文字,而是因为对秘密宗教仪式的嘲笑和亵渎(但参见Janko,2001)。

无疑是"否"：没有文本表明肯定的答案，Diopeithes 的法令（如果是真实的）和对苏格拉底的成功控告都表明他们未受这些观念的困扰。言论自由在雅典语境中的含义是指穷人可以与富人并排发言的权利，而非放任不虔敬的言论。[1]

一个人崇拜神明也应当"依据传统"（必须加上一句，"依照大会的法令而改进"，使规则与已知的事实相符），而非依其自己的方式。在雅典有很多私人宗教团体，毫无疑问，其中的大部分都可以不受干扰地进行自己的活动。但是，如果他们最后被认为是社会不良分子，他们所鼓励的不良行为累积起来可以连同"宗教革新"一起，使得其带头人被控告为不虔敬。我们知道在公元前 4 世纪有三起这样的控诉，针对的都是妇女，其中有两位最终被定罪并执行（其中一起控告并不能确认以"不虔敬"为罪名，但或许可以有把握地这样推论）。其中有一位控诉者宣称（L. Spengel, *Rhetores Graeci* I, 455.8—11）："我已经证明了 Phryne 是不虔敬的；她带头进行最伤风败俗的闹饮，她引进新神，她召集男女举行不正当的宴会（thiasoi）"。在其他案件的控告中还提到买卖巫药和煽动奴隶反抗主人。在这些混合的控告中，无法准确判定每一款项各自的重要性：例如，巫术活动本身就足以构成控告不虔敬的事由吗？[2]可以看到，所有这些不虔敬的妇女都是团体的领袖，而非单独的个人。这些不确定因素是令人沮丧的。然而也有可能，有关不虔敬合理边界的不确定正是雅典生动现实的一部分。

对于雅典人为何一定要严厉打击不虔敬的原因，现代人经常

---

[1]　托德(1993:311—312)。

[2]　一个优秀的不可知论的讨论参见 Dickie(2001:49—54)；他强调了《伊索寓言》(56, Hausrath 编本)中一篇故事与公元前 4 世纪雅典之间的潜在关联，那个故事讲一个妇女因施加魔法而受到谴责；并参见 Jameson(1997)，他研究了女性在公元前 4 世纪所扮演的角色的含义，以及 Collins(2001)，他质疑了言辞和咒语本身的可控诉性。

解释为：不这样做就会引发神明的愤怒，从而降祸于他们。这种观点（当然）在柏拉图那里可以得到支持，他在老年的时候对一切事物都进行了宗教的解释。① 但在雅典的其他资料中，这种表达就没有人们所期望的那么多；或许它只是被视作理所当然。一个类似的解释是防止城邦败坏的需要，人们常以公元前 7 世纪雅典颁布的杀人法及其延续的形式来提供说明。确实如此，"非故意的"（involuntary）杀人者在经过一段时间的流放之后要回到雅典需要经过净化（purification，德谟斯忒涅斯 23.72）；法律在一定程度上表达了对宗教的关注。也是，诗歌中时常，散文中偶尔，都会言及败坏的杀人者所引起的危险；然而，近来人们已经发现一篇十分独特的散文（安提丰的 Tetralogies），近乎经院哲学，反复述说这一主题。② 雅典人也经常明确阐释，杀人法的目的和作用并非避免败坏③，也不具有这种特征，刚刚提到的净化的要求是例外情形，那些条款中也只有它得到了最好的阐释。④

## 法律诉讼的宗教形式：《神圣法律》(*Heiliges Recht*)

　　我将转向研究另一种"神事法"（sacred law）——译自德语，其中的"法律"（Law）并非表示特定的法规，而是表示法律秩序和程序。1920 年出版的一本标题为 Heiliges Recht 的小书，为其副标题——"考察神圣法律形式在希腊的历史"——所点明的主题留下了基本的参照系。这里研究的是深嵌于希腊法律程序中的诉讼的宗教形式，主要是宣誓。作者拉特从几个不同方面来理解这个事

① 例如，Dickie(2001:329,注释 13)曾引述《法义》910b1—6 来说明普通雅典人的态度。

② Williams(1993:189 n. 28)："诡辩，而非宗教"；Carawan(1998:192—198)。

③ 麦克道威尔(1963:1—7)。

④ 参见 Carawan(1998:1—167;关于"败坏"特别参看 17—19)。

实。有时他会把宗教视作蝶蛹，经过一个相当神秘的过程，法律便从中产生。他写道①，对存留下来的神圣法律形式的研究，使我们"瞥见'宗教给予人类力量来创造他们自己的法律和国家'的时期"（嵌在其中的引文出自著名的希腊研究者 Wilamowitz 关于"最古老的刑法"——其岳父、罗马史学家蒙森（Mommsen）所写——研究中的一章）。在这样的基调中，他强调原始时期坚定的、毫不犹豫的虔敬：人们似乎在学会敬畏法律之前就敬畏神明。这反映出他思路的出发点正是如今已饱受批驳的 19 世纪进化论主义。然而这只是一个方面，也不是拉特最卓越的见解。对于拉特来说更重要的是，法律在缺乏有力的中央集权和强制力的社会中处于不确定的地位。在这种情况下，法律形式所面临的挑战在于，要赢得争议各方对其正当性的认可；一个宣誓所拥有的权威，可能正是法官简单的命令所缺乏的。在那个时代，宗教的形式并非虔敬的必然表现，而是在缺乏更有力的证明和执行方式时默认的选择。拉特将会很高兴看到，比如说，通过缺乏中央集权而非迷信思想来解释欧洲中世纪的酷刑。②

　　这种观点的关键不是从神圣形式中剔除宗教内容，而是强调它们在不同时期的消长变化并不仅仅受虔敬程度的影响。对每个人来说都显而易见的是，正如哲学家色诺芬曾指出的，一个"誓言的挑战对于不虔敬和虔敬的人来说前提不等，这正如健壮之人与孱弱之人的对决"（亚里士多德《修辞学》1377a 18—21）；"以誓言行骗"的技艺早已为荷马所知。③ 宣誓从未被认为是最好的工具，

---

① 拉特（1920：4）。

② 参见布朗（1982）。但对照 Murray（1978：10）。Strubbe（1991：40—41）提出，"无论何时何地，只要人类的法律软弱无力、摇摆不定、偏袒不公甚至根本缺乏"，诅咒的力量就会大为增长，还引证了几种文化作为参考。

③ 《奥德赛》19.395 页以下内容。在古埃及的托勒密王朝，誓言在仲裁程序中起着实质性的作用：一位纸草诉状的作者（SB 4638.16）抱怨道，他的对手打算在仲裁者面前"用誓言灌（即欺骗）他"。

但可能是最好使的工具。人们诉诸誓言并非出自迷信，而是出自谨慎精明的较量；布朗(Peter Brown)所确认的"中世纪的人们在实际中所面对的大量尔虞我诈的基本事实，以及在事务中对超自然物的操纵"①可能也适用于早期希腊。

但畏于超自然的力量，人们在对待它时还是小心翼翼的。很少有人轻易发假誓，无论是在公元 8 世纪还是在公元前 4 世纪。让我们听听吕西阿斯(Lysias)——这位大师既善于刻画人物，我们必须假定他也同样善于描述真实可信的言辞——笔下一位委托人妻子说的话。在一次家庭会议中，她大概控告自己的父亲："当Diodotos(她的丈夫)出航之时，你收下了五塔兰特作为他平安的保障。对此我愿意把我和他的孩子带到你所说的任何地方起誓。但在我死去之前还不会因钱财而发疯以至让我的孩子发假誓。"(吕西阿斯 32.13)正如在阿提卡法庭辩论中提及的那么多誓言一样，这一条誓言并未真正发过(因为"大量尔虞我诈的基本事实"，通常只有在不利于对手的情况下才会宣誓)，但如果要发誓，则全体人员都要到神庙去，那位妇女必须手持(或脚踩)一头牺牲的肉，一旦她发了假誓，就会引起她和身边的孩子"罪恶的毁灭"，一切都在很多人的注视下进行，其中有些人可能还知道真相。② 发假誓既容易又困难。

然而，这种对于誓言和伪誓的泛泛而谈很容易迷失方向。拉特的优点之一就是精确地区分不同的情形和誓言。格尔蒂法典(以及来自同一城邦的相关文本)是最重要的独立资料，展现了几种可能性。其中最重要的程序片段写着："若已规定法官应当依据证人或否认的誓言判决，则法官必须按规定判决；但在其他情况下，他应当根据辩护词起誓判决。"(xi. 26—31)能够设想到的三种

---

① 布朗(1982:315)。

② 起誓的步骤简要参见 Burkert(1985:250—254)；以及 Casabona(1966:220—225)。

判决方式分别是：通过证人，通过抗辩的誓言，和通过裁断。格尔蒂法典中"证人"的特点将由戴维斯在本书的相关章节中加以探讨。[1] 在大部分可信的案例中，格尔蒂的证人不是当今道路事故或刑事犯罪证人，而是署名的证人的前身：他们证实的不是其恰好在现场的事故，而是他们特地被召集来观察的应当履行的程序。邻居们也有可能被传唤来证实一些左邻右舍都知道的事情。但似乎很少有偶发事件的目击证人被接受；一旦有被接受的，这扇门便打开了。有一桩"依据证人"解决的案例是关于奴隶归属的争议。如果证人仅支持其中一方（若他被收买了呢？），则这一方胜诉（i. 18—21）。我们注意到，这些案例中都没说证人要宣誓；当这些事情会在社会掀起巨大影响时，当然就没有宣誓的必要了。[2]

"与抗辩的誓言相一致"的判决与案件一方被赋予了证明力的宣誓有关。通过这样的表述来鉴别有权宣誓的一方——"更有权宣誓"（more entitled to the oath）[3]；通常是被告（希腊语 ἀπόμνυμι 在这种语境下的用法通常包含独立前缀 ἀπό，表示"宣誓"的意思），这种誓言通常被称为"涤罪誓言"（purgatory oaths），得名于早期日耳曼法中一个被称为 Reinigungseid（表明无罪的起誓）[4]的类似行为。例如，A 从 B 处借贷，以一个奴隶作为抵押，现在奴隶失踪了，A 必须起誓表明他与该奴隶的失踪及其他相关事项毫无关系，并且对该奴隶的下落一无所知；否则他必须赔付奴隶的价钱[5]（通常都是"起誓或赔偿"的抉择）。这则案例还表明誓言的形

---

① 并参见加加林（1989）。

② 加加林（1989：49）对此有异议。

③ 关于这个准则略有不同的观点参见本书中戴维斯的篇章。Headlam（1892—1893）在一篇优秀的论文中试图将这种誓言与真正的涤罪的誓言区分开来，他的区分为 Willetts（1967：33）所接受。但这种誓言也有证明的效力，例如 iii. 49—51，iv. 6—8。

④ 关于埃及，比较 Diod. 1. 79. 1 中 Bokchoris 国王的法典与 Seidl（1929：65，72）。

⑤ IC iv. 47 = van Effenterre/Ruzé（1995—1996），II，注释 26。关于"起誓或赔偿"参见拉特（1920：18）。

式也由不得起誓者选择,而是在每件案子中指定。对法庭而言,这种起誓足以结案。在上述案例中,誓言其实是一种抗辩①("我与此事无关"),但还存在其他形式的誓言(例如,"这位妇女与其丈夫分居,我们曾给过后者抚养孩子的机会,但他拒绝了",见法典 iii. 49—52,另参 iv. 6—8),对于彻底解决争议也起着同样重要的作用。有关强奸的部分在最后说到,被强奸的室内婢女"更有权起誓"(ii. 15—16)。这则规定之所以难以理解,是因为并没有类似的权利赋予被强奸的自由女人,但无论这个婢女被赋予的起誓权多么具体(她是否被强奸? 她被强奸时是处女吗? 突袭是发生在夜里吗?),毋庸置疑的是,这个由誓言决定的案例是由原告一方起誓,而非被告。并且,这种"决定行为"的起誓似乎十分关键;而涤罪的誓言只是一种十分常见的形式。

如我们所见,证人作证时通常不起誓;但他们偶尔以誓言加入诉讼的一方。值得注意的是,如果一个通奸被抓住的男人自称被诱捕,则抓捕他的人需要"用 50 个金币或更多金币(赎金多少视通奸者的情形而定)与其他 4 位参与抓捕的人一同起誓,他们抓捕的人确实犯了通奸且没有受到引诱,每个人都要对自己下咒"(ii. 36—45)。② 文本中没有用"证人"(witnesses)指代这里的"其他 4 人",但可以设想他们一定是多疑的丈夫带来捉奸的,与吕西阿斯 1. 23—24 一样。证人在这种情况下必须发誓,是因为它将会加固一个决定性的誓言。对于下面这段难懂的话,最普遍的理解③是:"让相关证人给出证词。在他们作证之后,由法官裁定原告和他的

---

① 详见格尔蒂法典,iii. 5—9,xi. 48。
② 前面段落(iii. 49—52,iv. 6—8)中提到的两种誓言也可以一起宣誓。
③ 这是拉特(1920:10—11)的理解;参看 van Effenterre/Ruzé(1995—1996:II,注释 45)。还有一种翻译——以"若他们拒绝"代替"一旦他们证明"——在拉特之前被广泛接受,且仍为马菲(1983:157—161)所拥护。这两种翻译皆可。在格尔蒂,连词的用法更倾向于"一旦"之意(Willetts,1967:67)。

证人起誓,方能得出确定的结论。"(ix. 36—40)也就是说,某些特定的证人需要与他们所支持的一方一起,在作证后而非作证前,起一个决定性的誓言。如果真是这样,起誓的关键则不在于确认证词的真实性,以作为判案的指导,而显然是以宗教的威胁来揭发做假证的证人。

格尔蒂法典中第三种程序的形式是,要求法官"根据辩护词起誓判决"。法官的作用并不因此而简化为监督机械的、决定性的程序;有时也需要裁断,并且责任重大。从一段处理婚姻破裂之后家庭财产分割的条文中可以反映出它的性质。"如果有第三方与(女方)一起分割(财产),他需赔付 10 个金币及判决中'宣誓他参与瓜分财产'的两倍价值"(iii. 12—16)。因此,宣誓和判决是一步而非两步。法官不是先起誓将公正判决,然后表示第三方参与瓜分的财产价值是(可能是)3 个金币;而是直接宣誓第三方参与瓜分的财产是 3 个金币。如果他被假证所误导,仍不能免去宗教上的罪责。

拉特解释,所有这些程序都是为了使法庭对当事人事务的干涉能被接受。法官可能根据证人形式上的证词作出机械的裁决;一个确定的规则可能将情节性誓言的道德负担转嫁给了原告(及其证人);在没有任何一种机械程序可用之处,法官就以自己的名义起最有力的誓言,不仅彰显他的善意,还可保证其判决的真实性。如果我们考虑(与拉特不同)到,格尔蒂的证据并不总以正式和毫无争议为特征时,情形就变得稍微有些复杂了。如果一项判决"依据证人"而作出,此证人声称自己是一个有争议的事实的观看者,根据拉特的理论,起誓当然是需要的,要么是这些证人,通过对其证词的真实性起誓将会承受宗教上的风险,要么是法官,因其选择信任证人来支撑他的判决。资料使我们在这里受阻;这些情形并没有程序的细节幸存下来。但很可能当时确实需要这类誓言。

格尔蒂法律中不断发展的形式主义在希腊地区是独一无二的。辩白无罪的誓言较为常见,但它们在其他地方并未被规定为正式法律程序的一环。一篇模糊的梭伦残篇表明雅典可能有过它们,但到我们有可靠证据的时代,就只在论辩中看到一方提出的"考验的誓言"(oath-challenges)。因为这样的考验通常是在修辞博弈的状态中被提出,据我们所知,很少有被接受的情形;自愿接受考验与格尔蒂的固定程序绝不相同。① 我们也在其他城邦私人或半私人的情境中听到过辩白无罪的誓言,在德尔菲的一个氏族中(采用"或起誓或赔付"的形式),或常见于私人存贷的相关事务中。② 对于控告者结论性的誓言,我们只有亚里士多德对其视为荒谬的古代残余的库梅(Kyme)杀人法程序的解释(《政治学》1269a 1—3),"只要控告者提出几个本族或近亲作证人,就可判定被告的杀人罪"。这些库梅人的本族或近亲恰好与早期日耳曼法中的"助誓者"(Oath-helpers,Eideshelfer)最为相似;至于其他群体宣誓的事例,比如前面在格尔蒂提到的,共同陪审员们肯定(或可能)不仅仅是当事人的支持者,还是相关事实的证人③,尽管他们的人数多寡本身便具有不可否认的重要性。

---

① 　参见哈里森(1971:130—133);Mirhady(1991b),认为涤罪的誓言在仲裁程序中可能起到实质性的作用;加加林(1997)强调修辞的因素。关于梭伦残篇(F42 Ruschenbusch ap. Bekker, Anecdota Graeca I. 242, 20—22),参见拉特(1920:24—25)和加加林(1997:127)。关于多种形式的誓言进一步参考加加林在本书中关于早期希腊法的篇章。

② 　Buck(1955),注释 52,C 25—29,D 22—25,以及,如希罗多德 6. 86. 5。关于他们在古埃及托勒密王朝的仲裁中的作用(一个早期实践的延续),参见 Seidl(1969:62—74)。关于他们在罗马时期的普通司法中的作用,参见 Chaniotis(1997:371 页注释 100),他特别援引了 Babrius, Fable 2;Petzl(1994:注释 34);还提到 Diodorus 11. 89. 5—6。

③ 　拉特(1920:29 页注释 2 和 31 页注释 9)修订了 Meister(1908)。关于家族成员起誓的重要条文引自 ICiv51 = van Effenterre/Ruzé(1995—1996),II,注释 13 已遗失。甚至连德国"Eideshelfer"的作用都有争议(Scheyhing 1971)。

雅典规定了大不相同的宣誓形式。① 与格尔蒂设立的"更有资格宣誓"的体系不同，雅典每个案件中的当事人双方都要宣誓，前者的目的似乎在于避免不一致的誓言之间的冲突，而后者的目的似乎更在于介绍案情，而非解决争议。在杀人案中，誓言的庄严人尽皆知——起誓时"站在由恰当的人在合适的时间宰杀的一头公猪、一只公羊、一头公牛身上分别割下的毛束面前"（德谟斯忒涅斯 23.67），誓言是有关事实的："他杀了"被"我没杀"反驳（例如，Ant. 6.16）。仅在杀人案件中证人也须起誓，仍针对其"确信的见闻"，即被告杀人与否（Ant. 1.8, 28）。在其他案件中只有当事人起誓，也针对事实（Pollux 8.55，但是陪审员只对依据法律作出的判决起誓）。我们在这里再次遇到形式主义（一种可能会转化成仪式的形式主义），但与格尔蒂的不同。拉特称这些预备性的誓言为"审判基础"：他提出，除非经过誓言的确认，否则任何一方都不能期望，其挑战（或拒绝挑战）的效力在审判中能被对方所认可；宣誓使得审判取代了争吵（理论上每场审判必将导致一方发假誓，这曾被柏拉图所非难，《法义》948d）。在一场谋杀案被判决之后，胜诉者必须"轻按着毛束，发誓那些投票支持他的人站在了正确和正义的一方，并且他没有说谎；他要为自己和家人祈求毁灭——若言不符实，但他要为陪审员们祈福"（埃斯基涅斯 2.87）。这是最有趣的形式，一个方形的循环。在格尔蒂，如果法官"依据控告"而非形式标准来判案，他将为判决结果负全部的责任。雅典的陪审员在进行自由审判的同时，将宗教的风险回传给了博弈的双方。

　　让我们从程序转到惩罚。如果《神圣法律》（*Heiliges Recht*）有存在之必要是因为世俗法院的软弱，那么它们试图施加的惩罚

---

① 参见哈里森（1971:99—100）；麦克道威尔（1963:90—100）；Carawan（1988:138—143）。

中出现宗教的形式就并不奇怪；因为法院的强制力相当微弱。(所有的法庭都是世俗的,然而让我们顺便指出一则著名的铭文,它出自公元前 5 世纪的曼提尼亚,晦涩地记录着一项由"法官和女神"针对一行人作出的裁决:他们被控告在女神的庙宇中犯了谋杀罪,结果十分特别,竟取决于一则发现了女神裁决的神谕。[①])在古罗马,宣判违法可以通过所谓的"神圣法律"(leges sacratae)——判决违法者向其冒犯的神明"献祭"(不是好的意思)。拉特在某些伊利斯(Elis)的古代文本中发现了类似献祭刑罚的蛛丝马迹。我们仅在脚注中随他走进这一困难重重的领域[②];尽管在伊利斯的圣地上确实存在着某些献祭形式的惩罚,总体来说,希腊通常采取简单的世俗形式对违法者作出裁决,例如"让他无偿地死亡"。[③] 神明惩罚的另外两种方式——神圣罚金和诅咒,得到了更充分的证实。在古风(甚至古典)时期的希腊,标准的罚款形式都是将神圣罚金交给一位指定的神明。被流放者或被处决者被没收的全部财产也将交给一位神明。神圣罚金似乎不可或缺,但一个更为关键的因素或许是,古希腊城邦似乎连一个与圣库相对的"公有"概念都没有。额外的收益很快就会处理掉,不是用于公共事业就是简

① Thür Taeuber(1994:注释 8,一次完整的探讨)。

② 拉特这样解释道:(1)6 世纪的一则铭文规定:掠夺一位 Eleans 特别喜爱的朋友将"远离宙斯"(van Effenterre/Ruzé,1995—1996:I 注释 21);(2)一份 4 世纪的文件(Buck,1955:注释 65)允许罪犯阶层"献祭"(consecration);然而一份 6 世纪(或 5 世纪)的文件(van Effenterre/Ruzé,1995—1996:I 注释 23,Buck,1955:注释 61)禁止特别为人喜爱的个人(或群体)"献祭"(相同的动词)。其他的观点参见 Buck(1955:260)和 Casabona(1966:26—28),后者赋予该动词不同的基本含义(sacrifice against 而非 consecrate)。另一个著名文件是来自 Elis 的 5 世纪早期(?)的一份条约:"Anaitoi 和 Metapioi(两个不知名的共同体,可能是伊利斯的邻邦)之间的盟约。50 年的友谊。若一方未能严格遵守,让使者和先知将其逐出祭坛,誓言即遭破坏。奥林匹亚的祭司来作判决。"(van Effenterre/Ruzé,1995—1996:I 注释 51[句子分段有所变化])这里归于祭司的权力以及其他宗教官员对两个共同体之间纠纷的干预是十分罕见的。

③ 参见 Youni(2001)。

单分配给公民①；要保存它们，就必须通过神圣化的形式。

诅咒是一种常见的宗教形式。我们已经在司法程序中感受过它的重要性；在法庭中给予誓言以约束力的，就是包含在誓言中附条件的自我诅咒（事实上经常是"自己及后代"）。共同体也有其诅咒。最生动的例子来自公元前5世纪早期小亚细亚海岸的提奥斯（Teos）。以下是开头部分：

> 任何制造毒药（或"咒语"）侵害共同体提奥斯或其个人者，他和他的家人都将死去。以任何阴谋诡计阻碍从海陆进口玉米到提奥斯领土者或一进口就将其送出者，他和他的家人都将死去。

接下来是诅咒在提奥斯建立或实行君主统治的人，诅咒出卖提奥斯领土的人，诅咒劫匪及劫匪的帮手，诅咒策划阴谋反提奥斯的人；还诅咒一年内在三次规定的场合中未能宣读出这些诅咒的地方法官，以及破坏了镌刻着这些诅咒的铭文的个人。

1981年出版的一个新版本增加了一条诅咒，"那个人及其家人将死于提奥斯、阿夫季拉（Abdera）及提奥斯的领土之外"②，反映了提奥斯与其殖民地阿夫季拉之间的密切联系。

在很多希腊城邦中都可以看到类似的公共诅咒，一直保存至希腊化时期。它们通常直接针对那些被视为对总体的福祉造成特别威胁的犯罪行为。③ 个别的法令也可以通过同样的方式来强化。

---

① 在一则5世纪早期的洛克里斯铭文（ML 20 ＝ van Effenterre/Ruzé，1995—1996：I 注释43,44行）中，动词"没收"（confiscate）的字面意思是"侵吞财产"（eat property）。比较拉特（1948），和关于罚款的拉特（1920：48—61）。

② 参见 van Effenterre/Ruzé（[1995—1996]：I注释104[＝ML 30]和[新版本]注释105）。

③ 参见拉特（1920：68—77）；帕克（1983：193—196）。

这样的诅咒与世俗的正义之间有何关联？有时，人们可以在一则法令中同时看到惩罚和诅咒的规定，都用来威慑犯罪。[①] 拉特将这种结合视为一种暗示，即暗示不再相信诅咒有独立的约束力；在他看来，希腊化时代附属于公共法令的诅咒戒惩已经是毫无意义的公式了。但无法想象提奥斯人仅让叛国者接受（比方说）神明的惩罚。诸如此类的犯罪通常会导致终身流放，没收财产，甚至被摧毁房屋以示彻底消灭他们在共同体中的位置。[②] 以惩罚和诅咒威慑同一个罪犯，这两者之间并不存在冲突和紧张。提奥斯的法令中很有可能规定了叛国者在被放逐的同时，还要在每年的公共诅咒仪式上被诅咒。但诅咒的作用更加深远，因为罪犯早在被查出之前就已接触到它。公共诅咒的仪式是传达集体价值观的有力宣言。

　　拉特著述的主旨是进化的观点。对希腊人如何对待"神圣法律"的叙述是在讲述他们怎样不再需要它；这就是进步。然而，他在结尾处举出一个颇不寻常的使用宗教形式的例子。它在古风时期还闻所未闻，初现于公元前 5 世纪或公元前 4 世纪，在接下来的几个世纪里十分常见，一直保存至罗马帝国晚期。它就是神圣的解放（sacral manumission）。[③] 在希腊，解放奴隶有两种方式，世俗的和宗教的。选择哪一种（也有混合形式）大概取决于地区。世俗的解放通过公告和登记完成（通常由奴隶向他的主人支付款项）。神圣的解放又有两种从属的形式，通常也是依据地域来划分，有时也有

---

① 例如，*Syll*.[3] 364.30—32(Ephesus，公元前 3 世纪早期)；拉特(1920：76)。

② 参见 Connor(1985)。提奥斯诅咒第二卷的表述"那个人及其家人将死于提奥斯和阿夫季拉(Abdera)及提奥斯的领土之外"可能实际上是以流放为前提的，尽管不得不同意拉特(1920：69 页注释 21)的说法——诅咒与世俗法律的形式不同；人类的惩罚对诅咒对象的威慑是通过独立的立法活动而强加的。

③ 暂时还没有综合的研究，但有价值的局部研究包括 Hopkins 和 Roscoe(1978)对德尔菲的研究，Ricl(1995)对弗里吉亚的研究，Darmezin(1999)对古希腊中部的研究，以及 Youni(2000：54—120)对马其顿的研究。尤其重要的是对来自马其顿的大量新档案的研究(2000)等等。对于拉特提到的后古典时期的不同情况参见 Chaniotis(1995)。

混合的形式。例如,其中一种在如下铭文中得到阐明,该铭文出自公元前 2 世纪开初波俄提亚(Boeotia)的莱巴蒂亚(Lebadeia)①:

> 神明保佑。在 Astias 执政的波俄提亚地区和 Dorkon 执政的莱巴蒂亚地区,Iraneos 的儿子 Doilos 将他自己的仆人 Andrikos 奉献给众神之王宙斯和特洛丰尼乌斯(Trophonios)专属使用,但遵从他(Dorkon 的)父亲留下的指示,10 年内还属于他的母亲 Athanodora。如果(期满后)Athanodora 还健在,Andrikos 须偿还写入遗嘱中的金额。否则根据其余的条款,Andrikos 将属于 Doilos,从那以后他将属于神明,不在任何方面属于任何人。任何人都不得将 Andrikos 当作奴隶。Andrikos 献身为这些神明服务。

Doilos 将他的奴隶献给众神之王宙斯和特洛丰尼乌斯,但不是立刻生效;Andrikos 还须做奴隶服侍另一位既定所有者 10 年。这种"继续"(staying with)或将自由推迟的条款是这类文件极为常见的特征,但也不尽然;像提及 Andrikos 的偿付一样,它提醒我们不要将主人作出的审慎处理误认为是善行。当献身成真后,Andrikos 将成为"属于神明,不在任何方面属于任何人"。这份文献没有反映出 Andrikos 并不是从人到神换了一位主人,但从对类似文本的总体研究来看,可以十分清楚地判定这一点。从任何意义上来说他都不会变成神明的奴隶,而是一个自由人,强调他"属于神明"的关键就在于打消任何再次奴役他的念头。某些类似的文本表明,任何有这种企图的人都可能被控告为"盗窃神明的财物"。② 的确,在向两

---

① 　IG VII 3083 = Darmezin(1999:注释 13)。

② 　Darmezin(1999:190)。当"属神的"这一术语实际上偶尔被用于被献祭的人获得的解放地位时,这种情况也未改变。

位庇护他的神明献祭时,他一定要从旁协助,但那些文本中提出这项要求的几乎仅此一次;在马其顿和弗里几亚的帝国时代以后的文本中,"在惯例日中"提供协助之类的义务通常都是强加的①,解放后的奴隶可能要听候这种节日中的临时服务,但无论如何,这并没有严重剥夺他的自由(除了居住的自由以外)。似乎也有较短的文本同样反映了"通过奉献而解放"的制度,首次出现在公元前5世纪晚期的拉科尼亚(Laconia)。

神圣解放的另一种从属形式随后被第一次证实,且因出自德尔菲卷帙浩繁的文本中而出名。基本原理是相同的,只是以前的主人在这里不是将奴隶奉献给神明而是"卖"给了神明;买价不是由神明而是由奴隶自己来支付,他同时买回的是自己的自由。对新的神圣主人的宗教义务从未被提及。由此观之,奉献与赎买几乎是一回事。在两种情况下我们都遇到了一种法律拟制,在这里从前的奴隶成为"属于神明的",主要并不是为神明所用,而是作为一种保护的形式。被窃取了钱财的个人有时也会采取类似的手段,即将丢失的财产献给神明,从而使得窃贼的违法行为转为一种对神明的亵渎。②

有趣的是,在公元前4世纪的雅典,奴隶获取自由的过程虽然还不能充分被理解,却也包含着一种法律拟制(他们在虚假的 dikē apostasiou[投奔新保护人的获释奴隶提出的控告]中的胜利)和宗教的因素,要求是向雅典娜献上价值 100 德拉克马的 phiale(一种乘祭酒的容器)作为某种登记。③ 在这种不断增多的法律拟制背

---

① 偶尔会有自由的儿童被其父母献给神明提供类似的服务。据 Hatzopoulos(1994:116—122),在神圣解放附加了宗教义务的地方,似乎都可以发现事先存在的习俗对此造成的影响。

② 但还有很多有趣的复杂情形:参见 Ogden(1999:37—44)。

③ 参考文献:Lewis(1959:237—238)。对于马其顿的解放所强加的献身,参见 Hatzopoulos(1994:103、110—111)。

后,是奴隶解放后地位的极度不稳定,再次沦为奴隶的威胁不断,以及采取任何可以进行自我保护的临时措施的必要性。神圣解放的增多驳斥了贯穿于拉特解释《神圣法律》中的进化论和进步主义,但有力地支持了另一条线索,即在那个缺乏其他解放途径的时代,视宗教的形式为解放的途径。

# 尾　声

那么,古希腊宗教与法律的关系问题还有多重要呢?这个问题的表述过于宽泛以至无法回答;本章的目的其实就在于表明,它是如何被分割为大体上相互独立的一系列子问题。但最后允许我们唤起那个幽灵,那个总出没于这个讨论话题中的幽灵,即维多利亚时代伟大的法律史学家梅因(Henry Maine)爵士。对于梅因来说,在他称为"古代"的法律体系中,法律、宗教和道德的界域是杂乱缠绕在一起的(然而,他并不像人们通常所想的那样,认为宗教在历史中优先于法律)。[①]"从中国到秘鲁",他写道,"几乎没有一个被记载下来的法律体系在它第一次引起人们注意之时,不与宗教仪式和惯例纠缠在一起","法律与道德的分离,宗教与法律的分离,显然属于智识得到发展以后的阶段"。[②]

某些我们研究过的现象与梅因所提出的重要论点相矛盾。例如,梅因认为第一位律师是祭司,我们却在希腊看到大多数"神圣法律",包括那些与祭司有关的,都是在公民大会中获得的批准;的确可以看到宗教与世俗之间的相互联系,但不是梅因所主张的类型。法律程序中的宗教形式——宣誓——在格尔蒂法典中的作用

---

[①]　关于这个错误参见 Hoebel(1954:258);Diamond(1935)和道柏(1947:62 页注释 2)都对梅因持批评态度。

[②]　梅因(1883:5)和(1861:14);相关讨论主要参见梅因(1861:第一章)和(1883:第一章和第二章)。

也没有加强梅因的论据(或仅在其他意义上),因为法典中的实体规则并不带有宗教的特征。整部"梭伦之法"的确包含了很多与节日、献祭和神圣财产有关的内容,因为这些都是公众关注和公共开销的事务,但我们有理由认为,很多"仪式践行得最好"的地区并非因为梭伦之法或其他类似事物的管理,而是通过无强制力的当地习俗。

　　至此,梅因所假定的模糊界限在希腊并未发现。至于法律与"道德"(例如,社会规则)之间关系的复杂问题,我们可以简单指出,某些(并非所有)最牢固的社会义务被法律强化了:对尚在人世的年迈父母置之不理的确是违法的,然而在其过世之后不举行祭礼则似乎只是不光彩的。但梅因的视角至少在有一点上真正令人备受启发,即有关古希腊城邦的葬礼立法。上面提到过著名的"关于逝者的法律",出自 Keos 岛的 Iulis,或许大致表明了梅因所说的"法律与宗教仪式和惯例之间的纠缠"。

# 4. 论古希腊早期的法律

加加林(Michael Gagarin)[①]

如果将法律视作一个社会所确立的在其成员中和平解决争议的方式,那么大多数社会在某种程度上都有法律的存在,早期希腊亦不例外。固定的争议解决程序在最早的文学作品中已经清晰可见,包括可能成作于公元前 700 年左右的荷马和赫西俄德的诗歌,创作于之后两个世纪的某些作品亦证实了史诗中对解决争议的描述。另外,现存最早的法律铭文——通常镌刻在石头上的法律文本——可追溯至约公元前 650 年,与希腊后期作者给定的最古老的希腊立法者的日期大致相契。到公元前 5 世纪,单独的希腊城邦已经确立了各自的法律体系,其中至少有两个城邦——雅典和格尔蒂(位于克里特岛上),还幸存有公元前 4、公元前 5 世纪的证据,足以让我们做细致的研究[②],但在这一章节我将只从公元前 700 年研究到大约公元前 450 年。[③]

---

① 本章的讨论范围与加加林(1986)有所重复,读者在那篇文章中可以读到对更多史料的详细讨论。但这篇文章的关注点有所不同,它只处理了一些经过挑选的史料,也提出了一些在那篇文章中没有考虑的问题。

② 某些学者将斯巴达也包括在内;参见麦克道威尔(1986)。

③ 本书中戴维斯的篇章也讨论了格尔蒂的法律,帕克也处理了我提到的某些程序问题。

# 法 律 程 序

　　我从程序开始,因其资料最为丰富。荷马和赫西俄德表明,在公元前 700 年左右,解决争议(裁判)是一项常见的活动。[1] 例如,萨尔佩冬(Sarpedon)被描述为"他曾经用法律(dikai)和力量保卫吕西亚"(《伊利亚特》16.542),当奥德修斯等待漩涡卡律布狄斯(Charybdis)吐出他临时木筏的残余物时,碎片终于出现"在约有人离开公庭(agora:公共集会地点),判完(krinein)年轻人的争讼(dikazomenōn),回家进晚餐的时候"(《奥德赛》12.440)。在荷马史诗中,解决争议显然是国王的主要任务之一,当火神赫菲斯托斯(Hephaestus)在为阿喀琉斯制作的新盾牌上设计宇宙全景之时,他以三个地点作为人间事务的代表——一座和平的城市、一座战争的城市和一幅田园的景象——他只给和平的城市两幅场景:一场婚礼和一场审判。

　　这个著名的审判场景(《伊利亚特》18.497—508)发生在一个聚集了一群长者的公共场所,气氛庄严,两位争论者正在寻求解决:

> 另有许多公民聚集在城市广场,
>
> 那里发生了争端,两个人为一起命案
>
> 争执赔偿,一方要求全部补偿,
>
> 向大家诉说,另一方拒绝一切抵偿。
>
> 双方同意把争执交由公判人裁断。
>
> 他们的支持者大声呐喊各拥护一方,

---

[1]　荷马史诗设置的背景是特洛伊战争时期,但其中所描述的社会制度肯定反映的是较晚的时期。

> 传令官努力使喧哗的人们保持安静，
>
> 长老们围成圣圆坐在光滑的石凳上，
>
> 手握嗓音洪亮的传令官递给的权杖，
>
> 双方向他们诉说，他们依次作决断。
>
> 场子中央摆着整整两塔兰同黄金，
>
> 他们谁解释法律最公正，黄金就奖给他。（王焕生译文）

　　无论准确性的问题多么紧迫①，这里仍有一些显而易见的事实：两位争论者都寻求一个了结，从而启动了程序（501 行）。杀人者先发言的事实并不意味着他是"原告"——就"原告"在单独请求审判的意义上而言②；而是，当两位争论者都寻求裁断时，任意一方先发言皆可。③　这里的争论者们急切地寻求解决，行动显然都出自自愿（当然总还有来自家庭、朋友和他人的压力）。两方各有一群支持者（502），正大声发表着他们的见解。场景中还有一些仪式，包括长者们围成圣圆而坐，手握权杖依次起身发言（505—

---

① 可能存有的疑问主要包括：(1)赔偿的数额；(2)有没有赔偿（或全部赔偿）；(3)受害人的亲属是否需要接受该赔偿。关于这个场景有大量的学术文献，其中有几个不同的研究方向，参见沃尔夫（1946：34—49）、加加林（1986：26—33）、特吕尔（1996a：66—69）和坎塔雷拉（2002b）。在这里我试图将焦点集中于没有争议的地方。

② 这是的沃尔夫（前引）推测，他认为（弃置了对史诗第 501 行公认的看法）第一位发言者，即凶手，作为原告是为了寻求社会的保护，因为受害者的亲属使用传统的自力救济的方法可能会对他造成伤害；倘若这些亲属们拒绝接受判决，社会将会无限期地保护这个杀人者。但沃尔夫没能领会到"热切地"（501 行）这个词的含义，它暗示了双方不仅同意并且希望接受裁判。另一个困难之处在于他的解释需要一个"公共权威"（1946：49），它可以决定延伸或减少对拒绝接受裁决的争议当事人的保护。而在荷马史诗或其他希腊早期社会中都没有这种权威的迹象。

③ 在《赫尔墨斯颂》（Hymn to Hermes）中，赫尔墨斯和阿波罗共同向宙斯提出他们之间的争议；赫尔墨斯首先提出去宙斯那里，而阿波罗先发的言。在《欧墨尼得斯》中，俄瑞斯忒斯和愤怒女神都请求雅典娜为他们的争议作出裁决（《欧墨尼得斯》235—243、431—435、467—469），俄瑞斯忒斯首先请求裁决而愤怒女神先发言（583）。

506)。黄金的数额可能不足以赔偿死者；大多数学者将其视作奖励，颁给作出了公认的最佳裁决的长者。我们未能得知由谁决定以及如何决定哪位长者解释法律最公正，但我认为可能性最大的是社会的普遍赞同。[1]

其他史诗中的两幅场景表现了一个类似程序的运行。首先，赫西俄德描述了缪斯们善辩的礼物是怎样使一位国王（basileus）在人民中享有盛誉（《神谱》84—92）：

> 当他们公正地审理争端时，
> 所有的人民都注视着他们，
> 　即使事情很大，他们也能用恰当的话语迅速作出机智的判决。
> 因此，国王们是智慧的。
> 当人民在群众大会上受到错误引导时，
> 他们和和气气地劝说，
> 能轻易地拨正讨论问题的方向。
> 当他们走过人群聚集的地方时，
> 人们对他们像对神一般的恭敬有礼；
> 当人民被召集起来时，
> 他们鹤立鸡群，是受人注目的人物。（张竹明、蒋平译文）

在这儿，国王的口才，尤其是在解决争议的情况下，关键在于他能否说服争论者——以及在场的社会成员——接受他的裁断。因此国王与诗人同样需要缪斯的礼物（《神谱》94—103）。

在戴奥凯斯（Deioces）的故事中显然也有类似的程序，他是美狄亚的第一位国王（希罗多德 1.96—100）。这个故事在历史上的

---

[1]　Larsen(1947)。

真实性——若有的话——不大,但它表明了希罗多德及当时的人们对早期(公元前6世纪)争议解决程序的理解。希罗多德说,在戴奥凯斯之前,美狄亚人散居在小村落中,戴奥凯斯就在其中的某个村落裁决村民之间的纠纷。由于他十分擅长于此,因而获得了公正(dikaiosynē)的广泛赞誉,很快整个地区的人们只愿意将纠纷交由他裁决了。他就这样获得了纠纷解决的垄断权。然而有一天,他忽然停止听讼。结果,暴力和违法在各处肆虐。绝望之下的美狄亚人认定他们需要一位国王,自然他们选择了戴奥凯斯。他立即恢复了法律和秩序——但是以一种很异样的方式:他接受当事人的书面诉求,私下作出决定,再书面送还判词。

　　这个故事说明在一开始,解决程序是由当事人自己启动的,他们显然可以将争议交给他们中意的任何人来解决。在此体系中,裁决者的成功取决于这种能力,即作出被视为公正的裁决,使当事人满意,也就是说,裁决使双方都能接受,还可能被其他社会成员视为公正。为获得他的垄断权,戴奥凯斯必须十分擅长于此,因此,他肯定不仅能做出合适的裁判,还有能力说服双方当事人接受它们。

　　方才讨论三幅场景各有其侧重的关注点和目的,且仅表达了经过挑选的合乎目的的细节,但都为同一个普遍的法律程序提供了证据,其他我不在这里予以考察的场景亦确证了其中的很多细节。[①] 程序始于当事人自己寻求裁决;当第三方未经当事人请求作出裁决时,他多半会失败,正如涅斯托尔(Nestor)的尝试未能成功地结束阿喀琉斯和阿伽门农之间的争执(《伊利亚特》1. 245—284)。这些场景及其他场景还反映了这种程序的另外一项特征——公开,通常有很多其他的社会成员参加。它在公共场合进行,通常是城市广场,包含了来自各方——当事人、裁判者和社会

---

① 　加加林(1986:19—50)。

的很多演讲。可能有一位或多位裁判者;他们可能是国王、年长者或其他备受尊敬的社会成员,但显然都不是专业的法官。并且,尽管希腊看上去是一个相当好讼的民族,其程序却是相对统一的。就连传说中的国王米洛斯到了冥府也被描画为给簇拥在其周围的死魂灵解决争议(《奥德赛》11.568—571)。

## 司 法 判 决

上述场景中没有任何迹象表明裁判者所提出的解决方式会受到限制,但某些学者仍然认为这样的限制是存在的。对此最有力的拥护者是特吕尔[①],他认为年长者作出每项判决(dikē)都必须采取凭一位当事人发誓的形式,由此最终结案。特吕尔提出,即使原来的争议是一个事实简单的问题(A 是否偿还 B),它必将变得更加复杂(例如,报偿中的某些牲畜是否有病)。在这样的争论中可能会有复杂多样的宣誓,因此,特吕尔认为,首先由当事人各自宣誓作为他们的部分辩词,然后每位年长者依次宣誓。由公众决定哪项宣誓最公正,当事人在获胜的誓言之下,要么宣誓从而胜诉,要么拒绝宣誓而败诉。结果由神圣的"证人"(istōr)作保,即宣誓中提到的神明。"早期希腊解决争议的原则,既不是自愿的仲裁,也不是政治权力控制之下的自助,而是在神明力量的掌控之下,强加确定的誓言。"(特吕尔,1996a:69)

在我看来,早期希腊的程序更可能类似于我们在一些尚无文字的社会中所发现的程序,例如尼日利亚北部的 Tiv(Bohannan,1957),由论辩和对话引导纠纷逐渐得以澄清和解决,并让所有的相关人心满意足,或至少勉强同意。在这种情况下,即使简单的事

---

① 多在特吕尔(1996a:see esp. 66—69)关于盾牌场景的探讨中。我在加加林(1997)中列举了某些反对观点。

实问题(例如,A 是否从 B 处取得某物)通常会证实为只是一系列更复杂的问题中的一部分(例如,B 先前是否从 A 处取得某物或侵害过 A 或者 A 的家庭成员等)。因此,尽管荷马的当事人开始时争论的只是一个简单的事实问题①,随后可能有其他的事项掺入争论,解决的方案就可能相当多样化了。

这项有关裁决的争论最终关涉整个早期希腊法律的性质:它是依赖于"神明力量的掌控"(特吕尔)还是取决于更加理性的、通人情的程序?② 正如特吕尔所发现的,在盾牌全景中,荷马并未提到长者们建议的具体内容,然而,他也从未提及誓言,在对当事人辩词的简单描述中,他既没有暗示也没有提到宣誓。要将誓言加进盾牌情景中只能通过由其他的场景类推,就此特吕尔所依据的是《伊利亚特》23 卷中墨涅拉奥斯(Menelaus)和安提洛科斯(Antilochus)在战车竞赛之后的争议。③

在比赛过程中,安提洛科斯运用了一个英勇但危险的计谋超过了墨涅拉奥斯,成为了第二名,墨涅拉奥斯第三。当安提洛科斯上前领取第二名的奖品(一匹雌马)时,墨涅拉奥斯抗议:他称自己的马匹更快,向他的同伴吁请帮助:"来吧,阿尔戈斯的首领和君王们:对我俩作出不偏不倚的公正评判。"(dikazein,23.573—574)但他随后改变了主意:"还是让我来评判(dikazein)吧,我想没有哪个达那

---

① 我认为荷马并没有为我们提供足以得出确定裁判的信息。关于一种可能性,参见加加林(1986:31—33)。

② 关于其他的视角,参见本书中帕克的篇章。

③ 特吕尔还关注了公元前 5 世纪的格尔蒂法律(参见戴维斯本书中的篇章),在那里当裁判涉及一个强加于一方当事人的誓言时(加加林,1997:126—127),dikazein 被使用了四次(两次是在 the Great Code 中)。但事实上在这些法律中,任何一则依照法律所作出的具体裁判都会用到 dikazein,包括那些并不涉及机械证据的裁决。例如,在法典的开头(1.2—7),如果某人在判决之前抓住了对方的话,法官必会责令(kata-dikazein)他接受一项具体的罚款,并判处(dikazein)他在三天内释放对方。因此,dikazein 本身的含义只是"口头宣判";它并未包含什么特殊含义。马菲(2003)提出(我认为并不可信)誓言在格尔蒂的裁判中扮演更重要的角色。

奥斯人会有异议,评判会公正。"(ithys,579—580)然后他要求安提洛科斯手握马鞭,轻抚战马,凭波塞冬(Poseidon)起誓"你刚才阻挠我奔跑并非有意施诡计"(dolos,585)。在一个动人的回答中,安提洛科斯将提议的起誓置于一边,间接地承认了未点明的错误,并且主动让出他的雌马和其他墨涅拉奥斯可能想要的东西,以免引起墨涅拉奥斯或神明的反感。墨涅拉奥斯开始变得温和,仍将雌马归还给安提洛科斯,两者和解了(尽管各自仍声称雌马是自己的)。

在这个场景中,阿尔戈斯的首领并未开口,所以我们不知道他们可能作出何种裁决。但由于墨涅拉奥斯作出评判要求安提洛科斯起誓,特吕尔认为(1996a:66)其他的长者照样也会提出宣誓。但这只是推测而已,我认为没有理由因为荷马在一次(仅有一次)裁判中安插了一个包含宣誓的裁决,就得出结论说其他情况下总——甚至有时——会安排一个类似的裁决。在某些争议中,宣誓或许是一个解决问题的好方法,但总不尽然如此。因此,"裁决"(dikazein)很可能意味着"作出裁判"(propose a judgment),而后者并不一定表现为誓言的形式。[1]

特吕尔还未能清楚地区分强加的宣誓(imposed oaths)和宣誓的考验(oath-challenges),两者在古典时期的雅典法中都很常见(Mirhady,1991b)。[2] 一个誓言可能是由法官强加给一方当事人的,通常是被告(即所谓辩白的誓言)。如果他宣誓,罪责将自动免除。例如,在格尔蒂法典(3.5—9)中,一个妇女被控告在离婚期间带走了她前夫的财产,她必须宣誓否认,才能继续持有财产。另一方面,一个宣誓的考验是由一方当事人提出,可能是要求对方起一个特定的誓言,也可能自己主动起誓。可以推断,如果对方接受了

---

[1]  参见 Talamanca(1979)。

[2]  我们可以暂时忽略使用广泛的确证的誓言,即当事人、证人、法官或陪审员都可能用以确证自己的表述或判断是真实的或公正的。

宣誓的提议，他就会起誓，这将了结案件，或至少了结案件中的某些问题。然而，如果对方拒绝接受宣誓的提议（像他通常会做的那样），提议者便可以援引这次拒绝来证明对方的罪责。

特吕尔把《伊利亚特》卷 23 中墨涅拉奥斯对安科洛科斯的提议当作一个强加的宣誓来探讨，因为墨涅拉奥斯自己充当评判者，称自己的建议为裁决（dikazein）。但是墨涅拉奥斯并没有特权来裁决自己的案件，也不能将一个决定性的誓言强加于他的对手，尽管他的提议由于在其他人看来是公平的，安科洛科斯将迫于压力而不得不接受它。他的裁决事实上是一个宣誓的考验，安科洛科斯只能间接作出回应。早期文学作品中其他宣誓的考验的例子还包括《赫尔墨斯颂》（*Hymn to Hermes*，274—275）中的赫尔墨斯，埃斯库罗斯（Aeschylus）的《欧墨尼得斯》（*Eumenides*，429—432）中的愤怒女神（Furies），她们控诉俄瑞斯忒斯（Orestes）不发她们所要求的誓言（即他没有杀死他母亲）。所有这些文学作品中的宣誓的考验都是当事人之间口头交流的一部分，和雅典法庭对话中的宣誓的考验一样。相反，早期文学作品中并没有强加的宣誓的事例。即使在格尔蒂，强加的宣誓也很少，且只用于处理相对较小的争议。[1] 的确，有时权威可能据说属于神明，但荷马的神明的权威总成问题，而当荷马时代的希腊人想将什么托付于神明之手时，他们的典型做法是抽签。甚至当神明自己裁决纠纷时，他们也不会用强加的宣誓。[2]

---

[1]　加加林（1997：126—127）。在格尔蒂，只要判决的方式未经具体规定，法官就可以自由裁决："若已规定法官应当依据证人或否认的誓言判决，则法官必须按规定判决；但在其他情况下他应当根据辩护词起誓判决。"（11.26—31）

[2]　赫拉指责宙斯为了支持忒修斯的儿子阿喀琉斯而私下作判断（Ⅱ.1.542）。之后，她告诉雅典娜应当让宙斯按照自己的意愿在希腊和特洛伊之间作决断（Ⅱ.8.431）。奥德修斯说道在一场由特洛伊的子弟和雅典娜作裁判的争执中他怎样赢得了阿喀琉斯的铠甲（《奥德赛》11.547）。每种情况中使用的动词都是 dikazein，没有一处使用强迫的誓言（哪怕只是与之稍有类似）。

特吕尔从古巴比伦取证来支持自己的观点,在那里强加的宣誓是常见的(特吕尔,1996a:70)。这提出了一种可能性,他表明,要么东方对希腊法有影响,要么(因为没有这种影响的证据)希腊法像早期的日耳曼法一样"独立平行的演进"。在这个进路中特吕尔是步沃尔夫(还可见格内特,1951)的后尘,力图使用所谓的比较方法来阐明早期希腊法。"比较的方法,是建立在这样的'既定事实'之上,即人类的头脑在法律问题中都是如此构造,在相似的条件下对相似的情况进行相似的处理,这是不证自明的。"(沃尔夫,1946:35)这样的断言可能在沃尔夫的时代已经引起少许异议,时至今日,人们对人类社会发展普遍模式的信仰几乎已经销声匿迹了。[1]

　　欧洲中世纪的法律确实频繁使用强加于一方或双方当事人的机械证据——宣誓、酷刑和决斗裁判法,近东的法律对宣誓和酷刑的使用也与之相似。在这些程序中,清晰的判决产生于一个与案件事实无直接关联的独立测试,任何通过测试(通常是因为侥幸)的一方即胜诉,反之亦然。这些证据的正当性(有时被称为"非理性的")在于,正是"神明之手"操纵着测试,使有罪者和无辜者相区分。[2] 然而在希腊法中,我们不曾得知有酷刑和决斗[3],决定性的誓言也很少。[4]

---

[1]　对于那些喜爱比较的人,我仍想建议,与古代近东法或早期日耳曼法相比,非洲社会的争议解决方式对早期希腊法律的研究更具启发性(加加林,1986:4—5 以及散见于索引 s. v. preliterate societies)。

[2]　关于这些证据在中世纪法律中的运用比我简单的描述更加复杂;参见 Brown (1982)、van Caenegem(1991:71—114)。

[3]　拉特(1920:5)引述了《安提戈涅》(264—267)中的信使作为早期酷刑的证据("我们准备手举红铁,身穿火焰,凭天神起誓,我们没有做过这件事"等等)。这可能是主人考验奴隶的方式,但在希腊法律程序中没有任何使用酷刑的迹象。为了反驳,《伊利亚特》第三卷中帕里斯和墨涅拉奥斯的决斗也会被引述,但这也脱离了任何法律语境。

[4]　一个格尔蒂之外的例子是 5 世纪早期一则关于财产的法律,在 Halicarnassus (Meiggs and Lewis[1969]32, 22—28＝van Effenterre and Ruzé(1995—1996)I. 19, Koerner[1993]84),规定如果某人超出一段确定时间之后对某项财产提出请求,则财产拥有者只能通过起誓来拒绝该请求。

在雅典,残存的德拉古法律文本中并未提及誓言,在梭伦之法的残篇中也未发现决定性的誓言①,强加的誓言在古典时期的雅典法中亦未占有一席之地。如果愿意的话,希腊人也可以在司法审判中使用决定性的誓言,但他们用得很少。我们可以断定,早期希腊的法律程序从一开始就较少使用机械证据,而比其他类似的法律体系更依赖于理性的论证及裁判者的自由裁量。

## 实体法,书面立法

早期司法程序完全是一个口头的过程。即使文字在公元前800年左右被引进希腊之后②,也一直在法律程序中扮演着无关紧要的角色,直至公元前4世纪,证人证言及其他文件开始以书面形式进入法庭之时。实体法(与它过去一样)在引进文字之后也还保持了一个多世纪的不成文形式。荷马和赫西俄德说,国王和其他人知道 themistes——传统规则和惯例——来自神明,是作出公正裁决的基础,这些规则在不同情境下被援引。例如,在试图说服阿喀琉斯缓和他对阿伽门农的愤怒时,埃阿斯说道(《伊利亚特》9.632—636):"有人从杀害他的兄弟或是孩子的凶手那里接受赎金,杀人者付出大量金钱后可留在社会;死者亲属的心灵和傲气因赎金受限制。"同样地,赫西俄德在《劳作与时日》中劝诫"财富不可暴力攫取"(320)也包含了这样的规则。裁判者和当事人必定熟悉这

---

① F15b(= 吕西阿斯 10.17)和 F42(= Bekker, *Anecdota Graeca* I.242,20—22)也提到了宣誓。第一则的意思大概是"让他以阿波罗起誓并给予保证",但古风时代的语言根据不同解释会有所差异(Hillgruber,1988:71)。第二则提到,梭伦让双方当事人都起誓——若他们没有任何契约或证人的话;即使这则誓言是被强迫的,也不可能是决定性的——若双方都起誓的话(参见加洛林,1997:127—128)。

② 希腊在青铜时代晚期(约公元前 1400—公元前 1200)使用一种音节字母——B类线形文字,与后来使用的字母无关。这种字母后来逐渐消失了,新的字母表是一种独立发明。

些传统规则,可以在审判中明示或默示地依据它们,但我想把这些规则归为习惯或常规,而非法律。①

希腊大约在公元前 650 年开始书写法律。现存最早的法律铭文来自克里特的德雷洛斯(见加加林,1986:81—82),在接下来的一个世纪中,法律铭文遍布克里特岛(特别是格尔蒂)及希腊各地。这些铭文证实了不同城邦的传说中最初的立法者是在公元前 7 世纪中期开始他们的工作,尽管似乎很少有人将这大规模的立法归于其中的某些立法者。② 虽然其中的很多铭文都是残缺不全的,我们仍可以看到早期立法覆盖了法律的很多领域,包括(以现代的分类方法)政制、家庭、继承、财产、刑罚、宗教等等。这些法律多半镌刻在石头上,像青铜和木材这样略不耐久的材料也会被采用,它们醒目地展示于公共场所,通常在神庙或圣地之中或附近。这些选址可能还传达着法律具有神圣权威的意味,但它们并不是"宗教"法——例如《旧约》中的大量律法(见本书中帕克的篇章)。与很多近东的法典不同的是,希腊的立法目的是为诉讼实践所使用。③ 甚至连最早的铭文都努力使条文的组织形式更好地为使用者所用(例如将同一主题的条文集合在一起),也包含了一些使法律更加通俗易懂的内容和体裁上的特点。可能在那个时代很少有人能够轻松阅读法律,但我认为,那些发现自己可能要卷入诉讼的人或许能够阅读这些文本。④ 另外,像格尔蒂法典这样巨大的纪念碑群,以及它们坐落于公共(通常是宗教的)场合的位置,都会给人以权威和公共权力的印象,而在缺乏其他强制措施之时,这两者

———————————

① 这里暂且不考虑何为法律以及法律是否(或在何种程度上)依赖文字形式的问题;参见加加林(1986;尤其是 9—12 页)和本书中托马斯的篇章。

② 雅典的梭伦可能是最早颁布大量法律(公元前 6 世纪早期)的立法者;参见加加林(1986:51—80),Hölkeskamp(1999)。

③ 参见罗斯(2000)以及本书中加加林关于统一性的篇章。

④ W. Harris(1989)关于早期文本的抽象结论通常会被接受,但即使他的观点(可能太过局限)也没有排除法律被阅读的可能。

对于法律的施行十分关键。

将法律镌刻于耐久的材料上并公之于众会产生几个重要影响。第一,这表明特定的规则与共同体传统的规则和惯例相分离,它们可能作为一个独立的类别——法律。第二,使得这些规则传达出一种稳定和恒久的意味,包括那些在口头传达中容易丢失或改变的小细节(尤其是程序上的)。第三,确保这些法律可以为共同体的成员所用——不是所有的成员,考虑到当时相当低下的文化水平,可能主要为那些经常参加公共事务和容易卷入诉讼的成员所用。第四,还传达出这样的观念,即这些规则是一个拥有特殊权威的整体("镌刻下来的内容"),有关古老立法者的故事——即便是虚假的或错误的,也会加强这种意味,即一个共同体的法律是一套统一的权威规则体系。第五,它暗示或证实了这些规则背后制定和镌刻它们的政治权威。① 因此,其实是书写创造了法律的概念——自此以后,任何以城邦的权威为支撑,并属于这种特殊体裁的书面规则都是法律。

希腊法律铭文的绝对数量是惊人的。迄今为止所发现的铭文可能只构成古风时期立法的一小部分②,但它们足以显示希腊人对这项活动投入了大量的时间和物力。同样惊人的是,在公元前 650 年至公元前 500 年间,绝大多数的公共铭文都是法律。的确,在这段时期的镌刻品中,法律是如此地占据优势以至于表述书写的词语,例如 to graphos(写下的)或 ta gegrammena(写下的事物),常与其他指代法律的特殊称呼(thesmos 和 rhētra)一起使用。③ 这段期

---

① 上述所提及的来自德雷洛斯的法律是这样开头的,"以下内容是城邦所中意的"(即"以下内容已获城邦之认可")。

② 文学传说中所提到的 Zaleucus、梭伦等人所制定的法律几乎都没有幸存下来。我们难以得知格尔蒂破例留下的大量法律究竟反映了对立法(或在石头上镌刻法律)的偏爱还是一个偶然发现或其他因素导致的结果。

③ 因此,当格尔蒂法典规定要依照"as is written"来做某事时,它的含义便是"依照法律"(例如 12.1—4)。

间,除了法律之外几乎没有其他司法文本的铭文。因此古希腊的大量书面立法以及缺乏其他法律事务文书的事实,在前现代法律体系中如果不是独一无二的,至少也是颇不寻常的。① 换句话说,希腊人十分注重为带上法庭的案件制定成文规则,并使这些规则清晰易懂,能为共同体中可能会用到它们的成员所用,但由这些成文规则所产生的诉讼则实际上很少需要,或几乎不需要读写的能力。

# 结　语

在(本书)关于统一性的章节中,我提出希腊古风时期的法律程序拥有某些普遍特征,这使其有别于其他大多数早期法律体系的程序。希腊的诉讼当事人在一个开放的公共场合中将争议呈递给裁决者(们)。这个过程在某种程度上也是履行一种仪式,但它较少含有作为其他很多早期法律体系特征之一的形式主义。裁决大多是由裁决者(们)自由裁量作出,而不是通过正式程序或宣誓之类的机械证据。并且,希腊在古风时代大量书面立法,其目的在于为那些卷入(或可能卷入)争议之中的人们所理解使用。同时,在程序中几乎没有文字的存在,还是一个口头的过程。

总的来说,早期希腊法的这两个方面——书面立法和口头程序——构成了一个不同寻常的组合,不大可能是受其他早期法律体系的影响所致。相反,我将提出,这两者都证明了希腊人在共同体的众多成员面前进行公开论辩的传统。在荷马和赫西俄德的诗中,"国王"并没有其他早期社会的君主所拥有的绝对权力。其实,

① 另一个与之类似的社会大概是早期罗马,大约是十二铜表法时期。不幸的是,尽管有这份迷人的(几乎都是残篇)文件,我们对这一时期的法律依然所知甚少。后来,书面立法在罗马就没有在古希腊重要了,但其他形式的法律文本(responsa, formulae, legis actiones)很快就被付诸文字。

两位诗人常会提到国王们（复数的）在公民大会中相聚。从一开始，希腊法就表现出希腊人公开论辩的倾向，后者曾被部分人（例如，劳埃德，1979）视作希腊智识成就的根源。希腊法在古风时期的发展，仍保持着这种富有成效的组合，即确定的、稳定的书面立法同口头的、灵活的争议解决程序相结合。而在雅典，这种组合无疑存续至古典时期。

# 第二部分
## 雅典的法律(上):程序

# 5. 论雅典的法律与讲演术

## 托德(S. C. Todd)

## 引　言

公元前 5 世纪末,在雅典,历史记载的性质发生了重大变化。然而早期那种重证据的形式并没有完全消失。事实上,大约公元前 460 年之后兴起了"激进"民主制,在这一时期保存下来的碑文数量成倍增长,尽管其法律来源的意义并没有预期的重要。[1] 但它们却是在大约公元前 420 年开始的一种新的文学体裁。这种文体成为了现代学习雅典法律体系的主要形式:法庭演说稿意在对审判过程中某方在法庭上所说内容的记录。[2]

---

[1] 这在很大程度上是因为有相当数量的碑文涉及事务管理方面的议题,比如公共账户,而不是法律问题(对于雅典成文法所扮演的看似矛盾的角色,见页 111 注释①)。另外,法律碑文最为普遍的形式之一是由一些道义上的判决组成,这些判决作为立法程序和雅典政治运作的依据都同样有意义,但是单个的判决本身却不能告诉我们关于法律的知识,与此形成对比的是,格尔蒂法典(Gortyn,见本书第 16 章),是迄今为止现存最大的、主要是由法律条令编撰的碑文。

[2] 原告和被告的演说是平等的:大约公元 110 年保留下来的所有法庭演说词(见后文,鲁宾斯坦,133 页注释 10。译者案:指英文版页码。以下同。)列举了 29 篇公共事务案件的诉讼演说稿和 31 篇个人案件的诉讼演说稿,并且在一些案件的辩论部分是有恰当分类的。仅有两次论辩双方都用到了一个重要演说,参见(转下页注)

　　这一章我将用"庭审演说"这种媒介来简要介绍公元前 4 世纪雅典的法律,这将成为本书后面两部分的主要话题。然而仅仅将这些文本的地位作为历史依据,这种观点未免太过狭隘。雅典的法庭演说反映了雅典法律的程序体系。在这一体系中,参与者和听众在庭审过程中各自所扮演的角色和现代司法审判中他们所扮演的角色大不相同,不管是在普通法系的英美国家还是民法法系的欧洲大陆。在这一方面,雅典法律的不同还表现在:从我们看到的、这些早期文本所发映的内容来看,比如《伊里亚特》卷 18 中阿喀琉斯的盾牌,多数学者认为尽管优先权可能来自诉讼当事人,即那些想打官司的人,然而却是社会群体中的长者充当裁判者,他们看起来有责任通过论辩得出解决方案来获得大众的认同。① 相反,在雅典,正如我们将要看到的,正是诉讼当事人表现为不仅仅是发起者,而且是主要的发言人,并且他们带着自己对法律的诠释出现在法庭上。没有哪一位法官独自提出法律裁决,陪审团的判决是通过大多数陪审团成员表决后提交的,他们没有正式的机会对案件进行探讨。也许这是由于(不像荷马式的长老)雅典法庭拥有一定程度的制度权威,也就是说,它不需要通过给出判决的理由来寻求公众的赞成。

　　因此,法庭演说稿的意义不但因为它们是我们主要的历史依据,而且因为它们在雅典人自己的诉讼中所扮演的中心角色而显得尤为重要:因此在本书的组织中优先权给予了法律程序而不是独立存在的法律实体。② 另外,演说稿本身在某种意义上是文学

---

　　(接上页注)页 120 注释②。关于庭审之后多长时间才会对这些演说稿进行修订的问题将在注释 38 中进行讨论。

① 比如前面 83—84 页提到的加加林,在格尔蒂法典中,程序体系并不总是很清楚,然而在希腊罗马式埃及的古代文献中,司法官员比雅典的司法官员扮演的角色更具有干涉主义色彩。

② 程序是法律实体的核心,这一观点存在广泛的争议,比如托德(1993),同样在本书的鲁宾斯坦部分,认为程序的选择是决定讲话者论辩性质的重要因素。

上表现话语行为的手法，它在广泛意义上提出了下列问题：比如，法律口语一直以来扮演的角色问题①；关于修辞、执行、叙事功能的问题以及法律与文学的关系问题。②

今天保存下来的演说稿应归功于被称作"阿提卡演说家"（Attic Orators）的 10 位作者。③ 律修会的这 10 位作者直到公元前 1 世纪或公元前 2 世纪才得到确切的证实④，但这些著作有可能出自希腊化时期早期的学者们⑤，他们在可感知的文学质量的基础上挑选了他们喜爱的作家的作品。组成律修会的作者们按时间顺序包括两个群体：早期的演说家，安提丰（Atiphon）、安多赛德斯（Andocides）、吕西阿斯（Lysias）、伊索克拉底（Isocrates）以及伊萨尤斯（Isaeus，活跃于公元前 420 年到公元前 360 年，尽管伊索克拉底直到公元前 338 年还活着）；晚期的演说家，埃斯基涅斯（Aeschines）、吕库戈斯、德谟斯忒涅斯、海波莱德斯（Hyperides）

---

① 在某种意义上这是一个矛盾的说法，比如在古代的雅典社会，在一定的情况下，认为书面法律是民主制的基础（欧里庇得斯《乞援人》430—434，来自托马斯的摘录和讨论，详见前文第 46—47 页）。然而一个体系的运行，法律条例所扮演的角色如同法律来源一样是次要的（尤尼斯，后文 219—224 页）。在这儿值得注意的是古代修辞理论家把法律作为一种证据形式，见页 120 注释④。

② 参见本书尤内斯关于修辞的章节及华莱士和艾伦（Wallace & Allen）关于谐剧和肃剧的章节。

③ 保存以及如何保存下来的问题会影响历史的记录，我们将在 115—119 页进行讨论。

④ 卡勒斯（Calacte）的凯西里乌斯（Caecilius，公元 1 世纪）写了一篇《十位演说家的独特风格》（该文现已遗失），第一次提到这十位是律修会成员，但是却被认为是凯西里乌斯自己因为好辩而创立了律修会（参看沃森顿，1994）。确实，和他同时代的哈利加纳萨斯（Halicarnassus）的狄奥尼索斯《古代演说家》，第四章宣称有意写一些关于六个主要演说者的论说文，并宣称通过描述我们已知的十位作者和其他现已遗忘的作者来讨论其他演说者的失败（伊萨尤斯，19—20）。在稍后的一个时代，保存下来的哈伯克利森（Harpocration）的《十个演说者的词汇》，本身就是一个关于遗失的演说稿内容的有价值的资料。还有一部《十个演说者的生活》被误认为出自公元 2 世纪的传记作者普鲁塔克（Plutarch），其中包括很多有用的信息，一些有重要意义的失误和让人费解的内容。

⑤ 早期的日期的确定主要出自史密斯（Smith，1995：76—77）。

以及狄纳克斯(Dinarchus,前4位是同时代的,狄纳克斯经历了公元前322年马其顿对民主制的废止)。① 把他们描述为雅典的演说家或许在某种意义上是误称,因为他们中仅有7位是雅典的城邦民(三位例外的是吕西阿斯、伊萨尤斯和狄纳克斯):把他们联系在一起的是都是基于共同的雅典背景,并且只有一篇保存下来的演说稿(伊索克拉底,19)不是由雅典司法庭审构成的。

# 代 笔

现在有必要暂停一下,思考一个重要的历史事实。在这个律修会成员中有三位是雅典的客籍民(即古希腊城邦中享有部分城邦民权利的外籍人)。他们不能够直接参与雅典人的公共生活。在雅典,只有成年男性城邦民才是雅典议院的成员,因此一个客籍演说家是没有权利在那儿发表演说的。客籍民在法庭的合法资格显然是不确定的:看起来,在个人案件,或者可能在某些公共事务案件中,他们可以充当证人,可以起诉或被起诉。然而,我们知道,一个客籍民依法在登记姓名时要登记一个城邦民的名字作为他们的 prostatēs("庇护人"或"监护人")。② 并且很多学者认为,至少在一些类型的案件中,一个客籍民诉讼人可能要让一个他的监护者代表他在法庭上发言。③

---

① 这里所给出的顺序是根据伪托的普鲁塔克(见上页注释④),并且并不完全是按年代顺序。至于保存下来的演说稿的数量,见后面115—119。

② 一小部分的客籍民被赋予了一定的特权(比如,拥有土地的权利或者免除客籍民税务的权利),并且在这样的情况下,"要有一个 prostatēs"的规定也可以暂时搁置。

③ 这儿的两个重要案件是指吕西阿斯12和他的《里波西萨斯》(*Hippotherses*)部分片段,托德对这两个案件都有过讨论(1993:198以及注释46)。同样相关的还有狄纳克斯遗失的演说稿《反普罗科西诺斯》(*Against Proxenos*)诉讼书的开头部分(从这一部分可以看出这篇演说稿是狄纳克斯本人发表的)。

客籍演说者会在阻止他们参与的重要的公开演说这一体系中体现出重要性,乍一看,这一说法是矛盾的,但这一矛盾的关键是速记和代笔的习俗。雅典法庭在任何层面上都不赞成职业化,正如在举例中看到的,大多数案件都是由一个大的 dikastai(陪审团)群体进行判决。① dikasta 通常被翻译为"陪审团",但是关键在于雅典没有我们现代意义上的法官,而是 dikastai 给出他们的判决。并且所谓恰当的判刑是简单的基于大多数人的投票;这一点正如前面提到的,没有法官的指导,也没有正式的讨论的机会。

对于雅典的法律体系,一种可能的推测是,正如 dikastai 作为一个有能力来决策法律的集体,因此,一个诉讼人应该有能力在自己的案件中自己提出请求,不管是作为被告还是作为原告(在此应该强调的是,大量的起诉是城邦民以自己的名义而不是以执政官的名义提出,即使是在公共事务中)②请他人代表自己演说并不违法。并且本书的一个投稿人也曾强调,在一些情况下,存在着诉讼人和他们的 sunēgorioi(书面语中称为"演说助理")相互的协调和合作③,但是在一定程度上看,sunēgorioi 并不是付费的调停者。然而在幕后,监管是很难的,正是在这种情况下,吕西阿斯和狄纳克斯担当起他们的委托人的演说稿的代笔者,然后他们的委托人自己发表这些演说稿。④

但绝不是说律修会所有这 10 个作者都是代笔人。最为引人

① 数量是庞大的(在个人案件中有 200 人到 400 人;公共事务案件中一般是 500 人,但经常会翻番);他们是由在审讯当天早晨随即挑选的 30 岁以上志愿者组成的。
② 对于这一点的重要性,请参见鲁宾斯坦,下文页 146—147。
③ 参见鲁宾斯坦(2000)。注意诉讼人解释他们和 sunēgorioi 的关系是个人交情而非金钱关系(例如德谟斯忒涅斯 59.14—15),而来自他们的同伴发言人的解释是,为什么诉讼人不能合理地代表自己发表主要的演说。
④ 在学者中存在争议的是关于代笔人写完一个演说稿需要多长时间的问题(大多数人的观点可参见 Usher,1976,对此我在很大程度上是赞同的),以及至少对于一些诉讼人来说共同合作需要多长时间(多佛,1968b 的观点,得到了 Lambert,2002 的支持)。

关注的一个特征是,雅典的政治在公元前 4 世纪后半叶表现出军队领导人和公开发言人专门化的趋势,并且后期的演说家特别倾向于利用这种趋势。比如,公元前 346 年,德谟斯忒涅斯和埃斯基涅斯都曾作为前往马其顿王国的特使成员参与商讨《菲罗克里特斯和平协议》(*Peace of Philocrates*),这个包含个人竞争和政策分歧的结果主导了雅典在之后 10 年对马其顿采取的政策。这反映于他们在一系列的法庭案件中一直各自努力破坏彼此职业的这种行为中。同样,海波莱德斯担当了若干特使,并且在亚历山大大帝死后(323/2 的拉米亚战役),一直在外交上为雅典争取从马其顿王国中独立起着重要的作用。吕库戈斯在公元前 330 年前后的几十年中有效地改变了雅典的财政状况,最为首要的是,把公共财政的雅典体系转变为古希腊城邦制;作为政治检查官,他提议设立死刑的做法使得他臭名昭著。

　　没有任何一个早期的演说家有如此杰出的公共职业,尽管并不缺乏像安多赛德斯这样的例子。安多赛德斯把他的大部分时间花费在洗心革面的行为上,他试图使人们忘记他年轻时在公元前 415 年卷入的政治—宗教丑闻。然而,早期的演说家中就有两个人出于自己的选择至少是不愿在公共场合中演说:安提丰作为一个秘密的策划者而声名狼藉,他早期积极参与政治活动导致他(大约在他 70 岁时)成为公元前 411 年军事政变中的参与者。伊索克拉底,曾作为一个穷困的演说家,致力于撰写政治宣传册、教育方法以及政治理论。①

　　然而,代人书写很显然成为了一种职业,尽管我们知道事实上它并不能拿到什么报酬。正如它非正式的地位,它的名声在某种

---

① 修昔底德 8.68.1—2(安提丰);关于伊索克拉底,见 Dion. Hal.《伊索克拉底》第一章,以及伪托的普鲁塔克,《伊索克拉底的生平》837a5—10(尽管后者很明显错误地认为伊索克拉底 15 是在法庭上发表的)。

程度上,至少在一定的圈子里是不光彩的。很多我们知道的演说家,例如包括安多赛德斯、埃斯基涅斯,或许还包括吕库戈斯,都是业余的演说家。在某种程度上他们并不知道他们写了很多的演说稿供他人发表。特别是埃斯基涅斯非常乐于作为代笔人来攻击德谟斯忒涅斯;相应地,德谟斯忒涅斯可能作为一个政治领导人,伊索克拉底作为一个教育家,在他们事业发展的早期显然非常热衷于作为一个为他人代笔的演说家。① 然而,并没有任何让那些并不追求公共职业的人(其中当然就包括三位客籍演说家,吕西阿斯、伊萨尤斯和狄纳克斯)感到羞愧的迹象,并且,在海波莱德斯的被保存下来的演说稿中也没有这样的迹象,尽管对于他的大部分遗失的著作还不能完全肯定推断。②

## 保 存 方 式

阿提卡演说家,或者更为具体地说是那些这个群体中作为代笔人的演说家们,都是多产作家。普鲁塔克认为大量的作品都应归功于所有这些演说家们,但是不包括安多赛德斯(据称,和其他业余人士一样,他的作品为数不多);普鲁塔克还补充了一些细节,比如这些作品中很多被凯西里乌斯(Caecilius)和狄奥尼索斯(Dionysius)称为是真正的演说家的作品。③ 总的来说,他统计的数量

---

① 德谟斯忒涅斯 19.246—250,是对埃斯基涅斯 1.94 的回应(埃斯基涅斯 2.180 和 3.173 反复提到一个批评的观点)。在伊索克拉底的案件中,据说正是这个演说家的家人(他的亲生儿子阿法罗斯[Aphareus])否认了他是最初的法庭辩论演说稿的原作者(见迪欧·霍尔《伊索克拉底》第 18 章)。

② 安提丰的确曾为他写过的演说稿和其他人进行过辩护,可能是反对外界的批评认为他写这些演说稿是出于经济目的(见《变革》,第一部分,第 14—22 行:19—20 行,原文写道 καὶ ὡς ἐκέρδαινον,即"我受益",尽管梅德门茨(Maidment)的 καὶ τὸ ε ἐκέρδαινον 指"获益 400"可能意味着这个可疑的动机来自于政治),但是直到他事业的最后阶段他才成为一个政治人物。

③ 关于普鲁塔克、凯西里乌斯和德谟斯忒涅斯,见上文的注释 8。关于是(转下页注)

总数超过 770 部,包括被称为真正演说稿的近 550 部。这些作品只有 150 部保存到了现在,其中大约有 110 部直接和法庭审讯有关。① 然而,属于作者个人的数量和保存的完好程度都是非常不同的。比如,对于吕西阿斯,属于他创作的多达 425 部,值得注意的是,狄奥尼索斯和凯西里乌斯认为有 230 部或 233 部是真正的法庭演说稿,然而这 425 部中只有 31 部以中古世纪手抄本的形式保存下来,另外有 3 部是在部分狄奥尼索斯自己的语录的基础上整理的现代版本,除此之外我们只能找到 140 部的题目和一些片段。

　　随之而来的问题是,为什么一些特殊的演说稿保存下来了而另外的却没有被保存呢? 根据一般原则,可以这样说,真正有名的演说家的作品是最有机会或最没机会被保存的。以德谟斯忒涅斯为例,保存下来的演讲稿的数量和普鲁塔克统计的数量基本一致(65 篇中有 59 篇保存了下来),并且有非常清楚的证据证明这是由于德谟斯忒涅斯这个名字(有可能是出于其他的演说家)的威望,至少有一些作品是别人以这个名字创造的。然而,任何的极力推崇都可能导致归属的错误,学者们一致认为有 7 篇德谟斯忒涅斯的关于诉讼的演说稿,是和曾当过奴隶的渔民帕森(Pa-

---

　　(接上页注)否一定的演说稿是演说家为他们服务的人写的这一问题 19 世纪末 20 世纪初时在学者中引起了广泛关注。然而,近来更多学者倾向于关注这些演说稿对于历史学家的价值。对于历史学家们来说,原作者是谁的真实性并没有在什么场合中发表的真实性重要(即我们看到的这些演讲稿在多大程度上反映了确实是在法庭上演说的)。正如我们在下文的注释 38 中将要看到的那样,在法庭庭审结束后的确存在一定的修订空间,并且几乎每份演说稿都被怀疑是否真的出自当时的庭审。

① 有一些被称作"庭辩"的演说稿,残留下来的这类被称作 symbouleutic 或 demegoric (意思是说是为最后审议机构,也就是通常所说的议院所写的)的演说稿中主要包括 15 篇,主要出自德谟斯忒涅斯。还有伊索克拉底的 17 篇,被后来的修辞学家称为 epideictic("为发表而写",这是一个庞杂的类别,包括以演说稿的形式写的政治宣传文章)。

sion)的儿子,一个叫阿波罗多罗斯(Appollodorus)、他同时代的不太有名的人共同完成的,或许还有一些是完全出自阿波罗多罗斯之手。①

　　然而,"偶然性"可能在其他文本的保存中扮演了非常重要的角色。比如海波莱德斯是这 10 位评价较高的演说家之一②,然而他的演说稿却没有一篇以中世纪手抄本的形式保存下来,虽说直到 1800 年,据称才发现有相当数量的写在纸莎草纸之上的 6 篇作品是出自他之手。或许最为有趣的案件记载出自安提丰和伊萨尤斯,以及吕西阿斯。安提丰和伊萨尤斯作为某一特定方面的法律专家(前者是在谋杀案方面,后者是在遗产案方面),在古代都有着很好的声誉③,并且每一个我们掌握的案件都完全来自于那些保存下来的覆盖面很广的作品,对此我们很难说是一种巧合。另一方面,从我们掌握的吕西阿斯的手稿保存的资料来看,这可以被看作个人作品的保存模式:它包含的演说稿绝不是最文明的也不是最真实的,但是它们看起来是基于一个主题组织起来的,而这个主题在某种程度上正好和法律程序重合。④

　　这种保存模式提示我们可以把这些演说稿作为研究雅典法律的历史依据,因为这些是我们首要的知识来源。比如,我们了解了

----

① 　见特拉维特(Trevett,1992)的讨论。这些有争议的演说稿是德谟斯忒涅斯 45、46、49、50、52、53 和 59。这是和前面注释 16 提到的合作著述不一样的一个问题。
② 　朗吉努斯(Longinus)《论崇高》,34.1—2。
③ 　证据直接来自安提丰的案件(Hermogenes,Peri Ideōn,2. II),尽管在我看来不是出自伊萨尤斯。然而古代对演说稿的收集整理倾向于以一个主题或程序为基础。这就表明,一个演说家作为某方面有名的专家,他的作品的收集很自然就会以最多最有名的那些演讲为主:因此,杰布(Jebb,1893:ii. 314)提出,这两位演说家的演说稿的手稿中最后演讲似乎破坏了整体的完整性,原因就在于只是主体部分被保存了下来。
④ 　多佛(1968b:9—11),用 P. Oxy. 2537 支持最初由 19 世纪学者布拉斯(Blass)提出的建议。这种以主题类型进行组织的方式同样可以解释德谟斯忒涅斯的个人演说稿也按顺序出现在了我们整理的手稿中。

大量关于遗产案和家庭法,主要是因为伊萨尤斯在这一特殊领域的名气。① 另一方面,我们关于谋杀案的一些处理规则方面的知识主要依赖于安提丰的演说稿,另外有一两篇其他演说家的演说稿也起到了补充作用②,其中就包括德谟斯忒涅斯的一篇,该演说稿表现的是德谟斯忒涅斯曾试图反对一个非常牵强的道义上的判决,关于任何杀害有名誉的人都应该受到惩罚:这给了他一个机会,对雅典古代的各种威严的谋杀案审判发表了一长篇指责性演说。关于谋杀未遂的规定从法律角度看也是非常有意思的,我们对这些的了解都是来自有幸保存下来的吕西阿斯演说稿的语料(吕西阿斯3—4)。

这里有一个关键问题,那些保存下来的不具代表性的演说稿在某种程度上起到了棱镜折射的作用:在前文提到的案件中,我们有理由相信,通过审慎的或是偶然的选择而保存下来的这些演说稿并不能完全反映其作者的活动。然而,很多时候根本无法推测出这些选择的过程,保存的方式的确值得更深一步的调查。

以 dokimasia(新任命的公共事务官员在任职之前要经过仔细的司法审查)制度为例。根据我们掌握的资料,吕西阿斯关于这一制度的手稿大约有 4 篇,还有一个案例保存在纸莎草纸上。③ 然

---

① 尽管还存在很多相关的演说稿(比如德谟斯忒涅斯 43—44 关于遗产的问题,德谟斯忒涅斯 27—31 和吕西阿斯 32 关于监护人的职责)。我使用的术语"家庭法"(family law)在此有一个广泛的意义:伊萨尤斯提供了大量的证据,比如氏族以及 genos 扮演的角色,小的行政区在证明家庭成员的城邦公民身份以及他们的婚姻的合法性上所起的作用,以及应该增加家族内的宗教礼仪以表达对亡灵的尊重。他的当事人拥有的财产也有相当详细的记录,尽管这些证据既不全面也不具代表性。

② 例如,最为著名的是吕西阿斯 I(一桩证据确凿的谋杀案的庭辩是基于声称发现原告的妻子和死者躺在床上这一证据)。

③ 三篇确定是关于 dokimasia 制度的演说稿的是吕西阿斯 16、26 和 31。对于吕西阿斯 25 和吕西阿斯残篇 Eryximakhos 并不十分确定,但是都认为极有可能是关于 dokimasia。乍看起来,是让读者把吕西阿斯 25—26 看作上面提到的吕西阿斯 3—4 一样的一个主题下的一组文章,但是有证据证明通过现已遗失的非 dokimasia 的演说稿(《反尼克达斯的安逸观》,*Against Nikides on Idleness*)可以把他们在创作原型上区分开来。

而这 4 篇演说稿的内容分散在吕西阿斯所有的手稿中，而不是集中在一起，表明它们并不是以一个主题保存下来的，并且在其他演说家的演说稿中并没有提到 dokimasia 制度。这表明了一个重要内容：我的理解是，这反映出这一特殊情况出现于公元前 403 年内战之后的一段时期。在这一时期，全面大赦的出现抑制了对那些支持错误一方的起诉，从而使得他们的反对者别出心裁地发展了任命无资格的人担任公职的想法。

　　但是甚至是保存有误的资料，也可以表现自己的重要性。比如，我们曾经提到，阿波罗多罗斯的一组文章被保存在德谟斯忒涅斯的作品资料中。这些演说稿的一个作用是他们把银行业务当作了商业活动的一个领域，并且形成了我们不是很了解的商业法。[1] 然而这些知识究竟是如何表现的，以及在多大范围内，阿波罗多罗斯被当作一个人们假想的，外行在商业上获得成功的这一阶层的代表，这是不清楚的，并且这一问题也成为近来关于公元前 4 世纪雅典的法律、贸易以及社会地位之间的关系问题争论的核心。[2]

## 普遍存在的失真现象

　　保存方式只是其他更为系统的失真现象的一个方面。任何时候都不要忘了，我们提到的文本都是代表精英(élite)的正式诉讼文稿。我们同时应该记住，既不是文字水平使得代理人从书面讲稿中获益，也不存在委托过程中会牵涉到金钱上的投入。比如，一

---

[1] 比如，相应的销售法，表现在《海波莱德斯《反对阿西诺格尼斯》》的演说稿的片段中。

[2] 我想，我的合作者爱德华·科恩(Ed Cohen)可能会把阿波罗德拉斯看作一个更具代表性的人物，参见科恩(1992)以及(2000a：130—154)——然而我倾向于把阿波罗德拉斯看作一个特例。

些学者曾指出对穷人的一些较轻罪行审判的公正性,要比我们看到的资料展现给我们的普遍得多。[①]

大多数情况下我们掌握的只是一个连续性文本中的一个演说稿。这会给我们很多暗示,其中最主要的是我们只是听到了案件中某一方的声音。只有极少数的一些案件中我们看到了诉讼双方的演说稿,也只有极少数的案件中我们知道了争论的结果,这里的结果通常需要演说本身提供的证据。[②] 事实上,我们了解的结果——或者是表决的数据——抑或对数据的解释,其本身就是有歧义的,因为雅典的陪审团(正如我们前面看到的那样),他们的表决没有经过正式的讨论和任何的指导。从这一角度看,他们只是以历史学家的观点(或者也可以说是从社团的角度)来看问题,这一点上更像英国的陪审团而不像美国的陪审团[③],并且也不像现代的诉讼法庭,因为我们听不到他们对决议的解释;并且也没有理由相信影响某一个陪审员的问题会同样影响到他旁边的人。

关于演说形式的另一方面是,我们听到的声音通常来自演说家或者他的委托人。古代一些修辞理论家把大量的支持证据按不同的类型做了整理,其中包括证人的口供和有关法律规定的文本。[④] 在此作一下类比,会发现一个非常有趣的事实——现代的

---

① 汉森(Hansen,1976:54)。

② 比如,在公元前343年所谓的特使案中,埃斯基涅斯2反对德谟斯忒涅斯在德谟斯忒涅斯19中(无意中在德谟斯忒涅斯19第284页找到了埃斯基涅斯1案件的结果)提出的处罚措施;在330页,德谟斯忒涅斯18的王权案中很可能针对埃斯基涅斯3提出抗议。然而,两个案件都为结果中存在的传统提供了独立的证据(见普鲁塔克,德谟斯忒涅斯15.3和24.2;伪托-普鲁塔克的《埃斯基涅斯生平》,840c—d)。

③ 在英国法律中,法庭陪审员透露陪审团房间内的任何审议都会受到法庭的蔑视。

④ 亚里士多德《论修辞》,1.15.1—2 = 1375a 22—25提出了一个五分法(法规、证词、契约、刑讯、誓言),然而阿那克西曼尼(Anaximenes)在《亚历山大的修辞学》(*Rhetoric to Alexander*)14—17中给出了一个四分类(演说者的意见、证人的证词、刑讯、誓言)。

律师最不可能把法律条文作为一种证据来谈论，而是喜欢把自己当作法庭做出判决的依据——作这一类比的原因可能是这两种现象都会出现在法庭上以及我们的演说中。这与英美国家的法律体系完全不同，在这两个国家，对证人的证词的广泛取证是调停者武器库里最主要的武器。而在古雅典，一个证人提供证词是以一种不被打断的形式，而且从公元前 4 世纪 80 年代开始，证人出席法庭庭审似乎总是以提前起草好的郑重的书面陈述的形式出现。然而我们不清楚的是，究竟在多大程度上起草好的证词是由证人自己写的，或者是由诉讼人写的（或者正如我们前面所讨论的是由代笔人写的），然而诉讼人拥有传唤证人的特权说明似乎是后者的可能性较大；并且可以肯定的是，诉讼人或者代笔者提供的其他的书面材料，包括法律规定，是在法庭上出于法庭书记员的请求而宣读的。①

　　代笔人、诉讼人和他们的证人之间的关系模式对法律体系的结构有着深远的影响，其中的部分内容将在本章的最后一部分进行讨论。与此同时，保存下来的演说稿和法庭上的真实言论之间的关系同样值得关注。值得注意的是，比如我们的手稿中经常会遗漏法庭上宣读的文件，取而代之的是"法"或"证词"这样的词条，以表明着一条法规或一个证人的证词是在这一阶段宣读的。这种遗漏的原因是，这些保存下来的讲稿以修辞风格为模式主要用于古代学校的学习，并且抄写这些演说稿的学者们感兴趣的主要是演说家的语言而不是案件的事实。也有一些例外的没有保存的形式，主要是在德谟斯忒涅斯的资料中，然而资料本身就让人疑惑；因为德谟斯忒涅斯是最有名的演说家，和他有关的文章都是那些认真的教师们试图重建以启发他们的学生。我们掌握的演说稿中

---

① 据说，死刑作为一种刑罚是一条不存在的法规（德谟斯忒涅斯 26.24），这只是一种可能性。关于证人，见本书的特吕尔的部分。

这些文章的可靠性引起了广泛的争议,但是近来学者们一致认为,与其讨论是否接受或拒绝它们,我们更应该考虑的是它们自身的价值。比如,看一看是否这篇文章的措辞反映了起草法律文件的一般模式,或者证词的引用是否合适(我们有时能找到古雅典市区的碑文证据)。在何种程度上这些文章是对演说稿的相关段落的准确总结,这是另外一个标准。尽管它看起来是两面的,因为一个演说者对于某一法规修辞上的处理可能表现为分歧,而后来的学者在阅读演说稿的基础上进行的改动则可能表现出相似性。①

当然,就演说稿本身来说,"阿提卡演说家"的演讲稿仅代表当事人在法庭所说的一个版本。这种现象在很多方面都是存在的。比如,法庭庭审之前发生的事在很大程度上是偶然的,这可能会导致我们低估仲裁等审判前程序的重要性。这一问题很重要,并不仅仅因为从实证主义意义上说它是我们知识的空白,而更重要的是因为它可能会导致我们因此过分强调对抗性和表现性诉讼环节的重要性,而牺牲了那些可能导致和解和达成共识的环节。②

从更基础的层面来看,究竟在多大程度上出版的演说稿和发表的演说稿是一致的,至少对于关注历史证据的历史学家来说是一个问题。这一问题在现代学者中存在争议,比如,他们认为,在这两种情况下,我们的确有来自同一审讯中双方的主要演说,但是两个诉讼人的相应陈述都没有出现在我们掌握的相关演说稿中。③

---

① 卡利(Carey,1992:20)对此进行了很好的讨论,更详细的讨论见麦克道威尔(1990:43—47)。

② 关于仲裁和调和的作用见斯卡富罗(1997:31—42,117—141,383—396)。

③ 文中提到的 2 个案件指的是特使案和王权案(见前面注释 32)。多佛(1968b:168—169)有 6 篇关于双方辩论的演说(4 篇在埃斯基涅斯 2 中,2 篇在德谟斯忒涅斯 18 中),双方都声称对方所说的有很多在我们的诉讼演说稿里都没有找到。然而,有几篇却能给出其他的解释(哈里斯 1995:10 注释 6 正好提到陪审员们没有接触到演说稿文本就不能指出埃斯基涅斯 2.124 和 2.156 有什么矛盾之处,尽管解释多维的其他例子不是很容易)。附加的讨论可在卡利(2000:93—94)中找到,并且更多的细节可参阅麦克道威尔(2000a:22—27)。对于相关的另外一(转下页注)

# 再　现

我们掌握的文本给人印象最深的是,雅典的诉讼尽管是相对较短的演说,却采用的是一种连续的形式,而不是现代英美国家的那种大范围取证辩论的针锋相对的陪审团审判模式。这就可能再次出现失真的现象:尽管诉讼人没有权利去提问对方的证人,但他们却有权要求对方直接回答问题,并且我曾指出这种现象比我们看到的文本中出现的要普遍得多。[1] 同样,观众的参与率要比最初看到的多得多:阿波罗多罗斯在一次和他继父佛密尼(Phormion)的真实的法庭对抗中,他宣称在之前的审讯中,后者使用了 paragraphē(诉讼中被告提出的抗辩书)的法律计策,试图第一个发言,并且对阿波罗多罗斯歪曲得很厉害,以至于陪审团拒绝听他的辩护。[2] 然而我们已经说过,我们有很多独立的证据证明演说的计时是通过一种叫 klepsydra(水钟)的方式进行的,通过这种计时方式可以看到,在案件审讯中给予诉讼人的时间相对比较短。雅典的司法审判是很迅速的:据我们所知,陪审员法庭的审讯不会超过一天,而且很多个人案件用的时间比这还要短。[3]

---

(接上页注)个问题,究竟在多大程度上我们看到的代笔人的演说稿和演说者完全一致,或者究竟是否存在合著,见前文注释6;对于历史学家来说,正如前文注释20指出的,关于著作权的问题远没有其他真实性问题重要。

[1]　托德(2002:164)。

[2]　我们当然没有独立的证据支撑这个或许有些夸大的"宣称"(出自德谟斯忒涅斯45.6,并且还指向了之前作为德谟斯忒涅斯36的主题的一个案件)。伯斯(Bers,1985)搜集讨论了更多 dikastai 中口头言论的证据。

[3]　《雅典政制》67.1—2(一天内四起个人案件)。沃森顿(1989)明确指出没有直接的证据证明公共事务案件不可以延迟到第二天,这和把议院作为法庭这一习俗有明显的关系,并且再次开庭会直接导致4世纪以来随意挑选陪审团成员以防被收买的原则遭到严重破坏。关于反对沃森顿观点的详细内容,见麦克道威尔(2000b)。

个人请求对自己的案件进行申辩的原则①极大地影响了当事人作为演说者和叙述者的角色。在审讯过程中,当事人总是希望在演讲的过程中把纠纷的内容告诉大家。这和现代刑事审判有着明显的关系,但仍有细微的不同,至少在现有的普通法体系中,诉讼案件是由律师而不是由受害者本人提出请求;然而当受害者是案件的重要目击者时,却可以作为主要陈述者出现在法庭上。它不是简单地因为缺少重要的专业的辩护,而往往是受害的一方被假设为采取法律行为的适当的人。在 dikē(个人案件)中,这的确是法律的规定,即使是在公共事务诉讼案(graphē)也可以请第三方代表受害人,然而,至少在我们看到的案件中,一般情况下起诉人甚至在 graphai 中也可以声称自己是冤枉的。②

这种以诉讼人的身份卷入案件的行为,可能就是导致经常(对我们来说是很让人吃惊的)在公共事务案件和个人案件中对于对手充满敌意的抗议的原因。③ 但这同样有助于解释我们在本章中特别关注的雅典法律的特征。比如,我们已经看到,在雅典的法庭上,证人的角色相对受到约束。他们并不是被要求以陈述者的身份去述说发生的事情,而是通常在诉讼人做完陈述后对陈述中的细节做出证实。值得注意的是,尽管在雅典法律中有作伪证(dikē pseudomarturiōn)的行为,然而我们几乎没有发现诉讼人在审讯中有试图毁坏对方证人名誉的行为:对于这一现象的原因,因为也缺乏广泛取证,可能就是由于对方的主要陈述者正是对方当事人自己。④

---

① 在前面第 100 页已经进行过讨论。

② 我们所了解的公共事务案件中频繁出现的是受害者而不是第三方,见 Osborne (1985)。

③ 对于这一现象,见后面第 147 页鲁宾斯坦的论述。

④ 缺乏广泛的取证在前面第 120—121 页已经有过讨论。至于没有毁坏名誉的行为,见托德(1990:24)。对于制度原因,the dikē pseudomarturiōn 经常被用于遗产案的争端中,这是唯一阻止儿子在逝者生前争夺遗产的方法。

　　更概括地说，诉讼当事人本人的参与可能也影响到了辩论的修辞特征。值得注意的是，比如，"叙述"在我们的演讲中起着极为重要的作用，它也是现代法庭辩护人要求训练掌握的。法庭修辞学和戏剧中的肃剧是否存在相似之处？这值得我们思考。艾伦（Allen）在本书中提到，现在对这一现象的解释倾向于极为关注前者对后者的影响，然而一些理论推理表明反过来（即后者对前者的影响）或许更有价值。虽然现代的律师是专业人士，在雅典，代笔人和委托人的关系可能更接近于作者和（业余的）演员之间的关系。这也产生了一个问题，在何种程度上前者要为后者提供演讲技巧的训练。显然，希腊肃剧对报告叙事（比如，信使的演说）特别重视，可能也加深了委托人作为演员的观念。

　　正如我们在本章开始看到的，演说者和叙事者合并，和沉默的（至少是形式上的沉默）陪审团联系在了一起。因此，在我可能会越权到分配给我的同伴的题目之前，我将提出这样一个颇具争议的问题来结束本章内容，即雅典人（包括雅典的陪审团）如何看待他们的法律体系？他们的角色究竟是应用规则（个人的或作为体系的），还是通过演说协商，还是对一系列事件（或许是他们正在决策或叙述的）进行解释？以及基于他们法律经验的各种观点究竟是通过司法解释还是通过演讲来调解的？

# 6. 雅典法庭中的相关性

兰尼(Adriaan Lanni)

一般来说,雅典法庭上要发表的演说稿具有一个最显著的特征,即存在一些被现代法庭认为不相关的或不予受理的材料。对这种情况的解释,包括争端中不涉及法律问题的信息,正是我们理解雅典法律体系的目标和理念的核心所在。近年来,有一种观点认为法庭并不是试图根据既定的规章和平等公正应用的原则来解决争端,而是起到一种主要服务于社会和政治的作用。① 根据这一方法,诉讼的目的主要不在于最终解决争端,发现事实真相,而在于法庭给各方提供了一个平台,来公开陈述、竞争以及评估他们彼此的社会关系和他们所在的社会等级。从这一观点来看,保存下来的演说稿,为不受法律限制的辩论提供了证据,证据表明,诉讼双方在法庭上竞争的是荣誉和声望,而这些和案件或者产生纠纷的事件相关的法规条例没有任何关系。关于雅典法律体系的这一观点遭到很多学者的质疑,他们认为雅典法庭是在试图践行法治。② 他们认为陪审员依据法律非常严肃而神圣地表决,并倾向

---

① 科恩(1995)、奥斯伯恩(1985)。

② 对于这一法律方法,参见奥斯帝瓦德(Ostwald,1986:497—525)和希利(Sealey,1987:146—148);关于对法庭演说稿的解释,见米娅-罗瑞(Meyer-Laurin,1965)、梅内克(Meinecke,1971)以及哈里斯(2000)。米娅-罗瑞和梅内克认为(转下页注)

于消除那些保存下来的演说稿中的偏离法律规定的言论,因为这些言论,只能反映法律体系的业余性或非正式性。

　　本章考察的是雅典法律的相关性内容,主要集中在雅典法律体系中能够解释大多数庭审的一般法庭案件。我认为我们在保存下来的演说稿中见到的与法律无关的言论是雅典一般法庭上构成一个案件的重要部分,而不是我们现代法律体系中所谓的不正常现象。然而,看似不相关的材料,并不能说明是出于无关的社会目的而对案件的事实和法律问题的漠视,相反,看似不相关的言论恰好为争端提供了背景信息,来协助法庭陪审团做出一个公正的判决,对个别案件的特殊情况做出一个解释。[①] 与此相反,狭义的相关性概念在两类特殊案件中比较盛行:谋杀案和海事案件。雅典人能想象到的司法程序,涉及抽象的、标准化的规则,但表面看来,他们更喜欢一般法庭上高度情景化、个性化的评价体系。

## 一般法庭的相关性

　　适于一般法庭演说稿中的信息和申诉理由的范围和类型,似乎并没有明确规定。《雅典政制》指出个人案件中的诉讼人在演说时要宣誓,然而在我们掌握的演说稿中并没有提到这类的宣誓,即使存在,看上去也没有多大的意义。[②] 约束演说者的仅仅是时间的

---

（接上页注）雅典的诉讼人和陪审团成员们都严格执行着法律条令,而哈里斯认为雅典法律的公开组织给创造性地解释法令法规留下了空间。他们三人都一致认为诉讼人和陪审团成员认为他们自己和法律是绑在一起的,并且法律体系的目的也接近于现代法律法规的理念。

① 我对于雅典陪审团的任务的认识和汉弗瑞斯(Humphreys,1983:248)、斯卡弗洛(1997:50—66)以及克里斯(Christ,1998:195—196)是一致的。

② 《雅典政制》67.1。在谋杀案法庭审讯前写的演说稿或者提到谋杀案的都经常会提到用于这类案件的相关规则,然而在一般法庭上宣读的演说稿并没有提及这类要求。几乎没有一篇演说稿中能够发现对这类问题的引述（德谟斯忒(转下页注)

限制和他们自己认为可以说服陪审团的理由。尽管一般法庭上一切行为都是公平的——吕库戈斯曾在一个案件中起诉了一个城邦公民在神圣而光荣的战役中，在雅典遭受外来袭击①的威胁时离开雅典，他广泛引用欧里庇得斯、荷马以及提尔泰俄斯（Tyrtaeus），成为我们保存下来的演说稿中最具创造性地使用演说时间的范例——然而在演说稿中反复出现的与法律无关的证词也清晰可见。② 有经验的演说稿撰稿人，无疑对吸引陪审团的推断和信息类型有着非常好的判断，并据此来组织他们的演说稿。

　　因此，在这些法庭缺乏对证据进行限制的情况下，谈一谈雅典人关于信息和申诉类型的主张是有可能的，尤其是与法庭的决议相关的信息和申诉类型。因为我们很少知道那时某个案件的结果，也没有可以进行比较的反方诉讼人的演说稿，也就无法了解哪一种策略最能说服陪审团。正如我们将看到的，相关证词的类型不固定也充满争议。不过，保存下来的这些演说稿清楚地表明，一般法庭的陪审团接受以下三种申诉理由：(1)诉讼人可以请求将严格限制范围的审讯案件延伸到更宽泛的背景中；(2)能够博得陪审团同情的辩护词，是基于对不利判决可能会造成的有害影响的陈述；(3)以双方名誉为基础的辩论。在我们对上述三条法律规定以外的信息进行具体分析之前，一些一般的评论可能会让我的方法

---

　　（接上页注）涅斯 57），措辞中也没有表示法律硬性规定避免与当前案件无关的言论。可对比德谟斯忒涅斯 57.59、吕西阿斯 9.1 和吕西阿斯 3.46 以及安提丰 5.11 和安提丰 6.9 这些有和谋杀案相关的法律规则的演说稿。

①　莱克格斯 1.100、103、107。

②　罗兹（2004）认为法庭演说稿主要集中在争端中的具体问题上。我自己的观点是，大部分一般法庭的演说稿包含着与法律有关和无关的信息混合，并且这一信息混合最终留给陪审团来决定哪类信息对于案件审理来说是最重要的。在我们保存的演说稿中，任何一个案件中，反复使用的与法律无关的一种特殊类型的申诉理由被认为和陪审团的判决有关，即使它只能在对诉讼人的申诉理由做一小部分解释。

更为浅显易懂。我上面说到的在我们保存下来的演说稿中极为常见的信息和申诉理由的类型，表明代笔人和陪审团成员都认为他们自己和法庭决议的制定有关。然而，在任何一个个人案件中，诉讼人可能会对不同类型的申诉理由的相关性和相应的重要性提出异议。比如，在法庭辩论的演说稿中，就包含关于支持和反对名誉证词的相关性的激烈辩论。[①] 事实上，演说者有时主张陪审团应该忽视与法庭无关的证据而完全集中在与案件有关的法庭辩论上。[②] 这种申诉理由本身是一般法庭审判中具有个别性和案件具体性的一种方法：大部分的演说稿混合了与法律有关和无关的信息，这种混合最终留给了陪审团来决定对于具体案件哪类信息是最重要的。

## 具体案件的背景信息和公平性

现代的律师要把诉讼委托人的故事翻译成合乎法律的形式，在很大程度上是通过从诉讼委托人的经历中，筛选出有限的一系列符合特定法律的事实，构成相应的申诉和辩护理由。与之相反，雅典的诉讼委托人提供了一个关于案件的"宽泛的视角"，不但包括对案件的完整陈述，而且包括和争端相关的社会环境信息，其中包括双方长期的关系和相互交往的相关信息。比如，在双方的一系列诉讼案件中，演说者并不把他们的论辩局限在当下所询问的问题上，而是重新陈述上次诉讼中的一些细节。[③] 这种做法在控告假证词案件的演说中特别突出，通常包括试图重新辩论之前的案件，以及对方某一证人在陈述证据时犯的错误。比如，一个演说

---

① 试比较德谟斯忒涅斯 36.55 和德谟斯忒涅斯 52.1。

② 例如，伊索克拉底 18.34—35；德谟斯忒涅斯 52.1—2；海波莱德斯 4.32。

③ 比如，德谟斯忒涅斯 21.78 及其以下；29.9，27；43.1—2；47.46；53.14—15；安多赛德斯 1.117 及其以下；伊索克拉底 2.27—37；5.5 及其以下。

者对陪审团说:"我现在向你们提出一个正义的请求,请求你们判定这个证词到底是正确还是错误的,同时,重新调查整个事件"(德谟斯忒涅斯 47)①。

诉讼委托人还常常讨论在诉讼过程中双方的行为举止。他们总是强调自己在处理和仲裁某一申诉请求时的积极性和合理性,而对他们对手的描述则是粗暴、不诚实甚至暴力。② 一个演说者说:"我认为有必要谈谈他们在受理那个房产案之后所做的事情,以及他们对待我们的方式,因为我认为再也没有人像我们一样在这样的遗产案件中受到如此不合法的待遇。"(德谟斯忒涅斯 44)

当亲戚或朋友在法庭上对峙时,演说者会描述双方的长期关系和相互之间的交往,并试图表现自己尊重传统上和 philia(友谊)相关的义务,而把他们的对手描述成违反了这一准则的人。③正如克里斯(Christ)指出的那样,那一时代的诉讼人过分夸大他们以往关系的亲密,以表现出他们之间的官司是对 philia 的违反或破坏。④ 法庭上的演说者并没有论述,为什么关于双方关系的信息被认为是和陪审团的决议相关的,然而亚里士多德的《尼各马可伦理学》中的一段指出了一种可能性。⑤ 亚里士多德认为正如

---

① 德谟斯忒涅斯 47.46;同样见德谟斯忒涅斯 29.9,27;45.1—2;伊索克拉底 2.27—37。关于讨论,见伯纳(Bonner,1905:18)。

② 德谟斯忒涅斯 21.78 及其以下;27.1;29.58;30.2;41.1—2;42.11—12;44.31—32;47.81;48.2,40;伊索克拉底 5.28—30。关于表现出急于解决问题的重要性的讨论,见汉特(Hunter,1994:57)。

③ 克里斯(1998:167—180)。克里斯着重讨论了在有关和亲戚、朋友、邻居以及 demesmen 的案件中对 philia 的破坏。

④ 克里斯(1998:167)。

⑤ 亚里士多德的理论著作在用作雅典法律的理论和实践的来源时应格外谨慎;见卡利(1996:42)。然而,《尼各马可伦理学》的确看起来是雅典一般价值标准的可靠来源;亚里士多德建立的对信仰的考察是"普遍而基础的",亚里士多德《尼各马可伦理学》1095a28;见米勒特(Millett,1991:112)。

一个人对家庭、对朋友、对其他的城邦公民,以及其他特殊关系的人的职责和义务一样,"在这每种关系中的不公正也是不同的。而且朋友关系越亲近,不公正就越严重"。他接着说:"例如,抢一个伙伴的钱比抢一个公民的钱更可恶;拒绝帮助一个兄弟比拒绝帮助一个外邦人更可憎;殴打自己的父亲比殴打他人更可耻。"(亚里士多德《尼各马可伦理学》1160a3 及其以下,廖申白译)或许正是这些关于双方关系的信息,会帮助陪审团评估控词的严酷性以及双方应承受的道德责备的程度。

除了在案件审理之前或之后呈现的关于双方关系和交往的证据,诉讼人还时常会提供高度情景化的关于纠纷本身的描述,通常包括并非法律明确认可,但却能帮助陪审团整体把握争端结果的公平性的言论。比如,演说者时常提出一些可使罪行减轻(很少提出"加重")的情况——比如并非故意或者犯罪者还很年轻,尽管一般法庭的法律条令并没有正式承认这样的辩护,但也没有提供犯罪严重程度的判断标准。[1]

关于纠纷事件的情况和背景的讨论,最为突出的是在对遗嘱质疑的案件中。[2] 正如哈德卡斯特(Hardcastle)曾经提到的,诉讼人经常喜欢提出各种各样基于正义和公平观念的申诉理由,而这些与遗嘱的正式有效性无关。演说者把他们与死者的关系和与对手的关系进行对比,意在争论他们拥有更合理的继承财产的权利:他们提供证据说明他们在情感上和死者最亲近,为他举行葬礼,在他生病的时候照顾他,并表明他们的对手

---

[1] 这些列举的主题在桑德斯(Saunders, 1991: 109—118)、多杰翰(Dorjahn, 1930: 162—172),以及斯卡弗洛(1997: 246—250)中有详细的讨论。这种做法并不是完全不存在争议的:见德谟斯忒涅斯 54.21—22;埃斯基涅斯 3.198。

[2] 另外一些近来关于使用"公平"或"平等"言论的讨论,包括在斯卡弗洛(1997: 50—66)、克里斯(1998: 194 及其以下)、比斯卡迪(Biscardi, 1970: 219—232)。对于相反的观点,见哈里斯(2000)。

是死者生前讨厌的,并且在争夺财产之前他们对死者的事情漠不关心。[①] 该诉讼人最后还总结道:"首先,我和遗赠遗产的人的感情……其次,在他们不走运时我为他们所做的事情……另外,关于遗嘱……最后,关于法律……"(伊索克拉底 19.50)他的论述体现了平衡遗嘱和法律之间公平性的考虑。

在我们掌握的一般法庭的演说稿中,对背景信息和双方交往信息方面讨论的频繁和其重要性,说明这一类信息被认为是和陪审团的决议相关的。有学者提出,这类与法律无关的论辩表明了雅典的诉讼人和陪审团成员把法庭程序看作一个基本的社会角色——在一个狭义的社会阶层主张竞争的优势——而不是"法律"的作用。比如,一位学者认为这种讨论各方之间更广泛的冲突证明参与竞争的诉讼人争夺的是声望,与"争端的表面主题"无关:"并非出于对'公正判决'的考虑,而是在思考争夺荣誉的游戏应该如何进行。"[②]

然而,有一种简单的解释,这根源于普遍存在的雅典法庭的业余性。人类很自然地会以故事的形式来思考社会交往。[③] 在当时陪审团制基础上的法律体系中,从外行的角度来看,限制性的证据制度是违反直觉的;比如,在当时的小型诉讼法庭上,这些业余者用自己的方式在一个较为宽泛的背景下解决他们的纠纷,并且使用的是正式法庭环境下不允许的各种各样日常生活中讲故事的方法。[④] 或许并不奇怪,业余的雅典诉讼人会考虑和争端背景有关

---

① 例:伊萨尤斯 1.4,17,19,20,30,33,37,42;4.19;6.51;7.8,11,12,33—37;9.4, 27—32。关于讨论,见哈德卡斯特(1980)、阿维拉姆维克(Avramovic,1997:54—58)。伊萨尤斯关于公正辩论的看法反映了遗产继承法中难以理解的观点和空白,而不是试图体现的公平性,见罗利斯(Lawless,1991:110—135)。

② 科恩(1995:90)。

③ 例:罗伯兹(Lopez,1984:3)、里姆波特(Lempert,1991)、伯纳特(Bennet)、费里迪曼(Feldman,1981:7)和哈斯第(Hastie)(1983:22—23)等。

④ 欧巴利(O'Barr)和康利(Conley,1985)。

的证据，对方在审讯过程中的言行，以及与正义和实现案件结果公平性相关的申诉理由；雅典的法院作为一个论坛，主要关注的是社会竞争，没有必要凭借其某一理论，来解释我们保存下来的一般法庭演说稿中的环境信息。当我们认为雅典的法庭演说稿一般包括，一个现代的观察员会考虑到的，与法律相关的申诉理由以及这种与法律无关的论证时，这种对当时盛行的与法律无关材料的解释变得更具吸引力。

## 法庭辩护——基于不利判决的严重后果

雅典法庭演说稿的一个最有吸引力的主题是，用假如被告被发现有罪，他和他的家人将面临的不幸来博得陪审团成员的同情。从现代的观点来看，这样的信息从根本上是和量刑有关，而和有罪与否无关。这一主题在雅典辩护演说中出现的频率，以及原告的期望，表明赢得同情在很大程度上被认为是在一般法庭上的适当行为。① 约翰斯通（Johnstone）曾认为，原告可能会认为他们的对手的品质和行为让他觉得他不值得同情，而不是质疑这一行为本身的合法性。②

保存下来有关法庭上请求"宽容"（eleos）和"宽恕"（syngnōmē）的口供，并不是和现代证词一样采用相同的形式，这或许是因为它们只是出现在描述犯罪行为的演说稿中，而不是出现在判决部分。正如康斯坦（Konstan）所指，雅典的那些请求得到法庭宽恕的诉讼人，不会承认自己的罪行，因此也不会表达自己的悔恨，相反，他们会向法庭陈述如果法庭做出反面判决，会给他们自己和他们的家人

---

① 例：吕西阿斯 9.22；18.27；19.33，53；20.34—35；21.25；海波莱德斯 1.19—20；伊索克拉底 16.47；德漠斯忒涅斯 27.66—69；45.85；55.35；57.70；约翰斯通（1999：111）指出几乎一半的辩护演说都包含着请求得到法庭宽恕的言论。

② 约翰斯通（1999：113）。

带来的严重后果。① 在康斯坦看来，请求宽恕的演说者进而提出假设，即他们是无辜的，并用这一主题作为"被告坚持自己是无辜的另外一种方式"以及作为"一种方式要求陪审团在进行判决时慎用自己的权利，确定在证据不足的情况下不会造成严重的伤害"②。当然，请求宽恕，是以坚持认为自己无罪的方式进行的，并且诉讼当事人总是抱怨假如判定有罪，他们就要承受本不应该有的更为严重的磨难。③ 尽管如此，对于一个严重判决将对被告带来的后果的讨论，可能还有另外的目的，即帮助陪审团决定判处有罪在所有情况下是否都是公平的，包括可能的处罚的严重性。因此，不利判决的后果被认为和陪审团在犯罪行为认定阶段作出高度具体化、情景化，和道德过失有关的结论有很大关系。

作为一个实际问题，雅典陪审员难以控制定罪后具体的刑罚判处。对于一些犯罪案件（atimētoi），处罚措施是由法律条文规定的。对于其他的案件（timētoi），陪审团依据辩论双方在第二轮演说中建议的处罚措施进行选择。然而，甚至在这样的案件中，看起来陪审团也不总是在处罚阶段作出选择：一旦判定有罪，诉讼双方可能会对建议的处罚措施达成一致。④ 另外，陪审员经常会在审讯期间得到关于处罚的公正的建议。原告也会多次在量刑阶段提出讨论他们的处罚建议⑤，并且在一些案件中——尤其是那种要求赔偿的案件，比如偷盗或违反合同——原告会在控诉时提出自己的损失。⑥

---

① 康斯坦（2000：133 及其以下）。

② 康斯坦（2000：136、138）。

③ 例如：德谟斯忒涅斯 28.18—19；吕西阿斯 19.45。

④ 伊索克拉底 5.18；德谟斯忒涅斯 47.42—43。斯卡弗洛（1997：393—394）指出在没有法律规定处罚措施的情况下，存在一种审讯时在处罚上采用折中处理的常规程序。

⑤ 伊索克拉底 20.19；德谟斯忒涅斯 56.43—44；24.19；58.19。

⑥ 例：德谟斯忒涅斯 45.46；阿里斯托芬《马蜂》（*Wasps*），897；Dion. Hal. *Dein.* 3. 尽管一位被告可能会在处罚阶段建议一个较轻的处罚，然而一个被判有罪的被告人建议赔偿的金额比案件中合同要求赔偿或货物的价值要低得多是很冒险的。

某一陪审员如果相信被告在案件中的确有罪,但是不认为被告应承受规定的或可能给予的处罚,就很有可能会赞同无罪开释而不是(在 agōn timētos 案件中)在没有商议的情况下,就假定其他陪审员和他一样认为应给予轻判,或由被告提出一个更能接受的处罚。一位原告极力劝阻陪审团成员们在他们量刑的过程中不要考虑处罚的严重性,表明这种做法在雅典法庭是经常出现的:

> 那么,陪审团的各位先生们,假如在您看来这个处罚太严重,法律过分严酷,那么请您务必记住你们在这儿不是针对这一案件制定法律,而是依据已经存在的法律规定投出您的选票;也不是对犯罪的人报以同情,而是向他们表达您的愤怒来帮助整个城邦。(吕西阿斯 15.9)

值得注意的是,在雅典法庭请求宽恕,基本上是根据被告的特殊情况;诉讼人通常不会指责判决本身和罪行不相称,而是会哀叹根据他们自己的特殊情况,判决将给他们带来的悲惨后果。[①] 对不利的判决将会把被告的家庭置于一个孤立无援的境地的申诉或恳求将财产给予未婚女性[②]或者提出交不起罚金将会导致被告丧失城邦公民的权利[③],这样的申诉尤其普遍。比如,一个叫阿尔喀比亚德(Alcibiades)的年轻人说,和其他人相比,5 塔兰特(talent,

---

① 这些辩论成为了最弱形式的"陪审团否决原则"(jury nullification)的例证。格林(Green,1985:xviii)区分了这一术语的三层意义,由强到弱分别是:(1)与法律规定对立的无罪判决,因为陪审团认为被告的行为不能被剥夺;(2)判决无罪,因为陪审团认为这一行为尽管是犯罪行为,但是不应该得到使其失去法律保护的惩罚;(3)判决无罪,因为陪审团认为不但规定的法律条文或惩罚是不公正的,而且这样的惩罚也是不适合案件的特殊情况的。在雅典,能够导致判决不合理的特殊情况不但包括围绕草案本身的情况,而且包括判决会给被告和他的家庭带来的悲剧后果。

② 吕西阿斯 19.33;21.24—25;德谟斯忒涅斯 28.19。

③ 吕西阿斯 18.1;9.21;20.34;伊索克拉底 16.45—46。

古希腊人使用的重量和货币单位)的罚金会给他带来更为严重的后果:"虽然法律惩罚对其他人是一样的,但作用到每一个人身上所带来的后果却是不一样的:对于那些有钱人来说只是交一点罚款,而对于像我这样的贫困的人来说,面临的将是失去公民权利(即 atimia)的危险……因此我请求你们帮助我……"(伊索克拉16.47)尽管雅典的这些被告们没有明显讨论过他们恳请法庭同情的请求会在陪审团的决议中起到什么作用,但是这些辩护却被认为不但提醒了陪审团他们工作的严重性,而且帮助他们在作最后判决时考虑由于案情的特殊情况,判决是否公平。

# 品 行 证 据

在我们保存下来的演说稿中,不受法律约束的论辩最为普遍的形式是大量使用品行证据。在 87 篇一般法庭的演说稿中有70 篇涉及品行方面的讨论。[1] 尽管关于品行的讨论会经常出现,这一做法很明显存在着一些矛盾:诉讼人有时会诉诸于对品行的讨论,唯一的原因可能是他们对手的诽谤迫使他们作出回应[2],而演说者有时会极力主张陪审团在做出决议时,忽视名望和品行的问题。[3] 或许是由于品行证据的可辩性并且诉讼人担心品行证据的使用会导致判决的制定仅仅依据陪审团的偏见[4],因此,在很多案件中,诉讼人会首先陈述他们关于品行的证据,并解释为什么这些证据和陪审团的决议有关。这些文章,连同我

---

[1] 在海事纠纷和谋杀案件中的演说稿不包括在这一统计中。

[2] 例:吕西阿斯 9.3;30.15;海波莱德斯 1.8—9;德谟斯忒涅斯 52.1。诉讼人也时常道歉并提议说他们认为关于品行的讨论是脱离主题的。例:德谟斯忒涅斯 57.63;吕西阿斯 5.12。

[3] 例:德谟斯忒涅斯 52.1—2;海波莱德斯 4.32。

[4] 例如,在海波莱德斯 4.32 中提到被告表示担心他们的对手会处于怨恨强调自己的财富以希望陪审团给他判罪。

们掌握的演说稿中其他使用品行证据的方式,表明关于品行的讨论在很大程度上起到了情景化的作用,以帮助陪审团作出法律判决。当然,这很难确定任何特殊的证据能起到什么预期的效果;对品行的讨论具有多层面的意义。① 尽管如此,在我们保存下来的演说稿中,品行证据的大量使用似乎被合理地解释为是一种促使案件得出一个公正判决的尝试,而不是竞争能被陪审团偏爱的名望和荣誉。

我们在演说稿中看到的第一个关于品行证据的辩论,为陪审团通过辩论从 eikos 或可能性中发现事实真相提供了帮助。② 雅典人倾向于认为品行是稳定不变的。③ 被告曾在过去犯过罪,或者以其他的方式暴露出他糟糕的道德品质或品行,这很能证明是否他在被起诉的案件中有罪,以及是否他在现在的演说中说的是真话。④ 比如,一个演说者说道:"假如你了解了戴克勒斯(Diocles)的无耻以及在相关事件中他是怎么样的一个人,你就会毫无疑问地相信我所说的。"(伊索克拉底 8.40)另外一个关于决定讨论原告错误指控的历史以及在一定程度上被告的品格良好的事例:

> 所有的雅典人啊,我认为,亲眼目睹这一案件的人们更清楚案情的关键。因为,假如一个人总是阿谀奉承,拍马屁,那么你认为他在法庭上会做些什么呢? 我在宙斯面前发誓,雅典人啊,我想是时候向你们呈现所有关于弗罗米欧(Phormio)的品行以及他的正义,善良和宽容……他从来没有做过

---

① 卡利(1996:42—43)。
② 见桑德斯(1991:113)、约翰斯通(1999:96)。
③ 关于这一问题的讨论,见多佛(1974:88—95)。
④ 例:德谟斯忒涅斯 58.28;20.141—142;25.15;36.55;海波莱德斯 1.14;伊索克拉底 8.40。

任何危害他人的事情,相反总是主动为很多人做好事,对于这样的一个人,他又怎么可能会伤害这个人呢?(德谟斯忒涅斯36.55)

品行证据是在没有现代法庭调查和证据收集技术的情况下,发现事实真相的最相关的一种做法:在缺乏强硬证据时,品行就代表着有罪或无辜。另外还有一位演说者在辩论前,向法庭陈述了他清白的历史,和曾为这个城市所作的值得奖赏的贡献,"你们应该把这些事当作证据以证明这桩起诉我的案件是错误的"(海波莱德斯1.18)。

引用品行证据的第二个原因是,它和陪审团评估被告应得到惩罚,或是应给予宽恕直接相关。[1] 举一个例子,一位原告参与了扩大的起诉阿里斯托革顿(Aristogeiton)的品行的案件,指出他不去赡养甚至埋葬他的父亲,在过去已经被判处了很多罚金,甚至因此在监狱其他的罪犯都疏远他(狄纳克斯2.8—13)。然后这个演说者声称阿里斯托革顿已经没有任何请求宽恕判决的权利,他应该被公正地判以死刑"基于他的整个生活和他现在所在的事"。[2]

约翰斯通和鲁宾斯坦都曾指出,品行证据主要集中在被告而不是原告。[3] 对被告的强调,支持了这一观点,即经常在演说稿中引用品行证据的目的,在于帮助陪审团作出判决,而不是提供一种手段来竞争荣誉[4]:被告的名声和品行证据的记录是背

---

① 关于为这一目的使用的被告的记录,见桑德斯(1991:113—118)。
② 狄纳克斯2.11。其他案例:伊索克拉底.18.47;20.13;吕西阿斯20.34;30.6;狄纳克斯.3.5,德谟斯忒涅斯45.63及其以下。
③ 约翰斯通(1999:94),鲁宾斯坦(2000:195)。
④ 约翰斯通(1999:96)表达了这样一个观点,被告用品行的证据来反击原告看似合理的论述,而鲁宾斯坦(2000:28)说到:"对被告的 time 的衡量与原告的个人记录无关,但是却和针对他的控告有关。"

景信息的一部分,以供陪审团在决定是否判其有罪时参考。①
尽管引用品行证据,有很多的文章指出其与法律无关的目
的——最值得注意的是这样的言论,认为陪审团应该无罪释放
被告,因为其在过去所从事的高贵的公共事业,假如官司赢了,
将来还可做下去②——大量的证据表明,不拘形式地使用品行
证据,反映了雅典一般法庭在判决制定过程中高度个性化和情
景化的模式。

## 谋杀案和海事纠纷案中的相关性

与一般法庭案件中广义上的相关性相反,雅典人在两类特殊
案件中却用的是明显更为正式、合乎法律规定的方式:谋杀案和海
事纠纷案。③ 在谋杀案和海事纠纷案中,只允许部分证据的概括
作为一种针对相关性的独特的方式。

### 谋杀案

审理谋杀案的法庭有一条关于相关性的原则,限制在法庭上
使用和案件不相关的言论。④ 我们没有这样的原始资料能给我们
提供一个被认为是"无关问题"(ἔξω τοῦ πφάγματος)的详尽的清

---

① 事实上,原告引用他们在公共事务中的服务,这样的例子一般涉及的是遗产案件
以及原告声称他的荣誉受到毁坏的案件,比如故意伤人案件;见约翰斯通(1999:
98—100)。原告的品行直接关系到这类案件中争端的解决,因为在遗产案中,它
直接关系到原告在这种情况下是否应该拥有这些财产,在故意伤人案中,它直接
关系到犯罪行为的严重程度。

② 伊索克拉底 6.61;7.38—42;吕西阿斯 18.20—21;19.61;21.25;德谟斯忒涅斯
28.24。总的来说,在之前的贡献以及良好的品行的基础上,要求 charis(感激或赞
成)是道德行径总结的一部分。详见约翰斯通(1999:100—108)。

③ 是否特殊的海事纠纷案是在另外的法庭由专门的法官进行审理,在这一问题上学
者们存在分歧。对比科恩(1973:93—95)和托德(1993:336)。

④ 吕西阿斯 3.46;吕西阿斯 1.11—13;波尔 8.117;安提丰 5.11;6.9。

单,但是吕西阿斯 3、吕库戈斯 1 以及安提丰 5 清楚地指出"贡献"以及攻击对方的品行都是在正式法庭审讯中不允许的。写于公元前 2 世纪的《普鲁克斯》(Pollux)补充了一点,在战神山议事会(Areopagus,雅典最高法院,最著名的谋杀案审理法庭)审理之前,诉讼人不允许在他们的演说稿包括开场白(proem)有带有情感的请求,并且卢西恩(Lucian)也有类似的提法。① 无论是否存在一个迫使实施相关性原则的正式机制,或者审理谋杀案最有经验的阿里欧普格斯的法官是否会让偏离主题的诉讼人知道他的不满,我们的材料反映出,完全可以相信与案件无关的材料在阿里欧普格斯法庭上是没有一席之地的。②

　　从对阿里欧普格斯法庭上发表的 4 篇演说稿(安提丰 1,吕西阿斯 3、4、7)以及为其他 2 个谋杀案法庭所写的演说稿(安提丰 6;吕西阿斯 1)的研究中得出一些启示:在某种程度上,谋杀案法庭采用的是与一般法庭不同的相关性标准。比起一般法庭的演说者,谋杀案法庭上的演说者一般不敢轻易提及他们对国家所作的贡献,或对他们的对手进行诽谤,但是"不相关"(用现代的术语)是不可能不出现在这些法庭审讯中的。尽管相关性原则并不是在各方面都执行得很好,谋杀案法庭的演说稿和一般法庭的演说稿仍然有着相当重要的区别,并且诉讼者们似乎也很明白,谋杀案法庭比一般法庭对声誉有更高的期望。

　　在谋杀案法庭上,诉讼人不太愿意列举他们做过的好事或者指责他们对手的品行。尽管这样的提及在一般法庭上经常发生,然而在我们掌握的 6 篇谋杀案演说稿中,诉讼人使用这一策略的仅仅只有 3 篇。③ 在这 3 篇演说稿中有 2 篇④,演说者在提及相关

---

① 珀尔(Poll)8.117;卢森(Lucian)Anach.19.
② 例:亚里士多德《修辞学》1354a;埃斯基涅斯 1.92。
③ 吕西阿斯 3.44—46;吕西阿斯 7.31,41。
④ 例外的是吕西阿斯 7.31。这篇演说稿是关于砍了神圣的橄榄树桩的案(转下页注)

性原则时提到了品行问题，但是立即纠正了自己，这不像现代法庭的律师不顾法官席必然给出的警告，故意提及不可接受的证据，希望能够对陪审员们产生影响。演说者的不安和焦虑在吕西阿斯 3 中表现得非常明显。这位演说者用尽全力地以最快的速度攻击他的对手作为军人的品行，却快速地以省略结尾。他是这样开始的："我希望能允许我以其他的一些事（即与案件审理无关的一些行为或事件）作为证据来说明一些这个人的基本情况……我会排除其他一切证据，但是我要提及一件我认为是适合在你们面前提出的事，并且这件事能成为这个人轻率鲁莽的证据。"简要叙述了他的这个对手是如何殴打他的军队指挥官，并且他也是唯一一个被将军指责不服从命令的雅典人之后，这个演说者是这样结束发言的："我可以说很多关于这个人的一些其他的事情，但是因为法庭不允许谈论和案件无关的问题……"（吕西阿斯 3.44—46）通过调查所有法庭演说文集，约翰斯通指出，比起原告，被告更可能在法庭上提及他们的礼仪（liturgy）以及讨论品行方面的问题。[①] 当我们考虑所有而不只是一篇由被告发表的演说稿时，发现在谋杀案法庭上少量引用品行证据变得甚至更有意义。

我们发现在谋杀案演说稿中，肯定被相关性原则排除在外的是在法庭上请求同情。[②] 也许这种约束没有像限定品行证据那样被细致地注意到，然而却有着另外一种可能的解释。我们已经看到，只有非经典的材料中才包括像请求同情这样的被视为案件之外的问题。可能就像在一般法庭上一样，讨论判决对被告可能

---

（接上页注）件，触犯宗教在阿里欧普格斯的审理是和谋杀案以及其他在谋杀案法庭审理的暴力犯罪案件无关的。演说者表示相关性原则同样在这种类型的案件中有效。吕西阿斯 7.41—42。

① 约翰斯通（1999:93—100）。他指出在个人案件中，被告引述礼仪的几率有 50%，而原告只有 23%。

② 吕西阿斯 3.48;4.20;7.41;安提丰 1.3、21、25。

造成的后果被视为与审判有关。假如这是事实,后来的作者很可能意识到(基于他们的年龄或经历),阿里欧普格斯的声誉是不会被言辞、情感诉求以及诉讼人的演说能力所误导,而错误地包含请求同情这一类型的言论按相关性原则被视作与案件审理无关。

## 海事纠纷

正如科恩为本书提供的一些详细信息,海事纠纷案(dikai emporikai)在很多方面都是很特别的,最值得注意的是,没有城邦公民作为诉讼人和证人参加的现象,以及只有关于书面合同的纠纷才可以通过这一程序进行审理。从仅存的 5 篇海事纠纷案演说稿中不可能得出什么确定的结论,但是这些演说稿都狭隘地集中在合同索赔问题上,并且包含的与法庭审理无关的言论比一般法庭案件要少得多。法庭演说者看上去已经对海事案件中相关性原则的特殊标准有所了解,尽管这种"标准"完全是非正式的、习惯性的、不稳定的,和谋杀案法庭上的相关性原则不同。

人们可能会认为,对书面证据的要求将集中在对书面合同条款的争议上。我们保存下来的海事案件证明了这一推测:这些演说稿的一个最鲜明的特征就是演说者们争论的合同条款的重要性。[1] 和海事案件中合同条款的重要性形成鲜明对比的是,在其他有关书面合同或遗嘱的案件中,演说者很少纠缠于法律文书的具体细节,或只是建议陪审员们看看合同的 4 个角就行。[2] 人们

---

[1]　卡利和瑞德(Reid,1985:200 注释50)、克里斯(1998:220—221)、科恩(2003:94—95)。

[2]　例如,比较,关注书面合同的海事纠纷案,如德谟斯忒涅斯 33、35、56,和非海事合约的案件,如海波莱德斯 3 或德谟斯忒涅斯 48。克里斯(1998:180—191)曾指出这种区分和银行案与海事纠纷案的区分有些相似:然而诉讼人在银行案中以违反philia 为名提出诉讼,而海事案件的双方却强调的是对合约的违反。

可能还会认为外国人、客籍人甚至奴隶在海事案件中的出现会导致地位较高的人会利用他社会地位的优势发表过多的言论。然而，除了少数例外，社会地位、品行，以及诉讼人所从事的工作在海事案件的审理中不起任何作用。① 事实上，在很多案件中，我们对参与交易的个人的法律地位不能确定。完全没有恳请法庭同情的请求也被视为一种狭义的相关性，这是我们已经看到的在非海事案件的一般法庭案件中的著名主题。唯一在这些演说稿中提及更大的政策的，主要是涉及确保雅典粮食供应的重要性以及执行书面合同以促进贸易的必要性。②

　　海事纠纷案中论辩的独特形式，和公元前 4 世纪中期出现的两个非海事商业案件形成了有效对比，这两个案件是德谟斯忒涅斯 36 和 37。③ 尽管这两个案件的主题——一个涉及银行业务安排过程中的欺骗性，一个涉及矿业资产的一系列处理问题——都和海事案件的主题很相似，但是庭审中的演说稿并不是狭义地针对业务处理。两个演说者都广泛运用法律规定之外的证据进行辩论，比如品行证据以及请求法庭的同情。④ 最为引人注目的是这两篇演说稿都用到了证人来单独证明演说者的良好品行或者对手的卑劣。⑤

　　总之，雅典人对待法律相关性的态度比我们想象的要复杂得多。在谋杀案和海事纠纷案中，雅典人能够想象（并且在一定程度

---

① 一个值得注意的例外是德谟斯忒涅斯 35，在这个案件中，演说者，一个城邦公民，污蔑他的对手是菲斯里特斯（Phaselites）和诡辩家。然而，甚至是在这个演说稿中，大量的演说致力于对在法庭全文宣读的合约做更进一步的解读。

② 尽管有些案件的演说者起诉他们的对手涉嫌破坏雅典的粮食法，但是他们并不认为陪审员们应该出于这个原因而投票。这方面的证据作为通过严格执行书面合同、确保粮食供应、鼓励贸易发展的证词的一部分（德谟斯忒涅斯 34.51；35.54；56.48）。

③ 像我们五篇 dikai emporikai 中的四篇一样，这两个案例同样是 paragraphai 行为。

④ 德谟斯忒涅斯 36.42，45，52，55—57，59；37.48，52，54。

⑤ 德谟斯忒涅斯 36.55—56；37.54。

上实行)一个排除社会背景的普遍准则体系。[1]　然而,在大量的案件中,雅典的陪审员们制定了很多特别的决议,比如大量不同种类的与法庭无关的材料,基于个体案件的特别情况,被认为对于作出公正判决是重要且相关的。从这一方面看,雅典的法庭比我们普遍认为的,既更远也更接近现代的法庭制度:即法律体系不能被认为是法律规则的具体化,但是参与者不管怎么说目睹了整个以可承认的"合法"为目标,而不是社会目的为目标的过程。雅典人在一般法庭上独特地对待相关性的方法体现了高度个性化和情景化的司法内涵。

---

[1]　关于为什么雅典人对待谋杀案和海事纠纷案如此不同,超出了这部分的讨论范围。简要地说,我认为谋杀案的法律在古希腊时期得到了特别发展,而不是说谋杀案比其他案件更重要或有什么不同,这可以解释在古希腊时期谋杀案审理的独特风格。海事纠纷案中狭义的相关性源于通过提供预期的程序,基于透明而无文化特殊性的标准,促进贸易发展和吸引外国商人的需要:书面合约中的条款是双方达成一致时建立的。

# 7. 雅典法庭上不同的修辞策略

鲁宾斯坦(Lene Rubínsteín)[①]

　　雅典司法管理程序的复杂性,给我们提供了一个重要的线索来理解司法体系是如何在实际中应用的,这一点已得到了普遍认可。个别法规的制定途径,意味着一个希望在法庭上提出申诉的城邦公民,通常会在不同的程序中做出选择,每一种都会给被告带来不同的后果——假如他被发现犯有被指控的罪行。[②] 不同程序的选择,对案件的当事人使用的修辞策略的影响,并没有引起现代学者的关注。是否纠纷本身的性质会影响预期诉讼人在法庭上陈述案件的方法,这一问题也没有过多的讨论。我们习惯在这样的一个假设下讨论雅典的诉讼和雅典的法庭修辞学,即一旦一个雅典人作为一个演说者出现在一个正式的法庭(dikastērion)中,他将有望借助于一套相对明确且无区别的策略和论辩,不管他参与的是一个高调的关于叛国罪的公共行为,还是一个低调的比如关

① 我衷心感谢加加林教授、波维尔(J. G. F. Powell)教授以及 P. J. Rhodes 教授给予本篇的建议或点评。

② 雅典人自己也认识到程序的灵活性使原告可以选择不同类型的法律行为。经常会在很多辩护演说中听到来自被告们的抱怨,说他们应该在和他们对手选择的不同的程序下被审理(安提丰 5.9—10,海波莱德斯 1.12,4.5—6,埃塞俄斯 11.32—35,德谟斯忒涅斯 37.33—38)。最有名的这一类型的辩护演说是德谟斯忒涅斯 22.25—28,它和伊索克拉底 20.2 以及德谟斯忒涅斯 21.25—26 很相似。

于要回嫁妆或申请遗产继承等个人行为。

为何不同的法庭演说策略并没得到现代学者的太多关注,这可能存在两个重要的原因。第一个原因是两部现存的公元前4世纪创作的关于修辞的著作,亚里士多德的《修辞学》和《亚历山大修辞学》,都没有谈到这一问题。两部著作中都分别区分了适合辩护和诉讼演说的技巧和论据①,但是都没有指出不同类型的程序和不同类型的案件要求不同的修辞策略。

第二个原因是对一个现代的观察者而言,雅典公共事务案件和个人案件表现出的相似性比起差异性来说更具吸引力,特别是当我们考虑一个倡议法律行为个体的立场时。尽管雅典人在一定程度上区分了公共行为和个人行为在术语上的区别②,但是这两者之间的区别,比起现代诉讼人在民事案件和公诉案件中的区别来说,是很少被注意到的。在大部分雅典人的公共行为中,包括那些涉及的事件最终可能威胁到整个社会的内部和外部稳定,自愿担当诉讼人的人,必须在案件审理的过程中对案件审理的各个环节亲自负责,包括从搜集证据、起草文书到正式在法庭上出席审讯。从这方面来说,他的地位和在大部分在 dike 名义下发起的甚至是琐碎的个人纠纷中的原告只有很小的区别。事实上,大多数的公共事务案件的起诉都是最初由个体城邦公民发起的,法庭希望这些人说明他们为什么会采取这一行为,为什么频繁引起诉讼,

① 关于现代学者对起诉和辩护的不同策略的讨论见前文提到的所有出自约翰斯通(S. Johnstone, 1999)的研究。

② 雅典人的确对参与公共行为的起诉人和参与个人案件的起诉人做了术语上的区分。尽管 ho diōkon(字面意思是"从事的人")这个表达被应用于公共行为和个人行为的起诉者,但是 katēgoros("原告")的称呼以及带有定冠词的分词 ho katēgorōn,只能用于参与公共诉讼行为的以及在阿里欧普格斯和其他谋杀案法庭上审理的参与谋杀案起诉行为的原告。并没有一个单独的确认的称号被用于正常的 dikē 的情况中。我将使用"检举人"(prosecutor)和"起诉人"(plaintiff)对雅典人的这一区分做一个近似的描述,但是由于 caveat,雅典人对公共行为和个人行为的分类与现代刑事案件和民事案件的分类并不是一一对应的。

并直接参与到起诉被告的公共行为中。① 与现代国家的原告形成鲜明对比的是：对于一个从事公共行为的雅典诉讼人，法庭并不希望他们掩盖自己对被告敌视的个人情感。另外，原告自己的复仇愿望（通常是所谓的过失，和现在被告被起诉的完全无关）被视为是采取公共行为的一种完全正当的动机。

　　尽管当一个现代的观察者发现，个人的仇恨和报复的欲望公开地呈现在个人案件的申诉行为中（毕竟这种对敌意的表达在现代的离婚案和遗产继承案中是一种非常正常的做法）时不会觉得吃惊，但是当这种行为出现在公共案件的起诉中，就完全是我们不曾见到过的了，同时，这种诉讼行为中的原告还声称要代表整个城邦。允许原告在公共行为中把个人的仇恨和报复，跟公共精神的专业主题联系在一起，通常会被理解为，这表明雅典人对"公"和"私"或者对"个人的"和"政治的"的区分不是很清楚。由于这种理解，人们认为雅典人的公共行为是两个个体城邦公民之间冲突发展的高级阶段，这和个人行为相区别，就代价来说对被告更高，即在公共行为中，对被告判决的结果要比一般 dikē 中判决的结果严重得多。

　　人们也经常会认为一旦案件递交法庭，除了试图达成庭外调节的事件之外，几乎所有构成个人案件的主要纠纷，都可能被诉讼人说成是会最终影响到整个城邦的事情。近来，学者们越来越关注雅典的法庭作为一个公共集会所，通过诉讼人描述他们自己的正面行为相对于被告人的反面行为，正面的、负面的行为都在这儿得到了展现。通过法官的判决，他们转而向其余的社会群体发出信号，构成可接受的和不可接受行为的是什么。② 依据这一观点，"任何"纠纷都有一个明确的政治维度。事实上，可以这样认为，原

---

① 尽管在我们收集的公共诉讼演说稿中有一半左右出现了这种做法，但是它们绝不是一种策略的要求。见鲁宾斯坦（2000：179—180）。

② 例：汉特（1994：110）、克里斯（1998：190—191）。

告决定把私人纠纷转化为公开场合下的诉讼,其本身就是政治的,因为这一决定的后果是,由陪审团代表的城邦被直接用来干涉对立双方通过法庭陈述表演的一场社会剧。因此,可以完全合理地得出一种推测,家庭关系失常,贸易关系恶化,以及朋友邻居因为仇恨反目的公共现象可能会提供一种机会声明:社团个体成员之间,以及个体成员和社团整体之间可接受的行为是有限的。

反过来,这也表明,雅典人在公与私之间画出的界限是很模糊的,不但是因为原告可以选择把个人受到的伤害当作对整个城邦稳定的威胁,而且他在一些情况下可以在个人程序和公共程序之间做出选择,以确定以什么形式把案件递交法庭。即便如此,由原告诉讼人做出的程序选择,正如纠纷本身的性质一样,仍然非常清楚地预示着他的法庭策略。在一个个人行为中,甚至是最重的那种类型,每一方被授予的发言时间只有分配给公共行为中的诉讼人的三分之一。① 另外,通过规定诉讼人在 dikē 中演说的长度,以及根据纠纷中资产数量而决定的陪审团的规模,表面上看起来雅典人的确试图从一个客观的立场来区分这些或多或少值得社会各界关注的纠纷和资源。

在个人案件中可利用的有限的时间可以说明,在其他情况下广泛地存在,把在私人诉讼案和遗产继承案(diadikasiai)中发表的演说稿中的正式的开场白(prooimia)减少到最低,或者甚至把它们一起删除。② 相反,在公共行为中的诉讼人,不管是作为原告还是作为被告,都可以得到更长的申诉时间,这在一定程度上可以解释,在这种类型的诉讼中助理演说人(synēgoroi)被越来越广泛地

---

① 《雅典政制》67.2。

② 有 26 篇个人案件的演说稿中开头部分有三段或少一些的篇幅保留着一定的 proo-imia(吕西阿斯 10、17、23;伊索克拉底 17、21;伊塞俄斯 2、4、5、6、10;德谟斯忒涅斯 27、32、33、36、37、38、39、41、43、45、48、50、52、54、55),另外 4 篇完全没有 prooimia(埃塞俄斯 3、9;德谟斯忒涅斯 49、56)。

使用。① 另外一种把公共行为从个人行为中区分开来的方法是，在个人行为中，当证人的陈述被提交到法庭上时，水钟就暂停计时，然而，在公共行为中提供证词的时间却要从分配给演说者的时间中扣除（《雅典政制》67.3）。托德(1990)收集的数据资料有力地说明了这种程序规则对不同法律行为中证据的使用有直接影响，因为在个人案件的演说中这种证词被诉讼人更频繁地使用。

这些差异是众所周知的，并且它们相对直接地影响着诉讼人的修辞策略。下面将要讨论的是，程序的选择以及纠纷的性质显然会至少在其他三种情况下影响到诉讼人申诉以及选择论据的方法：

1. 诉讼人请求法官们让他们表达对被告的行为的愤怒，以及复仇的愿望。

2. 案件的审判结果代表着一种通过法庭对被告做出处罚的方式，以及运用刑罚术语来描述判决会给被告带来的后果。

3 法庭作为教育性的角色表明，在这个意义上，当下案件中通过的判决，会教导其他城邦公民什么是可以接受的行为以及什么是不可以接受的行为。

在这些情况下我们称之为区分法庭策略的证据，首先是我们掌握的在一般 dikastēria 上发表的 60 篇诉讼演说稿。这些演说稿在个人行为和公共行为的不同类型中的分布足够可以用来作一比较：29 篇演说稿发表在公共行为中；另外 31 篇演说稿由原告发表在个人案件的审理中。② 虽然从相对非常少的案例中做出总结

---

① 更广泛的对于 synēgoroi 在公共行为和个人行为中分别使用的讨论，以及它们在所有诉讼人所采取的策略中的作用，见鲁宾斯坦(2000)。

② 现存的发表在公共行为中的诉讼演说稿是：吕西阿斯 6、12、13、14、15、22、27、29、30；德谟斯忒涅斯 19、20、21、22、23、24、25、26、53、58、59；埃斯基涅斯 1、2、3；莱克格斯 1，海波莱德斯 2 Phil.，5 Dem.；Dein. 1、2、3。现存的个人诉讼演说稿是：吕西阿斯 10、32；伊索克拉底 17、18、20、21；伊塞俄斯 3、5、6；德谟斯忒涅斯 27、28、30、31、32、33、36、37、38、39、40、41、44、45、46、47、48、49、50、54、56；海波莱德斯 3 Ath.

概括得十分小心，但是材料描述按时间顺序已经足够多，足够具有代表性，可以保证结论是以分布在各种不同类型演说稿中的言论为基础的。

有助于进一步确保这类结论的正确性的是，法庭演说的文集同样给我们提供了有意思的分类，可以用来比较由检举人和起诉人发表的演说，即 7 篇保存下来的发表在遗产继承案（diadikasia klērou）中的演说稿。① 遗产继承案的程序和其他雅典的法律程序不同，在于它在运作过程中没有"诉讼"和"辩护"环节：在这样的行为中的所有参与者被看作是处于同等地位，都是申请拥有纠纷中的财产的人。

遗产继承案（diadikasiai）的另一个极为特别的特征是，只有当所有达成庭外调解的可能性都已用尽的时候，才会走诉讼这一程序。当一个雅典人死后没有留下一个儿子，不管是亲生的还是收养的，任何人想要申请继承他的财产（包括他的女儿，假如他有的话）必须通过法庭裁决。任何可能的申请人都被要求在法庭议院的会议中，由传令官的示意下，通过公开通告主动提出来（《雅典法制》43.4）。继承者占有财产或分配遗产如没有经过权威法庭的听证会不但得不到承认而且是违法的（德谟斯忒涅斯 46.22），除非申请人是嫡出的男性后代，并且是当事人亲生的或者领养的。因此，在遗产继承案中，提出诉讼请求并不是就可以推测出对立的两个申请人之间有着什么根深蒂固的个人矛盾。这可能是为什么卷入这一类纠纷的诉讼人倾向于避免在法庭上公然表现出对对方的个人攻击，以及为什么克制自己使用惩罚和报复性语言的一个重要原因。关于上面提到的使用不同法庭策略的三种情况，以下的一些特征在 7 篇遗产继承案中都有很好的体现：

1. 演说者从来不会明显地告诉法官们他们对和自己竞争的申请人感到愤怒或者憎恨，尽管演说者对他们对手的反社会甚至

---

① 伊塞俄斯 1、4、7、8、9、10；德谟斯忒涅斯 43。

违法行为的生动描述,自然正是为了在听众中产生那种感情。另外,演说者也不会公开陈述他们对自己的对手怀着怎样愤怒、憎恨的感情。

2. 法官们决定把纠纷中的财产判给竞争中的某一位申请人,但并不表示其他的申请人会空手离开法庭。这一类型的演说对法庭达成的决议的描述不含任何刑罚或处罚术语。①

3. 诉讼人从来不会主张说现在这个纠纷的判决,有望规范将来社团的行为。尽管法官们有时会得到这样的说法,诉讼人自己作为一个城邦的模范公民,可能是构成把纠纷中的遗产判给他的另外一个原因(比如,埃塞俄斯 4.27—29),但是他们不会得到这样的说法,即他们对他的个人品质的公共认可,将使他成为其他城邦公民学习的榜样。他们也不会被告知,他们对演说者对手的否定,将树立一个其他城邦公民不能如何作为的榜样。

遗产继承案(diadikasiai)演说稿如此具有对照的价值,在于它们代表着一种极致或在某种程度上一种最具代表性的典型,正如公共行为中由诉讼人发表的演说稿中的典型例子一样。诉讼人在遗产继承案中使用的三种言论,通常以一种相似的形式应用于大量的公共诉讼演说稿中。这有力地表明了,这种把愤怒、惩罚以及法庭的教育作用作为申诉理由的策略部署,具有法庭的敏感性,当事人诉讼的案件类型,对他们的申诉方式有着明显的影响。

当讨论到能够影响或约束诉讼人选择修辞策略的因素时,很重要的一点当然是,必须明白几乎所有对诉讼人策略的限制都是自我强加的,而不是迫于任何管理诉讼人言论的正式规则。事实上,对

---

① 三条最重要的雅典对于惩罚的术语以及惩罚的规定是:timōria /timōreisthai, kolasis/kolazein,以及 zēmia/zēmioun。"遭受惩罚"经常被非正式地表述成 dikēn dounai,逐字地翻译过来是"诠释正义"。所有这些在遗产继承案演说稿中是完全不会出现的,并且,正如我们将要看到的,仅仅只是少量地或保守地用于 dikai 案件中的诉讼人发表的演说稿中。

立双方在审讯前,至少在个人行为中,以及在谋杀案法庭审理的案件中,必须用起誓的方式向法庭陈述导致法律纠纷的问题所在,而犯罪行为本身是供法庭演说公开协商和操纵的。[①] 但是,据我们所知,这是对诉讼人辩论唯一正式的限制,尽管他当然也被法律约束着法庭以外的自由言论。[②] 总的来说,尽管雅典人运用严格的规则来约束证人的陈述,以及法律文本应该向法庭呈递的方式,但是,公平地说,诉讼人可以自由地,至少在理论上是自由地,几乎可以用任何他想用的方式陈述案情,解释案件对于整个城邦的重要意义。然而,在实践中,一个诉讼人可能会根据听众的期待,把自己的诉讼请求略作调整。诉讼人,如果没能准确把握法官们对可接受性和不可接受性言论的判断标准,会有让听众费解,进而导致听众们大声喧哗对他表示不满,并阻止他继续陈述自己的请求。[③] 我们或许可以把雅典人称作的"法庭礼节"描述成是由诉讼人和他们的听众,包括法官和旁观者们,在持续的交往互动中建立并保持下来的。[④]

---

① 要求诉讼人必须直接陈述案情,这一情况在谋杀案法庭文本中有非常好的记载(见麦克道威尔 1963:90—93 的参考文献)。关于由普通 dikastēria 案件要求的最重要的资料是《雅典政制》67.1,其中提到的案件要求仅仅是和个人行为相联系的。罗兹(2004)认为看起来诉讼人申诉案件时进行起誓比现代学者认为的要严肃得多。雅典人对"相关性"的认识要比现代意义的"相关性"宽泛得多,并且法庭演说通常包括现代法庭所认为的不相关的材料,同见前文兰尼所著部分。

② kakēgoria 的法律规定界定了一定类型诽谤是违法的,包括对在战争、谋杀以及虐待父母案中抛弃自己的保护者的指控(吕西阿斯 10.6—8)。吕西阿斯 10 提供了一个 dikē kakēgorias 的案例,是一个演说者对他的对手的回应,此人在以前的一个案件中犯下了杀害长辈罪。

③ 关于 dikatai 对诉讼人的言行通过 thorybos 的非正式的控制,见伯斯(Bers,1985),也包括对这一现象的最有解释力的处理。

④ 兰尼(1997:187—188)把大家的注意力吸引到大量的文章中,这些文章中暗示着诉讼人在设计自己的法庭策略时,经常会利用他们在别的案件审讯中作为旁观者的经历。大部分现代关于阿提卡法庭演说(Attic forensic oratory)的讨论倾向于集中在著名的老师,如伊索克拉底,以及像《亚历山大修辞学》这样的书面文集,提供正式的修辞教学的问题;而很少注意到更多非正式的方式,即演说技巧是通过观察模仿其他案件中的诉讼人而获得的。

　　法庭演说稿的语料至少给我们提供了两种方法,从中我们会形成一种印象,即法庭礼节对不同类型诉讼中诉讼人的策略具有限制性。一种方法是查询文章。查询文章中演说者试图预测和还击听众对某一特殊观点怀有敌意的反应,或许是因为他们担心自己会违反可接受性的常规限制。另外一种方法是在保存下来的演说稿中标示出出现的,以及同样重要的、没有出现的特殊的演说主题("常见的"),以至于能够重建雅典人自己可以理解的在各种程序环境中适当的可接受的言论。

　　这两种方法在一定程度上可以相互补充。比如伊索克拉底18,一篇在个人辩护行为(paragraphē)发表的演说稿,其中的演说者表面上的不安,表明了他对法官们冗长的劝告,即他们对当下案件的判决将会给整个社会造成严重的后果。演说者声称,他的对手提出的原诉讼违反了赦免法,即公元前403年或公元前402年,也有可能是公元前401年,"三十僭主"(the Thirty)政体的支持者,和他们的民主主义反对者之间爆发的残酷内战结束之后一致通过的赦免法案。演说者提出,假如他的对手被允许以他最初选择的行为程序进行起诉,这将意味着关于在"三十僭主"统治期间颁布法案对诉讼案件的禁令是无效的(18.27—32)。在18.33—34中他提出了如下的理由:

　　　让所有人都相信我没有夸张,我的演说也没有超越范围(meizō legein),因为我,一个私人诉讼(dikē idia)案件中的被告,已经列举了这些种种理由。因为这个诉讼案件不只是关于文书中规定的钱的总金额:这是针对我的问题,我刚才描述的才是你们的问题。没有人能根据他自己的理由来对这一案件做出公正的判断,也没有人能够举出足够的补偿条令。因为这一诉讼案件和其他dikai是如此的不同,在于他们只关心案件中的诉讼当事人,国家的共同利益在这一案件中是岌岌可危的。

乍看上去，这好像只是演说者为了强调自己案件的严重性而使用的一种战术策略。毫无疑问，为了达到这一目的，他试图把他自己的案件描述成对整个社会格外重要。然而，他很清楚，听众中有些人可能会发现他的论证在当下的法律纠纷这个背景下太过严重，不能被简单地视作只是含糊其辞扭怩作态而被驳回。通过把自己案件的判决描述成一个能够规范社会他人将来的行为，为将来即将施行大赦的途径或方法提供了一个先例，演说者事实上是运用了在公共诉讼演说稿（29 篇中有 23 篇）①中具有标志性特征的传统主题，然而它很少被原告在个人诉讼演说（31 篇中有 8 篇）②中用到。因此，演说者十分关注他或许要屈身于正常的法庭礼仪规则，似乎是有根有据的。

假如我们回到前面提到的三种不同情况下使用的不同的法庭策略的第一种，即诉讼人表达自己的愤怒，报复的愿望，以及他们对法官提出的建议，即法官们应该以处罚的形式也对被告表达自己的愤怒，我们发现了一个相似的模式。在普通的 dikai 案件中的原告有时会发泄他们强烈的厌恶（用一个动词 aganakteō 来表达）的情感③，但是我们只在三篇演说稿中发现了原告直接对被告的行为表达自己的愤怒（orgē，吕西阿斯 10.28，德谟斯忒涅斯 45.7，54.42）。两个原告（吕西阿斯 10.3，德谟斯忒涅斯 50.65）公开表

---

① 吕西阿斯[6].54、12.35、85、14.4、12、45、15.9、22.17—20、21、27.6—7、29.13、30.23；德谟斯忒涅斯 19.232、20 及其各处、21.98、183、220—225、227、22.7、68、23.94、24.101、218、25.10、53、26.1—2、[53].29、[59].111—113；埃斯基涅斯 1.90—91、176—177、192—193、3.246；Dein.1.27、46、67、88、107、113、2.21—23、3.19。

② 这样的主题 topos 同样可以在以下作品中找到：伊索克拉底 20.12—14、21.18；德谟斯忒涅斯 36.58、45.87、50.66、54.43、56.48—50。

③ 伊塞俄斯 3.30、6.56，吕西阿斯 32.12，德谟斯忒涅斯 27.63、28.1、54.15。

示他们希望借助法庭的帮助为自己报仇(timōreisthai)，然而报仇作为一种个人的诉讼动机，却出现在 9 篇公共诉讼演说稿中。①这些案件本身的差异并不允许我们谈论一种模式。但是当我们考虑到它们和诉讼人强烈要求法官表达他们对被告的愤怒这样的演讲稿的关系时，很明显这些传统主题的分布并不是随意的。直接呼吁表达司法愤怒的，在 29 篇公共诉讼演说稿中有 24 篇提到了，这表明原告采用的策略是安全的，并且这种呼吁不可能遭遇听众的不满。相反，在个人诉讼行为中的原告，不大可能准确地向他们的听众说明，对他们的对手表达 orgē 是法庭职责的一部分，或者拒绝他们的对手这一做法，将有助于阐明社团的集体愤怒，因为对手的行为体现了一种特定模式的反社会行为。仅仅只有 8 篇由原告在个人申诉行为中发表的演说稿包含这一传统主题，即伊索克拉底 18 和 20，吕西阿斯 10 和 32，德谟斯忒涅斯 40、45、47 和 54。同样重要的是，大部分这类个人演说稿都具有另外一个特征，即演说者用雅典刑罚词汇来描述案件中对被告可能的判决。

　　雅典刑罚的术语，并不是被不加选择地用于描述对被告不利的判决结果。尽管所有由原告在公共诉讼行为中发表的演说稿中，只有两篇在提及当下案件的结果时，用到了这样的术语。关于刑罚的词汇仅被发现在以下这些个人演说稿中出现过：伊索克拉底 18 和 20，吕西阿斯 10，德谟斯忒涅斯 45、46、47、50、54、56 以及海波莱德斯 3 中的《诉阿西诺格尼斯》(Against Athenogenes)。因此，包括有关呼吁司法愤怒的特定主题的演说稿，和那些涉及法官们的判决作为一种给演说者对手的惩罚的演说稿之间，存在明显的重叠。伊索克拉底 18 和 20，吕西阿斯 10，以及德谟斯忒涅斯 45、47、54 反映了上述两个特征，并且表明根据原告的法庭策略，

① 吕西阿斯 13.1、3、41、42、83—84、14.1、15.12；德谟斯忒涅斯 21.207、22.29、24.8、53.1—2、58.1、58、59.1、12、15、126。

两个主题在通常情况下都紧密地联系在一起。

在 dikai 案件中发表的这些演说稿都具有一些重要的特征。在伊索克拉底 20 和德谟斯忒涅斯 54 中，原告卷入的都是针对暴力攻击（dikē aikeias）的个人诉讼案件，吕西阿斯 10 中的演说者是针对诽谤提起的诉讼（dikē kakēgorias），德谟斯忒涅斯 45＋46 和 47 是针对个人诉讼行为中假证据（dikē pseudomartyriōn）发表的演说。这三种司法程序的每一种都要求法庭把针对未给原告造成直接经济损失的非正义行为的具体法案，转化为用一笔钱来补偿原告所遭受的损失①，而不是仅仅归还或把原告申请本应属于他的金钱或财产判给他。另外，针对诽谤提起的诉讼附带的是一笔可观的可支付的公共基金，而针对个人诉讼行为中的假证据会导致公民权利的丧失（atimia），假如被告面对的是这样一种诉讼行为的第三次判罪。对胜诉方简单的财产或经济赔付之外的附加罚款问题，在伊索克拉底 18 和德谟斯忒涅斯 56 中也引起了争议。两个诉讼中都用到了 epōbelia 的刑罚，被计算为纠纷中的财产或钱财的六分之一。尽管 epōbelia 看起来是应支付给胜诉方而不是城邦，而败诉方，假如他无法支付这笔额外的罚款的话，要面对的是公民权利的丧失（德谟斯忒涅斯 29.50）或者监禁（德谟斯忒涅斯 35.47、56.4）。

相反，当诉讼案件是一个个人诉讼行为，针对的主要是谁申请纠纷中的财产或金钱时，就会较少出现诉讼人陈述法庭对败诉方做出的处罚作为诉讼结果。诉讼人向法官申请他仅仅要求归还

---

① 尽管人们可能会认为法庭案件的失败作为对手使用假证据的结果，会被看作是一种经济上的损失，但是这个问题没这么简单。一位原告并不是必须申请直接的经济损失造成 dike pseudomartyrion；我们知道至少有两个 dike pseudomartyrion，是由在最初的申诉行为中获胜的诉讼人，尽管他的对手涉嫌使用了虚假证据（埃塞俄斯 3 以及伴随的另外一个埃塞俄斯 3.2—4 中成功的 dike pseudomartyrion），以及那些没有能力维持提起诉讼来用证据挽回损失的诉讼人提出的。

"本应该属于他的",这一行为表明,事实上,除了被告将放弃的他没有资格拥有的财产之外,他并没有遭受什么真正的损失。关于这一看法的一个例证可以在德谟斯忒涅斯 26.67 中找到,在这篇演说稿中德谟斯忒涅斯要求归还的是他从前任监护人那儿得到的遗产的一部分。他认为假如被告败诉,将进行赔偿,"不是出自他的资金,而是出自我的",因此,无论怎样都没有受到个人的损失,这一传统主题同样可以在其他由原告发表的演说稿(比如德谟斯忒涅斯 40.56)中看到。诉讼双方实际上是竞争申请特定金额或特定财产的继承,法官们的角色被界定为证实哪一方的申请更有效而不是处罚,在这层意义上,上面这一类型的纠纷和遗产继承案非常接近。这在某种程度上有助于解释大多数的个人演说稿中的空白,不仅是关于刑罚术语,也包括呼吁法官通过一种对被告的处罚形式表达对被告行为的司法愤怒。

雅典人开始区分"赔偿"和"刑罚"或"处罚",在现代观察者看来,这并不奇怪。即便如此,雅典人的确做出了区分,这一事实对我们评估雅典人自己如何理解不同情况下法庭的角色是很重要的。大部分以司法愤怒,以及呈现案件的结果作为一种由代表城邦的法官做出的集体性处罚法案为主题的演说稿,都具有第三个特征,即法庭作为一个结构,自身的真正角色是,通过其在个体案件中的判决,有助于社会价值观的创造和延续。

让我们再回到我前面引用过的伊索克拉底 18。我认为演说者在提出诉讼时会显露出一种不安,当这个案件不仅关系到他和他的对手,也对整个城邦有着深远影响时,因为法官的判决必定会对雅典其他人未来的行为模式发展起到一个导向作用,或者是好的或者是坏的。演说者可能会有意识地专注于非书面的雅典法庭规则,因为他选择的主题主要用于公共诉讼行为中。他并不是唯一一个在个人诉讼行为中这样做的人;并且,有趣的是,教育性的主题也会出现在这类把判决当作对被告的处罚条例的演说稿中

（伊索克拉底 18、20；德谟斯忒涅斯 45、50、54 以及 56）。这种搭配并不是完美的——除了这 6 篇演说稿，德谟斯忒涅斯 36 和伊索克拉底 21 包含了教育性的主题，但不包括刑罚术语，也不包括涉及司法愤怒的主题。尽管如此，它对现在已成为"嫌疑犯"（usual suspects）的演说稿的关注是非常有意义的。

一般说来，法庭在哪些构成可以接受的行为和哪些构成不可接受的行为方面，对全体公民做以导向时，所扮演的角色是由在公共行为中的大部分公诉人所代表的。在他们的言论中，法庭通过的判决是非常重要的，不仅是作为一种限制成年公民行为的途径——这些成年公民可能会受到诱惑破坏法律，也是向下一代传播城邦集体价值的一种方式。正如城邦不断地参与到通过奖赏杰出个人，为公民美德建立积极的角色模型，法庭的一个重要的角色就是，通过大会颁布的令人敬畏的判决，通过严惩触犯城邦规范的行为标准的人，来树立反面的例子（paradeigmata）。在埃斯基涅斯的演说稿《反卡蒂斯芬》（*Against Ktesiphon*）中发现了这一传统主题的一个典型案例，在演说稿中，他强调了法庭判决的教育和政治的维度（3.245—247）：

> 其中最重要的是，年轻人会问你他们应该以什么模式（paradeigma）生活。雅典人都清楚地知道，不但角力场、学园或者学艺中心在教育着年轻人，这些公开宣言对年轻人的教育也起着重要的作用。在剧场经常会宣扬，一个被人瞧不起的过着卑贱生活的人也会因为他的高贵的行为、正直的性格以及他的忠诚而被授予荣誉。一个年轻人会被这一幕完全征服。一个邪恶的、干尽坏事的人，就像卡迪斯芬，是要受到惩罚的。一个为反对道德和正义投过票的人回到家之后再来教育自己的儿子，他的儿子可能不会听从，但是现在却要作为一个讨厌的人被警告。因此，你不但应该作为一个站在法官立

场的人而且是一个被大家瞩目的人来投下你的选票,因为那些城邦公民们虽然现在不在场,但是他们会问你,你的判断是什么。

埃斯基涅斯考虑到了公开奖赏和惩罚的重要的教育性后果:假如大会因为一个恶棍某些好的品质而授予他荣誉的话,就会树立一个具有破坏性形象的典范,年轻的城邦公民们就会试图效仿。相反,如果法庭严惩了这个恶棍,其他的城邦公民将会得到正确的信息,并且抛弃这一坏的榜样,还对法律规定的由法庭强制执行的惩罚产生畏惧。通过这种方式,通过对正面和反面典型(paradeigmata)的选择,民主机构就可以建立起一个不变的德性(aretē)的定义,相反,通过公共认可嘉奖个人的负面行为,他们就会以一种破坏性的方式重新界定公民的德性。那样一来,用于规范法律行为的范围的界定,就会远远偏离现行的法律并且和法律自身相抵触了。

正如前面提到的,近代很多关于雅典法律的争论,都集中在一般意义上法庭和城邦的政治生活之间的密切联系上,如同上面埃斯基涅斯的引文中清楚提到的例子。当前关于所谓的雅典法庭"政治化"(politicalization)的讨论,并不局限在狭义的"政治的"行为类型上,即只限于城邦公民在公共领域的行为上,因为,托德这样说道(1993:155):

　　　在雅典,的确,一个涉及政治的案件暗示着政治上十分活跃的诉讼当事人之间的冲突;或者至少有一个这样的诉讼人,他的个人信誉将取决于听证会给出的结果。实际上,我们有证据显示任何审判都可能有一种潜在的政治意义:因为我们所有的演说都是关于社会精英(élite)之间的争议,并且政治声望和社会声望在雅典是紧密联系的。

同样,克里斯(1998:160—196)注意到了诉讼当事人对集体合作价值观的坚持,这在个人纠纷案件中尤为突出,并且他认为,这种展现对全体社会有更广泛的意义。通过发现一个诉讼当事人,令人信服地证明他对公共群体的合作价值观的忠诚,法官同样致力于塑造公共群体的行为标准:

> 担任陪审员的雅典人,并不仅仅是法庭上建立社会典范的被动观察者,而且是这一过程中的积极参与者。在所有其他事务中,每一份判决都是关于诉讼当事人提供的社会群体的相互抵触的观点。通过这种途径,雅典的法庭不但为解决个人的纠纷提供了一个审判的地点,而且提供了表达以及证实集体意愿的机会。(克里斯特,1998:190—191)

然而,如果是这样的话,我们的哪些演说稿完全缺乏教育性的主题呢?正如之前提到的,在关于争夺财产(包括涉及遗产继承案)以及其他和财产(oikos)密切相关的案件,以及触犯刑事法规的案件中,通常情况下,这些案件中法官的作用并不像陪审团那样涉及规范社会群体的行为,或者他们的决定也不会影响到法律在未来的实行。伊索克拉底 21.18. 记录了一例收回存款的案件是唯一明显背离这一模式的。然而,通常情况下,这种类型的纠纷中,法官的角色主要被定义为判断诉讼双方谁在案件中处于有利形势,并在诉讼双方表现的基础上做出评价。更重要的是,他们决定的范围,通常被狭义地定义为应该恢复正反双方的平衡,并且这不会立即给城邦带来广泛影响。

鉴于具有教育的传统主题主要出现在一些个人案件中,即仅是进行罚款或归还财务,这表明,雅典人认识到既不是法庭上的言辞对抗,也不是诉讼人自己创造的具有教育意义的积极的以及负面的典型。正是法官的处罚判决给被告造成了真正的损失,创造了有广泛教育价值的典型,并使得判决具有了潜在的政治意义。把一个诉讼人两手空空地赶出法庭,因为他的对手被认为更应该占有相互争夺的财产,或者强迫一个诉讼人归还被认为不属于"他的"那份财产,这些很明显并不能提供相同的言辞夸大的机会。重要的是,并不是所有的法律纠纷都发生在法庭上。全面地看,整个社会给诉讼人提供了机会来陈述自己的困境应该被整个城邦关注。

在个人案件的演说稿中,允许审判员表达他们的愤怒,惩罚以及对他人产生威慑作用的案件,一般都和违反社会常规行为的具体类型有关。这些行为不必夸大或者进一步阐述为威胁整个社会稳定的根本问题。能够引起法官的愤怒并实施惩罚的不正当行为有如下类别:德谟斯忒涅斯 54 以及伊索克拉底 20 中狂妄自大(hybris)的粗鲁行为;德谟斯忒涅斯 47 中自助过程中过度使用武力的行为;德谟斯忒涅斯 45、46 中提供伪证对法律程序造成破坏的行为;伊索克拉底 18 中违反特赦的行为;德谟斯忒涅斯 50 中不尊重战船司令官职责的行为;德谟斯忒涅斯 56 中破坏了往雅典运粮的保护条令的行为;吕西阿斯 10 中对死人诽谤中伤以及无根据地指控谋杀亲者的行为;以及吕西阿斯 32 中虐待孤儿的行为,这个案件是关于孤儿在到达法定年龄之前所享有的公共利益。这10 篇演说稿也是同类案件中,唯一作为纠纷一方的原告试图把城邦这个集体作为纠纷中的受害方,声称城邦作为一个整体受到了被告行为的直接危害,并且法官作为城邦的代表,必须让被告得到应有的惩罚(timōreisthai)。

在个人纠纷中当然会有很多因素对诉讼人的法庭策略产生了影响,并不是所有的纠纷都和一个具体法律案件所要求的法律程序的性质,或者潜在的共有利益有关。因此,在嫁妆、遗产或其他与财产相关的纠纷中,没有司法愤怒的诉求,同样也没有使用惩罚的术语,可能不但是因为每个案件固有的性质,而且因为这类纠纷总是家族内部的争斗。在这类纠纷中，如果一个演说者非常强硬，并公开地呼吁法官给予他的亲戚负面的司法情绪，且强烈表示希望看到被告招致重罚，那么他很可能会激起他的对手对他的怨恨。这似乎可以看作是一种简单的，甚至是微不足道的观点；然而它对我们解读雅典法庭的运行以及雅典诉讼人采取的法庭策略很重要。这类案件中的个人行为是法庭事务的重要组成部分。因此雅典法庭的重要作用，即惩罚的强行施加，以及表达集体性的愤怒来教育其他城邦公民在公民行为中吸取教训，也是很难维持的。

在不涉及同一家庭成员之间的争斗的个人行为中，会有不同策略的考虑。在这类案件中阻止演说者把教育主题、刑罚术语以及在私人诉讼案或遗产继承案中与司法愤怒结合在一起的，首先是他们担心这种呼吁可能会适得其反，因为他们声称他们的案件是共同关心的问题，这一点在他们的听众看起来根本不可信。如果是这样的话，在某些类型的私人诉讼行为中缺少这样的辩论将给我们提供一个重要的信息，即雅典人自己会在公共和私人之间划出界线。这个界限正好在一定程度上体现了公共行为和私人行为之间界限的模糊性，并且尽管诉讼人被给予了大量即兴发挥的余地，有证据表明，他们不得不调整他们的修辞来适应他们所参与的法律纠纷的类型。

反过来，这也表明我们需要分清不同类型的雅典法庭诉讼和不同类型的法庭策略。它同样警告我们不要随意概括"雅典诉讼"、"雅典司法言论"，以及作为一个法律和政治机构的雅典法庭的特征。诉讼人可以选择向法官提出上诉，要么作为第三方，其主要职责是在一个会影响双方或他们自己的特定问题上做出决定，要么作为真正的受害方，其主要职责是实施报复或做出一个对整个社会产生影响的，具有重要政治意义的处罚决定。这种选择看起来并不是随意的，而是一个非常有见地的具有战略意义的决策。

# 8. 雅典法律中证人的角色

特吕尔(Gerhard Thür)

一

伟大的哲学家亚里士多德的权威和他系统性思维,所给予的暗示性力量误导了以前编辑雅典法律的编辑者们,并且遮蔽了他们自己对雅典法律程序的观点。在他们关于法庭取证程序的章节中,他们接受了亚里士多德在他的《修辞学》(1375a24)一书中指出的五类"非艺术性的证据"(atechnoi pisteis):nomoi,martyres,synthēkai,basanoi 以及 horkos(即法律、证人、合约、酷刑下的供认,以及誓言)。① 近年来的研究认为,只有一种形式的证据,即证人,在雅典的陪审团法庭②具有法律意义。除了一些管理证人证词的条例之外,雅典的法律没有具体的关于证据的法律规则。我们不能采用现代法律中各种各样的方法来找出既定的真实情况,我们也不能不加辨别地把这些标准运用到雅典法庭(dikastēria)

① 利普萨斯(Lipsius,1905—1915:866—900)、哈里森(Harrison,1971:133—154)、麦克道威尔(1978:242—247)。和现代法律类型联系得更加紧密,伯纳(1905)、伯纳和史密斯(Smith,1938:117—144)。

② 特吕尔(1977:316—319)、托德(1990:33)以及(1996:96 以下)。

上。在雅典法律中,最主要的不是判断事实的原则,而是提供公平机会的原则①:原告和被告都应该有公平的机会,向客观挑选出来的没有涉及受贿或受到外部压力的城邦公民们陈述他们的立场或观点。陪审团会议在双方的演说之后立即做出决议,宣布他们的最初也是最终的决议,没有评议,也不说明理由。他们的判决只是简单的是或非(有罪或无罪)。在雅典,法律冲突是民主的一个直接组成部分。雅典人认为假如公平的民主原则在法庭上能够得到遵守,那么法律程序的更广泛的目标,比如真相和正义就能得到最好的保障。

民主的法规包括:陪审团成员最为公平的分配,陪审团成员来自审判当天所有 10 个部族(phylai)的城邦公民中,以及他们在法庭中的分布;在法庭庭审室分配给陪审员本应该分配的坐席;双配额分配可用的法院法官在开庭当天主持法庭。在法庭庭审之前,诉讼人和法庭官员都不知道哪些城邦公民会对案件进行判决。来自 10 个部落的陪审员(dikastai)组合在一起,然后进一步把他们的位置打乱分配,这将有效阻止从这些陪审员(数量在 201 到 1501 之间)中形成支持原告或被告的团体,或妨碍法庭演说的发表。通过这种做法,通过一个无记名投票的完备体系,一个客观的判决——至少从外部来看——得到了有效的保证。整个过程在《雅典政制》(63—69 章;335 页之后也有提到)中用了极为引人注目的细节,并且也得到了考古学证据的证明。② 另外,一个简单的机制同样作用于公平机会原则:原告和被告的演说时间是完全相同的,通过一个水钟(klepsydra)来计时。时间范围从最简单的个人案件的大约 15 分钟(5 罐水),到最重大的政治案件的一天的三分之一。一天的长度依据 12 月中最短的一天的白天的时间来计

---

① 特吕尔(2000:49)。

② 罗兹(1981:697—735),伯格霍尔德(Boegehold,1995)。

算(《雅典政制》67.2—5,不幸的是只保留了一些片段;同样可参见Harpokration 的 diametrēmene hēmera)。

我在开始时提到的那些非艺术性证据,也和允许发言的时间以及诉讼人提出法庭请求的方式有关。演说是由一个代笔者根据演说的技艺(technē)编写,并由诉讼人自己和他的演说助理(sunēgoroi)发表的,和演说相反,这些非艺术性的证据是书面的文件①,由法庭书记员(grammateus)依据演说者的请求在法庭大声宣读出来。在法庭上,没有任何一个演说者可以拿着一份文件向陪审员大声朗读。在书记员读的时候,水钟停止计时,除非演说者分配的时间是根据一天的时间长度来计算的,因为一天的时间不可能延长。书记员在分配的演说时间之外宣读文件的例子中,《雅典政制》67.3 提到了法律(nomos)和证人证词(martyria),但是其他两种类型出现在文本之前或之后的文件或许是之后加上的。② 在主要审讯中,在陪审团面前诉讼人使用的文件是在仲裁过程中收集的,然后放入两个叫做 echinoi 的容器内(我们现在知道这两个容器是陶罐)③,然后这两个容器被密封好并被带到法庭上,最后在法庭上被大声宣读出来。在《雅典政制》53.2 的保存完好的章节中,谈到了由官方仲裁员(diaitetai)主持的最初的听证会,列举了三种类型的文件:证人证词(martyriai),正式的盘问或质询(prokleseis),以及法律法规(nomoi)。不管是在雅典之内或之外的实际运行中④,还是在

---

① 加加林(1990:24),"证据材料"。

② 这种类型的文本包括:[psēphisma], nomos, mar[tyria, symbolon];见罗兹(1981:722)。

③ 伯格霍尔德(1995:79—81),E1(T 305),公元前 4 世纪到公元前 3 世纪;华莱士(Wallace,2001)。

④ 《雅典政制》53.2:martyriai, proklēseis, nomoi(同见 53.3);67.3 见前面注释 6;IPArk 17.42—46(斯蒂姆费罗斯[Stymphalos],公元前 303—公元前 300):martyriai, syngraphai;IvKnidos, I(IK 41)221(Syll. 953)43—5(卡律姆纳[Kalymna],大约公元前 300 年):psēphismata, proklēseis, grapha tas dikas, allo eg damosiou, martyria。

修辞理论中①,都没有对在法庭上宣读的文件的数量或类型做出统一的规定;诉讼人可以自由决定他想宣读什么。如果打断了他演说的连贯性,他所冒的风险就是,陪审员会对此失去兴趣或变得不耐烦,并且会开始抗议。然而,根据法庭演说和更多前面提到的材料,中等数量的人证②,是构成雅典法庭的审讯过程,以及在其他地方组织的类似的法庭程序的标准的组成部分。

诉讼人以及他们的支持者在法庭上所有的表现,从本质上会为案件中他们自己的立场提供证据(pistis)。诉讼人的陈述——通过对事实的陈述,再由附加的可能的理由加强(通过"艺术性证据"[entechnoi pisteis]),以及书面文件("非艺术性证据"[atechnoi pisteis])的宣读,这种文件精确的措辞不受客观规定的时间的限制,因此它们不属于修辞艺术——变得可信,有说服力。但是,修辞手册自然地显示了如何把这些文件包括到论证中。从这一方面看,即使法律法规的地位和确定但仍需证明的事实(在现代意义上)之间是完全不同的,修辞性理论包含非艺术性证据中的"法规",作为由书记员宣读的客观上已经存在的文本,是唯一符合逻辑的。

就像法律法规一样,除了证人证词,所有其他非艺术性证据应该同样被排除在我们今天理解的法律证据之外。为了证明合同或其他由书记员宣读的文件的真实性,演说者得完全依靠证据。在短时间的审讯中,一般的法庭都没有机会验证一份文件的真实性。当然,诉讼人可能会在之前最初的听证会上——在地方法庭的预先审查(anakrisis)上或在官方仲裁(diaita,见后文)中——或在个人会面中,解决这一问题。如果某人想在审判过程中,在陪审员面

---

① 亚里士多德《修辞学》1. 2(1355b36):martyres, basanoi, syngraphai; 1. 15 (1375a24):nomoi, martyres, synthēkai, basanoi, horkos; Anaxim. Rhet. 7. 2:martyres, basanoi, horkos。见 Mirhady(1991a)、卡利(1994)。

② 见托德(1990:29)的策略,以及鲁宾斯坦(2004,附录)。

前提及一份文件比如一份遗嘱(德谟斯忒涅斯 36.7;46.8),他得提前或事先传唤证人并对他的对手提出质问,要求他要么承认这份副本是真实的,要么打开由第三方保管的密封的原文件。假如对方承认这份手稿是真实的,并且原文件也是真实可信的,那么对文件的"证明"就是没有必要的。然而,假如对方拒绝这种正式的质问(proklēsis),那就得对当时呈现在法庭上的证据进行确认,并且依据修辞术的规则,演说者可以自己对副本的准确性和原稿的真实性作出或多或少细节性的评述。

在证人面前进行的质问(proklēsis),对关于剩下的两种非艺术性证据的修辞性论据是很重要的,即酷刑之下奴隶的证词(basanos)以及誓言(horkos)。这两种证据在今天可能会被描述为证据,但是雅典却很特别地把这一类型的证据放在法庭之外,不出现在陪审团面前。这些程序,酷刑之下奴隶的证词,以及誓言,当且仅当双方都同意时才能成为和审讯有关的内容。因为奴隶一般是不允许作为证人出现在法庭上的,诉讼人只有在对方同意的情况下才可以就一个具体问题拷问对方的奴隶。① 同样,双方会同意一方可接受对方就某一特殊问题的誓言。在这些质问当中,一般会认为,关于整个案件的判决应该依据这些发生在法庭之外的程序产生的结果。② 但是,在大多数情况下,它仍然只是一方的建议,因为作为一项规则,对方不会接受盘问。然而,即使在这些情况下,演说者可以提供关于这些盘问的书面文本,可读给陪审员们听,并由当时出庭的证人证实,然后得出自己的结论,正如亚里士多德(《修辞学》1.15)建议的。作为一个文件的非艺术性证据,并不是真正酷刑之下奴隶的证词或者誓言,而是关于盘问的文本,其中拷问的内容和所发的誓言都做了准确的记录。因此,只有质

---

① 特吕尔(1997)。
② 特吕尔(1997:214—232)。同见墨哈德(1996)以及特吕尔(1996b)。

问这一程序发生的事实得到了证实,质问中提出的内容才不是无效的。① 至于雅典的法律程序,比亚里士多德关于修辞的书中更准确的是《雅典政制》53.2,其中,他给出了主要由公共仲裁员提交的在法庭上向陪审团宣读的文件,如"法规、证人证词、以及盘问质询"。

谈到古代雅典关于证据的法规,在现代法律的术语中也是必要的。我们不应该错误地看待非艺术性证据,这些仅是一些来自法庭之外的演说的文件类型,如同我们理解的对证据的系统性描述一样。修辞意义上的证据(pistis)是一种劝服的常用手段,而不是法律意义上的证据。

## 二

从迄今提出的观点来看,可以得出这样的结论——与修辞理论相反也和现代观察者的预期相对——只有一种类型的证据,即证人,是在法庭程序中直接在陪审员面前使用的。仅审讯发生的狭义的时间范围就表明,在雅典呈现证人证词的过程,与现代提供证据的程序有着本质的区别。在接下来的章节中,将会讨论到一些管理证人证词的规则:1.证人的资格,2.证人的用语和证词的类型,3.仲裁和证人的义务,4.主要审讯中的证人,以及5.伪证人。在接下来的第三部分里,我们将讨论在整个雅典诉讼结构中证人的作用。

1.第一个问题,在法庭里,谁可以成为证人,已经表明雅典法律远未穷尽所有的可能性来确定材料的真实性。只有自由的成年男性才被允许作为证人。如同前面提到的,任何性别的奴隶只有在法庭之外,双方一起进行的严刑拷问中才可以成为审讯对象。

① 特吕尔(1996b:132)相对于墨哈德(1996)。

在法庭演说中，原被告双方通常会提到已经质问过对方，但是从未在庭审中使用过这一类型的证据，甚至也没表示过将要使用。同样，妇女了解的情况——这些情况通常在继承案演说中是决定性的——只能被间接引入。要么这位妇女通过在法庭之外宣誓，证实她了解的真相——比如，在德谟斯忒涅斯 29.33 和 55.27 中，演说者要求对方对此表示赞同，但是没有宣誓——要么妇女的男性保护人(kyrios)经她同意(伊塞俄斯 12.5)为她证明。妇女不能代表自己出现在法庭上，不管是作为诉讼人还是作为证人，妇女也不为伪证，或她的男性保护人提供的虚假证词负法律责任。然而，外国人却可以通过两国之间的特殊法规或协议而作为证人。

奴隶和妇女能否在个人谋杀案中作证是有争议的。[1] 不管怎样，谋杀案的神圣基础导致了其具有很多特殊性。首先是庄重的宣誓。除了谋杀案，能独立管理自己事务的奴隶，显然可以就他们自己的事务提起诉讼并在法庭上作证。[2] 从这些规则中我们发现，作证的能力并不是依赖于个人的心理承受能力，而是在城邦公民成为法庭陪审团成员之前，在公共场合中表现出的个人的基本人权。

诉讼人和他们的演说助理(sunēgoroi)毫无疑问有权在法庭上发言，但是他们有权或有义务作为证人出现在法庭上吗？诉讼人为了提高他的诉讼请求的可靠性，不会在他自己的案件中作为证人出席在法庭上(德谟斯忒涅斯 46.9)。只有在被告提出申辩(diamartyria)的案件中，一些人可以在自己的案件中作为证人(德谟斯忒涅斯 44.42；伊塞俄斯 7.3)，但是这类案件并不涉及证人出庭作证，而是在执政官面前正式地宣誓作证，由于合法儿子的存在，他不能把继承权交给远房亲戚。[3] 在被告提出申辩之后，执政

---

[1] 哈里森(1971:136)。

[2] Ｅ·科恩(1992:96—98)。

[3] 沃尔夫(1966:122)、哈里森(1971:124—131)；关于其他形式的申辩，见华莱士(2001)。

官的权利受到束缚,除非正式生效,否则法庭外的证词可以通过伪证的成功诉讼而被消除(见 Section. 5)。

正如一个诉讼人不能强迫他自己的证词出现在法庭上,他同样不能强迫他的对手成为证人,"两个诉讼人必须回答双方的问题,但没有权利成为证人"(在德谟斯忒涅斯 46. 10 中引用的法规)。此规则主要指审判前程序。在地方法官面前的 anakrisis(预先审查)中或在公共仲裁中,每一位诉讼人一步步地为他将在法庭审讯中呈现的连续演说作准备。当他诉讼的时间被连贯地呈现在法庭上,我们可以称之为程序的"逻辑"阶段,和"修辞"阶段相对立。[1] 在审判前程序中,诉讼人可以在证人面前质疑、盘问他的对手,并且,如同我们将看到的,诉讼人必须向他的对手展示所有将在法庭上宣读的文件,这可能会引发更多的问题和质问。在每一个步骤中,诉讼人必须相互合作来保证为主要的审讯提供一个公平的展示,然而,这一要求,并不会延伸到强制一方去为另一方作证。

然而由于明显的原因对诉讼人禁止的,正是对他们的演说助理(sunēgoroi)允许的,这些演说者在法庭上和他们一起辩论。结果,一个标准的法庭策略发展到在演说助理发表他的支持演说之前可以作证人(伊塞俄斯 12. 1,4;埃斯基涅斯 2. 170,184),从而强调,像证人一样,演说助理自己可能会冒着在案件中提供伪证的危险。[2] 现存的来自证人的演说稿表明,他们的证词实际上会在任何可想到的借口或托词下被攻击,然而演说助理面临的唯一风险——他或许会被控告为"有偿法律援助"——是可忽略不计的:接收金钱这一事很难证明,但却很容易歪曲笔录证词的措辞,并视之为伪证。当证人什么也不说,只是证实在法庭上宣读的书面文

---

① 特吕尔(1977:156)。

② 鲁宾斯坦(2000:71)。

件时,很容易在演说助理的证词和证人证词之间划出界线。但是,当证词被口头陈述时,这种区别就会看起来有问题——从个人表面文辞上看。① 这个问题只是表面的。正如我将指出的,甚至口头证词事实上都会附着于一种固定的表达以清楚地把它和演说助理不受限制的发言区别开来。

2. 特别能提供有用信息的是证人的阐述,然而和口头与书面证词的问题不同,这一问题到现在为止受到的关注太少。证人接受这一任务,即提前认真地准备和真相相关的声明。除此之外,他并不向法庭提供任何形式的进一步的信息。在公元前 4 世纪,这种声明一般在最初的听证会,由希望在法庭上呈现证词的诉讼人准备,并写在一个刷成白色的木板上(德谟斯忒涅斯 47.11)。几乎从始至终,证词的用词都附着于一套固定的表达。比如,在证人的名字之后,会写着这样的表达"兹证明,据了解尼亚拉(Neaira)是尼卡拉德(Nikarete)的奴隶,并且……"(德谟斯忒涅斯 59.23),或者"兹证明,据了解菲洛马克(Phylomache),欧布里德(Euboulides)的母亲是菲勒门(Polemon)的姐姐……"(德谟斯忒涅斯 43.35)公式化的动词"了解"(eidenai)引入了一个从句表示下一内容正是要证明的事实。同样的公式化表达,"据了解"某事,被用于把话题具体化为一个奴隶将在个人的证词(basanos)程序中,受到严刑拷问:"我要求他(Onetor)三个了解那位女性和他已经有婚姻关系的奴隶……"(德谟斯忒涅斯 30.35;对"质问"程序的记录)②

在证人的证词中,动词"呈现"(pareinai, paragenesthai),也和"了解"有相同的使用方法:"……证明已经在仲裁员面前呈现,当菲洛马克击败所有其他财产申请者"(德谟斯忒涅斯 43.31)。"已

① 鲁宾斯坦(2000:72—75)。
② 特吕尔(1977:128 以下)。

经呈现"通常包括在商业交易或重要的交易程序中传唤的证人的证词。相反,大部分证明他"了解"的人都是案件的次要证人。在表达证人的证词中,第三个公式化的动词是"听说"(akouein):"……兹证明曾从他们的父亲那里听说菲勒门没有兄弟只有一个姐姐,菲洛马克。"(德谟斯忒涅斯 43.36)这种传闻证词只有在重要的持信人,了解"真相"的人已经死了的时候才被允许。有时,证人和诉讼人的关系在证词的话题提出之前,在笔录证词中是要记录的,特别要指出亲属关系以及证人的能力("……兹证明曾是亲戚并曾听说……"德谟斯忒涅斯 43.42 或 35—46)。引出证词话题的这三个不同的公式化动词,同样在德谟斯忒涅斯 46.6—7 和演说者的论证有关的法规中可以看到:"法律规定,一个人应该证明他知道的东西或他经历的事情,并且这应该记录在文件里以至于没人能从中删减或增加内容。在某人依然活着时他们不允许使用传闻证词,只能在他死后才能使用。"

本章可能会给人留下这样的印象,固定表达只能在书面形式的证词中使用。专家们有争议的不仅是雅典人从口头证词转向书面证词的时间,还有这种转变的原因。[1] 这种创新可能和审判前程序的改革有关,当有资格的人的范围扩大到包含所有 60 岁的城邦公民,作为"抽签产生的仲裁员",在预先审查(anakrisis)中执行和执政官相似的作用,为庭审作准备。[2] 事实上,储存庭审文件的证件箱(echinoi,《雅典政制》53.2,见前面[1])和公开仲裁也是紧密联系的。[3] 据推测,公开仲裁,建立于公元前 403 年或公元前402 年民主制恢复之后,需要比由执政官主持的最初听证会更严格的公共控制。当证人的证词以书面的形式提交,诉讼人会自信

---

[1] 鲁宾斯坦(2000:72—74),并参考其早期的作品。

[2] 见斯卡弗洛(1997:126 以下以及 383—392,与特吕尔 2002:408 以下部分相反)。

[3] 然而,唯一著名的一个证件箱(前面注释7)的例子出自预先审查。

地认为在主要审讯中，他的对手不会改变在仲裁中的措辞。对于由相同的执政官主持的预审和主审，这种风险是极小的。然而，这一结论并不是从这些材料中可直接证明的。唯一可以肯定的是，最晚自公元前 4 世纪 70 年代起，演说者在法庭上要求书记员宣读证人的证词，然而，公元前 5 世纪，他们只要求证人"口头陈述"。①

　　提供口头证词一般被理解为好像是证人用自己的话向法庭描述相关事实②，相反，固定的表达公式只是在书面文件中引入。有两篇演说稿被特别地引用作为证据证明证人用自己的话重述事实：安多赛德斯（Andokides）1. 69，"他们将登上演说者的讲台给你重述，只要你想听……"以及吕西阿斯 17. 2，"……他们将向你重述……并证明。"③然而，经仔细研究，两篇演说稿都清楚地暗示口头证词中已经提到了前面提到的固定公式。比如，安多赛德斯 1. 69 声称他从死刑中挽救的亲戚非常"了解"具体的内容；因此我们可以认为，作为证人，他们使用相似的 eidemai（了解）的表达描述他们的营救。后面的限制条件——"只要你们（法官们）想听"——指的不是语法上证人表述或演说的内容，而是指走上演说者讲台（bema）宣读完全相同的证词的证人的数量。有很好的理由（同见 1. 47），安多赛德斯并没有传唤在 1. 68 中提到的全部 11 位亲戚，而是提前结束了这一程序。被说成是陪审员听（或不听）的愿望是一种修辞比喻，就像在 1. 70 中对陪审员的质问，要求完成刚被停止的争论。在第二篇演说稿（吕西阿斯 17. 2）中，从表达公式中已知的两个动词是这样使用的："这些比我更'了解'，并且当那个人做完生意时'呈现'给他们的人，将向你讲述事情的经过并证实。"显然，证人的表述也包括之前和诉讼人达成共识的固定表达。

---

① 莱斯（Leisi,1908:85 以下）、鲁宾斯坦（2000:72 注释 143）。

② 伯纳（1905:46 以下）、莱斯（1908:86 以下）、鲁宾斯坦（2000:72）、加加林（2002: 138），对比特吕尔（1995:329）。

③ 鲁宾斯坦（2000:73）。

从这些演说稿中,人们可以总结出,从口头证词到书面证词,改变的仅是方法,而固定表达却没有改变;以前只是在记忆中储存的知识现在被记录了下来。另一个口头证词也用到了固定表达模式的证据是 diōmosia,表述的是谋杀案件中的证人必须在宣誓的情况下提供证词,在介绍书面证词之前,同样由动词"了解"引出(《安提丰》1.8,28)。同样,在公元前 5 世纪到公元前 4 世纪,哪些奴隶应接受拷问是按照奴隶"了解"的内容做出规定的。[①]

我们可以得出这样的结论,证人和演说助理之间的界线总是很清晰的。证人使用公式化的词语并对彼此负责,并且他的程式化表达中的每一个词,都是根据伪证案件的审判(dikē psedomartyriōn,II.5)。在提供口头证词的时候,参与者的记忆显然能足够保证措辞,但是依据已恢复的民主制的官方规定,证词从预审阶段到主要听证会,如有必要,可以不可改变的文件的形式用于伪证案件。

3. 假如我们跟随着审讯的过程来看,证人的证词(正如我们已经看到的,在每一个案件中,由双方个人准备并陈述)首先在预审程序中公开出现。不管是不同类型的预审程序的目的,还是在整个审讯中证人的作用,在学界都存在争议。前一个问题只是简单地在此进行讨论,后一个问题,将在来自证人证词的证据的整体法律框架理清之后,在后面(三)中进行详细讨论。

在预审程序中,证人首先必须陈述自己准备好的证词。假如他拒绝出庭,将使用武力迫使他出庭。落入 9 个执政官其中之一的裁判权的案件,会经历一个叫做预先审查(anakrisis)的初步听证会。[②] 据推测,此时,这位执政官可能在由自己控制的法庭审讯进行之前,已经运用自己的权力对案件以及其他正式的请求进行

---

① 特吕尔(1997:128 注释 155:131)。

② 关于细节,参见哈里森(1971:94—105)。

了调查。据称，落入四十人委员会（the Forty，《雅典政制》53.1—3)的司法审判权的其他案件，其准备过程是完全不一样的：这些审讯必会经历一个公共仲裁员（diaitētēs），一个由抽签选取的 60 岁的城邦公民主持的仲裁，但是任何一方都可能对仲裁员的决议提起上诉，由四十人委员会中的一员主持"上级法庭"做出判决。

斯坦温德（Steinwenter）曾指出仲裁员的判决主要是建立在双方之间自由、友好的协议基础之上的，因此并不在法律上有约束力。① 假如双方不能达成友好协议，法律将采取正常途径做出具有法律约束力的决议。如同上面提到的，公共仲裁的法律后果完全建立在这样一个事实上，即双方"除了在仲裁员面前呈现的文件箱（echinos），不会使用任何其他文件"（《雅典政制》53.3)。我们因此可以看出公共仲裁这一程序的目的正是（除了试图友好地结束纠纷）为主庭审做好准备。按照辩证的规则，双方应该澄清自己的对立立场。正如它的名称（"调查"）所表示的，在执政官面前的预先审查同样具有这样的辩证特征，尽管执政官不审讯诉讼人（至少不是正式的要求），但诉讼人可以相互调查。② 因为在与预先审查相关联的文字材料中并没有提及证件箱，拉米利总结道，公平的原则在此并无法律效应，新的文件，甚至证人的证词，应该在主审开始时才被提交讨论。③ 一个有题词的盖子的发现，正好表明了相反的观点，盖子上的题词表明证件箱里有预先审查④的文件。相应地，诉讼人必须在主审开始前让对方看到在每一个程序中的所有证据。⑤ 然而，这并不意味着证人在预先审查或在公共仲裁

---

① 斯坦温德（Steinwenter，1925:68—73)、拉米利（Lämmli，1938:92)。

② 特吕尔（1977:76)。

③ 拉米利（1938:117)仍然基本赞同，参见华莱士（2001:98)。

④ 见页 165 注释③。拉米利（1938)调查的文字材料仍需进一步讨论。

⑤ IPArk 17.43—46(斯蒂姆费罗斯，公元前 303—公元前 300)有相同的规定；见 266 页的评论。

中须提供证词。

因为证人不会在任何预审程序中提供证词,他在针对伪证案件的审判(dikē pseudomartyriōn)上的露面并不必负法律责任。然而,在抽签选出的执政官或仲裁员主持的预审程序中,他是要为自己的露面负法律责任的。每一位诉讼人都有机会私自传唤(kalein, proskalein)一位他想作为证人出庭的人。在预审程序中,证人必须宣布他是否愿意在法庭上证实摆放在他面前的证词,或者用称作 exōmosia 的誓言"发誓不知情"(《普洛克斯》[*Pollux*]8.37):"他必须要么证实,要么发誓不知情,即不了解也未曾参与。"从词典编撰者的用词上来看,显然从来自证人证词的固定表达中,很容易看到,在 exōmosia 中,证人很难用"不知情"为自己开脱;相反,他发誓说这些由诉讼人自己编的,然后以证人的看法的形式写出的东西是不真实的。假如证人否认他因一项具有法律意义的法案被传唤,他就会发誓"未曾出庭"。然而,用誓言来否认并不具法律效果;只有当证人在审讯期间在陪审员面前确认所说的是事实,他才会在针对伪证案件的审判(dikē pseudomartyriōn)中被起诉。从德谟斯忒涅斯 45.58 中,我们了解到 exōmosia 一般发生在审讯之前,该案件的公共仲裁中,并且宣誓仪式要求相当长的时间。另外,《雅典政制》(53.5;另参 7.1)提到,作为一种特别著名的宣誓形式,exōmosia 是在执政官所在的长方形廊柱大厅的廊柱前的石头上宣誓的。①

除了发誓不知情外,不愿意出庭的证人同样会选择不出席任何的审讯程序;然而,他最终不得不屈从于法律的力量,在诉讼人的传唤下出庭(德谟斯忒涅斯 49.19—21)。提供了在仲裁过程中这方面的信息,但是这方面的表述仍然不是很清楚。② 证人安迪

---

① 在廊柱前开凿的石头,罗兹 1981,136;620,《雅典政制》55.5 也谈到了 exōmosia(对比卡利 1995b:115);同见莱克格斯 1.20(见下面 II.4 以及附录)。

② 哈里森(1971:141 以下)。

芬尼斯(Antiphanes)并没有在最后一次公共仲裁中露面,因为他的证词将在证件箱(echinos)中呈现。文章清楚地写道,在公共仲裁员面前证实意味着只不过是在证人出场时提交正式证词。出于公平性,证人的身份和他的证词的措辞会透漏给对方诉讼人。仲裁员只接受那些在法庭上将得到证实的证人的笔录证词。由于安迪芬尼斯不到场,没有将证人传唤到庭的阿波罗德罗斯(Apol-lodoros)在仲裁结束之前,赔付了"一个德拉克马(drachma,古希腊银币),因证人拒绝出庭作证"(49.19)。

　　阿波罗德罗斯随后针对安提丰尼斯的逃避作证(dikē lipom-artyriou),因他造成的危害(blabē)而对他提起诉讼(49.20)。当然只有当阿波罗德罗斯在主要庭审中失败,他才会蒙受损失。[1] 尽管如此,假如他在法庭上提到,被告提摩太斯(Timotheus)等证人出庭一直等到晚上,但仲裁员并没有考虑到被告提摩太斯的过失,而且审判对他有利,他因此不能就危害达成共识,而只能指责缺席的证人。奇怪的是,在主要庭审中,阿波罗德罗斯仍然试图让安迪芬尼斯宣誓证实两份声明(49.20)。从这篇文章中,我们可以得出这样的结论,安迪芬尼斯事实上在法庭上露面了,但是最有可能是作为对方的证人,阿波罗德罗斯对安迪芬尼斯不相关的质问要求其在现场宣誓,意味着他在掩饰自己在仲裁中的失败,以使安迪芬尼斯看起来像是他这方的证人。德谟斯忒涅斯 49.19 被错误地理解为,证人会被判处为"失约"出庭造成的损失而进行赔付。[2] 然而,和斯蒂姆费罗斯一条相似规则进行对比,很显然,为了避免受到法律的处罚,证人必须服从个人的传唤,甚至不经其同意。[3]

---

[1] 假如阿波罗德罗斯赢了控告提摩太斯的案子,在伪证案件的审判中胜诉一方出现的问题会同样出现(见下面 II.5);在两种情况下,损失的不是金钱,而是名誉。

[2] 李普修斯(Lipsisus,1905—1915;659);和哈里森(1971;142 想法)相反。

[3] IPArk 17.10—14(公元前 303—公元前 300);在传唤后"不出庭"会导致被判负担全部的金额。

　　从保留下来的关于雅典的材料中发现,证人不是在仲裁中缺席,而是在主审法庭上缺席。这一话题将在下一节进行讨论。并没有材料涉及证人在预先审查中缺席,但是至少对于政治案件,我们可以推测出来(见 4)。自然,没有什么法律力量可以用来对付那些已被两次判处作伪证的人,因为第三次定罪会对他们造成被剥夺权利的威胁。结果,他们自己也宣誓不知情来使自己豁免。这一规则甚至明显保护了那些已经出庭的证人,在商业交易——某一条款可能会对合同案件中的某方造成了麻烦——中被传唤。尽管如此,这些个人仍然可以自愿以证人的身份出庭。

　　4. 在持续几场仲裁审议程序结束后,立法者(thesmothetēs)决定陪审法庭的审判日期表(《雅典政制》59.1)。法庭应具有容纳一定规模陪审团的能力。对于个人案件,需要 201 位或 401 位陪审员(《雅典政制》53.3),大多数公共案件需要 501 位。由于要支付给陪审团相关的费用,审判必须按照一个严格的时间表进行。法庭可能会在同一天审理多个案件。由于时间的压力和大量的陪审员,只有一些基本的手段用来呈现某人的证据。用来说服法庭的最为重要的工具是双方诉讼人的演讲,每一个都是一个连贯的体系。他们演说的时间长短是由水钟(klepsydra)严格控制的。审判是一个施展言辞能力的领域。诉讼人可以通过宣读已准备好的文件来尽可能地延长他演讲的时间,因为,宣读文件时,水钟是暂停计时的,但是这种战术是有心理局限性的;观众,以及被选作陪审员来工作一天的城邦公民们,更喜欢听有趣的故事而不是枯燥的事件描述。

　　来自证人的证据也必须符合这些限制。最重要的特征已经讨论过了:在审判时,证人必须亲自出席在法庭上,并必须走到或走上演讲者的讲台(bēma)。在那儿,他必须要么自己朗读自己的证词,要么在书记员宣读文件时点头默认。他自始至终不用问任何问题。① 他必须亲自在那儿,要么被诉讼人在演讲中赞扬,要么被羞辱,并且他会冒作伪证的危险,这些事实会让陪审员们产生这样的想法,即他在由诉讼人为他准备的证词中讲的是否是事实。陪审员们在投票前,有一种重要的标准来对证词进行评估,诉讼人必须宣布 episkēpsis,诉讼人是否要否认证人的证据(《雅典政制》68.4)。在法庭上再没有什么有效的评估证词真实性的方法了。由于在法庭上的判决仅仅只是发生在未经审议的表决之后(《雅典政制》69.1),并且不提供任何理由,因此没有人知道一个具体的证人会对审讯的结果产生什么样的影响。

在这种情况下,显然诉讼人同样被提供了某种手段以迫使证人在主要审讯中出庭。在法庭审讯中,和最初的程序不同,证人自己要对诉讼人断言的事实真相负责。在雅典,迫使证人出庭是很难让人想象的。强迫只能通过罚款或判罚来间接实现。我们必须认识到,通过发表“不知情”的誓言,证人可以完全避免为声明的内容负法律责任。而事实上,已经在仲裁过程中发过“不知情”的誓言了。②

一种简单的间接迫使证人出庭的方法是,通过法庭书记员对他进行正式传唤(klēteuein,埃斯基涅斯 2.68)。考虑到正式传唤所伴随的严厉处分,我们可以猜到正式传唤只是针对已经被诉讼人传唤过,并在最初的听证会上出庭了的缺席的证人(mē elthein,《吕库戈斯传》1.20)而使用的。只有这些准备在法庭上露面,或出席了但是不愿意走上演说者讲台的人,可能会通过正式传唤来向其施压。

正式传唤在个人和公共案件中有着截然不同的结果。③ 尽管

---

① 唯一在安多克赛德斯 1.14 中对证人的“审问”只不过是一方自己读了笔录证词,然后证人回答了一句“我知道”。针对证人的预先审查只是在 Iv Knidos 221.67—72 中被提到了(见前面注释 8)。

② 见附录以及前面注释 34。

③ 最早出自鲁宾斯坦(2004)。

我们不知道针对拒绝出席在公开审讯的预先审查上的证人可以使用什么样的强制方式,但我们非常清楚下一个步骤就是强制证人出庭并走到演说者的讲台上。可以肯定的是,在政治案件的审讯中,一位极不情愿出庭的证人得支付 1000 个德拉克马作为罚金(埃斯基涅斯 1.46)。根据一般的观点,证人只有在被传唤后拒绝走上演说者讲台才被处以这样的罚金。1000 个德拉克马的罚金,和一个原告放弃他的案子或得到的票数不到五分之一所受的处罚是一样的(德谟斯忒涅斯 21.47)。和原告一样,当政治案件审讯中的证人已经出席了初步听证会之后,他不必屈服于威胁或贿赂。大部分情况下,在公开审判中证人不必负有在个人案件中的证人要负责的物质损失(blabē)。因此,支付给政府的固定罚金看起来是合适的。[①]

只有在公开审判的预先审查中,传唤证人的人不确定证人是否会在主要审讯中确认证词或立刻发表"不知情"誓言。这种形势和与正式传唤相关联的程式化表达非常吻合,"证人可能会(在将来)确认证词或(立即)发表'不知情'誓言"。或许人们可以从这儿得出结论,正式传唤连同 1000 个德拉克马的罚金在初步听证会上是被允许的,当然这是针对按规则个人传唤的证人。

在个人案件中,表达 kleteuein 和类似的意义只能使用一次(德谟斯忒涅斯 32.30)。因为没有在公共仲裁中出席的证人——如同前面提到的——已经因损失(blabē)而被起诉为逃避作证(dikē lipomartyriou,德谟斯忒涅斯 49.20),因此他不可能再因没有在法庭上出席而被处以 1000 个德拉克马的罚款。或许正式传唤(klēteuein)在个人案件中只是一个像 episkēpsis 的程序,作为一种引出逃避作证的条件在法庭投票前进行[②],为遭受的损失或

---

① 鲁宾斯坦(2004:109—111)。

② 鲁宾斯坦(2004:注释 22)认为这里的 klēteuein 是一种法律行为上的正式传唤;但是在德谟斯忒涅斯 18.150 中的邦际政治案件与德谟斯忒涅斯 32 中贫穷的客籍民普罗图(Protos)的个人案件并不一致。

损坏的名誉寻求补偿。德谟斯忒涅斯 32.30 没有涉及这类问题。由此可见，在个人案件中，证人拒绝出庭并不是一个普遍存在的问题。

总之，我们可以做出这样的推测，诉讼人能够迫使证人在初步听证会，以及主审法庭出庭。尽管"不知情"的誓言只是在初步审讯时发表，宣誓和自己不相关的证人仍然必须在有陪审员的主审法庭上出庭，并亲自站在法庭上发表他们的誓言。我们迄今已经查阅过的那些演说稿表明——并证明——作为一种理由的"不知情"誓言是可以在法庭审讯之前发表的。然而，这些誓言最能解释为一种用修辞手法来表现的假装的不确定。

到目前为止，文本中引用了对不愿出庭的证人的处理，但是雅典法律同样对由于疾病或旅行不能出席主审法庭的证人的问题有相关处理办法。在审讯前，这些人，在一个叫做 ekmartyria 的程序中，当着其他证人的面证实由诉讼人起草的证词（德谟斯忒涅斯 46.7）。① 未出庭证人的原始证词，和出庭证人正确转述原始证词的证词，合并在单独的一份文件中。在这份文件里，出庭的证人的证词，被添加在未出庭证人在审讯前提交的原始笔录证词之后（德谟斯忒涅斯 35.20,34）。在 episkēpsis 审讯的尾声，可能会因内容有误或错误的转述而对 ekmartyria 进行抗议。

5. 在判决之后是对在审讯期间采用的证词的真实度的检验。假如某方通过 episkēpsis 立即对对方证人提供的证词提出抗议②，他可以以伪证（dikē pseudomartyriōn）提起诉讼。我们不知道假如诉讼人在他的 episkēpsis 之后不提起诉讼会发生什么；或许简单的抗议只是被认为是狂妄自大（hybris）。证词诉讼主要是

---

① 哈里森（1971:146 以下）；类似的还有，Iv Knidos 221. 47—65（前面注释 8）；Pap. Hal. 1. 70—73.

② IG II² 1258（公元前 324 年或公元前 322 年），对按时进入 episkēpsis 的诉讼人表示尊敬。

针对伪证的,但是在被告提出申辩的案件中,它们也会用来起诉虚假的法律要求(比如,某人在证词诉讼案中作为死者的合法儿子的地位是有争议的)。最后,可以提起对不能成立的证词的诉讼,这种证词是从仍然活着的证人那儿得来的转述证词。一般认为,诉讼人在这类型案件中的目的是能够得到因证词而造成的一定数量的损失(blabē)而支付的罚金。① 然而,假如在主要审讯中的胜诉方提起了证词诉讼(吕西阿斯 10.22;伊索克拉底 18.54—56)或者如果在公开审判中作证的证人被起诉,这种制裁实际上就是毫无意义的。在这些案件中,不是物质损失的问题,而是一个人遭受的名誉伤害,这和 blabē 一样总是扮演着非常重要的角色。由于证人被定罪三次而失去了他的民事权利,这已足够让诉讼人进一步丧失公民权利。目前尚不清楚,在什么情况下,对证人(anadikia)做出判决后可再重新审理。② 我们可以推测到的是,作为一种规则,对证人的判决并没有被排除在主要审讯的判决之外。

## 三

　　本研究试图了解直接来源于雅典陪审团法庭的程序规则中的证人证词的有效性。在这最后一部分,我将首先做出最重要的总结,这和普遍的观点在一定程度上是相偏离的。最后,我将对证人证词在整个雅典诉讼中的目的给出我自己的看法。

　　5 种"非艺术性证据"是从修辞角度而不是司法角度得来的,从这一事实可以得出一个重要的结论,即在法律程序中,证人的证词是唯一在法庭上揭示真相的强制执行的手段——这只是从一种

---

① 哈里森(1971:144)。特吕尔(1987:406—412)和伯纳(1905:92)相对,伯纳克尔(Berneker,1959:1370)。

② 哈里森(1971:192—197),伯林德(Behrend,1975)。

保守程度上来说。把产生证人的范围限制在自由男性范围内就限制了对事实真相的追求，这一点是毫无争议的。书面证词——由诉讼人起草形成，证人只需默认——并不能在法庭上促进真相的发现，这也是大家都认同的。一种新的认识是，程式化的表述同样被用于口头作证阶段；在我看来，证人从来不会用自己的话重述事实——因此，他总是很清楚地和演说助理（sunēgoros）区分开——并且在法庭上从来不会被提问或被反复盘诘。

两种类型的初步听证会，预先审查和公共仲裁，都是对主要庭审的准备。在这一程序的"逻辑阶段"，最为重要的工具是诉讼人之间的提问和回答。证人必须出现在那儿，并且必须决定他是否要立即发表誓言认为由诉讼人准备的声明是不真实的（exōmosia），或者是否他要在主要审讯中证实其真实性。"不知情"并不会被认为是不了解实情的借口，而是消极的断言，否认了证词的内容。假如证人并没有出席最初的听证会，那么在个人案件中，在收到个人传唤后，他必须为对诉讼人造成的损失交付罚款，并且在公开审讯中，可能在被正式传唤（klēteuein）后，他必须向政府交付 1000 个德拉克马的罚金。据我们的了解，由于公共仲裁并不是以一个确定的判决结束，而是以一个完全不具法律约束力的仲裁员的决定结束，因此，我们在这一阶段没有必要提供证据。在两种类型的初步听证会上，整个证词的措辞以及证人的身份在公平的原则下都应该让对方诉讼人知晓（尽管这在预先审查）是有争议的。

主要庭审可以被描述为一场演讲的战争——司法程序中的"修辞阶段"（the rhetorical stage）。演说或者宣读简短的程式化的证词，甚至有人通过"不知情"的誓言否定，在整个演说中是占一定分量的。和以前学术界提出的观点相反，在主要庭审中在陪审员面前发表"不知情"的誓言是不能用来作证的。同样，一个新的发现是，在每一个案件中，证人在初步听证会上无论是确认证词，还是发表"不知情"的誓言,都必须走上演说者的讲台并且把自己展现给陪审员。在公开审讯中,证人在被诉讼人或法庭正式传唤后,没有出现在陪审员面前,会被处以 1000 个德拉克马的罚款。在个人案件中,对他的处罚可能会根据造成的损害大小进行罚款或者干脆被判有罪。带有伪证性质的"不知情"宣誓所造成的严重社会后果是公开名誉受损。卷入伪证案的证人会根据损失进行判罚并根据造成的危害处以罚款;在任一案件中,他都会冒着在三次判罚之后将失去公民权利(atimia)的风险。现存的关于这些审讯的演说稿表明,对证人的攻击是由一些无谓纠缠和狡辩性的语言组成的(比如,特吕尔 1997:252—255 关于德谟斯忒涅斯 47);主要的武器是在审判前,最初提供证词时对情绪的调动。

到目前为止,我试图重现雅典陪审团法庭关于证人证词的法律制度。现在,我们可以转向证人的身份问题了。谁可以成为走上诉讼人和他们的演说助理旁边的演说者讲台的人呢? 他们在诉讼人和从城邦公民中选出来的陪审员们之间的互动中起着什么样的作用呢? 在过去的 20 年中这一问题促进了对整个法庭演说稿深刻而又细致的研究。研究结果必须在证人证据的法律框架下。汉弗瑞斯(Humphreys, 1985:322、353)对这一观点持反对意见——即在任何案件中,都不可以这种形式提出——在古代雅典,证人角色更像是"誓言支持者"(oath-helper)。事实上,关于这个的制度前提是完全缺乏的。在雄辩家的时代,雅典法庭的判决是不会依靠誓言的,如同在《格尔蒂法典》中,地方法庭可以把判决强加给诉讼人或他的支持者。尽管如此,汉弗瑞斯认为证人是诉讼人的支持者和追随者,并把他们划分为内圈和外圈两大类型。她对此解释到,这是由于,原本一个具有乡村观念的面对面的社会中的法律体系,在公元前 5 世纪末进入到了一个城市化的社会。雅典法庭的基本体系仍然保留着这种观念。把雅典的法律案件和地中海动荡社会的那些法律案件进行对比,D·科恩(1995:107—

112)认为,不去考虑法律细节,提供证词,包括伪证词,是一个家庭和一个家族团结的高尚的行为。

托德(1990:31 以下)在演说稿中证人证词出现的频率的基础上作了对比;证人出现在个人案件中比公共案件中的频率要高很多,而在公共案件中演说助理(sunēgoroi)出现的频率要高一些①。鲁宾斯坦(2004)把个人案件和公共案件之间的差异的数据支持,和在每一个独立的案件中诉讼人和证人之间的个人联系的密切程度的衡量标准结合在一起。通过这种方式,她揭示出强迫发表证词的不同方式;她把在正式传唤(klēteuein)后因缺席而被处以的1000 个德拉克马的罚金只归于公共审判。其中,她同样发现了长期被忽视的中立证人的形象。

正如已经强调过的,在古代雅典,"誓言支持者"是被排除在法律结构之外的。在德拉古立法(Draco's law:公元前 621 年或公元前 620 年)中,在谋杀案件中的判决的产生不是靠为自己开脱的誓言,而是由参与判决的法官们(the Ephetai)的投票决定的(IG I³ 104.13)。尽管如此,古代证人的程式化语言是对誓言的一种再现。在谋杀案中的证人,和"誓言支持者"一样,必须用程式化的词语"了解"被告有罪或无辜来发表誓言(《安提丰》5.12;1.8,28),并且"了解"是用来引出证词内容的一个词,即引出要求确认的笔录证词中的断言。由于这种程式化的表达在口头证词和书面证词中都有相同的使用,因此以前很少受到关注,在古代雅典这种证人证词的古老的特征也一直没有被认识到。在这里,我们无从调查古代证人在行使誓言支持者行为的最初起源。但是,公元前 4 世纪的这种程式化的表达可追溯到更早的时期,从这一事实可以得出这样的结论,证人本质上是诉讼人的帮助者和朋友,这一观点并不

---

① 对于保留下来的使用数据统计的方法,见墨哈德(2002:262—264),他强调证人的作用是寻找事实真相的手段。

是起源于公元前 4 世纪。雅典的证人证词的特殊性,即证人不被提问,只是确认由两个诉讼人其中之一起草的声明,这和程式化的表达一样,也可以追溯到口头证词的时代。因此,这种一方的证人和另一方的证人这种严格的两极分化也并不是公元前 4 世纪的创新。所有这些都证实了一个假设,即在雅典法庭审讯中的证人——从法律视角来看——是其中某个诉讼人的帮助者而不是法律上寻找事实真相的工具。

然而,不容忽视的是在相反方向的倾向。[1] 在审讯后会因伪证而被对手起诉的风险,束缚了对真相最支持的人。然而,通过分析法庭的演说稿,我们发现频繁使用的证词往往和法律无关或略微超出事实真相。另一方面,甚至看上去完全是真实的证词也会在针对伪证的案件中因单薄的论据而被攻击。仅靠现存的证词的数量无法将这些无法估量的证词都考虑在内。从可能存在的风险来看,甚至在雅典法庭上的真实的证词也会导致一种推测,即诉讼人还提前邀请了中立的证人支持他们。总之,根据纠纷的主题以及诉讼人论辩的策略,每一次审讯都有自己的议事日程,并且这也决定了对证人的选择和由他们确认的恰当的证词表达。

到目前为止,普遍的看法支持了这一结论,即诉讼人根据他们最亲密的支持者们,或至少是有支持他们意图的人提供的证词的主题,来选择证人。尽管如此,法律的约束力会对证人产生一定的影响,他们可能会告诉我们一些不同的东西:通过罚款间接强迫不愿在初步听证会或主要审讯中出庭的证人——在理论上——客观决定了真相的存在。但是强迫的手段掌握在同样起草证词的诉讼人手里。第一步,传唤证人出席初步听证会,强迫他选择一个要么

---

[1]    这些墨哈德(2002)都有强调,尤其是斯卡弗洛(1994:157、182)中提到的涉及城邦公民权利和继承权的案件,他把在这些案件中的证人称作"鲜活的公共文档"(living communal archive)。

支持,要么反对传唤他的诉讼人的立场。要么证人同意把先前起草的声明记录下来,并在主审法庭上使用,要么他立即庄严宣誓确认声明是不真实的。后者,即在发表"不知情"誓言的同时,他宣布自己是对方诉讼人的支持者。第二步,诉讼人会强烈要求已经在初步听证会上露面的证人出席有陪审员参加的主要审讯。然而,这种强迫实际上并不是一种寻求事实真相的手段;相反,它完全是使证人成为诉讼人一方或另一方的支持者。尽管如此,一个聪明的代笔者会从被证人否认甚至已经发表了"不知情"誓言的时候,成功地找出表达的是事实真相的言论;他们把出席在法庭上并支持他们的对手的证人称为伪证者(埃斯基涅斯 1.47;德谟斯忒涅斯 45.60;同样可参见伊塞俄斯 9.18)。

　　证人的身份以及他之前叙述的证词的内容是不可分割的。对于每一份证词,材料中的法律信息揭示出赞成一方的证人或另一方证人的严格的两极分化。通过巧妙的证词的陈述,诉讼人——假如不是他们的代笔者——一次又一次成功地从他们那些努力避免明显的伪证的对手那里获得支持,来为自己这一方作证。[1] 证人是诉讼人无条件的支持者,这一浅表的印象说明了对证人作证义务的巧妙操控。

## 附录:exōmosia 和 klēteuein

　　大部分的学者都认为 exōmosia(弃权声明的誓言)有时是在主要审讯期间在陪审员面前直接发表的(鲁宾斯坦 2004,注释 15以及其他参考),但是直接的资料,其中包括 2 份出自和强制性证词有关的个人案件,还有 4 份出自公共案件,非常有说服力地表明exōmosia 并不是出现在法庭之上的。

―――――――――

[1]　关于例证,见哈里森(1971:140 注释 1),再加上德谟斯忒涅斯 29.20。

在以作伪证为由起诉斯蒂费诺斯(Stephanos)的案件中(德谟斯忒涅斯 45),阿波罗德罗斯(Apollodoros)起诉斯蒂费诺斯偷窃了带有证人证词的文件,并且补充说当时在场的人都可为此作证(45.58)。随后他希望这些证人(他们是斯蒂费诺斯的朋友)当庭宣读这个证词(45.60),并且要求他们发表誓言,要么确认要么否认这个证词。在阿波罗德罗斯试图判定证人做的是伪证之后,紧跟其后的是 exōmosia 的说明文字,这表明他们发表了 exōmosia 的誓言(45.61)。然而,对斯蒂费诺斯偷窃文件的控告是没有什么意义的,并且毫无疑问,阿波罗德罗斯和证人在庭审期间在大厅的廊柱旁的石头上发表过 exōmosia 的誓言,这让陪审员认为并不相关。即使宣誓仪式已经在法庭上举行了,它可能已经打断并且破坏了法律进程中组织完好的叙事情节(45.57—62)。因此,阿波罗德罗斯的怀疑(45.58)是不成立的。他仅仅用两份文件和一个简单的"不知情"誓言为提供他所谓的"偷窃"的证据,指出 exōmosia 的誓言已经在公共仲裁中发表了,并无在法庭上重复的可能性。

在伊塞俄斯(Isaios)9.18—19 中,演说者是按相同的思路进行的,但没有多大创意。他传唤了为他的对手证明的希罗克勒斯(Hierocles)作为他身旁的见证。此时 exōmosia 被宣读。然后演说者试图指出希罗克勒斯的 exōmosia 誓言是伪证(9.19)。但是不太可能的是,在这样一段简短的演说中有一个中断来描写两个家族之间的相互敌对,把演说推向了高潮。同样,在此,被宣读的文件大概只能是已经在最初阶段进行了的 exōmosia。我们可以得出结论,在这两种情况下证人出现在主要的听证会上,即使他们完全可能已经在初步听证会上发表过 exōmosia 誓言。不过其中并没有提到任何类型的强迫。

在 4 个公共案件中,演说者用 klēteuein(正式传唤)来威胁证人。[1]

---

[1] 关于个人案件中的正式传唤,见前面 II.4。

在埃斯基涅斯 2.68 中，演说者成功地确保了他的证人出现在演说者的讲台上；但却没有提到发表 exōmosia 誓言的可能性。在德谟斯忒涅斯 59.28 中，证人正式做出选择，要么确认证词要么通过宣誓把自己排除在外。当他两者都不选择时，演说者就用 klēteuein 威胁他。通过这种方式，同样可以得到证词。与此相同，《吕库戈斯传》1.20 描写了三组证人，仅是多用了些笔墨。尽管后两篇提到了证人用誓言把自己排除在外的可能性，但是在实际的证词中却没有任何内容暗示证人做了或将要这样做。同样在这些演说稿中，演说者只是使用了言辞的压力使他们的证人在演说者的讲台上证实已经准备好的证词。为了鼓励证人确认他们的证词，吕库戈斯用军事义务和对逃离战场（lipotaxia）的警告作了类比，这很容易让人联想到逃避作证（lipomartyria），证人未能到庭。为了修辞的平衡，他同样详细地解释了 exōmosia 的可能性，虽然他提到了在大厅的廊柱旁宣誓的神圣性（如同我们从《雅典政制》55.5 中了解到的）明显表明，从方法上来说在主要审讯中发表誓言是不可能的。但是演说者实际上的言论并没有暗示存在另一个不同的时间框架。而后两篇中的程式化表达，"确认或通过宣誓把自己排除在外"或许源于初步听证会上发展起来的正式传唤（见前面二.4）。

在埃斯基涅斯 1.44—50 中的米斯格拉斯案件（the affair of Misgolas）中确是完全不同的一种情况。首先描述了三种可能性：米斯格拉斯（Misgolas）可能会承认他和狄马科斯（Timarchos）确实有过性关系的证词是真实的，他也可能不出席并因无视传唤而被罚 1000 个德拉克马，他还有可能发表 exōmosia 的誓言作伪证（1.46 及其以下）。埃斯基涅斯选择了最后一种可能性，通过另外的证词证实了其行为（1.47），但是他用一种相反的顺序来呈现他的证据，首先传唤其他证人，到了最后才传唤米斯格拉斯。因此，他早已对米斯格拉斯会确认声明表示怀疑（1.50）。言辞上使用的策略很明显：埃斯基涅斯首先让陪审团不确定是否米斯格拉斯在

预先审查中已经不参与为证词作证了。然后，在正式传唤和罚款
1000 个德拉克马的威胁下，埃斯基涅斯迫使他的证人在陪审团面
前发誓他已经因之前宣读的证词而被定义为伪证了。如同前面已
经讨论过的关于德谟斯忒涅斯 45.60 中提到的偷窃证词文件的案
件，在这里通过一个从来未被证实的证词创造性地提供了有性关
系的证据。由于陪审员们不可能在审判前看到文件，演说者通过
一份已经发表过的 exōmosia 誓言，仿佛此时的证人还没有决定一
样，来提高他们演说的悬念。这种假装不确定的文体策略特别适
用于 martyria、exōmosia 和 klēteuein 的主题，这一事实始终被视
为在解释这样的演说稿时一定要考虑到的内容。

# 9. 处罚理论

科恩（David Cohen）


　　法律的处罚措施一般包括，通过政府或社会以司法的形式对违反法律规范的行为，对个人故意施加疼痛、伤害或损失等处罚。法律的处罚措施是赋予刑罚的一种强制性力量，并且把刑罚规则和现代法律体系中的合同案、财产案等法律规范区别开来。在不同的法律系统中，处罚措施会表现出不同的形式：剥夺生命、自由或财产；剥夺公民权利或社会地位；充军；使蒙受羞辱；拷打、烙印或切断肢体；放逐/服药；或者对被定罪的人的家人或亲属等进行处罚。所有这些形式的处罚措施在雅典法律中都有不同方式的体现，尽管所有这些处罚措施并不是如同在外国人或奴隶身上使用一样，都可以施加到城邦公民身上的。正如德谟斯忒涅斯在《诉安卓生》（*Against Androtion*, 22.55—56）中提到的，奴隶和自由人的区别是后者的身体是神圣不可侵犯的，即使他因干了坏事而被判有罪，他的身体也要得到尊重。而奴隶，可以用身体来承受处罚。事实上，大部分现代之前的处罚措施都与公民权利和社会地位联系在一起。① 雅典法律处罚措施的实施或其形式并不是本章

---

① 　关于罗马法律，见加恩西（Garnsey, 1970）。在雅典的文本中，演说家狄纳克斯（Dinarchus）在他的演说稿《诉德谟斯忒涅斯》（*Against Demosthenes*, 1.26—（转下页注）

要讨论的内容,尽管这一领域还有很大空间值得进一步研究。①相反,本章要讨论的重点在于古希腊的思想家们在很多方面把处罚概念化为一种机制,并且它关系到刑法的目标和目的。②

在西方的法律理论中,尤其是自 18、19 世纪,自贝卡里亚(Cesare Beccaria)以及边沁(Jeremy Bentham)两个人物有关的改革运动以来,处罚成为了一个向政府提出的必须回答的问题:剥夺一个城邦公民的生命、自由、财产或权利的理由是什么? 对这一问题的恰当答案的争论吸引了现代很多哲学家,从康德(Kant)到哈特(H. L. A. Hart)和福柯(Michel Foucault),还有很多社会学家、心理学家、行为科学家以及政治家。③ 争论主要是围绕着,什么已经成为了陈腐的惩罚、威慑和修复的三位一体的观念,或者从福柯的观点来看,现代国家日益增长的制度力量的行使。在此我们并不需要格外关注这些争论的本质特征。极为突出的一点是,古希腊政治思想家、雄辩家以及哲学家都面临处罚的合理性这一问题,并就他们对此的回答中的相同理论展开了争论。正如我们将要看到的,他们辩论的方式不可避免地会受到他们的态度以及对法律、政治和正义的基础问题的关注的影响。

## 《普罗塔戈拉》:报复和惩罚

雅典的刑事诉讼中的参与制度允许受害方或纠纷中的各方

---

(接上页注)27)中曾经谈到在刑事诉讼中把社会地位纳入考虑的重要性。他认为只有一种途径也只有一种途径能够对人们更有利:对那些有影响力的人所犯罪行判处应得的惩罚。在普通人的案件中,没有人知道也没有人想知道所判的罪行。但是对于那些有影响力的人,每个人都专心地聆听陪审员的判决,还会对陪审员们发出赞叹,假如他们没有因为被告的名气而牺牲正义。

① 关于处罚的方法,比如,见坎塔雷拉继巴坎(Barkan,1935)之后对死刑的权威研究(坎塔雷拉,1991b)。关于对奴隶肉体的惩罚以及拷打,见汉特(1994)第三章以及第六章(连同参考书目)。

② 关于近来重要的古希腊处罚理论的作品,见艾伦(2000b)。

③ 比如,参见哈特(Hart,1968),以及福柯(1977)。

通过法庭寻求赔偿,和/或报复。在处理以报复为动机的诉讼中,从法庭演说中可以发现一系列修辞上的主题。其中有一种观点,使得寻求报复成为了一种体面的事,即把它当作一种家族或宗教的职责,或是一种必要的荣誉。[①] 当然,从修辞的角度来看,每一种观点都要求辩论,并且雅典的雄辩家们都做好了回答这种问题的准备,他们认为个人要寻求报复都会通过公共机构来实现个人的目的。然而,处罚理论中重要的一点是,雅典人是否也把诉讼方的个人动机(报复/报仇)和在处罚触犯城邦法律的个人时所涉及的公共利益区分开了。如同我在《古雅典的犯罪、刑罚与法治》这一章节中将要清楚地谈到的,他们的确作了这样的区分,原因在于,诉讼方一般要求处罚的措施不但要对他们提供补偿而且要维护正义和城邦的法律。在吕西阿斯的演说稿《诉安格罗特斯》(*Against Agoratus*)中,清楚地谈到了在处罚措施中个人动机和公共动机的结合。演说者强调他自己的职责是报复被告所犯的罪行(13.3、42、48—49、92、97)。他的观点主要是刑法是通过对那些伤害到个人或集体的人实施处罚措施,为个人和集体报仇的工具。通过这种方式,他们同样是在行使正义和虔诚来报复那些犯罪的人。

　　然而这一观点仍未能给出维护正义和雅典城邦公民利益的处罚措施的准确特征。至少是自康德起,现代关于处罚原则的讨论,一般都转向了"因果正义"是否应被视作一种特征,或惩罚是否只是复仇这样一种原始愿望的委婉表达。当然,康德认为因果正义是公正的法律秩序的基础,并且对这种如同"毒蛇缠绕"的功利主义思想提出了警告,这种思想试图确保施加的处罚措施的合理性,

---

① 比如,参见吕西阿斯,《诉安格罗特斯》(*Against Agoratus* 13.3,48)以及亚里士多德《修辞学》(1370b—1371a、1378a—b)。关于这一话题,参见科恩(1995:第四章)。

并不是对过去错误行径的"纠正",而是一种因社会制裁带来的伤害将在未来产生的效应。在西方,尤其是在英美社会中,传统的向前看的做法赢得了胜利,并成功地识别出这种向后看式的报复,即盲目地为报复而报复的做法。仅仅在过去的几十年里,一些法哲学家再次认真地探讨了报复思想的优点,并且引发了对处罚判定中该思想的合法地位的再思考。①

正如我们将要看到的,尽管一个如同古代雅典一样的好争论的社会,绝不会诋毁在回应故意的羞辱或伤害时个人的复仇愿望,但是那些认真思考了法律制度的性质的思想家们提出了同一问题,即惩罚作为一种恰当的通过城邦机构做出公共回应的合法性的问题。如同在我们的社会中,从法庭的言论来看,普通雅典人看起来并没有被此类忧虑的问题而困扰,还随时准备好聆听犯罪者应该为他们自己所做过的事做出"赔偿",并且对据他们承认的令人发指的行为做出判罚,因为这是他们"应该得到的"。这就是惩罚的语言,并且在雄辩家的诉讼演说中,很容易发现这样的观点,对这些犯罪者的处罚将会维护正义并且抑制其他人在将来仍然做出这样的行为。然而,我们现在要转向智者和哲学家们在法律和政治理论的背景下对这些问题的探讨。

在《普罗塔戈拉》(Protagoras)对话篇中,柏拉图描述了苏格拉底和著名的智者普罗塔戈拉之间的论辩,其中,后者举了一个自己演说关于美德是否可以被教授的例子。在尽情展现雄辩之才的过程中,他提出了一个或许在古代文学作品中最为著名的对处罚理论的解释。我们在此并不考虑更多由这个对话篇引发的治学和方法论上的问题,也不去考虑在一定程度上这种观点实际上代表了历史上普罗塔格拉的思想。这篇文章非常著名,因为他以非凡

---

① 参见莫里斯(Morris, 1968、1981)、范伯格(Feinberg, 1970、1984)、穆尔(Moore, 1997)、弗莱彻(Fletcher, 1998)。

的洞察力,提出了处罚的问题以及它的合理性问题,并且自 19 世纪末,几乎相同的术语在欧洲和美国再一次引起了人们的探讨。

普罗塔戈拉根据他自己的观点,公民美德可以通过教育来教授并以此避免不道德不公正行为的出现,提出了处罚的相关问题:"苏格拉底,仅从和犯罪者有关的处罚的作用考虑。它足以向你展示人们相信或许美德可以传授"(324a)①。这一提法表明,需要评估处罚措施在判罚对象身上的影响。这一观点必然引发对犯罪者施加痛苦或剥夺权利是否合理的判断,这一问题出现在普罗塔戈拉随后的一段论述中:"在处罚犯罪者的过程中,没有人关注这个人在过去犯过错误这一事实,或因此处罚他,除非就像野兽(hōsper thērion alogistōs)一样采取盲目的报复。"(324a—b)在这里普罗塔戈拉把报复和惩罚合并到一起,他认为,任何对处罚理性的回顾,都会发现它是原始的或者兽性的。这直接刺中贝卡利亚(Beccaria)和边沁(Bentham)两位改革家对处罚进行评论的核心思想:只是就过去的事件而施加痛苦的处罚措施是不合理的。

换句话说,普罗塔戈拉否认了这样的言论,即犯罪者或罪犯应该被处罚,仅仅是因为"正义"的要求,因为是他们"应该得到的",或者因为荣誉或受害者的要求。考虑到自荷马以来在古希腊文化中普遍存在的一种观念,报复比"蜂蜜滴进喉咙里更甜蜜"②,再比如,复仇杀人是一种神圣的宗教职责③,普罗塔戈拉的观点和现代价值观,在刑事诉讼中关于遗弃、惩罚、个人复仇的适当作用方面,是有差距的。但是,它还远不止此。它主张国家政策应作为法律的基本原则,由此处罚措施才会具备合理性。我们将在第 11 章看到,个人复仇和公共利益在现代对刑事法律运行的理解中是如何

---

① 《普罗塔戈拉》的翻译选自格斯里(Guthrie,Penguin edition,1956)。
② 荷马,《伊里亚特》18. 109,同样见亚里士多德,《修辞学》,1378a。
③ 比如,参见柏拉图《游叙弗伦》。

被简单地合并在一起的。普罗塔戈拉严格区分了这两个不同概念，并且认为只有公共政策可用来衡量处罚措施，另外，这些政策必须只关注处罚措施在未来产生的结果："不，在一个理性的人看来，处罚措施并不由于已犯下的罪行的缘故（毕竟过去的事情是无法挽回的），而是为未来着想……"（324b）

　　从这一点来看，和处罚机制有关的既不是受害者或他们的家庭的遭遇，也不是犯罪行为自身的罪恶程度。就像所有的"反报复论者"（antiretributivists），普罗塔戈拉认为过去已经发生了的是无法挽回的，因此处罚不是"为了犯罪"，而是为了未来。对"犯罪行为自身"要求社会的回应这种观点的反对，意味着对"因果道德"作为正义的基础或在不同的法律和文化文本中表达的"应得"的观念，"必须恢复平衡"，"血债血偿"，或者同态复仇法（lex talionis）的白话表达——"以眼还眼，以牙还牙"等观念的完全否定。这种反对"血债血偿"把报复和惩罚混合在一起的观点，可能对读过埃斯基涅斯在《俄瑞斯忒亚》①中描绘的"盲目的"报复主义消亡的雅典人来说是非常熟悉的。在《欧墨尼得斯》的末尾，三部曲的最后一幕，俄瑞斯忒斯（Orestes），一个众所周知的弑母者在雅典谋杀案法庭上一审被判无罪，愤怒的复仇女神，厄里倪厄斯，为了雅典这个城邦未来的政治利益而被教化。当然，这个案件是一种文学虚构，但是，在报复、惩罚，以及处罚的概念化方面，它再现了普罗塔戈拉探讨的处罚合理性在回顾性和前瞻性方面的冲突。这也充分说明了在强调政府的利益作为处罚的唯一理由时，向前看的处罚原则，使在眼前具体案件中行使正义和在更大的政治背景中将司法体系作为一个整体来运行，两者之间的界线变得模糊。

　　雅典的雄辩家们对处罚目的的讨论证实了这一观点。这类讨

---

① "他一个犯过罪的人应该赔付；这就是法律。那么谁将在他们的鲜血中诅咒呢？罪恶的种子必定会毁灭。"（《阿伽门农》，1564—1566）

论主要融合了关于对被告施以处罚所维护的正义和城邦利益的观点。也就是说，他们运用了向后看和向前看两种动机。例如，吕西阿斯在《诉阿尔喀比亚德》(*Against Alcibiades*)中发展了这一策略。他用个人的复仇和公共惩罚的语言来开始自己的演说："因为我们的父辈之前的不合，也由于我长期以来对他的不敢恭维的人品的感受现在由于他的虐待而增强，我将在你们的帮助下让他为他的所作所为接受法律的处罚。"(14.3)他随后通过解释为了国家未来的利益而处罚被告是必要的，进一步巩固了自己的观点。他认为处罚的目的不仅在于犯罪者，还在于对其他潜在犯罪者的改变。这是尤为正确的，假如有影响力的犯罪者受到处罚，"在这样一个反面榜样(pradeigma)的作用下，他之后的城邦公民的行为就会有所提高"(14.12—13；同样见45)。① 德谟斯忒涅斯在《诉梅地亚斯》(21)中同样提出了因城邦利益而实施处罚的益处。他认为，无视法律之所以如此频繁的发生，是由于对犯罪者处罚的失败；为了阻止这种无视法律的傲慢，他们就必须在未来予以处罚(37)。在他的结语中，他把在形成对处罚积极后果的多重性质的观点中的惩罚和前瞻性观点结合在一起。他认为，假如法官投票来决定判决，他们将会对他形成支持，让城邦满意，教会其他人控制自己的行为，使他们自己过上平安的生活，并且为了其他人的利益把被告树立成反面榜样(227)。

　　回到普罗塔戈拉的观点，处罚应该只是"为了未来着想"而实施的，我们接下来要问的一个问题就是，他是如何定义那些由实施处

---

① 吕西阿斯在《诉尼科马修斯》(*Against Nicomachus*, 30.23—24)同样提出了这样一个观点：对罪犯的严厉处罚能够改变其他人，并且能对被告行使正义。把被告树立成反面榜样(paradeigma)，在现代对处罚的讨论中是非常常见的，这种观点在雅典的思想家们对这类问题的讨论上是非常有代表性的。德谟斯忒涅斯要求法官为了被害者的利益(报复)对安卓生(Androtion)进行判罚，并且把他作为其他人的一个反面榜样，他们将学会控制自己的行为(威慑)(22.68以及88)。

罚而提供的未来的利益的。普罗塔戈拉,正如大部分现代处罚原则方面的评论家一样,对这一问题给出了两个答案,第一个答案是,处罚,正如它的目的,"应该防止同一个人,或在他的处罚的影响下,防止其他人做同样违法的事。然而,持有这种观点等于认为处罚是作为一种威慑手段而实施的(apotropēs goun heneka kolazei)"。借用现代刑法的术语,普罗塔戈拉在此区分了两种不同类型的威慑:第一种类型的威慑是,"一般的威慑",目的在于把对犯罪者的惩罚当作一个反面的例子,并以此作为犯罪行为的后果,来教育大众,并且对其他潜在的犯罪者心理造成恐惧。公开的拷打,处决或陈列被处决的罪犯的尸体,是在很多法律体系中被广泛使用的"教育"手段,从古希腊、古罗马时代到最为著名的 1757 年对法国弑君者达米安(Damiens)的肢解,在福柯《规训与惩罚》(*Discipline and Punish*)的开篇就有清楚的记载。[①] 第二种类型的威慑是,"特殊的威慑",目的在于阻止同一犯罪者再犯其他罪行,不管是通过以监禁、充军或致残的形式使其丧失民事行为能力,还是通过用处罚带来的痛苦,作为一种教育或刺激的手段来教化其他犯罪人"犯罪是要付出代价的"。尽管很多思想家们,比如普罗塔戈拉,一般都对处罚的教育和威慑作用有很大的信心,但是,正如我们将看到的,很多雅典的智者们,就像在现代他们的思想追随者们,对于处罚对其他那些可能成为犯罪者的人的真正的威慑效果持怀疑态度。然而,如同在我们今天看到的,在雅典的公共话语体系中是司空见惯的,至少是如同演讲家们所呈现的,处罚的目的是为了向其他人树立反面的榜样。普罗塔戈拉,对处罚将促进未来的利益这一问题的第二个答案,把他带回到他自己当初定义的教育的主题。

　　在现代关于处罚的讨论中,另一个基础理论被发展来判断这一机制的合理性,同时反对向后看的报复行为,进一步提出处罚的

---

① (1977:3—6)。

特殊的威慑作用和教育作用。倡导"修复观"(rehabilitation)的人认为,"处罚"必须是合理的,这样才可以从内部改变和教育犯罪者,并且他或她在以后会证明是对社会有用的、守法的人。① 在当代的讨论中,这三种观点并不一定相互排斥,并且很多评论家推动了它们之间的组合,从多角度实现合理性。普罗塔戈拉同样把他对处罚的解释转向了它与教育和内在改变的关联上。在定义了美德(aretē,连同正义、节制以及对神圣的尊重)作为一个有序社会的重要基础(324e—325a)之后,普罗塔戈拉思考了对那些不具备这样美德的人应该做些什么。他认为,这样的一个人应该"被指导,被纠正直到他因受到处罚而被改变"。这种观点和当代倡导的修复理论在很大程度上是一致的,他们认为只有出于人道的、文明的原因才可以施予惩罚,但是普罗塔戈拉的评论的最后一部分提出了一个特殊的适用于希腊的条件:"任何人如果对处罚和教导不做出回应,应该从城邦中驱逐出去或作为无药可救的人而被处死"(325a—b)②。

　　现代倡导"科学的"修复理论的人,倾向于选择永久性的监禁直到这个人被"治愈",但是普罗塔戈拉的观点有两个方面需要进一步讨论。首先是概念化,用一种比喻的说法,刑事犯罪,是一种疾病,是一个医学问题。教育以教导和处罚的形式就像是为病人提供的一种药。因为人类的美德可以被教化,适当的"治疗"过程对大部分人对都会有效果。然而,对某些人来说可能起不到什么作用,但是他们却一定是可以治愈的(aniaton,325a)。第二个方

---

① 关于"修复观"的理想化的批判和它的潜在意义的研究,见莫里斯(1968)和哈特-伍藤(Hart-Wooten)的辩论。关于刑法改革整体理念的最强有力的批评,见福柯(1977:135—156)以及 D·嘉兰(D. Garland,1985)。

② 同样参考神话方面的传说,即宙斯赋予了人美德,并以这样的警告结束,"假如任何人不能获得他所应该分享的这两种美德,他就应该作为城邦的'病毒'被处以死刑"(323d;笔者的强调)。

面和"药物"不能治愈的困境有关。尽管被审讯的个人在某种意义上"生病了",假如只是在道德意义上,这种情况不能引起同情心的治疗。他们在道德层面不可治愈的"疾病"是非常危险的,并且需要以永久性驱逐或死亡为形式的"社会性"的治疗。给予这种治疗或处罚,不是因为根据某种报复性逻辑——是他们"应该得到"的,而仅仅只是为了保护国家。接下来很自然的就是"向前看",首先由普罗塔戈拉采用的功利主义原则。特定的威慑是不管怎样都必须完成的。最好的方法是通过教育和处罚的教育性力量。假如这种方法失败了,为了保护集体的利益,这个"身患重病"的社会成员就必须被永久性地驱逐出去。这种观点,如同我们将要看到的,在另外一个柏拉图式的对话中进行了深入的发展和探讨。在转向这种观点之前,我们首先要研究一篇文章,该文章中对普罗塔戈拉提出的威慑理论提出了强硬的怀疑。

## 修昔底德:处罚和人性本质的问题①

在修昔底德的《伯罗奔尼撒战争史》(*History of the Pelopon-nesian War*)这本书中,他记录了米提勒涅(Mytilene)城的暴乱是由少数的前斯巴达党派反对雅典的当权统治引起的。在占领了城邦之后,雅典人为前斯巴达城邦公民的命运展开了讨论,并且决定处死所有的男性,把女人和儿童都卖作奴隶。然而,第二天,他们就开始觉得他们的决定"残忍并且史无前例",因为同时施加在了罪恶者和无辜者身上(3.36)。修昔底德对论辩的描述用了两个演说稿,具体描述了两个对立的观点,不仅涉及米提勒涅的命运,也包括从政治的角度商议雅典人应该对这类事件做何反应的整个过程。关于这一问题的讨论,反过来导致了对处罚作为指导人们行

---

① 译文出自雷克斯・华纳(Rex Warner),修昔底德的 Penguin edition(1954)。

为的机制的有效性问题的长期思考。

修昔底德呈现了一种支持处死米提勒涅人的观点,这一观点是由古希腊当时一个著名的民众领袖克里昂(Cleon),一个"因他的暴力性格……而闻名"(3.36)的人,通过一个演说稿发表的。这种暴力,如同修昔底德展现的,在克里昂制定政治决策的方法中表现得非常明显,当时,他对雅典议院进行游说,认为他们应该像法官一样把米提勒涅人当作"蓄意侵略的"(3.39)罪犯来处罚。他在关于处罚的观点中强调了应有的报应观念:"让他们现在得到他们的罪行应该得到的惩罚吧……以其人之道还治其身……以他们做过的事同样来对付他们……"(3.39—40)然而,他同样宣称这样的处罚将对雅典人有利,因为它对其他城邦具有威慑效应:"把他们作为你们其他同盟的榜样。"(3.40)在最后的总结中,他总结道,通过用他建议的方式处罚米提勒涅人,雅典人将不仅在行使着正义,也在保护着自己的利益(3.40)。①

他的基本理论中同样值得关注的是,他通过把大会既当作法官又看作受害方这种方式,把个人的报复和公共的惩罚之间的区别合并到了一起。正因为如此,他敦促他们不要客观审议,而是要带着愤怒来做出决策,好像现在就处在事情发生的时刻,"……拖延……是对犯罪一方有利的。过去一段时间之后,受害一方将会在他准备对伤害过他的人有所作为时不会再像之前那样愤怒;然而,最好的处罚,最适合这种犯罪行为的是立即进行报复或反击"(3.38)。在他的结语中,他回到了这一主题,告诉雅典人想象一下当他们第一次从他们受到的伤害中有所启发时他们会是什么样的感受,并且"记住那时你会在自己的权力下给予他们什么。现在,

--------

① 同样参见 3.39:"现在想想你的盟友们吧。假如你们打算给予那些被敌人逼迫而暴乱的人们同样的处罚,难道你们看不到他们将会以极为微弱的借口而群体暴乱,当成功意味着自由,失败毫无疑问意味着可怕的后果时。"

向他们报复吧……"(3.40)

　　值得注意的是,在雅典的演说家们中间,人们同样可以发现关于法庭审判中愤怒所起的作用的观点。① 比如,在《诉阿利斯托吉通》(*Against Aristogiton*,2)中,狄纳科斯(Dinarchus)对法官们说到,他们应该仇视像被告这样的犯罪者,重新唤起他们对罪犯在过去犯罪时大家对他的愤怒,然后杀了他。司法惩罚和个人复仇之间的模糊不清被这样的事实加强了,即他并不是要求他们"处罚"被起诉者,而是仅仅只是说要"杀死"他。在德谟斯忒涅斯的演说稿《诉克农》(*Against Conon*,54.42—43)中,演说者同样要求法官能够感受到他对克农的愤怒,并且宣称他们不应该把此视作一个私人事情,而是应该视作可能发生在任何人身上的事情。就像克里昂,他随后呼吁法官们应借助处罚的威慑效应来维护自己的切身利益:"宽恕一个痛打别人并承认傲慢的人,会是你们每一个人的利益吗? 我认为不是。但是,假如你们宽恕了他,这样的人将会越来越多,假如你们处罚了他,这样的人会越来越少。"这种为利益的呼吁,可能很容易导致进入政治领域,如同在《诉菲洛克勒斯》(*Against Philocles*)中,从文字中让人回想起 9 • 11 之后的美国,狄纳科斯告诉雅典的法官们,比起其他案件,他们必须以不同的方式来回应对城邦的威胁。他说,尽管在其他刑事案件中,他们必须首先小心谨慎并且一丝不苟地查找事实真相,只有在找到真相之后才能对犯罪者作出相应的判罚;在大家都认同的公开叛国的案件中,他们应该"完全由愤怒支配",以及由与此相伴随的报复或处罚(timōria)的愿望支配(3.8)。②

───────────

① 　对于愤怒的普遍的处理方式,参见 W. 哈里斯(2001)的权威解释。
② 　注意这篇文章中是如何利用广义的 timōria 实现个人抱负和法律惩罚的。他在后面总结了他认为的法官们所具有的合适的情绪倾向:"你必须憎恨邪恶的人并且从城邦里根除这些恶棍,还要向世界表明城邦并没有完全受到演说家和贫民大众的导向,也没有因为他们的名誉而被左右……"(3.19)

　　从哲学的视角来看,克里昂的因果正义的观点根本不是什么正义,因为他要求议院把所有的人都处死,不仅仅只是少数煽动暴乱的领导者。他明确地宣称,他们"不管是正确还是错误都应该受到惩罚",假如雅典试图维护她的帝国力量的话。这并不是因果正义,而是为了更大的政治目的将愤怒驱使的报复和使用处罚工具的一种结合,包括对无辜者。这更确切地说是康德谩骂的"毒蛇缠绕"似的对处罚的功利性思考,但是不管他们在哲学上的弱点是什么,他们引起的公民的愤怒情感却是非常明显的。很显然,正是这种特征使得修昔底德把克里昂的演说描述成一个煽动性演说的伟大范例。因为,正如柏拉图孜孜不倦地指出的,城邦不可能去倾听一堂哲学课,什么样的修辞策略可以用来反对情感所引起的复仇的愿望呢? 这是狄奥多托斯(Diodotus)面临的挑战,他是一个修昔底德笔下的演说者,成功地回答了克里昂提出的要求。

　　为了应对这一挑战,狄奥多托斯必须另外提供一个的对政治审议的解释,通过这样做,在其他所有事情中,提醒议院明智的抉择不是在愤怒中做出来的,并且"这不是法庭,不是我们考虑什么是合适的,什么是公平的地方;这是政治性的公民大会,真正的问题应该是如何让米提勒涅最大限度地对雅典有利"(3.44)。说完这句话,他继续详细地谈到克里昂关于处罚的威慑作用的说法。他的论述主要是,一旦他们着手一项行动,对未来处罚的畏惧并不会产生足够的动力改变个人(或城邦)的意图:

　　　　城邦和个人一样,从本质上来说都会有做一些错事的倾向,并且没有什么法律可以阻止它,如同一个事实所表现的,一个人尝试了所有种类的处罚,还在不断增加纪录,就会试图从犯罪中找到更大的安全感……因此,要么我们必须发现一些比死亡更有效的畏惧，要么我们必须承认我们现在还没有掌握足够的威慑力。

　　为什么会是这样？按照狄奥多托斯的观点，对未来处罚的畏惧是没有作用的吗？他首先指出，尽管可能会判死刑，个人和国家一般都会存在一种自信，假如他们冒个险，他们可能会逃脱处罚（3.45）。建立在这种错误的自信的感觉之上，他提出了各种社会学的、心理学的、文化方面会导致犯罪行为的因素和倾向：

　　　　正如贫穷使人变得粗鲁，傲慢和对财富的炫耀会滋生野心，在生活中的其他事情中，他们总是被这种或那种情感所主导，直到他们的冲动把他们带向危险。希望和欲望不断驱使他们战胜灾难，也会导致更大的灾难……同样，运气也会站到人们身边，起着让人产生过分自信的作用……

　　针对这些激励因素，他认为，法律法规是无能为力的，因为人的天性就是在这些情感动因的驱使下作为的，不管他们在面对谨慎的思考时能飞多高。他这样总结道："一句话，这是不可能的……对于人的本性来说，一旦严肃认真地建立起一种做法，通过法律的力量，或者任何威胁的手段是不可能阻止的。"（3.45；引者的强调）

　　这是一个极为消极的评估，不仅是对人的本性，也是对法律法规作为一种通过处罚机制维护社会秩序的手段的可能性。威慑力，狄奥多托斯认为，只是一厢情愿。他并不认为它毫不起作用，而认为它是"不可能的"，也就是说，一旦决定实现一种欲望，通过法律法规或采取其他任何威胁措施，都不可能违抗人的本性的力量。这不但是说欲望的力量如此强大，而且是说人类可以用他们理性化的能力来想象,他们认为希望或运气将促使他们成功。那么公民秩序又如何维持? 法律真的是一点用也没有吗?①

狄奥多托斯并没有直接回答这一问题,因为他转而从他对威慑力的缺点的调查来解释雅典和她的同盟们该如何被最好地管理,这当然和他的告诫是一致的,即他们面前要做出的决定是由政治公民大会做出的,而不是由法庭做出的。然而,他的答案,可能会从国际背景中类推到国内环境中。他说道,对雅典来说真正的安全存在于适度,而不是施予残暴的处罚,存在于"良好的管理而不是对法律刑罚的畏惧"(46)。公平、适度,以及良好的管理将"防止城邦里出现暴乱,甚至是暴乱的想法"(46)。相应地,公民会生活在一种依赖于社会秩序的法律体系中,狄奥多托斯认为在这种社会秩序中,贫穷、欲望、极度的傲慢、嫉妒是犯罪行为的根源;依靠一种通过激励因素而运行的法律秩序,而不是依靠对处罚的畏惧。当修昔底德分析了克基拉(Corcyra)内战的本质特征和缘由之后,他在卷三中对理想法律体系的反面榜样作用作了阐述。在那里,敌对政党之间的抢先占有以及对法律机制的滥用使整个城市陷入自我毁灭的漩涡;在那里,人类和神圣的法律没有任何力量预防或者几乎是最为恐怖的暴力形式。修昔底德看起来被说服了,只有当法律法规被公平、公正地应用,并且让公民们明白保护公民机构比他们自己的短期利益更重要,一种法律体系才能够成功地维护社会秩序。

---

① 在《诉阿里斯托革顿》(*Against Aristogeiton*)Ⅰ(25)中,德谟斯忒涅斯对人的本性提出一种相似的消极的评估,但是对它和法律的关系却是一种完全不同的解释。他解释道,法律是普遍的,然而,人性是不可预测的、个体的,并且容易使人做出不公正的行为。只有法律可以约束它们。因此,所有法律制度的两个目标都是为了阻止人们做出错误的事情,并且通过处罚违法者以使其他人生活得更好(15—17)。他总结道,如果没有法律处罚措施,混乱将会泛滥。

　　这样的一个法律秩序是如何形成的或者它应该是什么样子的,这并不是修昔底德考虑的范围。然而,所有的希腊政治思想家都非常清楚他们的世界里法律机制的脆弱。在很多方面,希腊的政治思想从根本上针对的是城邦内部潜在的内乱和不稳定。[1] 所有其他希腊的政治理论家都支持修昔底德的观点,即主要建立在对处罚的畏惧之上的法律体系在维护社会秩序方面是不可能具有很好的效果的,特别是在需求或危机发生的时候。据此,思想家,比如伊索克拉底、亚里士多德,尤其是柏拉图,从他们的推测转向把法律处罚并入教育和社会化更大的框架下,这个框架会反复灌输各种能够使法律法规在指导人们行为方面更有效的道德倾向。在本章的最后,我们将简要评述两种试图提供更全面更成功的处罚理论的哲学尝试。

## 伊索克拉底:教育而非处罚就可以塑造一个好公民

　　在《战神山议事会》(*Areopagiticus*,7)中,伊索克拉底简要叙述了从法律和处罚措施的构想中如何改革雅典的机制并使之更好地运行,这和狄奥多托斯所提出的观点非常相似。他说,雅典人的祖先已经认识到"只要有大量的具体的法律法规存在,就标志着这个国家被治理得很糟糕;因为它总是在试图修筑阻止犯罪蔓延的堤坝,在这样的国家中生活的人总是感觉被很多的法律法规压抑着"。"在这样的思想下,"他继续说道,"我们的祖先首先并没有试图寻找如何处罚违法者的方法,而是试图寻找应该如何塑造不会触犯法律的城邦公民的方法。他们认为这是他们的职责,因为只是让个人的敌人热衷于对犯罪实施报复是合适的做法。"

───────────

[1]　参见 D・科恩(1995:第二章)以及格尔克(Gehrke,1985)。

　　伊索克拉底的评论表现了一种怀疑,和狄奥多托斯对处罚的威慑力量表示的怀疑相似。一个管理糟糕的国家试图靠颁布更多的法律法规来阻止犯罪是徒劳的,而且法律对他们来说在完成这一任务方面是远远不够的。执政官们会试图花费很大的力量来强制执行这些法律法规,但是他们的努力同样会失败。这对伊索克拉底的启示是,应该清楚地认识到威慑和报复性思想都是有局限的。他的分析强调了只是和个人的仇恨相关的复仇与赢得公共信任的正义的实施之间的区别。那些为正义的实施负责的人不应该为了自己的利益(像克里昂一样)急于实施处罚,而是应该考虑如何提高全体城邦公民的道德水平以至于能在一开始就阻止犯罪行为的发生(和狄奥多托斯的逻辑比较相似)。这些努力一定不是简单的通过处罚的例证而"教育"能实现的(41—42)。通过描述产生性情倾向的缘由来阻止犯罪行为的这种向前看的观点,使在"应得的"的基础上实施严厉处罚或使用处罚对他人形成威慑的需要不能实现。伊索克拉底并没有完全否定法律的作用,只是否定了这种简单地认为国家可以从为每一种可能的犯罪行为制定更多的具体法律,随意处罚违反法律的人来维护利益的观点。"在不良的环境中成长起来的人,"他认为,"会大胆地违反甚至是制定得极为详细的法律。"并不是法律法规没有任何作用,而是只有当它和适当的道德倾向结合在一起,只有针对"那些受到良好的教育的自愿遵守哪怕只是一个简单的规则的人"(41—42)才会起到作用。那么,这样的法律体系是如何建立起来的? 这其中的处罚措施又扮演着什么样的角色呢?

　　在追寻古代重建一个道德秩序的黄金时代的同时,伊索克拉底注意到了曾被战神山议事会(雅典的最高法院)使用的权利,注意到了更为"制衡的"(即,不是极端民主的)古老机构,并以此作为目前改革的灵感来源。至于法律的角色,他强调说,只有自幼就接受到恰当的社会化才能塑造那种自觉克制自己的行为,自我约束,本能地倾向于遵守法律和行为规定的城邦公民。他想象着古战神山议事会的成员们都已明白了"一个城邦中最好的公民是由不断颁布的最为精确的法律塑造的"(7.39)这句信条的虚妄性。相反,他们意识到,"美德不是通过成文的法律法规,而是通过日常生活中的习惯建立起来的,因为,大部分人都倾向于被他们逐渐养成的行为方式和道德模式所同化"(40)。这种社会化必须从非常小的年龄开始,并且应该在最为勤勉、充满欲望、有无法控制倾向的年轻人身上付诸最大努力(43)。这种监管应该持续到当他们成年时,因为他们并没有"在儿童时期被监管,而只是允许他们做自己想做的事直到成年"(37)。这种以前的体制覆盖了生活的所有方面,并且分配给适合年轻人社会地位的工作和活动,保证他们不会闲散无聊(44—45)。战神山法庭是这种制度性的(按照福柯的理解)构想的节点,责难、警告以及处罚任性的城邦公民是一种适当的方式(46)。因为他们明白,"只要对做错事的人来说,想不被察觉是不容易的事,或者,当被察觉时,想免于处罚也是不容易的,那么这种做错事的冲动就会立刻消失。明白了这一点,他们通过两种方式来防止人们做错事——处罚和监管"(47)。

　　人们可能在这儿要问,伊索克拉底是否回到了他早期反对的威慑理论? 难道这种呼吁处罚措施和制度的有益效果的做法不是和他反对以处罚具有威慑效应的做法相矛盾吗? 对于这一问题的答案是否定的,因为,伊索克拉底看到了,大量法律法规和狂热地强制执行能够塑造守秩序的公民这一观点,和他提倡的战神山法庭的体制之间的根本区别。后者的社会化的作用不是来自法律法规和对一个被监管的犯罪者不定期的强制执行,而是通过从幼年时期到成熟时期运行着的监管制度。战神山法庭的做法一直都被大家感知,以至于能引导人们形成正确的自我约束,节制以及自觉服从他们应该服从的道德原则。① 战神山法庭，不管在什么时候，只要是必要的，警告、劝诫、指责以及处罚都会在它认为适当的情况下介入。这是一个制度范例，而并不是通过审讯机制强制执行的法律框架，这在续篇最后一段的末尾表现得非常明显："到目前为止，从没有监管的那些已经误入歧途的人中，他们已经提前看到了那些很可能做出犯罪行为的人。因此，年轻人不再把时间浪费在赌场和漂亮的女孩子身上……而是坚定不移地努力完成给他们分配的工作。"（7.47—48）换句话说（与亚里士多德对任意处罚力量的描述相一致，《雅典政制》），战神山法庭行使了一种对城邦公民品行的监察权，这种权力并不是基于违反那些伊索克拉底反对其用处的"具体的"法律。

　　当然，从这个角度来看，这种具体的法律法规总是会妨碍检察官的判断力，因为在雅典人对法律法规的民主性的理解上，它们意味着对城邦介入公民的生活以及合法情况的局限性的设定。这就是在一定程度上伊索克拉底对这种法律制度的敌视，因为他希望公共执行官能够让城邦公民承担责任，并且如果他们认为合适，就"处罚"他们，甚至在没有任何具体法律法规受到破坏的时候。关于处罚违反法律法规行为而产生的威慑作用，伊索克拉底用内省来代替，即下意识地明白公民大会警惕的双眼将会监测到任何偏离日常行为规范的行为。② 从这一点来看，人们可以明白，为什么

---

① 假如没有伊索克拉底的极度推崇，社会化的重要性同样被很多演说家们认可。而且，它和法律制裁的威慑效应共同起着作用。因此，莱克格斯《诉列奥克拉底》（*Against Leocrates*）提出了一种把威慑和社会化相结合的处罚观点。处罚是塑造年轻人性格和性情的两个重要力量之一：在处罚犯错误者时，法官们对年轻人提供了做出正确行为的动机。对年轻人产生了两种影响：犯罪者所遭受的处罚以及美德者受到的奖励。畏惧是一个基本因素，得到荣誉的愿望是另一基本因素（1.9—19、14—15）。

② 在《政治学》中，亚里士多德采用了一种相同的把广泛而又随意的权威的力量作为解决维持社会秩序问题的正确途径的观点，尽管他把它和一个更复杂的体制改革理论结合在了一起，旨在建立一个具有美德的稳定的政体。

伊索克拉底如此坚定不移地不仅丢弃了报复的基本思想,也抛弃了普罗塔戈拉倡导的向前看的理论。从这个角度来看,人们也可以感受到这种说法的矛盾性,即当代学者所宣扬的个人有处罚权,因为处罚可以体现他们是自主的公民而不是国家机器操控的对象。① 这种尊重公民自治的观点,在很多古代最发达的处罚理论中,或截至 18 世纪西方传统的任何地方,以及我们下面要看到的理论中都能够听到。②

## 柏拉图和处罚哲学

考虑到篇幅和本章的范围,对柏拉图的处罚理论进行详尽论述是不可能的。柏拉图的处罚理论贯穿全部作品,包括几篇主要对话录,如《高尔吉亚》(*Gorgias*)、《普罗塔戈拉》(*Protagoras*)、《王制》(*Republic*)和《法义》(*Laws*),这里只举几个主要涉及处罚思想的对话。他对处罚的论述也成为其他学者在专著中论述的主题。③ 更为重要的是,为了对他复杂的观点有正确的把握,人们还应参考他对法律和公正所持的基本观点,同时,如果不从总体上对他的政治哲学、灵魂不朽、道德的本质和一系列其他观点进行讨论,也无法了解他的处罚思想。下文仅简要引用一些文章,在这些文章中柏拉图对上述部分观点做出了独到的解释。这种论述可以激励读者研究这些丰富而有价值的主题,这些题目在本文中是无法全面探究的。

柏拉图最初在《高尔吉亚》中探讨了处罚的问题,这个问题源

① 现代对康德哲学中的报复主义观点的重新解释中,最具创新性的观点,尤其要参见莫里斯(1968)和(1981)。

② 除了不太被认同的波珀(Popper,1966)中提出的这类观点,另外可参考现在仍然无法超越的阿德金斯(Adkins,1961)中的解释。

③ 参见麦肯齐(Mackenzie,1981),以及桑德斯(1911)。

自为反对修辞学而进行的哲学的教育和政治益处的讨论。简而言之，对幸福和幸福生活本质的讨论，促使柏拉图笔下的苏格拉底提出，一个因为自己的犯罪行为而受到处罚的人会变得比那些逃避法律制裁的人更快乐，生活得更好（472—473）。这个表面看似简单的观点却被他的对话者认为是自相矛盾的，一个对话者说，如果这是真的，"这将完全颠倒人类的生活"（481）。柏拉图的观点从一个类似的出发点发展到由普罗塔戈拉引发的观点，比如处罚的主要目的是教育人，可以治疗犯罪者的道德"疾病"。在《高尔吉亚》中，柏拉图没有把重点放在对他人的教育或威慑的作用上，而是专注于正义的"道德医师"，这代表了唯一可以治愈犯罪者的灵魂使之不再犯罪的方法。"治疗"的工具就是惩罚，唯有惩罚才能将人从最糟糕的状态中解救出来，这种状态是一种被抛向邪恶而不是美德的无法治愈的状态。

这一观点让现代人听起来似乎感到奇怪，事实上，这在希腊传统价值体系中也是难以理解的。[1] 柏拉图充分意识到这一观点的革命性，在《高尔吉亚》中非常谨慎地提出，对处罚观点的极端构想是具有矛盾性的。因此，人们犯了罪同时想获得幸福和安康就必须寻求处罚，"不管是鞭打、关押、罚款、流放还是死刑，他都必须第一个站出来指控他自己和他的家人……"按照相同的原则，苏格拉底继续说，如果一个人真的想伤害他的敌人，而非只是想谴责或起诉，那么他会竭尽全力保证他的敌人不会受到惩罚，这意味着他将遭受最终损害（470—481）。

这段对话结束时，柏拉图介绍了一则地狱灵魂审判的神话，在地狱未经救赎的犯罪行为很明显要付出真正的代价。在评论这则神话时，柏拉图返回到一个较为传统的对处罚及其目的的评价（525）：

---

[1]　见阿德金斯（1961）。

各种处罚的对象受到公正的惩罚，可以改进或从中受益，也可儆戒他人。看到他的遭遇，其他人会控制和改进自己的行为举止。经历处罚而获助的人，无论帮助来自人还是神，这些人的缺点可以改正，不管是在现世还是来世，疼痛苦恼可以换来收获。那些犯了死罪的人……是无法治愈的……只是对他人有利，其他人会看到他们经历着最严重、最可怕、无止境的折磨……他们成为文学作品中进入哈德斯（Hades）冥府的一个教训，为了让每一位刚刚犯错的人会思考他们带来的教训，引以为戒。

在这篇文章中，柏拉图使用了威慑、教育或修复这些词，但用在了和本章前几部分的讨论完全不同的语境中。这里所说的处罚的形而上学理论不是基于政治策略的考虑，而是建立在道德伦理观念的基础上，这些观念又来源于灵魂本质和人类推理能力的某些概念。哈德斯冥府中对灵魂神话般的描述，解释了苏格拉底的对话者普拉斯（Polus）、卡里克勒斯（Callicles）十分困惑的一个观点。当然，这个观点就是最幸福和最愉快的生活不是统治者的生活，虽然统治者可以满足自己所有的欲望而不受惩罚，不受法律或道德的约束，而真正道德高尚的人，哪怕他是贫穷的哲学家，被不公正地判处死刑，他的生活也是最让人羡慕的。相反，统治者是最令人同情的，因为他的罪行会让他受到得惩罚——一个如此不可救赎，缺乏道德和理性的人应得的惩罚。

在最后一篇对话录《法义》中，柏拉图必须超越处罚的形而上学理论，进入到具体制度层面。在这最后一篇对话录中，柏拉图想象了一个社会和谐、政治稳定的理想社会，并为建立这样的社会立法。为了建立这样一个社会，他的办法是放弃《王制》中提出的哲人王统治的观点,取而代之的是法律的统治。[1] 这个理想国中,整个社会和政治体系都突出了教育制度至关重要的作用。教育制度是为教授伦理道德而制定的,建立在灵魂的理性和非理性相对平衡的基础上,从幼年教起。法律也应根据这一目的对自身进行调整,而不仅仅是触犯法律要面临处罚的威胁(像对待奴隶一样对待自由的城邦公民,根据柏拉图的说法),他们由序文开始,使城邦公民们相信这些规定的正确性和公正性。柏拉图在法律准则方面的观点,要求城邦公民运用他们从教育和社会化中学到的理性能力来避免犯罪,而不仅仅因为处罚的威胁盲目地遵从法律。[2] 一旦这种教育体制成功了,处罚将变得几乎没有必要,但是柏拉图从假设中得出,尽管如此,一些人还是会犯罪。对于这样的人又应该做些什么呢?

法律的处罚条例旨在抑制那少数城邦公民,其糟糕的品行太具反抗性,以至于不能从教育体系中得到恰当的塑造(853)。当有人违反了某一法律规定时,将把"教育和约束结合"以防止在将来再发生这样的违法犯罪行为。教育的模式是灵活的,和犯罪者的需要与具体的情况相符合:"我们可能会采取行动或只是和犯罪者谈话。我们可能会给予他快乐或让他受折磨。我们可能会尊重他;我们也可能会羞辱他。我们会对他罚款或奖赏他礼物。我们或许会使用任何方法让他憎恨不公正,并且让他感受到真正的正义……"[3](862)各种各样这些反面的和正面的刺激,以及对他们的限制的缺乏,表明了对报复性概念的完全否定,即不法行为必然要求施加法律的处罚。和普罗塔戈拉一样,柏拉图的观点是为了

---

[1] 关于柏拉图在这篇对话录中对于法律规则的观点的分析,参见 D·科恩(1993)。关于这一观点的不同看法,参见莫罗(Morrow,1960)和桑德斯(1991)。

[2] 关于这一情形的细节描述,以及柏拉图关于法律规则的观点中道德自治的中心含义,见 D·科恩(1993)。

[3] 译文选自 T·桑德斯(1970,Penguin edition)。

治愈病坏的政体部分。但是，假如生病的部分抵制治愈，又该怎么办呢？当他解释时又和普罗塔戈拉的观点相似了，柏拉图的回答是残忍的，也很容易让人联想到《高尔吉亚》中的处罚理论。他认为，即使是犯罪者自己"也将认识到对这样的人最好的东西就是死亡——即便对他们自己来说也是最好的。用死亡的方式他们也帮助了其他人：首先，他们会对非正义的行为形成警告，其次，他们将使城邦没有恶棍。这就是为什么立法者应该在这样的案件中规定死刑……而不是在其他情况下"（862—863）。

　　柏拉图似乎相信，不管一个人提供的教育体系多么完好，总是有一些公民抵制引导人们自觉遵守法律法规的道德社会化。当这种人做出犯罪行为时，所有用来教育和劝诫的方法都是围绕美德的。然而，假如他们抵制"治疗"，他们就只能被城邦驱赶出去。最为严酷的处罚形式是在维护社会秩序中，其他"温和"的方法都失败时最后的选择。

　　柏拉图看起来准备了很长的篇幅反对那些威胁污染社会的人，来维护政治体制的健康，这在他对待的犯罪行为中表现得很清楚。正如在雅典、在柏拉图的城邦里，对宗教或神不敬可最终被处以死刑。然而，和雅典不一样，初次犯这种罪行的人，"从一个受害者沦落成一个愚蠢的人"，被处以在"教改中心"监禁 5 年，在那儿，囚犯将被治疗直至恢复"健康"。假如这种"治疗"失败了，他会被判重新定罪，应该被处以死刑。另一方面，那些承认不敬罪行的人，是一种固定的性情导致他们认为神根本不存在或他们可以被贿赂，等等，对待他们的方式也将有所不同。因为他们代表着一种对城邦比较大的威胁，在这样的城邦里，公民宗教是道德社会化的一个基本元素，因此，他们将被认为是不可治愈的。这样的犯罪者将被切断其任何的社会交往，并且被监禁起来直到死亡。他们的尸体将被扔到城邦边界之外的地方（908—909）。

　　在这里，人们看到了柏拉图对处罚"治疗"方法的道德局限。

政治社会的"健康"利益被看得如此之重，以至于持无神论的人被视作传染的源头，必须不惜一切代价阻止其蔓延。尽管不像再次审判的犯罪者那样被处以死刑，但是他在以后的生活中在拘禁的条件下将被孤立。正如任何处罚理论一样，处罚措施更多是基于社会利益的，而不是为了犯罪个人的道德责任，结果将总是倾向于社会的主导利益。这就是在个人案件中处罚社会和政治的产物的危险之处。这是在希腊处罚理论中被广为忽视的一种危险，因为，正如在第 2 章中表明的，在他们的政治理论中，用城邦或国家利益来定义正义是如此自然的事情。很具讽刺意义的是（人们可能只想知道是否柏拉图并没有强烈地表现这种讽刺意义），这种普遍特征把柏拉图对人们的不敬行为的谴责和雅典的法官们对苏格拉底在同一问题上的谴责统一起来了。

# 10. 公元前 4 世纪雅典的法律修辞

尤尼斯(Harvey Yunis)

简要讲述了修辞在雅典民主中的出现之后,本章的首要任务是解释修辞如何成为公元前 4 世纪雅典司法程序中的主要工具,尽管修辞对于法律并不存在内在的根本利益。本章的另一任务是,阐述雄辩家们如何言说法律,并在由他们自己或他人发表的法庭演说中实现修辞目的。

## 雅典民主制和修辞的出现

公元前 4 世纪和公元前 5 世纪的雅典民主制中没有行政办公室或行政委员会,相反,官方的、有约束力的决定是由两个公开的、民主的机构,即公民大会和法院来制定的。两个机构的目的都是用来传达城邦的意愿——即大部分能够代表绝大多数公民意愿以及城邦权力的普通城邦公民——以一种公平、公开、有利于制度稳定的方式。以效率为名,城邦把一些任务和决定委托给少数机构或者一些地方性社团代为执行。公民大会和法庭的主动权掌握在通过竞争而取得领导权的个人手中。城邦也经常会重新考虑或修订自己的决议。然而,并不存在什么制度性机制来限制城邦的活动范围,并且也没有任何权利学说来约束城邦的意愿。城邦在整个共同体中的权力是绝对的,它通过公民大会和法庭做出的决定是最终的,并且不能提出上诉。[1]

　　管理公民大会和法庭的组织结构和执行程序存在一些差异,但是,两个机构的运行都存在一个共同的基本程序,使它们具有民主的完整性。由普通的、匿名的城邦公民组成一个庞大的观众队伍,有效地代表了整个城邦,聆听公民个人之间对要做出决定的问题的辩论。在辩论结束时,观众进行投票,对所讨论的问题进行表决(在公民大会中,辩论通常是开放式的;在法庭上,辩论在原告和被告的对抗中进行)。因此,城邦通过公民大会和法庭做出的决议取决于之前的辩论和之后的表决。公民个人从社会中是获得权利,还是失去权利,完全取决于在什么程度上他们能够劝说公民大会和法庭上的观众为他们投支持票,对他们的对手投反对票。[2]

　　通过演说的方式,用语词产生的巨大力量,来操控观众,打败对手,由此,有说服力的演讲自然成为了能力和智慧的焦点。这一时期的希腊,经验科学和理论科学正在迅速发展。理论化和体系化的倾向,在公共演说领域使得修辞(rhetoric,来自于 rhētorikē technē,字面意思为"演说艺术")发展成为一门正式的学科。公元前 4 世纪初期,产生了很多修辞方面的教师、学生、学校和相关的手册,也发展起了修辞学自己的理论、原则、方法,同时也产生了很多争议。一个学科的形成所产生的一个重要结果是,形成一种能清楚表达并力图实现严格遵从学科原则,并独立于其他所有问题的能力。因此,在修辞学中,它所关注的唯一目的是,如何说服观众听从演说者的

---

[1]　关于雅典民主制的性质的重要论述,见芬利(Finley,1973、1983)。关于雅典民主制,以及其机构、程序的进化,见汉森(Hansen,1991)、布莱肯(Bleicken,1994)。雅典民主制的正确描述,在一些关键点上仍然存在争议;其中有一种解释,并带有文献的回顾,见米勒特(2000)。

[2]　关于公民大会和法庭作为两个平行的传达城邦意愿的场所,见奥柏(1989:141—147)、布莱肯(Bleicken,1994:224—228)。关于雅典民主制中的大众演说,决策制定的相关问题,见奥柏(1989)、尤尼斯(1996)。

观点；在法庭上，这就意味着战胜了对手。因为，从修辞胜利的观点来看，唯一的目标，所有的一切——司法、法律、法规、公共福利——都仅仅只是工具利益(instrumental interest)。[①]

修辞学的发展，使得法庭演说具有了超越最初发表时的环境的作用：手抄本被制作、分发、并作为修辞艺术的案例被保存。一些保存下来的演说稿是由涉案的当事人起草并发表的。在其他一些案件中，涉及法律纠纷的公民，可以购买一份专门针对他的案件的，由职业演说稿撰写人(logographos)起草的演说稿。即使价格昂贵，这却是一项重要的，为未经修辞训练或没有公共演说经验的公民提供的服务；诉讼当事人可以把演说稿记下来，然后在法庭上背诵出来。[②] 就现实的目的而言，这两种演说可以一视同仁。所有现存的材料源于公元前 4 世纪雅典最有经验的和相当熟练的修辞学家。[③]他们都使用相同的术语，并用基本相同的方式处理他们的任务：试图起草一个成功的演讲稿，他们所做的一切都是为了实现这一目的。

## 修辞辩论的雅典庭审

在很多方面，公元前 4 世纪雅典的庭审和英美世界的现代法

---

[①] 关于修辞作为一门学科的发展，见科尔(Cole,1991)。关于雅典民主制对修辞学发展的影响，见尤尼斯(1998)。关于修辞学流派和公元前 4 世纪雅典的修辞学家，见肯尼迪(Kennedy,1963)。关于科学和学科知识的发展，以及智者的角色，见劳埃德(Lloyd,1979)、柯费尔德(Kerferd,1981)。

[②] 照着手上拿的文本朗读，会违反法庭关于书面文本(后面会进行讨论)的禁忌。代笔演说稿(Logographic speeches)占了大约 100 篇保存完整的雅典法庭演说稿的三分之二，阿谢尔(Usher,1999)为这些材料提供了指南。其他一些演说稿的语录和片段同样也得到了保存。托德(在本卷中)在雅典法律范围内讨论了代笔演说稿。关于雅典的职业演说稿撰写人，见莱文斯(Lavency,1964)、多维(1968b：148—174)、亚瑟(1976)。

[③] 关于公认的 10 位雅典演说家，他们的作品构成了所有幸存的雅典演说的历史资料，见沃辛顿(Worthington,1994)。

庭上所进行的并不一样。雅典庭审是在一个具体的诉讼基础上展开的，这个诉讼也为法庭的判决提供依据。法庭遵循既定的程序设计，以确保公平。原告和被告在同等条件下，在由和他们同等级的人组成的陪审团面前对峙。法庭的判决是根据争论双方的对抗而作出的。一般认为，庭审有助于法律规则的实施，并且对公共福利的实现也起着关键的作用。雅典诉讼人尽可能地利用司法系统的规则，同时寻求在法庭上的胜利，就这一点而言，他们似乎和现代法庭的律师没有什么不同。

　　然而，雅典庭审和相应的现代庭审之间存在一个关键的区别，那就是，在雅典法庭的运行过程中修辞占了一席之地，这在现代法庭中却是几乎不可能存在的。雅典的庭审，缺乏在由法律自身所派生出的规范的基础上，对法律是什么，手头的案件需要什么样的法律规则的考虑。也就是说，雅典的庭审并不受法理要求的影响，而这些法理要求却可能会通过加强对建立起来的独立的法律规范的坚持，抑制当事人赤裸裸地追求胜利。结果，雅典的诉讼人在法庭上完全可以自由发挥。他们可以，而且能够对法律提出异议，却没有第三方的介入，使得诉讼人保持一个独立、公正或者具有科学性的法律论辩。[①]

　　参与雅典庭审的只有三方人员：原告，被告，以及一组被称为dikastai(字面上被翻译为"裁判")的城邦公民，他们集法官和陪审团的功能于一身，最终决定法庭庭审的结果。所有这三方人员未经培训、没有专业知识，也不受法律的监督。原告和被告在法庭上

---

[①]　一些重要的法律研究质疑是否有，或者可以有，一个独立、公正或者具有科学性的法律论辩。本章对这一问题并不发表看法，而只是列举法理的传统角色，和雅典的情况作一比较。尽管法理的传统标准被证明是站不住脚的，但是，由法官指导诉讼进行的动态的现代法庭，和没有诉讼引导的雅典法庭具有根本的区别。对于英美法理的历史，包括一些重要的法律研究，见科基莱特(Coquillett, 1999)。在希腊思想史中法理起初对雅典庭审并不具有什么影响，关于这一点，见琼斯(Jones, 1965)、罗米利(Romilly, 1971)。

交替发言，并拥有相同的发言时间。当他们的辩论结束后，被称为 dikastai 的城邦公民（文中译为"陪审团"）通过无记名投票进行表决，支持原告或被告；得票多的胜诉。陪审团没有机会向当事人提问，也不会对案件进行讨论。雅典的法庭也没有一个法律官员作为法庭主持，用关于证据和相关的规则，要求当事人陈述事实或法律法规，或者向诉讼人提问或限制诉讼人对案件的陈述。对法规的审查不会成为法庭做出决议过程中的正式的组成部分。庭审的进行一般不会超过几个小时，即使对于社会整体具有重要影响的案件也不例外。法庭的判决是最终的，立即公布，并且不接受上诉。① 因此，在雅典庭审中，诉讼人在所分配的时间内，在"什么可以说"这一问题上，不受制度的约束。唯一有效的约束就是修辞；也就是说，诉讼人会自己对自己的言语做出限制，以免说了什么会疏远他们的观众，即陪审团。

　　雅典法庭审判过程中的其他一些方面表现出缺乏法律的专业知识。首先，庭审的运行基本上不使用书面文件。尽管读写能力在公元前 4 世纪的希腊正在迅速普及，然而，只是在雅典法庭审判的预审阶段才有所体现。② 完全脱离文盲仍只是局限在上层阶级（以及管理奴隶的工作人员和上层阶级的家庭成员）。城邦公民中的很大一部分，尽管不是大多数，要么几乎不识字，要么就是半文盲。由于必须让普通公民能够参与到法律体系中，而且必须在法庭上代表自己，因此，识字程度高的不允许参加法庭庭审并在法庭上发言。此外，尽管雅典法庭曾尝试过把法律法规整理成书面的、

---

① 关于雅典庭审的程序，见汉森（1991：178—224）。

② 被称为 graphe（字面意思是"书写"）的雅典法律程序，主要用于涉及公共利益的纠纷。其要求案件在发起和审查的时候，要以书面的形式提交诉状；公元前 403 年，雅典人决定，今后，只有成文法规才可以被视为有效；证人不再在法庭上作证，而是在法庭上宣读书面证词。关于"书写"对于希腊法律发展的重要性，见盖格林（2003）。关于公元前 4 世纪雅典的书写和法律，见希利（1987：35—41）。关于古雅典的读写能力，见 W・V・哈里斯（W. V. Harris，1989：65—115）、托马斯（1989）。

公开的、易理解的形式,但事实上,法律法规本身既不是很有条理,也很难理解。的确有一些公共档案存在,但是既不系统也不全面。① 法庭诉讼议程也没有以书面的形式记录在案。案件陈述并不构成法律进程的一部分。为了维护全体普通城邦公民的权利,雅典法庭和公民大会一样,致力于依靠口头程序,把读写能力局限在不阻碍普通群众参与的范围内。因此,书面文件和法律文本能够提供的法律调查被排除在雅典法庭之外。②

其次,尽管雅典民主制促进了有说服力的演说作为一门学科的发展,但是它同样阻碍了类似的有关法律方面的发展。一个经过培训的、独立的法官,或者训练有素的辩护人,被引入到法庭的诉讼程序中,会被视作对群众的直接民主权利的侵扰。③ 作为有着良好信誉的普通城邦公民,陪审团被认为没有必要经过特殊训练,就可对法律纠纷进行裁决。正如很多重要的城邦政策的相关问题要在公民大会中进行讨论并做出决定一样,法律纠纷也被视作是属于每一个普通城邦公民的自然的、适当的能力。与此相反的任何建议都被视为对规则的违背并遭到反对。

不去试图把法律决定和政治决定区别对待,雅典人自然把两者混淆在了一起。这一情况也使雅典法庭中的很多法律问题被搅浑了。法庭受理明确的政治诉讼,比如叛国、公职中的不当行为,以及政治欺诈。但是,显然不是政治诉讼,比如贪污、对宗教的不敬、同性淫秽,以及其他很多犯罪现象,也会使得政治家们就此问题在法庭上进行论争。在这种情况下,诉讼人的政治动机非常明

---

① 关于公元前 5 世纪末雅典在法律体系上的努力,见托德(1996)。关于雅典的公共档案,见斯金格(Sickinger,1999)。

② 关于口述的做法在雅典法庭上一直优于书面文件这一现象,见克亨(2003)。

③ 辩护人(synēgoroi),需在政治和家庭关系的基础上被使用,但是,演讲作者与此不同,他们只是在幕后工作,他们不是专业人士,也不可雇用。关于雅典法庭的辩护,见沃尔夫(1968a)、鲁宾斯坦(2000)。

显，政治性的争论也很显著，并且，法庭的决议被视为和政治政策有直接的关系。这就意味着，法律上的观点，会对关于正直、忠诚、公共服务，以及原告和被告双方的政治或军事记录做出补充或形成竞争。然而，一些提交到雅典法庭的非法律关注的问题和政治并没有关系。雅典诉讼人在法庭上指涉他自己或他的对手的社会地位和经济地位、家庭背景、教育背景，以及道德品行是很正常的事情。在法庭上，毫无顾忌的谩骂和对品行的诋毁也已成为一种习惯。这种明显会使陪审团产生支持演说者而反对对手的言论，在现代法庭上会被视为诽谤或不利于法庭判决而被禁止。没有现代法学概念的雅典人，允许在法庭上有这样的言论，他们认为，诉讼人的社会声誉、道德品行以及家庭背景，会对公共福利产生很好的影响，而且，法庭有保护公共福利的责任。在雅典法庭上，要想把法律、政治以及诉讼人的风格和个性区分开是不可能的。所有这些因素在法庭审判中几乎交织在一起。①

在这种情况下，有一个用于法庭庭审的希腊词汇，agōn（字面意思是"竞争"），是非常贴切的：雅典的法庭庭审完全是两个诉讼人的口头较量，他们争相说服庞大的普通观众、匿名的城邦公民投票支持他们，反对他们的对手。然而，从民主制的视角来看，又会发现它的矛盾性，如果法庭没有任何机制审查纠纷的法律基础，而诉讼人只是根据他们的实际需要对法规进行讨论，那么它不会对法律构成任何危害。相反，与法律相关的最重要的事实是，纠纷是在民主体制下才得以呈现在雅典法庭上。这就意味着，根据预定的程序，法律会有一个适当的过程，而且城邦会为了城邦的最大利益而行使着它的专有特权来对城邦公民之间的纠纷进行仲裁。法

---

① 雅典的诉讼，作为一个社会程序，见卡特利奇（Cartledge）、米勒特、托德（1990）、克亨（1995）、克里斯（1998）。关于传统的雅典意识形态，以及它在民主制中的作用，见奥柏（1989）。关于法庭的政治作用，见汉森（1990b）。关于法律和政治融合的观点，见尤尼斯（1988）。

律是民主制的工具。雅典的诉讼人作为请愿者出现在陪审团的面前，通过这种行为，他们再一次重申了城邦的独有特权，为共同体提供有约束力的判决。至于诉讼人在构成雅典庭审的口头攻击过程中，利用任何或一切有利于自己的说服手段，这不但是他们自己权利范围之内的事，而且他们也向整个城邦展示了每一个可以被视为和雅典体系相关的值得考虑的因素。①

　　由于雅典的庭审是一个修辞的对抗，没有独立的规则来规范诉讼人应该说什么，因此，单方面追求对自己有利的诉讼人，会使用修辞技巧不受限制地操控陪审团在对案件做出判决时，违背自己的真实意愿或最佳的判断。因此，在每一个正式层面对既定程序的遵守的同时，诉讼人通过阻止陪审团以城邦的利益做出判决，在理论上歪曲法律，阻碍城邦。对于今天的我们来说，无法判断在什么程度上或者如何频繁地，雅典法庭真正地被聪明的、有着熟练的修辞技巧的诉讼人欺骗了。② 但是，正如我们经常听到的，现代

---

① 见格内特(1955a)，以及后来的托德(1993：54—60)。托德对梅耶-劳林(1965)作了回应。梅耶-劳林认为雅典的诉讼人在法规的基础上，让他们的案件和雅典法庭来做出判决。E·M·哈里斯(1994、2000)对这一观点进行了重新论述。哈里斯的观点很有趣，但却站不住脚：它要我们相信，在雅典法庭演说中的和法律有关的观点是唯一和法庭判决有关的内容。同样，它再次呼吁人们要相信这一观点，当哈里斯(1994：133—134)强调，由所有陪审团成员发表法庭誓言(dikastic oath)确保他们有能力参与这项工作，这可作为法庭在做出判决时坚守法律法规的证据。在其他条文中，誓言迫使陪审团在做出判决时，要依据法律，没有法律可依据时，应依据正义以保证公平(关于誓言，见伯纳和史密斯[Bonner and Smith, 1938：152—155])。然而，法庭没有相关了解法律法规的机制。陪审团完全依赖于诉讼人对有关法律的陈述，然而，诉讼人所使用的相关的法律知识，自然不仅会导致偏见，缺乏保障，而且从根本上来说，也是不准确并带有欺骗性的。雅典的法庭同样也没有管理宣誓的机制，这完全是陪审团成员个人对自己愿望的表达。在其他一些文章中，比德谟斯涅斯(24.148—152)提到了誓言，他这样做，证实了法庭有不受约束的权利来按自己的意愿做出判决。同样可看本书中兰尼的章节。

② 比如，考克韦尔(Cawkwell, 1969)指出，公元前 330 年，德谟斯涅斯在法庭上使用了修辞技巧，以欺骗雅典人承认他的判断更好，更有价值。关于这一点的一个最好的例子，同样可参见尤尼斯(2000)。对雅典法庭的司法知识的评估(转下页注)

法庭的律师有着操控法庭的能力一样,雅典的传统资料以及政治理论家中这种被修辞术彻底欺骗的可能性也是存在的。

阿里斯托芬的《云》(创作于公元前 423 年)是最早反映这方面的担忧的作品之一。书中记载了一个雅典人,由于儿子的挥霍而债务缠身,注定要在法庭上面对他的债权人。他试图使用修辞技巧来欺骗陪审团,以逃脱他认为法庭可能会给予他的惩罚。阿里斯托芬尖锐地提出了这一问题。在发现儿子没有能力学会一门新的技能之后,这位父亲就选择把儿子送进教授修辞和科学的学校,在那里,在"正确"与"谬误"的辩论中,传统的社会价值观被拷问。这个接受了新的教育的儿子声明他已经转向了新的非传统的价值观,随后他在法庭上击败了他的父亲,而他的父亲最后烧毁了这所学校。《云》通过夸张的手法,传达了一种讽刺意味;然而,它把修辞、诡辩教育和公共纠纷联系在一起,却是很典型的。公元前 4 世纪的法庭演说并没有多少的华丽,但是,诉讼人经常会提醒陪审团,说他们的对手是经过了修辞训练的,并且会运用他的修辞技能来欺骗他们。[1]

柏拉图对修辞的反对,与他对民主制以及他关于人类本性的思考是分不开的,这是一个很大的话题,在此无法具体展开[2];然而,有几个关于法律的观点已足以说明问题。在《高尔吉亚》(521c—522e)中对苏格拉底的审判,说明了柏拉图认为修辞是一种极为有效的谀辞形式,对法庭的民主具有极大的破坏性。苏格拉底,作为被告,被比喻成一名医生;有着熟练的修辞技能的原告被比喻成一名糕点师;陪审团被比喻成孩子。在庭审中,他(原告)

---

(接上页注)从一个极端走向了另一个极端;关于这一问题的讨论和相关的参考书目,见布莱肯(1994:517—520)。

[1]　参见艾索克拉底 18.21,伊萨尤斯 9.35、10.1,埃斯基涅斯 3.16、137、200。关于对雅典公共话语中的诡辩和修辞训练的不信任,见奥柏(1989:165—182)。

[2]　见尤尼斯(1996:117—171)。

以健康的名义对孩子们采取了非常手段，当糕点师给孩子们提供糖果和糕点时，苏格拉底还有任何机会吗？卡利克勒斯（Callicles），苏格拉底在《高尔吉亚》中的对话者，一个把修辞视为一种在民主城邦获得权力的途径的狂热支持者，认为苏格拉底是一个在民主法庭上自己不去使用这一有效武器的傻瓜。然而，柏拉图认为，通过鼓励诉讼人使用修辞是以牺牲公共利益来实现他们自己的个人利益，民主法庭既破坏了正义和公平，也是对公共福利的损害。然而，把民主视为神圣不可侵犯的雅典城邦，对专业的修辞知识很是谨慎，但为了维护民主制却又不得不容忍修辞术。因此，柏拉图既反对修辞也反对对它有促进作用的民主机构。

在柏拉图的最后一篇对话录《法义》中，柏拉图对理想国的审议和司法机构做了描述。它们应该是民主的，但是，人民不受约束的自由，却受到了从寡头政治、贵族制以及具有柏拉图色彩的精巧社会工程那里借来的机制的限制。在理想国中，大多数的法庭，和那些在雅典中的一样，是人民法庭。① 为了防止出现柏拉图所提到在雅典法庭上经常出现的（修辞的）滥用，柏拉图取消了修辞学校、对修辞的学习，以及在法庭上诉讼人对修辞的使用（937d—938c）。潜在的思想是，假如诉讼人被禁止使用修辞，被迫公开他们的论据的话，一般法庭就能够传达正义，执行法律。该思想早在《申辩》（柏拉图的早期作品之一）的序言中就已经提到。苏格拉底把自己朴素真实的语言——对真正想做出公正判决和践行法律的雅典法庭是很有用的——和原告运用了修辞技能的华丽的、欺骗性语言作了对比（17a—18a）。

在《修辞学》开头的章节里，亚里士多德对古代的修辞做了最深刻的理论阐释，并对柏拉图的观点做了补充，他认为修辞歪曲了法庭的真正目的。亚里士多德批评了很多不知名的修辞学家，他

---

① 　见莫洛（Morrow, 1960: 251—273）。

认为,如果诉讼人能够避免使用旨在左右陪审团,而与案件本身无关的情感诉求,那么法庭的庭审就会更好地进行;修辞性的法律语言"就像是一把尺子,在使用之间就已经弯曲了"(《修辞学》1.1.3—5)。在《法义》和《申辩》的影响下,亚里士多德认为,朴素的司法表达,可以陈述事实真相,并且可以让陪审团自己而不是经过诉讼人歪曲的灌输来做出正义的判断(《修辞学》1.1.6)。① 然而,在序言之后,其余的章节并不是从一个政治哲学家的视角来写的,政治哲学家会以修辞对整个社会的利益和危害为根据,对其进行评估,而是以一个修辞学家的视角来写的,仅仅关注这个学科的要求。亚里士多德不但对修辞的欺骗性力量没有更多的关注,而且,他进一步详细分析了这种力量如何才能更好地实现。

正是在学科标准的履行中,亚里士多德的《修辞学》利用了雅典庭审缺乏司法审议这一特征。亚里士多德花了大量的篇幅来说明他所谓的"艺术性证据"(artistic proofs),即三类具有很强说服力的话语,这些话语由有着熟练的修辞技能的演说者掌控,并且由此构成了修辞艺术基本的组成部分。艺术性证据是涉及纠纷主题的论据,是涉及演说者的可信度的断言,并且是对观众情绪的迎合(《修辞学》1.2.2—5)。法规,和誓言、合同、证人的证词,以及神谕一起构成了非艺术性证据;这些都是独立于演讲而存在的。作为一种非艺术性证据,法规可以由演说者予以介绍,

---

① 在这本书的开头(1.1.5)亚里士多德提到,在最高法院(Areopagus),是不允许谈论案情之外的话题的。最高法院的公民大会,雅典前民主时期的遗迹,依然可以作为审理一些特定的案件的法庭。在最高法院,这种对法律语言的限制,在其他作品中也有提到,但是,在亚里士多德的作品中并没有给予细节的描述(吕西阿斯3.46,莱克格斯1.12—13)。三篇保存下来的在最高法院上发表的演讲稿,都来自吕西阿斯(3、4、7),和吕西阿斯的其他演说稿没有区别,都包含情感和伦理方面的材料。很难想象,这样的制约可以在一个正式的程序中执行。或许,最高法院的成员们,他们都是前任的地方官,被永久地安置下来,他们只是选择口头制止诉讼人来行使他们的权利。见兰尼在这一章的进一步论述。

也可以不介绍,这要根据它们对案件的可用性和适用性。亚里士多德对法规有简要的评价(《修辞学》1.15.1—12),仅是建议演讲者在法规会削弱他的案件时,要强调平等,在法规对它的案件形成支持时,要强调法律。[①] 因此,对于一个训练有素的掌握了熟练的修辞技能的演讲者来说,法规并不具有固有的利益。无论法规在法庭上存在什么可能的价值,只有当那些掌握了熟练的修辞技能的演讲者对它们进行部署,来支持自己或削弱对手时,它们才和演讲者有关。

## 立法者的意图以及对民主制的捍卫

雅典庞大的法律机构和法律程序,比希腊的其他任何东西都更令人瞩目。这些机构和程序的建立用了两个多世纪,已经成为维护社会稳定和民主政权必不可少的工具。法治是雅典民主的基本原则,正如所有陪审团成员在所发表的誓言中所断言的,法庭的庭审被视为执行法律规则、维护民主必不可少的内容。对于滥用法律以达到个人目的的行为应予以处罚。法律判决,和法律的制定一样,是城邦不予委派的一种民主特权,这一事实揭示了陪审团在对待他们的司法任务时的严肃性。鉴于法治对于雅典民主的重要性,诉讼人通常会对自己作一包装,以法律的语言演说,并做出遵守法律的承诺以控告对手的不法行为。[②]

当对法律进行争辩时,雅典的诉讼人通常会引用具体的法规

---

[①]　关于亚里士多德对修辞和法律的论述,见 Mirhady(1990)、卡利(1996)。

[②]　参见,埃斯基涅斯 3.37,德谟斯忒涅斯 18.2、21.188,德谟斯忒涅斯 59.115,莱克格斯 1.3—6。关于演说者利用法律来贬低对手的品格,或颂扬自己,见德布劳(De Brauw,2001)。关于法治的理念以及它对民主稳定的贡献,见芬利(Finley,1983:122—141)、奥柏(1989:299—304)。关于公元前 4 世纪雅典的法治,见希利(1987)、克亨(1995)。关于对滥用法律行为的处罚,见 E・M・哈里斯(1999b)。关于陪审团的实验,见前文的注释 13。

以向陪审团清楚地表明他们对法律的遵守。① 本节将集中讨论一组辩论,其中使用的法律法规形成了超出法规本身的一种行为动机。这组辩论揭示了法庭在保护民主制方面所扮演的角色,并且鼓励陪审团实现这一能力。演说者确定地指出他所争辩的正是立法者制定某一具体法规时的意图,并且演说者利用这一意图暗示或明确地宣称对他投支持票正是民主的本质要求。当然,由于在庭审过程中缺乏对法规审查的独立环节,立法者的意图在法律解释和判决中并不享有官方的地位。这种意图充其量只能推断出来,因为没有关于最初立法意图的任何信息,而且雅典的法规几乎没有对关键术语的意义提供任何信息。② 但是从理念这一层面来说,立法者的意图总是对民主政体提供支持和促进作用。法律整体和个别法规,和法庭以及公民大会的行为一样,都被视为是对城邦意愿的传达。在公元前 5 世纪,立法(nomothesia)发生在公民大会中;到了公元前 4 世纪,它开始有了民众的参与,在规模上可以和法庭相比。法规被视为一种“传统”(patrios),是由古代的立法者(nomothetai)德拉科(Draco,公元前 7 世纪)和梭伦(Solon,公元前 6 世纪初)制定的,它们同样被认为体现了城邦的利益,原因在于,这些立法者一般被认为是城邦忠实的仆人;另一原因在于,随着时间的推移,城邦在对这些法规的不断使用中表明了他们对这些法规的接受。③ 在此讨论的这些论辩,是要说明雅典的法

①　见沃尔夫(1962、1970b)以及迈内克(Meinecke,1971)。

②　关于雅典法规的模糊性,见托德(1993:61—62)。关于公元前 4 世纪雅典法庭的演说者运用立法者的意图来解释法律的方式,见希尔格鲁贝尔(Hillgruber,1988:105—120)。

③　关于公元前 5 世纪和公元前 4 世纪雅典的法律和立法,见汉森(1991:161—177)。关于公元前 4 世纪 nomothetai(“立法者”)的民主地位,见奥柏(1989:96—97、101—102),以及布莱肯(1994:187—190)。关于公元前 4 世纪的民主立法者梭伦,见汉森(1989)、托马斯(1994)。关于由梭伦制定的法规,见拉申布什(Ruschenbusch,1966)。关于德拉科,见盖格林(1981)、卡拉文(Carawan,1998)。

律修辞的独特性,尽管它们以法规为依据,其目的是要介绍超出法规的意图,并且依赖于民主制以及法律的社会功能。

　　来看看吕西阿斯的演讲稿《埃拉托色尼之死》(*On the Death of Eratosthenes*),文中的被告欧菲莱特斯(Euphiletus)因谋杀罪而受审。欧菲莱特斯承认他杀害了埃拉托色尼,并辩解该行为是合法的:他将埃拉托色尼和他的妻子捉奸在床,并且雅典法律允许——不,是命令(34)——丈夫如果捉奸在床,可将奸夫当场杀死。在叙述的高潮部分,当欧菲莱特斯回顾那致命一击时,他对那玩弄女性的人说,他是运用城邦法律进行的私人报复:"不是我杀了你,是城邦的法律杀了你。你选择犯罪伤害了我的妻子和孩子,而不是规范自己的行为,遵守法律。"(26,根据托德的翻译)在对自己做了描述之后,这个对犯罪事实供认不讳的杀人犯,成为了对法律的捍卫者,而被杀害的通奸者,却是城邦和法律的敌人,欧菲莱特斯引入三条法规来证实自己的说法(28—30)。法规的文本没有和演讲稿一起保存下来,虽然雅典在凶杀案方面的法律据说有其他来源,但是仍然不清楚是什么样的法规支持了欧菲莱特斯采取了那样的行为。① 原告也不会做出让步而承认欧菲莱特斯引用的法规可以使他免除起诉;原告很可能认为还存在其他针对欧菲莱特斯行为的法规可以对他实施惩罚。然而,由于缺乏现代法律体系对法规的审查方式,并且原告和被告双方都可以引入支持他们自己的法规来证明自己的合理性,一个案件不可能单靠法规来进行判决。欧菲莱特斯不仅引入了支持自己的法规,他还认为对他有利的判决对民主制下的福利是很有必要的。

　　在法庭上宣读完第一条法规之后,欧菲莱特斯说到:"我给

---

① 根据欧菲莱特斯的解读(30),他的三条法规的第三条在德谟斯忒涅斯 23.53 中有记载:"假如有人杀了人……他的身边还有他的妻子或姐妹,或女儿,或是给他生了孩子的情妇,那他将不会因为这个原因而被作为一个杀人犯放逐。"

予他(那个玩弄女性的人)的处罚(也就是死刑),你们自己应该相信是公正的,才可以适用于同样有那样的行为的人。"(29,根据托德的翻译)依赖于雅典立法的民主特性,欧菲莱特斯把法庭上的陪审团认定为——"你们自己"——特殊法规的立法者,(据说)该法规对勾引已婚雅典妇女的人判处死刑。通过这样一种认定,欧菲莱特斯要传达的是更广泛的信息:首先,陪审团应该对原告(死者的亲属)感到恼怒,因为他们试图通过诉讼欧菲莱特斯,无耻地否定城邦对诱拐和死亡(也就是法规)的规定;另外,陪审团应该通过撤销原告的诉讼请求来捍卫城邦的法规。如同欧菲莱特斯所说的,假如陪审团不能执行判定(不,是规定)它是正义的法规,那么他们将允许自己的法规被藐视,而这将是不能容忍的。

欧菲莱特斯所隐含的意思被埃斯基涅斯在反对德谟斯忒涅斯的演讲(埃斯基涅斯 3)中说出来了。埃斯基涅斯对陪审团说,"你们制定(法规)是为了排除借口(来自被告,卡特西芬[Ctesiphon]和德谟斯忒涅斯)"(14);因此,像欧菲莱特斯一样,埃斯基涅斯也把陪审团视作法规的制定者。但是,当法规被宣读出来之后,埃斯基涅斯明确警告陪审团要认清被告违反法规而不受惩罚的傲慢:"铭记法律,反对被告傲慢无礼的要求,这是你们的工作;并且你们必须回复他们说,你们拒绝容忍无原则的诡辩者(即,德谟斯忒涅斯),他自以为他可以用自己的语言让法律变得无效……当法律说的是一回事,而政治家说的是另一回事,你们的判决应该符合法律的公正,而不是政治家的傲慢无礼。"(16,节选自卡利的译文)

在《论秘仪》(*On the Mysteries*)这篇演说稿中,安多基德斯在受到非法参加埃琉西斯城的(Eleusinian)秘密仪式的指控后,为自己辩护(安多基德斯 1)。原告声称,安多基德斯在公元前 403 年大赦令之后,从流放地回来,依据大赦令之前的埃索提米德斯

(Isotimides)法令,是被禁止参加任何仪式的。而安多基德斯却认为,埃索提米德斯法令在大赦令后不再有效,因此不能禁止他参加仪式。事实上,该法令从来没有明确被撤销,而且,在颁布大赦令时,也没有给出一个精确的范围。案件出现时应由法庭做出裁决。[1] 为了给自己辩护,安多基德斯向法庭介绍了一系列正式的民主措施——法令、法规、特赦宣誓——其主要意义是传达城邦取消大赦前几乎所有的合乎法律的诉讼的意图,当然,其中就包括埃索提米德斯法令(71—91)。在演说稿的这一部分,安多基德斯反复对陪审团说,假如他们自己是法令、法规和誓言的作者,那么,就应该让城邦的意图成为他面前的陪审团的意图。他在修辞上的目的和前面讨论的欧菲莱特斯以及埃斯基涅斯是一样的。但是,他把他的辩论总结为:"你们必须考虑这些事实,当我告诉你我所说的是对你们自己和法律的支持时,你们可以看看是否我说的是正确的。"(91,由马克多维翻译)

关于通过立法者的意图把法规和民主利益联系起来的另一种观点,见吕西阿斯 1。欧菲莱特斯在法庭上还宣读了另外两条法规(29—30),和第一条一样,用来支持他杀死埃拉托色尼的正确性。他指出,立法者制定这些法规的目的,是将保护雅典已婚妇女置于很重要的位置,同时也是为了保护孩子的父亲以及家庭的完整性(31—33)。然后,欧菲莱特斯劝告陪审团执行对他有利的法规来进一步保护至上的城邦的利益。假如陪审团不这样做,那对于城邦来说,可能出现的后果是极为可怕的。

> 法律是否强大有力或毫无价值,这完全取决于你们的决定。在我看来,每一个城市制定法律,都是为了,当我们在不

---

[1]　关于伯罗奔半岛战争(the Peloponnesian War)之后,公元前 403 年颁布的大赦令,以及民主制的恢复,见沃伯特(Wolpert,2002)。

确定的情况下,我们可以依据它来判断应该做什么,在这种情况下,法律命令受害者接受这一判罚。所以现在,我要求你们按照法律做出相同的判决。假如不这样做的话,你们将给予通奸者豁免权,由此你们会鼓励窃贼也称自己是通奸者而逃脱罪责。他们将意识到,假如他们把自己描述成通奸者,并且宣称他们曾为了这个目的而进入他人的房间,那么没有人敢去惹他们。人人都将知道,我们必须得对有关通奸的法律说再见了,而只是去关注你们的判决——这才是城邦一切事物的最高裁判权。(由托德翻译)

在他对立法者的意图做出解释后,欧菲莱特斯认为陪审团在当前案件中的行为,对整个城邦的利益起着决定性作用。陪审团不仅仅只是正义和法律的裁判,也不仅仅只是被要求和城邦一起判断谁是法律的受益者。相反,由于他们现在的决定,就像最初的立法者一样,对社会行为有着决定作用,他们事实上自己也是立法者。因此,他们必须对自己判决的后果很清楚,并且应坚决以城邦的利益为重。①

雅典法庭做出的判决,并不创造法律,或者为未来的案件建立有规范作用或有建议作用的法律先例。正如前文所讨论的,法庭判决不被记录,也没有判例法的存在。陪审团总是凭着自己的良心对呈现在他们面前的案件做出判决。② 因此,在吕西阿斯1中,关于陪审团立法的影响,以及他们的判决后果方面的观点纯粹是修辞性的;也就是说,该观点的影响完全取决于演说者的能力,使听众相信——或者只是一种模糊的感觉——他的决定所产生的影响完全归因于他自己。导致这种思想或感觉的关键,在于演说者

---

① 这一观点在演说稿的结尾部分(47—49)做了简要的重申。
② 关于雅典法律中缺乏先例的存在,见托德(1993:60—61)。

直白地对属于陪审团的权力的断言——"你的判决——是城邦一切事物的最高裁判权"——也在于演说者明确地指出，雅典的（公民）妇女的安全和美德岌岌可危。在雅典，这是一种潜在的联系，尽管我们不知道陪审团是如何对案件做出判决的。① 因此，尽管呼吁陪审团像立法者一样保护雅典的最佳利益的法律基础是极为脆弱的，可是这种方法的修辞效果却是相当可观的。在另一篇演说稿中，吕西阿斯使用了同样的呼吁，只是少了戏剧性语言，而是更加清楚明确（14.4）："你不只是陪审员，而是立法者（nomothetai）。你应充分意识到，未来这个城邦该如何对待此类事件完全取决于你今天的决定。一个有责任心的公民和一个有着公正态度的陪审员的任务，在我看来，就是朝着有利于未来城邦利益的方向解释法律。"（节选自托德的译文）

　　或许最有效地使用这种观点的是德谟斯忒涅斯的演说稿《诉梅地亚斯》（德谟斯忒涅斯 21），文中有一个极富震撼力的结论。该演说稿，只是德谟斯忒涅斯和梅地亚斯长时间的论争中的一个回合中的一篇。该文是在一个称作 probolē（字面意思为"提出"，即向公民大会提出）的程序（适用于对宗教节日的神圣性的侵犯）中对梅地亚斯提起诉讼。② 梅地亚斯（很显然）在酒神节（the festival of Dionysus）上打了德谟斯忒涅斯，当时，德谟斯忒涅斯作为唱诗班的组织者正在组织合唱。当德谟斯忒涅斯展示管理 probolē 的相关法规时，他用到了上面提到的第一种观点；即他将法庭上的陪审团认定为法规最初的制定者，并且暗示说他们应该积极地捍卫自己制定的规则（8—12）。德谟斯忒涅斯所有的策略当中最关键的部分是，他将梅地亚斯描述成不仅是他自己的敌人，更是整个城邦的敌人。在结束的部分，德谟斯忒涅斯认为，梅地亚

---

① 关于雅典人对有着公民身份的妇女的安全和美德的关注，见贾斯特（Just，1989）。
② 关于这一演说的过程、背景和其他特征，见马克多维（1990）。

斯还犯有 hybris（使用暴力威胁的严重罪行）和对神明不虔诚（asebeia）的罪行，应该在这些法规下对其进行起诉（42—61）。①从关于"肆心"（hybris）的法规来看，作为一种对公共行为（graphē）犯罪的判罚，可以由任何公民提起诉讼，德谟忒涅斯指出立法者视 hybris 为一种犯罪行为，不但是对受害人的犯罪行为，而且是对整个社会的犯罪行为（45—46）。至于对神明不虔诚这种罪行，从其定义就可看出是对整个社会的犯罪。德谟忒涅斯同样引用了两则神谕，和指出立法者的意图一样，他在此指出了神的意图，即那些在节日里戴着王冠的人（正如德谟忒涅斯所做的一样），不仅是为了他们自己，而是为了整个雅典才这样穿戴的（54—55）。

　　由于梅地亚斯没有被以 hybris 和对神明不虔诚的罪名起诉，那么包括那些相关法规的说法就纯属修辞性的。在演讲结束的部分，当德谟忒涅斯回到法律上，要求陪审团按照立法者的意图保障公民安全来保卫雅典社会时，整个演说达到了高潮。德谟忒涅斯声称梅地亚斯对他的攻击，已将所有公民的个人安全至于危险之中，当然也包括陪审团在庭审之后走在回家路上时，他们自己的安全（219—222），由此，他呼吁陪审团执行起他们应有的、对法律的管理权：

　　　　你们的权利（作为陪审团）是法律赋予的。那么法律的权利又是什么呢？是当你们任何人在受到攻击或求救时，他们才会跑过来给予援助吗？不，他们是书面的文件，不可能做到。那么，他们的力量又是什么呢？这力量就掌握在你们手中，假如你们能够保证他们，使他们在任何情况下当有人需要

---

① 关于雅典法律下的有效行为，以及按照这一方式而不是其他方式执行的原因，见奥斯伯恩（1985）。

时都能起到作用。因此，法律只有借助于你们才会变得强大，而你们只有借助于法律才有力量。（节选自马克多维的译文）

这篇演说稿中体现的这种司法的能动性和责任性的观点，符合雅典法律、司法和政治体系的要求。然而，这篇演说稿的文本效果和它作为雅典社会的报告的准确性无关。相反，该演说稿是一篇对陪审团行为的紧急呼吁。

德谟斯忒涅斯已经提出了这样一种观点，梅地亚斯——恰好是德谟斯忒涅斯个人的敌人——不仅仅只是打了德谟斯忒涅斯，违反了节日的法规，他犯了违反整个社会的罪行，并且表现出对所有雅典城邦公民的威胁。德谟斯忒涅斯同样指出了立法者在制定法律时，其目的在于保护所有城邦公民的安全和福利。而这之后的有些事是严重不妥的。事情如何能修复？法律的目的如何才能实现呢？德谟斯忒涅斯告诉他的听众们要通过以下步骤。首先，法律被拟人化了：他们会跑过来帮助遭到袭击的城邦公民吗？这种法律的拟人化应该抛弃：法律当然做不到；它们只是书面的文件，书面文件是不可能有实际的行动的。然而，法律的确有保护公民安全的目的（正如立法者的意图）；那么它又是如何实现的呢？假如你们这些陪审员们判定梅地亚斯有罪，并在法庭上强制执行法律规则，你们将会和法律一起实现法律的目的，这将对整个雅典都是有利的。这篇演说稿产生了强烈的情感影响，因为这些步骤迅速而生动地传达了陪审团自发地意识到采取行动的迫切性，并明白了他们的职责所在。

最后一句话盖上了印章，正是传达了这个信息。它包含了一种被称作交错法（chiasmus）的修辞手法，即一个思想的两个主要内容采用 ABBA 的顺序排列——"法律只有借助于你们才会变得强大，而你们只有借助于法律才有力量。"在这里，两个主要内容"法律"和"你们"围绕着中心思想"权力"。交错法，纯粹是一种对话语的刻意编排,隐含的是陪审团和城邦法律的社会契约的力量和基本的作用。阐述了这一契约的有效性后,德谟斯忒涅斯看起来也属于此,而梅地亚斯自然被排除在外。整篇文章的诉求是其他任何正直的、爱国的公民都无法抵制的。

　　吕西阿斯、埃斯基涅斯,以及德谟斯忒涅斯的例子,展示了法律中的修辞方法。他们对法律的介绍并不是为案件的法律或法规基础做辩论,而是使陪审团产生一种感觉,这种感觉促使他们为了整个社会的利益而做出支持演讲者的判决。

# 第三部分
# 雅典的法律(下):实体法

# 11. 古雅典的犯罪、刑罚与法治

科恩（David Cohen）

## 导　论

过去的 20 年里，与古希腊的犯罪指控有关的学术研究已有突飞猛进的发展，雅典表现最为突出。学术界已经开始关注控诉程序和诸如战神山议事会（雅典最高法院）等法院的历史及其运行，以及例如杀人、通奸、偷盗、诽谤和肆心（hubris）等特定犯罪的研究。[①] 此类研究加深了我们对刑事指控所适用的程序以及特定犯罪的实体法的理解。然而，对于雅典人是如何对"犯罪"分类进行概念化的，以及他们如何制定法律以处理这些犯罪等问题的关注却要少得多。雅典人是否真有某些区别于其他类型的"一般违法行为"和"不法行为人"，且近似于我们的"犯罪"和"罪犯"观念的概念？他们是否将指控和惩罚刑事犯罪的方法视为一种独立于其他诉讼种类的法律类型？他们是否具有与其他法律补救相对的不同的刑罚概念？他们认为这一法律领域的显著特征是什么？这一领

---

① 　例如参见：加加林（1981、1986、2002），麦克道威尔（1963），汉森（1975、1976），D·科恩（1983、1991、1995），坎塔雷拉（1976、1979、1987、1991b），桑德斯（1991），华莱士（1989）。

域与更为宏大的雅典诉讼体系和政府的关系如何呢？这些问题既宏大又复杂,只有通过专著式的研究才能得到全面解答。本章将对这些问题提出一些解答,以期成为进一步反思和讨论的起点。

在论及雅典法律中某个特定问题时,许多专家都以对程序方面的研究为出发点。在雅典刑法中,这一趋势自然而然地对提起诉讼的两种方式——dikē(私人诉讼)和 graphē(公诉)——之间程序法上的根本区别产生了关注。前者通常被用作私诉(private suit)的代名词,是一个较为古老的术语,具有非常广泛的法律含义,包括法律案例、抽象正义、法律补偿或惩罚等。后一术语的含义要狭窄得多,并且用以指涉一种特殊的诉讼形式,这种诉讼只有在这一特定类型的书面起诉状的基础上才能提起。主要的区别在于:私人诉讼只能由受害方提起,或者在杀人案件中只能由受害人的亲属提出,而但凡法律规定了公诉的地方,任何公民都可以对该违法行为提出指控。

学者们曾试图用这两种方式对各类实体诉讼予以分类,但由于特定种类案件的归属尚不确定,这种权宜之计还面临着一些困难。① 麦克道威尔根据充分的告诫指出了一个更为深层的问题,他认为学者常常以罗马法的模式生硬地将这些种类的诉讼解释为"一个有关诉讼的全面的体系"(a comprehensive set of action)。② 尽管有这么多困难,但公诉一般包括公共违法行为的意见还是达成了相当广泛的一致性。至于私人诉讼存在的疑问要更多一些,因为虽然一般情况下它们涉及的一些诉讼看似私人事务,却存在着对有关杀人和故意伤害等案件之法律的重要限定。因此,虽然一直有观点认为 graphē 是刑事指控③,但大多数当代学者,尤其

---

① 参见托德最新作品(1993:99—112)。
② 麦克道威尔(1978:59)。
③ Calhoun(1972)。

是英美学界的学者要谨慎得多。最近有关雅典法律的两本英国手册也没有对该问题做出清楚的说明。①

　　当然,有一点必须搞清楚,那就是当论及特定法律体系中的犯罪、刑罚或者刑法时,我们应当追问哪些问题。这并不意味着,例如说,由于一个法律体系对于公罪的划分或者处理方式不同于我们的法律体系,它便不具备犯罪的概念或者刑法体系。它也许只是有着一个源于不同的价值观,以及包含了对于社会、公共领域、家庭与社会的关系、惩罚的本质等方面的不同设想的犯罪和刑法体系。

　　例如,在雅典,虐待父母和违反宗教礼则的犯罪显然被认定为属于相当严重的犯罪形式,它们都以 graphē 的方式被提起控诉,并且有可能导致最为严厉的刑罚。这当然充分告诉我们雅典人的价值观与我们的价值观不同。类似地,纳粹德国的刑法规定任何危害德国人民利益的行为都是应判处死刑的犯罪。这不仅仅表明了不同的价值观,也显示出一种把刑法视为国家权力赤裸裸的工具的认识。不同的社会通过不同的方式概念化国家或者团体的力量来剥夺个人的生命、自由或财产,他们对于何种行为能证明这种剥夺是合法的看法也各不相同。这得到了诸如亚里士多德和柏拉图等古希腊政治思想家的充分认同,对他们而言,不同政体的城邦应该采用符合特定政体价值观和利益的不同类型的法律的说法已是陈词滥调。

　　更进一步的困难来源于这一事实:在雅典并不存在对犯罪行为进行调查并提出指控的公诉机关。以现代观点很容易想到上述机构对于刑法体系的正常运作是必不可少的。这揭示出了犯罪与刑罚的本质,然而,这更多地揭示出了我们对国家权威及其在维持公共秩序方面的职能的构想。意识到下面这一点是慎重的,在大多数西方法律体系中,公诉制度实际上相当晚才有。例如,在英格

①　麦克道威尔(1978)和托德(1993:109—110)。

兰,直到 18 世纪晚期,私人控诉才是追诉绝大多数犯罪行为的首要方式。那些依赖于私人主动提出控诉来影响公共领域的法律体系之所以这么做也许是出于各种原因,包括只是单纯地缺乏胜任此任务的中央政府机关。本章的目的之一就是在雅典的背景下,对私人诉讼的自发性(initiative)的意义有一个更清晰的认识。

为研究这一问题,我们将首先审视特定类型的违法行为的概念化,并且特别要关注公私二分法(the public/private dichotomy)是如何被用以构建不同类型的审判。然后,我们将接着转而检视公民控诉,要证明,在雅典,这种控诉必须放在它与极端民主相联系的参与性政府的关系中来理解。对于控诉中的私人自发性的探询,必然涉及以下讨论:在公诉中私人恩怨的重要性,在对犯罪者进行逮捕和惩罚时其采取的自助措施。最后我们将继续探讨雅典人对于刑事审判(criminal justice)的政治力量的认识,以及这种认识是如何渗入民众法庭的功能和性质,以及渗入参与审判的雅典人和他们所适用的法律中。

本章的核心论点是,特定类型的犯罪,所危害或威胁的不仅是直接受害人,还有作为整体的共同体,因此犯罪者不但被要求赔偿受害人,而且要以城邦的名义受到惩罚。不管我们给它贴上怎样的标签,这种观念在雅典人关于法律和正义的思想中占据核心位置。当然,这就是历史法学派中作为分析范畴的"刑法"(criminal law)的核心思想。我们也许最好回忆一下指称刑法的德语单词,字面意义即"有关处罚或惩罚的法律"。在法语中亦复如是:Droit Penal。刑法实质上是对以下行为的司法表述,即国家权力为了公共利益,经由法定程序剥夺公民的生命、身份、自由或财产以施加惩罚。正是这些特征,使之区别于私人案件(然而对于"公"和"私"的实质内容却可能由特定的法律体系所规定)中的赔偿,后者通常采取赔偿损失或者伤害的形式。对公共危害和惩罚的上述分析观点在雅典可谓众所周知,尽管对我们而言,它们看似非常熟悉,然而它们在雅典法律体系中的外部形态在许多重大方面与我们的相关概念有着相当的差异，并且上述概念是被包含于一个政治法律系统之中，这一系统有力地证明了法律、法官、民众（demos）和城邦的统一。我们将看到，这一统一以如此的方式塑造了刑事审判，使之与法治的观念——无论是雅典的，还是我们的——形成了一种张力。

## 私人利益与公罪

在亚里士多德的《雅典政制》中，他在雅典法院系统的发展上花费了相当多的笔墨。由于这一系统是随着时间逐步发展起来的，以及一系列其他因素（在一个历史进程中，大多数对我们而言都是模糊不清的）的相互作用，导致了在一个系统中，不同的控诉向不同的官员提出，并且由不同的法院或其他机构审理。然而，亚里士多德论述的核心主题却是战神山议事会管辖权的发展，以及随着民主改革对民众法庭的支持，该法院其后所受到的限制，非专职法官（the lay judges）从年满 30 岁的男性公民当中经由抽签选出来，并为特定审判组成大陪审团（101、201、501）。这一发展的政治法律意义将在稍后讨论，但与此联系最为紧密的是亚里士多德对战神山议事会的职能的描述。

在论及战神山议事会的历史重要性时，他说虽然战神山议事会具有护卫法律的职责，"实际上，它却管理着最为繁多且最为重要的城邦事务，它可以不经上诉即对那些违反公共秩序的人处以刑罚和罚金"（《雅典政制》6.3）。他在稍后的论述中，阐释了在梭伦时代战神山议事会继续地履行着它护卫法律和监督最为重大的城邦事务的职责，"并且它有着审查违法者并判处刑罚和罚金的至高权力"（8.4）。在这些段落中，亚里士多德清晰地阐明了惩罚那些违反公共秩序的人的职能对城邦整体而言具有重大利益，这是最为重要的一种政治职能。依据这一观点，通过惩罚犯罪者以维持秩序是城邦的事务，而非私事。由于杀人和故意伤害与战神山议事会联系紧密，因此惩罚也同样适用于这些犯罪行为，尽管这些行为具有 dikē 或者说私人诉讼一样的正式程序地位。

自梭伦之后，随着民众大法庭——民主机构的构成部分——的产生，惩罚公罪（public wrongdoing）对于城邦具有极端重要性的信念并未减弱。但是什么会构成公罪？是什么赋予了特定种类的损害以公共的属性，并使得它们成为城邦整体利益而不仅仅是受害方的利益？对于那些直接侵害城邦制度的犯罪种类而言，诸如叛国罪、向公共官员行贿或者企图颠覆民主制，这些问题的答案非常明了。但是那些侵害公民个人的其他种类的犯罪又如何呢？

我们可以将伊索克拉底的一篇有关控告人身侵害的演讲《诉洛基提斯》（*Against Lochites*, 20）作为我们的出发点。人身侵害（aikeias）诉讼属于私人诉讼，并且向原告所作的判决是由法官所裁定的一定数量的赔偿。这是涉及人身侵害的犯罪类型中严重性最轻的一种，典型的表现是从一场现有的争吵逐步升级到相互殴打的案件，而非有预谋的攻击。尽管这一诉讼可以被当作私人诉讼，而演讲者却提出这一观点，认为这一案件涉及公罪。他指出，例如骗取某人钱财与对他们犯罪相比，是一种严重程度要轻得多的违法行为，因为后者乃是公众所关心的事情(1)。为了增强这一论点——对公民人身攻击具有公共属性——的说服力，他采用了其他有关人身侵害的演讲中的策略，断言被告人实质上因一项远为严重的身体暴力的形式而有罪——肆心（hybris）。肆心可能表现为暴力攻击或者性暴力，但它的特性在于，除了人身暴力和侵害之外，还故意向受害人施以侮辱行为，使受害人蒙受耻辱。[1] 肆心

---

① 　参见亚里士多德《修辞学》1374a13—15、1378b23—25，以及 D·科恩（1995 第七章《论肆心的一般概念》），参见 Fisher(1992)。

将以公诉的形式被提起诉讼，并且将不会导致对受害人的赔偿，而是（对被告人的）刑罚；刑罚将与法官所认可的适当的严厉程度相符合。在事实上仅仅基于单纯的人身侵害的案件中使用肆心的说辞的显然益处在于，前者的公共属性将使法官们看到这一类行为体现了公共危害和对公共利益的威胁。当然，这表明了上述区分的核心地位，以及较之私人损害更为厚重的公众情感的分量。

因此，伊索克拉底在《诉洛基提斯》中宣称，由于肆心是公众所关心的事情，法律规定任何人——不只是受害人——都可以向适当的官员提出控告(20.2)。他接着阐明，他正在寻求报复，不是因为殴打所受到的损害，而是由于耻辱和名誉的丧失（肆心的特征）。为支持这一论点，他说对于私盗(klopē)和偷盗圣物(hierosulia)的刑罚并不是依据被盗物品的价值来计算，而是所有此类犯罪者都应当被处以死刑。那是因为，法庭所要求的不在于赔偿而在于惩罚，惩罚的严厉程度乃是基于这些行为所体现出来的公共危害，而非这些行为给个人或城邦造成的经济损失。类似地，他主张，对于人身侵害的处罚不应当依据所施加的身体伤害的数量来计算(5)。在总结他的申诉时，他没有诉请他所受伤害的赔偿金，相应地，他提醒法官们，对此类案件的严厉刑罚/惩罚将有利于所有人，而且将使其他人自我约束以远离此类行为，并使所有公民（他称呼在座的法官为民众的代表）的生命更安全(15—18)。

另一篇采用相同策略——使用肆心的说辞以加重人身伤害的严重性，而被告人则试图以轻微伤害为由进行规避——的演讲是德谟斯忒涅斯的《诉梅地亚斯》(21)。[1] 这一案件起因于在一次公众节日上，梅地亚斯掴了德谟斯忒涅斯的耳光而侮辱了他。虽然演讲所基于的实质指控关涉对节日法规的违反，但德谟斯忒涅斯的核心策略是使用肆心以论证像梅地亚斯般暴力的人体现出了对

---

[1]　关于不同的方法，参见麦克道威尔的版本(1990)。

城邦安全的威胁。他通过强调肆心的公共属性,以及它危害和威胁所有普通公民的方式,证明了上述观点,最后以整篇演讲证明他并非出于私人动机提出控诉,而是为了公共利益(7—8)。他指出,重要的是并非仅仅将正义赋予受到侵害的受害人,而是将正义归还给受到梅地亚斯违反的法律,并且给予所有的公民,因为他们同样受到了侵害(20—21)。因此,他指出并非为了原告的利益而施以刑罚,而是为了民众(他再次以第二人称称呼法官们为民众的代表)的利益以巩固法律。这一论证清晰地阐明了城邦对特定类型犯罪者所施加的惩罚与为补偿受到其他种类损失或危害的人的赔偿之间的根本区别。

基于公共惩罚有别于私人赔偿的观点,德谟斯忒涅斯以一种有趣的方式详细阐发了上述论点,他追问究竟是什么使得特定类型的犯罪具有了公共属性。他问道,为什么法律规定当一个扣留了某人寄存在他那里的甚至是数额巨大的金钱时,城邦对此却并不关注?但如果有人使用暴力哪怕只获得了极少数额的金钱,法律却规定被告人向金库支付与向私人一方的赔偿等额的罚金?他说,理由在于(21.44—45):

> 立法者把所有暴力行为视为也是针对那些行为之外的人的公罪(koin' a dikēmata)……协商交易的人可以独自关照他的利益,但暴力的受害人需要公众的援助。由此,法律允许任何人就肆心提起公诉,但(被告人)完全是向城邦承担刑罚。立法者认为城邦与受害人一样受到了侵害,并且他(被告人)所受到的惩罚足以满足受害人。

这一论点创立了关于公罪(public offences)的基本理论,并且在很大程度上与我们将暴力行为定义为针对共同体和受害人的犯罪很相似。在自愿契约或其他经济交易中被指控的违法行为被认定和暴力犯罪有着根本区别，因为后者的本质是对公共秩序的威胁。上述犯罪的区别同样可以通过各自所适用的相应处罚得到证明。公罪将被判处刑罚，并由城邦出于自身利益予以执行。我们讨论的是适用于此类犯罪并使之与私罪相区分的一整套法律，这套法律以城邦的名义对之进行惩罚，与仅仅向受害人遭受的损害或损失提供赔偿有所区别。① 当然，这些犯罪类型的形式将随着法律体系而变化，并依据在特定案件中控制和影响诉讼进程的能力和其他因素而有所不同。

在演讲的尾声，德谟斯忒涅斯再次回到这一主题——肆心的富人（hubristic rich）乃是对城邦整体的危害，由此，他在法治、作为法治化身的法官以及通过惩罚这些犯罪者以维护自身平等的普通公民的利益所构成的整体中，确立了一种观念上的联系。他认为肆心的肉体受害者并非唯一的受害者，所有的公民同样都是受害者，由于未能惩罚这样的犯罪者只会产生越来越多的侵害公民的类似行为，因而导致所有普通公民都将身陷险境。他提出，公民们之所以能不在永恒的恐惧中生活，是因为他们相信法律/共同体（politeia）将保护他们不受暴力（侵害）。因此，他请求法官们："不要背叛我，不要背叛你们自己，也不要背叛法律。"这种无视被告财富或地位而实施法律的意愿是法治的基础。为阐明自己的观点，德谟斯忒涅斯向法官们问道："法律的力量是什么？如果你们中的一人成为犯罪行为的受害者，并且哭了出来，法律会来帮助他吗？不会，法律只是一些字母，不可能做这样的事情。那么法律的力量究竟来自于何处？来源于你们，只要你们支持法律并为那些需要它们的人们实施法律。因此，法律将经由你们而强大，你们则借由法律而强大"（224—225，另参 20—21）。

---

① 德谟斯忒涅斯在《诉梅地亚斯》（21.19）中说，由于提起了公诉，他损失了他本应得到的经济补偿，并且相应的，把对于（被告人的）处罚（timōria）委托给城邦。

　　依据这一观点,经由法定程序对所有违法者施予惩罚是法律秩序的基础。这些对个人实施犯罪的人必须面临来自他们所侵犯的政治共同体的相应裁决。因此,德谟斯忒涅斯告知法官们,他们应当将违反法律的不正当行为视为公共事务(koina),无论谁实施了这些违法行为,都没有任何理由——诸如公职、同情或者权势(influence)——能使该违法者逃避惩罚(219—225)。他将所有这些主题结合起来,总结道,在投票判决时,法官们将给他以支持,同时为民众提供赔偿,教育其他人保持审慎,使他们能安全的生活并为了其他人的利益而将被告树立为败坏的榜样(227)。我们在这发现了一个清晰阐述的基本原理,尽管言辞夸张,即诸如肆心等犯罪为何本质上属于公罪,并且采用刑罚而非私人赔偿的方式予以惩罚。所有这一切反映出了一种将刑法和法治视为社会保障的认识,任何人如果因其身份而得以免除惩罚,那么保护每一个人的法律就将受到损害。只有惩罚那些(不应被)免于惩处的人才能维护那一秩序。

## 公民控诉人与法律惩罚

　　德谟斯忒涅斯所描述的系统功能有赖于个人通过法庭以寻求赔偿的意愿。当然,这意味着依靠他们自己实行复仇。在雅典,克制私人复仇最著名的理论体现于埃斯库罗斯的《欧墨尼得斯》,在该剧中,只有当第一个雅典谋杀法庭(Athenian homicide court)建立后,才终结了凶残的复仇循环。[1] 在一个崇尚竞争的社会中,个人荣誉是被高度重视的珍品,对于个人的直接复仇也许存在着相当大的社会心理压力。[2] 例如,在《诉梅地亚斯》中,德谟斯忒涅斯

---

[1]　参见艾伦(2000b),以及 Meier(1988)。
[2]　参见 D·科恩(1995:第四、第五章)。关于《诉梅地亚斯》,见 Wilson(1992)。

详尽地阐释了他为什么克制自我而选择诉讼这一更优的途径,将对梅地亚斯的惩罚交由法庭处理(21.74—76)。同样,在《诉阿里斯托克拉底》(*Against Aristocrates*)中,他提出了一个观点(尽管在当时的情况下是为了自我服务):暴力受害者不应自己实施复仇,而应当交付给法庭去惩罚犯罪者。实施法律规定的反暴力保护措施是法官的职责,而不是受害人的(职责,23.75—76)。他感到不得不在这些演讲中提出这些观点,这一事实意味着在雅典存在与法治相对立的价值观,那种价值观要求人们应当以类似的方式回应侵害他们朋友或亲属的特定种类的暴力。此种价值观与下述认识存在着一种张力:法律规定对暴力、肆心及类似行为处以刑罚的目的乃是为了将此类行为从私人复仇的领域中分离出来,并使之成为城邦及其法庭的事务。正如德谟斯忒涅斯一再重申的,这要求禁止复仇,并规定犯罪者受到公共刑罚。

在一个仍由公民进行控诉的法律体系中,自然意味着提起控诉的公民必须决定所寻求的赔偿的种类。在德谟斯忒涅斯的另一则演讲中,我们看到这一选择以何种方式具有了策略性的一面,这与我们所想的法律应当如何运作——至少是理想中的——大相径庭。演讲《诉克农》(54)源于一个年轻人提起的一起单纯人身伤害诉讼,那位年轻人宣称受到了克农和他的儿子们及其朋友们的侮辱,他被扒得一丝不挂,在烂泥中翻滚,还被狠狠地揍了一顿。在这场人身伤害的私人诉讼中,正如刚才所提及的演讲,原告仿佛是在打一场针对肆心的公诉,因为公罪赋予肆心远为厚重的情感分量。对肆心的援引在此显得尤为适宜,因为原告对于克农行径的控诉听起来就像该罪行的典型案例。[①] 另外,因为演讲的第一个

---

① 除了上述的暴力和侮辱行为之外,受害人宣称,克农在对他做完所有这一切之后,又踩在他一丝不挂、满是血和泥浆的身上,如跳着胜利之舞般挥动着他的手臂,活像只洋洋得意的公鸡。以上这些是亚里士多德对肆心内容的典型描述。

词就是 hubristheis("我受到肆心的侵害"),这也将给法官们留下清晰的印象。那他为什么不提起肆心之诉,并诉请本可以获得的司法报复呢?

原告解释说,他年轻缺乏经验,在他伤势康复之后,他曾咨询朋友和亲戚们怎么办。他们说被告作为斗篷抢夺者(就是说克农被指控从原告身上扒下斗篷而犯罪,lōpodusia),应当承担即时抓捕程序(apagōgē)和肆心指控(graphē)的主要法律责任。但他们建议原告不要提起此类诉讼,只要提起私诉就足够了。他这么做的根据在于,他们说其他类型的诉讼对于他这个年纪的人而言要求过高了,他无法承担起提起此类诉讼的责任。这又暗示了雅典法律体系的什么呢? 它揭示了在任何依赖于民众控诉的法律体系中,对补救办法的选择取决于诉讼双方的身份和地位,这不仅体现在作出判决的时候,甚至提起这样一起案件时也是如此。当然,这是公诉(state prosecution)基本原理的一个部分,因为城邦是不大可能受到有权势的被告的恐吓的(尽管在许多城邦中的实践并非如此)。

此外,当原告提出他的建议者们劝告他,说他无法承担起肆心之诉的责任,这么说意味着什么? 这意味着寻求补救办法的严重性决定了被告人的回应。被告的身份、亲属和指控的严重程度所反映出来的利害关系越复杂,诉讼就越变得类似于家族间的仇恨或者一种私人战争,并且人们所投入这种斗争的资源(象征性的、社会的、经济的和政治的)就越多,而这一斗争在当前的案件结束后仍将持续下去。

然而,同时对于像《诉克农》中那位年轻人一样的原告不要表现得太过胆怯也很重要。因为如果他所受到的伤害的确如他所说的那么严重,他必须向法官展示出复仇的适当渴求,否则他很可能要承担夸大指控的嫌疑。因此,他说他决定听从他的长辈们的建议(表明他的优良品格),尽管提出重罪指控才使他满意(54.1)。

在详尽地描述了他所遭受的骇人听闻的侮辱和伤害之后,他在演讲的结尾提出,法官们应当赞同他对克农的愤怒,并且不应当将这视为任何人都可能遇到的私务。他再次采用肆心之罪和类似说法,向法官们问道:"让一个殴打他人并且犯有肆心之罪的人逃脱惩罚是否符合你们每个人的利益?我不如此认为。但是如果你们不惩罚他,将会有更多的类似行为;如果你们惩罚他,那么这种行为就将减少。"(42—43)

在这些演讲中,我们看到演讲者是如何利用公罪的说辞、对城邦整体公共利益的侵害以及刑罚(与对受害人的赔偿相对)这些因素来推动他们的案件,甚至在技术意义上讲,这只是一种仅仅涉及私务的诉讼。惩罚的基本原理被表述成通过防止他人实施类似的犯罪而促进公共利益。在法律演讲中,这类策略比比皆是,它揭示出了此类申诉的力量,也表明了在雅典,关于犯罪和法律程序的内涵思想处于核心地位。雅典法律也许为各类犯罪规定了一系列的补救办法,但是不论它们应归为哪一类程序的名目之下,演讲者都希望由公民法官所组成的民众法庭将私人暴力认定为对公共利益的威胁。

到目前为止所回顾的案件都涉及非致命的人身暴力行为,但类似的观点也同样被认为适合于财产作为犯罪行为客体的情况。因此,在《诉提莫克拉底》(*Against Timocrates*)中,德谟斯忒涅斯将类似的论点应用于各类不同的诉讼,由此,个人可以追诉不同类型的盗窃。他指出,不同类型的盗窃如何可以根据不同的情况给予即时惩罚或经审判后予以惩罚。此类罪行被明确地定义为公罪,犯罪者将被判处死刑而非进行赔偿(24.113)。但即便是私诉盗窃也可以如此认定。演讲者讨论了不同的选择,并提出如果有人在有关盗窃(klopē)的私(idian)诉中被判有罪,通常的处罚是支付被盗财产价值的双倍罚金。但是,他接着说,法官们也可以判定罪犯戴上足枷拘禁五昼夜的附加刑罚,"这样每一个人都可以看到他被拘禁"。他说这一法律的目的在于防止其他潜在的窃贼,因为除去支付双倍罚金之外,这一公共拘禁的耻辱将使他们在羞愧中度过余生(115)。这再一次说明了通常归入私诉(dikē)程序的严重侵犯受法律保护的私人领域的特定行为,同样可能被视为侵害公共领域的犯罪。

# 私仇与公诉

　　如果对于犯罪的指控取决于公民个人的行为,那么雅典人是如何看待这些公民控诉者及其在城邦中的角色呢? 我们对这些问题的主要知识来源于这些控诉者们向法官作出的令人信服的自我描述。这些修辞性言辞相应地反映出演讲者们期望看到法官将怎样看待他们,以及他们希望得到怎样的评价。埃斯基涅斯的演讲《诉提马霍斯》(*Against Timarchus*,1)提供了预期性判决是如何引导此类修辞性言辞的宝贵的真知灼见。这篇演讲向民众大会(Assembly)宣读,控告提马霍斯以年轻人的身份卖淫,而法律是禁止他这么做的。这一控告背后的真实动机看起来似乎是埃斯基涅斯对于德谟斯忒涅斯的仇恨,而提马霍斯与后者交往密切。这指出了民众控诉的危险之一,即它可能出于私人仇恨的目的而被滥用。事实上,雅典人将恶意控告视为危害司法公正的严重犯罪。

　　这些问题的严肃性由《诉提马霍斯》的第一句话即可体现出来:"我从未控诉(graphēn grapsamenos)过任何公民,也没有攻击过任何人,只要他履行他自己的职责……"(1.1)那么,公民控诉者的角色可以以任一方式描述。一方面他们可以被视为履行他们的公民义务,保护城邦,使公共利益不受犯罪者的侵害,或者,另一方面,他们也可以被看作是为了利益或复仇而滥用提起刑事诉讼的权能。相应地,埃斯基涅斯在这些最初的话语中指明,他的控诉乃是对公罪的回应:"当我看到城邦受到了极大的损害……我认定如果我不援助整个城邦和它的法律,不援助你们和我自己,这将是最大的耻辱。"(楷体部分为我的强调)他总结这一开场白,提出他的行为证实了与公诉(dēmosiois agōsin)有关的那条格言——"私仇(idiaiechthrai)总是常常纠正公罪"(1—2)。虽然平民也许受到对被告的仇恨的驱动,但他们看起来就是城邦利益及其法律和制度的护卫者。由于没有负责公诉的治安官,这一体系就是以这种方式依赖于个人诉讼。在接下来的段落中,埃斯基涅斯提出了以这种方式管理城邦事务的基本理论。

　　对埃斯基涅斯而言,这乃是雅典民主制的一个首要特征。他首先比较了法律在民主制和其他政体形式中的地位。他指出在民主制中,"法律保护公民中的每一个人以及城邦政体",然而在寡头制和暴君制中,它却凭借强力予以维持(1.5)。法治的民主构想因而建基于下述观念之上:法律保护着公民中的每一个人不受侵害。这是因为在民主制中,法律是通过公民自身以法官和控诉者的身份得以实施的。正是这一利益的民主统一体构成了对控告者、法官、法律及以民众/城邦利益的密切关联,这一关联体现在前述段落所引用的诸如"城邦整体、城邦法律,以及你和我"的表述之中。我们看到,德谟斯忒涅斯在《诉梅地亚斯》中表达了同样的情感,并且这一情感看似贯穿了所有法庭演讲。这一观点,正如埃斯基涅斯所详细阐明的,建基于这一观念——法律不只作为公共秩序的支柱,也是民主政治秩序的支柱。因此,他主张,在立法的时候,民众(由法官们所代表)应当考虑如何创制有利于他们民主政制的法律。此外,一旦法律生效,如果城邦要运行良好,他们就必须惩罚那些不遵守法律的人(埃斯基涅斯《诉克提西芬》[*Against Ctesi-phon*],3.6—7)。因此,惩罚犯罪体现为维护法治及其根基民主制的必要基础。公民控诉人和法官乃是维护民主制的工具。正如德谟斯忒涅斯在另一篇演讲(18.233)中总结的:"我们祖先创建法庭(dikastēria)不是为了让公民们可以诉说他们相互之间的冤情,而是使那些侵害城邦犯罪者得到裁判。"

这一观点在吕库戈斯的一则演讲中被表述得更为明晰,那一演讲部分听起来就如同雅典民主制度下的一种"公民教育"。在《诉列奥克拉底》(*Against Leocrates*,1)中,吕库戈斯将自己描述成为了民众和城邦的利益而控告列奥克拉底的罪行。他通过阐明刑法和公诉的民主制概念而证明了这一立场。他首先说这些提出控诉的人应当得到城邦的感激。然而,尽管他们是为了共同利益而行为,但相反的结果——既不会为城邦带来正义,也不会带来利益——却是真实的。他通过阐明他所认为民众控诉是如何运作的支持了上述观点。

他断言有三个主要因素保障着城邦的民主和繁荣:法律体系,民众法庭中法官的选举,以及将犯罪提交法庭的控诉系统。他接着详细地解释了这一模式是如何运作的。他说,法律规定禁止做某事。控诉者(katēgoros)指控那些应受法律规定的刑罚处罚的人。法官则惩罚那些符合上述两个条件而被诉至法庭的人。以民众控诉犯罪的系统的运作流程为基础,他总结认为整个系统取决于有人将犯罪者诉诸法庭。当然,这正是他刚刚予以详细阐释并辩护他的角色(1.3—5)。因此,尽管受私人动机的驱使,这一系统却为了公共利益而运作,表现并维护着雅典民主制。

和埃斯基涅斯一样,列奥克拉底也清楚地表明了对于私仇作用的关注,他赋予私仇一种不同的修辞面向,但却反映出对如何理解私仇和公诉关系的类似关注。他因而指出,他起诉该案件并非出于私仇或恼怒,而是为了避免对城邦的侵害。为详细阐明这背后的基本原理,他说正义的公民是不会提起公诉(koinas)以控告与他有私仇(dia tas idias echthras)却没有犯罪的人。相反地,他将那些违反城邦法律的人视为他的私敌。犯罪的公共属性(ta koina tōn adikēmatōn)为针对这类人的敌意提供了民众基础(koinas kai tas prophaseis)。这一部分的要旨在于,当这一体系运作适当,控诉尽管由平民所推动,却可以应对公罪(respond to public wrongs)并服务于城邦的公共利益,而不是控告方的私人利益。

　　那么对埃斯基涅斯和吕库戈斯而言,好公民的职责是站在民众的立场上控诉犯罪,或者作为一名法官,以他们发誓要保卫的民主秩序的名义惩罚这些犯罪。那些为犯罪者辩护的人又如何呢?吕库戈斯指出,可以预料到朋友和亲属们将为被告辩护,但他却抨击为背叛民主制的人辩护的其他个人。他说,这种修辞技艺应当为"你们、法律和民主制"使用(138)。① 在雅典将法官、法律和民主政体的利益等同起来是正常的,但正如有人所发现的那样,它也存在着为谴责或逼使对手无话可说时提供说辞的危险。这些将在下面作更详细的探讨,但类似的问题之一却在《诉列奥克拉底》的稍后部分出现了,那时吕库戈斯主张法官们应当对列奥克拉底的罪行实施报复(141—146)。以这种方式构想法官预示着摧毁复仇与惩罚间的区别,而法治与对犯罪者的公开审判正是被设计用以保护这一区别的。然而这一崩溃已经暗含于下述主张之中:一旦法官们判处了相应的刑罚,他们就是作为公民和民众的一员为法律和他们自己的利益服务。德谟斯忒涅斯和吕库戈斯的言辞多次接近那种公共的习以为常的自助,而不是中立的司法判决的应用。② 这在雅典兴许是个正常的倾向,既然参与型政府的核心性、自助因素和简易诉讼在雅典对于犯罪的处理具有重要作用。

## 允许自助,限制复仇

　　我们已经了解到,雅典人十分清楚复仇的渴望和对仇恨的追击可以很好地成为激励个人提出控诉的助燃剂。这一理论是如果被告被判有罪,那么城邦将以它的惩罚替代受害方的复仇。与其

---

① 　另参见狄那克斯(《诉德谟忒涅斯》,1. 113)。

② 　在针对城邦的政治犯罪中也存在着这一方向的自然倾向。参见狄那克斯《诉费罗克里斯》(*Against Philocles*)3. 8 及 19。

他许多法律体系一样，雅典法律甚至允许更多直接形式的自助。例如，某些特定种类的严重犯罪，如果是在犯罪过程中被捕，可以不经审判直接处刑。在此类案件中，犯罪者可以由公民个人当场予以处罚，或者扣押并（经由 apagōgē 的程序）（［译注］apagōgē：送交官府）送交被称为"十一人委员会"（The Eleven）的机关，而这一机关有权立刻予以惩处，或者当犯罪者能合理地否认其罪行，则可将他们提交审判。① 尽管对于这些简易程序的细节尚存在学术分歧，但对我们的目的至关重要的是他们认可不经审判的简易处刑，无论这一处刑是由公民个人抑或公共官员作出。雅典人是如何在自助和非司法处刑中构建这一实践的呢？ 他们又是如何使这一非司法处刑的做法与法治相协调的呢？

当处罚由"十一人委员会"执行时，案件要简单得多，因为法律只在犯罪人未否认其罪行时才允许他们这么做。乍一看，这也许听起来有点奇怪，但正如其他大多数采纳了这些规定的法律体系一样，这种诉讼程序的要点是在犯罪过程中对犯罪人的公开逮捕。一个在行窃时被抓住并连同被盗财物被证人强制送往"十一人委员会"的小偷，将很难以令"十一人委员会"满意的方式否认他的罪行。如果犯罪者否认他的罪行，他也许声称他只是在找回他自己的财产，那么他就将在民众法庭前受审。当受害人对事件亦负有责任时，案件就变得更为复杂。

吕西阿斯的演讲《论埃拉托色尼之死》（*On the Murder of Eratosthenes*，1）就是这样一类案件的代表。② 一位其妻子与他人通奸的丈夫把通奸者埃拉托色尼抓了个正着，在丈夫进入犯罪现场——卧室——之前，他召集了许多证人（23—28、37）。像他供认

---

① 参见埃斯基涅斯的《诉提马霍斯》1.90—91，以及亚里士多德的《雅典政制》52.1。其他的解释可以参见 D·科恩（1983：第三章）、汉森（1976）和托德（1993：117—118、228）。

② 对本案的细节描述参见 D·科恩（1991：第五章）和坎塔雷拉（1991a）。

的那样，他当场杀死了那个男人，之后便被控杀人。这是那些实施直接自助的人不得不承受的巨大风险的一部分。就我们的目的而言，有趣的是被告用以为自己辩护并证明其行为合法性的修辞策略。他把自己的自助行为描述成由城邦的法律所规定的对公罪的法定惩罚。他的论点是对与私人仇杀相对立的刑罚的经典表述。当埃拉托色尼乞求宽恕时，丈夫答道："并不是我要杀死你，而是你所违反的我们城邦的法律……"(26)他将自己的自助当作城邦法律实施的一个途径，并且作为他核心的论证一再重申这一主题(29、34)。在他演讲的尾声，他以最为明晰的言辞总结了这一观点："因此，我并不认为这一惩罚乃是为了我自己的个人利益，而是为了整个城邦。"(47)无论这一案件的事实真相是什么，要点在于吕西阿斯相信最具有说服力的策略就是把自助建构成公民为了法律和民众而惩罚犯罪者的手段。在一个以公民自发性为基础的犯罪控诉的参与性系统中，他当然会期望这样的答辩将具有说服力。

　　如前所述，指控杀人的领域——《论埃拉托色尼之死》就是一个例子——看似与公共违法、犯罪和惩罚的概念并不一致，因为它只能通过仅限受害人的家人和亲戚所提起的特定种类的诉讼(dikē phonou)而进行。然而，正如我们所了解到的，这一程序划分并不必然意味着违禁行为只被视为一种不影响城邦的私人不当行为。无论从败坏的犯罪者被禁止参与城邦的公共事务上看，还是从事实上这些被控故意杀人的犯罪人（类似这些被控故意伤害，都是 dikē，即私诉）并不由听审普通 dikē(私人诉讼)的民众法庭审理，而是由战神山议事会审理——它在古典时期只听审这些种类的案件，被视为特殊的敬畏的存在——都暗示出前述情况并非在任何情况下都是不可能的。① 埃斯库罗斯的《欧墨尼德斯》中对这

---

① 参见德谟斯忒涅斯 23.66："战神山议事会是唯一一个无论民主制、寡头制或暴君制都不敢剥夺其对杀人案件的管辖权的法庭。"

一法庭创设的文学描述充分揭示出城邦的稳定被认为有赖于建立一个公共法庭以惩罚杀人和阻止族间仇杀。正如将要展示的那样,我们的资料相当清晰地表明杀人并不仅仅被视作只是侵害死者家属的单纯私罪,重要的是理解为什么在雅典人的观念中,将谋杀视为最严重的犯罪之一与它作为那类并非任何公民都可提出控诉的犯罪之间看似并不存在冲突。

德谟斯忒涅斯的演讲《诉阿里斯托克拉底》(23)对杀人法作了详细论述。此处论及的对有关杀人法的描述坚持其公共属性。因此,演讲者指出,当某人被控杀人时,无论指控是否属实,都应当由城邦经过审判后——而非审判之前——才能惩罚他。他通过指出有关杀人法是如何以公开的法律程序替代私人复仇而对这一观点详细进行了阐述。他解释说,这是由于立法者认为既然"我们为受害人复仇",我们就应该首先知道被告是否有罪。在杀人案件中,不论它们是否经由 dikē(私诉程序)提起,这一机制在于将城邦描述成受害人的复仇者和审判者,而非由亲属报复(25—26)。演讲者接下去阐释惩罚与复仇之间的区别,以未经审判逮捕一个被控谋杀的人为例,那人流亡归来,被逮捕并送交执政官,演讲者指出,将一个人送交执政官从根本上区别于让他任由控诉者处置。他说,在前一种情况下,"那个人依照法律的命令受到了惩罚,在后一种情况则全凭控诉者的意愿。而这里最大的区别在于,究竟是法律还是那人的敌人拥有对于处罚/惩罚(retribution/tirnōrias)的至高权威"(31—32)。

他接着列举了许多禁止虐待那些因杀人而流亡的人的命令。作为例证,他引证为什么杀死一个符合法律要求而流亡的人将与针对任何雅典公民的普通杀人同样对待(38)。他解释说,这些措施是为了防止无穷无尽的仇杀(39),即血仇。作为犯罪的杀人罪的概念直接关涉公共利益,这很明确。这一整套法律都是用来限制复仇，削弱亲属的地位(role)，将世仇暴力从城邦中消除，保护流亡的人，并将惩罚杀人的唯一权威授予城邦。① 在稍后的部分(69)他总结道：甚至当控诉者证实了指控，杀人者被判有罪，也只有法律(nomoi)有权惩罚他。重要的是，他补充道，只允许控诉人观看法律规定的刑罚的执行，这就够了。控诉杀人的家族利益在此显而易见，而城邦加诸于家族作用的限制也是如此，将私人复仇转变为公共刑罚。亲属血债血偿所关联的全部职责就是他们被允许观看处刑。② 他说，这就是控诉者的权利(69)；不比应有的少，但也不更多。③

就我们目前为止所了解的，雅典的原始资料探讨了法治的观念，要求将惩罚的权力授予法官，他们以城邦的名义宣布判决。然而，同样可以看到的是，尽管雅典人也许会"指责那些有时不经审判即将公民处以死刑的城邦不适宜居住"(伊索克拉底，Antidosis，15.22)，然而雅典法律体系处理犯罪的方式中包含了相当多数量的简易程序和自助。这当然是由于该法律系统乃是随着时间逐步发展起来的和雅典民主的普遍参与性，以及在严格界定的限度之内坚持尊重 oikos(家庭，家族)保护自身领域以防止亵渎和耻辱的权利的结果。然而，同样重要的是认识到，简易程序也许以其他方式同样被制度化了，在那一制度中，它们看似明显的与法治的要求相冲突，这与公共机构的非司法化执行有关。

---

① 当然，可以追溯到德拉古的故意杀人、过失杀人和意外杀人的区分，依据正义的公共标准对杀人进行分类也是对寻求复仇的程序限制。有关早期杀人法的发展可以参见加加林(1981)和坎塔雷拉(1976)。

② 死刑的官方处刑方法可以参见坎塔雷拉(1991b)。

③ 当然，另一个赋予通过法律程序而寻求复仇的家庭成员的角色就是充当控诉的发起人。尽管在现实中，由于受害者家庭获赔了充分的血酬(blood money)，也许并不会这么做，但是以社会规范和理想而言，一个家庭不为死者寻求复仇是不可想象的，并且不这么做也被认为是一种不虔敬的行为。

## 惩罚的权力与民主化法治

亚里士多德在《雅典政制》(45.1)里解释了其原因

　　　　立法会之前拥有处以罚金、监禁和死刑的权力。但是,有一次它将吕西马库斯送交公共行刑人,吕西马库斯正等待着行刑,就快要死的时候,来自阿洛皮斯镇的欧梅利迪斯拯救了他,欧梅利迪斯说,没有公民可以未经法庭裁判有罪而被处死……于是民众剥夺了立法会处以罚金、监禁和死刑的权力,并且制定法律规定所有经立法会同意的判决和刑罚都必须送交……法庭审理,并且法庭的判决具有优先性。

　　对这种不经审判即处罚公民的自由裁量的权力是如何运作的,所知甚少。[1] 亚里士多德的讨论表明通过给予法庭独有的处罚权(参见下文)对这一权力进行限制,体现了向民众法庭的权力转移。它也描述了对法治模式的信奉(尽管在它实施的时期曾一度不完美),在这一模式中,城邦惩罚犯罪者的权力在法定范围内依照法律不受干涉的运行。这意味着对这种合法性原则的承认,今天我们视这一原则为一个合法的刑事司法体系的应有之义,通过适用这一原则——必须经由公正审理并宣判才能施以刑罚——保障公民免受武断的处刑。

　　亚里士多德在同一文本中详细叙述的另一事件进一步描述了在此种环境下受到威胁的重大公共利益。在讨论了三十僭主寡头政变以及他们非法杀戮、流放和没收的暴行之后,亚里士多德转而

---

[1] 参见吕西阿斯 22.2—4,托德(1993:316 注释 2),以及麦克道威尔(1978:189—190)。

论述公元前 403 年的和解与禁止就所受侵害寻求法律赔偿的大赦。在这一篇章中，他描述了领导人之一——阿基努斯（Archinus）——的三个伟大的颇具政治家品质的举措。这其中之一发生在当一个人开始煽动对归国者的怨恨时。阿基努斯当即逮捕了他送交立法会，并劝说立法会不经审判（akriton apokteinai）立刻处死他，理由在于现今正是树立"榜样"的时刻，展示出他们对于拯救民主制的决心。亚里士多德刚刚谴责过来自阿吉纽西群岛（Arginusae）的将军们的非法杀戮，却只是对这一措施赞赏有加。是什么使得他对这两例非司法化处刑产生了不同的反应呢？

在我看来，这类判定源于雅典普遍存在的信仰：刑法的本质是维护政治秩序的途径，是政治权力的实践。当需要以迅捷的行动拯救城邦时，以政治机构而不是法庭以非司法化的方式执行那一权力就是合法的，也即是运用他们的政治权威而不经审判即剥夺某人的生命。对这一做法的赞同，以及亚里士多德称其行为没有问题且具有政治家品质和值得赞赏的看法，告知我们甚多有关雅典人也许曾将刑法及其生杀大权看得比公民更重要——不仅仅作为客观公正施予的法律制裁，而是作为政治秩序的基石，准许这一做法，只要目的正当就可以不择手段。前文中频繁提及的法律、法官、民众和民主制的关联巩固并证实了其正当性。雅典法官必须进行陪审宣誓（Heliastic oath），这一誓言要求保持中立公正，承认合法性原则和法治，但是这一价值观和那些认为法律应当与城邦的利益保持一致的价值观存在着冲突。

这就是亚里士多德据以区分阿吉纽西判决中民主的滥用和阿基努斯与委员会的具有政治家品质的举措（的根据）。如同伊索克拉底在他的《战神山议事会》（Areopagiticus, 7. 46—47）中的断言，当雅典治理良好时，由立法会通过传唤那些不遵守秩序的人前来，并给予警告或惩罚以执行惩戒。他们明白只有通过惩罚和监督（epimeleia）才能维持秩序。他们因此可以预见到谁将会犯罪。

这些有关惩戒（在福柯哲学理论的意义上）的幻想是雅典政治理论家不信任极端民主的典型表现，但是更具民主思维的思想家也同样难免陷于这种逻辑。吕库戈斯在类似的文章（《诉列奥克拉底》1.124—127）中提到在三十僭主被推翻后通过的一部法律，这部法律规定任何人杀死企图颠覆民主政体或者恢复寡头制的人都无罪。在论及这一规定的明智时，他说对普通的犯罪而言，惩罚紧随着犯罪，但是在叛国或颠覆民主制的情况下，惩罚应先于犯罪。这一论断再次描述了刑事法律体系的参与性，它与保卫民主政体不受敌人（侵害）的政治目标相融合，以及自助如何在这样的一个体系中得到应用。在一个控诉者、法官、法律和城邦的利益如此休戚与共的政治环境下，这种看法很自然地产生了。在本章剩余的部分，我们将探讨在一个自视体现了法治的系统中可能产生的其他张力。

在亚里士多德对雅典司法体系从梭伦时期到公元前 4 世纪发展的描述中，他的核心主题之一就是民众力量经由法律改革而稳步增强。这始于将控诉权扩大至"任何想这么做的公民"（《雅典政制》9.1—2)，并最终导致民众法庭中的供职薪酬的引入（27.4—5)。由此亚里士多德认识到司法改革是民众力量扩大的首要方式，而这是以更"优"阶层为代价的。这就是说，法庭被那些将自己的政治利益与极端民主联系在一起的人占据了。在他回顾雅典政制（politeia）发展的 11 个阶段时，他总结自己对最后一个阶段的论述时，强调雅典是如何将最大的权力授予了民众："民众使自己成为凌驾一切的最高统治者，并通过法令和民众法庭管理一切事务，在民众法庭中，民众就是支配权力，甚至由委员会（Council）所审理的案件也要送交民众。"（41.2)

亚里士多德在其《政治学》对极端民主制的探讨中，指出这些法庭甚至将他们自己凌驾于法律之上，这一做法使得这一民主制形式如同寡头制一样不遵守法律。雅典的民主派并不赞同亚里士多德的法治概念①,但对所有见识过雅典法律制度(institutions)的人而言,清楚的是他们代表了一种政治力量的主要来源。从庇西特拉图到三十僭主,僭主们试图控制或削弱雅典法庭(dikastērion)的权威(《雅典政制》,35.2)。柏拉图在他的《法义》中对这一观点提出了一种理论说明,在该书中他认为现存的所有城邦只不过是他们政体中社会冲突结果的制度化,寡头制城邦中的富人,或者民主制城邦中的大多数人都以下述方式制定他们的宪法,通过利用城邦的法律和司法机构,以牺牲权力之外的其他团体的利益为代价促进他们自己的利益(713—715)。柏拉图认为,在这种情况下是不可能存在法治的,因为法律从属于统治阶层的政治利益。

　　持各种政治观点的雅典人都认识到,我们对于审判实践的中立与法治的思维方式的信仰也可能使我们丧失判断力(除非我们属于感到因种族或贫穷而受到法律体系歧视的那些团体)。这即是说,他们认识到以城邦的名义惩罚违反法律的行为的权力是那些(以宪法的希腊式观点来看)执掌城邦权力的人的权威核心,无论掌权的是大多数人(民主制),少数人(寡头制),还是一位暴君或君主。② 这就是说,他们认识到法律和法庭并非仅仅判定那些侵害必须受到保护的共同福利(public weal)的犯罪行为,并依照法律予以处罚,以维护社会和政治秩序,但这一功能也是政治权力的工具。在上述讨论过的演讲中,演讲者常常将民主政体的利益与"它的"法律和法庭密切联系在一起。正如德谟斯忒涅斯在一篇演讲(24.154)中所说的,削弱法庭的权威无疑是为了颠覆民主政制排除障碍。民主派和其批评者一样,都以这种方式看待权力向民主法庭和公民控诉者的重大移转。这一认识的影响力遍及法律演

①　参见 D·科恩(1995:第三章)。
②　参见艾伦(2000b)。

讲全集，因为它反映出对法治，尤其是其所包含的法律面前人人平等的原则在特定的案件中将因顾及民众利益而受到破坏。

根据某人的观点，令人担忧的是一个人的财富、身份和权势将会对审理中的案件的裁判结果产生有利或不利的影响。德谟斯忒涅斯（51.11—12）利用广为采用的修辞主题（rhetorical topoi）评论法律面前人人平等的思想，以及贫富刑罚有别的问题。他问法官："如果一个穷人因为他的贫困而犯罪，他将被判处最重的刑罚，但如果是一个富人出于对占有的无耻贪爱（shameful love of gain）而做了同样的事情，他却将被宽恕。如果你们以这种方式处理事务，那么所有人的平等和民主政体又在哪里？"在《诉梅地亚斯》和其他演讲中，德谟斯忒涅斯同样痛斥了肆心的富人利用他们的权势侵害其他公民却不受惩罚，并且凭借他们的权势否认法律面前人人平等的原则（21.112、123—125、169—170）。

这里真正的问题不只是财富和地位可能有助于一个公民规避犯罪的惩罚（如同我们自己法律系统中通过各种不同手段所达成的一样）。在雅典人的指控中，和一个人被指控的行为同时接受审判的还有这个人的生活，这一认识导致对此类因素（例如，对财富的敌意或尊重）可能影响判决确定的恐惧。这导致了对那些雅典法庭雄辩术的杰出人物品质的攻击。同样令人震惊的是这不只是针对被告，也同样针对他的控诉者。在某种意义上，许多案件中诉讼双方的生活都面临着审判。这与我们自己的刑事控诉观念大相径庭，在我们的刑事控诉观念中，被告应当为他或她的作为或不作为而受到审判，而不是因为他或她是谁或者曾在过去做过什么。但是既然雅典人有将法律、法官、民众和城邦利益紧密相连的倾向，以不同的角度审视控诉是很正常的。

这就是民众与其法律和法庭的统一观念所体现出来的危险。在雅典，认为刑事审判并非关于一个人是谁而是有关他做了什么的观点也存在于法庭修辞当中，但这一观点与诸如埃斯基涅斯、德谟斯忒涅斯或吕库戈斯等其他演讲者所提出的观点相左，他们认为法律与法庭是民众用以保卫自己不受他人侵害的方法。这种观点可以导致一个对提马霍斯的有罪判决，但同样可以导致一个对苏格拉底的有罪判决。在《诉克提西芬》中，埃斯基涅斯告诉法官，如果他们惩罚那些主张与"法律和你们（法官）的利益"相背的政策的人，他们就可以保卫他们的民主制度（3.8）。按照埃斯基涅斯的确切说法，或者吕库戈斯的警告，在叛国案中，刑罚可以先于犯罪，且不论法定罪状的微小细节，民众的利益是否不足以判定罪名成立这一事实并不清楚。问题是雅典民主制度的性质，以及诸如埃斯基涅斯和德谟斯忒涅斯等思想家以修辞手法将其概念化的方式，将合法性和利益以如此的方式融合为一体，使两者在很大的程度上难以区分，并往往将一些刑事审判——至少是那些有关公共生活的案件——转化为对他们及其对手的社会地位和对城邦有益性的审判。在这一意义上，这既是一场关于特定违法行为是否发生的审判，也是一场关于他们究竟为何人的 agōn（诉讼）。当然，这不同于站在法庭前接受审判的普通小偷或扒手，但这本身就说明了这些个人除偶然的轶闻之外，绝大多数都不在我们原始资料的范围之内。这同样说明了他们是那种适用简易程序的犯罪者，并且也许偶尔才被送交法庭。

　　如我们所见，一方面，雅典公罪控诉贯穿着犯罪、惩罚和法治观念，这些观念对现代读者而言相当熟悉，现代读者信奉着以法律的名义公正审判，以报复和阻止对共同体整体实施侵害的理念。另一方面，自助原则、简易程序、不经审判的处刑，以及取决于诉讼双方品格、财富、政治权力和公共善行的裁判的交织，要求我们认识到为什么民主雅典对于犯罪和刑罚的理解与当代的理解有着如此悬殊的差异。而差异的原因并非他们的法律系统正在腐化，简陋或不适用，而是因为雅典人对正义、民主和法治等概念的理解在许多重大方面与我们的理解有着根本的不同。

# 12. 性别、性和法律

坎塔雷拉(Eva Cantarella)

20 世纪 70 年代前,女性和性的历史几乎不曾引起学术界的兴趣,即使这种历史曾被学者考虑,也仅在研究更传统的主题时少许涉及,以求更有科学趣旨。然而,近 30 年来,古典学者们的研究领域有所拓展,开始涉足这些主题,且备加关注性别的社会建构,将其作为一种政治组织原则。

这种新领域的拓展,是传统史学和新史学间所习见的传承变化的一端,且与跟随布罗代尔(Braudel)的法兰西学派相关。布罗代尔批评那种仅着眼于宏大叙事和重要人物(费氏将其定义为事件史),而忽视潜在社会真实、忽略千千万万无名个体存在的史学。受此影响,新史学的各种主题得以产生——各个时代各种边缘人群:患病者、老幼者、同性恋、女性的主题。这些人的历史并不取决于宏大事件,而是取决于思想方法、心理意识、生活实践及他们在社会经济环境中的地位。因此,女性和性的历史及性别问题的重构在新史学中有了一席之地,历史不再只是单纯的事件史。同时由于女权主义的努力和积极推广,这种研究主题渐渐深入其他诸领域。然而,这种近年来产生的新史学的方法和论点,难免因学科间见解互异而发生改变,然而尽管学科间有益的交流还不多见,但随着交流不断增多,有价值的新成果也不断出现。[1]

## 性别建构:法律和社会的相互作用

今天,学者面对性别建构及性相关的课题时,可利用各种丰富而互补的资料:从医学文本到哲学专著、文学作品到法律文献、墓志铭到公共及私人处所的考古重建。所有这些资料都与之相关,而与法律相关的资料尤其值得关注。

法律表明了对两性而言,何事被允许、何事被禁止,但显而易见,它们并不总是完全反映社会真实。法律和社会间有距离,这种距离随时空变化而变化。特定时空下,距离有时靠近法律,即法律比社会超前;有时靠近社会,即社会比法律先进。通常,同一时空下,法律的某些部分比社会超前,其他则落后于社会(比如,家庭法可能比刑法或其他法律更先进)。虽如此,但仍然改变不了这一事实:法律虽然普遍、抽象,却也清晰地反映了一个社会对法律约束下的人的要求。他们明确地表明了对个体自由及某些让人难以忍受的行为的限制。因此,法律反映了社会(或者说非民主政治制度中的统治者)所希望强加于男女两性间的行为规则。

然而,对两性而言,法律并不总是一样。即法律是被性别化的,不断反映并改变着性别角色的社会建构。当然,这并不意味着法律是性别建构的唯一因素。通常,在整个希腊以及希腊以外,诗歌和文学在法律尚不存在时扮演了相似的角色。换言之,数百年来,诗歌(尤其是史诗,它在没有文字的社会中的教育作用众所周知)[2]给希腊提供了一系列典型的女性形象,为维护女性地位的最早立法铺路。

---

[1]　例如参见 I. Morris(1999:305—317)。

[2]　见坎塔雷拉的文献(2002c:20—30、204—207)。

## 荷马史诗和女性的分类：被引诱者和引诱者

从诗歌的表述中,希腊人认识到世上存在两类女性:"诚实的女性"和"其他女性",并获悉了一种客观而非主观的分类标准:把女性分为这一类和那一类,诚实的女性生活在家庭里,即由某个男人支配的家庭中,"其他女性"则独自生活。她们不同的生活方式决定着其不同的性行为方式:如果受家庭的墙垣和亲情的约束所保护的女性有不正当的性行为,那么,她要么是被某个男人诱奸,要么是被某种无法抵御的强力引诱。[①] 反之,"其他女性"则引诱男性,且通常战胜了他们的抵御而与之发生性关系。

让我们从诚实的女性开始,看看海伦的故事。在《伊利亚特》中,海伦为自己的行为忏悔,还自称为"她—狗",但特洛伊人并不鄙视她。正如普里阿摩斯所言(3.162—165),海伦无需为自己的行为负责,因为她乃是受阿芙洛狄忒驱策的。即便是奸妇的典型,邪恶的、背叛且杀戮了自己丈夫的克吕泰涅斯特拉,也是因受莫伊拉(命运)的意志驱策,违背自己的本性而犯下通奸罪行(《奥德赛》3.266—272)。

希腊人通过诸如卡吕普索、基尔克的形象,认识到那些独立、迥异、让人不安的"其他女性"的行为是何等危险。荷马说,卡吕普索曾用一种让人难以抵御的女性武器,即"甜蜜的言语"(logoisi haimylioisi),使奥德修斯陪伴她(七年,《奥德赛》1.56);赫希俄德说,潘多拉正是出于使男性生活走向不幸而被送往他们中的第一个女人。卡吕普索以她"迷人的言语"性诱了奥德修斯,但奥德修斯和女神的关系却被古代的诠释者理解为夫妻,且认为孩子们都是这对夫妻所生育的——尽管他们在到底有几个小孩这一点上有

---

① 这种荷马式的女性形象,参见坎塔雷拉(2002c:129—142)。

分歧。① 奥德修斯和神女基尔克有相似的关系。如同卡吕普索，基尔克独自生活：没有丈夫、父亲和兄弟；遇到奥德修斯时，基尔克也吟唱。但是像佩涅洛佩一样诚实的女性从不吟唱。几个世纪以来，城邦中家庭主妇的无声可能不只是巧合。沉默是名望和得体的标志。荷马笔下典型的女性形象很清晰：诚实的女性生活在由某个男人支配的家庭，"其他女性"则独自生活。与之相应，诚实的女性服从，且保持沉默；危险的"其他女性"则吟唱，且引诱男性。

## 首部雅典法律

公元前 621（或公元前 620）年，德拉古制定了首部雅典法律，且在公元前 5 世纪晚期（公元前 409 年或公元前 408 年）被 anagrapheis 记载了下来。② 这部法律规定，被控杀人者必须经受法庭审理。同时，为故意和非故意杀人的嫌疑犯设立了不同的法院和处罚等级。这部法律的目的是控制和限制私人复仇，当时，这种私人复仇已成为人们遭受某种不义后习惯性的、毋庸置疑的反应。虽然该法律在通常意义上禁止复仇，但也设立了一些例外情形。其中一种例外情形的设立与性别意识形态相关，即公民发现有人"亲近"自己的妻子、母亲、女儿或为有合法的孩子而持有的妾侍，即可杀害该亲近者，该法律保证对这种杀害免罚，这一点违背了标志着真正刑法诞生的新原则。③

这种情形中，法律把女性分为两类：第一类女性的正当性行为受杀害"亲近"她们的人的免罚保障所保护，而另一类并没有归于

---

① 阿波罗多罗斯的著作 *Epitome* 中认为是一个；赫西俄德《神谱》1017—1018 和 Eustathius 的著作 *ad Homeri od.*，16. 118 认为是两个。

② 这部法律的文本，目前存于雅典的 Epigraphical 博物馆，由 Stroud 于 1986 年出版，有争议的部分见于加加林(1981)和坎塔雷拉(2002b)的最新文本。

③ 这部法律并不见于大理石碑上，而是引证于德谟斯忒涅斯 23. 53。

法律之下,所以男性可以与其自由性交。细思后可知,法律因其意图和目的,编纂了荷马式的"被引诱者"和"引诱者"的分类,把它转化为法律分类,从而深刻地影响了女性的生活。

当我们考虑受法律保护的女性标准时,源于史诗形象的、德拉古式的"被保护"类型得以显现。这些女性有些什么共性? 细思后可知,她们有两点共性:其一,她们都生活在某个雅典市民的家里,依照法律,该市民有杀害"亲近者"而免罚的权利,因此,她们分享一种事实上被德拉古赋予了法律后果的社会环境,即认可家长权力的确定性,以确保在他屋檐下生活的自由女性受人尊重,即受性保护。引导德拉古"保护"这些女性的理由(或理由之一)是这种假设:这些女性可能会有不正当的性关系——如我们所见——她们总是被"引诱"。依此理由,其二,德拉古允许对情人的合法化杀害与城邦的生育相关:这些女性都拥有一种更相同的特性,她们都生育雅典公民。① 其次,同样重要的一点,德拉古法律的目的是为维护市民血统的纯净。

## 性犯罪和女性的顺从

### 古风时期

德拉古的法律,非常切合激发产生社会典型形象,却未考虑女性的顺从。当考虑"被保护的"女性时,法律推定这种顺从已经被曲解。因此法律没有区分情人和强奸犯,对这两种人的杀害都可免于受罚。②

这点首先得到了阿瑞斯审判神话的证实,阿瑞斯发现波塞冬

---

① 正如我在坎塔雷拉(1997)中所言,这是一个有争议的问题,与非婚生子女的政治地位的争议密切相关,依据柏利克勒斯的市民法的阐释(亚里士多德《雅典政制》42.1),关于这个主题,见于 Ogden(1996:15 及其以下)及此书中的帕特森。

② 另外,哈里森(1968:I,34),D·科恩(1984),Ogden(1997:28)。

的儿子 Halirrothius 强奸自己的女儿时,愤怒地将其杀死,雅典最高法院宣判阿瑞斯无罪。① 其次,此法规定,只能杀害在女性的居所发现的人。吕西阿斯对欧菲莱特斯的答辩言辞中依德拉古法律明确地陈述了这点。欧菲莱特斯被控杀害他妻子的情人埃拉托色尼(Eratosthenes),他坚持强调,在自己家中发现埃拉托色尼这一事实激怒了他。但是,这只是一个使杀害"合法"的、必要而非充分的条件。正如吕西阿斯的答辩言辞所清晰表明的②、及后来的资料所认可的③,这个男人必须是在"亲近"(next to)即性交时被发现。④

　　必须在案发现场发现罪犯,这点证明了杀害强奸犯同样免罚的推论。否则,"合法的"杀人必须在法庭中阐明该女性的顺从与否——当时的环境下,这是一件很难完成的任务。⑤ 德拉古法律的文本表明,在它颁布的公元前 7 世纪,还无法区分通奸和强奸。正如荷马史诗所展现的,与这些女性有性关系,明确地说,只是冒犯了有权力并有责任控制她们的男性,因此女性是否真正顺从并不重要。

## 演说家时代

　　几个世纪后,雅典人的心智和法律都有所改变。让我们把目光移至数百年后,看看公元前 4 世纪的雅典,吕西阿斯正是在此写下了前文引用的、对欧菲莱特斯的控辩演说。欧菲莱特斯被指控

---

① 阿波罗多罗斯 3.14.2。也见于 Pausanias 1.21.1,另参 Hellanicus FGH 323 aF22 及狄纳克斯(Dinarchus)1.89。

② 支持这种解释的原因见于坎塔雷拉 1976。

③ 见于 Lucian,Eunuchus 19 及罗马法学家乌尔比安之 Justinian's Digest,48.5.24 (23)4,引自德拉古法律。

④ 把希腊语 epi + the dative 翻译为 next to 是有争议的。事实上,希腊语中它的另一个意思是 on top,同时有些学者更喜欢这种译法(哈里斯,1990)。关于这个问题,另见卡利(1995a:409—410 及注释 8 和 9)及 Omitowoju(2002:75 注释 9)。

⑤ 见哈里森(1968:I,35)及 E·哈里斯(1990:372)。

杀害了妻子的情人埃拉托色尼,他宣称为维护城邦的法律,法律要求人们惩罚如他所说的这种人:"闯入我的家,在我妻子身上犯下奸淫罪(其重点将随后解释),败坏(diephtheire)我的妻子,且激怒(hybrisen)我的后代和我本人。"[1]

人们依然把这种不正当的性行为(本案中的所谓通奸)理解为从根本上冒犯了拥有权力控制女性性生活的男性。尽管欧菲莱特斯的妻子谨慎而精心地策划了与自己情人的相会(因此,她无疑是顺从的),欧菲莱特斯还是认为妻子乃是被人诱奸(认为埃拉托色尼在我妻子身上犯下奸淫罪并使她败坏)。这个案件的主体是埃拉托色尼,欧菲莱特斯的妻子如果不是一个牺牲者,就只是一个被动的客体。奸淫和强奸,即便在构词层面也没有得以明确区分。

然而,为使法官们确信埃拉托色尼罪不可赦,欧菲莱特斯在引用德拉古的法律后声称,通奸是如此可怕,须处以死罪,而强奸则只需处以罚款。同时他承认,这两者在德拉古的法律中没有差异。他区分了这两种最初没有被区分的罪行,且援引了一条法律,此法规定"如果有人使用暴力(aischynē biai)强奸自由的男人或男孩(pais),他必须偿付两倍于损害的罚款:同样,如果他(用暴力强奸)'亲近'某个女性,则可以将他杀害"(吕西阿斯1.32)。

这个引述可信吗?是否可以把这种区分看成对女性顺从与否的问题加以严厉立法的兴趣日增?[2] 在此案中,依现代人的观念,

---

[1] 我不讨论 moichiea(奸淫)这一词意引起的争议。据传统学术,这个词有更广的含义,包括依照德拉古法律,在特定情形下允许杀戮"亲近"某个"受保护"的女性的人的所有性关系。其他学者认为奸淫包括现代意义上的狭义的通奸的意思。(D·科恩 1984 和 1991,及之后的托德 1993:277,G. Hoffmann1990:12)。这个术语传统的更宽泛的意思,见于坎塔雷拉(1991a:289—296),卡利(1995a:407),Ogden(1996:第三章)和(1997:尤其是 27 页),Omitowoju(1997:尤其是14—16 页)。

[2] 据普鲁塔克的《梭伦》23,有关强奸的首部法律回溯到梭伦。但是这部法律可能以一种稳固的罚金(100 德克马)惩罚强奸者。如果试图解释其与吕西阿斯所援引法律的关系,见于 S. Cole(1984:97—113)和 E. 哈里斯(1990)。关于强奸的最新的文学记录见于 Omitowoju(2002)。

我们可能会相信强奸是比通奸更可怕的罪行。吕西阿斯暗示在雅典却刚好相反。当然,它也可以反映一种文化的变革。然而,在谈及这种文化变革之前,我们必须先审查吕西阿斯援引的法律以及他逻辑推理的可信度:

> 那些施予暴力的人,为那些被施予暴利的人所憎恨,同时施暴者用诱导败坏受害者的灵魂,使其他人的妻子更爱慕她们自己而非丈夫,施暴者变成了家庭的主人,难以确定小孩是丈夫的还是通奸者的。(吕西阿斯1.32—33)

尽管某些学者认为吕西阿斯的推理符合情理[1],但它显现出这样一种特别的却非常不适当的尝试:使陪审员确信并宣告其当事人无罪。另外,我必须指出,近几十年来,地中海文明中才开始区分"通奸妇女"和"被强奸者";几年之前,被强奸的女性发现想找到一个丈夫几乎不可能;甚至现在,在某些地方和文化区域内依然有极大难度。此外,吕西阿斯在援引强奸和奸淫的处罚的法律时说了假话,他说强奸则罚款,通奸则死刑,然而这两者都不符合事实。

首先,希腊人是否有强奸的概念和罪刑(对应于我们的)尚有争议,希腊语缺乏一个指称它的特定名词,且使用不同的动词,有时是"玷辱"(aischynein),或"使用暴力玷辱"(aischynein biai:吕西阿斯1.32),有时是"强迫"(biazomai:普鲁塔克《梭伦》23),有时是"强暴"(hybrizein:埃斯基涅斯1.15—17)。此外,动词"占取"(harpazein)本意是"诱拐",经常在性侵犯的语境中使用。在雅典,可以适用强奸处罚的案例数量同样不确定。此种罪刑的具体诉讼并不存在。不过,某些诉讼也并非为了能被使用而特别存在。

---

[1]　见卡利(1995a:416—417)。

它们是暴力诉讼(dikē biaiōn)和(或许是)赔偿诉讼(dikē blabēs)，两者皆以罚款而告终(哈里森，1968：35)，同时，公讼的处罚(graphē hybreōs)取决于审判法官们的决定，在某些案件中可以判处死刑。尽管肆心(hybris)的字意比强奸广很多①，但是有些案例中性暴力就是肆心：有些强奸犯可以被判处死刑。但是吕西阿斯避免回顾这一事实。而且他说奸淫的惩罚是死刑时说了假话。德拉古法律授权，可以杀害在发生行为时被发现的通奸男性，但没有论及何时处理奸淫。此外，此法也认可对强奸犯的杀害，并提及、列举了一些杀人却免罚的其他特殊情况(其中有些与性行为无关)。奸淫的惩处为另外的法律所规定，遗憾的是这种法律没有留存下来。但是我们知道，法院是在立法者(Thesmothetai)听证后的公诉结束时作出此罪刑的处罚(《雅典政制》59.3)。因为，许多公诉把处罚决定留给陪审团，这类审讯有可能但不必然是以判处死刑为结果。

　　其次，据我们所知，在其他雅典城邦，奸淫的惩罚不是死刑：在Locri Epizephirii，立法者Zaleucus规定奸淫者必须被弄瞎(Aelian Var. Hist. 13. 24)，而在Lepreum和Cumae，法律规定奸淫者须被残酷地以绳索捆绑，且在街上被铁链捆绑行走三天，同时剥夺其市民权(atimos)。②

　　最后，我们必须看看某些作家笔下所写的雅典法律在奸淫问题上批准的某些小惩罚：拔掉犯罪者的阴毛，往肛门里插小萝卜(raphanismos或raphanidōsis)或用一种奇特的长满刺的胭脂鱼

① 肆心通常被理解为极度地、冒犯地、故意地损害另一个人的荣誉。因其在雅典刑法中的中心位置，它将是不断进行的讨论中的主题。在其他学者那里，见于麦克道威尔(1976a)、加加林(1979)、Fisher(1976、1979、1990、1992、1995)、D·科恩(1991)。

② 关于Lepreum，见于Heracleides Ponticus in Muller，FHG 2,217页及其以下；关于Cumae，见于普鲁塔克 Quaest. Gr. ,2。

与奸夫肛交。然而这些行为(与它们的实际运用的讨论无关)不是法律处罚。① 他们是典型的复仇方式,大概正是远古的传统,意在削弱经受这种处罚的人所拥有的男性气概,要公开奚落他们。没有证据显示雅典法律使其合法化并把它转化为刑罚。在性犯罪领域,雅典法律唯一关注的复仇规则是,如我们前文提及的,杀害当场发现的奸夫和强奸犯。复仇的其他形式,所谓轻度的惩罚,是被共同的行为所承认,而且很可能同样被用在强奸犯身上。

因此,奸淫的惩罚措施并未固定,它在强奸案审定之后进行。所以,强奸和奸淫这两者,被处以从罚款至死刑的多种刑罚。当奸淫和强奸被区分时,没有哪种罪刑比自身而言更为可怕。两者依据主观和客观条件,被害人和罪犯的地位,以及追捕罪犯的法律行为不同而给予不同的评价。女性的意愿不会单独被雅典的立法者考虑。尽管雅典的法律不是希腊法律的代表,尽管雅典和格尔蒂的法律有很多不同②,但妇女的意愿在格尔蒂的法律中同样不重要,这点很值得注意。依据格尔蒂的法律,一个自由的男人强奸一个自由的女人,罚款是 100 个斯坦特(stater),如果强奸犯是个奴隶则处以双倍罚款(col. II, 2—7);一个自由的男人与一个自由的女人在该女人的父亲、兄弟或丈夫的家里犯了通奸罪,罚款同样是100 个斯坦特,如果通奸犯是个奴隶则要双倍罚款(col. II, 20—23)。但是如果发现一个自由的男人与自由的女人在不属于该女人的父亲、兄弟或丈夫的房中犯通奸罪,则只需罚款 50 个斯坦特(col. II, 23—24)。强奸和通奸在格尔蒂,如同雅典一样,其罚款取决于相关人的地位,而且这些相关人不仅限于该男人和女人,还包括该男人的亲属和该女人的丈夫。如果在他们的家中发现,则需要更多的罚款。显而易见,这些条例与该女人的意愿本身并不

① 见于 D・科恩(1985:385—387)、Roy(1991)、卡利(1993)。
② 见于本书中加加林关于整体的论述和戴维斯的论述。

相关。

　　最后,回到雅典,有一点很重要,即吕西阿斯所引述的强奸法条没有对所有侵犯女性的性暴力行为作出惩罚,而只限于德拉古法律所保护的那部分,她们出生、成长或作为自由的妾侍生活在雅典市民的家里;“其他女性”显然可以被强奸而不被惩罚。

## 法律和社会地位

　　雅典的女性被视为市民,从 astē 和 politis(astos 和 politēs 的阴性形式)这两个词即可看出,两个词表述了两种不同的、参与市民生活的级别。然而,正如每种古代文明一样,她们被禁止参与政治生活。换言之,她们拥有市民身份,却无市民的权利。公元前 450 年,伯利克勒斯颁布一个法令后,她们的市民身份成为了自己的小孩获得市民权的条件。此前,市民身份仅在行政区域内传承。

　　在私法领域,雅典的女性被视为没有能力决定自己事务的人,她们终其一生都由男性监护人支配,监护人拥有超越她们之上的力量和权威。最初,女孩的监护人是她的父亲;父死后,可能是她同父的兄弟;如果没有兄弟,则可能是她父系祖父或叔伯。婚后,丈夫承担监护人的职责,只是他生前无权把妻子嫁给另一个男人,但他可以在遗嘱中为妻子指定未来的丈夫。夫死后,监护人是她的儿子,先前监护人的权力随着婚姻的解除而恢复。①

## 婚　　姻

　　监护人有权决定女性的婚姻。婚前必须有 eggyē（或

---

① 有关监护人(kyrios)的经济权威,见于 Schaps(1979:48—60)。

eggyēsis)的仪式,这个词语通常被译为"订婚"。[1] 订婚包括监护人的承诺,把女性当成一个男人的新娘"给予"他,通常,监护人在女性还很小的时候就作出承诺。如德谟斯忒涅斯的妹妹,五岁时就已订婚(德谟斯忒涅斯 27.4 及其以下)。但是,确切地说,订婚仅仅只是订婚,它并不强制监护人履行承诺,而且如果承诺被打破,并没有相关约束。但如果把已订婚的女性以 ekdosis(嫁女)的方式带到新郎的家并给予他,订婚这种行为则是给予该女性妻子的身份,以及给予日后她所生小孩的合法地位。最初,婚姻生活伴随着一些宗教仪式,仪式庄重与华贵的程度取决于该夫妇的经济和社会地位。此仪式中,婚礼持续三天,但婚礼只是婚姻存在的社会表示,同时,聘礼虽是一种习俗,却并非社会的必须(Schaps,1979:74—88)。正是这一系列的 eggyē-ekdosis 仪式,将以下两种行为区分开来:某个男人与妾的同居生活(通常以动词 suneinai 表述:"在一起"),婚姻后两人的同居生活(以动词 sunoikein 表示:共享家庭的活动)。只要她在同居生活之前已订婚,她就是妻(gynē,damar),而非妾(pallakē)。[2]

　　我们无法得知,在雅典,一段正常的婚姻能维持多久。配偶一方死亡能使婚姻解除,除此以外,还有三种不同的情形。其一,最普遍的一种,是丈夫休妻(apopempsis 或 ekpempsis),休妻无需理由,而只随丈夫的意愿发生。休逐自己妻子,只需返还聘礼。其二,是妻子离开(apoleipsis)夫妻的居所。这种方式须由执政官记录在案,妻子须由其监护人代理。[3] 女性和其监护人做出离婚决定的频率只能进行推测。不管怎样,真正因女性提起而离婚的情形很少。正如美狄亚在著名的演讲中揭发女性遭受的不公时说,

----

[1]　关于词语订婚(eggyē)的含义,见于帕特森(1991:48—53)。

[2]　尽管被近来的学术忽略,但这是 Paoli([1930]1974:264—265)设想的前提。

[3]　例子见于德谟斯忒涅斯 30.15、17、26、31。关于这种程序也见于伊萨尤乌斯 3.8、78。

如果一个女人与丈夫离婚,她就会得到一个坏名声(欧里庇得斯《美狄亚》226 行及其以下);当然,男人休弃妻子却不会如此。

其三,婚姻的解除也可能是第三人的决定,新娘的父亲可以召回自己的女儿,通常会把她嫁给另一个丈夫。这种情形被称为 aphairesis,只有在其女还没有生育小孩时,才可能发生。正是小孩的生育,而非婚姻,使新娘隶属于丈夫的家。

这些都是法律上的规则。至于情感和性行为,学者们也曾探讨它们在婚姻中的存在率、质量和强度。虽然,有些已婚夫妇能感觉到一种强烈的、相互的性欲,但作为规则婚姻——被配偶以外的其他人决定、并常被中断——很难被认为是对厄洛斯(爱神)而言最恰当的途径。事实上,它只是一种雅典社会和法律所设立的、有序生育市民的制度。

## 经济权利和继承

在雅典,女性的父亲死后,如果有相应的男性近亲属,她就不能参与遗产的分割。女性对遗产的分配有时只是结婚时的聘礼(Schaps,1979:74—88)。遗产的价值取决于家庭的经济条件,可得到父亲财产的 5% 至 25% 不等(Leduc,1991:302 及其以下)。

聘礼通常由金钱、家具和其他动产组成,如果可能(此种可能性较小),也包括土地。无论何时,女性都不能支配聘礼。对聘礼充分的、自由的支配权属于她们的丈夫。如果婚姻解除,丈夫必须把聘礼返还给妻子的原监护人。如果无法返还,则须每年支付 18% 的利息(Blundell,1995:114—116)。

正如前文所提及的,雅典和其他城邦的法律可能存在差异,尤其是在女性的经济权利方面与格尔蒂法律迥然不同,在格尔蒂,法律赋予女性一种稍好的地位。但即使是在希腊,女性也可以持有一些财产。虽然她们被排除在父亲的遗产分割外,但可以作为姐妹、表姐妹或伯婶母分割遗产①，此种情况只适于没有兄弟、表兄弟或叔伯继承时。另外，她们可以依遗嘱继承财产；②可以收受礼物，且独立于婚姻的聘礼之外，她们自己拥有这些财物，这些财物被称为随身携带之物，通常被表述为"衣物和黄金珠宝"(himatia kai chrysia)，也包括其他动产。③然而，虽然她们能够持有财产，却不能支配财产，且不能设立遗嘱。伊萨尤乌斯(Isaius)在某次演讲中说，"法律明确禁止一个小孩或一个女人处置大麦粒以上的任何有价值之物的行为"(伊萨尤乌斯 10.10)，这种限制阻止了女性参与到处理主要财产的活动中。但我们知道，有一种可能是，违反这条法律的处理行为，本身并非无效，而只有在监护人把她们诉至法院时才可能无效，但这也只是一种猜测(Schaps,1979:52—56)。另外，事实上，虽然女性在做任何实践的财产处理行为时都需要监护人同意，但监护人却无需她的同意(Foxhall,1989:37)。女性对这种决断权的限制作何感想，或许可以从阿里斯托芬的《公民大会妇女》(Women at the Assembly)的数行文字表述中推知，这里的女性已获得政治权利，并通过了一项法律限制男性对财产的处理。

一种很有意思的制度被称作 epiklerate，它源于希腊单词 epikēros，通常被译为"女继承人"，这一制度清晰地显示了雅典财产和继承法的性别化结构。普遍上讲，牢记雅典可能并非是希腊的典型这一点很重要。但很有意思的是，女继承人在希腊的城邦中普遍存在，在爱奥尼亚和多利安，女继承人被称为 patroukos 或 patrōiōkos。④它们指的是父死时刚好是唯一后裔的女性。具有讽刺意味的是，为使家族财产在男性谱系中传承，所谓女继承人通常只能与她的父系近亲属结婚，一般是他父亲的兄弟。如果不愿

---

① 见于伊萨尤乌斯 11.1—3；德谟斯忒涅斯 43.51；伊萨尤乌斯 7.20—22。
② 见于伊萨尤乌斯 5.7—9。
③ 这种区分在伊萨尤乌斯 2.9,8.8 中作出。
④ Schaps(1979:25—47)。关于斯巴达的"女继承人"见于 Pomeroy(2002:84—86)。

娶她,则必须嫁给他的儿子,在亲属谱系中如此类推。如果两个或以上的人都宣称是她的近亲属(考虑到在雅典市民缺乏公共登记,这有可能发生),则由地方法官在 epidikasia(判归某人)的程序后为她做裁定,epidikasia 是一种 diadikasia(判决,判案)的申请,意在解决宣称自己有同样物权的人之间的冲突。Epidikasia 和 eggyē(伊萨尤乌斯 6.14)有同样的法律后果。

## 隔居的问题

直至数十年前,学者们惯于认为雅典的女性是在家里被人引诱,因为雅典社会不允许她们迈出家门,甚至禁止她们婚前离开内屋的居所(gynaikōnitis)。但近年来,更多的学者在著作中怀疑是否存在女性和小孩在身体上被隔离的居所。考古学家们曾详尽地质疑了这个问题,重绘了公元前 8 世纪至公元前 4 世纪的房屋居间地图,包括一个允许外人来访的男性房间(一个公共的房间,andrōn),和一个对家里的男性并不隔绝的女性居住的房间。[①] 然而,象征着女性气质的内屋只有通过男性的房间和被监护人守卫的家门才能进入。因此,即使隔居女性的房屋不存在,希腊的房屋设计也暗示着一种深刻的性别区分。

这些近来的文学资料的新诠释证实了考古学上的发现,同时,这些资料使一些学者看到,传统的研究经常弄错地域的分离和隔居的角色(科恩,1996:135—145)。事实上,仔细阅读这些资料可知,女性依据她们的社会和经济地位,通常因不同的目的而出现在不同的场合,他们可以走出家门去往街市。近来,学术界倾向于相信她们甚至可以参与戏剧演出,而且,每个阶层的女性都可以参与

① 因此,这种居所是"性别的不对等":女性不能进入男性的居所,但是男性能进入这种女性的居所。这是 Nevett(1994:98—112)和(1999)的结论。

宗教庆典(Goldhill,1994)。

由此可见,女性没有隔居在家里以及隔绝所有社会关系。但是即使较上流阶层的女性也被男性严格地监控。如果她们拥有奴隶,则由奴隶陪伴上街,简言之,她们在人身上没有被隔离,但无疑受到了社会控制。[①] 此外,雅典并不要求女性受教化。一旦她们生育了小孩,她们就实现了自己的作用。在罗马,儿子的教育由父母共同完成,在雅典却只专属男性。这是否是因为女性没有接受教育,或者说女性没有接受教育是因为她们不教育儿女,这是一个古老的、备受争论的问题,答案与一个同样受争议的问题相关:男色情爱的文化和教育职责。众所周知,精英阶层的雅典年轻人,不是受他们父亲教导以成为一个优秀的市民,而是被一个"情人"教导,这种抉择也许是源于雅典男性生活的公共自然性,这种自然性要求教育者必须与公共领域而非私人领域一致。当然我们在这里不能考虑这些问题(坎塔雷拉,2002a XI—XII)。重要的事实是,雅典女性的母亲角色纯粹是生物性的。

## "其他女性":伴妓(hetairai)和妓女(pornai)

女性只能与丈夫发生关系,男性却能与多个女性发生关系(且不说可能与男孩性交,参坎塔雷拉 2002a:54—78)。正如德谟斯忒涅斯著名演讲中的一段(59.122):这些女性有不同的作用。雅典的男人可能同时有三个女人:"为生育合法小孩"的妻子(damar);"为保养身体"即与其有规律的性关系的妾(pallakē),和一个"为消遣愉悦"的"伴妓"(hetaira)。为充分描述雅典男人可能存在的异性恋情,我们必须加入前文提到的 pornai(妓女),她们是无需有任何后续关系的短暂伴侣。

---

① 关于这些问题的概观,见于《正义》(1989:105—125)。

　　继前文描述妻子的情形后,让我们现在集中研究"其他女性",即那些陪伴一个男人并与之性交、得到酬劳的伴妓和妓女。她们扮演了一种迥异的角色,且拥有不同的社会地位。正如其称谓所暗示,伴妓不是只持续一个小时或一个晚上的短暂伴侣。她们与男性有一种非独占性的、较稳定的关系。她们可以满足宴会上有女性在场的交际和心理需要,这种宴会不允许妻子、姐妹和女儿参与。为履行职责,她们需要接受某些教育。有时候,但也不常如此,她们从外邦而来,接受了某些教育,包括歌唱的技艺、乐器的弹奏和舞蹈,同时拥有一些基本的社交知识,以允许她们参与男性的交谈。这点使学者们把她们与日本艺妓相比照,就艺妓不是职业妓女这点而言,这种比照不适当;就她们在男性社交生活中的相关职责,这种比照则很适当。

　　伴妓可以由单个男人包养,也可以由一群朋友付费独占使用一段时间。一部分伴妓能挣到相当多的酬劳和收益,且因她们的美貌和优雅而扬名。有些伴妓能成为自己客户的妾(极少成为妻子)。总之,她们在一个特殊的行业级别上从事自己的职业,这赋予她们一种不同于妓女的社会地位。

　　妓女属于这种职业的另一级别。某些妓女在妓院工作(依梭伦的传统而设立),梭伦曾把她们的收益分配给阿芙洛狄忒神庙。[1] 稍微更高一点的级别是在街市或在自己房间中工作的妓女。有部分是因沦为奴隶而被迫工作。有部分是出生自由的女孩,后来被父亲遗弃,被人救助,以后把她们充当妓女。还有一部分是自由的雅典市民,她们因饥饿或自己的选择而为妓女。[2]

　　雅典的法律是否规定妓女的酬劳并对她们课税,这点无法确

---

[1]　Harpocration s. v. pand emos Aphrodite.

[2]　这一论点是由 E·科恩(2000b:114—147)作出,他质疑卖淫世界中外来者的优势。他认为,卖淫的通常是雅典市民,不管当事人的社会地位如何,可以在自由形成合意的自由市场上工作。

定。埃斯基涅斯在《诉提马霍斯》的演说中提到一种叫做 porni-
kon telos(妓院税)的特别税且只针对男性,因此可推导一种相似
的课以妓女的税。至于酬劳,亚里士多德曾说,治安长官(astyno-
moi)为宴会中弹奏簧管、竖琴和七弦琴的女子制定了 3 德拉克马
(drachmas)的最高酬劳。[①] 然而,我们无法确定这是对歌唱家,还
是对妓女酬劳的限定;即便伴妓常常也是歌唱家,但完全把两者等
同则可能是错误的。唯一能确定的是公共干涉,能调节两个或更
多的男人之间想要拥有同一个女人所产生的争执(《雅典政制》50.
2);这种案件中,治安长官决定首选的人。

## 性 和 哲 学

诗歌和法律并非是性别模式化的社会建构中唯一的代理人。
在希腊,"智者"扮演了一种同样重要的角色,几个世纪以来,他们
都论辩着一个惊人的问题:女性在生殖中的作用何在(坎塔雷拉
1987:52—53)?

亚里士多德得出了这个论辩最主要的结论,他关于生殖中女
性作用的理论,成为了数世纪来女性生理和心理低等理论的里程
碑。依据他的理论,胚胎形成于精液而非经血。精液自身就是血
液,但它比经血复杂。精液和经血都为有机体所保留,且因热量而
转化为一种新的、不同的物体。然而,雌性因冷的本性不能将最终
阶段的营养整合为精液。因此,在生殖过程中,男性的精液"煮熟"
女性的经血,使之转化为一种新的生成。这意味着女性的血液只
起消极的作用。反之,男性的贡献是积极的、富于创造性的。本质
上说,生殖的过程中,就是男性的精液把女性的血液转化为人的过
程(亚里士多德《论动物生成》728a)。

---

① 《雅典政制》50.2;海波莱德斯 4(Euxenippus)3。

我们不难设想由这种性别角色构建的生物学理论的影响。正如亚里士多德所言,住宅(他的政治理论的重要要素)的安排围绕一家之主修建,"尽管自然秩序可能有例外,男性却天然比女性更适合统治"。[1] 所以男性是一家之主,且统治他的妻子、奴隶和小孩(《政治学》1.13,1260a)。亚里士多德的生殖理论是言语和诗歌、法规陈述和智力推测的漫长过程的最后定论,它给予了希腊社会性别模式化的建构以力度和稳定,巩固了统治女性生活的差别对待的(discriminatory)法律规则。

---

[1] 见于亚里士多德的《政治学》1.5,1254b,Jowett 译。

# 13. 家庭和财产法

马菲（Alberto Maffi）

## 家　　庭

### 婚姻和小孩

在亚里士多德看来，oikia，即家庭组织，不同于其他的社团组织，它是构成城邦的基本要素。亚氏认为，oikia 即为核心家庭，其中夫妻、父子、主奴之间的关系有很重要的法律意义。而与家庭组织相关的雅典法律措施，与亚里士多德的说法基本相符，其他城邦的法律资料也不与之抵触（除了斯巴达的惯例对此刚好有不同的看法，而这些惯例的真实性在目前的资料中没有得到认同）。

家庭（oikia）是婚姻（gamos）的结果。婚姻以男方家庭为中心：女方从父家嫁到夫家。婚礼对于社会和宗教的重要性毋庸置疑，但从法律的视角来看，最重要的却是该女性的父亲（或父死后，她的兄弟）和她未来的丈夫之间的契约，依照契约她被"给予"和"接受"。在雅典，婚约就是这种契约的代名词；在法庭上，婚约是证明婚姻存在的证据。通常情况下，女性作为继承人的情形下不存在婚约：依据无主继承，女继承人被指派给一个男系亲属，这个男系亲属对其他亲属证明自己拥有继承权利（更多相关内容见 12

章坎塔雷拉的文章）。

婚姻伴随着经济交易。由于起源于古代的良好习俗，女性的父亲（或父死后，她的兄弟）给予她丈夫一定数量的动产或不动产作为女方的聘礼（proix）。聘礼由丈夫管理，为免婚姻被解除，管理者必须为聘礼提供实物担保。

婚姻决定子女的身份。只有合法婚姻所生的小孩被视为合法子女。非婚妇女所生的儿女没有继承父亲遗产的权利，而且，多数专家认为，他们甚至不被视为市民。事实上，父亲的氏族中列为合法子嗣的小孩才被视为城邦公民。然而，私生子女也并非完全被排除在雅典社会之外：比如说，他们有权进入城邦的体育馆。[1]

夫妻任何一方都能主动解除婚姻；但是，法律是否赋予女方的父亲通过把女儿带离其丈夫而终止婚姻的权利，这点难以确定。[2]

妇女离婚后，会带着她的聘礼返回父亲的家。一种名为 dikē proikos 的特殊诉讼很可能是为起诉拒绝返还聘礼的丈夫。

婚姻也可因夫妻中一方死亡而被解除。丈夫死后，如果留有子女，妻子可以选择留在前夫的家里（这表明她不能有新的婚姻），也可以返回父亲的家。如果没有子女，她通常返回父亲的家。随后，她的父亲或兄弟可以决定是否再次把她嫁出。

父亲对其子女行使父权（然而，在希腊法律术语中，并没有用一个特别的术语指称它）。与罗马法的情形不同，在希腊法律中，儿子一旦成年，便自动获得自己房屋的所有权，并可以自主处置它。尊敬父母是子女的义务，父母贫困的时候，则要赡养他们。一种特殊的公讼为维护这种义务而设。此外，父母死后，子女有义务安排合适的葬礼，同时为纪念他们而举行定期的仪式。对被委任为执政官的人的以下提问，可以证明这些义务都很重要："他们是否拥有家庭

① Ogden(1996)。
② 见于 Lewis(1982)。

的陵墓？陵墓位于何方？他们对待父母是否表现良好？"

## 继　承

从古时起，一家之长死后，他的地产在儿子间分割。至于女儿所得的遗产，则与聘礼一致，聘礼的多少因家庭传统及将来丈夫需要的不同而不同。同样，从古时起，遗产可以在兄弟间分割，尤其是房产。土地因继承而被逐步分割，是社会不稳定性的潜在因素，这种不稳定性正是古代的立法者试图消除的。① 在雅典，没有记载限制土地买卖的资料。

如果没有合法继承人，家长的祖传财产转移给他的男系最近亲属，即兄弟及兄弟的后代。如果没有兄弟，则转移给他的姐妹及姐妹的后代，在这之后，一直到由 anchisteia（最亲近者）所限定的最远的亲属，即法律认定的家族关系。在雅典，这包括堂兄弟姐妹和表兄弟姐妹的后代。如果没有 anchisteia 中所包括的亲戚，财产如何转移，我们就不得而知了。或许是遗产重新收归城邦。配偶依法定继承权而继承遗产是绝不可能出现的情形。母亲的财产同样归于她的子女。没有子女的妇女，其聘礼回归她原来的家。

有一种继承制度为希腊独有，同时可能在全希腊都实行，这种制度相关的情形是，一家之长死后，家里只留有女儿（女继承人）。这种情形下，她有义务嫁给父亲的最近亲（实际上是她的叔伯或堂兄弟）。这种制度的目的是确保父亲的财产归于家族，以免祖传财产随她的子女转移到另一个家族中。与格尔蒂不同，在雅典这条原则得以严格地执行，她不能拒绝出嫁。凡认为有权娶她的亲属，有义务通过一种被称为 epidikasia 的程序对她提起申请。如果申请者为两个或两个以上，则可能需要法庭决定把该女继承人判定

---

① 尤其在 Calcedone 的 Phalea 和忒拜的菲洛劳斯（Philolaos）：见亚里士多德《政治学》1267a—b 及 1274a—b。

给谁。

绝大多数研究希腊法律的人都认为,即使女继承人在她父亲死前已经结婚(有些研究者认为仅仅在她没有子女的情况下),该亲属也有权娶她。这意味这可能有人会宣称他是关系最近的亲属,并主张 epiklēros(独生女继承人)的相关权益,如果法庭准许他娶该女继承人,则该女继承人的原有婚姻关系将自动终止。

但是应该这样说,资料并没有完全地证实 epiklēros 的 aphairesis 的存在。同时应该这样认为,父亲(或兄弟)愿意把他的财产保存在自己家中拓展家族,而不愿通过把自己的女儿给一个陌生人做新娘而与另一个家庭建立联系。

关于雅典 epiklēros 的规则,应该进一步说,她的儿子在成年以后两年,则成为外祖父财产合法的所有人。

与无遗嘱人继承的同时,早在公元前 6 世纪,雅典在承认遗嘱继承上同样是早慧的。好像是梭伦制定的一部法律把遗嘱(diathēkē)引介到阿提卡的法律,依据该法律只有那些没有合法的男继承人的人才能立遗嘱。因此这种遗嘱实现了给那些没有血亲后裔的人提供继承人的功能,因此避免了亲属的无遗嘱继承。相反,如果一家之长只有一个女儿,他可以通过遗嘱为她指定一个丈夫;该指定的丈夫通过娶她而成为立遗嘱人的继承人。除此以外,最近亲有权通过 epdikasia 宣称她为自己的妻子。

在公元前 6 世纪,一种特定类型的遗嘱开始出现,人们可以通过这种遗嘱把财产遗赠给非亲属。这种遗嘱甚至在立遗嘱人有法定继承人时也被承认。

遗嘱旨在使没有继承人的家长能有一位继承人,它的作用类似于继承,而在雅典和其他城邦中,人们对收养的认识和接受可能早于遗嘱。收养是供养一个从他原来的家转到收养人的家的男孩,这带来两种重要的后果:(1)被收养人获得了相当于合法子嗣的地位,同时与原来的家庭断绝联系,并丧失继承权;(2)收养人死后,被收养人不能离开收养人的家而回到自己原来的家(如,重获在那里的继承权),除非他在收养人的家中留下了一个合法的儿子。实际上,如果收养人死后没有留下合法的后代,被收养人的财产则会转归他自己的亲属。

## 监　护

为完善关于家庭法的制度的描述,应该提及监护制度。尚未成年而父亲已故的孩子以及妇女,都将受到监护人的监护。

妇女的监护人(kyrios)是她的父亲,父亲死后,则是她的兄弟,总之,是她最近的男性亲属。已婚妇女的监护人是她的丈夫,丈夫死后,则是她的长子。设置监护人是为了使妇女可以进行有法律意义的行为。

尚未成年的小孩的监护人可能是通过遗嘱被指定,如果没有指定,则通过法律确定:后一种情形中监护人通常可能是最近的男性亲属。如果没有合适的亲属,监护人可能由年名执政官(eponymous archon)指定。

小孩成年后,监护人必须说明他的情况,并有义务继续承担少量的管理,这在雅典被称为 dikē epitropēs(与此相关的有德谟斯忒涅斯为抗诉他的监护人而发表的三篇演说。德谟斯忒涅斯27—29)。监护人经授权可以出租未成年人的所有地产(misthōsis oikou orphanikou):在有关执政官控制之下集合竞价,法庭把租借权指定给最好的买主。监护人对未成年人的虐待,被一种特别严厉的方式以公诉案形式进行控诉(亚里士多德《雅典政制》56.6)。

## 奴　隶

与妻子和小孩一样,奴隶也属于家产的一部分并且听命于一家之长的权威(用亚里士多德的术语说,是 despotikē)。奴隶被认为是物品；因此，比如说，他们可以被雇佣和买卖。但是，任何对另一个人的奴隶的违法行为，都允许他们的主人对违法者的严重罪行采取法律行动（graphē hubreōs）；杀死奴隶同样会导致起诉谋杀，由帕拉狄温法院处理（亚里士多德《雅典政制》57.2）。主人要为所有其奴隶导致的对别人的违法行为和损失负责。

奴隶可以被以某种方式释放，这在雅典没有被记载；但是，主人的私人行为几乎总是被涉及。被释放的奴隶获得自由但没有市民权（不同于罗马的程序）。如果他选择留在他原来主人的城邦，他被置于雅典的外邦人或定居的外来人之列。释放行为很有可能包含着条款，责成被释放的奴隶为他原来的主人做某些特定的工作：所有义务的综合在希腊化时代被称为 paramonē。至于雅典，我们知道有种法律程序，前主人可以通过它对没有履行这些职责的奴隶提起诉讼。①

# 财　　产

### 所有权的客体

在阿提卡的资料中，我们发现许多事物的分类。从法律的角度来看，非常重要的分类是动产与不动产的划分。不动产——土地和房屋——的所有权为市民保留。外来人，尤其是外邦人，仅仅在他们获得了被称为 enktēsis gēs kai oikias（即获得土地和房屋所有权的权利）的特权时，才能获得不动产；另一方面，他们可以自由地买卖不动产（只要交付了关税，如果必要的话，交付在市场上贩卖的费用）。

与私人拥有的房屋一样，我们同样在雅典发现了公有的、专门

---

① 托德（1993:190—192）。

用于宗教事务的房屋。公共房产的所有者可能是城邦或小团体，如部落或区划、种族。宗教的房屋在由公共团体或私人举行的献祭仪式后获得了这种地位。公共的和宗教的土地经常被租借给私人住户；[①]其他公共的不动产，如采石场或矿场，也被出租给私人。对雅典及其重要的是在 Laurion 银矿进行的采矿业，租赁权买自城邦，其规则相当复杂且已不易重构。[②] 公共财产也因为财产的充公而来，充公通常作为一种惩罚的形式，尤其在政治叛乱的案件中适用，但同时也适用于那些无法清偿债务的人。充公的财产由名为 Pōlētai（或奴隶主）的治安官出售。[③] 但是，私有债权人有先于城邦的优先权收取他们的债务。

私有财产的所有权可以登记在单个的人或一群人的名下，尤其是不动产的共同继承人或私有的团体。每一共同所有者认为他自己是全部还是仅仅是部分财产的所有者，这点还有争议。财产属于团体的情形下，与共有财产相关的行为由执政官拟定，执政官代表合伙人。

财产所有权的权利由城邦保证。每年，年名执政官开始他的任期时，命令其传令官宣告，每个人都依法完全占有他的财产，且有权享有它。[④] 但是地主的权利有所限制。从梭伦的时代开始（公元前 6 世纪之初），那些在他们自己的土地上建筑房屋的人，必须在建筑物和与他们邻居土地的分界线之间留下一段距离；另外，那些自己土地里缺水的人，有权从邻居的土地上取水。[⑤] 另外，有关橄榄树的栽种是同样历史悠久的措施：禁止砍伐生长在私人土地上的橄榄树，因为它们被认为是神圣的。因此，城邦为了公共的

---

① 　Osborne(1988)。

② 　见于 Faraguna(2003)。

③ 　见于 Langdon(1991)所收集的资料。

④ 　亚里士多德《雅典政制》56.2。

⑤ 　普鲁塔克《梭伦》23。

利益,可以在财产权客体的事物上施加限制。

## 所有者的权利:所有权的转移和担保

依亚里士多德所言①,作为某物的主人,意味着可以使用并处置它。"处置它"意味着售卖它:因此该物的所有权转到买主那里。也可能仅仅只是转让该物体的部分使用权。该物因此可能被以租赁(misthōsis)的方式交付,既然如此,它的使用权转到了租赁者那里。但是,也可能是接受者无权使用该物的转让:对于这种情况,我们有一种保证金的合同(parakatathēkē),从很古老的时候开始就在希腊很好地被记载着。

从一种法律的视角来说,售卖(prasisōnē)是物体交换成金钱—现金交易。买主在还没有偿付卖主价款之前,就没有成为该物的主人。② 因此,理论上而言,收到约定价款之前已经交付了物体的卖主不能起诉获得付款。他唯一能做的可能是要求损害赔偿(通过提起一种被称为 dikē blabēs 的损害赔偿案件)。忒俄佛剌斯托斯(Theophrastos)的《法典》(Nomoi)中的一长段文字告诉我们,通过一种程序,房产的宣布信息受到保证:这样想要购买房产的人都可以查证卖主是否是房屋的真正主人。忒俄佛剌斯托斯列出了买卖的公示的宣告、治安官在场的合同的缔结、作为证人的邻居的参与,以及最重要的是,把这场买卖记录在财产登记簿上的义务。我们并不知道在雅典使用的是这些方法中的哪一种。不过,有迹象表明 demes(古希腊行政单位)保存有在其区域内的财产的登记。③ 禁止售卖的记载仅仅限于处在殖民地的房地产,而且这种自由买卖原则的例外缘于保持殖民地生存的必要性。

---

① 亚里士多德《政治学》1257a;《修辞学》1361a。

② Pringsheim(1950).

③ Faraguna(1999).

所有者有权售卖自己所有的财产,也有权提供它以做担保。甚至从古时起,希腊就承认个人人身的担保(个人以他自己为担保)和财产的担保(以提供的财产为担保)。当第三方(engyētēs)担保债务的偿付时,担保人产生,如果债务人没有按时偿付,债权人可以起诉该担保人。实物担保存在的情形是,债务人提供他自己的某物给债权人以作为保证;这样,如果债务人在预定时间内无法偿付债务,债权人可以通过依担保类型不同而以不同的某种程序取得该物所有权。因此,债权人可以避免因债务人丧失财产而无法支付的风险,也可以避免其他债权人与他争债权,而债务人的财产不足以满足所有债权人的风险。古希腊最古老的实物担保的方式当然是抵押,在雅典被称为 enechyron。但是,售卖权仍归债务人所有是一种古已有之的惯例(prasis epi lysei):财产(价值高于债务)的所有权转移到债权人,而债务人则通常依然持有该物,所以他可以获得收益,以偿还他的债务,有权收取已得偿还的债权人返还的财产。反之,如果债务人无法偿还,债权人依然保有物主的身份并有权占有该物。为了让第三方知道该财产的所有权已经完全转移给债权人,习惯的做法是放置一块称作"石标"(horos)的记名的石头,* 放置在土地上或房屋的墙垣上,表示该项买卖已经成立,并标示债权人的姓名和尚欠款项。这样就可以提醒有意购买债务人的财产的人,财产已经被以担保的方式卖出。

"石标"在雅典可以追溯到 6 世纪,而且在其影响下的地区,提供给我们两种其他的实物担保方式的资料:apotimēma(抵押品)和抵押。抵押品的特征是它的社会经济功能。丈夫和那些租有属于孤儿的不动产的人都要将他们财产的一部分置为抵押品——前者作为婚姻解除时聘礼返还的担保,后者作为租赁结束或监护权

---

\* 中译编者按:表明抵押的财产的石柱(表示负债),以旧社会插草标表示销售而拟作"石标"。

终止时租物返还的担保。

　　某些"石标"中的不动产从动词 hypokeimai（从属于）可看出所表达的某种情形：因此债务人为债权人（将来的）占有而具保不动产的一部分（使用的动词是 hypotithēmi），名为 hypothēkē。至少在理论上，这种担保并不需要将财产即时转移给债权人。但是，如果债务人不能在预定的时间内偿付，债权人可以占有并售卖该财产，从价款中取出他的债务金额，包括所有的利息；余款必须归还给债务人。

　　至少在理论上没有排除同一财产提供给不同的债权人做担保①，除非合同规定构成担保的财务必须是没有争议的（anepaphos）。

## 所有权的法律保护

　　所有权的保护有两个互补的问题。一方面，保护某人的财产不被其他人试图占有或未经物主的允许而使用；另一方面总括如何获得属于自己的某物，该物为别人占有，且占有者也宣称自己是物主。

　　起初，以下情况可能发生，那些宣称别人所占有的财物为自己所有的人被允许去夺取该财物：对于不动产而言，所有者可以闯入房屋或建筑（embateuein），赶走占有者；对于动产，他可以使用武力从占有者（agein）那里夺回。如果占有者抵抗，就会有引发武力冲突的风险，而获胜者当然是更强壮的那个人。因此法律干预以避免争斗，同时防止申请人采取对他必要的自助以夺取该物。但还是有一些例外，比如，通过诉诸自助以确认对某物的拥有权是被允许的，即使这种行为首先未从法庭上获得查明了该权利的判决。

―――――――――

① 　参看公开在 Hesperia X（1941：14）上一个石刻记载的案例，属于公共债务人的不动产好像同时是抵押的客体和两个有协约和追索合同的客体。

至于不动产,可以从追溯到古典时期的阿提卡的资料看出,在以下的情形中占有土地或建筑物的权利是被承认的:(1)物主的权利被法庭的某一判决承认;(2)债权人取得属于债务人的被指定为担保物的不动产;(3)死者后代的直系继承人拥有其他人占有却无权声称为其所拥有的遗产(而且这种情况下,此规则也同样适用于动产);(4)与城邦约定了公共房地产的租赁合同或买卖的人,这些公共地产属于无权声称为其所有的人手中。在所有这些情形中,因为涉及的是不动产,所有权的所有者当被占有者阻止而不能拥有该不动产时,可以通过 dikē exoulēs(或为驱逐的案件相关的诉讼)的方式起诉该占有者,以致发现负有责任的占有者必须给合法的所有者赔偿损失,以及同样的金额支付给公共的金库(或许是为强调尊重所有权对公共利益很重要:见上文提及的执政官的宣告)。

至于不动产,对一个看起来是自由民的人,或属于其他人的奴隶的人申请主人的权利饶有趣味,因为在这种情形中,物主的权利不要求最初判决的确认而产生。在自由民的情形中,允许申请人捉住该自由民,宣称该自由民是他的奴隶。屈从于劫持(agōgē)的自由民不能反抗;第三人必须干涉,通过从申请者的手中移除(aphairesis eis eleutherian)假定的奴隶而终止劫持(agōgē)。在这一点上,该申请者可以通过解禁诉讼(dikē aphaireseōs)的方式起诉(为非法的移除):如果法庭认为解禁(aphairesis)被非法地行使,因为作为劫持(agōgē)款项中的人确实是申请者的奴隶,进行劫持(agōgē)的当事人必须支付一定金额的钱财作为处罚,同时获胜的申请人可以拥有该认定为他奴隶的人。同样的方法适用于有关对其他人的奴隶的物主申请:这种情况下,实际上持有的人通过解禁(aphairesis)的方式对抗申请者的劫持(agōgē)。

除了允许申请者占有他宣称为他所有的东西,同时只有在具备抵抗或反对时才进行审判的这些情形以外,阿提卡法律还预见了什么方法呢？让我们先考虑不动产方面。

如果前文所提及的四种情形都不存在，申请人不能直接持有他宣称为自己所有的财物：首先最重要的是法庭必须承认他的权利。但是，什么法律途径适合他尚有一些争议。一方面，我们知道阿提卡法律存在一种获得遗产继承（diadikasia）的法律程序，即被提请到法庭的两个或三个普遍的申请的认定，在公法和私法的资料中都有用到这个程序。在私法的领域内，最广为人知的适用是 epidikasia：多个人都宣称自己是没有法定后代的死者的唯一继承人时，适用此程序。在公法的领域内，必须确认两个或数个人中，谁对城邦有某种特权，或谁必须为城邦提供某种特定服务时，适用此程序。

在公法领域内，遗产继承（diadikasia）的一种特定的情形是 antidosis（置换）：当公民被宣召执行某种仪式，即为公共的利益提供服务，诸如合唱队的训练或战舰的维护，他可以指出一个他认为更富有也因此更适合于承担该仪式的费用的同胞公民：眼下即有一场审理，决定两个异议者谁真正最适合于执行此仪式。[①]

过去人们认为遗产继承也是为加强物主的权利以对抗该物的持有者而使用。但是，使用遗产继承宣称物的所有权，并未清楚地记载于阿提卡的法庭演说和其他资料中。相反，另外有一种传统，通过词典编纂而为我们知晓，依此传统，宣称其他人持有的不动产的所有权的人，遵循适用于地主起诉房屋（dikē karpou）或郊区建筑（dikē enoikiou）的租赁人的法律程序。通过 dikēkarpou 的方式，所有者可以申索被拖欠的承租人获得的非法等价收入，如果胜诉，所有者有权持有该收益；通过 dikē enoikiou 的方式，所有者可以申索与未付房租等价的金额。所有者可以通过同样的程序起诉非法占有者。的确，后者没有支付应付的租金而非法接收收益（如

---

① 见于 Gabrielsen(1987)。

果涉及的是房屋)或享有房产的使用(如果涉及的是城区建筑)。但是,原告为获得对被承认的收益或租金的权利,他首先必须证明自己是不动产的所有人。这样,由于他的所有权的间接证明,胜诉的原告可以继续拥有,如果持有者提出反对,他可以通过 dikē exoulēs 的方式提起诉讼。问题是这种证明所有权的间接程序没有清楚地记载于古典时期的阿提卡文献中,却被晚期的希腊化和罗马时期的词典专门编纂记载。

因此学者们持有分歧。我们应该感谢卡瑟(Kaser)在这个议题上的重要研究,他认为 diadikasia 以及 dikai karpou 和 enoikiou 是相互补充的程序。特吕尔在他关于这个主题的最新研究中得出结论说[1],对财物主张权利要求的程序并没有独特的典范(比如像在罗马的 rei vindicatio),而是因主张权利的财产的种类不同,诉讼具有不同的形式。

至于涉及不动产的权利主张,想要追回某物的人对持有该物的人提起诉讼,通过诉讼他要求该物在法庭上展现。如果持有者满足他的要求,原告可以在法官面前持有该物。为证明他的财产,实际持有该物的人必须证明他曾合法地购买到该物;尤其是,如果他主张他曾购买该物,他可以召来卖主,同时原告必须在卖主面前坚持自己的主张。[2] 如果卖主拒绝出庭或者持有人败诉,持有人必须把该物返还给原告,卖主可能被通过 dikē bebaiōseōs 的方式起诉。反之,如果该物的实际持有人拒绝在法庭上展现它,则会被传唤支付一定的金额作为处罚,否则可能会以盗窃(dikē klopēs)起诉他。[3]

---

① 特吕尔(2003)。

② 在柏拉图的《法义》(914c—d),有一种在特别的登记中的买卖记录文件在财产争议中被提交。

③ Kaser(1944:148 及其以下);关于"盗窃",参看科恩(1983)。

# 14. 雅典公民身份法

## 帕特森(Cynthia Patterson)

公元前 4 世纪晚期,亚里士多德认为"谁是公民(politēs)?"是思考城邦性质时最先呈现的问题之一。他在《政治学》第三卷卷首说:

> 城邦成为一个组合物就好像许多"部分"结成为一个"全体",我们如果要阐明城邦是什么,还得先行研究"公民"的本质,因为城邦正是若干(许多)公民的组合。于是,我们又该弄明白"什么是'公民'?"以及谁确实可以被称为一个公民。(1274b40—42,吴寿彭译文)

摒弃了诸如公民就是"居住在某一特定领域内的人",或"拥有合法控诉和被控诉权利的人"等太宽泛的概念后,亚里士多德得出结论说"凡有权参与城邦政治或司法事务的人,都被称为该城邦的公民"(1275b19—21)。随后他还摒弃了"公民双亲所生的后代就是公民"这种"实用的"定义,因为这实际上不能算一个定义——例如,一个新国家的始建者呢——他就不是公民吗?

由于亚里士多德本人的权威,及他对"公民"的清楚界定,现代人关于"古代公民身份法"的讨论基本上都遵循了他的两个论点:其一,政治司法参与是公民身份最本质和最必要的特征;其二,公民的身份定位应视为所有城邦的首要任务。与此同时,公民和城邦也通常被看成进入希腊世界的标尺;有位学者在某本书中宣称要在公元前8世纪的考古资料中寻找这两者的起源,他在该书中宣称"公民财产"是"城邦之根本"。① 从这种视角看,公民有一种超历史的特别含义,因此亚里士多德那相当后期的、源于他对古典城邦经验之理解的哲学观点,同样能作为公元前8世纪的标准:"在城邦中只有公民自身属于这个共同体;那些居住在共同体内却没有政治权利的人——妇女、定居的外邦人和奴隶——被从城邦中排除。"②亚里士多德的看法能被权威化吗? 他的解释与史实相符,还是有历史动因? 笔者在第一章中,提出了雅典公民身份法的另一种看法,以强调从公元前6世纪至公元前4世纪间,雅典的公民和公民身份法理念历史的、渐次的发展。亚里士多德的论述和界定处于这段历史的晚期,同时反思这段历史;他的界定不是一种历史,而是一种历史的产物。

同样,伯利克勒斯于公元前451年或公元前450年制定的"实用型"的法律——"非两个公民所生的人不能参与城邦"(《雅典政制》26.4)或"仅仅是那些两个雅典公民所生的人才是雅典公民"(普鲁塔克《伯利克里》37.3)——只是雅典公民身份法极大发展中的重要一页,同时,只有在梭伦到德谟斯忒涅斯期间,法律和政治、家庭和社会交织的历史背景下,才能得以理解。从亚里士多德的视角出发以及集中于伯利克勒斯法律的许多雅典公民身份法的资料业已存在;笔者希望这篇文章能为亚里士多德的论述和伯利克勒斯的法律提供一个重要的有价值的历史背景。③

---

① I. Morris(1987:7)。
② Morris(1987:5)。Morris好像把公民身份当成一种男性特权,而他所设想的正式的葬礼似乎是公民身份不仅仅限于男性的一种表现。
③ 关于雅典公民身份法一种有用而简明的探讨,参见托德(1993:170—184)。关于伯利克勒斯颁布法律的探讨,参见帕特森(1981)。

# 雅典公民权的语言表述

从前面段落中对雅典城邦成员资格的不同表述看，很显然，这篇文章的首要问题是词语的翻译和术语。我们怎么指称"公民身份"？这个术语如何转译为雅典的希腊语，雅典的希腊语又如何翻译为现代英语？要回答这些问题并不容易，把雅典用法转换为罗马或现代欧洲系统法律术语的尝试使问题更加复杂。鉴于行文有限，笔者在这里只提供雅典基本用法的摘要。雅典共同体内的成员资格或内部身份基本上有三种表达方式，我把它们当成"公民身份"的最基本的含义。因此，在雅典这三种表述都是对公民身份的表达。

## 名词：Astos/Astē 和 Politēs/Politis

雅典人使用两个兼有阳性和阴性形式的名词来表达与共同体中心相关的"城邦人"：astos/astē（复数：astoi 和 astai）以及politēs/politis（复数：politai 和 politides）。astos/astē 相关于 astu（定居点），同样，politēs/politis 相关于城邦（城堡或城市）。[1] 另外，astos/astē 通常含蓄或明确地与 xenos/xenē（外邦人）相对照使用，以指称一个共同体的本地成员，而 politēs/politis 更倾向于在一种较严格的内在政治意义上使用，用于城邦内拥有特权的参与者。但是，它们的差异不能简单地等同于"公民"权利与"政治"权利之间的差异，雅典的法律并没有做这种区分。[2] 这两个术语可以指称同一个人或复数形式的同一群人；这种不同只在一种隐

---

[1]　关于早期希腊中 astos 和 politēs 的关系的讨论，见于 D. Cole(1976)。正如在本文中所用阴性的 Politis 好像是在公元前 5 世纪的雅典被创造出来。

[2]　Liddell 和 Scott 使用这些词来区分 astos 和 politēs(s. v. astos)；令人遗憾的是E·科恩(2000a)在他最新的著作中恢复了这种不严格和误导性的区分，以一种难以令人信服的方式论证在雅典有些定居的外邦人(metoikoi xenoi)是 astoi。

含的而非明示的意义上。雅典男性公民的政治积极参与不断增强，好像事实上促成了公元前 4 世纪后期对城邦女性成员而言的新的阴性词汇 politis 的产生。由于雅典男性得到更多政治权利和职责，所以男性和女性公民间的差异变得更明显，同时 politēs 被理解为男性。虽如此，astē 和 politis 这两个词对所描述的女性而言，也都可以指称一种公民或"城邦人"身份。

### 相应的形容词和名词：Attikos 和 Athēnaios

雅典人也可以用派生于阿提卡地区或雅典城邦中心的相应的形容词来指称他们自己，即阿提卡人（Attikos）和雅典人（Athēnaios）。这些词语彼此之间，同时与术语 astos/politēs 之间，都有一种饶有趣味的关系；①术语 Attikos 含有身体上居于阿提卡地区的强烈意味，而 Athēnaio 暗示着属于雅典（hoi Athēnaioi：the Athenians）政治共同体的一员——一个对雅典城邦自身通用的术语。就目前而言，注意到这些就足够了。

### 动词和动词短语

尽管前面的术语能译成"公民"或"雅典公民"，在"雅典共同体的成员"这个意义上，公民身份的概念通常由动词短语 metechein tēs polēos 或 metechein tēs politeias——参与共同体传达。② 这个短语很精确地描述了积极的参与，与此同时，在描述是何种特别的参与方式时却是模糊的。因此，"参与城邦"描述一种能以不同的方式参与的共同体成员身份或公民身份。这点在希腊历史中如此惯常，正如荷马在描述阿喀琉斯之盾时为城邦及其参与者的形象提供了一种范式。赫菲斯托斯对和平的城邦与战争的城邦这两种

---

① 帕特森(1986)。
② 见奥斯帝瓦德(1996)。

城邦的区分使用,表明公民因年龄和性别不同而分别参与战争、法律、宗教、农作和家庭生活(《伊利亚特》18.478—616)。

总之,只要我们把公民和公民身份理解为刚才所描述的词语和短语的翻译,就可知公元前 451 年或公元前 450 年伯利克勒斯关于"非两个公民所生的人不能参与城邦"的提议是一种"公民权法"。在普鲁塔克较后期的解释中,这是一种关于谁是雅典人的法律;它并不一定是指称某种特殊的或严格意义上的公民"权利"的法律类别,而只是在雅典共同体内的公民权利和公民身份的认同。雅典公民权利和职责在历史上的发展和传承正是我此时所要谈及的历史叙事。

## 梭伦和公民身份

雅典公民身份的历史始于梭伦。虽然传说中神话英雄特修斯曾使阿提卡的所有部落组合成一个城邦,半神话式的立法者德拉古制定了雅典首部法典,但梭伦是首位有史可考的雅典人。[1] 正如之后的作者所引证,梭伦的诗歌和法律开始了雅典公民身份和公民身份法的叙述,即关于谁参与城邦、对参与者而言"参与是什么"或"参与意味着什么"的规则。公元前 6 世纪初,雅典的"历史帷幕升起"时,它是一个幅员辽阔但似乎结构松散的位于阿提卡地区的城邦,阿提卡是希腊东南大约 1000 平方米的半岛,包括了与其"齐名"的、著名的雅典石灰石卫城,以及诸如埃莱夫西斯和马拉松那样历史悠久而地域广阔的其他城邦。

尽管雅典有如此显然的潜力,但此时它在希腊世界却是一个

---

[1] 德拉古的法律成于公元前 5 世纪末,除杀人这部分外都没有幸存下来。这部法律(因形成于那个时代)清晰地认可了邦民的特权群体,他们(hoi Athēnaioi)的谋杀将依据该法律所描述的程序得以复仇。

"落后者"。雅典败于邻国墨伽拉后，梭伦登上了历史舞台，他用哀婉的诗歌劝说雅典同胞们带上生活必需品聚集在一起。此时雅典的羸弱源于很大一部分人在经济和社会上的困窘。① 依《雅典政制》5.1 可知，梭伦在一首以"我看到，满腔悲痛地目睹，伊奥尼亚最为古老的邦土，正在遭受戕戮"开篇的诗里，以亚里士多德式梗概的形式为这种情形哀悼，"多数人是少数人的奴隶"。梭伦好像要让富人或"少数人"对他负责，指责他们说："抑制你们那趾高气扬的心吧，你们已攫取了生活太多美好的东西，抑制你们心中那难抑的意向，囤足了众多财物的人们；收束你们狂妄的心思，我们将不会依顺，你们也再难完享这份殊荣。"②

在这种情况下，"雅典最贤明的人们"选举梭伦为仲裁者和执政官来使情形得以好转，梭伦不仅设置了基本的法律和政治制度，同时制定了继承、家庭社会关系以及经济农业生产的规则。梭伦立法表达了一种身为雅典城邦成员而享有特权的全新自我意识。③

梭伦通过终止雅典人对雅典人的奴役来解除个人的身份危机；人们不能再以人身为担保而借贷——也不能再因债务而被人奴役（《雅典政制》6；普鲁塔克《梭伦》15）。这种"负担解除"（sei-sachtheia）再次被梭伦以土地的自由而人格化。"我的证人……那奥林帕斯诸神的伟大母亲，黑土……，以前她曾是一个奴隶，而现在已经自由"（日知、力野译）。随后，在同一首诗里，同时被《雅典政制》和普鲁塔克引述，梭伦进一步更加明确地述说："许多被出卖的人们，我已使他们回到这神所建立的雅典，其中有的无辜被售，

---

① 普鲁塔克《梭伦》8.2。

② 梭伦的政治诗主要可以见于普鲁塔克的《梭伦》和亚里士多德的《雅典的宪政》或《雅典政制》。尽管它有亚里士多德的影响，但我认同 P. J. Rhodes 的观点，亚里士多德并非它的作者。

③ 关于至今为人所知的梭伦法律的总结，见于 Ruschenbusch(1966)。

也有的是因故出卖;有的为了可怕的贫穷所迫,逃亡异地,不复说他们自己的阿提卡言语,远方飘荡,也有的惨遭奴隶的卑贱境遇,甚至就在家乡,面临着主人的怪脾气发抖,我都使他们解放"(《雅典政制》12.4,普鲁塔克《梭伦》5)。梭伦的 seisachtheia 并非所有细节都很精确,但是《雅典政制》所表明的"没有人能以任何人的自由为担保借贷"的原则作为他的宪法或政体的三个"最平民化"特色之首。这里的"没有人"和"任何人"意指"没有雅典人"和"任何雅典人",同时梭伦阐释的公民个人保护依然保持着雅典公民身份重要而兼容的特性——不管年龄、经济地位或性别如何。在雅典最广泛的意义上,这条原则是平民化的或 dēmotikos——即它促进雅典平民(人民)的利益。雅典依然是(且日益变为)一个奴隶制社会,但此时的奴隶只能是外邦人。

梭伦新立法的三个"最平民化"特色的另两个原则进一步阐明了属于雅典内邦人的雅典公民特权。从《雅典政制》可知,第二个原则是"任何人都可以代表被伤害的人要求赔偿",第三个原则是"向法院起诉的权利",作者解释道,因为"当一个人是法庭上表决的主人时,他便是城邦的主人"。梭伦在此所关注的同样是个人的保护和作为雅典共同体成员的雅典公民特权。共同体自身并没有被界定或限定——法律保护也并非只赋予成年男性。虽然只有成年男性才能直接提起法律诉讼,但总的来说,法律的保护却延伸到了雅典的大家族。尽管现代的注释者大多都强调能在法庭公开发言,是公民身份的核心因素,但这种使大雅典家族公开行动的目的和结果才是使之成为公民的特权和职责。公民特权使公民免受奴役或其他伤害,它是包括了男性和女性两者地位的结果,但需要共同体的社会和性别准则来运行。

至此,我们已经看到,梭伦立法所描述的是雅典公民身份——即雅典共同体的成员——而非身份自身所需的法律保护。共同体首要的事务并非它的界定,而是它的保护,这对于现代国家的居民或公民而言很奇怪。通常,梭伦把雅典公民视为那些自由或曾自由地居住在阿提卡的家庭,共享雅典的"神所建立的城邦"(梭伦在《雅典政制》中的话,12.4)。但是,另两部归因于梭伦的法律更直接地提出了谁能"共享"城邦——更确切地说,谁不能共享城邦的问题。第一部法律阐明,正如《雅典政制》中引用的,无论谁在公民争执时"没有选择支持一方或另一方",会被视为 atimos(字意为没有荣誉),同时不能再"共享城邦"(8.5)。普鲁塔克认为这条法规"奇特而令人惊讶",同时,他依自己的困惑转述了一部法律,规定雅典人不能放弃公民身份,除非他被永远逐出他的家园,或为建立贸易随全家迁出。两部法律的真实性都备受争议,但也许奇怪之处在于关乎古代真实性的争议。无论如何,它们的否定性规范是很重要的,正对应于要求积极参与性的特征。它们都没有为公民身份设置条件或要求,但都把积极参与行为当成这种身份的本质。如果没有参与,他(她)就不拥有部分权利,同时,权利不会给予外邦人,如果他没有在雅典建立积极的家庭。因此,早期的——甚至更早期的——雅典公民法,重点不在于谁是公民,而在于公民做什么,以及如何对待他或她。现在,公民身份——或"参与城邦"——是一种积极的、受保护的身份,公民依据与年龄和性别有关的规则行使和享有这种身份。从这个角度看,梭伦和他的法律的确创造了雅典公民身份。[1]

## 庇西特拉图家族(Pisistratean)的事迹

虽然梭伦自己拒绝了僭主的名义和权力(《雅典政制》12.3)——而且在制定法律后离开了城邦——但是他的法律和他的离开都没有解决雅典的内乱问题。公元前 560 年,庇西特拉图在

---

[1]　参见 Manville(1990);托德(1993:172—173)。

雅典法律方面开始了一系列尝试，致使他自己在公元前 540 年成为僭主——这并不是一个正式的称号，而是希腊的作者们所用的描述性称号，用以形容依靠武力而非出身或其他合法要求而获取权力的人，庇西特拉图是希腊早期僭主（或不合法的统治者）中的后几个之一，他们在公元前 7 世纪至公元前 6 世纪改变了古代希腊政治风貌。他的生涯比早期的其他僭主更为人所知，但是与大部分僭主一样，有一种特别的作为"平民的朋友"的平民主义性格。为促进雅典公民身份的发展，庇西特拉图和他的儿子因他们所做的事闻名，也因他们没有做的事闻名。首先，雅典的僭主们是公民建设者，同时，他们以喷水房屋和宫殿以及寺庙和祭坛显著地促进了市区的面貌改善和福祉。① 同时，他们好像还促进了如狄俄尼索斯节和泛雅典娜节等公共节日的发展，且让雅典人有机会在他们的城邦积极地参与或"分享"这些节日，同时——通过这些节日的重要组成部分，即公共献祭和饮食——立即品尝到积极参与的滋味。其次，据说庇西特拉图并没有"扰乱城邦的法律"，甚至容许了一起对他提起的谋杀诉讼——只是后来原告改变了想法，没有出现在法庭上。② 他的儿子们并没有他那么受欢迎，但似乎并非因为他们更少守法。因此，尽管证据有些不足，我们还是可以说，庇西特拉图和他的儿子们在公元前 6 世纪制定的规则增强了雅典公民身份的价值，并没有过多限制梭伦所保护的权益。但是，僭主本身带来了一种公共意识的急剧下降——正如《雅典政制》中引证（尽管有误解）的反对僭主的法律中，在思考庇西特拉图生涯的结尾处这样写道："无论谁试图建立或支援建立僭主统治，他自己和他全家都会失去荣誉（atimos）。"③没

---

① 关于庇西特拉图建筑群，参看 Boersma（1970）。
② 《雅典政制》16.8。另参看罗多德 1.59.6 和修昔底德 6.54.5—6。
③ 关于《雅典政制》的这一章和 atimia 的一般主题，见于罗兹（1981：220—222）。

有了荣誉(atimos)等同于失去荣誉——同时丧失公民权。

## 克莱斯忒涅斯,民主(Dēmokratia)和公民权

然而,许多雅典人根据自身的优点在庇西特拉图统治下并没有足够的荣耀和特权,其中包括一些从前拥有较高特权的雅典家族成员。随后这一章中将集中讨论这样一个人物,迈加克利斯的儿子克莱斯忒涅斯。尽管他曾被希罗多德誉为"创建了民主政体",是显赫的阿尔克美昂尼德家族的一名成员,但他仍然是一个神秘人物。希罗多德和《雅典政制》虽然为他的一生提供了详尽资料,但普鲁塔克对这个民主的领导者和改革者并没有撰写传记。但是,我们可以清楚地知悉:在面对国内的统治精英与国外强大的敌人斯巴达时,克莱斯忒涅斯在运用自身及其雅典同胞的政治能力方面是一个颇具野心并甘愿冒险的雅典人。他对雅典公民身份的标准的成型、确定与运用有着重要的影响。

如果普鲁塔克为克莱斯忒涅斯作传的话,至少会包含如下的内容。

### 家庭出身背景

克莱斯忒涅斯是一桩著名希腊婚姻的结晶——由雅典的麦加克列斯与西库翁的僭主老克莱斯忒涅斯的女儿 Agariste 组成。希罗多德告诉我们许多关于老克莱斯忒涅斯推行的求爱竞赛以及奇异的重新组织或者重新命名 Aicyonian 部落的趣闻。尽管僭主的母系继承制令人浮想联翩,但野心的阿尔克美奥尼德家族的父系继承制最终让麦加克列斯的儿子站在了雅典庇西特拉图家族统治的对立面。这似乎表明小克莱斯忒涅斯于公元前 524 年担任了执政官,而接下来的 10 年里,他似乎成为了反对僭主运动的领导人之一——最为明显的例证是为了煽动斯巴达人驱逐庇西特拉图

(见希罗多德 5.63[另参 6.123]和《雅典政制》19.4)而向阿波罗的女祭司行贿。至此,雅典的克莱斯忒涅斯表明他自己是一个为了获取他想要的东西而宁愿不顾传统和礼法的人,而绝非一名民主斗士。

## 从僭主的敌人到平民的朋友

阿波罗神谕的诡计仍在起作用;斯巴达进军阿提卡并驱逐了庇西特拉图的儿子们。但是,在僭主被废黜之后的权力争斗中,克莱斯忒涅斯没有成功。当他在与伊萨哥拉斯的斗争中看起来似乎已经失去"政治团体"的成员资格时,克莱斯忒涅斯踏出了无畏的一步,用希罗多德的话说,"将民众纳入他的团体之中"(5.66),或者依据《雅典政制》的话,"向民众承诺他们将掌控国家"(20)。因为新的支持者们紧随其后,克莱斯忒涅斯成功地驱逐了伊萨哥拉斯人和斯巴达人。而这些人意识到自己已经被骗了,撤回各自领土,重建秩序。由此克莱斯忒涅斯成为了一位民主人士。

## 组织德莫:Demes、Trittyes 和 Tribes

至此,克莱斯忒涅斯的故事似乎与公民或者公民身份法没有多少联系,但是扩大后的政治"团体"此时需要组织,克莱斯忒涅斯承担了这项任务,其天资揭示了他的高贵出身,而导致的结果便是他显著地影响了雅典人自我认知和组织的方式。希罗多德和《雅典政制》提供了具体的细节:自然,新的制度通过运用叫做村社的当地部落中建立(或者重建)了雅典共同体,它被分成了30 个 trittyes 或者"三一区"——阿提卡三个主要地区,即城区、平原和海岸被划为 10 份——进而分成了 10 个"胞族"或者"部落",每个部落都有城区、平原和海岸,并且以当地的雅典英雄命名。根据《雅典政制》,克莱斯忒涅斯的目的在于"混合"雅典人以求"在城邦中均能享有更多的公民身份"(21);希罗多德简单地总结此次以克莱斯忒涅斯名号著称的事件,称他是"创建了民主政制"的人。

## 政制的适当定位,创建者的色彩在观念中褪去

克莱斯忒涅斯生涯的其他部分是个谜团。他去过哪里? 他是否创建了独特的雅典惯例贝壳放逐法,最后连他自己也为此法所累?[①] 然而,基于现实目的起见,传记作品比不上政制本身。不论他的动机和目标是什么,克莱斯忒涅斯的新部落法则对于雅典的公民身份机制有着显著的影响——雅典人正是通过这种方式参与到城邦事务中。

这 10 个部落成为在民主雅典中分配权利和义务最基本的组织单位,正因如此以及他与民众的"友谊",克莱斯忒涅斯确实可以被称为"创建了民主政制"。demes、trittys 和 tribes 的新制度将全体雅典人视为一个公民共同体——无论是为了战争、政治、宗教信仰或者田径运动会。从此,雅典人通过克莱斯忒涅斯创建的村社和部落参与 ——分享——城邦事务。那么,克莱斯忒涅斯的新法在多大程度上改变了公民的身份和地位呢?

可能的答案之一便是公民现在能更有效地由新的准入标准制度来认可身份和组织起来,结果便是更多的雅典人参与到他们的城邦事务中。紧随克莱斯忒涅斯改革所取得的重要军事胜利可能也暗示着,比起老的部落小分队而言,雅典军人在新的部落小分队中能被更有效地组合起来,希罗多德将之归于 isēgoria 的积极影响("自由辩论";5.78)。可能的答案之二是,公民人口数量增长乃是因为过去不被承认为希腊公民的人,现在可以进入德莫／三一

---

① 见于罗兹(1981:262),雅典人对那些他们认为应该被城邦驱逐的公共人物在陶瓷碎片上投票的贝壳放逐法是一种"消极的普遍的竞争",而"获胜者"将离开城邦十年,但不丧失他的公民身份和财产。

区/部落组织中。正如先前提到的,《雅典政制》的作者特别指出克莱斯忒涅斯觉得"更多的人应该参与政治",而且在《政治学》中,亚里士多德宣称克莱斯忒涅斯"在一些部落中吸纳了外邦人和奴隶"(1275b34—39)。我怀疑上面的回答是否正确,以及这些"新"的雅典公民是否经克莱斯忒涅斯之手而进入到一个生机勃勃的、扩大了的公民共同体中。第三种可能的回答是,如《雅典政制》的作者所强调,他使德莫进入公民共同体并成为正式公民的门槛平等化。所有人在理论上是平等的。这个回答可能激起一个更深邃也是最终极的洞察,即克莱斯忒涅斯的部落制度特别强调男性公民的作用,乃是因为它对作为战士或者陪审员的雅典男人有着特别的重要性;雅典妇女没有被登记在 deme 名单上——或者说没有被军队和司法招募。当然,妇女以前未曾被吸纳或者招募,但是从公众的眼光来看,新的部落法则很可能凸显和强调了男性公民与女性公民之间的差异。

然而,公民法却似乎并没有受到克莱斯忒涅斯新法的影响。"解放"可能事实上是非公民加入新公民群体的结果。这可能曾经发生,然而仅此并不意味着采取了一项"开放准入"政策或先例。无论谁都不例外;成为新公民只是一瞬间的事情——从德莫成员资格由世袭制决定的这一事实指明。因此,我们可以这样说,克莱斯忒涅斯的改革给公民共同体以新的形式,同时强调政治和军事,但没有给出一个新的法律定义。这个公民共同体成功地阻击了波斯人的两次入侵,也开始了成立一个希腊大联盟或成为一个帝国的伟绩。在其本土前方,经过明智的政治家埃菲阿尔特斯的一系列改革,公元前 462 年或公元前 421 年,新法下的公民大众参与了每日轮换的民主、帝国民众大会、500 人议事会和陪审法院,同时承担了其主要职责。[1]

---

[1]    关于"埃菲阿尔忒斯的变革"及其重要性,见于罗兹(1981:309—318)。

## 伯利克勒斯的建议

至此,我们已经看到雅典共同体在防卫、组织以及成员(限于男性)的政治权力上取得了重要进展。但是根据《雅典政制》26.4,在公元前 451 年或公元前 450 年,雅典人通过了伯利克勒斯的草案,一个由民众直接裁定的对于公民身份标准的简洁表述,"非两个公民所生的人不能参与城邦"。然而,从当时的记录来看,这部法律的通过并没有得到任何评论;修昔底德也没有引起注意,而只在当时的戏剧中可能有间接的涉及。[①] 现代学者均停留在质疑亚里士多德关于伯利克勒斯法案的制定和通过是因为公民的数目(或者大多数)这一简短的评论上,并试图使普鲁塔克那显著不同、在不同动机下做出的描述与那一陈述相一致。在普鲁塔克的 37卷《伯利克勒斯》传中,我们可以了解英雄的晚年生活。在瘟疫中他丧失了自己合法的儿子们,这促使他要求民众废除他之前制定的关于"私生子"(nothoi)的法律,以求他的私生子能以伯利克勒斯命名,并在合法的公民共同体中拥有一席之地。普鲁塔克随后说到"很多年前"伯利克勒斯起草过一部关于"凡父母均为雅典公民者,方能为雅典公民"的法律,然后继续进一步评论当埃及法老赐予大量的谷物给一座城市时,不得不检查该城市的公民清单,许多非法者即能被发现。无论是废除法律还是赐予礼物,普鲁塔克都没有给出一个确定日期,但是《雅典政制》指出前者处于公元前451 年的执政期间,而在公元前 4 世纪的历史学家费罗考鲁斯(Philochorus)的一段残篇中提到后者在公元前 445 年或公元前444 年执政。

---

① 例如,这部法律的可能的回声及其影响能在欧里庇得斯的《伊翁》(主要人物的身份)中听到。

　　如果说在普鲁塔克那里有更为细致的叙述,《雅典政制》中简洁说明和年代学上的含混均存在问题。两者均不能为伯利克勒斯的法律提供一个完全令人满意的解释,因此现代的争论仍在继续,或许在这个雅典公民的讨论中,比起它可能理所当然为我们带来什么后果而言,通过这个特定法案更加令人担忧。重要的是要认识到,伯利克勒斯的法律并没有规定一个关于雅典公民的法律定义,而是规定了一个公民在法律上须具备的必要条件:谁若不是两个公民所生,就不能分享其城邦权益。对于亚里士多德而言,如此组织城邦的条件便是利益(参见《政治学》第3卷),而对于普鲁塔克而言,法律对个人/传记的影响就是利益,但我们不应该过分高估公元前451年或公元前450年的法律对雅典公民的重要性。同时,也许该法律未能引起当时雅典精英的注意,这也反映了法律并不如一般人所认为的那样重要。

　　然而,伯利克勒斯在公元前451年或公元前450制定的法律,其意义、范围和后果在雅典的伯利克勒斯民主讨论中占据着中心位置。事实上,这些极少数特定的法令可归因于与哲学家关系密切并将其政治哲学化但极少诉诸文字的雅典领导者。在这里我提供了一份关于法律及其简要解释的却是必不可少的讨论。

　　当伯利克勒斯于公元前451年提交他的法律草案时,雅典在爱琴海已经迅速成为一个拥有帝国实力的城邦,其本土也更加民主化、国际化;“谁拥有城邦的份额”的表述对于国内外的人们而言意义重大。如果说,在某种程度上,克莱斯忒涅斯重组雅典城邦的公民推动了波希战争的胜利,那么,在同种程度上,伯利克勒斯的法律便是那次胜利的结果,随后雅典帝国诞生。到公元前451年,雅典人已经使人们明白他们施予统治和他们的“盟国”遵守服从统治,以及不服从将遭受的后果。进一步说,雅典此时是一个帝国式的、占据统治地位的城邦,此时它可以担负“盟国”的财政支出(公元前454年从雅典到得罗斯岛)并且它希望所有的盟国均能带上

贡品来参加雅典艺术节,以此敬拜雅典娜和她的城邦。公元前
451 年,为伯利克勒斯所建议和德莫所认定,城邦中的利益分享
(shareholding)对于土生土长的、与外邦人(xenoi)相对且经常含
蓄表述的术语公民(astoi)的孩子而言,被明确保留。"持有公民
权"的表述值得注意,因为它明确但毫无限制,即不局限于城邦的
任何一个生活领域——宗教、法律、经济等等——或任何因素。权
力分享的范围可能不同于城邦生活的不同领域,但是按年龄和性
别来积极参与的公民观念非常适合民主和帝国式的雅典,无论是
批评者还是羡慕者都认同希腊社会能最大限度地团结雅典公民的
身份特权和物质利益。与那些将伯利克勒斯时代的雅典人视为男
性公民的独一领域的人们相反,我认为伯利克勒斯的法律语言传
达了一种男性和女性均能享受到的帝国公民身份——超出、反对
或者甚于盟国和其他外邦人。

　　然而,法律不能仅仅被视为帝国式的城邦为保护其特权、试图
谋求雅典人的权力、财富和商业的一种自私自利,同时它也是公元
前 5 世纪期间更大的城邦组织和制度发展的一部分,比如,这个发
展包括对战争中牺牲者举行的公众埋葬、陪审法庭(现在是有偿服
务)和扩大了的公众节日(10 个监管人组成的委员会)。进一步
说,确认公民身份的表述伴随(或者伴随于)对居住在本地的外邦
人的身份的表述,更多的诡辩派以"公民身份特权可以作为奖惩手
段而予以扩大或者撤销"来理解公民身份自身。[1] 虽然在公元前 6
世纪 atimos 未被法律规制,但在公元前 4 世纪和公元前 5 世纪我
们可以看到 atimia(公民权利的丧失)的发展,即因非法行为而更
为有限和暂时撤销公民身份特权,例如直到他偿还了其债务才能
享有公众的债权。[2] 相反,有时对于胜诉的外邦人而言,具体享有

---

[1]　怀特海(1977);M. J. Osborne(1981—1983)。
[2]　关于 atimia,参看托德(1993:365 及其各处)。

的公民身份,如申请法律保护、参与宗教活动,甚至土地所有权,将成为泡影。

　　然而,土地所有权和土地的继承仍然是取得雅典公民身份特权的一把钥匙,对于公民身份特权的终结而言,简单地对公民身份与继承的相互关系进行审查将是一个有效的途径。这一论点要求我们重申普鲁塔克对法律的描述,特别是关于他将法律描述为"关于 nothoi"。

　　Nothos(阴性 nothē)是一个古老的单词,其悠远恰同荷马所指称的某人的私生子或者非法后裔,特别是与合法妻子的(gnēsios)孩子相对应的奴隶或者妾所生的孩子。Nothoi 在雅典的身份是争论颇多的问题,其中之一便是事实上普鲁塔克运用了这一术语——明显是用于那些"非为两位公民所生"。结果,我们面对的是在两种意义上运用的术语和两类不同的私生子或者非法生育,即一个在家庭之内而另外一个在更大的公民社会和城邦中。[①] 在这里,没有什么比继续深入探讨这一争论更为必要,雅典关于 nothoi 的基本事实可以做如下概括:

　　　　1. 雅典人认为梭伦制定的法律将继承不超过 500 德拉克马象征性庶裔份额的人排除在 nothos 范围之外。

　　　　2. 在克莱斯忒涅斯重组雅典公民共同体以前,氏族(或者宗教组织)似乎有责任监管对家庭和城邦的继承权的获取——这一行为只局限于亲生的(gnēsios)领域当中。

　　　　3. 克莱斯忒涅斯允许氏族继续担负他们的传统角色,但是建立了作为公民身份名册的正式"看守人"的德莫。没有根据说他能或不能要求德莫仅仅认可亲生的,但是晚期的实践却表明德莫在模仿氏族的认可程序,并宣称合法出生是必

①　参见帕特森(1990)。

须的。

4. 到了中期——公元前 451 年或公元前 450 年伯利克勒斯的建议——雅典人将他们的城邦视为一个公共的大家庭,他们以继承人的身份共同享有。而普鲁塔克的"关于 nothoi 的法律"可能反映了一种将法律喻意为能"继承"的流行观点。这种用法与认为"私生的"是合法雅典公民的论点相反,但是对于现今的目的而言,我们应当了解雅典人的继承法对于雅典公民身份的法律的隐含意义——或者说 nothoi 享有或者不享有份额的结果是什么呢?①

雅典人曾实践这种更倾向于死者的直系后代的部分继承制度;即在缺乏直系后代和遗嘱的情况下,财产可以依顺序转移到限定的合法同宗亲戚,被称为 anchisteia("最亲近者"),这一顺序为在亲属关系的程度方面男性先于女性;首先推及女性亲属的"同辈表亲的孩子",然后以同样的顺序推及女性亲属的"同辈表亲的孩子"。② 虽然这一制度开始似乎导致财产分散的问题,即人口统计学的真实性更有可能产生"没有直系继承者"的问题,比起产生"太多直系继承者"的问题而言,anchisteia 则被认为是对防范"无"份额的一种"安全网"。梭伦将 nothos(特别是奴隶或妾所生的孩子)排除在外的举措将继承集中在同宗亲属的意义上,这产生了一种似乎对稳定雅典人的家庭和财产持有影响颇大的制度。

如果我们认为伯利克勒斯的法律是沿袭传统的或者至少是梭伦的继承制度的话,那么由两位公民所生这一必要条件似乎也相当传统,因为这样可以防止外人对雅典人的财产主张权利。在公元前 5 世纪中期,雅典人事实上娶外邦人的程度——在雅典或者

---

① 在古希腊对 bastardy 的普遍讨论,参看 Ogden(1996)。
② 总结于托德(1993:216—228)。

外邦,雅典男人娶外邦女人,或外邦(外域)男人娶雅典女人,这是否更可称为一个事件——可能不可知,但是这些关系显然增大了雅典在爱琴海成为具有帝国实力的城邦的机会。智慧的雅典人的早期祖先,如克莱斯忒涅斯的父亲迈加克利斯就娶了非雅典人,这暗示着伯利克勒斯的法律因此是一个试图保持本土的权势和利益的反贵族举措。① 然而这一理念的问题在于迈加克利斯的婚姻必定发生在这个世纪的早期,而另外一个为世人所知的反贵族的跨国婚姻(如基蒙的父母亲)也属于一个较早时期。这里还存在不为人知的发生在公元前 5 世纪中期的类似反贵族的跨国婚姻。相反,把雅典人视为"最亲近的雅典人",其一般意图似乎是为了雅典人的利益,具体说来即雅典人公民身份可供人分享的特征。从这一角度出发,我们可以将法律看作是"关于 nothoi"——关于那些不是雅典人的权利享有者和继承者——事实上是相当准确并可以为人所理解的。伯利克勒斯的法律是宣称雅典人与外邦人之间的婚姻为无效或者非法的吗? 就我们所理解的法律而言,它是针对双亲而非婚姻。然而,假如伯利克勒斯的法律不能被认为是一个对公民身份完整的定义,而其只能是一个更广泛的关于特权和身份的联系的一小部分而已的话,那么伯利克勒斯对那些由两位公民所生的孩子所进行的公民身份获取的限制,对雅典人的婚姻也就有着合法的存在意义。并且,如果其被视为这章的最后部分,那么在公元前 5 世纪中期公民与外邦人之间的任何婚姻就是明显非法和无效的。最后,虽然现在的讨论一般认为伯利克勒斯的法律变更和变窄了仅仅要求双亲中的一名为公民(即父亲)的这一先前的规则,但事实上并没有证据表明这一法律在于公元前 451 年以前的雅典"成文法"中,并且法律运用的术语本身排除了"纯粹的"外邦人,其在雅典越发的重要性,如同他们是由跨域婚姻所生那般

---

① 汉弗瑞斯(1974)。

清晰。伯利克勒斯于公元前 451 年在雅典开始对公民名册的公共监管至少是可能的,即他的法律为德莫和氏族规定了雅典公民的第一标准,而在这一时期以前,这些人以传统而非必要的统一程序来界定他们自身的身份。①

## 战争的压力:公民权许可与公民权限定

公民在长达 20 年的伯罗奔半岛战争期间显著减少,《雅典政制》认为这点促成了公元前 451 年或公元前 450 年的法律,但是对于公民身份的双亲标准似乎并未作出正式的改变。反而,我们发现了两个建议,即扩大公民身份或将部分公民身份给外邦人,同时也将完整的公民特权、参与和保护限制性地给予部分雅典人,这些建议揭示了战争的压力和雅典人对公民身份的性质和可分性的法律思考之发展。首先,普拉提亚(Plataea)突然围攻后的某个时候,雅典人提议"普拉提亚人(Plataeans)应该成为雅典人"。② 遗憾的是,公民身份许可的细节仅仅被相当晚近的资料所提及,其中包括令人感兴趣的细节,即普拉提亚人享有除家庭出身所赐予的祭祀普拉提亚人的第一代人——和 9 位执政官以外的一切雅典人的权利。一旦一个普拉提亚-雅典人(Plataean-Athenian)由雅典人父母所生,似乎他或她的公民身份就是完整的。一个相似的关于非雅典人仅部分或者受限地享有公民身份的认识在授予给尤卑亚人(Euboeans)婚姻关系(epigamia)或者异族婚姻时非常明显。③ 我们尚不清楚该授予如何或者说在何种程度上影响了公民的城邦:因情节模糊且少有人提及。另外一个少有记载但战争后

① 帕特森(1981)。
② 德谟斯忒涅斯 59.104—106。
③ 吕西阿斯 34.3。此事的时间和背景并不明晰。吕西阿斯说这件事情发生于雅典依旧持有其"城墙、财富和盟国"之时。

期显然实行过的"原则——变更"便是,雅典人可以"娶公民"并且可以与另外一个人有"合法的"孩子。① 双亲和"合法的"规则并没有被推翻,因为雅典男人明显减少(参见阿里斯托芬《吕西斯特拉忒》[*Lysistrata*]591—593),此时未婚的雅典女性可以和一个不是她丈夫的男性合法生育合法的孩子和公民。

另外,在不太正式的意义上,非公民(xenoi or nothoi)在战争中一段相当长的时间内发现他们有可能进入,或者以被邀请的方式进入氏族群体中。如果一个人愿意加入公民军队的部落团,氏族和部落会相当乐意视其为雅典人。然而,没有证据表明民众在形式上取消了伯利克勒斯式的雅典人特权之双亲标准,或者放弃了其关于制定公民规则的排他性权利。对普拉提亚人和尤卑亚人的授权事实上揭示了作为一种家庭成员性质的公民身份之自我意识,其可以通过"收养"而扩展,但只能由民众做出决定。

雅典军队在叙拉古(Syracuse)的战败加速了一场不仅在人力上,而且在政治自信上的危机,这导致了民主制的衰落和基于财富的完全公民特权的限制。修昔底德认为这充满戏剧性的事件致使一个惊恐的集会投票废除民主制,《雅典政制》提供了这场看似寡头"舞会"的细节,包括把公民委托给"那些人力和财富更占优势的人"(29.5),即那些无业游取民以外的重甲步兵阶层,这些人有时可以占据雅典成年男性的一半。然而,在萨默斯舰队和雅典的民主拥护者之间的协商导致完全的民主制度恢复之前,寡头统治仅持续了几个月。公元前 405 年,在阿哥斯波塔米(Aegospotami),舰队遭受损失,随后城邦投降,民主制又衰落下去,取而代之的是斯巴达支持的寡头政体。对此,修昔底德的历史中没有提及,但另外一些描述(包括吕西阿斯的戏剧性的《诉埃拉托塞尼》,吕西阿

---

① 据传于第欧根尼拉尔修(在亚里士多德的权威下)在"苏格拉底的"生活(2.26)。
　　关于相关讨论见于帕特森(1981:142—143)。

斯,12)清楚地说明,承继寡头政体坏名声的"三十僭主"之狭隘统治如此彻底,以至当公元前 403 年完全的民主制又一次恢复时,对拥有"少量"财产的人限制政治参与或司法保护的提议遭到果断的拒绝。另外,通过历史描述很难确定雅典人是曾经限制所有雅典人的梭伦式的基本公民身份——与限制一个更为狭窄范围内的阶层[1]积极参与和公务控制相反。在"三十僭主"治下的雅典是积极意义上的关乎公民弱点的有益课程。最后,有一些想将公民身份授予某些外邦人,甚至是对民主制有益的雅典的奴隶的情况(《雅典政制》40),但这是一个最终未成功通过的,无疑可称作"过去的"授权。最后伯利克勒斯式的基本标准被重述,公元前 4 世纪的雅典城邦仍然是一个家政城邦。在雅典集会的用语中:"在 Eukleides(403)寡头统治之后他不应该参与城邦事务,如果那个人不能表明他的父母均是公民,但是在 Eukleides 寡头统治之前的人们则不应在其列。"[2]

　　然而,公元前 403 年后的公民法并不是对战前阶层状况的简单恢复。战争已经严格地考验了一个积极参与的民主制的核心原则,同时也促进了关于公民身份的性质及其特权的创造性的思考。正如我们在本文最后一部分所看到的,公元 4 世纪的雅典法律揭示了一个关于公民身份和作为公民身份内容的政治与司法参与的结果,该结果为亚里上多德讨论政制提供了基础和背影。

---

[1]　所以我可能会质疑 J. K. Davie 关于在公元前 411 年和公元前 404 年作为柏利克勒斯父母均为雅典人的法律之替选方案的宪法公民身份限制的看法(戴维斯,1977—1978)。毋宁说所建议的应该是在传统公民身份中限制积极公民身份的方式。

[2]　Eumelus 残篇 2,源于 Scholiast to Aeschines 1. 39。"那些在 Eukleides 统治之后的人"和"那些之前的人"被认为分别是在那个时候之前和之后出生的人,但是也许公民意欲使那些在公元前 403 年前对公民有贡献的人不经核查,而所有新公民需要仔细核查。另参汉弗瑞斯(1974:91—92)。

## 公元前 4 世纪的雅典公民身份法：法庭的证据

雅典民主的恢复重述了雅典人乃是两位雅典人所生的规则，但是又不仅限于此。它发展了一系列公共诉讼，通过这些讼诉，雅典人可以行使、争议和主张公民特权——同时双方为辩驳案件而写作和演说。若干这样的演说幸存下来，因此使得公元前 4 世纪与公元前 5 世纪的法律历史大为不同，也为公民身份的雅典设想开启了一扇亮窗。我将简洁地考虑公元前 4 世纪中期的两篇法律问题和争议的演说以总结此文：欧西休斯（Euxitheus）的演讲稿、由德谟斯忒涅斯所写的《诉欧布里德》（Against Euboulides）以及阿波罗多罗斯（Apollodorus）的演讲稿、很可能由他本人所写的 Against Neaira。

### 诉欧布里德（德谟斯忒涅斯 57）

演说者欧西休斯因他的氏族公民登记被驳回而提起诉讼，他在雅典陪审团面前演说，诉他氏族的族长欧布里德。他宣称处于被羞辱和驱逐的巨大风险和危险中并非修辞上的夸张，因为败诉可能不仅仅意味着失去雅典人的身份，同时极有可能被卖去为奴。欧西休斯事实上并没有提及这种惩罚，但是我们可以看到此时的法律状况和亚里士多德在《雅典政制》42.1 第二部分中的描述极其相似：

> 完全的公民身份属于父母双方都是公民的人，同时在他们 18 岁的时候，被记入其氏族同伴名册中。他们被记录时，氏族的成员们在誓言的约束下投票。首先看看他们看起来是否已经到达法律年龄，如果没有，则回转为孩童身份。其次看看该人是否是自由人，出生是否合法。如果氏族成员们判定

某个人不是自由的,此人可以在法庭面前申诉,同时氏族成员们挑选他们中间的 5 人为原告;如果判定某个人无权被登记为公民,该城邦就会将此人卖为奴隶,但是如果此人赢得了诉讼,氏族成员则必须将他登记入册。

关于这一段的演绎有些许问题(例如,被拒的申请人一般都会申诉吗,如果败诉是否一般都会被卖为奴,即便他是一个自由的外邦人?)[①],但是有一点是确定的,即氏族详审公民的基本原则仅仅是城邦法。在这个案例中,欧西休斯说他的家庭和族长欧布里德之间的一段敌对历史,导致了他被氏族不公平地投票,同时他找到所有直接或间接的证据和证词来确证雅典人对氏族的统治,并承认他出身于公民。就目前的主旨而言,即就我们对雅典公民身份和公民身份法律的性质的探讨而言,欧西休斯使用"我们既已像公民一样行为,我们便是公民了"这个主张尤其值得我们注意(见于57.46)。简而言之,如果没有出生证明、护照和社会安全卡,或者说是 IRS,身份的证明常维系于事实上的、与这种身份相衬的公共行为表达。欧西休斯说他的父亲,不仅在出身于雅典这点上得到了亲属和其他证人的证实,另外,"他还被许多人选任为公职人员,通过了试用考核,同时担任了这一职务"(25)。同样,他主张他自己"在一群出身高贵的人之中被候选为赫拉克勒斯的祭司公职,同时通过了细审并担任了这一职务"(49)。欧西休斯甚至转为他和他母亲在市集上"出售缎带"这个控诉,以他们青睐的援引法律的方式来论证:首先,"在市场上做生意的任何人诽谤任何男性或女性公民都将承担诽谤的惩罚"(30),另外,"禁止任何外邦人在市集上做生意"(31)。[②]

---

① 　参看罗兹(1981)。
② 　据推测,外邦人可以在集市上合法经商。

欧西休斯的论据展示了活生生的公民状况,同时也展示了亚里士多德式的把公民身份定义为参与作为议员和陪审员的政治官职的定义之不充分和不可思议。对他的诉讼而言,不止氏族的公职非常重要,同时重要的还有宗教的公职(赫拉克勒斯的祭司公职),还有家族的继承权和葬礼的职责。欧西休斯在他引人注目的最后的抗辩中,请求陪审团恢复他的公民身份以让他能把自己的母亲埋葬在家族的土地上。他接着说,"请不要拒绝我这个诉求":

> 请不要使我成为一个没有国家(apolis)的人;请不要使我和如此多的亲人隔绝,让我彻底毁灭。如果他们救助我难以做到的,与其离弃他们,我宁愿杀了我自己,那么至少我还可能被他们埋葬在自己的国家。(70)

## 诉妮艾拉(德谟斯忒涅斯 59)

把公民身份界定为积极的参与——不管在家庭中、在氏族中或在城邦中,也不管在宗教上、在政治上或者是市场上——基本上在公元前 340 年呈现在雅典陪审团面前的"诉妮艾拉"的演说中被证实了。事实上这个演说是仅存的起诉有关欺诈获取公民权的指控。这篇伟大的演讲是由曾身为奴隶的银行家 Pason 之子阿波罗多罗斯撰写、发表的。阿波罗多罗斯告发妮艾拉通过充当雅典人 Stephanus 的妻子篡夺了雅典人的地位,然后她把她的儿子们以公民的身份介绍到村社,并且把女儿嫁给公民。他以新解放的热情并且用已学的法律和历史的引证来支持他的诉讼。的确,我们大部分有关婚姻和通奸的雅典法律的知识都归因于他的演说。妮艾拉虚假宣称她是希腊人,是一个公民,并且当然拥有在城邦里的份额,总而言之,就是拥有雅典公民身份。

正如被一位不知名的编纂者附引的但通常被认为是真实的法

律这样说道：

> 如果一个外国男人作为雅典女人的丈夫生活，无论以
> 哪种方法或方式，他将可能在司法行政官之前被任何一有
> 权提起指控的雅典人控告。并且如果他被定罪的话，他将
> 被卖，他的价格与他的财富的 1/3 将属于那个将他定罪的
> 人。同样的原则也适用于如果一个外国妇女作为雅典男子
> 的妻子，同时那个外国女人的雅典丈夫将被定罪处罚 1000
> 德拉克马。

这里出现的程序概括在《雅典政制》中，这些程序通过欧西休斯被带进法庭为他的自由辩护，外邦人在雅典人的婚礼中以雅典人的身份参与活动，因此宣称为对雅典人身份的欺骗被处罚卖为奴隶。我们记得一个雅典公民——男人或女人——其命运不能在他的城市或者一群公民手下受迫害。诉妮艾拉的提示贯穿于整篇文章；雅典公民身份是一个被积极活动标示的身份，通过年龄和性别，在相互活动、人际交往和对商品的享乐时，在家庭、当地德莫和大的城邦共同体的相互关系的范围内。因此，公民关系法应当被理解为不仅仅包括公民出身的规则，同样包括管理继承、婚姻、宗教活动的关联的法律——当然也包括司法和政治特权。雅典没有一部公民身份法，但是有一系列相互关联的法律说明了那些共享城邦的公民的特权和责任。

## 结尾：公民身份和雅典民族的结束

雅典公民身份法是雅典城邦和雅典民主在特殊历史时期的产物。当民主政体在公元前 4 世纪屈服于马其顿军事独裁统治下，公民身份的主动参与式的表达也同样消失了。但是并不会很容易

被放弃。公元前336年,雅典发布了一条著名的法令,申明"如果任何一个人攻击雅典城邦平民,以建立一个僭主政体或者合作建立一个僭主政体或者破坏在雅典或雅典集会的平民政体为目的,任何一个人只要他杀害以上行为者是神圣不可侵犯的"。并且如果任何一个亚略巴古继续在颠覆的民主政体工作,"他将失去荣耀,包括他和他的后代"。公元前4世纪30和20年代事实上是激烈争论公共政治的年代,但是参与式精神也渐渐地消退,公元前322年,亚历山大的继承者面对的是与菲利普(Philip)一代更早的一个完全不一样的雅典。民主政体的和公民身份的名字依然将被引用,直到公元前4世纪末结束前雅典被马其顿和雅典的精英共同统治。

# 15. 商 法

科恩(Edward E. Cohen)


古希腊文明习惯于通过对比、尤其是完全对立的方式理解和界定事物,而非像我们那样孤立地通过定义研究特定课题。[1] 也许,这个显著特征在商业和商法中比在其他领域表现得更为突出。英美法系中虽然轻易地区分"不动产"和"个人财产",但依然允许某种分有两者一些特性的其他术语存在,而在希腊,对立的领域仅以两种二元区分为界定——"可见的财产"(phanera ousia)或"不可见的财产"(aphanēs ousiaē)[2]——同时,动产和不动产之间的差别都趋向于用这种二元区分来表达。[3] 甚至性服务也通过二元对比来实行:用娼妓(pornē,whore)和伴妓(hetaira,courtesan)的对比来界定实务经营和法律概念。

但是,商业的基本分类在于陆地和海洋,这是非海洋和海洋区

---

[1] 因为这种二元对立对希腊文明如此重要,人们认为它已经"控制希腊思想"(Garner,1987:76)。参见劳埃德(1966:15—85)、E·科恩(1992:46—52、191—194)、Davidson(1997:xxv—xxvi)。

[2] 参见 Gabrielsen(1994:54—56, 1986)、Bongenaar(1933:234—239)、Koutorga(1859:6—11)、Schodorf(1904:90 及其以下)、Weiss(1923:173、464、491)、Schuhl(1953)。

[3] Harp. s. v. :αφανὴς οὐδια καὶ φανερα;吕西阿斯残篇 CXXXIV(79 Th.);德谟斯忒涅斯 5.8。

域间普遍的对立。因此,利益(tokos,字意为"利益")或是"海洋的"(nautikos)或是"陆地的"(eggeios),再没有其他可能性。[①] 理论上和法律上,所有商业行为都"迥然不同地区分"为陆地零售交易(kapēleia)和海上交易(emporia)[②]——这是一个在"海洋商业"法律(emporikoi nomoi)与大陆共同体法律(astikoi nomoi)不同的司法审判中明确体现出来的对立。[③] 这种区分与希腊人的现实息息相关。现代社会中,海上交易或许仍是构成整个经济活动的重要组成部分,但是技术的进步和交流的多元化机制使海上交易数量由许多个缩减到一个(在有些国家则已完全不重要)。然而,在希腊世界那里,由于地中海和黑海沿岸(而不是内陆)的希腊居民的生活模式、原始天性和适宜于在严酷地区运输和交流的高成本机制,可能使得海上交易在区分为陆地和海洋的希腊商业中成为占主导地位的一半。[④] 正是这种共同体的构建和安置中,希腊人清楚表达了对立的二分法:内陆市区有其"陆地"市场和"陆地"交易,而与之独立的是,"海运"贸易中心基本上都在海岸上或远离"陆地"中心。[⑤] 集中体现这个互补区分的当然是雅典。因为雅典有着距离海洋很远的精致的城邦中心市场、矗立于海上不可比拟的比雷埃夫斯海港和海运中心以及由此构成的非凡的商业中心。[⑥] 比如,雅典非常重要

---

① 参见 E·科恩(1990)、Lipsius(1905—1915:721)、Harrison(1968:228 注释 3)、Korver(1934:125 及其以下)。

② Gofas(1993:167)。关于存留下了的这些说法的古代参考文献,参见芬利(Finkelstein,1935)、Knorringa([1926]1987)。

③ Hesykh. s. v. ἀδτικοὶ νόμοι。另参德谟斯涅斯 35.3。

④ 另参比斯卡迪(1982b:28)、Ste. Croix(1974:42)、Bleicken(1985:73)、Garland(1987:85)。

⑤ V' elissaropoulos(1977:61)。

⑥ 这个商业中心是雅典的地理、金融和思想的区域,囊括了在海洋贸易和金融中的商业人员。从地域上而言,这个地区包括了比雷埃夫斯海港的西面,同时以 deigma. 为中心(参看德谟斯涅斯 35.29 和 50.24;色诺芬《希腊志》5.1.21;Pollux 9.34;Suidas, s. v. δειγμα)。离商业中心不远处是 Hippodameian 市场(Mounykhia 山的西面,海的北面;Garland 1987:141—142),这里可能有一些零售交易(转下页注)

的银币测验法给比雷埃夫斯的商业中心和城邦的市场规定了相对
应的不同的条款,①而色诺芬在雅典增税提案中为比雷埃夫斯和
城邦本身的资金支出额设置了相应的规定(Poroi 3.13)。雅典和
比雷埃夫斯每年分别选任 5 个 agoranomoi(市场管理者)。② 但
是,两个有巨大影响的差异超过了这两个领域的很多相似之处:陆
市本质上趋于相对简单——零售通常是非书面的、无需证人——
且几乎完全不受政府干涉;海洋商业则本质上复杂——因其大规
模性,几乎无一例外地需要有证人签字的书面记录——且由政府
鼓励和约束。因此,我们将首先聚焦于雅典陆市,然后是公元前 4
世纪期间(以及靠近公元前 4 世纪之前或之后的数年)的雅典商业
中心,重要的是,有大量与雅典相关的希腊商法③从那个相对有限
的时间里留存至今。④

## 影响陆市(Agora)的法律因素

　　希腊法通常不会在技术上很复杂,或含混地拘泥于法规⑤,
对零售交易相关的商法尤其如此。法律除了对防止公然作出虚

---

（接上页注）发生(Panagos 1968:223—224),尽管有少许确定的证据证明这里或雅
　典非商业中心的其他地方有消费市场。

① 参看 SEG 26.72(Stroud 1974:尤其是第 37 行及其以下)关于该立法的文本,另参
　Stumpf(1986)、Alessandri(1984)。

② 亚里士多德《雅典政制》51.1,关于他们的职责,参见注释 17 以下及相关章节。

③ 应把这篇文章中偶然提及的"希腊法律"作如下理解:"它作为一个前后连贯的整
　体并不存在……但是作为同一个主题下的变体,它的确非常有用。"这与 Foxhall
　和 Lewis 的结论相一致。同时另参加加林关于"总体"的论述。

④ Pringsheim 曾经收集了一千年间希腊世界中与"销售"相关的大量材料(主要是大
　量纸莎草纸),但是这些残篇缺乏背景和关联,使他不得不承认从这些毫无关联的
　材料中得出结论几乎不可能(1950:500)。

⑤ 很大程度上,在雅典"街市的语言即使法律语言本身"(托德和米勒特,1990:17)。
　参见麦克道威尔(1978:9)、托德(1993:64—65,primitive)。

假说明、掺假和提供缺陷产品①,或征收谷物的价格这些行为提供有限保护外②,不强制提供诸如出售产品的质量证明或用途的保证,交易者无疑是受益人。直接影响市场交易的法律条款有效地限制了欺诈和无秩序。③ 这个有限的司法参与好像源于"希腊法永不言弃"的基本的希腊信仰——只有通过同时支付商品的价格和交付该商品,市场交易才获得司法意义(即赋予与交易相关的诉求以法律意义)。④ 这个要求使得买卖为其法律目的而变成即时交易:在交换前,双方都没有彼此间的义务或权利关系。由于法律关系存在,彼此间的义务强制就有了司法基础,因而雅典人之间只发生货物的实际交付和货物的全价实际支付,而不能直接实现诸如商品的延迟交货,或销售者为保障购买商品延迟交货能无障碍达成所做的临时赊购的将来债务的法律强制。这个规则通过有效消除未完成交易的司法效力,有力地减少了潜在的纠纷或误解。因此,大量现存的雅典法律案件中只有一个(海波莱德斯,《诉阿西诺格尼斯》)与商品销售相关便不足为奇了。

　　因此,至少在理论上,希腊商法在司法上很简单。⑤ "这种系统

① 虚假说明:德谟斯忒涅斯 20.9;Harp. s. v. κατὰ τὴν ἀγορὰν ἀφενδῖν;海波莱德斯 3 Ath. 14。另参 Marzi(1977:221,注释 3)、Ste. Croix(1972:399)。商品:亚里士多德《雅典政制》51.1(交易者的义务);海波莱德斯 3 Athen. 15(有缺陷的奴隶)。

② 价格:亚里士多德《雅典政制》51. 1;吕西阿斯 22。另参 Seager(1966),Figueira (1986)。古典和希腊化时期希腊影响价格的确定的因素,参见 Grenier(1997)。

③ 市场管理者的司法权仅仅限于保障秩序和防备买者和卖者提供虚假信息:Theophrastos,Laws(Szegedy-Maszak,1981:残篇 20)。

④ 见于 Pringsheim(1950:86—90,179—219)、格内特(1954—1960:I. 261)、Jones (1956:227—232)、麦克道威尔(1978:138—140)、Harris(1988:360)、米勒特 (1990:174)、vonReden(2001:74)。另参 Theophrastos Laws 21.4;亚里士多德《修辞学》1361a21—22(τοῦ δὲ οἰκεῖα εἶναι ἦ μὴ ὅταν ἐφ᾽ αὐτῷ ἦ ἀπαλλοτριῶσαι)。

⑤ 与希腊强调即时付款与交付相反,古罗马法允许源于各种原因的法律义务(obligationes)的存在,包括口头合意的未生效合同(stipulationes)。希腊哲学作者们试图为民事义务而把 blabē("损失")的定义拓展到更统一而丰富的含义(转下页注)

的简单性、僵硬性与满足经济发展程度更高、更复杂需求的不足"证实了一些评论员的评论：雅典经济的本性是"原始的"。①但是，其他学者证明了雅典商业中有许多成熟的信用机制，以使雅典商业通过"法律拟制"和销售中的延迟交货或赊购而统筹运行。② 购买者的确是支付全额，但通常乃是向销售者借款。销售者提供借贷使购买者能立即取得商品。相应地，如果购买者不依约定条款归还借款，销售者可以采取法律行动取回上述款项。这种赊购或延迟交货的间接销售机制在雅典如此普遍，以至于柏拉图——强烈地反对投机取巧的商业行为和参与其中的逐利商人③——提议（在《法义》描述理想的国家时）禁止除即时"现金换商品和商品换现金"（nomisma khrēmaton, khrēmata nomismatos）以外的所有商业交易。柏拉图设想的马格尼西（Magnesia）并非代表早期《王制》中的乌托邦，而仅仅是一个"革新的"雅典④，它否定销售者采取法律措施来追回借给购买者以支付商品价款的金额的所有权利。如果买方不偿还"借款"，一个参与独立借款法律行为的卖主将不得不"受苦并忍受"（stergetō）。同样，买方也不能通过法律途径取得允许延迟交货的货物。但是，现存的资料证实，在雅典现实生活中，卖方和银行的借贷广泛适

---

（接上页注）（V'elissaropoulos，1993：11），但这并没有产生多少实际影响。同样，英美法系近年来也在试图发展民事义务的统一的概念，却无多少成效（参看 Atiyah，1986：42—43、52；Cane，1991：373）。

① 参见米勒特（1990：180—182）、芬利（[1973]1999：141），参见芬利（[1951]1985：298，注释 28）。格内特认为这个系统足以 dans un état économique déjà aavancé 而富于成效，这点很"反常"（1955b：207）。另参格内特（1955b：222，注释 1）。

② Demeyere（1952、1953），格内特（1953），沃尔夫（1957），Kränzlein（1963：76—82）。

③ 对于柏拉图而言，"市场交易者"（agoraioi anthrōpoi）是"有缺陷的人"（phauloi），只能追求金钱的利益，因为他们没有能力追求更好的文化和政治上的好处（《王制》371c）。另参见柏拉图《普罗塔戈拉》347c；《治邦者》289e。

④ Kahn（1993：xviii—xxiii）。另参 Morrow（[1960]1993：592），如关于柏拉图对雅典成文法律实践的重塑，参见 Bertrand（1997，尤其是 27—29 页）。

用于消费者和其他购买者的赊购。① 比如,刀剑和沙发的生产商定期消费者贷款,以加速交易。② 购买奴隶的销售融资如此普遍,以至于有两个不同的现存法律判决凸显了这种现实。其中一个案件中,斯堡迪尔宣称自己既无法偿还给销售者泊里克特1800 德拉克马中的主要资本,也无法偿还财务(tokos,德谟斯忒涅斯 41.8)。另一个案件中,另一个卖主艾米达斯被指控把价值3500 德拉克马的奴隶卖给了一个没有现金的买家。但交易却以柏拉图所憎恶的复杂方式完成了:第三人因拥有书面合同而被信任,为被代理的销售者提供偿付并负责财务委托(*Lyk Leok*. 23)。不动产的赊购交易或延迟交货大量存在。雅典的抵押(horoi,mortgage)一词标志出与购买价格(经济上类似于"购买现金抵押")相关的持续的经济义务,或者指示出延迟交付中所有者的义务,更多揭示了这种情形的存在。③ 同样,购买者也可以通过存款(arrabōn)或提前支付(prodosis)的方式获取利息,因而,在卖方转移财产给他方,或当买方准时全额清偿债务但卖方不能准时交付商品时,购买者就有了针对卖方采取法律措施的基础。④ 银行(trapezai)给他们提供了资金以持续运营的香水零售业务(吕西阿斯残篇 38. 1 格内特),并参与香水出口贸

---

① 在希腊其他地方,销售融资也得以证实。关于 Ptolemaic Egypt,参见 vonReden (2001:74);关于 Greco-Roman Egypt,参见 Rupprecht(1994)。

② 德谟斯忒涅斯 27.9(见于格内特,1954—1960:卷 I 29 及其以下,261)。

③ 芬利([1951]1985:63、66c、85c、101、112、113、114、114B、115(都是迟延交付);3、18A、114A(都是迟延付款)。有关迟延付款的另一个案例是 SEG 34. 167,继芬利的研究之后的出版物。关于早期抵押 horoi 法律意义的探讨,参见 Pringsheim (1953)。

④ Prodosis:吕西阿斯残篇 I(38 格内特):"难道销售商——已经从他那儿收取预缴却没有交付——能劝服他?"Arrabōn:伊萨俄斯 8. 23;Theophr. ,Nomoi 残篇 5—6 (Szegedy-Maszak);米南德残篇 459(K-A);Plautus Most. 637—648,Pseud. 342—346,373—374,Rudens 45—46,860—862,1281—1283;Fine 1951(注释 28)。关于交付样品以保障商品价格支付或产品交付前的财产权益,见 Gofas(1989a)of Pollux 9. 34 中的探讨,从海波莱德斯而来的残篇。另参 Talamanca(1953)。

易(海波莱德斯 3 *Ath*. 5—9)。银行主提供资金以购买矿山开采(特许)权和运营作坊,建造制衣工厂,购买土地,资助木材进口,甚至保证海外商业债务支付,所有这些行为在雅典法院中都负有效力。①

　　虽然有些学者由衷赞美由雅典人的聪明才智(见页 329 注释②)创造的复杂的"法律拟制",而另一些学者——坚持古雅典人乃是"原始主义"的观点——则想诋毁这些交易乃是"异常的"②,认为在这些行为中事实上并没有睿智的巧妙或高级的转化。雅典成文法和雅典法院简单地(同时非正式地)承认"任何当事人彼此间达成的协议"都具有法律强制力。③ 由于这个司法默许,商业运行的合法性和强制性从不依赖通过法规或传统而特别认可的机制。雅典法律概念化的简单性,既不与错综复杂的商业交易相容,也不适合于零售市场,在零售市场的绝大多数的交易中,如果没有现金与商品即时交换之前的"协议",就没有纠纷的可控告的法律基础。个体间相对小数额的交易,诉诸诉讼时也会有更多阻碍或需要更丰富的立法。

　　唯一一个被详细阐述的国内雅典商业交易显著地展示了基本上与政治无涉的"内陆"经济生活:年轻的公民埃匹克瑞特(Epikrates)在购买香水的交易中被欺诈,负上了巨大的(据传是非公开的)债务压力(海波莱德斯,《诉阿西诺格尼斯》)。令人惊

---

① 关于雅典诉讼中作为证据的银行主记载的特殊重要性,参见格内特(1955a:176,注释 2);哈里森(1971:22 注释 7);Bogaert(1968:328 注释 461)。关于雅典法律适应商业实践的充分解释,甚至是普通规则的例外而非普遍情形,参见 E·科恩(1992:94—110)。

② 芬利([1951]1985:113—114);米勒特(1990:187,"稀少的赊销")。由于存留证据的稀少和残缺——古代统计数据缺乏使这种限制更严重——这些大量的事例界定为"异常的"(没有选取众多"标准"的事例)必然是 priori 假设的产物。

③ 参见德谟斯忒涅斯 47.77。同时,可参见 Dein. 3.4;德谟斯忒涅斯 56.2;柏拉图《会饮》196c;亚里士多德《修辞学》1375b9—10。

奇的是,他只有自己倒霉地寻求救济,没有政府机构可以救济他的权利。他只能主张,法律给予"任何彼此间达成的合意"(页331注释③)以法律效力,应该只适应于"公正的协议"。但是对于他的提议——虽然他"日以继夜"研习可适用的潜在法律(海波莱德斯 3 *Ath*. 13)——他不能主张任何确定的法令、判例、习惯或者行政程序。① 但是,在海上交易和审判该案件的海事法院中,并不缺乏法令、判例、习惯或者行政程序,也没有关于其适用性的复杂争论。

## 影响海市的法律因素

每年需要成百数千的货船以满足阿提卡巨大的谷物需要②——海运进口的其他货物数量也至少与谷物运输数量相等。③ 由于这种原初的条件和陆运成本的高昂(见页 326 页注释④及接下来的文章),公元前 4 世纪的雅典完全依赖于海上交易——而用敏锐的雅典诉讼当事人的话说——这种贸易反过来又完全依赖于金融的便利性。④ 因此,讨论雅典海上交易的法律结构,就必然要主要考虑影响雅典海上金融的法律规则和程序。

这些规则和程序,受海上交易中占据重要地位的书面协议影响很大。虽然在雅典的其他领域,书面协议在公元前 4 世纪前都

---

① 怀特海 2000:306 把埃匹克瑞特的主张误解为仅仅是"一种精神上而非法律上的诉求"。关于阿提卡法律程序中"公平"的地位,参见 Meyer-Laurin(1965:15—19、24—25)。

② 尽管推测的变率很大,但研究雅典谷物进口需求的许多学者的研究方法和结论中,事实上都同意谷物进口需求数量巨大:Whitby(1998,参考了大量原初的资料和以前的学术)。在一单个的地区和场所,公元前 340 年,马其顿的菲利普扣留了大约 180 只到 230 只为雅典运送谷物的船只(Bresson,1994)。

③ Garland(1987:85)。谷物外的其他进口的总结清单,参见 Hopper(1979:92)。

④ 德谟斯忒涅斯 34.51:"如果没有贷款人,就没有一艘船、一个船长,甚至一个旅行家能去到海上。"

基本上不为人知——并且直到公元前 4 世纪后期，无证人签字的书面合同才开始不被人视为异常①——但是在公元前 4 世纪初期（甚至更早），海上贸易已经通过书面合同运作。② 与内陆市场相对简单的零售交易相比，公元前 4 世纪的海上交易非常的复杂，有许多不可预见性和各种不同的、复杂的环境和条件。一艘简单的船只可能装载着许多"商人"，同时每个商人可能运送不同的货物，寻求各自的借款；③在德谟斯忒涅斯 34 中，至少 30 个商人在船上，沉没的货船是的本案的焦点。船只本身的贷款可能从其他贷主那里借得④，船主的部分或者全部货物可能受制于从其他贷主那里借款的未来客户。每个贷主通常要求借方给每次出借提供价值基本相同的担保物。这个财物本身可能又是通过其他附属担保品借来的。由此而来的复杂性可以通过我们最熟悉的、从雅典到克里米亚半岛的航行的一次交易来体现，从古代幸存至今的唯一一个海上借贷合同正产生于这次交易。⑤ 这次交易所用的船只装载着很多商人和代理人，他们在从事各自的事物："船上的合伙人"哈里克努斯（Halikarnassos）的欧珀琳达（Apollonides）在船上付了预付金（33）；以海上运营船只和货物为抵押向船舶经营人做的借贷被送至蓬托斯（Pontos, 32—33）；与记录在德谟斯忒涅斯 35(34)中的借贷无关的、从潘梯可佩绅（Pantikapaion）运送到西奥多西娅的货物。这些交易之间如此迥异，以至于除船员外，其他 8 个人也提供了关于货物从 Mender

---

① 参见 Pringsheim(1955)、Thomas(1989:41—45)、Harvey(1966:10)。

② 雅典为人所知的最早书面合同好像是记载在伊索克拉底 17.20(公元前 4 世纪早期，与海上商业息息相关的一个银行主与消费者之间的合同)。

③ 另参德谟斯忒涅斯 32.5—8,14;35.31—32;56.24。

④ 参见德谟斯忒涅斯 32.14 和 56.6。后一个案例中，为比雷埃夫斯港口担保的货物是质押给其他债权人的，参见格内特(1954—1960;III.133,注释4)。

⑤ 这个文件至今都通常被看作天才之作，参见 Purpura(1987:203 及其以下)、托德(1993:338)。

运送到泊力梯克地区（Pontic）的宣誓证词，还有当船沿着克里米亚半岛海岸行驶时与船上其他货物相关的宣誓证词，另外还提到了涵盖不同货物的各种融资合同。已存的合同清楚地预测了各自将获得的多种货物：抛弃货物的决定必须由船上成员的多数投票执行（11）。① 为完成如此众多的事项，希腊船舶经营者不得不制作无数的书面文件。②

即使有希腊商业法律义务（见页 328 注释⑤）概念化中固有的简单性，这些复杂的合同在雅典也是有法律强制力的。管理海上交易时，雅典法院的确给予了如国内零售交易一样的、"当事人彼此合意达成的任何协议"（德谟斯忒涅斯 56.2）以"法律约束力"。事实上，在海上交易中（至少偶尔是）来自希腊广阔的、不同地区的不同个体预想他们的协议甚至可以忽视单个司法辖区的特殊规则。德谟斯忒涅斯 35 保存的这个唯一的海上贷款协议，是希腊真实状况的最好证据（见页 333 注释⑤），在涵盖其他事项的合同中清楚地记载"没有其他文件比这个合同更有法律约束力"。③ 德谟斯忒涅斯 56 诉讼的主题是一个包含在协议中的类似承诺。④ 我们无法知道，这种条款是否仅仅是一种鼓励（并不期待在城邦法庭里里实际法律效力），还是各方确实预想希腊的某些邦可能愿意支持这种超越城邦法律的各方合意的协议。但是我们知道，雅典人明确拒绝这种绝对的"合同

---

① 但是也可能单个的人就有着很重要的影响（参见 Gofas 1989b：425—430，尤其是注释 1）。比如德谟斯忒涅斯 35 中的船主（nauklēros）Hyblesios 自身是一个债务人，他独自航行在海上，对船只有物主的利益。

② Xen. Anab. 7.5.14。另参伊索克拉底 17.20；德谟斯忒涅斯 32.16；IG XII. Supp. 347 III.2。参见 Bresson（2000：141—149）。

③ 该发言者进一步解释这个条款，给予这个条款以优于法律和法条的效力（39）。另参 IG XII 7.67，27，和 76。

④ 尽管实际的文本并没有保存下来，但该法庭的第 26 部分表明确实存在这样一个条款。

自主"的尝试。相反,雅典人以罚金威胁运送谷物到阿提卡以外
地区的阿提卡居民[1],并禁止居民为运送谷物到阿提卡以外的
地区而借贷。[2] 雅典法更进一步规定,一旦船舶到达雅典——
无论各方的任务如何——船上只有不超过三分之一的谷物可以
再出口。[3] 雅典人如此大规模地参与食物交易,因此谷物供应
经常是雅典集会上必须考虑的主题。[4] 管理着从利姆诺斯岛、
依般若和斯基罗斯的谷物税收和运输的法令(在雅典城市出土
的美国文物中发现的法律中,出版于 1998 年)提供了详细条款
的突出实例,这些条款也可以有用于会议,甚至扩用到防止从比
雷埃夫斯运输到雅典城邦市场途中的"缩水"。[5] 专门官员(即
"谷物的监护人")被指派实施与谷物有关系的无数规则:公元
前 4 世纪间数量增长了三倍。[6] 其他雅典人则是海港的行政官
员,负责实施各种更多的条款。[7] 而且,也许最重要的是,通过
他们的特别海事法院[8],雅典人既努力提供精致的海事纠纷审
判裁决——这对商人、托运人、船主、海员和金融家有利——也
通过这些法院对东部地中海贸易施加重大影响——这对雅典人
有利。

　　由于救济的超国家性、进程的迅捷性、程序的严格性和判决的

---

[1] 德谟斯忒涅斯 34.37,35.50—51。另参莱克格斯 1.27。

[2] Dem. 35.51。另参 Dem. 56.11。

[3] 亚里士多德《雅典政制》51.4。另参 Harp. 和 Suidas, s. v ἐπιμεληταὶ ἐμπορίου。

[4] 亚里士多德《雅典政制》43.4。另参 Mossé(1996:37—38)。

[5] Stroud(1998:尤其是 26 页),另参 Harris(1999a)、Faraguna(1999)、Bresson(2000:
207—210)、Osborne(2000b)、Engels(2001)。

[6] 亚里士多德《雅典政制》51.3。另参吕西阿斯 22.8。参见 Gauthier(1981)。

[7] 亚里士多德《雅典政制》51.4;德谟斯忒涅斯 35.51,58.8,9。大量行政官员也为
Miletos、Delos 和 Rhodes 证实:参见 Migeotte(2002:121—122)、Vélissaropoulos
(1980:33—34)。

[8] 在我看来"法庭"这个词可能更对应于译为术语 dikai emporikai 中的 dikai,因为其
程序和司法管辖与其他形式的法律案例显著不同。参见 E·科恩(1992:125 注释
59)。

执行力,海上法庭提供了一种有吸引力的、独特的模式。

　　如果没有特别的双边协议关系①,数百个独立的希腊城邦法院通常只对该城邦成员("公民")诉讼当事人开放。② 但是,雅典海事法庭接受诉讼当事人的案件时,不考虑个人身份、出生地或居住地。③ 但也并非所有事项都如此。虽然这些法庭明显的"运行良好"(托德 1993:334),但还是有些海事纠纷并不符合所需要的条件(现代学者对这些特别法庭的主管和管辖有很多讨论——因为在公元前 4 世纪:包括管辖权异议在内的大量现存案件声称该审判不适合由该法院管辖)。④ 但是,显而易见的是,这些法院至少适用于含有提供来往雅典港口交易的书面合同的海上商业案件。然而,当将海上法院的管辖权准许到所有以书面合同形式诉请的海上事务时,法院管辖权的关键性解释(德谟斯忒涅斯 32.1)可以视为是广阔的——甚至那些与雅典无关的人——另外,管辖权授予任何涉及来往比雷埃夫斯的贸易的案件——甚至缺乏书面协议的也可以。⑤ 上述更具约束性的解释可以通过比雷埃夫斯连接规制进出口的法律程序的适用性——这对雅典经济很有利,但也没有雅典人宣称的管辖权要辐射更广大范围的海上贸易那样盛气凌人(同时可能没有如此威胁到其他城邦)。

---

① 通过这种外交协议,一个城邦的成员有权在另一个司法辖区内参与诉讼,参见 Gauthier(972)。另参格内特(1938b:14—15)。

② 亚里士多德《政治学》1275a(保利译[1930]1974:283 及其以下)。关于古代希腊众多的独立共同体,参见 Ruschenbusch(1978:3—17、1984:55—57、1985:257)。另参见汉森(1994:14)。

③ 尽管商业法庭开放的救济可能是雅典公元前 4 世纪的一项创新(参见 Vélissaropoulos,1980:248),包括 Syracuse 的其他城邦(德谟斯忒涅斯 32.18)、Rhodes(德谟斯忒涅斯 56.47)和 Byzantion(德谟斯忒涅斯 45.64),也开始在海事事务中为外邦人提供类似的救济。另参 Scholion to Dem. 21.176。

④ 保存在我们资料中的 5 个商业案件中,4 个涉及资格性审查事项。参见沃尔夫(1966)、保利(1930:75—174,1935)。

⑤ 关于该更宽泛的解释,参见格内特(1938b:尤其是 22—24)和 Vélissaropoulos(1980:236—241)。

雅典法院在程序上通常解决法律纠纷的时间长达数年甚至有时是几十年①,与这种似乎很独特的拖延相比,海上法院程序上从速从简,以月份计时提供迅速判决。但是这种迅速审判的准确特征并不完全清晰,而且这里提供了多种解释。有些学者认为,迅速作出纠纷的判决,源于"海上法院审理案件需要在受理后一个月内宣判"的规定;②另一些学者认为,诉讼迅速审结源于每个月大量新案件的增加和从制度化资源中拖延的诉讼豁免。③

可以采取特定措施来保证被告出庭和海事特别法庭的判决的执行。在雅典,虽然监禁作为程序或处罚很罕见,但在海事特别法庭法院④,外邦被告被要求通过保证人交保释金。不能提供保释金的外邦人"将进监狱"。⑤ 由于海事特别法庭在雅典公元前 4 世纪时是唯一富有成效地吸纳"外邦人"的(外邦人构成了参与海上贸易和海事诉讼的大部分⑥),与其他法庭中被告在不利审判之后可以自由离开不同,这个审前保释金的要求意味着诉讼当事人需要做重要的均衡——要不在审前交保释金,要不在等候开庭过程中受监禁(因为法律程序的迅捷,当然很快会开庭)。同样,对于"私人"起诉,海事特别法庭是唯一一个"监禁在(被告)支付判决费用前都是刑罚"的法院。甚至对于原告,潜在的监禁也随之即来:

---

① 如,参见德谟斯忒涅斯 21、30、38、39、40、43、45。另参 Aiskh. 3. 219,254;吕西阿斯 17.5;德谟斯忒涅斯 46. 22,同时这些案件的探讨见于 E·科恩(1973:10—12)。

② Gauthier(1974)、Vélissaropoulos(1980:241—245)和汉森(1983)。

③ E·科恩(1973:23—42)、麦克道威尔(1976b、1978:232)、Gofas(1978)、Rhodes(1981:583)、卡利和 Reid(1985:223)。

④ 参见 E·科恩(1973:74—83)。麦克道威尔(1990:268),汉特(1997)。关于不同的理解,参见艾伦(1997)。

⑤ 德谟斯忒涅斯 32. 29。另参吕西阿斯 13. 23、伊索克拉底 17. 12、德谟斯忒涅斯 25. 60。

⑥ 关于这种贸易中外国人重要性的估计,参见 Erxleben(1974:462—482),Isager 和汉森(1975:70—74),M. V. Hansen(1984:71—921)。

若不能获得投票的小份额,则要承担请求数额的六分之一,若不能
支付,则被监禁。[1]

　　在所有这些方面,海事诉讼是与陆区诉讼简化分离的合法义
务相对立的领域——希腊社会和雅典法律中遍存的陆地商业和海
洋商业重要差异的持续原因和结果。

---

[1] 　德谟斯忒涅斯 56.4。另参普鲁塔克《梭伦》15.2—3。

# 第四部分
## 雅典之外的法律

# 16. 格尔蒂法典

戴维斯(John Davies)

格尔蒂和克里特文明一样,充满了令人费解的迷。尽管我们从文学作品中很难对它的古代历史有所了解,尽管我们对于那一时期的人物几乎一无所知,然而,丰富的法律碑文使得这个城市成为了历史学家研究希腊法律和希腊社会的焦点。[①]然而,虽然任何希腊法律的研究都不能忽视这些文本,但是它们却也存在一些让人难以解决的问题。最重要的是,并没有提供任何其他非法律的材料。在柏拉图的《法义》(奠洛,1960)中,除了对虚构的克里特岛南部的景观以及法律现象的描绘,仅有几页是非克里特岛人创作的比较有价值的文学描述。历

---

[①] 现代主要的综合性讨论,见威利茨(Willetts, 1955)、威利茨(1967)、梅茨格(Metzger,1973)、加加林(1982)、莫里斯(Morris,1990)、加加林(1991)、霍克斯卡姆普(Hölkeskamp,1992)、克里斯滕森(Kristensen,1994)、戴维斯(Davies,1996)、特吕尔(Thür,1996a)、格尔克(Gehrke,1997)、莱维(Lévy,1997)、马菲(1997a)、莱维(2000b)、帕尔曼(Perlman,2000)、H. & M. van艾芬特瑞(Effenterre,2000)、加加林(2001)、林克(Link,2001)、帕尔曼(2002)。《大法典》的主要版本是科勒和齐巴斯(Kohler and Ziebarth,1912),瓜尔杜齐(Guarducci,1950),威利茨(1967)与沃尔夫 1968b,梅耶-劳林(Meyer-Laurin,1969),以及塞卡利(Calero Secall,1997)。柯纳(Koerner,1993)、艾芬特瑞和鲁兹(Ruzé,1994—1995,引为 Nomima)以主题来组织文本,而不是以碑文的顺序。在此使用的副标题,我要感谢 R. 威斯布鲁克(R. Westbrook)教授,改编自威斯布鲁克(2003)。

史学家①的沉默被埃福罗斯（Ephoros）著述的残篇（FGrH 70 F 149）、亚里士多德《政治学》（II 10，1271b 20—1272b23）的分析以及后来的历史学家、克里特岛人等②质量参差不齐的摘录打破了。这方面的证据有很大的弱点，它只是从整体上对克里特岛进行了描述，并且在主要的方面看起来是完全错误的，然而，碑文的证据却显示出十分显著的多样性。另外，现存的文献还同时记录着社会和法律的情况。

　　现有的证据包括一系列的碑铭，时间可从公元前 7 世纪末追溯到公元前 4 世纪中叶。③ 所有的内容都是以当地的字体书写的，而且，所有保存下来的（50）在广义上来说都是"法律"文件。正如瓜尔杜齐（1950）的权威版本，这些文件可以分为四大组，可以从格式、字体和出处来进行判断并划分出大概的年代（没有可以使用的内部年代）。最早的一组（1—40）从大约公元前 600 年或更早到

① 瓜尔杜齐（1950：18—20）收集了少量的证据，包括希罗多德 7.169—171（公元前 480 年间克里特人的中立），修昔底德 2.85.5—6（发生在公元前 429 年的一件轶事），以及色诺芬《希腊志》4.2.16；4.8.6；7.5.10（斯巴达雇用的克里特佣兵）。

② FGrH 457—468，尤其是杜西亚达斯（Dosiadas）458 F 2，狄奥多罗斯（Diodoros）5.64—80（= 468 F 1），以及斯特雷波（Strabo）10.3.1（= 468 F 2）。

③ 所有引用的在 ICIV（瓜尔杜齐 1950）发表的文章，都用粗体数字凸显了。其他出处的文献在 IC 或 SEG 中都有充分的介绍。自 1950 年以来发表的相关的新的文件中，其中一个（SEG XXIII 585），关于公元前 460 年左右的法律，似乎和现存的文献（42 B.11—14）相呼应，其他的都是没多少信息量的文献碎片（SEG XLIX 1221—1223）。上面所给出的日期基本都是依据杰弗里（Jeffery，1990：309—316）。对《大法典》完全引用了的是 72（至于其他版本，见拜尔［Bile］1994a，Nomima II357—89 的法文译本，以及 II 2—18 可做指导）：大部分内容在阿诺特格罗（Arnaoutoglou，1998）中被翻译出来了。至于 72 之外的碑文，在柯纳和 Nomima II 中都有交叉引用。对于 72 的部分章节，我修改了威利茨的翻译，以保留文字的顺序以及简洁的希腊风格。其他材料都是我自己翻译的。翻译中的方括号反映的是对单词或字母的修复。
　　希腊的碑文是以一种多立克语（Doric）刻写的，类似在伯罗奔半岛使用的那种，但是和爱奥尼亚-雅典语（Ionic-Attic）完全不同。爱奥尼亚-雅典语，即使是很好的雅典希腊语读者也会有识别的困难。

大约公元前 525 年,这些都是刻在阿波罗(Apollo Pythios)神庙的墙壁上和台阶上(参见帕尔曼,2002),包括很多零碎的文本,几乎没有任何连续的感觉。从大约公元前 525 年以后,文献仍然是被用来做公共展示,被刻在阿格拉城市广场(Agora)或附近建筑的墙上,把它们按一个粗略的时间顺序进行排列可以排到公元前 5 世纪末(62—64,约公元前 525—公元前 500?,41—61 以及 65—71,约公元前 500—公元前 450?,73—140,约公元前 450—公元前 400?)。《大法典》(*the Great Code*,72)就在这一序列中,通常会追溯到大约公元前 450 年①,之后是法律文献(141—159),其中使用了一些爱奥尼亚字母(Ionic letters),因此可以划分到公元前 4 世纪。篆刻的法律延续到大约公元前 350 年之后就停止了,以至于可以被划分到公元前 6 世纪、尤其是公元前 5 世纪的"格尔蒂法典"(the law of Gortyn)被普遍视为一个积累的体系,1—159 可证明,关于这一现象产生的原因一直存在争议。

这些文献是不统一的。有的仅包括一些单条的法令条例,还有的包括一组可能或不可能涉及同一领域的法律条例。对各种各样的文献进行设置是要把它们规划成两个或更多的专栏———一种可以反映它们是如何在原本的基础上进行分类的版式。有 22 份这样的文献被保存下来,大部分都可分为 2 个专栏,但是,有 2 份(53 和 57)至少可以分为 3 个专栏,有 1 份(75)可以分为 4 个专栏,有 1 份(41)可以分为 8 个专栏,还有 1 份(72)不少于 12 个专栏。第一次出版于 1884 年到 1885 年间的《格尔蒂法典》被视作最近出版的、最庞大的文献,41 被认为是第二法典或小法典(the Second or Little Code)。毫不奇怪,当源自古希腊单一司法权的重

---

① 其内部的年代("当 Aithalian startos,凯洛斯[Kyllos]和他的同僚组成了 kosmos")(72 V 5—6)对我们毫无用处。阿诺特格罗(1998)中使用的时间公元前 480—公元前 460 是非正统的,但并不违反法院的使用。

要的法律材料被发现时,来自格尔蒂的材料就开始引起了人们的
讨论。① 然而,正是瓜尔杜齐(1950)对这些资料完整的再版,才有
了在一个可靠基础上进行的全面的研究。从那时起,72 的完整再
版(威利茨,1967),以及一个新的解释性的开始(梅茨格,1973),引
起了一群国际学者对其内容和文本的强烈关注。

对我们来说,在使用可用的材料前,先对《小法典》和《大法典》
(*The Little and Great Codes*)的内容,以及保存下来的碑文进行很
好的总结和调查,通过各种副标题把注意力集中在格尔蒂的法律
和社会的突出方面。现存的《小法典》41②,其顶部都缺了几行,从
半中间开始是关于伤害动物或被动物伤害的规定(I),关于归还
(被偷的?)动物(II)、对于猎杀狗的赔偿(III 1—7),以及归还作为
抵押的动物(III 7—17,或许还有 IV 1—5)的相关规定,之后还有
买卖逃亡的 woikeus(家奴)的规定(IV 5—17:关于家奴这一术语,
见后面§4),关于作为债务的担保人是否应对自己的行为负责
(V),关于他们的法律能力(VI),最后还有奴隶的买卖如何才能在
终止之前撤销。《大法典》72 则更为复杂。除了第五部分的前 14
行之外,它几乎是完整的,个别段落以不同的方式做了标记,然而,
由于没有标题,各个部分长度的巨大差异导致了一些令人遗憾的、
不相容的框架划分。③ 在对"神"的祈祷之后,第一部分,劫持人质
(§1,57 行);第二部分,强奸(§2,8 行),强行和奴隶性交(§3,5
行),故意勾引(§4,4 行),以及通奸(§5,25 行);第三部分,离婚
(§6,26 行),和配偶分离(§7,21 行),给配偶的特殊赔偿(§8,3

---

① 马菲(1983:v—viii)体现了逐步地从起初是罗马法律,随后是雅典法律的术语中的
　解放。

② 41 = Koerner 127(I—IV 5)以及 128(IV 6—VII 19)= Nomima II 65。

③ 最易理解的是,威利茨(1967:34)以及加加林(1982)。Nomima II 通过"卷"对文本
　进行了分类(见 II 第 357 页的索引),正如阿诺特格罗(1998,第 159 页的列表)一
　样做了筛选,然而 Koerner 体现一种近乎连续的序列,见 162—181 的编目。这里
　给出的分类和标题根据加加林(1982:131)。

行),和奴隶分离(§9,4行),以及离异妇女的孩子(§10,19行);第四部分,对儿童的伤害(§11,9行),未婚的奴隶母亲(§12,5行),以及儿童之间的财产分配(§13,32行);第五部分,无法溯源的关于赠与妇女礼物的法律规定(§14,8行),以及房产的继承和分割(§14,45行);第六部分,给予女儿的礼物(§16,1行),财产的出售和抵押(§17,44行),以及囚犯的赎金(§18,10行);第七部分,奴隶男性和自由女性之间的婚姻(§19,10行),主人对奴隶的责任(§20,5行),女继承人结婚或再婚(§21,70行,延伸到了第八部分);第八部分,关于女继承人的进一步规定(§22,26行);第九部分,出售或抵押女继承人的财产(§23,23行),女继承人的责任(§24,16行),以儿子做担保人(§25,3行),以及贸易合同(§26,11行);第十部分,空白之后,男性给女性的礼物(§27,10行),以及领养(§28,延伸到了第十一部分)。第十一部分的其余部分,以及较短的第十二部分,主要提供了一些对前面部分内容的修改。第十一部分包括对§1劫持人质的修改(§30,1行),法官职责的新的条款(§31,5行),对§24女继承人的责任的修改(§32,14行),对§6离婚的修改(§33,9行),对§27男性给女性的礼物的修改(§34,4行),以及对§22关于女继承人的进一步规定的修改(§35,13行)。

应特别关注的领域——有关家庭内部的普通程序,特别是对女继承人的收养和管理,以及其他方面有关财产转移的应有程序——立刻凸显出来,尽管目前还不清楚是否这些领域是格尔蒂社会在一个特定历史时期关注的内容,抑或反映的是社会长期的忧虑。任何创新的发展方向也不容易辨别。那些变化部分是由对处罚的重新设定驱动的,即以古希腊金币(stater)和银币(drachmai)而不是铜鼎(tripods)和大锅(cauldrons)[1]来衡量处罚。然

---

[1]　参见一、二及其各处,以及瓜尔杜齐(1946)。

而,尽管有案件是关于对保护自由/不自由界限的防卫,以及对财产积累的限制,但这些都不是"新"的因素。同样,尽管其本身的修订案表明 72 反映了重新设定的程序,而不是在任何意义上正式的、包罗万象的,像《拿破仑法典》(Code Napoleon)一样的法规。重新设定的发展方向正如他们的机制一样仍然是个谜。

## 法 律 来 源

由于几乎完全没有法令和导言,大多数现存材料的验证能力或过程仍然不是很清楚。在希腊的其他方面使用的类比为我们提供了三种可能性。首先,立法者的传统(有没有一种来自神的特许)不容忽视,尤其是在克里特岛的背景下[①],并且这种传统在古风时期(the archaic period)由格尔蒂带有半传奇色彩的萨利塔斯(Thaletas)得到了体现。[②] 然而,他的影响被认为更具音乐性而不是法律性,而且他主要关注斯巴达,并且没有任何已知的法规可归咎于他或其他任何被任命的"立法者":事实上,很多保存下来的单个的文件都分享了"法典"的风格和内容,并且不支持把立法者当作现存材料的来源。其次,法令 78("神啊,下面的内容都是为了迎合格尔蒂的投票制度……")认为,一条法规可能来源于公民大会的一份判决,并且可以得出假设,在其他地方(43 Ba 和 Bb;51;64;65)对"神"的祈祷反映了其他大会的决定。因为《大法典》同样是如此开始的(72 I 1),在公共条款中说明它的起始日期,规范政府官员的行为,它同样也必须有一些公开的确认或证实。然而,它所表现的法典编纂的过程或许有第三种形式,在罗马执政官的法

---

① 塞盖迪-马扎克(Szegedy-Mazak, 1978),鲁申布施(Ruschenbusch, 1983:317—323),加加林(1986),Nomima I, pp. 1—8。关于米诺斯(Minos),参见亚里士多德《政治学》II 10,1271b31—40;格尔克(1997:60—62)。
② 源于瓜尔杜齐(1950:18—19)以及格尔克(1997:43 n. 86)的资料。

令或法律委员会(他们在公元前 410—公元前 399 年间对雅典法律进行了大量的重新编订)的活动中可看出。近年来的争论①主要集中在 72 上,毫无疑问,它表现出很强的组织性和系统化倾向,并且,如果需要改革或创新,是要想从三个选项中做出选择也绝非易事。最后,我们也很难确定是否我们的文本反映了法律性的修辞,说明性的引导,或强制执行的法规。② 大多数的格尔蒂学者把这些文本看作是真正的法律,或许从其特殊性来看是正确的,但是即便如此,我们仍然不知道他们是否可以真正地在实践中应用和执行。

## 组织和管理法:国家的法律结构和主要机构③

有两个术语,polis 和 Gortynioi 用来表示作为一个国家的集体。Gortynioi 投票通过了一部现存的法令(78;在 62 和 68 中被复原),并且是一份城邦之间的协议(80),同时"格尔蒂城作为一个整体"(Gortyns epipansa)投票通过了另外一部名誉法令(64.2)。然而,polis 是可以接收罚款的实体(41 iii 17;45B;78.8;79.16 和 [21];84),并且拥有公共的土地(43 Ba),并且 damos(古代泛希腊时期表现社会和其领土的一个术语)的使用体现在把公共道路描

---

① 首先是罗斯(Roth,2000:12),引用了罗森(Rosen)的 4 种编纂模式;莱姆斯(Lemosse,1957),加加林(1991),戴维斯(1996),H. & M. van 艾芬特瑞(2000),莱维(2000b)。

② 辩论主要集中在美索不达米亚的(Mesopotamian)"法典";参见芬克尔斯坦(Finkelstein,1961)、惠特利(Whitley,1997)、加加林(2001),以及格尔克(1994)中的多篇文章,莱维(2000a),威斯布鲁克(2003)。

③ 正式术语的概要,见瓜尔杜齐(1950:31—32);关于社会组织,见拜尔(1981),克里斯藤森(1994),Nomima II,pp. 3—18,鲁兹(1997),以及格尔克(1997);有关克里特岛城市的政治和社会的多样性,见帕尔曼(Perlman,1992)。威利茨(1967:3—34)使用了一个冒险的人类学模型,把有关克里特岛的信息和特别的格尔蒂的材料做了融合。

绘为 damosia odos(46 B. 6—7)。① kosmos 指的是主要的地方执政官,但是这一术语比较模糊。它可以表示一个集体的"管理群体",比如在这句话中:"Aithalian startos 以及那些和凯洛斯(Kyllos)一起的,都是 kosmos",这作为一个年代在 72(V 5—6)以及 142 中被使用。Aithalian 大概是指一个"部落"(tribe, 19; 72 VII 51 以及 VIII 32;104),对全体公民的一个划分部分:关于 startos 见下文。然而,在其他地方,kosmos 表示的是作为个体的最高公职人员(29、62)。早期的法律把他的任职资格限定在三年以内(14 g—p),由于其他法律规定他可以拥有奴隶(41 IV 10),并且这种占有奴隶的行为可以延期(72 I 51 ff),因此,他很显然是一个拥有财富和影响力的人。在 14 g—p 中的其他裁决中可以看出需要限制他和其他执政官的自行裁定权,设定被定罪的人"要赔付 50 口大锅给每个人(检举人?)。假如负责的 kosmos 不执行的话,那就得他来赔付拖欠,假如他不履行,赔偿就会加倍[……]"。具体规定,对于一个法官,"无论他是否在当天或第二天做出判决,都不会涉及罚款"(42 B 11—14),隐含的意思是,法官可能会寻求避免做出决定,同样表明全体公民可以而且需要明确他们的官员需要做什么。除了主要的 kosmos,我们还提到了 the kosmos for Rhitten (80)以及"由外国人担任的 kosmos"(30;72 XI 16—17;78.4;79. 15;[144.15]),他们在 5 年内禁止重选(14 g—p),并且可以有一个顾问(mnamon, 72 XI 16)。Kosmos 有一个他自己的顾问(42 B 3—9),这个人可以是非本国公民(72 IX 32—33)。② 只出现一次并在 10 年内禁止连任的 gnomones 究竟是一个独立的地方执政官、mnamones 或早期的法官的名称,这一问题依据目前的证据是

---

① wastian dikan(13)这一短语反映了另一个泛希腊化的词 astu。

② 和现在引用的相似的是斯本西索斯(Spensithios),在公元前 500 年前后就克里特社会的核心 Dataleis 任命为 poinikastas(作家),这同样表明他可以来自任何地方(SEG XXVII 631 = Nomima I 22)。

无法解决的。①

　　通常认为法官（dikastas）和 kosmos 的角色是相互区别的②，尽管亚里士多德提到执政官行使权力时"并不按照书面条例，而是根据他们自己的判断"（《政治学》II 10，1272a38—39）。这符合他们扮演的角色，因为从格尔蒂法典的材料中找不到任何有关陪审团的证据。因此，也毫不奇怪，法官在文档记载中是最突出的官员。其作用被分给了几个负有不同责任的人。这一事实可以从一条规定中看出，即诉讼人"要给每一个法官递交诉讼材料，并在他们的面前，在适当的场合提起诉讼"（72 VI 25—31；同样可见 IX 23—24）。"hetaireiai（社团，团体）的法官"以及"判决誓言的法官"（42 B 11—13，依据 SEG XXIII 585）可能是两种专门的角色，同样还有在 72 XII 7 和 11—12 中突然出现的"负责孤儿案件的法官"（orphan-judges）。

## 诉讼:程序和证据③

　　更为重要的是，法官的角色也根据程序进行了分割。72 XI 26—31 中对此有规定："法官，无论是根据证人或否认誓言而进行

---

① 关于 mnamon，见 14 g—p，以及瓜尔杜齐（1950：71）和拜尔（1988：350）。其他在文献里出现过但并不主要和法律有关的官员是，农产品分配者（the produce distributors，karpodaistai，77B & C）、传令官（herald，87）、两类罚款征收官（exactors of fines）、esprattai（75D；87；91；160B，都有自己的顾问，87）和 titai（14 g—p；15 a—b；78；79；102；107；165）、巡视员（inspector，epottas，84，见拜尔 1988：331 n. 54），以及军队的领导者（startagetas，80，见瓜尔杜齐 1950：185）。

② 关于他们角色的区分，见威利茨（1967：78），之前还有沃尔夫（1946：63 ff.）以及瓜尔杜齐（1950：186）。

③ 参见尤其是 72 I，以及罗斯恩（Rosén，1982）、加加林（1988 和 1995）。本节的重点需要做出注释。虽然两个表示"在法庭上抗衡"或"断言"的动词（molen 和 ponen）在 72 中都重复出现，虽然诉讼人是积极的参与者（加加林 2001，以及 49 n. 16），现存的程序规定指导的是法官而不是诉讼人，并且，千变万化的一系列不同的案件以及雅典的公民诉讼人可以利用的条令规定和格尔蒂都没有明确的关联。

的书面的裁定,都应按照书面文件给出判决(dikadden,阿提卡方言是 dikazein)。对于其他人,他要根据应有的主张进行宣誓,并在此基础上做出判断"(krinen),在72Ⅰ18—24 中可找到例证:"如果他们在一个奴隶的问题上存在争议,每一人都声称这个奴隶是他的,假如一个证人可以证实,那么就可以根据证人的证词做出判决(dikadden),但是假如他们都能提供证人或都不能提供证人,那么法官就只能根据誓言做出判断(krinen)"。三种角色——法官、证人、誓言——每一种都需要审慎地对待。首先,誓言,在格尔蒂法典中很多证据性力量都要依据它们来权衡,尤其是当没有其他证据的时候(加加林,1997)。由法官援引的神是要确切说明的,正如女神是由妇女在发表否认誓言时援引的,还有男人们在一个特定(不详)问题上发表誓言时。① 因此,这个系统必须适应由对立的双方诉讼人和证人发表竞争性的誓言,并且把它留给法官来决定,在这种情况下谁的誓言更可信,这种规定可能意味着在实践中,在发表誓言时,在各种断言之间的空隙进行引导。②

其次,关于用来表示法官的角色的动词之间的差异,引起了很多的讨论③,并且也反映出司法的自由量裁权在程度上的真正区别。这在一定程度上和成文法的发展有关,在公共场所都有清楚的显示。在格尔蒂,以及希腊的其他地方,法官的角色④在不断地被界定,并由此做出限定,72 的很多章节要么不去提及法官和法

---

① 分别为 51.1—5;72Ⅲ5—9;51.5—14。同样,75A = 81。曾出现过宣誓担保人(oath-guarantor,4.3)。

② 比如,41Ⅱ3—16;在 n.25 和加加林(1997)中所举的其他例子和特吕尔(1970;1996a)相反。

③ 海得兰(Headlam,1892—1893),塔拉曼卡(1979),拜尔(1988:348—350),加加林(1989:47—52),特吕尔(1989,1996a)。

④ 参见 82(= Koerner 156 = Nomima Ⅱ 8),在某种程度上要求假如对方当事人出庭,仲裁员要在三天内做出判决,否则就会受到处罚。关于其他方面的限制,参见42B,同样见 22B(= Koerner 104 = Nomima Ⅱ 84,出自 SEG XLV 1279),现在最好解释为一项强制执行特定法律行为的规则(柯纳;SEG XLV 1276)。

庭的相关内容,并构想自我调节社会的程序,要么规定他要"按书面内容"做出判决(dikadden)。然而,在某种程度上,这和证人的争议性的角色有关。早期的学者们[1]把他们的角色视为一种纯粹形式上的角色,甚至可以和其他早期的法律体系(其中的誓言支持者[oath-helper]甚至在不直接知晓的情况下来支持诉讼人)中的角色相比较。比如,如果一个人在通奸行为中逮捕了另一人,他"可以在三个证人面前向被捕的那个人的亲属宣布,可在五天内交出罚金将其赎回;但如果是奴隶,就可以在两个证人面前对其主人进行宣布"(72 II 28—33)。这里,和其他地方一样,具体的最少的证人的数量随着罪行或涉案人员的地位而变化,并且也可以规定在妇女发表否认誓言的案件中的证人,必须是"年满15岁或以上的成年人"(72 XI 46—55)。尽管这条特别的规定针对的是有法官参与的诉讼程序,但很显然,这种正式的作证主要是有关人际关系的程序问题,而不是法庭听证会的问题。只有当案件递交到法庭,这些证人才可能成为"真正的"证人,在某种情况下,这样的证人才"更值得宣誓"(oath-worthy)。[2]

　　然而,某些重新审议的文件指出,有时规定是为实际运行中意外证人的证词制定的。[3] 关于案件的最复杂的例子是针对死者的,法律规定:

　　　　要在年底之前针对他提出诉讼请求。法官对证词做出判

---

[1]　首先是海得兰(1892—1893),后来还有拉特(Latte,1930),以及在加加林(1989:29 nn. 3—4)中列举的作品;同样参见加加林(1984、1989)。

[2]　41 II 12;45B 3—4;72 II 15—16;III 49—50;IV 6—7。在由相关冲突引发的案件中,比如是让一个人自由还是被谁要求给予自由,在这类案件中的一系列规定使用的是不同的术语(kartonans emen):关于这个术语,以及另一个相似的术语"更强的证人"(63.4),见加加林(1989:39—40)。

[3]　可以确定的是41 V 4—11(§7 有引用),72 I 2—24,以及72 II 16—20,和加加林(1989:35 ff)中的讨论。

决(dikadden)。假如一个人质疑胜诉的案件、法官和顾问,假如他还活着并且是城邦的公民,那么证人就可以成为新的原告(epiballontes);但是对于担保人和抵押金以及其中的欺诈和承诺,作为原告的证人要去证实。假如他们 apoweiponti (拒绝作证?),他就要做出判决,(原告)自己要宣誓并且成为证人,只有这样才可以赢得他所应得到的(份额)。①

这并不是唯——个宣誓和作为证词的誓言重叠的案例。②

## 个人身份:公民、阶级、性别、奴隶③

尽管很多在文献中使用的有关个人身份的术语给人一种印象,即这样的社会复杂并且具有强烈的层次感,然而,现存的很多法律在制定时是不考虑个人身份的,并且很多术语的"语义模糊性"(拜尔,1988:342)使得在执行过程中具有很强的灵活性。比如,尽管 poliatas("公民")这一术语,在同一个表达模式中(72 X 35—36;XI 13—14)使用了两次,并且动词 poliateuei("[积极的]公民")使用了一次(72 IX 33)④,eleutheros("自由的",被用来和"奴隶的"或者"有担保的"形成对比)和 dromeus(字面意思是"跑步者",在克里特的术语中意思是"公民")用来表示同一种地位。有时在关键问题上,需要对年龄做出规定。因此,pentekaidek-adromeus 这一术语被使用了一次,用来指定证人应该是"年满十五周岁的成年人"(72 XI 54—55),起草女继承人法(72 VII 15—IX

---

① 72 IX 24—40,关于翻译的问题,见梅茨格(1973:106—107)、马菲(1983:121—170),以及加加林(1989:44—45)。
② 关于无罪辩解的誓言,参见 28(= Nomima II 12)以及 72 III 5—9。
③ 威利茨(1967:10—17),林克(1994b)。
④ 关于其限制,见莱维(1997:26)。

24 以及 XII 6—19)是为了规定是否到了可结婚的年龄,但将女性
继承人的适婚年龄实际规定为"年满 12 岁或以上"是《大法典》后
来添加的内容(72 XII 17—19)。

　　如果是非公民的身份,情况就更为复杂了。Apodromos 在女
继承人法中出现了一次(72 VII 35—36),需从上下文中才可以推
导出其意义为"非公民的成年人",阿提卡的成年人(ephēbos,见莱
维,1997:27 n. 11),然而另一个相似的术语 apetairos,却只用于关
于强奸和通奸的法律中(72 II),这至今仍是个迷。① 从字面上看,
它指的是"不在 hetaireia 中的人",也就是说,不是(不全是?)"团
体"中的一员,部分属于公民群体,部分属于军事群体。有两段相
关的段落,其中一段如下:

　　　　如果一个人通过暴力和一个自由的男性或自由的女性发
生性关系,那他将支付 100 个金币;假如是(和侍从?)apetairos,
那么只用支付 10 个金币;假如是奴隶和自由的男性或自由的女
性,他将支付双倍的赔偿;假如是自由的男性和一个 woikeus
(家奴)或一个 woikea(女家奴),需支付 5 个德拉克马(drach-
ma);假如一个 woikeus 和另一个 woikeus 或一个 woikea,则
需支付 5 个金币。(72 II 2—10:关于 woikeus 和奴隶,见下文)

另外一段的论述如下:

　　　　假如一个人和一个自由的女性在其父亲、兄弟或丈夫的
房间内通奸被抓,他将要赔付 100 个金币;但如果是在其他人
的房间,则只用赔付 50 个金币;假如和一个 apetairos 的妻

---

　① 　威利茨(1967:12—13),莱弗伦克(Lavrencic,1988);其他参考资料见莱维(1997:
　　　27 n. 8)。单独关于 apetairoi 的参考资料在 84.6,但并没有什么帮助。

子,需要支付 10 个金币;但如果是一个奴隶和一个自由的女性,他将要支付双倍的罚款;假如一个奴隶和另一奴隶,需要支付 5 个金币。他(即逮捕的人)需要在三个证人面前,向被逮捕人的亲属宣布在 5 日内交赎金保释这个人;如果是奴隶,则只需两个证人;然而,假如他不能为自己交出赎金,那就会交由逮捕他的人按照自己的意愿处置他;但是如果一个人声称自己是被陷害的,那逮捕的人就得宣誓:对于一个涉及 50 个金币或更多的案件,他自己会承担五分之一,并且每一个诅咒都会应验到他自己的身上,关于 apetairos 的案件,他自己负担三分之一,关于 woikeus 的案件,主人和另一个人各一半,以此来证明他的确是在其通奸的时候抓住他的,并不存在陷害。(72 II 20—45)

根据这份证据,我们可以发现,apetairos 既不是"自由人"(即公民),也不是 woikeus,也不是奴隶。然而,这些个人的身份仅仅出现在有关不正当的性行为的法律条文中,即仅是对特定处罚的非常极端的规定(最极端的情况是 1∶2400 的比例):谱系内的合理性的保护,以及对不同身份的两性之间界限的维护,让人清楚地感受到需要区别出地位低但是非奴隶的个人身份,这在其他地方已经和 eleutheros(自由)的意思基本相同了。

存在争议①较多的是,家奴和"奴隶"(slave,译自泛希腊化时期的一个术语 dolos)这两种身份之间的关系,这一问题并没有因克里特岛的附属人民对其他术语的使用而得到解决。② 对于这些

---

① 支持差异观点的有威利茨(1967:13—17),柯纳(1993:468 ff);支持相同或同化观点的有洛茨(Lotze,1959:14—20)、莱维(1997)、林克(2001)。

② Perioikoi(字面的意思是"周围的居住者")是最常见的,在亚里士多德的《政治学》1269a 38—40 以及 1272b 16—19 中使用过,好像在格尔蒂法典 65.10 中也有使用。至于其他的,见帕尔曼(1996)、林克(2001:87—88 和 103 f)。

争论，一种中立的观点认为出于法律的目的，这两种身份是相同的。主要的观点是，上面引述的关于强奸和通奸的法律规定是完整的并且是一致的，假如他们是相同的只是逻辑上混乱，如果他们不同，任何差异有可能都不是一直就有的，两个群体的能力和弱点是相同的，并且《大法典》中的很多内容（尤其是 col. I，正是涉及判断身份的相关的问题）也只指出了两种身份，自由人和"奴隶"，而不是三种。相反的观点主要源自 woikeus 不可以被当作奴隶买卖的推测（但是相关的文章，关于逃亡的 woikeis①，规定可以延迟这种买卖，隐含着对此的一种推断），而一个 dolos 是可以被当作奴隶进行买卖的（72 VII 10—15），主要是由于 72 II 11—13 中的术语，该术语规定了强行和一个家庭的奴隶妇女（endothidian dolan；这个形容词不需指明其他，而要指明的是地点）发生性关系的处罚，但是主要还是来自两个术语的使用。不可否认的事实反映了一定的区别，无论是历史或是当下，无论是起源、位置还是职业，但是在法律上这种融合在实践中是存在的，至少从《大法典》中的日期可以看出。

依据这样的假设，现在所称的"农奴"（serf）的身份在格尔蒂法典中可以找到一些细节。② 这样的人被个别主人所"拥有"，在这些非永久性的财产中，可以被主人的继承人所继承，并且可以买卖（见上文）。然而，虽然赔偿金给了主人，而不是受到伤害的人，法律仍然会为防止暴力提供一定的保护，并在某些特定情况下，的确会把"农奴"视为法人（假如一个女性奴隶被强奸，她"更应给予宣誓的权利"，72 II 15—16），尽管给予一个农奴作证的能力尚且不是很清楚。他们可以拥有一定的财产，这可以从这条规定中推导出来，即"如果一个 woikeus 死了，他在城邦中未居住的房子（他

---

① 　41 IV 5—17 和 V 1。
② 　这段话主要依据莱维（1997：32 ff，参见相关细节的描述）。

居住在乡村)和房子中的一切,以及不属于这个 woikeus 的大大小小的牲畜,都应给予他的儿子……"(72 IV 31—37)。① 这隐含的意思是,一个居住在乡村的 woikeus(如同人们认为的,大多数)首先请求使用的,可能是财产、房子和牲畜。在任何情况下,假如一个离婚的或丧偶的 woikea 带走了多于她自己本身的财产(72 III 40—44)的话,被罚款(比如,72 IV 13—14)的可能性,以及行为的可接受性,清楚地表明"农奴"至少可以拥有可移动的财产。此外,正如上一条资料表明的,农奴可以结婚、离婚和再婚,和对自由人的规定一样。更重要的是,"(假如一个农奴)接近一个自由的女性,并娶了她,那他们的孩子是自由的。假如一个自由的女性嫁给了一个奴隶,那他们的孩子就是奴隶。假如同一个母亲,生的孩子一个是自由的人,一个是奴隶,如果母亲死了,如果有财产的话,就由那个自由的孩子继承,如果没有自由的孩子,那个申请的人就可以接手"(72 VI 56—VII 10)。很难找到更有说服力的证据来说明管理一个等级分化、但是又由语言和文化统一在一起、并置身在同一个地理背景中的社会的运作方式。

　　最后,在这个标题下要讨论的是外邦人。有一条法律②是这样规定的,外邦人为社会工作,可以向他们提供生活费用,将他们置身于城邦对外国人的管理条例之下。有一个"外邦人的法律",和"城邦公民的法律"相对应,出现在一个早期文件的一个片段中(13 g—i 2),被称为第二法律(下面即将讨论)③,而第三法律表现为和"自由民"相似,关于一个附属城市勒托(Leto)的公民身份④,

---

① 采用对 epi korai 通常的解释,即"在乡村";与 Nomima II p. 181 和 H. & M. 艾芬特瑞(1997)相反的观点,见莱维(1997:36)以及马菲(1997b)。

② 79 = Koerner 154 = Nomima I 30。144 看上去提供的是相同的文本。

③ ksenia dika(80.8 = Staatsverträge II 216 = Nomima I 7)。参见下面的 §9。

④ 关于早期防御的修复 ton apeleuth[eron],见 78,以及下面的 §9,和卡尼奥蒂斯(Chaniotis,1996:162—163 n. 1039);其他的参考资料见 SEG XLVI 1217。

是一个未经证明的类别。

## 家庭：结婚与离婚，非法同居，孩子，领养①

　　这一节和后面的两节所讨论的话题是现存法律十分关注的问题。婚姻的概念可想而知，无需进行定义，并且采用的是正常希腊人的一夫一妻制的形式。如同 72 VI 56—VII 10（前面有过引用）所表明，它可能是妻从夫居或招婿的形式，并且可以跨越自由民和非自由民的边界。对于女继承人是否"年满 12 周岁或以上"是规定的最小的结婚年龄（72 XII 18—19），这一点仍然不是很确定。一段婚姻的结束，要么通过离婚（72 II 45—III 16，以及 XI 46—55）、丈夫的死亡（72 III 17—31）、无子女的妻子的死亡（72 III 17—31），要么通过农奴和农奴的分离（72 III 37—44），这终究是很容易想象和监管的。在每一种情况下，涉及法律的是，妇女或她的继承者不可以索取比她该拿的份额更多的财产。有这样一种情况："如果丈夫死了留下了孩子，如果妻子想再结婚，她可以拿走自己的财产，以及丈夫生前在三个自由的公民证人面前写下的遗言中给她的所有东西；但是如果她私自占有了属于孩子的财产，则要受到法律的制裁。"（72 III 17—31）有人试图怀疑，法律的制定者试图保护男性对男性的继承传统，以尽量减少不能为他们的 syssition（字意为会社，团体）做出充分贡献的自由男性的数量（见下面的 §9）。

　　关于处理通奸行为的详细规定，已经在前面引用了（72 II 20—45），条例规定的是纯粹的金钱上的处罚，而且，就自救而言，丈夫、兄弟、父亲对被逮捕的人都可申请交赎金赎回。其他形式的性关系，比如非法同居以及同性恋，在现存的材料中并没

---

① 　威利茨（1967：28—31），马菲（1997a）。

有相关文件规定,但却是不合法的,虽然没有明确这么称呼,但却隐藏于其他不同的规定之后。首先是如何对待一个离异的(自由)妇女生下的孩子(72 III 44—52),假如在她丈夫选择去接受这个孩子之前,她自己暴露了,那么会处以罚款(IV 8—17),其次是如何对待一个离异的 woikea(72 III 52—IV 8)。有趣的是,这里对"暴露"的规定或处罚仅仅是偶然性的,"假如一个未婚的 woikea 怀孕了并且生下了孩子,这个孩子会由她父亲的主人抚养,假如她的父亲不在了,就会由她兄弟的主人抚养"(72 IV 18—23)。并不是说对孩子的规定到这儿就结束了[①],因为规定的制定分别针对的是自由妇女的孩子的身份问题,以及对财产的处理,"假如自由的和奴隶身份的孩子都是由同一个母亲生的"(72 VI 56—VII 10),并且,在 72 XII 7 以及 11—12 中突然出现了"负责孤儿案件的法官"的术语,这表明法律系统已经延伸到了我们还没有具体了解的方面。

　　这些规定都有一个共同点,很明显都是为了正当血统的延续。通过领养来实现这种人为的延续性,这种想法也是很自然的。尽管关于这一主题(20 和 21)在早期法律文件中的细节已无法还原,但是法典自身的版本很值得在这儿完整引述:

　　　　领养一直都是人们的愿望。在集会的地方当城邦公民聚集时,通过一个石头来宣布。领养者要给他自己的 hetaireia(社团,团体)一个祭祀的牺牲品和一定量的葡萄酒。假如(被领养者)可以接受所有的财产,并且除他之外领养者没有其他婚生的孩子,他将按照关于婚生孩子的书面文件,接受领养者所给予的应得物;但是如果他并不愿意接受如同文件中规定的应得物,那么下一个申请被领养的人就可以获得这笔财产。

---

① 　在 18.3 中再没有早期关于"孩子"的参考资料以及文献片段了。

假如这个领养者有婚生的孩子,那么这个被领养的儿子可以得到给予男性一样的财产,正如女性可以从她们的兄弟那儿得到一份财产一样;假如没有男性,而只有女性,那么这个被领养的儿子将和他婚生的孩子分享财产,而且可从领养者那儿得到应得物,并且接受领养者留下的财产;但是被领养者不能占有比应得的更多的财产。如果被领养者死了再没有婚生的孩子了,那么领养者的财产将授予下一个申请被领养的人。假如领养者希望和(养子)断绝关系,他可以在集会的地方当城邦公民聚集时,通过一个石头来宣布;他将向法庭交付 10 个金币,外国人的 Kosmos 的顾问(mnamon)将把这笔钱支付给那个被放弃领养的人。妇女不可以领养,处于青春期的也不可以领养。自他写下了这些书面文件,这些规则将生效,在这之前的事情,无论是关于一个孩子(的属性),是否是通过领养还是来自被领养者,都不会接受司法的审理。①

## 财产:土地的使用权,国家和个人的所有权,特殊类型的财产,继承和转让生前财产②

尽管有证据表明城邦对可生产性土地(productive land)拥有所有权(43 Ba),虽然现代学术中有一种观点把所有的土地都视为公共所有的,但是有一份文献中是这样规定的,"假如任何人(家庭中的?)使用永久性的物产或(树木)或(……)"(76 B 7—9),

---

① 72 X 33 — XI 23,此处或其他地方将 epiballontes 译为"下一个申请者"(其中存在的问题,见拜尔[1980、1981]、罗森[1982]、艾芬特瑞[1982])。关于规定义务和责任的问题,参见马菲(1991)、阿夫拉莫夫科(Avramovic,1991)以及后来的加加林。

② 为了完整起见,在此特别指出了地役权(easement)的相关规定(43 Bb = Koerner 133[灌溉用水];46B 6—14 = Koerner 137[在他人的土地上运送尸体];52 = Nomima II 90 以及 73A[引水通过])。

这和下列物品相对应:"不可永久保存的物品,即农产品,衣物,饰品,以及动产"(72 V 39—41),这表明,土地被算作"可永久使用的资产",并且实际上被视为非私人所有的对象;几乎没有制定关于抵押打谷场(threshing-floor,43 Aa)或者房屋(81.16 ff)的规定,或许土地本身(30),除真正的所有物外,是不可转让的。① 当然,法典中,关于继承事宜较为突出的(IV 23 到 VI 46,占总体的五分之一),显然只有当土地和动产可以转换所有者时,才可以解释。法典的两个主要相关章节具体说明了如何在儿子和女儿中间(72 IV 23—48)以及可继承财产的继承人之间(72 V 9—28)分割财产;其他的条款还规定"假如一些最近的亲属希望分割财产而其他人不愿意的话"(72 V 28 ff)该怎么做。对可继承财产的继承人的规定也有一些描述②,却非常难以理解,因为他们明确指定"如果没有申请者,占有 klaros[田产]的人将拥有财产",但 klaros 的共同特征却是未知的。③ 然而,类似这样的偶然情况很可能是很早以前就有的。立法者所关注的内容很显然并不在此,而在其他地方。例如,人们可以发现,其中反复地强调,以确保当事人在生前(inter vivos)没有把过多的礼物以及可继承的财产转到女性的手中。因此,规定"儿子可以给予母亲,丈夫可以给予妻子 100 个金币或更少,但不可以比这更多。假如他们必须给予更多,一旦他们交出了这笔钱,如果继承者愿意的话可以持有这部分财产"(72 X 14—20),在这条规定之后,又有一条补充的规定对此作了加强,"假如在这些规定制定之前,儿子已经给了母亲,丈夫已经给了妻子一部分财产,可以不承担任何责任,但是今后,任何礼物的赠与必须按照规定进行"(72 XII 1—5)。因此,一个寡妇不可

---

① 林克(1991:114—116),马菲(1997b),马汀尼(Martini,1998),林克(2001:109)。

② 比如,阿夫拉莫夫科(1990),迪莱诺-菲诺利(Di Lello-Finuoli,1991);柯纳(1993);阿夫拉莫夫科(1994),布里克瑟(Brixhe)和拜尔(1999)。

③ 参见曼德拉克(Mandalaki,2000)。

以"拿走任何属于孩子的东西"(72 III 22—23)，假如没有孩子，
"她可以有她自己的财产，以及她所织物品的一半，并且和下一个
申请者平分所有的农产品，以及她的丈夫按照书面文件给予她的
所有东西；假如她拿走了属于孩子的任何东西，就要接受司法的
制裁"(72 III 24—31,woikea 的情况与此相似，III 40—44)；同样，
"假如父亲还活着，愿意给出嫁的女儿，可以让他按照书面的规定
执行，不可以赠与超过规定的数量"(72 IV 48—51)。由此，值得
商榷的是，是否妇女真的可以从这条修正的规定中获益，即"妇女
如果没有来自父亲、或兄弟的馈赠，或通过抵押或按照（制定的法
律）继承的任何财产，当埃塔利俄族人(Aithalian startos)和凯洛
斯(Kyllos)以及他的同事组成了 kosmos 时，这样的妇女就可以
获得属于她们的那份；但是并没有针对之前受益的女性的任何行
为根据"(72 V 1—9)。①

　　同样突出的还有对女性继承人的继承的强调(72 VII 15 到 IX
24 以及 XII 6—19,同样占总体的五分之一)，只有当女性继承人
成为各类财产转移的重要的渠道，才可以解释。② 其中主要的部
分表达非常清楚，有必要在这儿直接引用：

　　　　女继承人要和她父亲的哥哥结婚，即活着的最年长的那
　　位。如果女继承人很多，而且父亲的哥哥也很多，那么就要和
　　第二年长的那位结婚。如果父亲的哥哥都已不在了，但是哥哥
　　留下了儿子，那么就要嫁给哥哥的儿子，也是最年长的那位。
　　如果女继承人很多，父亲的哥哥的儿子也很多，同样要和年龄
　　仅次于长子的那位结婚。下一个申请者只能娶一位女继承人，
　　不可以娶更多。假如下一个申请者或女继承人太小了还不能

---

① 关于对此的争议，见加加林(1994)、林克(1998)。
② 参见马菲(1987)、拜尔(1994b)、林克(1994a)、马菲(1995)、林克(1997)。

结婚,那么这个女继承人将拥有房子,如果只有一套房子,那么这位要结婚的申请者可以获得所有农产品的一半;但是如果是apodromos,这位申请者不愿意和这位女继承人结婚,尽管他们都已到了适婚年龄,但是,所有的财产和农产品都将交与这位女继承人处理,直到他和她结婚;然而,如果这位申请者是dromeus,当到了结婚年龄时,不愿和这位愿意嫁给他的女继承人结婚,那么这位女继承人的亲属可以到法院起诉,法官将裁定他们在两个月内完婚。如果他仍然不按规定娶她,那么她将占有所有财产,如果有另外一位申请者,可以嫁给他;但是假如没有下一个申请者了,她可以嫁给她愿意的获得部族同意的任何人。假如这位女继承人,已经到了结婚年龄,不愿意嫁给这位申请者,或者这位申请者还太小而且她也不愿意等,那么这位女继承人将持有房子,假如这个房子在城里,房子中的所有物品,她将获得一半,而且她可以和她愿意的获得部族同意的任何人结婚;但是得分一份财产给前一位申请者。假如这位女继承人没有按照规定的申请者,那么她将持有所有的财产并嫁给部族中她愿意的任何人。假如部族中没有人愿意娶她,这位女继承人的亲属将向整个部落宣布:"没有人想和她结婚吗?"如果有人愿意娶她,他们将在自他们宣布之日起30(天)内结婚;假如没有,她可以和任何可以和她结婚的人结婚。假如一个女孩在父亲或兄弟同意之后成为女继承人,假如她不想和他们给她指定的那个人保持婚姻关系,尽管他愿意,假如她已经生了孩子,她可以和部族的另外一个人结婚,但是必须按照规定分割财产给之前的那个人。但是,假如她还没有孩子,如果有一个她想再嫁的人,可以带走所有财产和这个人结婚,如果没有,就按规定执行。(72 VII 15—VIII 30)

后来又做了一些补充规定,针对成为寡妇的女继承人,只有当她已经有了孩子,才允许她再选择一位丈夫(72 VIII 30—35),并且必须处理她丈夫所有的债务责任(IX 1—24),针对没有下一个申请者的女继承人(VIII 35—40),如果女继承人还未成年,关于她的庄园的管理(VIII 42—53 和 XII 6—19),以及如果违反了规则,要采取的法律行为(VIII 53—IX 1)。这看起来是非常全面的。然而,还存在一个议程安排。不仅如此,在雅典,首先,女继承人被看作是财产的交付者,并不仅仅是个人,而且每一个细节都直接是为了一种最大的可能性,即她将要嫁给最近的父亲的亲属,从而确保财产牢固地保持在父亲的血统中,同时最大限度地减少母系亲属的作用(在 VIII 52—3 和 XII 13—14 中表述得非常明确)。其次,看起来立法者试图尽量减少财产通过女性从男性继承(male-to-male inheritance)的脉络中外漏。

## 合同、债务以及安全[1]

格尔蒂法典在这些问题上的基调和方向,通常是由法典中主要章节的开头部分的条款所设定的:"父亲活着时,不可以从儿子那儿购买或抵押父亲的财产;但是对于他所拥有的或继承的,只要他愿意,都可以买卖。同样,父亲也不可以(出售或抵押)任何属于孩子的财产。丈夫不可以随意出售或抵押妻子的财产,儿子也不可以随意出售或抵押母亲的财产。"(72 VI 2—12)这一章接着对违法行为做出了规定(12—31),以及阻止随意出售或抵押已故母亲的财产的相关规定(31—46)。

出售和抵押,这两个过程最好区别对待。出售,这种方式在我们的所有文献中都是被限制的方式之一,同时,也有一些规定隐含地承认这种行为,它或许又是被允许的。因此,早期的法律(不幸

---

[1] 见柯纳(1993:501—506)。

的是只是片段)规定"不可以出售或交换(?)"①,并且,公共所有的土地也不可以被租户出售(43 Ba),然而,在市场上买卖奴隶是明显规定的。② 同样,出售一个属于某人的人,在原则上是允许的,但是要受到限制。因此,"不能购买被抵押的人,除非抵押人允许,没有谁是法律过程中的主体,不能(通过付款)接受他,不能(通过抵押)接受他,也不能通过抵押占有这个人。假如任何人做了上述事情,假如有两个证人证明,都将无效"(72 X 25—32)。同样,逃亡的 woikeus 也被给予了一些保护条令防止被买卖:

> 逃跑的 woikeus 不可以像奴隶一样被卖掉,当他们在寺庙避难时,不可以买卖他们,除非已经过去一年了。假如逃亡的是像 Kosmos 一样的公职人员,不能在他们还是 Kosmos 的时候像奴隶一样将其卖掉,除非已经过去了一年。假如他在这个规定的时间之前被卖了,(出售者)将会被定罪:那时,(法官将做出判决,通过发表)誓言。(41 IV 5—17)

然而,在我们现存的文献资料中,最重要的程序是抵押,像贷款一样安全地提供或获得抵押。人们可以抵押各种各样的财产,尽管75B禁止抵押武器和家庭的基本物品。比如,一个人可以抵押一块土地上的农产品,即使这块儿土地是租的,不是直接所有③,并且可

---

① 4.1(= Koerner 117 = Nomima II 61),关于 amewusasthai 这一术语,见本书中的瓜尔杜齐。

② 72 VII 10—15,将以前文献中规定的 30 天的完成期限延长至 60 天(41 VII 7—19 = Koerner 128 = Nomima II 65,以及雅各布[Jakab]1989)。

③ 依据瓜尔杜齐对 43 Ba 的解释:"神啊。城邦在 Keskora 给了种植的庄园,同样在 Pala 也给了可以种植的土地。假如有人要买这些土地或把它们作为抵押,这种买卖或是抵押都是无效的。如果他没有测算一下收成,也不可将其抵押。"temene 这种土地是公共所有的,因此只有该土地上的农产品可以被作为抵押物,但实际的土地或树木是不可以的。同样可参见 Koerner 132 = Nomima I 47,以及 SEG XX-IX 825。

16. 格尔蒂法典　　　　　　365

以抵押与此相似的真正的财产,尽管要受到上面所说到的限制。然而,大多数现存的条文专门针对赠与或占有的行为,作为对归还债务人,尤其包括自己的保证的抵押,后来的程序导致了前法典(pre-Code)的立法程序(但不包括法典本身)中非常关注身份和能力的问题。有一条法律条文是这样说的:"假如有人非法地把男性或女性奴隶抵押或拿走了他们的衣物或饰品(?),他将按照规定支付应给一个自由人赔偿的一半,对于衣物和饰品,他将支付应给一个自由人赔偿的三分之一。"①这里,和 72 I 中一样,包括所有的非自由民,其中就包括 woikeis。然而,"公正的"占有,不管是自由民还是非自由民,都是允许的:"但是占有一个(因债务)被谴责的人或抵押他自己的人将会免除惩罚。"(72 I 56—II 2)不能偿还债务,最终可能,也许是通过 72 I 中提供的一种"关于自由民或奴隶"的法律程序,导致上面说到的一种出售奴隶的类型。

　　在法律上,也许也是在生活中,比较突出的是将自己作为债务的抵押。这样,被抵押的人成了 katakeimenos②,债权人成了katathemenos。并没有免除自我抵债的明确的证据:什么是债权行为产生后 katathemenos 和 katakeimenos 之间责任的分配原则。例如:

　　　　假如一个人应该这样做,那么他是不需要负责任的。但是假如(他的债权人)声称这不是他的意思,除非有证人的声明,否则,法官要通过誓言进行判决。假如 katakeimenos 以任何方式不公正地对待了另一个人,那他是要为此负责的。但是如果他没有足够的资金支付,胜利归于(原告)和 katath-

---

① 　43Ab = Koerner 131 = Nomima II 70,关于 ta tritra 这一词汇,见莱维(1997:33 n. 25,与**梅茨格** 1973:38—39 相对),在此被译为"三分之一"。

② 　**梅茨格**(1973:46—48),**马菲**(1983:90—94),**加加林**(1989:35—37)。

emenos（······）。（41 V 4—17）

同样：

> 假如任何人对 katakeimenos 做了不正当的事，katath-
> emenos 可以诉诸法律并且可以要求像对待一个自由人一样
> 给予处罚，并且对于他的任何要求，katakeimenos 都可以得
> 到其中一半，katathemenos 可以得到（另一半）。假如 katath-
> emenos 不愿意诉诸法律，那么（katakeimenos）在他偿还完债
> 务之后，可以提出诉讼。如果 katakei（menos······）。（41 VI
> 2—16）

这些条文规定 katakeimenos 本身是自由的，但是在法律上却
是暂时的，而且这种关系还存在相反的一面：

> 如果一个 katakeimenos 失踪了，（法官）将要判处
> katathemenos 发誓此事与他自己或者与他和其他人无关，而
> 且（这个 katakeimenos）也没有去其他人那儿。假如他（即那
> 个 katakeimenos）死了，让他（即那个 katathemenos）在两个
> 证人面前指认尸体。假如他没有按照规定发誓或没有指认，
> 他将按其基本的价值进行赔付。假如有人控告他已经卖掉或
> 藏匿了（那个 katakeimenos），假如他被判有罪，他将要按其基
> 本价值的双倍进行赔付。假如他到寺庙避难了，那么
> （katathemenos）得当面确认。（47. 16—33）

上述这些以及其他的一些文本材料表明各种规则是由一个社
会团体制定的，他们并没有遵循梭伦时期的雅典制度，即为确保人
身安全而取缔债务。

# 犯罪和违法行为[①]

很多不同的法律规定都可以松散地组织在这一标题之下。格尔蒂法典或者确切地说希腊的法律体系,对"刑罚"这一特殊类别已有所了解,这并非没有事实根据。稍稍注意一下就会发现,法律的制定者们把注意力都集中在了其他方面,风俗和惯例方面只提供少量的信息。除了早期法律中关于凶杀案的两个法律残篇[②],现存的关于对个人的暴力伤害的法律条文主要集中在强奸案方面。[③] 对动物的偷窃或暴力行为,不管是通过人还是其他动物,对此都制定了各种各样的规定,以提醒我们畜牧业是经济生活中的一个重要组成部分[④],如果被抵押的动物不能完好地归还同样会违反条款(41 III—IV 4)。至于损害,ablobia("无害",出现在一个誓言的表述中,8112—13)这个词的使用暗示着对bloba(源于 blabē,"损害")这一概念的使用,尽管这两条关于对财产可能出现的水渍损坏的规定(52B;73A)并不能完全解释这个词的意义。

# 特 殊 机 构

最后一节是对剩下的现存材料的回顾。在此主要简要论述两个类别的内容,神圣法律(leges sacrae)以及关于外部团体和个人

---

[①] H. van 艾芬特瑞(1991),加加林(1991),帕尔曼(2002)。

[②] 8,可能是为了保护女继承人(根据孔帕雷蒂的修复[Comparetti's restoration],在残篇 k 中的[epip]amatis);9. 参见帕尔曼(2002:201—203)。

[③] 72 II 5—20,以及 S・科尔(Cole,1984:108—110)。

[④] 41 I 12 — II = Koerner 127 = Nomima II 65,以及梅茨格(1973:42—45),或许还有1 和 13(关于游牧?),以及帕尔曼(2002:192—193 和 201 n. 77)。

之间关系的文献。关于第一个类别,有非常直接的关于祭献的日历记载(3,27(?),65,66,142,143,以及147),并且还有大量的文献之间仍然无法做出完整的解释(53B,76B,145,和146),但是罕见的祭司(仅 65.6)以及 72 中几乎完全没有的神圣事物(res sacrae)(仅 III 7 ff,阿尔忒弥斯对誓言的规定)表明对记录在石头上的内容的选择与雅典有着明显的差异。同样,尽管对于外国人的 Kosmos,对于 kseneia dika[外国人的审判],以及对于 ksenodo (qos)["外国人"主人][①]的证据至少表明,存在一些外邦人,现存的大约公元前 350 年[②]之前的两个条约都是由两个独立的社会团体制定的,并且说明了格尔蒂的扩张主义倾向,而不是任何和"国际法"相关的内容。

　　然而,关于另外两个机构的相关信息就很多了。逃跑的 woikeus、katakeimenos 或"奴隶"[③]将寺庙当作避难所,尽管这并不是现存法律的主题,但已被人们接受并认为是生活中存在的事实,虽然稍稍有些违背法律规定。最后,"假如收成的分配者发现收获的农产品被藏匿起来或没有分发给大家,对他们来说,拿走收获的农产品不必受到处罚,只需按照规定支付其基本的价值和罚款。并且无论他们怎么发表誓言为自己证明,都(需要)付钱(……)"。[④] 这条规定虽然残酷,但却是极为基本的。这一点,再加上一个无语境的短语"在男子的家里"(4.4:en andreioi),规定"无论首领为会餐室(andreion)提供了什么,会餐室里的东西"在抵押中都可免除被扣押(75B.7—9),并且,有"领养者要给他自己

①　分别见 30;80.8;13.b2。参见卡尼奥蒂斯(1995;1999b);圭齐(Guizzi,1997)。

②　Lebena 条约(63 = Nomima I 59),出现于公元前 6 世纪末,Rhitten 条约(80 = Staatsverträge II 216 = Nomima I 7),以及帕尔曼(1996:262—266),卡尼奥蒂斯(1996:160—168),以及卡普狄维尔(Capdeville,1997)。

③　分别见 41 IV 8;47 31—33;72 I 42—43。

④　77 B = Koerner 152 = Nomima I 49,以及威利茨(1961)。

的团体一个祭祀的牺牲品和一定量的葡萄酒"(72 X 37—39)的规定,可能是格尔蒂法典体系的碑铭文献中唯一的间接引用,其描述源自克里特岛普遍的文学资料,为城邦公民庄园的农产品给予普通大众(syssitia)的分配比例(男性公民的吃住主要靠此)作出了必要的贡献。①

　　具有讽刺意味的是,自格尔蒂法典开始,我们在石头上印刻的内容,尽管具有广泛的信息,可是对于现存法律体制要保护的社会经济体系却没有什么基本的内容。相反,这些文献都很自然地直接将其注意力集中在了其他方面。虽然它并不完全是一个杂乱的拼凑的东西,但是它也无法完全做到是"一种协议以及对每一个人权利的保证者",并且也无法"让公民善良、正直"(亚里士多德,《政治学》III 9,1280b10—12):说白了,最重要的是,它是一个保护特权,保护所有权和财产(包括"奴隶")的传输,确保男性血统延续的一个体系。它的典型性一直是一个有争议的话题。

---

① 莱弗伦克(1988)收集了关于这一体系的文学证据;格尔克(1997:37—40)。184 8—11 指的是根据格尔蒂法典和 Kaudos 而缴纳的什一税,但应赋予 Apollo Pythios,而不是 andreia/syssitia。160 并没有说明 karpodaistai 的权利:见本章对瓜尔杜齐的引用。

# 17. 外国背景下的希腊法律:延续与发展

鲁普雷希特(Hans-Albert Rupprecht)

## 一

　　亚历山大大帝(Alexander the Great)在公元前 332 年征服了埃及,开始了埃及被希腊统治的时期;托勒密王朝(the Ptolemaic dynasty)的统治一直持续到公元前 30 年被屋大维(Octavian)征服。埃及随后成为了罗马帝国(the Roman Empire)的一个行省,直到公元 641 年被阿拉伯人征服。[①] 希腊征服之后,发生了重要的、马其顿人(Macedonians)、希腊人和其他群体从希腊以及地中海周边地区的迁移。这些移民后来要么定居在希腊的城邦里,比如古诺克拉蒂斯(Naucratis),要么定居在新建的城市亚历山大(Alexandria)和托勒梅斯(Ptolemais),但是绝大部分都居住在了霍拉(chora,乡村)的平原地区。

　　为了保持他们古老的习俗,这些移民带来了他们自己的法律,并且以此作为生活中的依据。由此而产生了法律的延续和发展问

---

① 按照对这一主题简介或概述的性质,在接下来的文章中,我只列举一小部分学术文献,并在可能的情况下,我将介绍一些基本的学术著作。

题，希腊法律和埃及本土法律之间相互影响的可能性，以及法律的
执行问题，受到了法律历史学的普遍关注。本章将主要考察这些
问题在托勒密时期(Ptolemaic period)的体现。罗马法律(Reich-
srecht)和当地法律(Volksrechte)之间的关系，在罗马征服之后这
一问题的不同发展，以及行省法律的问题，在此只作简要概述。

　　首先，我们必须强调的是，由于我们的材料的特殊性质，雅典
法律在埃及主要表现为私法(private law)。公共的法规主要涉及
管理、税收、经济和垄断。此外，相关的法规还涉及司法体系，审
判，通过刑法保障的公共安全，以及诉讼。关于宪法的理论问题以
及法的哲学问题先搁置一边。因此，本文将把注意力集中在托勒
密时期和元首制(the Principate)时期的私法。

　　由于接下来的讨论涉及希腊法律，我们可以从希腊法律的统
一问题开始，这一话题在很大程度上已不再是希腊法律史学家争
论的问题了。尽管古希腊的政治和法律体系给我们留下的只是一
些片段，可是大量基本的司法概念的存在使得我们在这一问题上
可以有一种乐观的态度。家庭法和继承法之间存在很多区别，这
些区别还存在于各种技术细节方面（与此相反的观点主要来自古
代历史学和语文学，占据了重要的位置），这一事实并不是对这一
说法的反驳。[1]

　　埃及的纸莎草纸为现存的希腊法律提供了广泛的信息。
50000 多部出版的文献中，超过 7000 部出自托勒密时期，16000 多
部出自元首制时期（赫伯曼，1998）。大量的行政文献、私人文献，
比如信件、收据等，都可先搁置一边。就我们的目的而言，我们将
主要依靠合同文本，特别是法律文本，比如遗嘱、审判文件、请愿书

---

[1]　关于希腊法律的这种观点（参见沃尔夫[1975：20ff]）在本章中将被证实（对于相反
　　的观点，见芬利[1966]，以及本卷中的加加林部分）。法律概念的形成——甚至并
　　不是法学家提出的概念——或许是现代法学家研究的范围，并且会使得他做出相
　　应的概括。

以及同类型的其他文件。

## 二

　　我们感兴趣的是由希腊移民带入的法律在外国背景下的发展和成形。

　　为了说明这一问题,我们必须首先确定从传统法律活动和文件的形式中承袭的是什么。关于采用的形式,我们可以说大部分出自义务法、财产法,以及程序法的领域,至少涉及这些方面的基础知识。当然,家庭法基本上是被排除在外的,对于这一问题本书中莫杰耶夫斯基那一章将会讨论(同样可参见沃尔夫 1973:65—72)。本文下面的内容将仅就这一主题做简要的评述。

　　在私法或公共法中,管理家庭秩序和财产,通过宗族分支和同种族来调停公民之间的成员关系的制度是 oikos(本意:家庭)。但这一机构没有被承袭。当我们考虑到这些移民之间原来所在的城邦的差异时,这一问题就变得很清楚了。和 oikos 一样,epiklēros(本意:独生女继承人)这一风俗也是不适用的;嫁妆的 proix 形式被 phernē 形式取代,而这种形式更加关注女性一生的利益,kyrieia(父亲的和家庭的权威)被 kyrios(女性的监护人)的监护所取代,这一点后来被制定为法律并且不会影响妻子占有财产的能力,但却限制了她管理财产的能力。同样,对 epigamia(近亲结婚)的禁止,已没有被承袭(参见沃尔夫 2002:37—39)。

　　众所周知,希腊法律满足了人们日常生活在经济方面的要求,其涉及简单的司法类别,比如,出售、贷款、misthōsis(出租,租赁,服务合同,建筑合同,等)以及交易,以保证出借方,比如担保、抵押,以确保债务为目的而发生的权利转让以及担保人。这些类别在他们的祖国是众所周知的(参见 Lipsius,1905—1915,Beauchet,1897,Pringsheim,1950,Harrison,1968,Behrend,

1970),并且基本的结构也保持不变。另外,出售是一种现金的交易,涉及货物和货币的即时交换;物品交到买家手上的同时必须支付其购买的金额。此外,另外一种交易涉及的是以一定的费用在一个设定的时间提供一种商品———一种真实的行为结构。因此,贷款指的是在一段时间内移交金钱,甚至物品,并带有还款的责任,或许还有一定的利率。Misthōsis 涉及的是在一定时间内并且以一定费用移交某物,尤其可以是一块可耕种的土地,或给人提供的服务以及专业的培训。

Syngraphē("书面合同")被承袭了下来,作为一种以客观的书面形式记录交易的方式(参见德谟斯忒涅斯 35. 10—13)。双证书(the double certificate)是埃及的一种典型形式,可能来自东部地区(Eastern regions)。此外,在埃及,文件永远只是一个用作证明的材料;它不具有基本的决定性的力量,因此也不可以以此要求执行交易。相反,一个纯粹的口头合同的设定也就足够了(见下文;同样参见沃尔夫 1978:141—144)。

根据新的经济和社会要求,我们现在必须讨论采用的形式进一步发展到了什么程度,以及出现了什么样的交易的新规则和新形式。

除了延续传统的交易形式,也出现了新的形式,或者至少他们用纸莎草纸传达给我们一种新的形式。因此,我们可以讨论一下交货付款的销售规则或者信用买卖的发展情况,这两种交易形式都是十分必要的,因为贸易很显然是需要各种形式存在的,其中现金购买和它与商品的直接交换,以及货币的一对一交易形式不能完全满足市场的需求,需要新的形式出现,即信用支付和延期支付(later delivery of an item)。信用买卖采用的是这样的一种方式,一份(非真实的)确认付款的销售合同和一份贷款合同结合,据此,该贷款被证实以(不符合实际的)销售价格支付。这些案例可用一些例外情况来证明(例如,参见 BGU I 189 = MChr 216 出自公元

7 年：daneion kai prasis ōnou）。关于延期支付，在各种尝试之后，形成了一个特定的规则：根据贷款的金额，用符合的商品来偿还——一个关于结合货品交换的还款规定（鲁普雷希特，1984）。在此我们还应提到一种和法律结合的形式，即出售还长在地里的庄稼。

我们还将讨论 antichrēsis，以此为依据，一个人的服务、一块土地的使用以及房屋或部分房屋的居住、可以转移（因此这是 misthōsis［雇佣］的案例）；报酬、租契或者租金可以通过资金的使用或通过对资金的利息的扣除来进行支付（daneion［贷款］的案例）。贷款和雇佣规则相结合，并同时通过报酬或租金的支付、利息的支付或偿还的义务做相应的修改（参见例如，BGU VI 1273 ＝ SP I 65 出自公元前 221 年或公元前 22 年）。

同样新出现的还有，为确保财产，将 ōnē en pistei 形式转变为了 prasisepi lusei，这一点源自他们自己的国家；在任何情况下，它只是在这样的文件中才被提出。此外，我们还看到了基于实际进行的交易的特殊形式而出现的另外几种抵押形式（Pestman，1985b）。hypallagma 的抵押形式，强制执行的保留条款而没有任何具体的抵押品，这些仅在罗马时代是有强有力的证据的。

文件的另外一种形式，cheirographon（契约，谕令等），是后来发展起来的一种以信的方式而存在的一种文件——它很可能是从东方地区继承而来的一种改编的形式（沃尔夫，2002：62）。此外，我们还发现有一种公元前 2 世纪，建立了国家公证人办公室之后而出现的 agoranomoi（公证）文件（沃尔夫，1978：81）。这里我们应注意的是，文件的形式在价值上都是平等的，并且是可以互换的，因此，以公开形式建立的交易，比如以 agoranomos 文件的形式，可以用比如 cheirographon 的私人非正式文件来开收据。

我们发现银行的公证书 diagraphē 早在托勒密时代就已被用于进入银行存折的证明文件，与此同时，在埃及之外也有发展，并且以独立的形式被记录,但是这只是在罗马时代之前(沃尔夫,1978:95—105)。Hypomnēma(记录;备忘录)也是后来发展起来的。亚历山大时期的 synchorēsis,作为一种法律文件是司法契约的蓝本,这一文件的证据首次出现于元首制时期(沃尔夫,1978:91—95)。

几个世纪以来,两种法律体系并存且共同发展,这自然会带来关于两者相互影响,相互从对方的体系中借鉴的问题,即使这两者并没有融合成一个统一的体系。首先,应该指出的是,在托勒密时代,有三种法律体系同时并存并相互影响:本土的埃及法律,居住在霍拉(chora)地区的移民使用的希腊法律,以及最后——尽管是一个独立的形式——在城邦中由国王设立并公平地应用于当地人和移民的法律。正如前面提到的,后者主要涉及的是公共法、管理、税收以及从公元前 3 世纪使用的大司法条令中的程序法(Justizdiagramma)。

然而,希腊法律和埃及法律作为单独存在的两个体系,是彼此故意被分开,没有混合的。从对方的体系中借用只是一种偶然,并且最后只是在规则上有些细微的同化。在家庭法领域,它采用的是这样一种方式,即作为管理埃及"妇女财产"的制度 parapherna(额外的嫁妆),被希腊婚姻合同的文件制度采纳(沃尔夫,2002:88—91),股份种植制度以及必须以 1.5 倍来偿还的粮食贷款制度可能都被希腊采用。作为一种在比如通常用作借据的文件中使用的词组,aneu heurēsilogas 以及与此相似的短语也都被采用。然而,这些都不是实质性的变化,它们也没有影响法律的实质。

埃及法律被记录在通俗文件中,在公元 2 世纪末被发现,当时这些文件几乎都消失了。我们也可以参考公元 2 世纪的 POxy. XLVI 2385,是希腊人对荷莫波里斯(Hermopolis)的通俗法律文本中的文章的翻译——记录了至少是早在公元前 3 世纪的文献(Mattha-Hughes,1975)——很明显,这种法律在公元 2 世纪仍然在使用。希腊法律对埃及法律的影响的问题尚未得到充分的探讨，但是在这个时候，这一问题并没有多大的影响力。因此，我们并不去谈论希腊-埃及法律（Greco-Egyptian law）；这两个法律体系之间并没有发生渗透。同样的情形还可能存在于塞琉西王朝（Seleucids）统治下的古希腊的巴比伦尼亚地区（Hellenistic Babylonia，Oelsner，1995：115—119）。

两种法律传统并存并保持彼此分离，然而，这并不意味着法律机构的使用也是分离的。分离意味着希腊的法律依据其严格的特征，只是由希腊人和那些被视为和希腊人平等的人使用的，而埃及法律只是由埃及人使用。然而，大量的证据表明埃及人的商业交易出现在希腊的文件中，因此采用的是希腊法律的形式。希腊人出现在通俗文件中却不是很常见。究竟语言在这里发挥了多少作用，这仍然是一个有待解决的问题。希腊人和埃及人间婚姻合同甚至有时是用埃及语言记录的，同样的情况还出现在销售合同和担保合同方面（参见沃尔夫 2002：81—84）。在公元 1 世纪，提及的案件在通俗文件中都有一个补充，仅次于希腊文件中合同的规则，比如，对婚姻的额外规定。公元 45 年和 47 年的 PMich. V 340 和 341 分别记载了新娘父亲的额外的礼物，这在希腊的文件中有提及，然而婚姻方面的文件已经以通俗的形式制定了。在 PVind. Sal. 4 中，希腊的 arrha 销售（有保证金的出售）由两个埃及牧师达成协议出售一块土地，随后，在 PSphinx 1914，最终的交易被记录在通俗文件中（希腊的副本和摘要至少可以在 6 个不同的文献中找到，参见 PLond. II 262 p. 176）。我们可以提及的另一个例子是以所谓的抵押销售合同的形式而存在的信用担保，当贷款以希腊的形式进行，但是安全性是通过以通俗形式来购买土地的方式来保障的（例如，PRyl. II 160 d）。

在这里，我们应该注意到，对希腊文件还是通俗文件形式的选择，当然也就包括对希腊法律还是埃及法律的选择。那么，关键的问题仍然是案件审讯中法庭的能力。的确如此，只要针对埃及人和希腊人的特别法庭以 Laokritai 的形式存在，并作为全国的埃及人的法官委员会——出现于公元前 1 世纪——以及直到公元前 3 世纪才出现的，针对非埃及人的 dikastērion（法庭）。Koinodikion，可能是一个由混合国籍的法官组成的一个团体，只能模糊地代表他们自己的国家（参见沃尔夫 1970a：37—56）。

公元前 118 年，托勒密二世（Ptolemy Euergetes II）颁布的慈善法令（the philanthropy decree，PTebt. I 5 l. 207—220 = SP II 210）建立了一种特殊的规则，用于按照文件的要求调整针对希腊人和埃及人间冲突的司法管辖权：针对希腊合同中所产生的冲突，司法管辖权给了 Chrēmatistai；针对埃及合同中所产生的冲突，司法管辖权给了 Laokritai（沃尔夫 1970a：87—89）。判决是依据 lex fori（即依据法庭的"国家"法律）而通过的。

后来，能力的问题已经不再是个问题，因为那时尊贵的 Chrēmatistai 拥有司法管辖权，具有法官资格的高贵的官员也有此种权力，因为这种强制力是他们的职权固有的并允许他们如此行事。在这里，我们可以注意到最近整理的公元前 2 世纪赫拉克里奥波利斯（Herakleopolis）的犹太人的 politeuma（政策）的司法管理权（参见 Cowey-Maresch，2001）。

当然，我们还必须提到区分埃及人和希腊人的难度；不管怎么说，自公元前 2 世纪，名称就已不再是一个可靠的标准，因为在很多大家熟悉的案件中，个人视情况而定，要么称自己是埃及人，要么称自己是希腊人（Clarysse，1985）。

现在，我们可以回到关于文件的问题，主要关注的是国家的控制权以及文件和事务的登记问题。作为被国家公证了的公共文件并不存在问题，因为这些文件的副本始终被保留在作者档案馆里。存在问题的是，私人的有 6 个见证人的文件以及 cheirographa（契约，谕令等）。此时，我们了解到了几份在公共登记处登记的有 6

个见证人的文件,比如,CPR XVIII, PTebt. III 1,815, BGU VI 1258。据此,自公元前 3 世纪末,进入公共登记处是可能的,尽管存在很多不同的方式。其实这并不存在必要性;在法律活动以及庭审中使用的文件并不一定需要登记。并没有 cheirographa 文件登记的证据。在其他古希腊法律中存在着相似的程序,这一现象存在于 SEG XXXIII 679(Paros,公元前 170 年—公元前 150 年)以及 SEG XXXIII 1177(Myra,公元 43 年)中。由此可以推测出,为了防止丢失和伪造,将私人文件保存在公共档案馆和登记处成为了一种趋势。

关于通俗文件的情况就截然不同了。国家注册登记可能是在公元前 146 年之后才出现的(PPar 5＝UPZ I p. 596 f＝SP II 410)。在复杂的程序中,副本和希腊文的记录表明其内容被记录并且存档(帕斯特曼,1985a)。当然,这样做的原因是国家对法律事务的控制。我们没有其他 Diadochi 地区对地方文件相应的处理办法方面的知识。

元首统治时期有一个新的发明,被称为 bibliothēkē enktēseōn,作为对财产的登记,它指土地的份数,耕种土地以及拥有土地的权利。处置、分配以及撤销的权利都要进行登记。因此,法律活动中的公共控制权通过个人作品集的形式得到了保证。销售登记的先决条件是交易。在任何情况下,必须强调的是,登记处并没有土地登记簿(这在私法中是非常重要的)。在埃及,第一次贩卖奴隶有特殊控制,被称为 anakrisis。那时,对奴隶的地位必须提供证明。依据自 20 世纪前 30 年对法律历史的研究发现,可以肯定的是,希腊法律的范式结构很显然和罗马法律不同,同样和现代法律也不一样。这一点可以很快从关于合同和债务的基础制度中得到说明。

首先,我们要介绍作为基本法律制度的合同制度。第一个问题是如何以及以何种形式订立合同。依据碑铭和纸莎草纸的相关记录,很明显,在希腊法律中,合同以及合同的订立必须和文件分开。合同或交易的类型并没有特殊的文件形式,也没有令人信服的具体表现的相应形式的证据。文件应该和交易保持彼此独立,即使没有书写记录,也就是说一个纯粹的口头合同,交易也可以发生。因此,文件永远只是一张凭证,而不是交易有效性的先决条件;它也不是决定性的或章程性的文件。

在其他方面,希腊的法律中没有正式的交易规则,也没有类似罗马法律中 stipulatio(契约)形式的口头表达规则。甚至 homologia 也不是一个有着特殊执行力的规则。

正如上面提到的,即使在古罗马时代,公共文件或公共注册的个人的书面文件是需要的,然而,它也仅是强制执行或是 bibliothēkē enktēseōn 中的条目。关于这一点的原因,一方面可以从期望的公共控制中看出;另一方面,也可以从提高并确保官方的——或官方管理的——机构的合作中看出。个人的书面文件中交易的法律效力并不会受到这些问题的影响。

我将用一段简短的概括性的话来结束关于合同的讨论:假如(根据一般的看法,至少在法律史学家看来)声称有关合同的法律机构在希腊法律中也同样存在,那么,这并不意味着合同的理论,即一种审慎的,在司法框架下对合同的组成内容的解释,可以从那一时期的希腊文学作品中找到,比如柏拉图、亚里士多德或德谟斯忒涅斯的作品。教条的、基本的司法概念的存在,并不预设当代法学家对合同的构成要素(众所周知,这一现象仅存在于罗马,在其他古代国家都没有)的有意识的司法理解和解释。

合同的约束力在当事人之间是如何产生的,通常看来,可以用与罗马的自愿的、真实的或正式的合同类型相关的法律术语来解释。希腊法律中的合同(A. Biscardi 1982a,138—151)源于一个双方当事人都赞成的真实的行为——关于既定的目的(Zweckverfügung)的分布,见 H・J・沃尔夫(1957:62—66)。即使双方当事人的同意是必须的,这本身并不会导致一个协商一致的合同的产生,因为,很显然,除此之外,还需要有一个真实的环境——即便如此,必要时,它仅是一个假想的环境,如同我们在纸莎草纸资料中看到的。关于合同形成的过程,我们可以谈论一种真正的合同,因为我们要考虑的并不是它的基础问题。对于合同的典型的格式,附录中公元前74年的一个贷款合同可以作为一个例子:它包括日期、参与者、真实的行为(在这个案件中,是支付行为),以及支付的条件(偿还和利息,违约金条款,执行条款)。我们还可以举一个有着类似形式的租赁的例子,SB XII 11061(公元前218年),同样可见附录。

另外,在债务法领域,合同订立的后果仍有待讨论。今天占主导地位的观点(鲁普雷希特,1994:113—115)主要依据的是H·J·沃尔夫(1957:57—72),与此相对的观点,主要来自A·比斯卡迪(1982a:144—146)。这种观点认为,在希腊的法律中,没有义务迫使人们执行或履行合同。相反,是一种间接的对履行合同的强制性。违约金条款(timēma)中所谓的违约金,最终也只能是根据合同强制执行。这一过程是为了避免债务人负侵权行为的责任,因为他破坏了债权人的财产,没有履行合同,这将赋予债权人强制执行合同的能力。总之,这将构成违法行为。

审判过程中的相应判决并不会迫使债务人履行合同,而是授权执行,首先通过受控的个人倡议,然后通过官方强制执行。判决只批准检察官的强制执行权;它并不直接导致强制执行。判决是"关于授权执行的请求"(Entscheidung über die Berechtigung eines Begehrens auf executives Vorgehen;沃尔夫,1983:446)。

关于praxis条款的意义的讨论还没有结束。现在,这一问题已逐渐明了,即使就有关细节还存在争议,praxis条款采用的是kathaper ek dikēs条款(通常出现在托勒密时代和罗马时代)的形式,不能使文件有执行力。

具有范式基础的特殊法律构成和罗马法律完全不同,然而,这意味着法律的可行性没有限制(见上文)。

简要谈一下物权法。在这里,我们也可以看到一些类似的东西。property 和 possession 的概念和结构对于希腊法律来说是外来的。在这里,我们发现了一个术语 kratēsis,即对合法占有的财产的控制,以及 kyrieia(处理的权力),因此,没有哪个机构有绝对的权力。关于安全性的法律也存在同样的情况;可能和雅典相反,埃及关于安全性的法律的制定并不是将其作为一个受限的物权,而是作为一种获得财产并永久保留的法律上的可能性(鲁普雷希特,1997a、1997b)。

## 三

因此,我们可以得出结论,希腊的法律,正如我们在开头提到的,在罗马时代的几个世纪以来保留了其基本的结构。这种连续性并没有阻碍进一步的发展以响应不断变化的经济和社会生活的要求;相反,新发展的法律制度和形式也在慢慢适应以前建立起来的法律体系,并且基本的结构仍保持完好。

可以进一步强调,这些发展并不是指法学家的作品,而是那些人起草的合同,他们中的部分人试图在实践中记录其内容,发展了新的规则并且修改了现有的交易和交易的类型,很显然,他们适应了实践的需求。

## 附　　录

这里提供了一份贷款合同和一份租赁合同,作为典型文件的例子:

## A. 贷款合同(SB V 7532,Fayum,74 B. C. )

**[原文]**

时间:1—5 行

Βασιλευόντων Πτολεμα ί ου καὶ Κλεοπὰτρας ἐπικαλουμὲ —
ν[η]ς Τρυφὶνης τ ῆ ς ἀ δελφ ῆ ς Θε ῶ ν Φιλοπατόρων Φιλα—
δ έ λφων, ἔ τους ἑβδόμου, ἐφ' ἱερ έ ως 'Αλεξάνδρου καὶ τ ῶ ν
ἄ λλων τ ῶ ν γραφομ έ νων ἐ• 'Α λεξα•δρείαι, μηνὸς Γορ—
5πι[α]ίον π έ μπτη, 'Επε ὶφ π έ μπτη,

地点:5—6 行

ἐν Νείλου πόλει τ ῆ ς
'Ηρακλείδου μερίδος τοῦ 'Αρσινοίτ[ο]υ νομ[οῦ].

贷款当事人:6—12 行

ἐ δάνεισεν Χ
Εἰρηναίωι τ ῶ ι καὶ 'Εργε ῖ Εἰρεναίου τοῦκαὶ 'Εργ έ ως Π έ ρ—
ση τ ῆ ς ἐπιγου ῆ ς καὶ τ ῆ ι τοναικὶ 'Απολλωναρί(ῳ)
ιο τ ῆ ι καὶ Θαυ ῆ τι Πτολεμαίου τοῦκαὶ Πετεσού χου Περσίηι
με[τ]ὰ κυρίου τοῦπρογεγραμμ έ νου ἀ νδρ[ὸ]ς χαλκοῦ
νομίδματος τάλαντον ἐ καὶ δραχμὰς τετρακοσίας
ἐνενήκοντα

利息:第 13 行

τόκων διδράχμων.

偿还:13—15 行

τὸ δ έ δάνειον
τοῦτο καὶ τοὺς τόκους ἀ ποδότωσαν οἱ δεδανεισ—
15 μένοι ἐν μηνὶ Θ ὼ θ τοῦ ὀγδόου ἔ τους.

违约条款:16—19 行

ἐὰν δ έ μ ὴ ἀ ποδ ῶ σιν, καθὰ γ έ γραπται, ἀ ποτεισά—
τω[σ]αν[οἱ]δεδανεισμέ[νο]ι παρα—

χρῆμα, τὸ μὲν δάνειον ἡμιόλιον, τοὺς δέ τόκους ἁπλοῦς.

共同债务:19—20 行

ἔγγοι ἀλλήλων εἰς ἔκτεισιν τοῦ δα—

20 νείου τούτου αὐτοὶ οἱ δεδανεισμ ένοι καὶ

条款的执行以及证明:20—23 行

ἡ πρᾶξις ἔστω ἔκ τε αὐτῶν τῶν δεδανευσ—

μ[έ]νων καὶ ἐκ τῶν ὑπαρχόντων αὐτοῖς πάντων

καὶ ἐξ ἑνὸς καὶ ἐξ ἀμφοτέρων καὶ ἐξ οῦ ἐὰν αὐτῶν

αἱρῆται. ἡ συγγ[ρα]φὴ κυπία. μάρτυρες.

[译文]

时间:1—5 行

　　在托勒密和克列奥特拉(Kleopatra)的统治下,被称作 Tryph-ina,姐妹神,父神和兄弟神,在第 7 年,在亚历山大的祭司之位上以及亚历山大时期的其他记录里,在 Gorpaiaios 月的第五天,以及 Epeiph 月的第 5 大。

地点:5—6 行

　　在从 Herakleides 分离出来的 Nilopolis,Arsinoite 省。

贷款当事人:6—12 行

　　X 已经借给了埃雷尼厄斯(Eirenaios),又被称为厄格斯(Ergeus),埃雷尼厄斯的儿子,别名厄格斯,一个波斯人(Persian),以及他的妻子阿波罗纳林(Apollonarion),又被称为塔厄斯(Thaues),托勒密的女儿,又名波特索契斯(Petesouchos),一个波斯女人和上面提到的她的丈夫,1 个 kyrios 值 590 个德拉克马铜币。

利息:第 13 行

　　利息为 2 个德拉克马(每月 1 迈纳[mina(古代希腊等地的货

币或重量单位)〕，＝24％)

偿还:13—15 行

　　贷款的人应在第 8 年的托特(Thoth)月偿还贷款和利息。

违约条款:16—19 行

　　假如他们不能按照上面写的归还，那么贷款人将会立刻损失
1.5 倍的贷款额以及利息。

共同债务:19—20 行

　　让贷款者称为共同债务人来支付这笔贷款。

条款的执行以及证明:20—23 行

　　执行权应该作用于贷款人以及他的所有财产，分别对待或共
同对待。让我们的文件具有权威性……证明。


　　B. 租赁合同(SB XII 11061 ＝ PHamb. II 188，Tholthis，218
B. C. )：

[原文]

时间:1—4 行

[Βασιλεύον]το[ς]Πτολεμαίου τοῦΠτολεμ[αίο]υ καὶ Βερενί-κης
θεῶν

Εὐεργετῶν ἔ τους τετάρτου

[ἐφ᾽ ἱ ερέως Δ]ημη τρίου τοῦ Ἀπελλ[ο]ῦ. [τ]ὸδεύτερον ἔ τος
Ἀλεξάνδρου καὶ θεῶν Ἀδελ—

[φῶν καὶ θεῶν]Εὐεργετῶν, κανηφό[ρ]ο. υ Ἀρ. σινόης Φιλαδ-
έλφου Νυμφαίδος τῆς

[Νυμφίωνοσ τὸ]δ. εύτερον ἔ τος μην[ὸς Περ]ι. τίο. υ.

地点:第 4 行

ἐν Θώλθει τ[οῦ]Ὀ. ξυρυγχίτου νομο.ῦ . .

租赁当事人:5—11 行

5[ἐμίσθωσεν εἰς ἐνιαυτ῀ων σπό]ρ. ον[καὶ θερισ]μ. ὸ. ν[ἕ να ἀπὸ τοῦ σπόρου]τοῦἐν τῶι πέμ—

[π]τ. ωι. [ἔτειῶν οἰκα]ρ. [ποὶ εἰς τὸ ἔκτον ἔ το]ς Θεόφιλ. [ος

Μακεδὼν τριακοντ]ₐρ. [ο]υ. ρ. ο. [ς]κ. λ. [η]—

ροῦχος[τῶ]νἐ ν. τῆ̄ι[c. 15]......τ.. [c. 10 Ἀρι]σ. τολόχωι.

τῶι Σ. τ. ρ[α]—

τύου Θ. ρ[α]ι. κ. ἰ τῆ̄ς ἐπι[γο]νῆ̄ς. [τῶν ἑαυτοῦ]κ. λ ῆ̄ρον ὅ λον

ἅ[σ]περμον ἀκίνδυν. ο. ν. πλὴν ἀβρό—

χου ἐκφορίου π. υρῶν ἀρταβῶν π. [εντ]ήκοντα ἐὰν δ ἐὰ γ ῆ̄ἅβροχος

γ έ νηται[ι], προσ—

10 δεχ ἐ σθω Θεόφιλος Ἀριστ[ο]λόχωι. κατὰ λ. ὅγον τ ῶ̄ν ἐκφορί

ων τῆ̄ς

ἀβρόχου γ ῆ̄ς γινο—

μ. ἐ νης.

租金支付:11—14 行

τὰ δ᾽ ἐκφόρια τὰ συ. γγεγραμμ. [ἐ να] ἀποδότω Ἀριστόλοχος Θ. ε

οφίλωι ἐν μη—

νὶ Δ ύ στρωι τοῦ ἔ κτου ἔ του[ς πυρὸν]καθαρὸν καὶ ἅ δο[λο]ν μ έ τ

ρωι χοίδικαὶ—

ωι με. τ. ρ ήσει δικαίαι καὶ ἀ πενε. [γκάτω ε ἰ ς Θ ῶ̄λ]θιν ο ὐ ἄ ν

[Θεό]φ. [ι]λ[οςσυντά]ξη[ι]

ἰδίωι ἀ νηλώματι.

违约条款:14—15 行

ἐὰν δ ἐ μὴ ἀπ. [οδ ῶ̄κατὰ τὰ γεγραμμ έ να, ἀποτεισάτω Ἀριστό]—

15 λοχος Θεοφίλωι τιμὴν τ ῆ̄ς ἀ ρ[τ]ₐβης. [ἐ]κ ₐ[στη]ς. [τ] ῶ̄[ν

πυρῶν δραχμὰς δ έ κα, καὶ]

执行条款:16—17 行

ἡ πρᾶξις ἔ στω Θεοφίλωι π. α ρὰ Ἀριστολόχου πράσσ. [οντι κατὰ τὸ διά]—

[γραμμα]......[...]

粮食保留：17—18 行

κυριευέτω δ. ἐ. Θεόφιλος τῶν καρπῶν ἔω[ςἄν τὰ ἑαυτοῦκο]—

[μίσηται.

担保条款：18—21 行

βε]βαι. οὕτω δ[ἐ Θ]εόφιλος Ἀρ[ι]σ. τολόχωι τῶν κλῆρον. [καὶ τοὺς κατα]—

[σπαρέντ]αςἐν. αὑτῶι καρποὺς καθ.’ἅ μεμίσθωκεν. ἐὰν δἐ. [μὴ βεβαιώσηι]

20[κατ]ὰ τὰ γεγραμμένα, ἀποτεισάτω Θεόφιλος Ἀριστολόχωι

ἐπ[ἱμον ἀρ]—

γυ. ρίου δραχμὰς πεντακοσίας. , ἐὰν μήτι βασιλικὸν κώλυμα γ [ἐ-νηται.]

ἡ δἐ συγγραφὴ ἥδε κυρία ἔστ. ωοῦ ἂνἐπιφέρηται.

证明：22 ss 行

[译文]

（时间—地点：1—4 行）

租赁当事人：5—11 行

　　30 arourai 的土地，他的所有的土地都已被塞奥菲洛斯（Theophilos）出租，马其顿王国（Macedon），30-Arouraiclerouch 的人口……（?）对于阿里斯托勒克斯（Aristolochos），一个 epigonē 的色雷斯人（Thracian），Stratios 人，从种植的第 5 个年头算起，第 6 年，一年内收获的所有粮食和农产品；不交付种子，如有干旱的意外，也不会受到威胁，租金为 50 artabai 小麦。假如土地持续干旱，请塞奥菲洛斯代表阿里斯托勒克斯根据干旱土地的面积予以考虑。

租金支付:11—14 行

让阿里斯托勒克斯在第 6 个年头的 Dystros 月中,将纯净的未污染的烘干了的小麦,作为租金交给塞奥菲洛斯,并让他自己掏钱将其交给 Tholtis,这是塞奥菲洛斯的要求。

违约条款:14—15 行

假如他没有按照规定交付,让阿里斯托勒克斯向塞奥菲洛斯支付每一 artaba 小麦 10 个德拉克马作为罚款。

执行条款:16—17 行

塞奥菲洛斯有权按照该条例的规定对阿里斯托勒克斯行使权力。

粮食保留:17—18 行

在租金交付到塞奥菲洛斯手上之前,他有权对粮食进行出来。

担保条款:18—21 行

塞奥菲洛斯将向阿里斯托勒克斯担保土地和种植的粮食,就像是他出租的。假如他没有做出相应的担保,塞奥菲洛斯须向阿里斯托勒克斯支付 500 德拉克马银币作为罚款,除非遇到国王的阻碍。我们的文件自提交之日起生效。

证明……

# 参 考 注 释

关于文献的列表,参见奥茨(Oates 2001)。

陶本施拉格(Taubenschlag 1955)对私法和公共法给出了全面的描述,尽管完全是罗马的类型。沃尔夫(2002 沃尔夫 I)和沃尔夫(1978 沃尔夫 II)是最近的对希腊法律的一般原则以及文件的特征的描述。同样还可参考沃尔夫(1998)和(1973)。关于特殊的法律事务以及全面的观点,见鲁普雷希特(1994)。另外,对于详

细说明还可查询蒙泰韦基(Montevecchi 1982)。帕斯特曼(1990)
对文献做了介绍。关于通俗法律的概述,见曼宁(Manning
2003)。

# 18. 希腊化时期的希腊法律:家庭与婚姻

莫杰耶夫斯基(Joseph Mélèze Modrzejewski)[①]

## 希腊化的法律和文化

### "混合的法律"以及"混合的文明"

什么是希腊化的法律？当这个形容词"希腊化的"用在了"法律"的前面,是需要进行解释的,同样当它用于"时代"或"文明"前面时,也是需要解释的。"混合文明"的说法,是由过去的古代历史学家们倡导的,根据德罗伊森(Johann Gustav Droysen)的观点,希腊化的世界是希腊西方(Greek Occident)和原始的东方世界(Barbarian Orient)混合的结果,这种观点现在已经被抛弃了。希腊—马其顿(Greco-Macedonian)移民将地方传统的惯例和理念带入到阿契美尼德帝国(Achaemenid Empire)的各个省份,阿契美尼德帝国后被亚历山大大帝征服,这些传统的惯例和理念对法律的演化产生了很大的影响。自此之后,相对于希腊本国、城邦或民族这样

---

① 本章的第一个版本是 1998 年 7 月 2 日在以色列拉马特甘(Ramat Gan)的巴伊兰大学(Bar Ilan University)召开的"朱迪亚沙漠的法律文件研讨会"上的一篇演讲稿,发表于 2000 年,见莫杰耶夫斯基(2000)。关于更多的细节,见莫杰耶夫斯基(1998b、1999)。

一个狭小的框架,希腊传统在更大的空间内发挥着作用,这必将带来法律实质内容的改变。对于他们来说,当地的法律文化必定已经受到了侵入到埃及或东方世界的希腊元素的影响。相互的作用和相互的影响开始指导立法者们在制定法律规定时把希腊的形式和当地的传统结合起来。然而,所有这一切并不导致"混合物"的产生,"希腊化的法律"的思想也绝不可以指向这样的混合物。

让我们说得更清楚些:希腊化的法律指的不是其他,而是由说希腊语的移民在被亚历山大大帝征服的王国里的希腊法律实践,幸好有这些文献存在——纸莎草纸、羊皮纸、陶片、碑文的记载——大部分都是在埃及发现的,同样,也有一少部分是在近东(Near East),在杜拉欧罗普斯(Dura-Europos)或朱迪亚沙漠(Judean Desert)被发现的(沃尔夫 1973,帕斯特曼 1974)。源于古希腊的经验和其定义的多面性,它的一个显著特点在于,其实质是高度的统一性;至于它的来源,它似乎基本上是习惯法,其基础不在于一个城市或一个主权的立法,而在于如何公证行为。因为它不是一个有限群体的法律,正如古希腊城市或 ethnē 的法律,它可适用于所有符合"希腊人"(Hellene)定义的人,通过坚持希腊的文化以及在被征服国家的外国性;在这方面,埃及的犹太人的情况尤为显著。

当希腊的君主政体成为了罗马行省的政府体制之后,古希腊的法律在元首制的统治下,在东方各省的实践中被保存下来。

## 希腊人的贡献以及当地的传统

希腊化时期实现了希腊法律的统一。不同的城市或地区以及移民后的祖国的差异性特征在实践中慢慢削弱。这个过程早在公元前 4 世纪就已经开始了,在以雅典为主导的影响下,促进了城市间的贸易,后来这一过程在亚历山大的军队这个熔炉里变得更强。希腊的"普通法"(common law)在整个希腊世界非常盛行。法律共同语言的概念，在语言和法律之间形成对应，有助于解释这一现象（格内特，1938a）。

确保这种共同语言有效存在的新因素，并不是人们通常认为的国王的行为，而是新的政治结构的出现：古希腊的君主政体和城市的政治体制叠加。这个城市不再为希腊人的法律生活提供唯一的框架。希腊化的城市不强迫希腊人服从城市的法律，这是多样性形成的原因，并且为私法在法律实践过程中的统一创造了环境的有利性。又由于城市的自治性的削弱，将希腊人的法律生活限制在不同的独立的城邦体系下的桎梏消失了。城邦的个人主义是自由的，尽管如此，希腊的"普通法"仍然和它的来源保持着紧密的联系：托勒密时代的埃及，在司法实践中，它被称为 nomoi politikoi（"公民法"，在沃尔夫 2002 中有详细论述）。城市仍然是一个思想的参照点，关于政治或其他方面的情况，让我们来对比，希腊人的贡献和当地的传统。移民们的"普通法"面对的是被征服人群的法律传统，而这些法律传统仍然受到国家的维持和保护。托勒密时代的埃及提供了一个极具启发性的关于共存的例子。

古埃及的本土法律在马其顿的征服中幸存下来，并且被当地人继续使用。在后埃及时期，这种法律规则被记录在案例记录簿中，保存在寺庙里；在波斯征服（Persian conquest）之前源于大流士一世（Darius Ⅰ）对埃及法律的"法典编纂"（codification）传统，表明存在相当广泛的积累。到了托勒密时代，这种推断得到了来自不同宗教中心的"通俗的祭司案例汇编"中提取的内容的证实；最有名的来自 Tuna el-Gebel，古赫尔莫波利斯西（Hermopolis West），其以一个广泛流传却是错误的名字"赫尔莫波利斯法典"而闻名（Donker van Heel 1990）。其实，我们在这里有的是一部对实际的关于法官和当地律师的制度，以及行为和判决的模式，或对疑难案件的解决方案的收集。有人可能把它称作"手册"（在意大

利语中为 prontuario legale），是由有学识的祭司编写的，他们写过
"圣书"——宗教的，科学的，或对埃及神职人员和他们的"受众"的
法律的汇编——在他们的寺庙中的"生命之屋"（Houses of Life）。
这些祭司们，根据宗教的中心，以不同的形式把这些书一代一代传
下来。

　　埃及的祭司的个案资料必须和另一种存在于托勒密时期埃及
的"圣书"结合起来：犹太律法（the Jewish Torah）。它们在托勒密
二世（Ptolemy II Philadelphus）统治时期（公元前 283 年—公元前
246 年）被翻译成了希腊语。犹太律法的翻译——亚历山大译本
（the Alexandrian Septuagint）——非常有名；它的历史在前基督
时代的五成卷的纸莎草纸的残篇中得到了证实。出版于 1978 年
的奥斯徕卡古卷（Oxyrhynchus，POxy. XLVI 3285）告诉我们通俗
法律集在公元前 3 世纪之初，托勒密二世统治时期，同样也被译成
了希腊语。两者都是在托勒密王朝完成的。

　　大量的文件被以通俗的纸莎草纸保存，为各种各样的通俗案
例集补充了日常法律实践的证据。在托勒密时期，它们代表了在
埃及发现的一半左右的纸莎草纸文献。它们证明了在托勒密时期
埃及法律传统的不可否认的连续性，这种延续性在罗马帝国仍然
存在，后来又出现在了拜占庭和阿拉伯时代的科普特（Coptic）文
献中。希腊人把这称为 nomos 或 nomoi tēs chōras，"国家的法律"
（the law of the land）；这种表达不能被误解为 nomoi（或 nomos）
tōn Aigyptiōn，即"埃及人的法律"，在罗马时期的一些文献中有提
到。我们将再次回到这个问题上来。

## 共存与相互影响

　　各种各样的私法的共存，并没有形成一个混合物，而是导致了
规则和惯例之间的相互影响、相互交流和借鉴。对其相互作用的
准确程度进行评估并不容易，有几个重要的事实将用于对这一情

形进行说明。

　　希腊法律对犹太人的行为做法的影响是一个特别的问题,这一问题在这里我们将不做详细讨论(参见莫杰耶夫斯基 1996)。关于希腊和埃及传统的相互影响,希腊法律主要对埃及法律的法律行为形式产生了影响:这就是所谓的 Doppelurkunde("双证书"),即书面文件的复制,这一点被认为是埃及的公证员从希腊人那里借鉴过来的。然而,这并不能确定双证书就是由希腊人发明的:它的原型是美索不达米亚的(Mesopotamian)"封板"(envelope tablet),后来在新巴比伦(neo-Babylonian)时代被多种多样的原件所取代,每一份的副本由缔约双方各自保存。其他可能由埃及人从希腊法律中借鉴的内容仍然不能完全确定。

　　埃及对希腊法律的影响似乎是多不胜数。然而,在这一问题上人们还是需要谨慎。因此,在埃及,希腊家庭法与其古代根源有关的特征变化,并不一定是由于当地模式的作用;在很大程度上,周围的环境会刺激或加速在希腊人的生活中已经开始的演变。在某些情况下,新的历史背景会促使希腊惯例的某些特征倾向制度化,而在此之前,这些只是次要的或边缘的;这种情况是非常明显的,正如我们在后面将要看到的,关于妇女给自己安排婚姻或同族结婚的情况。其他方面——比如长子在继承或 parapherna("额外的嫁妆")制度方面的特权——似乎更可能是埃及的影响。但是这种影响仍然很有限。

　　人们应该慎重,不能想当然地认为所有的法律判决都是相互影响和借鉴的结果。众所周知,到达了相同演化阶段的不同法律文化,通常会推演出相似的解决方案,假如社会和经济的条件是适合的;因此,什么会产生影响或什么是外国的因素,仅仅是一个巧合。从比较的视角来看,对这种相似性的研究是一件极具吸引力的事情。对双语文件的细致研究,包括严格意义上说的双语文件和翻译的文件,同样还包括根据一种语言的模式特征而用另一种语言书写的文件,都是非常有意义的。

总之,在 20 世纪上半叶,人们可能会认为希腊法律和埃及法律之间的交流与借鉴比起"法律的混合"要少。多元化仍然是希腊化世界的法律生活的主要特征。在托勒密王朝的埃及,司法机构体系保证了希腊和埃及传统可以通过官方约束力而被保护(莫杰耶夫斯基,1995)。另外,很显然,一方面是市民法(nomoi politikoi),另一方面是国家法律(nomoi tēs chōras),是法庭的主要法律,尤其是对于这两个主要类别:希腊的陪审法庭(dicasteries)和埃及的 laocritai。这样一来,希腊的犹太律法变成了埃及犹太人的"公民法"(nomos politikos),这些人曾是"希腊人"社会的组成部分(莫杰耶夫斯基,1997)。这种犹太法,尤其在处理家庭问题方面,实际上是由托勒密王朝埃及的犹太人使用的,最近依据新的材料被确认为公元前 2 世纪居住在赫拉克里奥波利斯的犹太人的公民权(考维·马雷施,2001)。

就我们讨论的法律的实质而言,罗马对希腊的征服并没有使其发生改变。当地的法律在罗马当局慈祥的目光下继续存在。省级法官们对外来法律予以尊重,即使这意味着填补空白,解决矛盾,或通过诉诸他们自己的法律罗马法(ius Urbis Romae)所赋予的价值尺度来限制放纵的言行。他们没有看到希腊和埃及法律在各自规则方面的差异。两者对于他们来说都不过是埃及行省的外来的地方习俗(莫杰耶夫斯基,1993)。

公元前 3 世纪形成的通俗法律集的希腊版本,在安东尼时代(Antonine era)被复制了,这一事实表明这种翻译会对省级法官在实际被埃及本地人实践的法律环境下给予启发,在意见分歧的情况下,可能会影响他的决定。然而,这并不意味着这些措施都包括在这本书里,"当地的法律"被罗马的法官认为是合法的规则。如果没有一个把他们和外国城市联系起来的纽带,他们不可能诉诸于一个外来的市民法权利,根据罗马的类别划分。对于罗马当局来说,这些只是当地惯例的规则而已。

这种"当地的法律"(nomos tēs chōras)不能误解为公元 2 世纪的一些文献中所指的"埃及人的法律"(nomos tōn Aigyptiōn)。对这些文献的细致分析的结论是,被称为"属于埃及人的"法律只在名义上是埃及人的;实际上,它是希腊法律。所说的埃及人是埃及的本土人,不是希腊城邦的公民。至于他们的法规,在某些情况下,似乎是当地的从业者,使用从王室立法和埃及的希腊城邦法中获取的一些材料从而形成的个人收集(莫杰耶夫斯基,1988)。对于罗马的法官来说,在法律的有效性上并没有什么区别:无论他们是希腊人还是埃及人,这些书籍当中记载的规则对于法官来说只是不同省的人们的特定习俗——行省风俗、地方习惯(mores pro-vinciae, consuetudines loci)。公元 212 年,罗马皇帝卡勒卡勒(Caracalla)对这些规则中的一部分进行归纳之后,那些和罗马的法律和秩序相冲突地被搁置在一边;其余的被作为省级法律的附属,仅次于具有优先权的罗马法律。

从这些论述来看,人们所坚持的,似乎是我目的的关键所在:希腊的法律在亚历山大大帝的继任者的君主制中,在东方的各省中,虽然后来被罗马人征服,是永久存在的。让我们把注意力集中到一些细节当中来,比如关于婚姻、家庭结构,以及财产的继承。

## 婚姻和家庭:古希腊法的持久性

### 婚　姻

希腊移民的家庭生活所形成的新的环境修改了婚姻法。在希腊化的世界中,家庭的领导者不再像在古雅典一样解决诸如决定婚姻这样的问题;这成为了要结婚的双方自己解决的问题。在古老的希腊,在 Elephantine(PEleph. 1. 公元前 310 年)发现的婚姻协议,一种破格文体,让我们听到了以第一人称复数表达的夫妻双方的声音,这在希腊家庭的历史上是第一次。自此之后,这成为了一个纯粹的个人契约出现在纸莎草纸保存的婚姻合同上。那些合同所表现的形式和术语的多样性,与社会现实的统一性紧密联系:带着一个持久的共同生活的目的的夫妻居住在一起(synoikein,莫杰耶夫斯基,1983)。

　　然而,婚姻的法律实质仍然没有改变:和过去一样,它仍然是建立在"赠与"(ekdosis)行为的基础上,这一行为是由她的父亲完成的,或在他不在的情况下,由最近的男性亲属完成,如果这也不能完成的话,就要由这个女性自己完成。伴随的还有一份世袭的贴补——赠与的嫁妆;这是让婚姻作为一种社会制度具有有效性的做法。古代的聘礼(proix)让位于嫁妆(phernē),这一术语,在古希腊语中指的是在过时的不重要的一种惯例中的嫁妆,现在意义泛化,适用于埃及的婚姻系统,因为它符合新型的家庭组织结构的要求。一方面,一些程序或礼节消失了,比如订婚(engyēsis),指的是父亲要把女儿"放置"在即将成为她的丈夫的人的怀里。书面的合同确保了结婚的妇女是合法的妻子,gynē gametē。合同取代了新娘从父亲的权利下交到丈夫的权利下的过程中的严正声明。合同的条款足以在婚姻关系确立后,确保和妻子以及孩子相关的合法地位(Yiftach,2003)。

　　在 Abusir el-Meleq 中发现的一系列的文件,时间可追溯到奥古斯都时代,但确切地反映了罗马征服之前的亚历山大时期的婚姻法,表明在亚历山大时期,在起草了一个书面协议(synchōrōsis)之后的行为就是要通过一个仪式(或一份协议)来加强婚姻关系的缔结,即在城市的地方官(hierothytai)面前走过。有很多种不同的方式来解释亚历山大时期婚姻的双重程序。埃及的假说的影响被人们所关注(维南德[Winand]1985),但却是非常脆弱的。人们当然会注意到亚历山大的双契约婚姻和埃及的习惯法中乡村地区婚姻之间的相似性,后者中,"支付文件"后伴随的是"支持协议"。将亚历山大的城市的地方官和碑文以及文学作品中的同名的地方官进行对比,会发现一种希腊传统的连续性。城市的地方官的干预可能只是一种形式,在城市的控制下,对于传承家业是必要的(伊夫塔奇,1997)。

希腊的城市用于树立阻止异族通婚的障碍,在希腊以及东方的说希腊语的地区不复存在了。很可能是亚历山大的法律要求获得公民地位的双重公民血统,这种制度的泛希腊化特征被亚里士多德(《政治学》1275b 21—22)进一步强调。摩尼莫斯(Monimos),克林德罗斯(Kleandros,亚历山大城居民)的儿子,和一个埃及女人住在乡村;狄米特莉娅(Demetria),他们的女儿,尽管她有一个希腊名字,但她并不是亚历山大城的公民(Clarysse,1988)。另一方面,可以肯定的是托勒密时期的一个公民可以娶一个外国女人,并且通过他们的婚姻,可以让她获得 astē(公民)的地位。因此,婚姻关系的缔结,比起公元前 4 世纪的城际条约的epigamia[婚姻关系]条款来说要宽广得多。

在乡村,不同背景的两个人结婚是可能的,而且也是合法的。公元前 3 世纪中叶,德米特里奥斯(Demetrios),一个追随贝蕾妮丝公主二世(Princess Berenice Ⅱ,马加斯[Magas]的女儿,嫁给了托勒密三世 Euergetes)来到埃及的昔兰尼人(Cyrenean),娶了一个埃及女人;在他的祖国,只允许一小部分利比亚人(Libyan)娶公民群体之外的人,但是这一规定对他并没有多大影响(Inscr. Fay.Ⅰ2)。对于安泰厄斯(Antaios),一个居住在埃及的雅典人,情况就不一样了,公元前 2 世纪初他娶了奥林匹娅斯(Olympias),一个马其顿人(Macedonian),除非人们假定雅典禁止和外族通婚的法律在公元前 322 年民主制败落后开始改变了(PGiss.Ⅰ2,公元前 173年)。

德米特里奥斯,一个昔兰尼人,和泰希斯(Thasis),一个埃及人的结婚只是一个例外。"希腊人"和当地人之间的婚姻在希腊化的埃及是很少见的。他们并没有被正式地禁止,而是一种"文化上的 agamia[独身生活]"使得他们之间的联姻不切实际(莫杰耶夫斯基,1984)。我们并没有把支持希腊——埃及文明的人混淆在一起。在某些特殊情况下,在一定范围内,在特定的时期,障碍是可以克服的。这就是为什么公元前 2 世纪,在上埃及(Upper Egypt)的帕西里斯(Pathyris)会发生希腊士兵以及上流社会阶层和当地人的混杂。这是由于一些偶然的因素:希腊元素和埃及精英相结合的新型军队组织形式。

## 家庭结构

希腊化时代有支持希腊婚姻法中同族结婚的倾向。对于希腊人来说,在法律上,只有家人之间的婚姻才被认为是乱伦;旁系之间,同父异母兄弟和同父异母的姐妹之间通婚,尽管从在道义上是反对的,但是并不违法。西门(Cimon),米太亚得(Miltiades)的儿子,雅典人,合法地娶了他同父异母的妹妹伊利皮尼斯(Elpinice)。自梭伦开始的雅典法律允许娶同父异母的(homopatrios)姐妹。不太确定的是,古代斯巴达的(Lacedaemonian)法律是否允许娶一个同母异父的(homomētrios 或 homogastrios)姐妹。关于这一点,仅在斐洛(Philo of Alexandria,De spec. leg. 3.22—24)那里能找到证据,可能仅仅是这个犹太哲学家自己杜撰的:他的目的并不是给我们提供关于希腊婚姻传统的信息,而是将他们的同族通婚与《圣经》"利未记"第 18 章中记载的异族通婚进行对比。

在希腊化时期的做法中,同父母的(homognēsioi)兄妹之间的婚姻是可能的。公元前 278 年,国王托勒密二世娶了他的亲妹妹,阿里西诺二世(Arsinoe II)为我们提供了一个例子。这段婚姻引起了各种各样的反映。狄奥克里塔(Theocritus)比起一个诗人来说更是一个朝臣,他把这段婚姻和宙斯与赫拉的神的婚姻进行了对比(Idyll XVII:121—134):亚历山大人可能并没有觉得这种对比很合适。一些人发表了尖刻的批评,最严厉的来自玛罗涅亚(Maronea)的索塔季斯(Sotades),一个色情小说作家(pornographer);这让他遭受到了最严厉的惩罚(Athenaeus 14.620;莫杰耶夫斯基 1998a)。

　　这种婚姻和埃及的模式一致吗? 这是斐洛的文本中想要说明的,在他之前,西西里岛(Sicily)的狄奥多(Diodorus),根据希腊人"反对人类的一般习俗",制定了一项法律允许一个男人可以娶他的妹妹(Bibl. Hist. 1.27.1)。然而,从目前我们掌握的资料来看,埃及古物学(Egyptology)并没有证实托勒密二世和他的妹妹结婚效仿的是法老,除非人们能回到 1000 年前——回到阿梅诺菲斯三世(Amenophis Ⅲ)或拉美西斯二世(Rameses Ⅱ)。由此必然得出的结论是,托勒密一世的孩子们把这种希腊传统所支持的同族通婚倾向推到了极致。

　　希腊的移民们很快就开始效仿他们。早在公元前 267 年,在奥克斯范西特(Oxyrhynchite)省的索尔西斯(Tholthis),一个叫普拉达马斯(Praxidamas)的人娶了一个叫索西奥(Sosio)的女人,而这个女人正是他的妹妹(PIena inv. No. 904 = SB XX 11053)。130 年后,狄奥尼修斯(Dionysios),另一个希腊人,让在泰卜突尼斯(Tebtynis)管理他的银行的人给他的妹妹尤德普(Euterpe)交税金,这个女人也是他法定的妻子(PTebt. Ⅲ.1,766,约公元前 136 年)。在罗马帝国时期,这些做法被泛化;大量的文献可以证实,尽管依据罗马法律制定了对同族通婚的处罚,但罗马当局仍然采取的是一种宽容的态度,这让我们想到这样的现象在托勒密时代的埃及比起我们刚刚在那两个文献中提到的要更频繁。这样的婚姻在大都市"希腊人"的后裔中,比起在乡村的埃及人中更常见;这和另一种观点相反,该观点认为兄妹之间通婚源于埃及的传统。

　　希腊化时期对希腊女性的地位的各个方面都做了修改。妇女可以自由买卖或出租她的财产；她也可以和她的丈夫一起在他们的女儿结婚时给予她一定的财产，或者她也可以一个人来做这一切，如果她是寡妇或离婚了。在古希腊时期，作为 kyrios［女性的监护人］的家长的权利在女性之上——他可以掌控他的妻子、未结婚的女儿——而现在这种权利仅限于一种监护权。要达成一种法律的契约，妇女需要其监护人（kyrios）的协助，但是后者不再是"主人"：他的干预只是一种形式，对于文件的有效性来说，他的重要性已经变得不明显了。

　　这些现象可能标志着女性地位演化的一种"进步"。然而，我们还不能这样急于下结论。因此，不能确定我们在纸莎草纸保存下来的关于离婚的这些婚姻协议的条款中发现的那些变化可否被解释为"进步"。这包括，首先，对违反合同的行为的制裁，尤其是对婚姻不忠的行为，其结果是，如果是妻子，将损失她所有的嫁妆，如果是丈夫，要退还嫁妆，还要额外支付 50% 的罚款（hēmiolion）。然而，从公元前 1 世纪初开始，出现了一种新的做法，规定丈夫如果想离开他的妻子，则仅需在一个规定的有限时间里归还嫁妆；只有当没有遵守规定的时间时，才需要额外支付罚款。对于女性来说，她也同样有提出离婚的主动权，可以给予他丈夫一定的时间归还嫁妆。最终，离婚不再是一种制裁，而是被双方自愿离婚所取代。在这种情况下，似乎建立起了一种丈夫和妻子在离婚问题上的公平性，比起最初的规定并不一定对妻子更有利，在之前的体系中，罚款的施行对不负责任丈夫的威胁有效地保护了无辜受辱的妻子。然而，人们可以将执行 ekdosis［赠与］行为的女性看作是"先锋派"，也就是说她们自己选择自己的婚姻。在古希腊，这种"自动赠与"（auto-ekdosis）是一种蒙昧淫乱的标志。但是在希腊化的世界里，女性的确可以执行她的赠与，以一种合法的形式组成自己的婚姻。从托勒密到罗马时代的埃及，这一事实可以在两个文献中找到证据（公元前 173 年 PGiss. I 2.；公元 3 世纪 POxy.

XLIX 3500)。杜拉欧罗普斯的纸莎草纸(公元前 232 年,PDura 30.)以及查理顿(Chariton)的小说 *Chaireas and Callirhoe*,证实了它从埃及地区向外的扩展(Karabélias,1990)。

## 继　承

　　与临终时家产有关的资料,能够从关于婚姻和妇女地位的材料中得到补充。在古希腊为了保护死者的男性后代,用于保护家族或家庭的遗嘱的限制不复存在了;女儿和儿子可以同样享有继承权。同样消失的还有 epiclerate,该制度规定死者唯一的女儿在法律上不能作为他的继承人,而是迫使她嫁给他父亲一方最近的亲属才能继承遗产,以至于他们的儿子能够保存他母亲的父辈的家产(卡拉巴利阿斯,1982)。

　　这些在过去为古代家族服务的制度消失了,作为对这些消失的制度的补充,出现了有利于小家庭的新的做法。比如,不管是希腊的还是埃及的法律都授予在世配偶无遗嘱继承权。在古希腊,只有通过丈夫在遗嘱中规定才有可能由其妻子继承其财产,尤其是在她再婚之前的住房权,同样,尽管很少见,同样的规定也可能出自妻子在遗嘱中对丈夫继承权的规定。将婚姻协议和夫妇双方由于死亡(syngraphodiathēkai)的规定结合起来有助于实现共同的目的。

　　两种法律文化的互动使得埃及的一些做法对希腊产生了影响。正如我们注意到的,这似乎可以解释长子在继承问题上的特权,这一点可以在托勒密和罗马时代希腊的纸莎草纸资料中找到证据(赛德尔[Seidl],1965),同样可以解释关于嫁妆的权利,比如从通俗的"妻子的财产"(Frauensachen; Häge,1968)中继承的"额外的嫁妆"(parapherna)制度。相反,PMoscow dem. 123(Malinine 1965),公元前 1 世纪一份根据希腊的模式用通俗形式书写的遗嘱,并不能作为支持希腊影响了埃及法律的证据:这是一份用埃及语言书写的希腊的法律文件,并不是在和希腊法律接触的过程中埃及法律演化的证据。我们可能在朱迪亚沙漠(the Judean Desert)的材料上遇到的是类似的情形。

在继承问题上,最引人注目的法律的新发展是一项新规则的"发明",即如果没有继承人,遗产则移交给国家,也就是说充入皇家国库。

杜拉欧罗普斯的继承法,自罗马时代起保存在羊皮纸上,然而其内容可以追溯到这个城市刚刚兴起的时候。大约公元前 300 年,这个城市建于幼发拉底河(Euphrates)的右岸。该继承法规定,假如没有正规的继承人——合法的领养的孩子,一个没有再婚的父亲或母亲,或者四代以内的旁系亲属(曾祖父母的后代,以及父亲一侧的堂兄妹)——没有留下遗嘱的死者的财产将归于国王(PDura 12,14—16 行;莫杰耶夫斯基,1961)。*Gnonom of the Idios Logos*[有关元首统治时期税款和法律的规定]的第 4 段表明,罗马体系认为无主财产(bona vacantia)应归于帝国国库,可能是从希腊化法律这样的规则中获得的启发(莫杰耶夫斯基 1971)。

因此,正如我们能够看到的,在希腊化的世界里希腊家庭法的演化依据的是其自身动力,这种动力是由政治和社会的条件所决定的,而不是来自于当地环境的影响。同样的结论也可以从其他领域得出,比如财产法以及合同法(参见本书中鲁普雷希特的章节)。希腊化的法律并不是一种"混合物"或"混杂物",其代表的是古希腊法律发展演变的一个阶段。

第五部分
希腊法律的其他研究进路

# 19. 法律,阿提卡谐剧以及谐剧言辞的规约

华莱士(Robert W. Wallace)

雅典的旧谐剧和新谐剧(Old and New Comedy)以一种对比的方式阐明了雅典的法律以及法律程序,它表明了公元前 5 世纪和公元前 4 世纪以及过渡的文学集中(literary foci)①期间政治和社会的差别。

旧谐剧主要残存在阿里斯托芬(活跃于公元前 427—公元前388)的戏剧中,它将雅典健全的民主、未被审查的言辞和不受限制的自由推向极致。这些戏剧讽刺了当时社会的很多方面,政治和民主也包括在内。通常来说,他们的立场与保守的批评家态度相同,即与自嘲和谐剧的表现力(comic release)②之间保持着模糊的张力。旧谐剧对法律史的重要性表现在三个方面。首先(同样也是偶然的),很多戏剧为不同的雅典法律和法律程序提供了详细的证据,例如被称为"表演"(showing, phainein)的谴责、市场犯罪的诉讼和贷款的管理。③ 尽管这些证据零碎、残缺不全,但他们对重

---

① 除非有提到其他翻译来源,所有的翻译都由我亲自完成,有时翻译改编自标准的版本。

② 参看 Ste. Croix(1972:355—371,但阿里斯托芬同样批评了上流社会);奥柏(1998:122—126),高德希尔(Goldhill,1991:182—183 以及各处)。

③ 关于其他事例,参见 Harrison(1986)和(1987)对阿里斯托芬作品的索引。

构公元前5世纪的阿提卡法律具有重要的意义,与"演说家的年代"相比,阿提卡法律不大为人所知。旧谐剧以刻画臭名昭著的恶言谩骂的检举人——"诽谤者"(sykophant)——为表现形式,这种表现形式对我们理解阿提卡法律不为人知的这种现象是根本性的。[1]

其次,旧谐剧通过大量的法庭案件呈现出了对正义的管理部门讽刺性的回击。让获取报酬的、有代表性的公民团体作为审判官是雅典民主的最大创新之一。200或500个大众评审会在法庭上听证,有时人数会超过1000个。这些人被称为审判官,他们由抽签(by lot)被挑选出来。旧谐剧毫无仁慈地取笑这种民主革新,这为民主和大众陪审团这一制度的声誉造成了长久的破坏(罗伯茨,1994:159—160以及各处)。

最后一点,因为谐剧式讽刺的力量,在一段较为紧张的时期,雅典人为了他们的城邦制定了法律来限制谐剧的放纵(license)。由于谐剧在言辞方面是自由的,而法律反对这种稳固的传统,因此旧谐剧为自由和民主书写了一页很重要的篇章。

与旧谐剧之相比,新谐剧是围绕家庭邻里展开,它文雅但模式老套。这种风格主要在米南德(Menander,约公元前342或公元前341—公元前292)的戏剧中以及在罗马人改编的普劳图斯(Plautus)和泰伦斯(Terence)的戏剧中得到了体现。旧谐剧中的公开争论和下流的性行为如今被家庭或邻里之间为婚姻、金钱和年轻人的爱情争吵所代替。这些文本没有将诙谐的矛头指向雅典的公共制度或政治家,而是指向雅典社会中形形色色的人:食客,聪明的奴隶,吹牛的士兵或固执的父亲。在人类道德和文明价值观的再重申下,他们总有完美的结局。这些戏剧不需要审查:因为

----

[1]　特别参见克莱斯特(Christ,1998:例如,53—56,61—62,145—147)。中译编者按:sykophant,亦作"告密者"。

他们进行自我审查（self-censored）。在公元前 4 世纪期间，阿提卡变得更为自控、自制和温和。谐剧吸收并反映了这个新世界的成分，因此它不再与雅典政府和法制相对立，而是巩固了他们的秩序。如今，法律通常在私人领域而不是在公共领域为戏剧的活动提供框架。这些谐剧围绕着私法的观点，反映了人与人之间的关系。城邦及其制度仍然未出现在舞台上。

## 旧谐剧，法庭和谐剧言辞的规约

Kōmōidia——"狂欢时的歌曲"——诞生于公元前 6 世纪狄奥尼索斯（Dionysos）狂欢节，这种令人憎恶且具有讽刺性的不拘一格的形式可以驱邪并且产量丰富。① 雅典的民主同样产生于公元前 6 世纪。在厄菲阿尔特民主改革（公元前 462/1 年）的前后 10 年，尽管传统的出身和财富的等级观念仍然存在，但古希腊民众逐渐意识到城邦的政治力量和每个公民拥有的想要做以及谈论想要说的事情的自由。自由言辞，由术语 isēgoria（"平等的言论自由"，尤其是在集会上）和 parrhēsia（"自由和公正的言辞"，在公开和非公开的场合）表示，它成为了民主意识形态和日常生活的主要部分。② 在厄菲阿尔特的改革之后，谐剧诗人将狄奥尼索斯节的放纵和有关民主的自由言辞相融合。公元前 455 年，克拉提诺斯（Kratinos）的《复仇女神》（Nemesis），第一部知名的政治谐剧，将矛头对准了雅典与反抗波斯的埃及之间纠缠不清的关系。

政治与未审查的狂欢言辞相结合，产生了具有争议的社会主

---

① 亨德森（1990：285—286），高德希尔（1990：127—129 和 1991），爱德华兹（Edwards：1993），卡萨伯（Csapo）和斯莱特（Slater，1995：415—416，包括文献查阅）。

② 参见例如 Ps.-Xen. 1.6，伊索克拉底 12.248；欧里庇得斯《希波吕托斯》（*Hippolytus*），421—423，《伊翁》（*Ion*），670—675，《腓尼基的妇女》（*Phoenician Women*），391—393；柏拉图《王制》557b；德谟斯忒涅斯 9.3。

题。谐剧诗人瞄准的是任何明显且有争论的事情,包括雅典的战争,新的智者,非贵族的——"蛊惑人心的"——政治家权力的增长,以及城邦越来越有说服力的民主。在这些买票观看戏剧的希腊民众眼前,他们会痛斥适合嘲讽的任何新式事物的发展,例如《阿卡奈人》(Acharnians)中的狄开俄波利斯(Dikaiopolis,"正义之城"),或者《云》(Clouds)中的斯瑞西阿得斯(Strepsiades,"骗子")。这些适合吸引谐剧嘲讽的事情很不幸地被粗鲁的、直率的方言表现出来(亨德森,1991:58—59、67—70)。

阿里斯托芬在《马蜂》(Wasps)中(写于公元前 422 年)将他的视角转向了大众法庭。[①] 他的敌人,"煽动者"克勒翁(Kleon)长久以来为了自己的政治利益和个人利益利用希腊民众民主的管理机制——正如剧作家宣称的那样。在《马蜂》中,大量贫穷以及年老的志愿审判官被认为是被邪恶的试图保留权力的煽动者所操纵后以激怒(马蜂!)倒霉的被告为乐(参看 703—705 行、1102—1121行)。剧中,菲罗克勒翁(Philokleon,"爱克勒翁")这一角色患有爱审案子的病(jurophilia,第 88 行,另参 87—96 行、106—110行)。他开始明白自己被骗了,并且试图放弃审判,但他不能只是离开了事,因此他的儿子在家为他安排了一个私人的法庭。那篇戏剧以狗偷了奶酪"被审讯"而出名(835—1008),里面有支持和反对那有四只脚的被告的台词,这模仿了雅典大众法庭中一些更为臭名昭著的行为,例如将家庭成员带至法庭以博得审判官的同情,引证出一些令人同情的因素,例如曾服务于雅典,或挣扎着吸引不耐烦的审判官的注意。《马蜂》在传统的老年人宣判的希腊习俗和大量的审判官对民主的运用中发现了诙谐幽默的地方。

其他的阿里斯托芬式谐剧同样也嘲讽了雅典人的法庭和法律的诉讼程序,包括好讼(《阿卡奈人》208,494—496,《骑士》

---

① 另参多佛(1972:121—131)、麦克道尔(1994:150—179)。

[*Knights*]1316—1317,《鸟》[*Birds*]40—41,108—111）和审判官的薪资(Ste. Croix, 1972: 362 注释 10)。在《鸟》中，欧俄派德斯(Euelpides)和佩斯特塔罗斯(Peisthetairos)已经对雅典持续不断的诉讼感到厌烦以至于他们在云中鹁鸪国(Cloudcuckland)上找到了一个新的城邦。这些在雅典不合法的行为在他们的新城邦中是可行的(kala, 753—768)。

　　作为一种牵涉到公民争端的社会和文化习俗，雅典的谐剧表演与雅典的集会和法庭有很多相似的地方（奥柏和施特劳斯1990,霍尔 1995)。集会辩论、法庭演讲和戏剧在投票决定出赢家和输家的普通审判官面前都是优秀的脱口秀表演。柏拉图将民主的法庭描述为充斥着赞美或批评叫喊声的"像剧场"的地方(《法义》876b)。很多的谐剧和肃剧都上演两个角色之间的口头辩论(verbal agōn)，就像在法庭中一样。这些公共的主题都分享并巩固了共同的意识观和价值观，例如将团体的利益放在个人利益之上。戏剧中争论的解决通常反映了阿提卡法律的条款，例如埃斯库罗斯(Aeschylus)的《欧墨尼得斯》中对俄瑞斯托斯(Orestes)的审讯，或《马蜂》中对狗的审讯。

　　然而，矛盾的是旧谐剧通常将自己定位在法律和秩序的世界之外。剧中的男女主角们愉悦地僭越法律和社会准则。在《公民大会妇女》(*Ekklesiazousai*)中，女人打扮得像男人一样，控制了(seize)了集会；在《吕西斯特拉忒》中，女人们占领了雅典卫城；在《阿卡奈人》中，狄开俄波利斯与斯巴达签订了私人和平条约；在《鸟》中，佩斯特塔罗斯痛打了数学家、天文学家默冬(Meton)；在《云》中，斯瑞西阿得斯烧毁了苏格拉底的"思想所"(thinkery)。这些煽动性的戏剧产生于狄奥尼索斯节和挑衅的个人主义的放纵，后者与公民的团结一致和忠诚相抵消，同时，这些戏剧也嘲讽了社会，蔑视了法律及秩序。

　　古代作家意识到了旧谐剧的言辞中独特的自由。在批判希腊民众之时,伊索克拉底(Isokrates)评论道,"我知道:反对你们的观点是很危险的举动,尽管这里是民主之邦,parrhēsia(自由和公正的言辞)除了在集会中被大多数毫无节制的演讲家……和在剧院中被戏剧诗人所享有以外,它在其他地方并不存在"(8.14)迪奥·克瑞索托(Dio Chrysostom)发现,"雅典人已经习惯听到自己被辱骂,以宙斯起誓,他们时常去剧院就是为了听到自己被辱骂,并且为这些在这方面做得最好的人授予奖品"(《演说》,33.9)。希腊化时期的学者普拉托尼奥斯(Platonios)另外提到:"在阿里斯托芬、克拉提诺斯和欧珀利斯(Eupolis)的时代,民主统治着雅典人……既然isēgoria(ισηγορία,政治平等)已经属于全体人,那么这些写谐剧的人就不再害怕嘲讽将军(generals)和判法很糟糕的审判官。"①这些戏剧确定了一个事实,即希腊民众尤其喜欢批评最为大胆自信的民主政治家。阿里斯托芬说,批评政治家是一种好的品行——"民众敢于谈论什么是正义的,并且勇敢地面对抨击(如克勒翁)"(《骑士》510—511)。在一个社会行为规范由恐惧和羞耻所支配的社会来说,政治家能够忍受公众的辱骂是值得注意的。

　　保守的小册子作家认为,老寡头(The Old Oligarch,2.18)、伊索克拉底(7.58)和其他精英作家宣称以下观点,即公众喜欢听到谐剧诗人批评这些不支持民主的人,但他们并不容忍对希腊民众和民主的批评。② 老寡头认为,雅典人"并不允许戏剧家在谐剧中讽刺或诽谤他们"。然而,阿里斯托芬和其他的谐剧诗人向迪奥·克瑞索托和普拉托尼奥斯证实了这种抱怨是无中生有的。玩笑似的以及反复无常的观点的转变充斥在这些戏剧中(高德希尔,1991:167—222),诗人们经常批评希腊民众和民主。《阿卡奈人》

---

① Diff. Com. 2p. 3 Kost.,K-A. IV p. 116 fr. 18. 另参贺拉斯《讽喻诗》(Satires)1.4.
　　1—4。
② 参见爱德华兹(1993:101—104),另参亨德森(1998:271)。

中的狄开俄波利斯说："我很知道这些乡下人的脾气，他们就喜欢江湖骗子称赞他们和他们的城邦，不管对不对，全不知道自己上了当，叫人家出卖了；我还知道这些年老的陪审员的心情，他们除了想吃陪审费而外，什么都不顾"(370—376，罗念生译文)。值得老寡头注意的歌队主唱段(parabasis)台词中(尽管在这之后它被开玩笑般地去掉了)①，《蛙》(Frogs)向希腊民众控诉了他们对雅典上流社会的态度："我们知道的这些公民出身显贵并且也自制、正义，上流社会的绅士们(kaloi kagathoi)在摔跤场上、在歌队的歌声中、在音乐的熏陶中成长起来：我们不友好地对待了这些人。"然而，雅典人回击道："有卑鄙的父亲，必有卑鄙的儿子"(727—731)。迪奥·克瑞索托引用《骑士》42—43 行和欧珀利斯残篇 234K.-A 阐明了他对雅典人关于谐剧批评的看法。《骑士》42—43 行："我们的君主脾气暴躁，斤斤计较，很容易被激怒——像'普尼克斯'乡的德谟斯(Demos of the Pnyx)，他易怒却不愿倾听老人的想法"(萨摩斯坦译)，欧珀利斯残篇 234K.-A："什么样的行为是雅典人会公开放弃的？"正如摩西·芬利(Moses Finley)所指出的那样，阿里斯托芬和其他剧作家重复地批评雅典对斯巴达的战争，然而年复一年，他们的戏剧为希腊民众演出的费用却是公费。"在我所知道的历史事件中，那种现象是独一无二的"(1973:83—84)，芬利如是说。即使在公元前 404 年寡头集团遭受灾难之后，对民主公开的批评变得不再让人接受之时，阿里斯托芬的《公民大会妇女》给集会贴上了"做鞋的平民百姓"的标签(432，也可参看 385—387)，这呼应了柏拉图笔下常常反民主的苏格拉底的批评。② 因

---

① 主唱段经常直接向公民演唱当天的争论。

② 德谟斯忒涅斯(20.106)发现，雅典和斯巴达的一个主要区别是雅典人能够赞美斯巴达并且也能贬低自己，而斯巴达仅仅只是自我赞美。在伯罗奔半岛战争时期雅典在西西里(Sicily)大败时最昏暗的日子里，《吕西斯特拉忒》用两首斯巴达长合唱曲作为结尾，赞美了雅典的敌人斯巴达。

此戈姆(Gomme,1962:44)自然将老寡头的宣言认为是"怪诞的。阿里斯托芬的主要工作准确地说是嘲讽希腊民众(kōmōidein ton demon),这不仅出现在了《骑士》中,《巴比伦人》(*Babylonians*)、《阿卡奈人》、《马蜂》、《和平》(*Peace*)、《鸟》和《吕西斯特拉忒》中也同样可以看到嘲讽的身影"。

在大多数情况下,雅典人都特别宽容,只有当他们认为城邦或无辜的公民受到实质性的、物质性的伤害之时,他们才会立法反对自由言论(华莱士 1994a)。例如,雅典的诽谤法禁止公民滥用一些具体的词汇("打父亲的人","打母亲的人","谋杀者","丢弃盾牌的人"),这些词汇会导致公民的选举权被剥夺(德谟斯忒涅斯 23.50,吕西阿斯 10.2—11,30)。那些和雅典公元前 404 年寡头恐怖统治有牵连的人在集会或议事会上没有发言权(Andok. 1.75—76)。为什么雅典偶尔对谐剧言辞的限制与危及城邦或重要公民的安全有关? 谐剧对民主和城邦的领导者强有力的嘲讽解释了这一问题。[①] 以下三个插曲完全可以作证。

首先,当阿里斯托芬的《阿卡奈人》第 67 行提到殴提墨涅斯(Euthymenes)的执政之年(地方法官首领)时(公元前 437 年或公元前 436 年),批注者(旧时评论家)注释道:

> 正是这一年,在莫里契得斯(Morychides[440/439])执政时期顺利通过的法令 mēkōmōidein 遭到废除。在施行的那年以及在接下来格劳克诺斯(Glaukinos)和西奥多罗斯(Theodoros)的两年执政期间,它有法律效力,但紧接着执政的欧提墨涅斯却将它废除。

这一精确的执政官统治日期让这一注释真实可信。然而,谐

---

① 关于这些问题更详细的讨论,参见华莱士即将出版的著作:第三章。

剧在舞台上演出的时间分别为公元前 440 年、公元前 439 年和公元前 437 年(IG XIV 1097),在谐剧中,mēkōmōidein 的意思不应该是"禁止谐剧的制作",而是"禁止讽刺"或者"讥讽"。嘲讽对于谐剧来说是至关重要的,这一法令是在禁止嘲讽某些特别的——具体的个人或雅典城邦吗? 很多年以后,阿里斯托芬(《阿卡奈人》631)声明他没有"讽刺城邦"(kōmōidein tēn polin)。据普拉托尼奥斯所说,克拉提诺斯写的《奥德修斯们》(*Odysseuses*)"没有责难谁,而是在嘲弄荷马的《奥德修斯》",同时,剧中也没出现歌队主唱段。① 尽管存留数量不多,但这一戏剧的残篇内容(143—57 K.-A.)与普拉托尼奥斯的描述一致。正如我们之前提到的那样,克拉提诺斯在公元前 455 年开创了政治谐剧。很久以前,梅内克(August Meineke)便认为克拉提诺斯的《奥德修斯们》也许产生于法令颁布的那一年。②

　　为什么雅典人要限制公众嘲讽个人或城邦? 在公元前 441 年或公元前 440 年和公元前 440 年或公元前 439 年期间,雅典人和盟友米勒图斯(Miletos)正与萨摩斯(Samos)处于交战状态,这源自于雅典帝国内部的叛乱。之后,谐剧诗人们因为伯利克勒斯(Perikles)与米利都人(Milesian)阿斯帕西娅(Aspasia)之间的暧昧关系而冷血地取笑了雅典的政策(普鲁塔克《伯利克勒斯》24—25.1,阿里斯托芬《阿卡奈人》527)。雅典的有些盟友是剧场里的观众。因为嘲讽会引起同盟们的不满情绪,伯利克勒斯因此劝说雅典人要通过立法禁止嘲讽(mēkōmōidein)城邦的法律和城邦的领导者,是因为嘲讽会引起同盟的反感——更合宜地说,包括禁止

---

① 普拉托尼奥斯,(Diff. Com. p. 4. 29—30 Kost. ＝5.56—57　Kaibel ＝37 页 63—65 行 Perusino 和 35 页 36—38 行[无合唱队主唱段]),卡萨伯和斯莱特译(1995: 172—174)。

② 梅内克(1839:卷一,43 页,2.193 页),参见盖斯勒(Geissler,1969:20—22),比安凯蒂(Bianchetti,1998:13—15)。

嘲讽他自己？伯利克勒斯的政治立场再加上阿里斯托芬之后因为在异乡人面前诽谤雅典而被克勒翁所烦扰(参见以下)的事情完全鼓励了众人对这一事件的解读。①

　　从更为宽泛的视角来说,在公元前 4 世纪 40 年代之后,雅典似乎笼罩在学术的和政治的保守主义氛围中。也许在公元前 444 年,索福克勒斯(Sophokles)的《埃阿斯》(*Ajax*)表达了反对个人自由(1073—1091)和大众审判的观点(1247,参见 440—449,1135—1137),个人自由是雅典民主中重要的价值观。在公元前 442 年,他在《安提戈涅》(*Antigone*)中辩证道:上流家庭应该偶尔优越于希腊民众和团体,即使那样意味着尊崇了叛徒波吕涅克斯(Polyneikes)。尽管在公元前 443 年,伯利克勒斯战胜了他保守的对手,米利都的修昔底德之子,他们的斗争和公民对之后伯利克勒斯可能会成为僭主的担忧(普鲁塔克《伯利克勒斯》39;诺克斯[Knox]1957:64)表明了大多公众内心的不安。很有可能在接下来的一年里,伯利克勒斯的朋友和顾问、音乐理论家达蒙(Damon)会被排挤,因为他是一位"拥护僭主制的人",是一位"爱管闲事的人"(普鲁塔克《伯利克勒斯》4),也是一位"太过聪明"的将音乐理论和政治学相结合的人物(普鲁塔克《尼西阿斯》6,《亚利斯泰德》1)。在公元前 441 年,索福克勒斯和保守的基蒙(Kimon)的儿子拉刻代摩尼奥斯(Lakedaimonios)都被选举为将军。在这充满迷雾般的 5 年时光里,这一系列的数字似乎令人印象深刻。民众也同样在公元前 424 年至公元前 420 年这段期间转向了保守主义,正是这一时期,阿里斯托芬的《云》和其他的戏剧讽刺了雅典的"新兴知识分子"(华莱士 1994b:135),在公元前 411 年之后,公民的保守主义观念再次兴起。

---

① 斯塔基(Starkie,1909:244),比安凯蒂(1980:11—16),哈利维尔(Halliwell,1991:58—59),亨德森(1998:262)。

　　在公元前 440 年，雅典人在一种反对学术和政治自由的保守环境中，为了应对战争和来自伯利克勒斯的压力，他们也许制定了法律以限制谐剧式的讽刺。为了保卫雅典，希腊民众甚至已做好了要忍痛割舍深爱的谐剧讽刺的准备。三年之后，谐剧里的言辞又开始不受限制。

　　因为这一措施，公元前 426 年，阿里斯托芬的《巴比伦人》在外邦人面前诽谤了雅典人，克勒翁和其他的人因此攻击了他（或者也许是阿里斯托芬戏剧的导演卡里斯特拉托斯[Kallistratos]）。在《阿卡奈人》的 377—382 行，狄开俄波利斯用貌似诗人的口吻写道："因为去年的谐剧，我经受了克勒翁带给我的折磨。他把我拽进议院，嚼我舌根，说出诋毁我的谎言，他口中侮辱性的言辞像湍急的流水一样滔滔不绝，喷涌而出，以至于我几乎死于这个肮脏的争辩。"阿里斯托芬在此处谨慎地扭转了局势，暗示了克勒翁之前也曾经诽谤过他。

　　在《阿卡奈人》502—506 行，狄开俄波利斯谈到了这些事件："至少现在克勒翁不会说我坏话，不会说当外邦人在场时我诽谤了城邦。因为在勒奈亚（Λήναια）节*上，雅典人单独在一起，外邦人并不在场。"在歌队主唱段（628—633）中，歌队评论道："我们的诗人被他的仇人们——匆忙下定义的雅典人（tachybouloi）——的言辞所中伤，他们说他诽谤了（kōmōidein）我们的城邦，激怒了希腊民众。现在诗人需要在多变的（metabouloi）雅典人面前为自己辩解。诗人说自己为希腊民众做了很多有益的事情。"（这是歌队主唱段列出的内容。）

　　《阿卡奈人》表明了在公元前 426 年，克勒翁在议事会传唤了阿里斯托芬并且抨击他在外邦面前"说了雅典的坏话"。也许卡里斯特拉托斯来到这里也是为了对指责克勒翁提供点援助。如果是

---

　　\*　[译注]雅典每年举行一次的戏剧竞赛。

这样,夹杂着-bouloi(议事会成员)的话语表明了卡里斯特拉托斯同样在议事会(Boulē)遭到了斥责。

阿里斯托芬或卡里斯特拉托斯真的被带上了审判席吗?歌队主唱段("他现在需要为自己辩解")表明了至少卡里斯特拉托斯没有被审判,至少在《阿卡奈人》的演出之前没有发生此事。与此相反的是,《阿卡奈人》第 378 行的注释者却说,在《巴比伦人》中,阿里斯托芬:

> 诽谤了很多人,因为他在外邦人在场时,讽刺了由选票和竞选选举出的政府当局(archai)和克勒翁……因为这一原因,克勒翁很生气并且在公民面前指控(egrapsato)阿里斯托芬做了不正义之事(adikia),声称阿里斯托芬这样做是为了惹怒民众和议事会。他同样指控阿里斯托芬为一位外邦人,并把他带上了法庭。

阿里斯托芬自己没有提及审判,注释者的术语 graphesthai("指控")与在议事会面前的审判词相一致。[1] 另一方面,注释者不可能从《阿卡奈人》中推断出《巴比伦人》曾"讽刺过由选票和竞选选举出的政府当局"(aichai),或者推断出克勒翁控告阿里斯托芬为外邦人。因此,注释者很有可能知道一些没有记录在案的事件。克勒翁也许在议事会面前斥责过阿里斯托芬,并且之后在希腊民众面前也控告了他。

如果克勒翁起诉了阿里斯托芬,注释者暗示道,克勒翁控告他的主要理由是他做了不正义之事(adikia),即"在外邦人在场的时候侮辱了民众和议事会"(《巴比伦人》将雅典的同盟国刻画为巴比

---

[1]　Eisangellein 象征了正确的程序。阿特金森(Atkinson,1992:56—64)和麦克道尔(1994:44)都怀疑审判的真实性。

伦人的奴隶）。这一控告会与阿里斯托芬所强调的他攻击的只是
个人，而不是城邦的言论相一致（《阿卡奈人》515—516）。阿里斯
托芬因触犯了什么法律而被控告？沃尔夫（Hartmut Wolff，1979：
284 页注释 6）想到了在公元前 406 年被证实的坎农诺斯（Kan-
nonos）法，它阐述道："如果任何人冤枉（adikein）了雅典的民众，
他将会被捆绑起来，并且在民众面前为自己辩护，如果他因冤枉民
众而有罪，他将被判处死刑。"（色诺芬《希腊志》1.7.20）沃尔夫的
这一看法必然也是可能的，但是如果阿里斯托芬真的在法庭上被
捆绑了起来，他也许会提到这一点！

　　不管克勒翁是否真的起诉了阿里斯托芬，正如在公元前 440
年或公元前 439 年所争论的阿里斯托芬是否被控告为给雅典造成
了伤害一样，如今雅典民众对自由的言辞给予了宽容，即使付出了
一定的代价。阿里斯托芬没有被惩罚，之后，他的戏剧也继续讽刺
克勒翁、民主和战争时期城邦所付出的努力。在伯罗奔半岛战争
期间，雅典人没有重新制定关于萨摩斯战争年代的谐剧的限度。

　　在谐剧演讲上的最后一个限制条件与阿里斯托芬公元前 414
年的作品《鸟》有关，《云》第 1297 行的注释者从诗人欧珀利斯那里
引用了三段，描述的是政治家绪拉科希俄斯（Syrakosios）像一条
小狗一样在墙上狂吠。注释者写道：

　　　　似乎他（绪拉科希俄斯）通过了一项反对指名道姓地讽刺
　　别人的法令，正如弗里尼库斯（Phrynichos）* 在他的著作《遁
　　世者》（Hermit）中说的一样："绪拉科希俄斯身上患有牛皮
　　癣！希望这病会为他腾出很多审阅台词的时间，既然他已经
　　将我想要讽刺的人都排除在外了。"他们（谐剧诗人）更加刻薄
　　地讽刺了他。

_____

\* ［译注］与阿里斯托芬同时代的早期谐剧诗人。

注释者猜想（"似乎"）绪拉科希俄斯禁止诗人指名道姓地讽刺别人不可能是真实的，因为这一时期所有的谐剧都是这种风格——包括注释者所引用的弗里尼库斯对绪拉科希俄斯的诅咒。[①] 弗里尼库斯指出，在公元前414年3月之前的某个时间里，绪拉科希俄斯通过"禁止讽刺弗里尼库斯想要讽刺的人"来限制谐剧。这些人是哪些人？很早以前马克斯·雷丁（Max Radin，1927）所提出的引起我们注意的答案反映了阿里斯托芬和其他谐剧家的作品里出现的语言模式。正如我们所看到一样，雅典的诽谤法会惩罚说歪曲言论的人，即说某人是"打父亲的人"、"打母亲的人"或"谋杀者"，或说他在战场上曾"丢弃过自己的盾牌"（tēn aspida apobalein，德谟斯忒涅斯23.50，吕西阿斯10.2—11,30以及各处）。谐剧因为这条法律而受限了吗？雷丁说，在公元前420年之前，如果歪曲就会触犯诽谤法的话，阿里斯托芬在言辞的运用上就不会毫无顾忌——更为显著的事例是，他说政治家克勒俄尼摩斯（Kleonymos）曾"弃盾而逃"。在公元前422年，《马蜂》第12—23行两次提到了克勒俄尼摩斯"弃盾而逃"（aspida apobalein）。《马蜂》第592行称阿谀者尼莫斯（Flatteronymos）为aspidapoblēs[ἀσπιδαποβλής：弃盾而逃的人]。这些表述是诽谤的，如果（据Storey 1989所说）克勒俄尼摩斯实际上没有丢弃自己的盾牌，并且也仍然是一位政治家，那么某些被限制的词就可以修饰"弃盾而逃的人"。然而与此相反的是，在《鸟》的第287—289行和1473—1481行中，阿里斯托芬讽刺了克勒俄尼摩斯丢弃了自己的盾牌，但他没有使用被限制的词。将形形色色的人比喻成鸟，佩

---

[①] 同时代的戏剧同样批评了与近斯狄奥尼索斯秘仪（Mysteries）和赫尔梅斯（Herms）丑闻有关的人：参见哈利维尔（1991：59—63）、阿特金森（1992）、麦克道尔（1994：25注释57）和邓巴（Dunbar，1995：239）。这将不会支持萨摩斯坦（Sommerstein，1986）和亨德森（1998：262—263）所做出的关于绪拉科俄斯颁布法令的阐述。

斯特塔罗斯评论说："克勒俄尼摩斯是如何做到没有丢弃（apoba-lein）自己的——羽冠的（lophos）[λοφος]"（290，萨摩斯坦译）？《云》第 353 行称克勒俄尼摩斯为"弃盾而逃的人"（rhipsaspis）[ρίψασπις]，避免使用了动词 apoballō[ἀποβάλλω：抛弃]。① 在公元前 420 年，阿里斯托芬使用了法律禁止的词汇，但在那之后，他没有继续这样做。雷丁评论道："根据我们所能想到的法律，现存残篇中（公元前 420 年之后的谐剧）的段落，没有哪一段包含了在雅典会构成诽谤罪并且可以被起诉的修饰性词语"（220 页）。

雷丁总结说，尽管绪拉科希俄斯首次提出了雅典的诽谤法，法律对"谋杀者"（murderer）最为古老的称呼是 androphonos[ἀνδροφόνος：杀人的；谋杀亲夫的女人]（而不是 phoneus[φονεύς 杀人者，凶手]），这并不能说明这一措施实施的日期最晚是公元前 420 年。因此麦克道威尔（1978：128—129）的看法极为引人注目，他认为绪拉科希俄斯的法令让谐剧屈服于诽谤法。克勒俄尼摩斯并没有犯罪也未被剥夺权利，但在公元前 420 年之前，他确实不停地遭受到了阿里斯托芬的辱骂。他和其他的人也许认为这样的辱骂不公平地危及他们作为城邦领导者的地位，这种想法也是合理的。这一解读同样与弗里尼库斯提到的绪拉科希俄斯相一致，弗里尼库斯讽刺道：他将再也不会"讽刺（他）想要讽刺的这些人（打父亲的人，打母亲的人，以及弃盾而逃的人）了。"

绪拉科希俄斯的措施也许反映了在公元前 424 年至公元前 420 年之间雅典政治和学术的保守主义（参见上面）。然而，这一措施极少影响到诗人或民主对自由言辞的享受。即使在公元前 420 年之后，阿里斯托芬避免运用可被起诉的语言，《鸟》仍然继续辱骂了弃盾而逃的克勒俄尼摩斯，并且它以嘲笑雅典对谐剧放纵

---

① 我们读到的《云》是修改过的版本，制作于公元前 420 年至公元前 417 年之间（多佛，1968a：lxxx—lxxxii）。

的限制为乐。吕西阿斯 10 中的演讲者(和他的听众)享受这种快乐。他不敢说他的对手提奥姆内斯托斯(Theomnestos)曾丢弃过盾牌。取而代之的是,他以含沙射影的方式嘲笑了他。"我,看见他那样做了,这事你们同样也知道,但我自己保住了盾牌"(10.22,另参 23)。

　　谐剧与雅典其他反对辱骂性语言的法律之前是怎样的关系仍然未知。雅典偶尔对谐剧的限制,阿里斯托芬在公元前 426 年与克勒翁的恩怨,都与之后的传统不一致,即阿提卡法律明确地容许谐剧诗人的自由言辞。① 另一方面,没有任何迹象表明谐剧注意到了反对辱骂性词汇的法律而没有注意到诽谤法。阿里斯托芬在《阿卡奈人》中抨击了伯利克勒斯,在《和平》中攻击了克勒翁,这也许已经触犯了反对辱骂死者的法律(德谟斯忒涅斯 20.104,40.49,普鲁塔克《梭伦》21.1)。但是,政治家是谐剧和公众通常批评的目标。德谟斯忒涅斯(22.31)评论说:"在所有的政府类型中,有着臭名昭著的习惯的(领导者)最为反对(民主),(因为)任何一个人都有公开他们丑行的自由。"拥有工作的母亲同样也会被谐剧嘲讽,至少在公元前 4 世纪有些事情是法律所禁止的。最为有名的事例是,阿里斯托芬嘲笑欧里庇得斯(Euripides)的母亲是"菜贩"(《阿卡奈人》477—479)。但阿里斯托芬是在开玩笑。在德谟斯忒涅斯 57.30—31 中,这条律令最初的出处是被告尤西特奥斯(Euxitheos)承认他的母亲在阿格拉(Agora)出售缎带。然而,欧里庇得斯的母亲并没有贩卖蔬菜!

　　据普鲁塔克(《梭伦》21.1)记载,雅典的早期立法者梭伦将以下的情况定为非法行为:在寺庙、法庭、工作场合和"观众竞赛"等地"说在世的人的坏话"。违反上述条例的人会被处罚 5 德拉克马

---

① 西塞罗《论共和国》(*Republic*)4.10,贺拉斯《诗艺》(*Ars Poetica*,283),忒米斯提俄斯(Themistius),Orat. 8 章 110 页 B。参见卡萨伯和斯莱特(1995:165—166)。

(drachmas)——两份交给城邦，剩余的留给受害者。不管这是否是梭伦主义，在公元前 5 世纪不怎么重要的 5 德拉克马的处罚金证实了这一措施是比较古老的。如果"观众竞赛"包括（或者被证明为包括）戏剧竞争，我们只能和雷丁（1927：222）一样假设雅典的谐剧诗人很乐意支付 5 德拉克马（实际上是古币[franc ancien]）来享受辱骂城邦的公民。但目前为止还不知道有没有出现过对于这种事件的起诉（比安凯蒂 1980：4—8）。

正如芬利所说的那样，作为一种民间习俗，旧谐剧反对民主尤其是战争所付出的努力的放纵态度是独一无二的。[①] 同时，谐剧的放纵完全与民主的 parrhēsia 和 isēgoria 相一致——与像狄开俄波利斯中普通民众的自由相一致，他们敢于说出心声，敢于用任何言语反对并且抵抗希腊民众或城邦的领导者。仅仅在公元前 440 年到公元前 437 年间的战争年代，谐剧才受限制，在这段保守的时期中，辱骂雅典、对雅典领导者的人身攻击对于外交事务而言都是危险的。公元前 426 年，有人指控阿里斯托芬伤害了雅典，但此事便没了下文。大约在公元前 420 年，谐剧听命于诽谤法，其目的是为了减少某些威胁公民个人身份的词语。这些插曲的所有三个部分都是政治性的，为城市或公民个人带来了实质性的伤害。雅典人对谐剧的限定与他们在其他场合对演讲的限制是一致的。只有实质上来说有害的言辞才受限，这种情况也是偶尔性的。更为常见的是，对希腊民众、民主和城邦政治官员粗鲁的批评被认为是有益的。诗人们认为自己是在帮助雅典。

## 法律在公元前 4 世纪晚期的戏剧形式

以前没有法律限制新谐剧，因为那时没有需要。这些戏剧避

---

① 或者程度也不是那么深：中期谐剧也是同样的放纵（Nesselrath，1997）。

免提及政治;他们也从未批评雅典、政客、政府或者法庭;他们没有歌队主唱段。据狄奥尼修斯·忒拉克斯(Dionysios Thrax)记载,①中期谐剧——几乎全部遗失——已经停止使用人名或公开讽刺,而是用某种"谜一样的、不太明晰的词汇"暗指众所周知的人。谐剧的粗俗性因此被控制了。亚里士多德说 aischrologia(骂人的脏话)已经被 hyponoia(建议)所代替(《尼各马可伦理学》1128a22—25)。正如普鲁塔克所说,eros(爱欲)的主题贯穿于米南德的谐剧之中(残篇 134,Sandbach 编)。这些戏剧对爱、婚姻、金钱和家庭关系有着细致的研究。

　　哪些事实表明了旧谐剧和新谐剧之间的变化? 新谐剧有着不关心政治的特点,因此明显很重要的是,在公元前 322 年或公元前 321 年,当米南德上演他的第一部戏剧时,雅典在马其顿王国的控制下失去了自由,民主和大众法庭也遭到了缩减。有时,政治的灾难不会导致不关心政治的情景谐剧的出现,反而会保护戏剧,并且,在马其顿王国的统治下,雅典人从未得到认可。然而,在这些阴暗的年月里,剧院是用来消遣的,而不是为政治服务的(戈姆和桑德巴赫,1973:21—24)。有必要指明的是,如今在节日里的戏剧费用由政府承担,而不是由富裕的公民承担,并且米南德是雅典寡头统治者德米特里(Demetrios)的朋友。

　　除此之外,希腊文化已经变得国际化,因为随着亚历山大的征服,希腊文化扩散到了更多已知的世界中。离希腊较远的观众不可能领悟到有关雅典内政的暗示。中期谐剧和新谐剧时期的戏剧家作品中的角色类型相似:厌恶人类的人、厨师、聪明的奴隶。他们并不是与伯利克勒斯和克勒翁相对应的角色(哈利维尔 1991:63—64、66)。

---

① 　凯贝尔(Kaibel)批注,15 页,参见安卓尼克斯(Andronicus)、贝克尔(Bekker)、Anecdota Graeca 794.3。

最后一点，文学的时尚已经改变。活跃的诗性幻想和政治讽刺已经形成。用淫秽的语言制造震惊的效果这一观念也曾被运用。最好的作家也不得不尝试新的方法。新谐剧迅速的、长久的胜利有时会确证这些诗人的艺术抉择，他们包括莫里哀（Molière）、谢里丹（Sheridan），《费加罗的婚礼》（*The Marriage of Figaro*）和电视情景剧也包括在内。

因此，更为引人注目的是，这些不关心政事、与政事无关的情景谐剧包含并使得雅典的法律和法律程序戏剧化的程度有多深？谐剧情节根据演说家口中证实的法庭审判模式展开。对话响应了阿提卡的法律术语。在斯卡富罗（Adele Scafuro）最重要的研究《关于法庭的戏剧》（*The Forensic Stage*，1997）中，她探讨了法律和法律程序所塑造的新谐剧的三个方面，尤其是关于审判前的争端解决。首先，起诉、法律传唤和自救的威胁总是发生在对私下和解的诱惑之前。斯卡富罗（424—467 页）在这些不太完整的戏剧残篇中发现了大约 85 处威胁的示例。有关家庭婚姻的戏剧复制了法律控告的言辞，并且常常产生和解，例如米南德的《萨摩斯女子》（*Samia*："当他被当场捉住，并且承认自己是引诱者时，谁会允许他［出国］？ 我要立刻把你捆绑起来！"717—718 行）和残篇 Misogynēs（"我以太阳发誓，我将因为你的粗暴行为而控告你［kakōsis］"：残篇 279 K—T.）。演员们都知晓法律并且将法律当作一种可操作的工具。

其次，包括大约 32 个私人或官方的仲裁以及和解的事例的现存戏剧总是和金钱或财产有关。这些戏剧中最为有名的是米南德的仲裁（Epitrepontes），"去仲裁的两人"，两个奴隶在仲裁人面前因为廉价的首饰（被一位遗弃的小孩发现）而辩论。最后，很多戏剧展现了诬陷或诱骗的例子，密谋者引诱他们的敌人犯刑事罪，比如通奸或偷盗，或怂恿他们坦白某一罪行。这些罪行构成了调解的基础，否则这些案件将会送至法庭，受到惩罚。例如，在普劳图斯的《布匿人》(Poenulus,据希腊原文)中,恶棍吕克斯(Lycus)受人哄骗,藏匿了某位拥有大量金钱的主人的奴隶管家(斯卡富罗,第337页注释10),之后吕克斯被控告犯盗窃罪。

新谐剧——它融合了雅典的法律和法律的程序——与旧谐剧不受约束的激烈言辞和对雅典法庭的蔑视相比,它的法律定位是什么? 三个历史原因促成了这一转型的形成。

第一,尽管旧谐剧保守的声音嘲讽了民主和新型的法庭系统,但这些制度如今代表了雅典珍爱的旧秩序,这一秩序已被大家熟悉,并且面临消失的危险。

第二,正如斯卡富罗指出的那样,很可能希腊民众长期专注于对争端的宣判,这种情况开始影响到生活中的其他领域,包括戏剧的内容。成千上万的公民每天在法庭里履行职责,这种状况大约持续了一个多世纪。在雅典法庭里上演的家庭戏剧——包括遗嘱、收养、女继承人或公民血统等问题——被搬到了舞台上。与此相反的是,正如斯卡富罗所说,戏剧的"舞台化"开始渲染法庭内外真实的行为。

第三,在公元前4世纪的后半叶,新谐剧的墨守成规对日常生活的管理和规章产生了更为宽泛的社会运动。在公元前350年之前,雅典民主的原则和惯例是,人们有自由按"他们喜欢的方式生活"。雅典人没有制定管理个人行为的法律。只要人们不会对他人或城邦造成实质性的伤害,公众可能会畅所欲言。然而,在那之后,雅典人对他们之前的、偶尔太过引人注目的个人自由的容忍开始了节制。在吕库古(Lykourgos)执政期间,即在公元前336年至公元前324年间,法律扩散到私人生活领域的足迹尤其明显。在被选为新一届的、任期4年的"负责管理"的统治者后,吕库古警惕地施行了公共道德规则。据普鲁塔克记载(X Orat. 843d),他控告某个吕科弗隆(Lykophron)有通奸罪,并且起诉很多公民触犯了宗教。"他同样负责保卫城邦和逮捕作恶之人,他将作恶的人全部赶出了城邦，因此，有些智术师（sophistai）说，吕库古签署了针对坏人的逮捕令，那上面浸的是死亡的鲜血，而不是墨水。"Sōphronistai["行为监管人"]，这些被选举的官员在公元前335年或公元前334年首次任职，如今他们监管 ephēboi[军队里的新兵]。选举出来的 kosmētēs[管理者]"掌管秩序"，他们也一般监管军队里的新兵。在这一时期，禁止挥霍消费的立法是一个新的现象。在狄奥尼索斯秘仪期间，吕库古的法律禁止妇女搭乘马车到埃琉西斯（Eleusis），据哈波克拉底（Harpokration）说，法律对"在街上不守秩序的妇女"①会处以1000德拉克马的罚款。

在公元前317年之后的10年里，关于私人生活的立法在菲力罗（Phaleron）的德米特里（Demetrios）统治下得到了最大的发展。正如杜瑞斯（Duris）所指，德米特里"安排了雅典人的生活"。他监管着葬礼的费用和管理。他建立了一个叫"妇女监管人"（gynaikonomo）的委员会。据菲洛克洛斯（Philochors）说，"妇女监管人常常与雅典最高法官们（Areopagites）一起监管私人家庭的聚会、婚宴和其他宗教庆祝仪式"。据珀卢克斯（Pollux）说，妇女监管人会处罚"不守秩序的妇女"并且"公开她们的罪行"②。同样在其他方面，战神山议事会（Areopagos）成为了公众道德规范的监管者。据柏拉图《阿克西奥库斯篇》（Axiochos）367a记载，它选择男青年作为行为监管人（sōphronistai）。我们得知，它召集哲学家斯提尔朋（Stilpon，380—300）是为了说明雅典娜不是"神"（她是女神）并且赶走了他（《名哲言行录》2.116）。同样，据第欧根尼（2.101）记载，在德米特里干涉之后，哲学家西奥多罗斯（The-

---

① 马车法律：Aelian VH 13.24，[普鲁塔克]X Orat. 842a；不守秩序的妇女：Harp. O 47=141.11 贝克尔，另参克罗波乌罗斯（Kroboulos）残篇11 K.-A。

② Duris：《希腊史学残篇》（*FGrHist*）76 残篇10 ap. Athen. 542d；葬礼：西塞罗《论法律》（*De leg*）2.64—66；gynaikonomoi；Philoch. FGrHist 328 残篇65；Athen. 235a—c，Poll. 8.112。

odoros)惊险地逃脱了因为不敬的罪名被带至议事会跟前的险境。战神山议事会召集了德米特里的孙子,并命令他"要过更好的生活"(Athen. 167e)。战神山议事会拥有调查"游手好闲"(argia)者的权力。据阿特奈奥斯(Athenaios,168a)记载,菲洛克洛斯(Philochoros)和范奥德谟斯(Phanodemos)说,战神山议事会"召集挥霍钱财者和这些离不开财产的人,并且惩罚他们"。它也召集了两个贫穷的哲学家莫涅德谟斯(Menedemos)和阿斯卡勒皮亚戴斯(Asklepiades),他们说自己在夜晚工作是为了一米勒(Miller),与这相似的故事提到了贫穷的哲学家科勒昂特斯(Kleanthes,第欧根尼·拉尔修 7. 168—169)。

最后,法律应该让人们变得更为有道德的理念在公元前 350 年之后首次出现,它同时出现在理论的讨论和民主中。《法义》中,柏拉图对于一个有道德的城邦的第二个设想是,道德的城邦应基于复杂的立法;《王制》中,他驳斥了支持哲人王判决的法律。亚里士多德说,法律的目的"是让公民向善并且正义";"节制(sōphrosunē)是一种美德,就肉体的愉悦而言,人们按照美德生活,因为法律要求他们那样做"(《修辞学》1366b13—14,也可参见 135a31—b1)。公元前 345 年,埃斯基涅斯(Aeschines)提出了一系列管理男孩上学出勤的法律(1. 14—19)。这些法律通过确保男学生在昏暗的清晨不与男教师单独相处而使男学生免遭性侵犯,然而,埃斯基涅斯将这些措施解释为"管理男孩们的善行"。立法者"清楚地规定了什么才是生而自由的男孩应有的行为以及他应该怎样被抚养长大;然后他们为年轻人立法,最后,为其他的年龄阶层立法"。(德谟斯忒涅斯)25 或许写于公元前 338 年至公元前 324 年之间,它说法律是为了避免人类做不正义的事,并且惩罚这些违反法律的人,目的是让其他公民变得更好(25.17)。

雅典人开始认为,人类的生活在法律监管的指引下应该更为谨慎。这一观点在谐剧舞台上得以重复以及巩固，因为谐剧人物解决他们碰到困难的方法是依靠法律和法律程序。法律不再管制谐剧言辞；而谐剧言辞则协助政府管理雅典。阿里斯托芬的叛逆和不敬的放纵已经被更有条理、有秩序的世界所代替。这两种情况都是历史的偶然。战场的失败、增长的法律经验、更广泛的文化变迁让雅典远离了公元前5世纪未成熟的民主自由，而朝向更为有管理力度的公元前4世纪迈进，这一世纪以布尔乔亚式的社会和马其顿王国的统治为特征。情景谐剧存活了下来。阿里斯托芬不拘一格的风格和新谐剧的墨守成规永远留存在他们生活的世纪。

# 20. 雅典的肃剧和法律

艾伦(Danielle Allen)

## 方　法

雅典肃剧充满了政治危机——它围绕着以下问题展开：不法行为和惩罚，试图颠覆或建立政权的努力，关于异乡人和弱者权利的讨论。很明显的是，惩罚、宪法和避难所在雅典都是真实的法律问题，并且城邦有大量的制度来解决这些问题，有些制度甚至延伸到了戏剧中，主角们可以用这些制度来解决（或尝试着解决）他们的问题。《俄瑞斯忒亚》中，最为著名的场景是，战神山议事会(Areopagus Court)在经验丰富的雅典娜的帮助下，决定了俄瑞斯托斯(Orestes)的命运(《欧墨尼得斯》470—752)，欧里庇得斯的《俄瑞斯托斯》(866—956)中的阿尔戈斯公民大会(Argive Assembly)也是这样做的。某种概念统一的形式将肃剧与雅典的法律和政治思想联系在了一起。但是，由于戏剧中的政治和法律危机完全存在于想象中的王国，那么我们能从这些戏剧中得到哪些关于雅典法律史真实的信息？

致力于研读英语文学的学者们最近提炼出了将法律和文学放

在一起研究的方法。① 杰出的法律史学家梅特兰德(F. W. Mait-
land)曾说:"法律和文学是在亨利二世时代的法庭中一起成长起
来的。"在他的带领下,学者们一直在研究这些产生于法律舞台的
概念——例如合约、证据、证词、隐私——是怎样影响到文学的,相
反,作家采用的叙述技巧又是怎样为律师和法官提供方法的。②
古典学者们指出了欧里庇得斯著作中的角色是怎样采用了法庭辩
论的风格和技巧③,这与埃斯库罗斯和索福克勒斯这两位同时代
的肃剧家笔下的角色不同。但他们对欧里庇得斯和法律之间关系
的特别处理使得研究方向指向了一个方面,即以法庭和修辞学派
的研究转向了对欧里庇得斯的研究。在英语传统的思想背景中,
逐渐勃发的法律与文学研究,依靠的是所考察的法律与文学间的
共时性。人们考察冷战时期(Cold War period)私法的发展时考察
了抒情诗,以及冷战时期对亲密、隐私、忏悔的观念。④ 幸亏这一
同时性,对于这两个毫不相关的领域是怎样相互影响对方的(一方
是法律,另一方是文学),我们才真正地有发言权。与此相反,研究
希腊古典时期的学者大体上都没有大量的同时代法律以及文学文
献,因为大部分肃剧都产生于公元前 5 世纪,而法律文献、讲演术
大部分都来源于公元前 4 世纪。那么,古典学者怎样能在肃剧中
了解到有关法律的信息?

---

① 怀特(James Boyd White)的著作《法律的想象》(*The Legal Imagination*)开辟了这
　一领域,他的接替者有:迈克尔(W. Benn Michaels,1979)、费舍尔(Stanley Fish,
　1989:Chs. 4—7,13)、努斯鲍姆(Martha Nussbaum,1995)和托马斯(Brook Thom-
　as,1997)。对这一学说的回应,参见波斯纳(Posner,1988)。

② 同上。

③ 例如,在《赫卡柏》(*Hecuba*)中,赫卡柏和珀利梅斯托尔(Polymestor)在阿伽门农
　跟前辩论,在《赫拉克勒斯的儿女》中(*Children of Heracles*),伊奥拉乌斯(Iolaus)
　和克普罗伊斯(Copreus)在特修斯处辩论,以及《特洛伊的妇女们》(*Trojan
　Women*)中赫卡柏和海伦的辩论,《赫拉克勒斯》中吕科斯(Lycus)和安菲特莱恩
　(Amphitryon)辩论。

④ 例如尼尔森(Nelson,2002)。

很多人做过各种各样的尝试。在 20 世纪中期,守旧的历史主义者试图将每一个肃剧都确定为是对具体的政治和/或法律事件的评注。《欧墨尼得斯》曾(现在仍是)被读者当作一本对大约公元前 462 年最高法院受厄菲阿尔特和(或许)伯利克勒斯的影响下控制力减弱的评论。[1] 埃斯库罗斯的著作《乞援人》(*Suppliants*)被解读为是对地米斯托克利(Themistocles)遭到驱逐的评论,或/以及对即将与雅典达成协议的阿尔戈斯(Argos)这两者关系的评论。[2] 事实上,公元前 462 年或公元前 461 年与阿尔戈斯达成的这一协定被人们认为是促成了著作《欧墨尼得斯》的产生,公元前 420 年雅典与阿尔戈斯达成的另一协定被学者认为是埃斯库罗斯著作《乞援人》的背景。[3] 并且因为欧里庇得斯的很多戏剧是在伯罗奔半岛战争期间所创作的,我们尤其容易将这些戏剧当作对那一特别的冲突事件的评价——例如,对阿尔喀比亚德的行为和斯巴达人本性的观点。[4]

令人遗憾的是,这种将戏剧同具体事件相联系的方法并不完全令人满意。我们所知道的关于公元前 5 世纪的法律和政治的细节(与清楚明了的背景相比)相当的少,并且肃剧中并没有明确提及角色和事件,这只能让学者们开始推测。更为糟糕的是,这种方法小看了肃剧。当普律尼科斯(Phrynichus)的戏剧《米利都的陷落》(*The Capture of Miletus*)上演时,雅典人的反应——在演到近

---

[1] 在此处,参见加加林(Gagarin,1976;尤其是 106 页、115—117 页、127 页)会有所帮助。同样可参见波德莱茨基(Podlecki,1966)。

[2] 研究这一主题的功劳归功于亚历克斯·戈特斯曼(Alex Gottesman)。关于剧中的政治问题,参见加维(Garvie,1969)、弗里斯特(Forrest,1960)和迪亚曼托普洛斯(Diamantopoulos,1957)。

[3] 学者们(如 Decharme,1906:139)将下面三者进行了比较,剧中 1187—1995 行描写协定的语言,《伯罗奔尼撒战争史》5.47 中描述协定的语言以及在雅典发现的铭文残篇(IGI² 86)。

[4] 例如德沙尔姆(Decharme,1906)。

期的灾难时,整个剧院的人都留下了眼泪,城邦之后处罚了普律尼科斯 1000 德拉克马并禁止了戏剧的再次上演(《历史》6.21)——表明了雅典人不想看到他们的剧作家将过度的评论直指近期的实事。这并不是说雅典人不想看到肃剧作家对他们时代棘手问题的反应,他们更喜欢肃剧作家对这些同时代类似问题的反应方式是间接的——通过"彻底地思考"虚构的主角和其他城邦的问题来处理他们自己的问题。① 不管肃剧作家是否暗指了特别的政治事件,他们必然采用了、利用了并且改变了雅典法律和政治语言的关键概念,虽然这一方法是通过英雄、公主、底比斯人(Thebans)和达那奥斯的女儿们(Danaids)这些人物的经验来生动体现这些术语的。②

肃剧演讲是怎样与支持雅典法律和政治的概念性领域联系在一起的? 为了强调这一观念,让我们将目光转移到一个比较少见的历史事件,即肃剧作家直接讨论了在雅典发生的事情。每年的一月末,雅典人都要庆祝安塞斯特里昂节(Anthesteria),它同样以旧狄奥尼索斯节(the Older Dionysia)著称。在节日的第二天,雅典人会将新年的酒倒出来。这一天以酒壶的名字命名,被称为酒壶之日(Choes),全希腊都会庆祝安塞斯特里昂节,而酒壶之日似乎只是雅典人的节日。③ 那一天是雅典年里人们喝得"最为烂醉如泥"的其中一天,据说俄瑞斯托斯在这天来到了雅典,背负了弑母的罪名后来到雅典净罪。④ 在这一天,雅典人用

---

① 关于肃剧与雅典人概念中的宇宙之间的关系,更为详细的叙述参见泽尔丁(Zeidin,1993)、高德希尔(2000)和艾伦(2000b:73—76)。

② 以前的习惯是通过叙述和象征表达暗含在形式中的概念,关于这一话题,参见艾伦(2000a)。

③ 汉密尔顿(Hamilton,1992:32)。

④ 柏克特(Burkert,1985:238—239);帕德尔(Padel,1992:182)。卡利马科斯(Callimachus)残篇 178.2;Phot. Lex. S. v. Choes。参见罗伯特森(Robertson,1993:206—208)。

净化后的沥青(pitch)装饰他们的房门,全家人在涂黑的房门后与其他客人们饮用新酒。[1] 成年人会得到喝酒的私人酒罐(但我们很难说妇女是否同男人一样也参与其中)。甚至奴隶可能也会得到私人的酒罐。[2] 孩子们同样能从大人那里得到酒罐,尽管他们不太可能用它来喝酒。[3] 这一节日惯常的习俗与传统宴会上*大家共用一个酒杯的习俗形成鲜明的对比。同样,与宴会上的饮酒者不同,这些参与到节日中的人喝酒时没有语言交流,而是比赛看谁喝得最快,大家在喝酒时都笼罩在一种礼节性的沉默中。[4] 那一天非常重要,以至于作为共同体中的一分子,雅典人的一生被划分为四个阶段:出生、酒壶之日、成年和结婚。[5] 在这一天,除了一个圣殿开放以外,其余的全都关闭。[6]

　　在《伊菲格涅娅在陶里斯》(*Iphigeneia in Tauris*)中,欧里庇得斯解释了为什么雅典人将节日的起源追溯为俄瑞斯托斯来到雅典的这一天,以及城邦为什么对俄瑞斯托斯罪行有这种反应。欧里庇得斯笔下的俄瑞斯托斯道出了原因,他详述了他到达雅典后的事情:

---

[1]　汉密尔顿(1992:30—31)同样强调这一节日的私人家庭一面。

[2]　关于公平的措施和奴隶的参与,IGII² 1672. 204(公元前 329 年);卡利马科斯残篇 178. 1—5 及其以下,Schol. Hes. Op. 368;阿特那奥斯(Athenaeus),10. 50,437E。

[3]　汉密尔顿(1992:113 页及其以下);柏克特(1985:237)。

*　[译按]英语原文为 sympotic,由希腊单词 συμποτικός 而来。

[4]　柏克特(1985:237—238)。关于沉默的习俗,参见阿特那奥斯 7. 276c;普林尼(Pliny)4. 613B,643A。卡利马科斯残篇 178;Suda *choes*;阿里斯托芬《阿卡奈人》1000 行以下。汉密尔顿(1992)基于阿里斯托芬在《阿卡奈人》中描述 Choes 的片段而否决了喝酒保持安静这一说法。但是段落中呈现的狂欢与节日中的参与者在真正喝酒时保持礼节性沉默的表现不相符。

[5]　IGII²1368. 10,127—131(公元前 178 年)。参见柏克特(1985:238—239);帕德尔(1992:182);汉密尔顿(1992:30)。也可参见 Phot. Lex. sv Choes,Th. 2. 15. 4;《德谟斯忒涅斯》59. 73 以下。

[6]　柏克特(1985:218 n. 11),(1985:238—239);帕德尔(1992:182)。

最初，没有人愿意接待我，神明也仇恨我。有些人尊重并可怜我，他们为我找来一张桌子：一个单独的餐桌，和他们的餐桌摆放在一起。他们沉默不语，认为不可以和我说话（或者我也许不会说话）的感觉在他们心中增长，因此被孤立后，我只能独自享用食物和酒。每一个人都享受着巴克库斯(Bacchus)带来的快乐，他们将它均匀地斟满每个人的酒杯，但却是他们自己的酒杯……我杀了我的母亲。黯然神伤的我假装没有注意到这种情绪。我悄悄地哭了。我听说我所经历的苦难成为了雅典人的节日。然而，这一风俗却一直在宣扬：雅典娜的人们膜拜的是为酒壶之日而制作的酒杯。(947—960；楷体部分是自己所加)

根据欧里庇得斯小说化了的原因论，俄瑞斯托斯的到来强迫了雅典人去面对怎样解决人们的不法行为和败坏的问题。在这一原因论中，雅典人通过重组基本的社会关系做到了这一点。他们的客人是败坏的，因此俄瑞斯托斯不能成为标准的受接待的客人之一。他只能被孤立。雅典人不能继续他们在宴会上谈话和唱歌的标准模式，这足以让我们产生疑问。然而，俄斯托斯坐在他们中间，他们却保持沉默，这种举动拒绝了社会交往中最为重要的形式。但客与主之间的关系规范又不可能完全被打破，因此雅典人给了俄瑞斯托斯食物和酒。这个节日纪念了雅典人试图解决作恶这一问题的方法，孤立和整合这两种因素同时存在于这种方法中。

节日不但使共同体中败坏的作恶者的问题得到仪式化，而且也戏剧化了雅典人在处理败坏的作恶者时所需要扮演的各种角色。公民们在面对俄瑞斯托斯的问题时的身份不仅是作为一个整体，同时也是单独的多个个人。① 很多节日都在面积大的公共地

———————

① 汉密尔顿(1992：31)在叙述节日的时候同样强调了公民的个体性。

方举行。而这一节日却不是这样。它所重视的是，作为 oikos(oi-
κος,家族,家庭)或者家庭中的一员，每个雅典人都不得不面对败
坏这一问题。然而，当每个雅典人在沉默中饮酒时，他们同样扮演
了另一个角色。喝酒的人不但是接受了俄瑞斯托斯来到城邦的
人，也不但是每个家庭中的一员，而且他们中的每一个人都是俄瑞
斯托斯，每一个都是孤独的弑母者。卡利马科斯将酒壶之日这一
天描述为饮酒者用俄瑞斯托斯的酒杯（Oresteian cup）喝酒的
节日。①

　　这一仪式向雅典人表明了一个道理，即在处理作恶者的问题
时需要记住每个雅典人重叠的处罚角色：每个人都是孤立的但同
时又相互竞争，他们同时是家庭中的一员，也是城邦（polis）中的
一员，城邦又被看作是由一系列单独的家庭所组成。在雅典，进入
到法庭的诉讼当事人和陪审团参与到了在惩罚方面对公民角色的
共同探究，这种研究也让他们在分析法律和政治问题上有了共有
的语言。吕西阿斯在公元前 399 年为起诉阿格拉图斯（Agoratus）
而写的一篇文章中用到了共有的词汇：

　　　　阿格拉图斯有去菲尔（Phyle）的胆量（在反对寡头统治期
　　　间坚持民主的地方），有些人曾经被（寡头统治者）放逐到那
　　　里。他们一见到他，就把他抓了起来，并且直接把他拖到刑
　　　场，他们所逮捕的海盗或者作恶者，不管是哪一个，都在那里
　　　被处死。阿尼图斯（Anytus）说他们不应该那样做，因为他们
　　　还不能够处罚他们的某个敌人。在那个时刻，他们应该是和
　　　平相处的。但假如他们永远都不能回家，他们就会惩罚有罪
　　　之人。因此他们没有在菲尔杀掉他，但没有人会和他一起分
　　　享餐桌和帐篷，宗教部落也不欢迎他。考虑到他是败坏之人，

①　卡利马科斯残篇 178.2。

因此没有人同他说话。（吕西阿斯 13.79）

阿格拉图斯是一个野心勃勃的男人，他与寡头统治者有着关系，而后者的行为曾害死了大量的雅典人。阿格拉图斯在菲尔参加了民主军队，前民主力量对待他的方式就如俄瑞斯托斯在节日上被对待的方式那样。现在，我们有了一个简明的三者关系：雅典的仪式、对雅典仪式的肃剧性评注和作为仪式象征的为起诉叛国公民的演说。三个互不相关的形式（礼制、肃剧和演说）中，每一种形式都强调了同一个问题：败坏和拯救，只是每种形式的处理方式不同。公民在法庭和集会上会使用象征、意义和渴望达到的目的来塑造和分析法律，那么，肃剧在刻画这三方面时有什么具体的贡献？

在欧里庇得斯的著作中，俄瑞斯托斯的角色很和善，正如肃剧诗人自己与雅典的关系。他说："我听到我所经历的苦难成为了雅典人的节日。然而，这一风俗却一直在宣扬：雅典娜的人们所膜拜的，是为酒壶之日而制作的酒杯。"像俄瑞斯托斯一样，诗人听说了雅典发生的事，也就说他意识到了城邦主要的价值观和义务是什么。因此他用叙事的方法——有时用批判，有时用阐述，有时只是试探——回应了这些看法，就像俄瑞斯托斯的原因论一样，这种叙述的方法在演讲中强调了某些特别的术语，因此重新定义了关键术语的含义，公民们在道德和政治评价上会用到这些术语。在学习雅典法律的过程中，我们可以发现对关键术语的概念性描述/或对它的质疑，而这些关键性术语引导了雅典人的法律思想。

在雅典的法律论证中，肃剧是如何被用来阐明主要术语的含义的？对这一问题，在这章的后半部分，我会提供两个简要的示例。因为篇幅有限，我不可能全部提到哪一个肃剧作家在某部戏剧当中通过戏剧的表演所表达的某种言论，但我会分析这三位主要的肃剧作家在他们的作品中重复的概念性模式。首先，我会分析肃剧作家是怎样对待愤怒的,其次,再看看他们是怎样对待法律的。

# 愤　怒

愤怒是雅典法律论证当中一个关键的术语,这一概念一定得到过证明。① 尽管城邦的刑法允许任何公民代表受害者或普遍意义上来说代表城邦起诉,实际上,原告要么是恶事的受害者,要么就是与作恶者有某种争端。在这些案件中,96%的法庭演讲抄本如今都能找到。在法庭上,一个接一个的控诉人通过提出或阐述他对被告的个人怨恨开始法庭审判。这就是埃斯基涅斯在公元前330年的演讲中所做的事,他控诉曾经是男妓的提马库斯(Timarchus)在集会上发言:

> 当我看到提马库斯在你们的集会上发言时,尽管在法律上他没有这个资格,当我被(他还有他的同谋者)控告时,我下定了决心,不帮助整个城邦和法律以及你和我,这将是最为耻辱的事情。雅典人啊,对公共审判常有的言辞并不假:个人的怨恨的确会惩治很多公共事务。(1.1—2)

埃斯基涅斯在此处使用了与仇恨一词相关的术语,但并没有明确地引起愤怒,但是其他的修辞学家这样做了(例如,吕西阿斯3.39,12.2;德谟斯忒涅斯40.105)。通常,但也不是经常,他们喜欢使用的术语是 orgē[愤怒]。然而,对愤怒的召唤并不会只出现在演讲的开端。

每个人的故事都以愤怒开始,然后,一个接一个的控诉者不仅

---

① 完整的证明参见艾伦(2000b:尤其是3—8章)。

只是愤怒，而是辩论他的陪审团也应该有与他的愤怒同等的愤怒。
下面正是德谟斯忒涅斯在公元前 360 年做的事：

> 梅地亚斯(Meidias)的行为让我感到愤怒，如果就让这事
> 算了，这是不对的做法，他的行为全都被你们忽略了。我决不
> 允许这样。事实上，每个人都应该同样的愤怒，这是有必要的
> (orgisteon)。(21.123；参见德谟斯忒涅斯 24.138；吕西阿斯
> 14.39，31.11，32.19；Din. 2.4)

在雅典，惩罚的案件针对的是解决两人之间的问题(它也许会
也许不会产生严重的政治后果)，并且当某人说他感到愤怒时，惩
罚的案件才会得到确认，绝少例外。愤怒对雅典人处理作恶者和
惩罚一事非常重要，以至于法庭诉讼当事人将法律建立的目的描
述为是为各种不同的作恶行为制定恰当的愤怒级别(例如，德谟斯
忒涅斯 21.43；埃斯基涅斯 1.176)。因此德谟斯忒涅斯写道：

> 我发现，法律认为，有意作恶者和傲慢的违法犯罪者会引
> 起人们的愤怒并且应当受罚；这是合情合理的，因为当受害的
> 一方在任何地方都能得到支持时，法律就不会规定针对作恶
> 者的愤怒(orgē)应该总是相同。(德谟斯忒涅斯 21.42，43；
> 另参德谟斯忒涅斯 24.118，138；埃斯基涅斯 3.197；吕西阿斯
> 1.78)

法律为什么要处罚这些人？雅典人并不觉得疑惑：因为有人
对别人的错误感到生气，并希望这样的愤怒得到处理。具体地说，
“受害者”的愤怒使得惩罚成为了必要，雅典人将这一理念作为他
们刑法的中心。这并不意味着每一种惩罚都是为了发泄或表达愤
怒；有很多方法都可以回应并且解决愤怒。但最为重要的是，愤怒

不但被假设为某些惩罚的根源，而且是法律本身的根基，正如刚才引用的德谟斯忒涅斯的文章。在修昔底德的作品里，克里昂（Cleon）和狄奥多德斯（Diodotus）两人的辩论所体现的愤怒的中心性表明了这一术语在公元前 5 世纪就已经很重要了。

这种情况倒还好，但在雅典，愤怒和其他情绪在法律和政治中可能扮演了怎样的角色，愤怒的中心性这一事实也没给出最终答案。在肃剧中，角色所唤起的愤怒情绪（例如 thymos，kotos，orgē）被认为是惩罚的原因，这与演讲术（oratory）相同，但与讲演者（orators）相反的是，这些角色重申的是以下概念，即作恶和惩罚让共同体患上了某种公共疾病。① 这在神话阿特柔斯之家（House of Atreus）的叙述和复述中表现得尤为明显，这一故事讲述的是阿伽门农怎样赢得了特洛伊战争以及怎样回到了家乡阿尔戈斯，但后来却被其妻克吕泰墨涅斯特拉（Clytemnestra）所杀，几年之后，克吕泰墨涅斯特拉被他们的儿子俄瑞斯托斯杀死。因此，俄瑞斯托斯被复仇女神（Furies）赶出了城邦。这一故事的所有版本都用了暗喻的手法来代指疾病，描述了作恶对共同体中参与到作恶和遭受惩罚的不同之人所造成的影响。

例如，欧里庇得斯将受害者，即被谋杀的阿伽门农，描述为家中的一个脓伤（《厄勒克特拉》[Electra]318）。在另一部剧里，他让作恶者俄瑞斯托斯受伤，并且称他为城邦里的病害（《俄瑞斯托斯》395，831）。与此相反，埃斯库罗斯将"自称是惩罚者"（would-be punishers）的复仇女神看成是这一疾病的传播者（bearer）；他说他们的疾病从他们的眼神中暴露了出来（《欧墨尼得斯》480）。在阿特柔斯之家的谜团中，所有参与到作恶中的人以及对作恶的反应——受害者，作恶者，惩罚者，共同体或"国家"——表明了他们都患有"病"，并且这也必然表明了一种理念，即参与了作恶的当事

---

① 更为详细的论证参见艾伦（2000b：第 4 章）。

人不会从他们给共同体带来的麻烦那里得到免除。但确切地说，这些生病的人都病到了怎样的程度？

　　当埃斯库罗斯在描述复仇女神的愤怒这一疾病时，说从他们的眼神中就可以看到愤怒，他采用了雅典人惯常的写作手法，即在以下三者中寻找联系：视觉、愤怒和社会腐败这一病症的蔓延。① 这些发表演说或旁观谋杀案的人被眼前之景所污染；并且杀人犯的眼神会像蛇的眼神那样恶毒。② 在雅典，视觉的概念牵涉到微粒的物质转换和人与人之间性质的不同。视觉是从观察者到被观察物（seer to seen）之间属性的物质转换，亚里士多德为这一概念提供了形象的事例，他写道，一个处于月经期间的妇女照镜子时，她看到的镜子会布满鲜血（De insomnis 495b. 25—3）。视觉是观察者和被观察物之间的双向交换，因此，一般而言，眼神的交流为主体间性（intersubjectivity）提供了一种图像。作恶者和他们的行为是有害的，就像有毒的蛇一样，因为他们将愤怒带进了共同体中：凝视，扫视和恶毒的长相，或者仅仅是主体间性的负面形式在公民之间得到了交换。总的来说，他们是共同体中的"瘟疫"，因为人们看到他们会让自己变得愤怒。然而，受害者和自称是惩罚者的人也染上了病，因为他们也感到愤怒；作恶者传播了疾病，因为在生气的人当中，他破坏了社会关系的和谐。愤怒使得惩罚成为一件正当的事，因为作为一种疾病，愤怒需要治疗。

　　在欧里庇得斯的戏剧《俄瑞斯托斯》中，其中一个角色就俄瑞斯托斯的败坏一事为他的城邦提供了以下治疗的建议：

---

① 更为详细的论证参见艾伦（2000b：第 4 章）。

② 将谋杀者作为败坏的一个示例，参见 Soph. OT 100, 241, 310；Eur. IT 202。谋杀者有着蛇一样的眼神，参见欧里庇得斯《俄瑞斯托斯》479—480。另参帕德尔（1992：123—124）。

如果和一位男子同床共枕的妻子杀了他,而他们的儿子
又杀了他的母亲,然后这位凶手的后代又用谋杀的办法除掉
谋杀这种行为,这种邪恶的限度在哪里? 先辈们极好地处理
了这些事件:无论是谁被血玷污,他们都不允许自己看到这一
场景,也不允许自己和他们碰面——而是要求以放逐这些人
的形式使事情得到神圣的处理,并不是以血债血偿的形式。
(《俄瑞斯托斯》508)

此处,说话的人建议将放逐作为处理作恶的一种方法,并且这
也能避免因愤怒引起的循环报复。放逐是有用的,准确地说是因
为它避免让愤怒的人看到作恶者。因此肃剧反映了一种意识,即
愤怒的问题是可以用言语得到解决的,也可以用重建友谊的努力
或者放逐的方法得到解决。

尽管如此,雅典人在治疗共同体和重建和平时经常使用极端
的暴力惩罚手段。Pharmakon 一词,既是"治疗"也是"毒药"之
意,它对分析肃剧中的愤怒和惩罚极为重要,它相当好地表述了以
下矛盾的观点,即暴力这种引人注目的举动可治疗愤怒。[1] 克瑞
乌萨(Creusa)试图使用由戈耳工(Gorgon)的血制成的 pharma-
kon 惩罚她的丈夫,据说,一滴可以让人死亡,另一滴可以治疗疾
病(noson,欧里庇得斯《伊翁》1005,1221,1225)。[2] Pharmakon 代
表了一种理念,即破坏和治疗可以是一个概念的两个不同面。[3]

当卡珊德拉(Cassandra)预言她自己会因为引发隐藏在治疗
愤怒这一理念的模糊性而死在克吕泰墨涅斯特拉手中时,以上的

---

[1] 斯卡伯勒(Scarborough,1991:139 及其以下)详述了 phamakon 的含义。另参帕德
尔(1995:134—135)。

[2] 关于毒药、激情、羞耻和性别,参见西格尔(Segal,1981:60—108)。

[3] 吉朗(Girand,[1977]1992:38)为了讨论暴力和净化相互混合的方式,同样用到了
克瑞乌萨用毒药这件事。

那种理念也出现了。在她进入阿伽门农的宫殿之前,她说克吕泰墨涅斯特拉不但在暴怒(kotōl)中为她准备了处罚(misthon),而且同样策划了治疗措施(pharmakon,《阿伽门农》1261)。卡珊德拉死在了克吕泰墨涅斯特拉的斧头下,这是恶意的惩罚,它治愈了克吕泰墨涅斯特拉的愤怒,但却没能治愈他人的愤怒。

　　雅典人采用了一种对整个共同体来说都有益的"治疗"形式:一种用替罪羊祭祀的仪式,这些被赶出城邦的替罪羊被称为pharmakoi,这是人类弥补罪恶的版本。在一种像投石的仪式上,雅典人要驱逐城邦中两个最没有价值的人来"净化"城邦,他俩脖子上会装饰着干果。① 在萨尔格里昂月(Thargelion)的某个节日里,这种仪式就会举行。也是雅典年的最后一天。某种意义上说,驱逐替罪羊的仪式迎来了新年。神话是这样记载的,当城邦杀死了一个叫安德鲁吉奥斯(Androgeos)的克里特男人,而后又对这一行为感到后悔时,节日就由此而来。Pharmakoi 是人类治疗城邦愤怒的措施。更为重要的是,在每年的年初和岁末,参加投石的项目会提醒公民,他们彼此都牵涉到共同体治疗作恶、激愤和惩罚这些问题的暴力过程。这一节日表明,直到净化行为和公众承认责任之后,新年才会到来。

　　试图治疗个人和社会愤怒的努力并不一律都是成功的。Pharmakon 既是毒药也是解药的双重含义,不仅表明了暴力有净化功能的悖论,还提醒了共同体试图治疗愤怒所要面临的危险。这一警告也许在索福克勒斯描述以下情节时得到了最好的概括;

① 法内尔(Farnell, 1896—1909),布雷默(Bremmer, 1983:299—320),韦尔南(Vernant)和维达尔·南凯(Vidal-Naquet,1988),格里菲斯(Griffith,1993,论替罪羊)。另参希波纳克斯(Hipponax)残篇 4 和 5,Bergk;阿里斯托芬《骑士》1133 和 1405行;《蛙》730—734 行;《吕西斯特拉忒》1.98 以下;米南德《萨摩斯女子》481;普鲁塔克《特修斯》15,18,22;Tzetzes Chiliades V, 729。有趣的是第欧根尼·拉尔修(Diogenes Laertius)将苏格拉底的生日定在了萨尔格里亚这一天。

赫拉克勒斯(Herakles)之妻得伊阿尼拉(Deianira)怎样解决她的丈夫在旅途中从他的女仆里(效仿阿伽门农)挑选了一位新妻子一事。正如《特拉基斯妇女》中所说的那样,得伊阿尼拉认为,对她来说,对赫拉克勒斯感到愤怒是错误的选择,因为"有理性(noun echousan)的女人变得愤怒(orgainein)是不太高贵的"(kalon,552—553)。她突然想到自己需要一个更好的治疗方法来缓解自己的痛苦(lutērion luphēma)。① 她决定用一种爱情麻醉剂赢回赫拉克勒斯的心(philtrois kai thelktroisi 584—587;pharmakon 685—686;参见 pharmakeus 1140)。麻醉剂是由赫拉克勒斯之前杀死的半人半马内萨斯(Nessus)的血制成,内萨斯对得伊阿尼拉耍了一个卑鄙的伎俩,他曾对她说麻醉剂可以引起性欲。Nessus 为她精心策划了这一"治疗措施",但这会使一个绝望但充满希望的妻子变成一个毫不知情的凶手。得伊阿尼拉曾希望避免因为自己愤怒的行为可能会导致的惩罚,然而,她试图治疗愤怒的努力还是导致了暴力的发生。此处需要注意的是,在安提丰(Antiphon)的著作《诉继母》(*Against the Stepmother*)中,被告为自己辩护时所说的故事和得伊阿尼拉的故事很相像。在 pharmakon 会出现的处罚情境中,它的模糊本质表明了雅典人会很容易想到试图处理它的努力会出错。

然而,演讲者引起了愤怒,并且希望将 pharmakon 作为一种为司法和政治抉择辩护的术语来使用,肃剧作家在分析围绕pharmakon 所构成的文化和制度形式的寓意上花费了很多力气。一旦演讲者对以下现象很警觉,即肃剧或城邦的文化活动(笼统地说)是如何让观众接受如 orgē 这样的术语,他们在演说时就可以

---

① 伊斯特尔宁(Easterling,1982)将 553—554 行的 lutērion luphēma 译为"带来解脱的痛苦"。对 luphēma 的理解各有不同,坎贝尔(Campbell)认为是 nosēma(苦恼)之意,杰布(Jebb)认为是 lōphēma(痛苦)之意。斯廷顿(Stinton,1976)为 lutērion luphēma 的含义进行过有说服力的辩护。

顺利地使用这一术语。为了使特定法律和法律程序演变为允许公民之间调停敌对竞争①，城邦中的对话，关于竞争所涉及的概念，例如 orgē，一定影响了那种演变的方向。最近，法律学者孔托罗维奇(Eugene Kontorovich)解释了 timēsis 和梭伦的法律，他认为公民就文化方面必须站在 stasis(στάσις：帮派政党，内讧)一边，因为这种文化之前已经决定了城邦会用到以下方式来处理愤怒：为发泄愤怒提供一些制度空间，为缓解愤怒弥补制度上的机制，最终，通过社交的途径解决愤怒。②

# 法　　律

那么，肃剧作家是怎样对待法律本身的呢？此处，我所寻找到的也不是某一位或其他某个肃剧作家的特别言论，而是在他们的戏剧中贯穿始终的概念结构。

让我们再简要地回到愤怒和惩罚这一问题，因为在肃剧中，这两者与法律有些关联。共同体中的愤怒扰乱了公民之间的和平关系。治疗愤怒也是重建和调整，因此惩罚不仅被用来治疗愤怒，也用来建立稳定的权利结构。例如，王后阿尔克莫涅(Alcmene)想要亲眼见到欧律斯透斯(Eurystheus)被惩罚，这样就能让她看到他被控制在她的手中(sēi despotoumenon cheri，欧里庇得斯《赫拉克勒斯的儿女》885)。惩罚这一措施被引进共同体不但是为解决愤怒的问题，而且也是与专制权力的建立作斗争。《被缚的普罗米修斯》(Prometheus Bound)是惩罚与权力两者斗争关系的最好例证。重要的是，尽管惩罚的场面满足了权力的欲

① 科恩(Cohen，1995)。
② 孔托罗维奇即将出版的书。因此，阅读肃剧可以让我们将科恩(1995)和赫尔曼(Herman，1993、1994、19995、1996)的观点联系起来。也可参见艾伦(2000b：126—128)。

望,像阿尔克莫涅的事例,但它同样也伤害了其他人,尤其是这些遭受惩罚的人。

在欧里庇得斯的戏剧《希波吕托斯》(*Hippolytus*)中,爱神阿芙洛狄忒(Aphrodite)用死惩罚了希波吕托斯,原因是,这位特修斯(Thesues)和阿玛宗(Amazon)王后之子成功地抵制了爱若斯(eros)的诱惑并保持处男之身。在临近死亡之时,他规劝宙斯免除对他的惩罚,并愤怒地吼道:"宙斯啊,宙斯啊,你看到这些事了吗? ……先辈血迹斑斑的家族邪恶超越了界限(exorizetai)并且也未停歇,如今它的魔爪伸向了我。我没有罪,为什么也要受到这样的对待?"(1381)他所遭受的灾难"超越了界限",因为它超越了相互性原则。歌队是批评的最常见来源,他们简化了"过度"的本质,"过度"则经常赋予肃剧惩罚的特色。在《俄瑞斯忒亚》中,歌队描述了惩罚中神明因为"不合法"做出的越界行为。《阿伽门农》(*Agamemnon*)中的歌队则厌倦了女神阿尔特弥斯(Artemis)所鼓励的谋杀暴力的循环,并且祈祷城邦的事务能避免因过度带来的痛苦(periōdynos,1488)。"作恶者必须承担某些事情",这是宙斯的法律(thesmion,1560),长者们知道这是一种要求,但同样希望谁可以终结这种诅咒,终结折磨阿特柔斯一家的报复性灾难(ata)。他们说:"如果阿伽门农必须为他以前的谋杀付出代价,反过来,他又要求在他为这些死者而死之后,有更多的惩罚和其他人的性命为他的死偿命,如果凡人听到这些,他会声称自己出生在怎样的一种幸福精神之下?"(1335)他们认为,阿特柔斯之家的悲哀之处在于阿尔特弥斯"不合法"的欲望(anomon)让阿伽门农牺牲了自己的女儿,这一举动导致克吕泰墨涅斯特拉杀死了丈夫阿伽门农(151)。这种不合法的本质是什么?

据说,这些实施了过度惩罚或惩罚不合法的肃剧角色通常因为其他三种侵犯行为而被控诉:不虔诚,将新奇元素增至法律中,把法律当作私人财产。① 因此，在欧里庇得斯的《赫拉克勒斯的疯狂》(*Madness of Herakles*)中，新的统治者(kainos anax)——赫利克勒斯的敌人——僭主吕克斯(Lycus)，颠覆了以往(palaios)统治者的执政方式，他"以一种非法的(anomia)形式蔑视神明，并且说他们并不强大"(sthenousin, 755, 768)。同样，《被缚的普罗米修斯》的歌队指责新的统治者宙斯，他们同样说他用私法来统治："新的统治者(neoi gar oiakonomoi)用新奇的(neochmois)法律统治天国；宙斯专横跋扈，以前伟大的事情在他看来也不怎样……"(148—151)，"宙斯用私法(idiois nomois)统治，并向他之前的神明(tois paros)展示过分自大(hyperēphanon)的王权"(埃斯库罗斯《被缚的普罗米修》402—405)。在这之前，普罗米修斯就提出了宙斯对法律的占有欲的主题。他说，宙斯粗暴(trachys)并且暴怒无度(atermanon... orgēn)，他只对自己支配正义(kai par' heautōi/to dikaion echon Zeus, 186—192)。宙斯试图惩罚普罗米修斯，这种不正义行为在于宙斯在没有节制的愤怒之时仍独自占有法律。因此普罗米修斯暗示道，能遏制愤怒的就是正义的或是合法的。然而，宙斯试图惩罚普罗米修斯的行为是不正义的，不但因为他的愤怒是无界限的，而且还因为他使用私法或个人的正义为自己的愤怒辩护和解释。

那么确切地说，什么是私法呢？他们究竟哪里不对？埃斯库罗斯的《乞援人》会帮我们寻找到答案。特修斯的母亲艾斯勒(Aethra)希望儿子能帮助一群悲伤的妇女，她们来到雅典是为了在要回战争中遗失的亲属尸体时得到帮助。基于保护希腊法的重要性(nomima Hellados)，她说了以下的话：

---

① 例如，美狄亚(Medea)将新的法律等同于神圣权利的结束(492—495)。参见西格尔(1981；168—170)，《安提戈涅》中的法律；奥斯特瓦尔德(Ostwald, 1969)。另参《欧墨尼得斯》92行，695行，778行中 Erinyes 的辩论。

我本应维持和平,但现在我知道这个任务要由你完成……去阻止那些破坏希腊法的人(nomima Hellados);因为当每个人都以高尚的精神保护法律时(nomous sōizei kalōs),法律就是城邦中连接所有人的纽带(synechon,300ff)。

歌队同意艾斯勒的观点,但却认为他们的观点与雅典的法律无关,而与"凡人的法律(nomous brotōn)有关"。他们说,凡人的法律"一定没被污染"(miainein,378)。特修斯既同意他母亲,也同意歌队关于保护法律的需要,但他是通过提及保护共同体法律的必要性或保护公共法律的必要性来讨论这个问题的:

> 统领城邦的人,没有谁比僭主更坏,在他们的统治下,没有普通(koinoi)法,谁统治(kratei)了城邦,谁就支配(kektēmenous)法律(nomon)。当这种情况发生时,平等(ison)就不复存在了。但由成文法来看,弱者和强者有着相同的平等(isēn dikēn),……因此自由得以真正实现(430)。

从特修斯的叙述来看,僭主对法律的私人占有侵犯了人们的平等和自由。这种侵犯污染了城邦。[①] 正如我们之前看到的一样,违法会污染城邦,过度的愤怒同样如此。过度的愤怒在宙斯的专政和他对私法的使用中扮演了某种角色。那么,被大众接受的、普通的、公共的法律形式可以控制过度的愤怒。但法律该如何做到这一点?

之后,剧中的特修斯转移到他母亲的话题来详述他之前所讲的内容——希腊法(the laws of Greece)。他说:"所有我要保护的希腊法……当由我来保护神明的古老(palaios)法律时,我绝不会

---

① 特修斯和阿德拉斯托斯(Adrastus)曾经就怎样的领导者才是优秀的这一问题而争论过,特修斯批评阿德拉斯托斯独自占有了法律(431—432)。

让谁说希腊法消失了"(diephtharē,526,561—563)。之前,艾斯勒通过援引希腊法开始了对话。此处,特修斯将希腊法和神明的法律等同。[1] 但对话同样确立了与这些词汇同义的术语。"希腊法"、"神明之法"(the laws of the gods)、"凡人之法"(the laws of mortals)和"共同体之法"(the laws of community),这些术语都被标注为支持平等和自由的法律形式。然而法律的这四种分类也都拥有另外一个共同的特点。如果僭主将法律独自或私自占有,那么这四种好的法律类型就必须为公众所有。特修斯用 koinos (κοινος:共同的,共有的)这一词来描述与僭主的法律相对的有效法律。那一词准确地表述了合法的法律是公共的、公有的或共享的财产。希腊法、凡人之法和神明之法这三者必定与"普通法"或"共同体之法"是不同的类型。[2] 这些种类的法律都是被公众所有,因为他们当中没有一部法律出自某位特定的、有名有姓的作者;总体上来说,他们似乎都来自于共同体。在这样一种社会中,宗教法并不是基于一种单独的神性启示文本,甚至神明之法也从共同体对宗教信仰的控制中获取权威。相比之下,僭主的法律是由某位特定的、有名有姓的人制定的,他可以声称自己是法律的作者,他也可以基于著述的前提宣称自己拥有权威。

在《俄狄浦斯王》(*Oedipus Tyrannus*)中,就权威来这一方面,歌队将合法的法律——在此处指的是神法(divine law)——与僭主的法律进行了比较:

这些法律是至高无上的,他们来自于其唯一之父为奥林

---

① 肖(Shaw,1982:3—19)也认同泛希腊化的法律和神法在戏剧中是被同等对待的,他还讨论了这些法律与傲慢以及与记忆之间的关系,也叙述了成文法的不同形式。

② 伯内特(Burnett,1976:5)在《赫拉克勒斯的儿女》中写到了法律,他认为两对法律的区别在肃剧中比较要紧,一是习惯法和法规或法令法之间的区别(尽管其中一个是否已经成文已经不再重要),二是诉讼法和保护法之间的区别。

匹斯的天国,在这些法律所允许的所有言辞和行为中,我因虔诚的纯洁而赢得赞美,希望这种命运可以与我相伴。人类有死的本性不能孕育法律,他们也不会因为健忘而安然入睡。这些法律伟大之处在于神,他会永葆青春。

傲慢孕育了僭主(hybris phyteuei tyrannon)/当傲慢无缘无故容易被满足之时(ei pollōn hyperplēsthēi matan)。(863—873)

歌队赞美神法是因为它们没有被赋予人性化的创始者或作者,即作者既不是神也不是凡人。他们唯一的祖先是奥林匹斯,并不是某个具体的神明而是神的一种"领域"或"地盘"。

在希腊,以下两种法律之间的区别对法律的发展是至关重要的,由某位有名有姓的作者制定的法律和由共同体制定的法律或基于共同体同意而制定的法律。奥斯特瓦尔德和西普(Shipp)曾分别证明了,在古风时期(archaic period),thesmos,即专指法律的标准术语,象征的是一个单独的、具有权威的人的法令或决定。而古典时期(classic period)用 nomos 这个词表示法律,这一术语表明了以下原则,"在以下两种情况,一是政府施行法律的权威,二是生活在这种法律环境中的人认为这种法律是合法的,法律在第二种情况下容易施行"(奥斯特瓦尔德,1969,55)。[1] 因此,雅典肃剧

---

[1]　西普(1978:10)写道:"Nomos 是世俗并且普遍化的,这与 themis,rhetra,thesmos 不同。如果一个城邦被 nomoi 统治,它不可能同时被统治于其他制度之下。"学者们(例如 Lanza 和 Vegetti 1977 以及 Steiner 1994)曾从以下角度来处理法律在肃剧中被证明的张力,即在争论中的成文法和不成文法之间的区别。这种视角是不正确的。只要成文法或不成文法没有具体的作者,那它就是不成问题的。在肃剧中,成文法经常被控诉为有问题,这并不是因为其本身的问题,而是因为与口头法相比,成文法更容易成为某个作者/政府的所有物。成文法如果被当作公共财产来保护,它就不存在问题(例如欧里庇得斯《乞援人》430)。即使在肃剧之外,僭主也被认为将法律据为己有而遭到批评。无名阿姆里基(Anonymous Iamblichi)7.12—14;梭伦残篇 4,9,11West;赫拉克利特 B33;色诺芬《回忆苏格拉底》1.2.43。

把通过 thesmos 来统治的"不合法"的古老形式看作是残暴的,并且雅典肃剧还限定了一个理念,即不合法产生于集体,而不是个人的观点。在描述僭主制时,肃剧作家探索了无数的方法,但用共产主义处理法律的方法可能会被削弱。因此,僭主因为破坏公共原则而被批评为是"新型人类"或者"新型领导者"的言论是不可避免的。

让我们暂且回到《俄狄浦斯王》和关于新的领导者的主题。在那一章节中,歌队不仅赞颂法律并不是某个具体的凡人所做,他们还赞颂法律永葆青春。如果神明的法律不会变老,他们也不会被认为是新的臣民。他们像神明一样永存并永不变老。在索福克勒斯的《安提戈涅》中,安提戈涅和克瑞翁(Creon)关于法的著名争论同样导致了以下两组的对比:无名的立法者和有名有姓的立法者之间的区别,旧法律和新法律之间的区别。由合唱曲可知,克瑞翁是"新环境下的新型人物"(neochmos,155,参见 735)。当安提戈涅在埋葬她的弟弟而被克瑞翁看到时,他们俩的对话谈到了新奇这一主题:

> 克瑞翁:你竟敢违背法令吗?
> 安提戈涅:我敢;因为向我宣布这法令的不是宙斯,那和下界神祇同住的正义之神也没有为凡人制定这样的法令;我不认为一个凡人下一道命令就能废除诸神制定的永恒不变的不成文律条,它的存在不限于今日和昨日,而是永久的,也没有人知道它是什么时候出现的。(449—470)①

在肃剧中,只有当法律没有确切的作者时,他们才被称为"古

---

① 奥布莱恩(O'Brien,1978:68)认为无论从哪方面来看,aei pote 一词都表达了无限这一含义。

老的"或者被看作"具有年代性的"。① 相比之下,拥有署名的法律
有形成的日期(根据作者的一生可以推导出),并且一旦法律代表
的是某个人及其一生的意愿,那么他们将不可能代表一个历史悠
久的共同体长期积累的观点。法律形成的日期可以被确定,因为
我们可以查到作者的信息,而法律缺乏合法性的确切原因是因为
法律对时间、地点和人物有着特异性(particularity)。这可以解释
为什么学习雅典法律的学生们在寻找这些法律的形成日期时会碰
到困难。在雅典,法律合法性的这种概念性基础缓和了规范化的
时间确定系统的程度,这种制度会削弱任何一部普遍合法的法律
的地位。很多雅典法律都被错误地认为是梭伦所做,这不是以上
结论的事例。雅典人用梭伦的名字来命名法律表明,雅典人想要
将他们的历史划分为不同的时期,并且坚信梭伦生活的时代与过
去已彻底地断裂。

　　《安提戈涅》的中心问题是,安提戈涅和她的叔叔想要基于他
们自己的法律来行事,这违反了公共原则。克瑞翁违反了与埋葬
亲属有关的宗教对策。安提戈涅侵犯了与政治中有关妇女地位的

---

① 事实上,在肃剧中,除了神圣法或者希腊化的法律以外,当法律被认为是有某种明
　确的来源时,它很明显通常与新奇和压制联系在一起。我举的事例已经够多,但
　这还是开始。以下是其他示例:索福克勒斯《俄狄浦斯在克诺诺斯》(*Oedipus in
　Colonus*)905,1382;《埃阿斯》1129,1343,1349—1350;《厄勒克特拉》5790—5780,
　1015,1043;欧里庇得斯《俄瑞斯托斯》487,527,571,941;《美狄亚》238,493,811,
　1000;《伊翁》20,442,1312;《希波吕托斯》91;《在奥里斯的伊菲格纳亚》(*Iphigenia
　In Aulis*)1095;《赫卡柏》800,847,864。埃斯库罗斯《波斯人》585(personomountai
　=basileia ischys);《阿伽门农》140(oikonomos);欧里庇得斯《希波吕托斯》1046
　(ouk houtō thanēi/su sautōi tonde prouthēkas nomon。Wheeler 建议删除这一段);
　《海伦》(*Helen*)1429(Pelopid law)。参见色诺芬《回忆苏格拉底》4. 4. 17;1. 11.
　45—50。关于对"希腊法律"的评价,参见詹森(Jason)对美狄亚的评注(538):"把
　你带到希腊,除了让你了解力量(iscryos),还为了让你了解正义和法律的使用。"伯
　内特(1976;5)发现,在欧里庇得斯的《赫拉克勒斯的儿女》(194)中,当地的阿尔戈
　斯法律(与普通的希腊习惯法相反)是有问题的。当法律归属于某个具体的作者
　(或某些具体的作者)时,它就是有问题的。

政治原则。歌队知道这一点。他们说,安提戈涅快要死去,因为她的法律由她而定;她由自己做主或她为自己制定法律(autonomos,821)。在现存的雅典文学中,这是最早一次出现 autonomos(αὐτόνομος:独立自主的)这个词,并且它不是被用来赞美而是谴责。除了将安提戈涅称为是自我做主的,在 50 行之后,歌队还说,她因为自己决定的愤怒(autognōtos orga)或"自我选择的愤怒或自主选择的愤怒"(875)毁了自己。安提戈涅拒绝遵守由公民同意的共同体中的正义原则,并且她以个人的名义宣称有权利推进到一种新的道德领域。克瑞翁也这样做了。因此,合法的法律被定义为与个人的意愿相反。在《安提戈涅》中,这些意愿被描述成使共同体原则遭到违反的一种愤怒和欲望。① 愤怒的发生得与规范相一致,而这种规范又基于同意后的权威,惩罚必须允许愤怒的发生才可以控制愤怒,肃剧反复地上演这种事例。安提戈涅和克瑞翁忽视了那一论证,其结果是不稳定和混乱的秩序在底比斯蔓延开来。

安提戈涅基于自己的愤怒(autognōtos orga)而行事,这一评论很容易与安提戈涅是独立自主的(autonomos)的这一控告双关,同时也与一个重要的评论双关,这一评论涉及的是剧中著名的合唱曲《人类颂歌》(Ode to Man)体现的人类文化。在《人类颂歌》中,歌队赞美了凡人的成就,赞美了人类是如何驯服这个世界,如何想办法将鸟儿关进牢笼,如何在大海中航行,以及如何耕作。最为重要的是,人类已经学会了如何修建城市以及如何使用政治。歌队颂扬了人类怎样运用言辞(phthegma)和极速地思想,怎样养成社会生活的习性(354—355)。因此在《人类颂歌》中,索福克勒斯在这一章节中将愤怒和法律两个主题结合在一起讨论,由此,我

_____

① 关于索福克勒斯的《安提戈涅》中克瑞翁、安提戈涅和海蒙的发怒,参见西格尔(1981:152—154)。

得出以下观点：首先，在雅典，法律的主要任务是管理愤怒；其次，雅典人希望合法的法律程序和制度可以将焦点从个人的选择转移至城邦的选择，这样就会强调历史的连接而不是激进的（和世代的）过渡。也就是说，雅典人想要一种由愤怒的要求（愤怒管理城邦）所推动的司法制度，但他们同样需要一种法律：这种法律能压制个人对公共原则的愤怒（愤怒被共同体调节）。（我想）索福克勒斯听到雅典的集会和法庭上正在使用这些处理愤怒和法律的方法，于是他在思考了个人脾气和公共原则之间的张力后作出了回应。

# 结　　论

很明显，很多学者都不太容易理解索福克勒斯的城邦集会（astynomous orgas）这一短语，并且这一段常常被赋予美感。斯托尔在 1912 年的洛布丛书中开始将它修订为 astynomous agoras。① 也许，编者会很容易理解集会是怎样与政治有关，但却少有时间从语法上分析愤怒与法律之间的关系。如果有谁看出了 orgē 对雅典的法律和政治推论的中心性，就会知道索福克勒斯的言辞有着完美的意义。此处就是一个示例，即学习雅典法律事实上让我们有能力阅读雅典肃剧，反过来也同样如此。这就强调了我在这一章中曾经说过的关于方法论的基本要点。在学者开始花时间来研究雅典法律的合法程序以及法律的概念性基础和寓意之后，肃剧对于学习雅典法律来说才开始有用。肃剧作家们并未理会同代人对当前局势的想法，而是深刻地并且激进地对他们的政治、法律和道德愿望，即他们的"观念"作出了回应。

---

① 　这一修订根据的是丁多夫（Dindorff）的版本。

# 21. 法律和政治理论

奥柏(Josiah Ober)

## 导语:法律,理论和政治

在当代,法律在关于政治理论作品中起着重要的作用。在美国,这一点尤为明显,杰出的法官会写政治哲学著作,政治理论家会积极地设法影响对宪法的司法解释。尽管没有大量正规的关于法律的专业著作可以与美国的宪法学或与在希腊发展起来的大量罗马文集(Roman jurists)相媲美,但对立法和司法程序(judicial practice)的规范化和评价性的反思,早在古希腊的文献中就出现了。在古典时代的末期,法学广义上是"关于法律的哲学著作",它是雅典政治理论和诉讼当事人在雅典法庭为大众陪审团进行法学辩论的特征。法律的实践和政治理论的发展在希腊人的经验下相互交织;他们是怎样联系在一起的?这一问题表明了希腊法和相似的政治理论的特征。①

---

① 著有政治哲学著作的法官:斯卡利亚(Scalia,1997)、波斯纳(Posner,2000)。试图对宪法阐述产生影响的政治理论家:德沃金(Dworkin,1996)、马赛多(Macedo,1999),罗马的法理学者:约翰斯顿(Johnston,2000:616—634)。对法学的解释:OED s. v.

　　希腊对法律的理论化与正义的问题紧密地联系在一起："什么是正义?"回答这一问题是希腊政治哲学的主要关注点之一。尽管正义最终与神性的秩序相联系,但神性、正义和法律之间的关系在希腊思想中相对较弱。尽管神明被设想成有益于人的正义化身,在惩罚方面,偶尔被设想为不义的,但希腊人认为他们的神明并没有为希腊城邦阐述标准的法律制度。与其他现代之前的(pre-modern)法律理论传统不同(特别是与托马斯·阿奎那相联系的中世纪天主教传统),古典时期的希腊人并没有发展一种关于"自然法"的强有力的概念:至少直到廊下派伦理学(Stoic ethics)发展之前,雅典人并不认为现存的人类社会的法律(他们自己的或者其他民族的)是一系列普遍的人类核心观念的表达,或者说这些法律是被所有民族所接受的对善的普遍而有效认同。①

　　在古典时期,一些智术师认为人类本性(physis)和法律(nomos)事实上是对立的:他们中的一些人(特别是安提丰,柏拉图笔下的色拉叙马霍斯和卡里克勒斯)认为,法律是弱者用来抑制强者欺压弱者的"自然"冲动的手段。其他的希腊理论家(例如普罗塔戈拉[柏拉图笔下的]和亚里士多德)认为国家作为政治城邦是自然的,但是他们的政治自然主义并不是产生于普遍自然法当中的信仰。他们相信人类必须协力生存下去并且在一种竞争的自然环境中繁荣起来。一种具有思考能力的内在道德感知,即对正义(dikē)和敬畏(aidōs)的关注,被柏拉图笔下的普罗塔戈拉看作是城邦安全和发展的必需品。但拥有思考的能力同样暗示了关于价值观会有争论的可能性。

　　尽管希腊的理论学家致力于解释正义的概念,但他们在某种

---

① 罗门(Rommen,1955)认为与霍布斯、洛克和卢梭相关的"法律实证主义"代替了法律的传统,他认为这些传统最初在希腊人和罗马人的生活和思想中显现了出来,但他只强调了西塞罗和阿奎那。斯特莱克(Striker,1986)认为廊下派致力于自然法理论,但相反意见参见尹伍德(Inwood,1987、2003)。

程度上仍是法律的实证主义者,他们可以用"习俗乃万物之王"(nomos basileus)这句话总结既定的习俗和客观的道德观之间的区别。① 为了解释这一词,希罗多德(《历史》3.38)讲了个故事,一些印度人和希腊人各自表达了对如下建议的愤怒,即他们要么吃掉自己死去的父亲,要么焚烧尸体,随后他们会得到金钱的补偿。将任何一种习俗与客观的标准相对照时,希罗多德并没说哪一种习俗(焚烧尸体或者按照仪式吃掉死者)是有道德的或者非道德的。类似的是,与中世纪和当代的"自然的法学家"(natural law-yer)不同,希腊的法律理论学者相对来说很少关注性道德本身。事实上,希腊的立法者和理论学家关心的是对葬礼仪式和性行为的管理,但这种关注是由道德尤其是由政治关注所驱使的,而不是产生于对客观道德和自然法的信服。

在希腊的道德思想中,正义是一种美德,它应该由优秀的人所展现(这样的人也要有勇气、节制、智慧和虔诚)。在希腊的政治思想中,正义与分配上的公平相联系,正义也与以下观念相联系,即每个人或每种人应该得到他值得拥有的东西。然而,哪个人应该值得拥有哪件东西? 这一问题还存在很多争论,因为分配的基础是可以公开讨论的。雅典人关于分配公平的讨论同样牵涉正义是否应该被理解为一个城邦共同的善的问题,若应该这样理解,那么共同的善是什么? 某些希腊法理论(柏拉图的最为显著)是明确的至善论,因为它寻求着促进个体的善。理论化的另一种传统(著名的民主雅典法的绝对理论)倾向于义务论,因为它专注于确保个人和团体的法律免疫性,这种免疫性可以保护他们免受约束或者污蔑,这种污蔑则会阻止每一个人寻求他自己对人类善的理解,而这种善是一系列有可能产生的,且是多种多样的。然而,这些免疫力(或者"类似的权利")并不是"自然的人类权利"——他们并不被认

---

① 关于当代的法律实证主义,参见哈特(Hart,1958:593—606)。

为是普遍的或甚至是泛希腊化的权利。目前为止希腊的国际法已
发展完备,因此在考虑财产和契约方面,它仍然是根本的。[①]

　　在希腊的习俗和与之相似的理论上,实证法(positive law:正
式的原则,书面的或传统的)典型地被理解为人工制品、是适用于
特定政权的价值观的阐述。在古典时期以前,当权威的政权类型
被阐明时,这种普遍的观念会被理解为"民主观念在民主政权中因
民主的法律而得到发展"的形式——换成寡头制、贵族制和君主制
也同样如此。希腊法在古典时期之前就具有明确的政治化特征。
政治秩序的司法程序和理论之间的相互影响已经是早期诗歌传统
的显著特征,这在对第一部成文的实证法详述之前就已经产生。
即使还没有书面的"宪法"框架引导司法决议,赫西俄德也非常关
注判决公平这一问题。希腊的政治——理论计划向前发展了一
步,因为关于法律的理论与正规的法律制定行为结合在了一起:公
元前 6 世纪初的雅典诗人和立法者梭伦就是一个关键的人物,公
元前 5 世纪时,修昔底德把智术师对于法律—自然(nomos-phys-
is)的关注用于解释以下问题,即传统的希腊观点将正义理解为公
平,以这种观点为基础的"跨国"法律惯例为什么不能够控制强国
为所欲为的趋势? 法律和与法律有关的理论之间具体的相互影响
可以追溯到公元前 4 世纪,这在雅典居住的政治哲学家的作品,尤
其是柏拉图和亚里士多德的作品中可以找到。公元前 4 世纪时,
雅典的法庭演说被用来获取特别的法律判决,偶尔会被用于处理
关于政治哲学的普遍问题。将法律的"实际"演说与政治哲学的
"理论"演说相对比,可以以历史的视角说明希腊法和政治思想相
互牵连的独特方式。

　　希腊政治理论关注权力也关注正义:关注在一个能够维持正
义的合法权力制度中,对不平衡的人类关系的结构安排。从希腊

---

① 参见奥柏(2000b)。

政治理论的观点看,法律是一种为了限制以及引导权力而使用的规则,这样才能构成一种正规的制度条件,在这种条件下,程序上的正义才能确立起来。程序正义通过以下两种方法设置了基本的公正:确保相似的案件是根据相似的程序准则来判定,阐明谁有权利审判和惩罚违法行为。尽管程序正义不能保证本质意义上的正义结果,但希腊人发现在程序正义的条件下,权威的法官更可能做出"正确"的决议——在他们遵守城邦的正义理念能获应得奖赏这一范围内。

在缺乏发展完善的自然法概念或客观道德的情况下,想同时关注程序和实质上的正义(公平和公正),这意味着创造和维护合法的政权使得以下思考成为一种必要,即正义的条件该怎样通过政治手段形成? 以及怎样的行为或举动会构成威胁并扰乱正义的政权? 在《利维坦》(*Leviathan*)中,霍布斯认为,就一个可以依附的正义政权而言,以合法权威形式出现的政治力量必须归属于一个有能力立法(在必要时可以修改规则)、有能力判决争端、有能力处罚犯罪分子的制度实体(一位君主)。希腊人并没有发展霍布斯式的君主理论。但他们认识到,如果正义是公平的,并且以对公正的普遍承诺为基础,那么制定新规则必须有充足的理由,并且规则内部也不存在矛盾。新规则的制定必须依据合法权威规定的已接受了的程序。规则一旦制定,就必须一直被应用。总之,一个合法的政权要求人们必须对制度条件达成一致,在这种条件下,寻求创造新的法律和政治环境的宣言才会有效——也就是说,其"言语行为"才会真正起作用。将权力与合法的权威联系到一起的议题在决定怎样惩罚这些违法之人的问题上变得明确。在希腊,法律(thesmoi, nomoi)被理解为一个城邦(polis)政治制度(politeia)的一部分。希腊政治理论则试图回答"是哪一部分"的问题。

希腊政治理论家对"法律和政治制度"的关注也许可以划分为

三个主要的话题：

　　**立法和修订**。谁才有权力制定合法的规则以及按照什么样的程序制定？一旦制定，怎样才能让法律被民众知道？一旦法律被制定以及被正式公布，谁才有权利修改或者撤销它？法律的修订是如何影响政治制度的？而政治制度又是如何影响法律修订的？一个既定的政体能够允许法律有多大程度的变化？修订后的法律在怎样的情况下会使得"改变后的制度"成为一种必要？

　　**应用和阐述**。谁才有权力将既定的法律应用于具体的案件？谁应服从法律制度？谁（在怎样的情况下）可以使用法律？法官阐述法律的限度有多少？怎样的法律原则适合处理国家之间的关系？若违反法律或者无视法律审判也是正确的行为，那么其前提条件以及道德基础是什么？

　　**执行和刑罚学**（penology）。谁负责法律的执行？违反法律的人应该遭受怎样的惩罚？这就意味着是在改造作恶者吗？这是在违法行为之后对之前平衡状况（神圣的或亵渎的）的重新确立？也是在阻止潜在的犯罪分子吗？这是在给城邦的成员传授一些关于正义的实质性内容吗？

## 古风时期的理论和实践：赫西俄德与梭伦

　　立法、应用和执行这三者在概念上的联系在赫西俄德的训谕诗当中很显著，但缺乏一种制度，这种制度能确保正义表明有关正义的规范性理念和实际司法程序之间的鸿沟。在《劳作与时日》（*Works and Days*）之中，赫西俄德严厉地批评了波俄提亚的阿斯卡拉（Boeotian Ascra）的君主（basileis）通过权力"收取贿赂"而做出不正直的法律判决（38—39）。这一问题不仅仅说明君主是武断的、傲慢的或者疏忽的（这些品质并非与荷马在《伊利亚特》第一卷中所写的阿伽门农的品质简单地相对应）。赫西俄德控诉君主独享权力暗示了君王是故意选择回避已知的公平标准和公平审判，原因是：要么是因为从某个有关当事人那里（通过贿赂）非法地获得了同意，要么是因为他们接受了通常由争论者给法官的贿赂，作为回报，裁决者没有做出正直的审判。无论如何，赫西俄德的观点是，阿斯卡拉城邦的所有成员（君主或其他人）对什么才会为公平审判建立合适的标准有着共识。缺乏审判的标准并不是问题所在，但这些标准被掌权的人蓄意忽略。阿斯卡拉的君主利用他们的权力寻求自身的利益（权力），而不是通过"正直的"审判促进城邦的善。

吞并权力的君主忽略了哪种公平标准？赫西俄德并没有将他们腐败的决议与已建立的"宪法制度"相对照，而是与"宙斯的正义"相对比。尽管赫西俄德笔下的宙斯并没有要求为人类城邦制定法典，但他却被认为是关心正义的，并且被想象成能完全负责改正那些在审判上有过失的掌权的人。在诗的开端，赫西俄德呼吁宙斯"直接用正义（dikē；9）做出审判（themistai）"。①

最初，宙斯的正义也许被想象成与自然法相像。但在"君王之谜"（an ainos for basileis）中，关于请求和顺从，赫西俄德打了一个比方，将在自然状态下适合于弱者和强者的行为与适合人类团体的行为进行了比较：强健的鹰用它的爪抓住了不幸的夜莺，宣称后者的反抗是愚蠢的，因为"吃你或者放你走，要看我的心情"（203—210）。阿斯卡拉的君主们就像鹰那样，似乎认为拥有权力是常理。然而，赫西俄德并不是将鹰/夜莺的故事作为正义的模型或道德顺从的理论。在人类的领域，他将正义（dikē）——在公平的状况下，即使弱者相对没有权力，也会享有得体的待遇——想象成会打败傲慢的暴行（hybris）而取得最后的胜利（216—217）。然而在人类

---

① 参见琼斯（Lloyd-Jones，1971）。

的措辞中,那种胜利也许要么不及时要么不严谨。公正的执行最
终交给神意。赫西俄德提醒这些有权力的以及有可能腐败的当局
者,说宙斯时刻盯着他们并有可能施行严厉的惩罚,这种惩罚是对
他们欺骗性的法律审判(dikai)进行的报复(248—264)。然而,不
幸的是,惩罚将不会只针对收取贿赂的法官:它会降临整个城邦。
宙斯的正义不会迅速且准确地矫正腐败的司法行政官的恶行。此
外,看到城邦的败坏,宙斯的正义会将无辜的弱者和有罪的君主都
当作惩罚的对象。

　　至少,赫西俄德笔下的阿斯卡拉是个不快乐的地方,因为就规
则的制定、应用和执行而言,它缺乏可靠的人类机制。赫西俄德没
有为施行一个正义的制度提出计划,这样做会阻止他们根据"兽性
的"自我利益来判断,从而根据公平的神圣标准来判断。因为制定
新的公平的规则会控制司法当局的倾向,进而会让他们做出像捕
食的猎鹰那样的行为。尽管阿斯卡拉的司法当局选择做事的方式
在系统上是不公平的,但赫西俄德对于政治改革或公民不服从的
理论并没有提出计划。事实上,尽管赫西俄德的诗在内容上有着
很强的道德性,但在《劳作与时日》中,他的很多建议被标注为不关
心政治甚或反政治的:他规劝读者要努力劳作,要与他们的邻居建
立良好的关系,要拥有美好的婚姻并且要远离集会的公共场所。

　　赫西俄德的政治理论缺乏对法律改革的制度框架,唯恐针对
不正义的报复会降临整个城邦,并且他不相信诗训谕的威力可以
改良恶人,因此他的理论最终成为了一种道德上的寂静主义(qui-
etism):一种个人在道德上的自给自足品。赫西俄德的寂静主义
是对阿斯卡拉立法空白的一个合理回应,因为人类制度的缺乏可
以指引法律的应用与执行。就审判而言,司法当局被认为知道什
么可以促成公正,并且民众也敦促他们要公正审判,但在没有稳固
的"宪法"原则体系的情况下,错判的审判不会被再次审理,促成这
些原则体系形成的制度机制也不存在。法律作为正确审判的基石

仍然是不明确的,那些受到不公平待遇的受害者除了不再积极参与政治团体和求助于神圣的正义外,别无他法。

尽管雅典的梭伦分享了赫西俄德关于个人不正义行为与一般化的神意报复行为之间的关系,但他还是超越了道德寂静主义而坦率地提出了立法、应用和执行的实际问题。作为一名立法者,梭伦在他的训谕诗中宣扬了一种基于社会正义的政治制度,并且他的政治视野是基于一本很详尽的法典。① 据亚里士多德的《雅典政制》(*Athenaion Politeia*)记载,公元前594年,梭伦被任命为(经过未公开的程序)有着特殊仲裁权力的执政者(主要的地方法官)。他成功地为所有雅典人制定和颁布了(刻在木板上的)新的法律,这在很多人看来明显是例外并且立法权威也不明确;梭伦的法律和政治制度意在寻求建立一些制度,这些制度可以保护弱者免受那些掌握社会权力或政治权力的人的自私和不公平行为的侵害。随着时间的推移,梭伦立法的合理性和适用性经由一种公共的行为而被确立,这种行为将神性领域的权威(赫西俄德笔下的“宙斯的正义”)与在一个特定的城邦中单独个体的有意选择联系在了一起:雅典人起誓说保证会遵守梭伦的法律(《雅典政制》7.1),并且在某一时段之内不会改变他们。②

生活于公元前4世纪的亚里士多德在写《雅典政制》时,正处于一种政治理论发展成熟的环境中,这种理论明确关注法律和制度这两者之间的关系。他宣称梭伦的法律对于雅典人来说相当于新的政制(politeia,《雅典政制》7.1)。此外,他非常在意确切地阐述这个新的梭伦制度事实上是如何的“民主”。他的答案比以前更为民主,但仍然很温和。他坚定地反驳梭伦故意用晦涩的语言编

① 关于赫西俄德和梭伦之间的对比:拉夫劳伯(Raaflaub, 2000:34—37、39—42)。关于早期立法者和法典:加加林(1986)。

② 100年之内不会修改法律:《雅典政制》7.2;10年之内不可修改法律(梭伦在这段时间回到了雅典):希罗多德1.29。

写了法律这一观点。因此,他也反驳如下言论,即梭伦的法律是故意为了增加对民主法庭的解释范围,因此也增加了负责解释模糊法令的陪审员的实际合法权威(9.2)。亚里士多德的《雅典政制》试图反驳的聪明对手已经故意将梭伦描述为一位旨在将民主的司法激进主义(judicial system)制度化的改良立法者。在他们眼中,这种激进主义会促进民主激进形式的发展,这种民主只是一种与法治联系不紧密的政制(politeia)。关于梭伦立法目的的辩论表明了一场关于三者关系的雅典理论争论正在进行:基本的立法权威,随后对法律阐述的权威,以及这两种权威之间的关系对于政权的本质而言的寓意。

　　梭伦自己在诗中理论化了他的立法行为,明显地将自己的新制度取名为 Eunomia:"善治"。[①] 在他立法之后,梭伦在他的诗中明确地陈述了他创造正义条件的方法已经将武力(bia)和正义(dikē)通过他职位的立法权(kratei nomou)结合在了一起。因此他基于公平的标准建立了一套法典(thesmoi):它就是为低贱者(kakos)和高贵者(agathos)所设。[②] 梭伦宣称他的新制度公平地分布了社会政治特权,但仍有来自于自私的社会小集体的抱怨——一方面是群众,另一方面是有权有势的人。[③] 与赫西俄德的寂静主义明显不同的是,梭伦的新制度要求民众用政治激进主义确保他的立法行为促成的正义条件得到维护:法律的执行依靠的是单个的雅典人自愿(ho boulomenos)选择告发作恶者,而不是要某个雅典人像一个特定的地方法官或者权威的个体那样担负责任。因此,维护正义是团体共同的责任,并且被赋予了这种共同性的团体是"所有的雅典人":某位自诉人因为其他人做了对任何雅

---

① 　Eunomia:梭伦 4 W.30—39。

② 　梭伦 36W 15—17。参见拉夫劳伯(2000:41—42)。

③ 　梭伦 5,6,34,36,37:《雅典政制》12.1—4。

典人有害的事就可以启动诉讼程序。在揭露恶行时,自诉人可以寻求审判团(或者某个实质性团体)的帮助,而审判团则是由拥有司法权力的公民组成。

梭伦说"根据每个人的不同而分配不同的正义",其言下之意是,根据每个人的公民权——同样也根据他的财富来分配正义,因此他的新政制(politeia)回答了分配正义的问题。这就要求以下两个问题要更为透明:怎样的人是雅典公民? 每个雅典人能享有多少法律豁免权? 梭伦的法律改革在概念上与他废除雅典人的债务制度一致,这一行为在梭伦自己的诗歌中得到了颂扬(4W)。梭伦指出,这些他从国外带回到雅典故土的人,这些要重新融入公民团体中的人是失去了雅典"语言"的人。这就意味着,在新的政制下,雅典元素(Athenianness)以前的标志——住在阿提卡和拥有雅典语音——不再明确;定义公民团体的方法是根据生来就有的权利,并且"成为一位雅典人"也意味着享有特殊的和有明确定义的政治权利(根据自己的财富状况参与立法活动)以及特殊的法律保护(一种免于被任何同类公民"所拥有"的安全)。此处,我们再次看到了对立法、应用和执行这三者交织在一起的关注。梭伦反复宣称,他的改革使得少数自私的有权人的要求和很多普通人的要求得到了平衡,这表明,他在理论上极其关注作为全部立法计划基础的分配正义问题。①

## 修昔底德和国际法

到公元前 5 世纪中期,希腊城邦中国家与国家之间的活动已经变得非常复杂,这些活动使得希腊人构想类似"国际法"的实践制度化。保护传令官、保证泛希腊化节日的传播、允许国家之间订

---

① 参见巴洛特(Balot,2001)。

立条约、管理国家之间在某些方面的竞争,这些传统的原则已经足够详细得让人们谈论植根于希腊人脑中的"希腊习惯法"(helleni-ka nomima)。但国际法仍然是一种不明确的实践主体。它缺乏书面的形式、立法的过程、一种能够应用和阐述原则进而仲裁矛盾的"泛希腊化法庭"以及一种执行的机制。国内的法律制度是否以某种基本的形式存在,或者权力的游戏是否存在于国际关系的领域里,参与国家事务的人用他们理解的对自己最为有利的方式定义这一问题,希腊的政治理论家也参与其中,最著名的是修昔底德。

作为国际关系的分析家,修昔底德的特点是"温和的现实主义者"。若考虑到他明显坚信希腊城邦是在一种本质上无政府状态下运作的,那如下的看法似乎大体上正确:试图颁布有约束力的国际法原则的努力败给了最为强势和最具野心的国事参与者的国家利益。总的来说,修昔底德的历史表明,统治希腊国际关系的惯常原则能够保持,只是因为他们满足了强国的利益。公众诉诸于类似国际法的目的,要么是人们在虚假的宗教或道德的假面下提升他们本国的吸引力,要么是没有其他申诉途径。不管在哪情况下,这种行为都没有实际的影响。[1]

修昔底德(3.52)记载了如下情节,普拉提亚(Plataean)遭到伯罗奔半岛人长久的围攻,幸存者就战俘应该获得的公正待遇而试图诉诸于"希腊习惯法"。在那一事件中,捕获他们的斯巴达人进行了一场滑稽的审讯,这一法律审判的陷阱只是为了强调缺乏程序公正的标准,而这种标准或许被期望用于希腊政治团体中。斯巴达的审判官要求每一个普拉提亚战俘回答一个简单的问题:在这场战争中,你为帮助斯巴达都做了些什么事?对于一个曾与斯巴达长久对抗并且曾取得了显著成效的俘虏来说,他没有办法接受他曾帮助过斯巴达这一断言。因此,没有一个普拉提亚人回

---

[1]　修昔底德被认为是一位现实主义者,参见克兰(Crane,1998),附带引用的文献。

答上了这个问题,被拖走后,他们都被草草处决。

修昔底德对普拉提亚人命运的描述让我们想起了赫西俄德对自然的描述,即强者恣意妄为,而不幸运的弱者只能被吃掉。给普拉提亚人判刑的斯巴达法官并不是贪婪的"受贿者",但是,正如赫西俄德对阿斯卡拉的描述一样,本应被期许用来创造正义的法律审判形式也成为了权力赤裸裸不平等的交换物。在关于密提林的辩论中(修昔底德 3.37—49)中,雅典公共演说家狄奥多德斯(Diodotus)痛骂了他的对手克里昂(Cleon),因为后者把对正义的关注与对异国政策的关注混淆在一起;修昔底德将克里昂描述为公元前 5 世纪"最为暴力的"政治家,尽管狄奥多德斯与克里昂持相反的观点(3.36.6),并且提倡仁慈地对待这些俘虏,但他完全拒绝用正义处理国家之间的事务,这向我们展示了一个强者任意妄为的世界,在这个世界里,他们不受任何类似于国际法的束缚。正如修昔底德在米洛斯的辩论部分明确阐述的那样(5.84—116),公元前 5 世纪的国际环境与赫西俄德所描述的阿斯卡拉的不同之处在于,在面对显著的国与国之间的权力不平等时,"寂静主义"并不是切实可行的选择。修昔底德写道,更为强大的雅典人禁止米洛斯岛上的居民坚持一贯的中立态度或者坚持诉诸神圣正义的可能性;最后,米洛斯人与普拉提亚人一样有着相似的命运,只是没有遭受多余的滑稽审判的耻辱。

## 柏拉图和亚里士多德论法律、公民和政体

法律和政权之间的关系在公元前 4 世纪的政治哲学书籍中是主要问题,谈到这一问题的首先是柏拉图,然后是亚里士多德(以及他在里克昂的学生)。据《书简七》(Seventh Letter,如果不是出自柏拉图,也是柏拉图学园的产物)记载,柏拉图从实际的政治学中抽离出来并因偶遇雅典法律而转向哲学研究:公元前 399 年苏格拉底

遭到审判以及他随后接受了死刑。柏拉图的几部早期著作,尤其是《申辩》和《克里同》,处理的问题都是正义的施行,以及法律程序和遵守法律的道德要求之间的关系。在《申辩》中,苏格拉底将注意力集中在与民主法律制度相关的系统问题上。他说"目前的控告者"(告发者墨勒图斯和他的同伴)没有"之前的控告者"危险——长久的传言都把苏格拉底错误地描述成天生的无神论者、诡辩的无道德者,并教给学生危险的言语艺术。苏格拉底说,作为被告,他不可能在这么短的时间内消除别人对自己多年的偏见,因此,裁决是由普遍的错误信念而不是眼前的违法行为所致。

《申辩》留给我们的印象是,民主法律程序在系统上是不正义的,至少对像苏格拉底这样的被告人而言是这样。然而,在《克里同》中,苏格拉底放弃了逃狱和避免被处决的机会,因为如果他没能成功"说服"审判官,那么他就有必然的道德义务遵守雅典法律。然而,苏格拉底所陈述的"说服或者遵守"这一信条是始终如一的:苏格拉底迅速地确立了坚定的道德立场,即伤害是不允许的,并且这种不服从会给法律的权威带来损害。之后,在苏格拉底与"雅典的法律"(nomoi of Athens)的设想对话中,一个更加确定的论点被提出:因为苏格拉底从法律那里受到了正面的恩惠(他的出生、成长和教育),所以苏格拉底恩将仇报(损害法律)明显是不道德的,即使是根据惯常的较弱者要"以牙还牙"的相互原则。此外,如果苏格拉底认为法律可能会让他做错事,他本可以选择在任何时候离开雅典;他自愿选择出现在城邦就表明他接受了与法律的协定:他的服从是为了换取好处。[1]

苏格拉底在此处严格遵守法律,而他在《申辩》中说虔诚会要求他不遵守禁止哲学思维的法律,这两者之间的矛盾只是表面的:在废除禁止不虔诚的雅典法律——据这条法律,苏格拉底事实上

---

[1]　关于柏拉图的《克里同》,参见克劳特(R. Kraut, 1984);维斯(Weiss, 1998)。

是有罪的——之前（在政治上是难以想象的），苏格拉底一定将这种禁止哲学思维的法律视为无效。在《克里同》中，苏格拉底分析了法律本身和陪审团法律决议之间明显的区别：法律禁止不敬的行为，但却允许公众阐述虔诚的定义。苏格拉底是有罪的，因为陪审团选择接受了墨勒图斯对虔诚的定义。对于大多数当代的读者而言，柏拉图笔下的苏格拉底认为，制度上的美德看起来一定是司法阐述中不太合适的一部分：因为苏格拉底认为以下情况有可能发生，即立法的公民大会会给道德的抽象概念赋予不好的定义（例如不敬或暴行），因此最好的方法是不给他们下定义。只要苏格拉底未被要求同意立法机构赋予的虔诚定义，他便能随时同意"不敬就得遭到法律惩罚"。我们可以从《克里同》中的辩论得知，即使雅典的民主"还不是最好"，苏格拉选择在雅典生活也是因为雅典法律的这种刻板可以允许他进行哲学冒险并同时遵守法律，这样他就可以将自己最后的罪行认定为在本质上虽不正义，但在程序上却是正确的。[1] 对苏格拉底而言，雅典的"法律实证主义"对任何建立在关于道德的错误理念上的法律制度——因此也会被施行——都是受欢迎的。

柏拉图早期的对话表明了雅典的"实证"法律实践允许实质上的不正义；在他晚期的政治对话著作中，柏拉图试图表明优越于程序正义的其他正义是可能的。一方面，《王制》中理想城邦的建立不是基于已建立的法律，而是基于根本的道德原则；另一方面，城邦在哲人王们的启蒙领导之下建立起来。然而，《王制》中这群对话者因为发明了"通过言辞建立城邦"这一方法而自诩为"立法者"（nomothetai；503c）。正义与根本立法之间的关系在《法义》———一篇不朽的对话，为克里特岛上一个假设的城邦马格尼西亚制定法律制度——中更为明确。马格尼西亚将没有哲人王：他们的管

---

[1]　参见奥柏（2000a；541—552）。

理角色会由法律自身完成。因此,柏拉图的《法义》对法律规则提出了强烈要求。

尽管马格尼西亚的法律条款有过修订,但它的法律相对来说具有稳定性。此外,马格尼西亚的民众不会盲目地遵守法律:每部法律都有一个前言,这会让每个公民正确地诠释立法行为背后的论证,从而自愿地且合理地接受法律并应用于自身。因此,服从是建立在赞同而不是强迫的基础之上:理性的说服力让柏拉图笔下的立法者避免了梭伦式的武力。也许马格尼西亚的法律改革最令人吃惊的是刑罚部分:柏拉图直接将惩罚建立在强迫的基础之上,而破坏了这一新的主题:马格尼西亚城邦中的惩罚意味着纠正罪犯错误的信仰——因此也是纠正他的犯罪行为,因为柏拉图主张正确的信仰会促使正确的行为。纠正也许会带来苦痛,但惩罚就类似于治病。纠正是为了治疗患病的罪人,而不是让他承受痛苦来交换它曾经因违反而给别人带来的痛苦。[①]

尽管柏拉图的政治对话关注的主要是法律和个人之间的道德关系,但亚里士多德在《政治学》中却明确地处理了法律和政体之间的关系。他精准并详细地叙述了如下概念,即一个城邦的法律是对其具体政体价值观的反映,并且法律根本的改变也预示着政体的改变。每一种政体的法律都支持其特殊的价值观:民主法律对促进自由和平等——民主的基本价值观——有益。有些政体(君主制、贵族制、共和制)在实质上比其他政体(平民制、寡头制、僭主制)更为优越。就可能遵守法律的政体中最为普遍的形式而言,即民主制与寡头制,亚里士多德明确表明,基本法的既定原则高于一切,因此,可以控制政治实体的瞬间立法冲动,是较好政体(更为中庸)与败坏政体的关键区分者:但在"极端"政体中,法律没

---

① 　关于柏拉图的《法义》,参见摩罗(Morrow,1960)和波波尼奇(Bobonich,2002)。柏拉图对惩罚的论述参见桑德斯(Saunders,1991)和艾伦(2000b)。

有真正的支点,统治阶层随心所欲。其他赞成贵族制的理论家中,色诺芬(Xenophon)明确将公元前 5 世纪晚期的民主雅典描述为一个法律不能购买民众意愿的社会。此外,亚里士多德是否将公元前 4 世纪的雅典认作一个"极端的"民主社会也存在争议。[1]

## 德谟斯忒涅斯以及法律与理论之间的循环

哲学家和像德谟斯忒涅斯这样的法庭演说家的法律实践发展了一些理念,而关于法律和司法过程的理论研究这一新兴雅典传统在这些理念不断的交织中得到了发展。直到公元前 4 世纪中期,雅典法律的实践者已经习惯法律和政治理论的相互交织;法学也成为法律公共演讲中不可或缺的一部分。以下的段落来自于德谟斯忒涅斯的法庭演讲《诉提莫克拉蒂》(*Against Timocrate*,公元前 353 年),它假设了陪审员中的某位听众能够利用关于法律的政治理论传统:

> 陪审团的先生们,我想向你们描述一下洛克里斯人(Locrians)立法的方法。听一听这个案例吧,它对你们无害,尤其是一个统治良好的城邦的案例。在那个国家,人们强烈地认为,监督已建立的法律是正确的行为,他们应该保护祖先制定的制度,永不为了满足一时的突发奇想而制定法律,也永不为了与犯罪妥协而制定法律,如果谁想要提议新的法律并立法,那他就是在自己的脖子上系绳索。如果法律被认为是好的并且是有益的,提议者就违反了自己的生活,但如果情况

---

[1]　参见施特劳斯的讨论(1991)。我要感谢 Danielle Allen、Ryan Balot、Chris Eisgruber、Amy Gutmann、Susan Lape 和 Stephen Macedo 参与讨论,多年来,这些讨论让我更好地理解了法律和雅典政治理论之间复杂的关系。

相反,绳索将越来越紧,最终他将窒息而死。事实上,(洛克斯人)还不足以大胆到提议新法律,只能严格地遵守旧法律。并且……陪审团的先生们,我们被告知,他们已经制定了唯一一部超过 200 多年历史的新法令(这部法令要求把独眼人弄瞎的人两只眼也必须要被弄瞎)。但陪审团的先生们,在雅典,我们的政治家很少在一个月之内不为自己的利益立法。大权在握的他们总是将公民拖入监狱;但他们不赞同将同样的正义之法运用到他们身上。他们随意地废除这些由祖先制定的曾经屡试不爽的梭伦法律,并且希望你遵守会给城邦带来损害的法律。如果你拒绝惩罚你面前的这些人,那么很短时间内,民众会成为这些捕食者们的猎物。(德谟斯忒涅斯 24.139—143)

像希罗多德一样,德谟斯忒涅斯让他的听众"想一想"异邦人的实践以及他们对法律的态度。洛克里斯人(雅典人也是如此)中的任何一员也许都想要通过制定新的法律成为"立法者"。在雅典,立法者因为制定了不好的法规(法令或法律)会遭到控诉,因此在立法的过程中,个人得承担风险。洛克里斯人的绳索让风险变得可见并且直接,他们的基本法律为接下来的法律制定行为确立了超高的风险,这意味着在过去 200 年里,只有一人(一位独眼人,其敌人威胁着要弄瞎他)曾提出让自己成为立法者。洛克里斯人立法程序的理论前提是他们对既定法律的固有偏好以及他们心中的怀疑,即一般来说,这些声称自己是立法者的人在没有严重风险时会为自己而不是城邦寻求利益。

德谟斯忒涅斯并没有说洛克斯人当中,谁才有权利判断提议的法律是极好的还是有用的(kalos 和 chrēsimos),或者说如果提议的法律失败了,谁该在自己的脖子上系紧绳索以示自己对施行了的法律负责。但审判和执行的最终代理人最终是"民众",因为这个故事就是为了教育雅典的"民众"怎样对待"兽性"(thērion)的政治家/立法者。在德谟斯忒涅斯的剧本中,这些政治家/立法者放肆地制定坏的法律,并且随意地废除好的既定法律(例如梭伦的)来扩展他们自己的利益。尽管他们希望制定的有害的新法律能命令大众顺从,但他们不认为自己是法律的一部分。德谟斯忒涅斯警告说,如果雅典人继续服从这些恶棍而不是惩罚他们,结果必将是"民众"被"畜生"奴役——即雅典人会堕落至赫西俄德笔下夜莺那样无可挽回、自然的前政治化的地步。德谟斯忒涅斯提到洛克里斯人,这一离题的作用明显是关键性的。与保守和正直的洛克里斯人相比,雅典的民主政体由于法律随意地被修订而被认定为处境危险,因为坏的新法律会导致政体的改变:"民众"的统治正在冒险被暴虐的如兽般的政治家的统治所代替。但德谟斯忒涅斯用一种积极的语调总结了这一部分(24.143):适当地表达对政治家的愤怒会立刻约束他们。这一乐观主义表明了雅典人对他们适应自己的法律程序和对大众陪审团能正确地审判复杂争论的能力充满信心:德谟斯忒涅斯的推理为大众上了清晰且实际的一堂课,与赫西俄德隐晦的"君王之谜"形成鲜明的对比。

在德谟斯忒涅斯的演讲(《诉梅地亚斯》,公元前 346)中,他颠倒了之前描述的关于洛克里斯绳索的"旁观者得出的观点"。德谟斯忒涅斯引用了雅典法反对"肆心"(hybris)的条款,法律明确禁止用暴行对待奴隶,随后,他让读者想象,某人即将把这部法律传播到这些"将被运至雅典的来自于野蛮人的奴隶"那里。德谟斯忒涅斯说,这些野蛮人在被告知雅典法之后,他们当然会印象深刻,并且会立即要求"你们所有人"当上 proxenoi 这个令人尊敬的职位:proxenoi 即为"当地的领事",他们以异邦人的立场照料人们的利益(21.48—50)。此处,德谟斯忒涅斯通过想象非雅典人震惊以及感激的"表面"反应强调了雅典法律的古怪之处(它拒绝宽恕人们对外邦奴隶的专制傲慢)。

《诉梅地亚斯》的讨论围绕的是政权和法律制度之间的关系：在另一个思想实验中，德谟斯忒涅斯让陪审员想象如下情形，若他敌人的伙伴很富有，并且是城邦的统治者，那么"你作为民主派的其中一员"会在富人们组成的陪审团面前受审。德谟斯忒涅斯预言，在这种情况下，贫穷的人将没有机会得到公平的待遇（21.209—210）。德谟斯忒涅斯的意思是，民主的法律制度能保护贫穷的公民和弱者免受富人和掌权人的欺压。德谟斯忒涅斯拒斥如下概念，即"法律的统治"会一视同仁地对待民众。他重新强调了参与其中的民众行为与足以强大得保护弱者的法律秩序之间的循环关系。德谟斯忒涅斯说"民众"通过维护民主法律制度而变得强大，随后，他问："法律的权力是什么？"他指出，如果某人受到袭击并且寻求帮助，法律本身不会马上赶到受害人身边展开营救。"不会，它们只是铭刻的字母并且也没能力那样做。那么它们的动力在哪里？如果你拯救了它们并且在任何时候任何人寻求帮助的时候你能让法律有权威，那么你就是它的动力所在。因此法律因为你（人民）而变得强大，而你因为法律而开始有权力。"（21.224—225）

雅典人对法律和政治理论的双重关心使得他们在希腊人中独一无二。但在独特的雅典风格里，民主为这种双重关心提供了一片尤其肥沃的土壤。在德谟斯忒涅斯作为民主政治家的生涯里，他是法律的立法者（提议重要的新法律）和"消费者"（经常成为原告和被告）。但他同样扮演了"法律的公共政治理论家"的角色，他关注法律的实际权力、修订程序和法律内容之间的关系，关注政体和法律审判影响之间的关系。立法者、诉讼当事人和理论家，德谟斯忒涅斯集这三种角色于一身，在与他同时代的公民眼中，这些角色对于德谟斯忒涅斯来说再合适不过了。尽管希腊城邦有这种或那种法律，并且我们在早期的希腊文学中也发现了政治的理论化，但正是在雅典的古典时期，自觉的政治理论化和当前的法律实践之间的循环关系得到了最好的实现。

# 22. 希腊思想中的法律与自然

朗格(A. A. Long)

## 一

nomos 和 physis 这两个希腊词语分别意为法律和自然,他们适合于非常宽泛的理论假设,哲学家可以因这两者内在语义的相似性将他们连接在一起,或者可以强调两者用法和意识形态所带来的显著不同之处而将两者进行对比。在文本中,他们也许由原则("根据"nomos 或"根据"physis)来释义,或甚至由宪法或协议来释义;因为某物的 physis 是其基本的结构或本质,而 nomos 等同于音乐风格、社会风俗、神圣原则或成文法这些术语,这些术语表明了条理化的程序,这些程序对于这些术语所属的所有类别都合适。但这并不是说这两个术语永远都是同义的。nomos 总是约定俗成(prescriptive)并且是标准规范的,含有被批准和被要求之意,如果 nomos 被忽视,它将导致惩罚性的或伤害性的后果。physis 的领域基本是确凿且描述性的(descriptive)。然而,像 nature 这一词在英语中的用法一样,physis 同样可以具有强烈的约定俗成且标准规范的内涵寓意,正如希腊化的道德原则一样,最好的人类生活需要"与自然相一致",或者说希波克拉底式医生们

（Hippocratic physician）建议的为了健康而关注身体的"自然"要求。

　　nomos 和 physis 语义的重叠和模糊的差异因为以下两种因素的影响而变得非常复杂，一是历史上关于这两个词是怎样使用的说法，二是他们各自具有的不同寓意。公元前 5 世纪的希腊给我们提供了关于法律和自然的颇多讨论，偶尔，我们会读到自然的法律（nature's law(s)）。然而，更为常见的是，两者被设定为相互对立，尤其在有关道德和政治的文本中，作者经常用蔑视的口吻将习俗或法律与自然观和自然条件相对比。为什么会有这种情况发生？为什么之后我们发现自然和法律完全联系在了一起？这就是这一章节中我想要处理的主要问题。

　　在现代思想中，自然和法律之间的联系从属于两个明显不同的领域。一方面，存在着一种道德法则的理念，它由上帝或至少是由非确定的人类立法者所授予，在空间和时间上，它不变且普遍有着权威性。另一方面，所有自然现象都"遵守"物理规律或力量（例如移动定律）的理念。把以上两种理念结合起来是可能的，正如有些中世纪的思想家所做的那样，他们假设上帝签署同意了这两种准则；但从概念上讲，普遍的道德法则与管理物理世界的基本原则不同。关于这个话题，很多现代文学都忽视了这个基本的区别；因此，为了让大家清楚明白，我会把前一种理念称为自然法（natural law），而将后者称为自然的法则（laws of nature）。① 与人类的发明和习惯形成对比的是，这两个理念的相同之处在于他们假定有一类型的法律具有绝对的客观性和权威性，此外，他们都将自己领域的所有事物融合在一起。然而，他们的重要性却不同，因为自然法规定的行为可以违反，然而自然的法则就顺从而言完全是可预

---

① 　关于自然法，参见芬尼斯（Finnis，1980），关于这两种法则，参见沃尔海姆（Wollheim，1967）和芬肯斯坦（Funkenstein，1986）。

见的。

我们发现,廊下派(stoicism)和受廊下派影响的罗马法学家和哲学家西塞罗的作品中明确地确立了自然法的道德和神学概念。然而,它只是断断续续地简略地再现了早期的思想家;因此问题出现了,在古代思想中,为什么自然法完整出现的时间会那么晚? 这个问题也毫无例外地适用于自然的法则和科学观。柏拉图和亚里士多德没有对这个问题进行说明或有对应的思想,但它在卢克莱修(Lucretius)的伊壁鸠鲁式诗中是一个重要的元素,人们同样在廊下派的塞涅卡(Seneca)的科学著作中找到了它。自然法和自然的法则出现在这些罗马思想家的书中,但并不意味着他们预见了前者本质上的基督教背景,或者预料到了后者的数学推定。然而,不管偶然或故意,某种持续性的存在是明显的。

当然,柏拉图和亚里士多德在他们的伦理和政治著作中谈到了大量的法律。但这不是我在这一章想要谈的重点。此处,我关注的完全是法律和自然之间的联系,在这里,法律被解释为预示了宇宙的科学结构和/或道德结构以及宇宙的重要基本原理。当早期的希腊宇宙学家开始推广客观的"自然"(physis)概念时,他们利用了社会和伦理的概念,例如正义与和谐,他们把这些概念作为他们对宇宙秩序模式的暗喻。然而,除赫拉克利特以外,他们严格意义上来说都没有求助于法律(nomos)本身。是什么原因导致了希腊人对法律——科学演讲中的一个"确定"因素——的沉默?

二

为了解决这个问题,我们首先需要注意的是从赫西俄德时代到柏拉图时代 nomos 的各种不同用法。在赫西俄德时代(参见下文),nomos 意味着神赐的常规或原则,公元前 5 世纪的作家也许将"神圣法"或"不成文法"(unwritten law)与人类的法规相比较,这当中最为著名的作品是索福克勒斯的《安提戈涅》。[1] 因为这一比较的要点是通过求助于普遍标准来批评当局的对策,所以我们似乎因为神性的批准接近了自然法的理念。然而,敢这样说话的作家并没有将这种较高级的法律称为"自然的"。更确切地说,在公元前5世纪晚期,希腊的 nomos(单数)经常被用来与 physis 相比较,其目的是为了反对对于客观、完全真实且必然的国家事务来说仅仅是惯例、常规或任意的事物。然而,由于成文法的制定,早在一个世纪以前,nomoi(复数)就有了可确认的出处(真实的或假定的立法者,例如德拉古或莱库古斯)。更为重要的是,作为雅典、斯巴达等国家的法律,他们已经获得了巨大的权威和声望。就这一点而论,他们被认为是一个城邦生活中必要的结构,并且通常被拿来与野蛮的或前文明时代的人类自然状态相比较。

相应地,nomos 的寓意和评价是多样化的,并且可能与 physis 本身形成对比。归于这一术语之下的习俗、法律和惯例也许会被如此判定:对社会有用的或强制性的,有用的调节或收缩,普遍的或相对的有效,对自然状态的改进或没有根据的强迫施行。将所有这些用处连接在一起的——神圣的、习俗的、惯例的、立法的——是如下一种想法,即尽管 nomos 并不必然可能归属于明确的行为和具体的创始人,但它的存在都依赖于刻意的安排或惯例。

至于 physis,我们有一个措辞,称公元前5世纪的宇宙学先驱者们和内科医生们都选择将世界看作一个整体,并且认为凭借不可复原的方式所发生的现象和过程都不依赖于人类的目的或干预。[2] 因此,希腊早期对"自然"的问询是对如下问题的探

---

[1] 450—457 行,在与国王克瑞翁世俗的 nomoi 进行对比后,安提戈涅将他们("神圣法"或"不成文法")称为 nonima;参见奥斯特瓦尔德(1986:101—102)和他对不成文法的引用,130 注释 133。

[2] 格恩里(Guthrie,1962:82—83)和劳埃德(1987:13—14)。

究,即物质世界在普遍的运转过程中为什么是规律的和系统化
的? 它又是如何做到的? 因为人类是"自然"世界的一部分,一
些早期的思想家,包括人类生理学家也在探索这个问题。尽管
他们感兴趣的主要是人类体格中正常和不变的特征,但他们同
样敏锐地觉察到了由当地的传统、环境和生活方式所体现的人
类团体之间的文化差异。这种对 physis 开创性的研究是所谓的
nomos/physis 对比的催化剂,根据这一点,与物质世界必需且不
变的属性相比,人类制度和价值观严格地来说是相对的并且是
易变的。

那么,我们可以概括说,在早期希腊哲学中,因为 nomos 太过
严密地被授予精神上的含义,所以就不能成为对"自然"规律和价
值观的恰当隐喻了吗? 若没有限定条件,这一提问不可能完全正
确,因为,尽管原子论者德谟克利特(Democritus)将 physis 的领
域看作是严格机械的并且是无意识的,但在早期的宇宙学家中,
他的这种观点仍属例外。他们当中的很多人认为 physis 是一种
神性的中介和神性的智慧,虽然这种神性与传统的被赋予人形的
众神不同。然而,在柏拉图时代以前,我们在哲学中几乎没发现
详尽的神性目的论概念或宇宙目的性概念。阿那克西美尼
(Anaximenes)的神性气体、恩培多克勒(Empedocles)的友爱与争
吵的对立本原、阿那克萨戈拉(Anaxagoras)的 Nous 都被赋予了
人的思考。但他们的宇宙机制和任何直接与人类立法类似的事
物相比还有天壤之别,因为后者伴有公民的和使公民开化的
目标。

早期希腊哲学家并未将法律与自然相联系,我认为最主要
的原因并不是这两者之间内在的不一致,nomos 的内涵寓意是
标准的且严格来说是有人性的,physis 则被解释为是价值中立
的且纯粹机械的;如果这两者之间存在着内在的不一致,我们将
不会得悉我们现在会听到的自然法、自然的法则、神法或自然的

人格化。对这一问题更深层次的解释是，在公元前 5 世纪的政治生活中，nomos 必定有极具人性化、立法具体化和寓意局部化的含义。

早在赫西俄德时代，我们就发现了自然法和自然的法则不明显的轮廓，或者说我们发现了我们自己也许会解释的 nomos 一词被运用的领域：

> 克诺诺斯之子已将此法则交给了人类。由于鱼、兽和有翅膀的鸟类之间没有正义，因此他们互相蚕食。但是，宙斯已把正义这个最好的礼品送给了人类。（《劳作与时日》，张竹明、蒋平译文，276—280）

这一文本的有趣之处在于赫西俄德事实上也许并不知道成文法。对他而言，人类和兽类的行为因神性的 nomos 而存在差异。然而，当我们将目光从其他的动物转移到人类身上时，那种 nomos 的普遍性和神性（或者自然性）则改变了它的意义。他们（我们可以说）共同拥有掠夺的本领，这种天赋不可避免地控制着他们；这是他们本性的法则。正义的规范性对于人类而言同等的普遍，但与兽类不同的是，我们可以摒弃这种天赋。动物的掠夺行为是可预测的；而人类行动的正义性却是不可预见的。

赫西俄德开始谈到描述性之法（descriptive law），后来说到规约性之法（prescriptive law），这种转变表明了一种趋势，这种趋势似乎是自然法观念的本土化。然而，赫西俄德的正义观从长远来看是不可避免的，甚至即使它很晚才会出现。人类也许会因为成功地逃脱惩罚而蔑视法律，但与人类法不同的是，神性的正义包含了报复和惩罚的必要性。

关于 nomos 的普遍力量，尽管赫西俄德有过阐述，其他一些人有过零星的说明，但早期希腊科学强有力的象征是正义，而不是法律。① 米利都学派(Milesian)的宇宙学家阿那克西曼德(Anaxi-mander)使这种用法成为可能,他说,宇宙的基本特征(也许将他们等同于像热和冷这种相对物)"根据时间的评定会因为各自的不公正互相惩罚和报复"(DK 12 B1)。根据这一阐述,自然改变本身是受到控制的,同时,宇宙代理人被解释为好像是互相竞争的公民,他们之间相互的侵犯公平地被相互的补偿所弥补。赫拉克利特说:"太阳不能超出他的尺度。如果他那样做了,正义的掌管者,复仇女神会把他揪出来。"(DK 22 B94)在恩培多克勒的宇宙学中,对立的能量友爱与争吵平等且交替的盛衰被解释为一种本质的、被时间掌控的功能轮换的模型(DK 31 B 26 和 30)。帕默尼德(Parmenides)将正义援引为可以确保真正实在的力量,这种正义与事物看起来的正义不同,它在空间上和时间上保持不变并且对所有改变都不为所动(DK 28 B 8.14—15)。

　　对这些思想者而言,自然的秩序是对明显的社会制度的效仿。考虑到分配给正义的显著角色,我们似乎看到了不变的自然的法则这一理念的要素,即使这不是最准确的表达。然而,作家都喜欢使用正义而不是法律的这种行为几乎不是偶然的。他们想要清楚表达的概念是物质现实的必要秩序和制度。他们可获得正义,它并不仅仅是人类的制度,也是被宗教权威神圣化了的概念,并且已经被隐喻性地运用于自然过程中,正如梭伦将宁静的海洋描述为"最为正义的"(残篇 12W)。谁都不能想象"最为遵守法律的"的这种用法会出现在这种语境中。在阿那克西曼德和后来的早期宇宙学家所生活的时代里,nomoi 不管是作为习惯法还是成文法,都是各种各样的、易变的且受到了公民的影响,以至于为了宇宙秩序的超个人制度而将他们自身确立为一种恰当的模型。实际上,恩培多克勒和德谟克利特在使用 nomos 一词时,将它与"纯粹的协

① 参见弗拉斯托索(Vlastos,1947)。

定"(mere convention)的含义联系在了一起,其目的是将非科学的信仰和术语与事物的"实际"相对比。①

早期希腊哲学家都不曾明确地谈论自然的法则或自然法。然而,赫拉克利特的一篇文章以及他的实践却与大众的喜好不同,因为他援引了宇宙正义而不是宇宙法。

> 以理智说话的人必须遵守人所共有的东西,就如一个城邦必须遵循它的法律,前者比后者还要更为坚定;因为所有人法都由那唯一的神法所哺育;因为它拥有任何它想要的权力,它不但能满足一切,而且还有余。(DK 22 B114)

像所有赫拉克利特隐晦的谚语一样,这段话缺乏一种由作者解释的上下文语境。然而,他要求将智慧集中在"共有的东西"上,这一言论适合他一直以来的坚持,即人类有必要向自然的公开真理敞开胸怀并抛弃纯粹非公开的和褊狭的倾向。这些自然的真理(他普遍将这些称之为 logos 或者"基本原理")在以下的意义上来说都是"共有的",即他们都可以接近所有的事物,并且同样可以解释所有的事情。因为此篇文章的研究目的明确,我们没有必要探究赫拉克利特口中的 logos 的具体含义和意义。② 我们只用说如下言辞,即这种观念包括了自然过程的一致,也包含了一种理念,这种理念认为常规上的相对立物,例如生与死、战争与和平都互相牵连。

此处,赫拉克利特开始在以下两者之间进行类比,一方是城邦从城邦中的法律中获得的力量,另一方是由依附于城邦客观的和

---

① 恩培多克勒 DK 31 B 9,德谟克利特 DK 68 B 9。恩培多克勒 DK 31 B 8 同样认为把 physis 当作是"生成"之意的惯常理解是错误的,因为"生成"与真实的自然截然不同。

② 研究赫拉克利特的近代最好学者是卡恩(Kahn,1979)。

普遍的规则而产生的恰当的精神能力。然后,赫拉克利特主张民法和"神圣法"之间仍然有一种更为亲密的关系,在他之前提到"共有"事物时,我们应该会把这种关系看作是含蓄的。普遍且全能的神圣法是人类法的"营养品"。这个暗喻表明了公民的法规在吸收了与褊狭的和不可预知的规定截然不同的习惯法之后,它是有效的。

　　赫拉克利特并没有解释这种吸收具体上和实际上来说要求的是什么。任何人都想知道,这种吸收是怎样与他在任何地方都发表的激进言论相关的,包括"正义就是争吵"和"战争是万物之父,万物之王"。① 他这是在提议说人类的立法是(或者至少应该是)基于他所说的对立物相和谐的普遍原则,因此违法和报复是平衡的,并且不可避免地与制裁犯罪的惩罚联系在一起? 如果这样,他应该为阿那克西曼德的宇宙正义观提供一种与公民相关的事物,这种事物可以解释为什么他要在此处提及法律。对于这一问题,我们只能推测。若不是要进行概念上的探究,这种解释的不确定性几乎不重要。他的神法是一种自然的法则,它表明了自身处在宇宙规律和相互性中,处在每天太阳旋转、季节变换和生与死的轮回中。与人类法不同,它看起来似乎是自然的,它拥有一种普遍的、权威的和客观的范围,这种范围公民法至少能尝试着靠近。

　　由这一残篇可知,赫拉克利特并没有赞同在他死后没多久就流行的 nomos 和 physis 的两极化。尽管他对人们惯常做出的价值判断高度敏感,但他思想的全部要旨是研究世界的潜藏之物,虽然模糊不清,但却完整统一。法律或似法律的过程构成了他的思想,并且它们似乎被包含在或等同于支配性的和神圣的 logos 中。他没有详细说明这些主要的观念,但是对他隐晦的陈

---

① DK 22 B 80 和 53。

述的沉思会有助于激发廊下派完全清楚明了地阐述自然法的理念。

　　尽管赫拉克利特甚至没有明确地将 nomos 和 physis 这两个术语连接在一起,但了解他对于理解我们主题的背景很重要。这一搭配首次出现在了修昔底德(5.105)在接近公元前 5 世纪末写的文章中,当时雅典正与雅典帝国中一个反叛的部落米洛斯(Melos)产生了冲突,修昔底德笔下的雅典外交使节残酷无情地说:

> 　　自然总是迫使神明(我们所信仰的)和人类(必定包括我们)去统治他们可以控制的任何人。我们没有制定这样的法律,并且我们也不是第一批遵从它的人;但是我们对待它的态度就应该像是我们刚发现它时的态度一样,并且将它永远地留给我们的后代,因为我们知道,如果你拥有了我们的权力,你也会那样做,其他人也会如此。(加加林和伍德拉夫译,1995)

　　仔细斟酌后,我们在此处惊奇地看到了一种转化,即公民将 nomos 和标准的正义结合在了一起。雅典人并没有援引自然法来表明普遍意义上正确的道德准则;他们也并未说他们应该征服米洛斯人。恰恰相反的是,他们向自然的法则求助,它对于人类行为甚至是神明都是普遍的且具有预见性。在类似科学和非道德的意义上来说,此处提到法律是用来辩解的。可以说,文章在一定程度上诉诸了"事实",但它描述性的和不带感情的要旨传达了一个明显约定俗成的要点:抵抗我们的力量是无用的;因此只能屈服。我们用数学的形式表示这一原则:如果人物 A 比人物 B 更为有权力,那么 A 必定会寻找方法控制 B。尽管人类参与其中,但这是不可违反的自然的法则之理念。

　　雅典人与自然和法律之间的关联,需要与柏拉图在他的对话篇《高尔吉亚》中描述的雄心过度的政治家卡里克勒斯(Callicles)所使用的表面上相似的术语的关联区分开来(483c—e)。卡里克勒斯在《高尔吉亚》中将"根据法律"(JL)得出的正义与"根据自然"(JN)得出的正义区分开来。"根据法律"只是纯粹的一种惯常原则,即做加害于别人的事是可耻且不正义的。就这一点而论,这种原则被弱者接受以用来保护自己免受强者欺负。至于"根据自然":

　　　　我认为自然本身表明了强者比弱者拥有更多的利益是正义的,势强比势弱的人拥有更多的利益也是正义的。自然是如此表明的⋯⋯在其他动物领域和整个城邦中以及人类中,强者欺压弱者并且比弱者拥有更多的利益,这是正义的。当薛西斯(Xerxes)朝希腊进军或他的父亲侵略塞西亚时,他们有何正义可言? ⋯⋯我认为,他们的行动根据的是正义的本质——实际上是根据真正的自然的法则,不过无疑的是没有根据我们设置的法律。

　　像雅典人一样,卡里克勒斯通过提到自然而为侵略的行为辩护。然而与雅典人不同的是,他建议将"根据自然"作为道德的准则,这不仅将自然与法律联系在一起,也和正义联系在了一起。他并没有像雅典人那样说强者注定要征服弱者,而是说他们这样做自然是正义的,并且如果他们选择这样做了(他们也许会拒绝这样做),他们并不是真正有罪而只是按常规去做罢了。
　　学者通常将卡里克勒斯援引自然法的行为看作是柏拉图故意设置的矛盾或道德悖论。得出这一评价的原因大概在于卡里克勒斯的自然法,因为它支持侵略,否定法律公平、对社会有益和公民神圣不可侵犯这些标准含义。当然,卡里克勒斯的提议与赫拉克利特从神性的和普遍的原则中得出的团体法(community law)相反。卡里克勒斯想要引起轰动效应。然而，尽管他的自然法与普遍的道德准则相反（在廊下派和基督的传统中），但他暗示特殊的法典因为与不变的、单独有效的正义标准相一致而可能受到挑战，通过这一方式进而预言到了自然法这一理念的修辞感染力。

修昔底德和柏拉图的语境让我想起了 nomos/physis 的争议，这曾引发了诸如语言的基础和道德准则的基础这些话题的热烈讨论。① 如果被规则支配的语言只是人类的协定，那么社会传统和法律自身除了惯例之外还有其他的权威吗？自然有必要性的含义，在描述 nomos 的任意性时，它已经成为了标语，正如在阿里斯托芬对流行的理智主义的谐剧模仿中，一位名叫 Unjust Argument（歪理）的角色提倡完全放纵地"利用某人的本性"并且"想到（nomize，是 nomos 基础上的变形）万物皆有德"（《云》1077—1078）。支持 physis 而反对 nomos，会是或者会被认为是一种对文化规则的拒绝。

然而，批评传统习俗和惯例法同样是一种积极的建议，只要这种批评能保证正确地理解某个人的本性就可以解放他直到他过上更为真实的生活，这种生活基于与文化原则不同的自然原则。在公元前 4 世纪中期，犬儒派的第欧根尼斯采用了这一路径。第欧根尼斯在蔑视体面的传统标准时——甚至以在公众场合手淫的方式——宣称他要让"传统颜面尽失"（defacing the currency）：也就是说，他嘲笑在自然中缺乏任何基础的 nomoi，因为他喜欢通过将人的行为与动物行为的对比进行证明。犬儒派这种援引自然原则的方法尽管极端，但却与希腊化时期的哲学流派产生了强烈的共鸣。②

---

① 格恩里（1969）在他的书中彻底地研究了这一争议；另参加加林和伍德拉夫（Woodruff，1995）。

② 参见朗格（1996）。

# 三

在讨论 nomos 和 physis 之前,我们应该探寻柏拉图和亚里士多德在这个争论中持什么立场。他们认为,人类的本性天生是社会性的;他们是道德的客观主义者,用自然正义的理论反对相对主义;关于物质世界的合理性和秩序,他们有着强有力的观点。难道他们不可以,实际上也不应该支持自然法和自然的法则的观点吗?关于这些重要的问题,我的回答只能是简短且不完全的。[①]

至于自然的法则,我们似乎相当容易解释亚里士多德的沉默。他的根本原理是,最初不动的推动者(unmoved mover)完全是从物质世界中脱离了。作为一个神助的创造者,这种无形的和极好的心智并没起作用;就超越自然这一点而论,亚里士多德的神性观仅仅是完美的理智,它永恒及不变的活动在存在的巨链中让每件事都处于合适的地位与角色。亚里士多德笔下的神明与立法者没有一点共同之处。此外,神明是物质世界的根本起因,物质世界有着变化性和偶然性,这种偶然性与神性的自然本身以及它直接引起的天体运动无关。亚里士多德的 physis 是一种有系统和有目的的结构;正如他喜欢说的那样,"自然是有目的的",虽然自然的过程并不是偶然事件,但它却"永远如此或通常如此"是这样产生的(《物理学》2.198b35)。亚里士多德在这个原则中的第二个选言命题"通常如此"使得他远离了如下观点,即在尘世中,自然的法则有着绝对的可预见性并且是毫无例外的。

与亚里士多德不同,柏拉图将物质世界的根本原因假想为上

---

① 关于柏拉图和亚里士多德对法律的理念,参见罗伊(Rowe)和斯科菲尔德(Scho-field,2000)。芬尼斯(1980)在支持他自己的自然法理论时经常同时引用这两位哲学家,然而,他的自然法理论与廊下派和阿奎那的理论有着天壤之别。我在使用这种措辞时,还没有看到认为柏拉图和亚里士多德与自然的法则相关的研究。

帝的意愿。那种意愿的合理性和善意使得世界处于最好的可能性之中。柏拉图使劲地抵制宇宙学的机械模型,这种模型会产生一种结果,即无意识的自然或严格意义上的物质状态和事件优越于思想活动和思想强制,包括技艺和法律(《法义》10.889c)。这种因果律的心灵主义模型似乎为物理定律腾出了空间或至少是为世界制造了一个宇宙立法者。并且柏拉图的确用希腊式的表达说到了"自然的法则"(《蒂迈欧》83e4—5)。然而,令人惊奇的是,他谈到的是一种生理学,这种生理学关注的是与"自然的法则相反"的"病态分泌物",也就是说是一种标准的结果。他没有援引自然的法则,必然是因为他认为身体的特质或世界基本的物质是必然特定的,而不是由某物创造;尽管柏拉图的自然观是顺从神性的技艺,但它难以操作以至于不可能创造一个事件的发生会符合绝对普遍法的世界。

当我们问柏拉图和亚里士多德在道德领域是否有一部自然法的理论时,我们面对的是定义的诸多困难。普遍观点认为,没有哪位哲学家完全预料到了廊下派的道德观念会顺从于凭借神的力量制定的行为守则,这些守则的普遍有效性基于同样的神性理性,在经验主义自然中,这种理性决定了所有的事物。两位思想家都倾向于把法律看成是特定的社会制度,它的规定太过于普遍化以至于不能成为识别道德高尚的人具体的沉思和抉择的恰当观念。因此,严格说来,他们是在政治语境中而不是在他们分析人类的优秀领域中谈到法律。

然而,尽管柏拉图和亚里士多德很清楚一些法律仅仅是习惯法,这些法律在客观的正义中没有必然的基础,因此,两位偶尔会援引到自然作为优秀法律的标准;并且他们同样认为从人类的角度来说,公民屈从于法律的规则是合乎人性的(有益的和恰当的)。

当亚里士多德在《修辞学》(1.13)中区分"特别法"和"习惯法"时,在某一点上来说已经最为靠近廊下派的构想。亚里士多德将

"习惯法"称作是"天然的",他这样描述道,"世界上存在着一种普遍的共同正义和非正义,他们不依赖于任何组织或协议,这是每个人的直觉";他在阐述这段话时引用了安提戈涅的宣言,即她埋葬兄长是正义的,尽管特别法禁止那样做。正如我们看到的那样,亚里士多德衡量自然的标准是它永远如此或通常如此是这样产生的。很明显,他拥有概念性的手段来提出一个成熟的自然法理论,但他没那样做。他在极大程度上将法律看成是政治制度所特有的,并且没有将它们看成是道德的规定,而是政治正义的"法律化",且非自然的元素。在《政治学》(2.1269a20)中,他说法律的唯一权威是习惯,而习惯反过来依赖于法律的寿命。

也许有人会将亚里士多德的所有法律理论归类在一种遵循自然与惯例之间的中间道路的理论中。凭借着人类是天生社会性和理性这一点,法律也是天然的,但总的来说,这种普遍的事实并不意味着像这样的法律对于人性而言可以成为适当的标准或道德上的善的保存之处。

柏拉图在他的伟大著作《法义》的最后部分最为接近廊下派的哲学。当被告知无神论是有害的,尤其是在纯粹机械的对自然阐述后产生的无神论,柏拉图的其中一个发言人说(10.890d):

> 一个恰当的立法者应该维护法律自身和技艺,因为两者都是自然的或不次于自然,因为当他们被正确描述时,他们实际都是理性的产物。

法律和自然结合在一起是为了反驳一种无神论提议,即立法仅仅是技艺(technē)的产物,法律的条例并不基于"自然",因此他们缺乏真理。柏拉图宣称自然本身本质上就包括智创论(intelligent design),他重提并且试图解决关于 nomos/physis 的长久争论。那个论题对廊下派的自然法理论将会是最重要的,并且很有可能直接影响了它。柏拉图并不认为对自然理性秩序的反思实际上能为一贯正义的和有品德的行为提供类似法律的原则,但廊下派却坚持这样的看法。

# 四

柏拉图和亚里士多德思考法律问题时,其背景为希腊城邦。城邦的渺小和它不同的形式在他们的政治理论中完全表现了出来。他们伦理学的本质特征强烈地反映了同时代的希腊价值观,尤其是亚里士多德的伦理学。古希腊世界因亚历山大大帝征服埃及和中东而被世界认识,它展现出了一种更为宽阔的远景和对共同人类本性的更为强烈的意识。随着对种族和当地希腊风俗的重视程度减弱,这种更为宽广的视野是新希腊化哲学流派伊壁鸠鲁学园和廊下派之间的区分标志。他们都起源于雅典,但他们的使命和影响力却是世界范围的。

两个学派都试图建立遵守人类本性的道德理论。他们与犬儒主义者的观点相同,即大部分一贯被认为是幸福必需品的事物仅仅是一种传统的估计,他们并没有被一种人类需求和满足感的恰当认识证明为是正当的。在对自然目的教义的详述上,他们互不赞同。因为伊壁鸠鲁派将唯一内在的善等同于享乐和无痛苦,城邦的存在和正义作为共同的保护来源,仅仅是在价值上起重要作用。然而,伊壁鸠鲁认为社会契约要抑制"自然正义"的侵略,同时否认正义本身。① 然而廊下派认为幸福单纯地基于性格的卓越,整个世界是神明和人类的共同体。在其成熟的构思中,宇宙是一种类似公民的和政治的实体,这种特别的理念是理解斯多亚自然

---

① 伊壁鸠鲁《基本要道》(*Key doctrines*)31 和 37。参见朗格和塞德利(Sedley,1987)——以下简称 LS—22A 和 22B。

法理念的最好背景。

　　最近,有很多关于廊下派创始人芝诺的著作,他们主要是想传播自然法的理念。[①] 关于早期的斯多亚,我们只有零星的资料,但我们知道芝诺最为著名的作品《理想国》,它描述的是一个民众自我管理且没有司法制度或成文法的乌托邦。他们"由习惯法哺育"(LS 67A,重复赫拉克利特的观点,之前已述),芝诺将它等同于"正确的逻各斯"(orthos logos)。好的法律是合理的,这一概念并不新奇,但芝诺迈出了崭新且激进的一步,他建议智者的城邦能够并且应该摒弃传统的城邦制度,他的先辈犬儒主义者们曾提到过一部分。人类的本性本质上来说是理性的,当逻各斯趋于完美时,它会为人类提供绝无错误的行动指南。正确的逻各斯本身是约定俗成的、受限的并且本身能履行法律的功能。因为它随着规范的人类本性的变化而变化,所以它的范围是普遍的或共同的。因此,原则上来说,自然法仅仅是每一个人都能达到的逻各斯的正确性,并且人类也能按照其执行。

　　如果芝诺的思想仅是如此,那他关于自然法的理念至多就会呈现为一种虔诚的希望。他的《理想国》被描述为"是一个梦或者是城邦被哲学家有序统治的一种影像"(LS67A),因此《理想国》中的理论还不太实用。在廊下派哲学中,自然法有着强有力的内涵,其原因在于它的基础不仅仅是人类本性的完善,也是自然本身的完善,这种自然被识别为是上帝——宇宙中完全理性的和普遍的起因。尽管人类还未曾达到完美的理性,但这种状况是世界客观的特征,完美的理性在上帝心中以示例形式出现,并且人类通过他们自己理性的天赋也能获得。廊下派将世界看作一个整体,物质过程以及尤其是人体组织都被神性地和理性地管理着。在对自然

---

① 参见沃森(Watson, 1971)、斯特莱克(1987)、尹伍德(1987)、范德·维尔德特(Vander Waerdt, 1994b)、德·菲利珀(De Philippo)和米特西斯(Mitsis, 1994)。

秩序恰当地沉思后,他们说,我们应该意识到善和真正的合法在于他们与正确的逻各斯一致。但这一观点并不是说,我们就能简单地读懂自然这本书并且由此能推断出行为的准则。相反,整个自然的理性结构及其造物主的善意和智慧认可了以下的原则,即通过培养我们自己理性的本性并且服从命令,我们应该与自然法或神性的权威步调一致。

廊下派的克里安西斯(Cleanthes)写了一首赞美诗(LS 541),他赞美宙斯用他的法律操控着一切。"宇宙中的所有,"他说,"都遵从你,不管你指引哪条路,他们都心甘情愿地服从你的支配。"他重复地强调"习惯法"或"逻各斯"(再次重复赫拉克利特的话)。唯一不遵从法律的是人类的恶;因为人类在追求并不真正是他们感兴趣之事时要愚蠢地犯错。然而,在最后,宙斯说:"任何事物,好或坏,都享有永恒的基本原理。"克里安西斯在结束他的赞美诗时祈祷在上帝的习惯法所施与的分配物中获得信任。

此处,我们好像不仅看到他提到了普遍的道德准则——自然法,还提到了自然的法则;因为宇宙的绝对服从符合后一种理念,而愚蠢之人的不服从则属于前一种理念。我在这一部分的卷首曾说到,自然法在道德意义上说是可以被违反的,然而自然的法则不应该受侵犯。然而,由克里安西斯这段话得知,愚蠢之人违反自然法在最后并没有削弱神性分配物的全部合理性。

这一情况很复杂,而当我们意识到以下的事实时,事情变得更为复杂,即廊下派是绝对的宿命论者,他们认为发生的任何事,包括人类的行为,都由神性的计划预先设定。但此处不适合阐述这种复杂性。[①] 我提到它是因为它强调了将法律和自然的理念联合起来所具有的吸引力以及存在的问题。与人类法不同,规定了绝对客观价值观的自然法应该具有独一无二的权威和普遍性。关注

---

① Bobzien(1998)研究过这个问题。

于自然事件的规律性宣传了以下观点,即自然事件在系统性上与法律相似,而这种想法反过来又可能宣传另外的一种观点,即类似系统的和普遍的行为法则是存在的。然而,正如克里安西斯他自己意识到的那样,自然法并不是可直接实施的。我并不想宣称他只是合并了自然法和自然的法则;但看起来似乎他的确从后者寻求到了对前者的支持,但这是非常有问题的。

实际上,希腊的廊下派在谈到绝对的自然事件和过程时并没有普遍地援引法律。然而,罗马的廊下派哲学家塞涅卡经常那样做。天体的运动、潮汐、生物现象、死亡和注定发生的一系列事件——都被认为是由定律或自然的法则引起,这表明了他们的规律性和不可避免性。[①] 但除此之外,对于塞涅卡来说,也正如对整个廊下派而言,自然因其合理性所规定的事总是正确的,同时,自然的规律性是这种约定性的标志。在"自然法"的规则中,法律在执行其职责时的角色是一种道德原则,廊下派需要对伦理进行明显的区分,然后告诉我们做什么事情是理性的,什么事情不能做,以及超出我们的关注和责任之外的自然的无理性的一面。一旦这些事实被认为是归入法律一类,我们需要比塞涅卡在区分自然法时所用的关心还要多,这种自然法通常影响到了支配物质自然的法律中人类的行为。

# 五

塞涅卡准备将自然事件描述为被自然的法则所支配,这引出了我最后想要解决的问题。在之前的希腊材料中,我们已经发现了部分先于廊下派关于自然法的观点,但自然的法则,这个塞涅卡

---

① 例如,参见《自然问题》(*Natural Questions*)2. 35. 2, 3. 29. 3, 3. 29. 7, 6. 32. 12, 7. 12. 4 和尹伍德(2003)研究的段落。

到处使用的表达在我们希腊的资料中却没找到先例,甚至包括在廊下派里也没有。罗马文化在民法和帝国扩张中投入了大量资本,它促进了作为哲学象征的法律的应用,这种应用的准备是否比我们在希腊世界中所发现的还要充分? 当廊下派的自然法观念被引进罗马时有没有获得另外的共鸣? 我会分别谈到卢克莱修和西塞罗来解决这两个问题。

卢克莱修伟大的训谕诗《物性论》(*De rerum natura*)是一部对伊壁鸠鲁哲学特别详细的和准确解释的著作。其要点是,现实的基础是原子物体,他们偶然的聚合构成了宇宙。因此伊壁鸠鲁派的世界里没有致使宇宙产生的神性代理人和计划,这与廊下派的宇宙观形成强烈的对比。伊壁鸠鲁派的世界是绝对机械的体系,无意识且毫无目的。伊壁鸠鲁派面临的挑战与当今智创论的支持者反对无神论的世界提出的挑战类似。若物质在管理自身时没有任何自身的意图或目的,自然界令人惊奇的秩序和生物复杂的结构是怎样形成的?

伊壁鸠鲁现存的作品相当零碎,很难迎面对这种挑战。但是卢克莱修在伊壁鸠鲁逝世大约 250 年后所作的拉丁文著作迎接了这种挑战。由于相互的作用,难以计数的原子形成的基本元素都受限于他们的结构和形式,因为只有合适形状和大小的原子才能产生持久的元素。然后,这些元素和大量物质就会拥有决定性的结构,这足以证明事物的多样性和特殊的特征,生物也包括在内。

卢克莱修通过重复地援引他所称为的自然法来表达这些主张,他偶尔会用到 leges(法律,原则)一词,但更为常用的是 foedera 一词,在拉丁语中,它通常表示的是国家之间的协约,两人之间的合同或友谊关系。[1] 粗心的读者可能会推测卢克莱修认为自然是独立

---

[1]　参见卢克莱修 1.586;2.302,719;3.416;5.57—58,310,924;朗格(1977)对于 6.906 的讨论。

存在的行动者,是一位像廊下派所说的神性的宇宙组织者;因为卢克莱修喜欢将词语 natura 拟人化。然而,事实上,这是比喻性的语言,它的使用是为了强调自然过程的绝对规律性,这种规律性构成了这个可观察到的世界,正如如下段落所描述的那样:

> 既然万物根据他们种类的不同而有他们的生长限度和寿命,然而万物能做或不能做的事又**由自然的法则来规定**,万物皆未变,但它又如此恒常以至于所有种类的鸟都展示他们身上自己种族的标记,这种习惯世代相传,他们必然天生拥有一个由不变的物质构成的身体。(1.584—592)

尽管卢克莱修忠于伊壁鸠鲁,但我们在伊壁鸠鲁残存的文献中找不到类似于他阐述自然的法则的言语。我认为,一种合理的猜测是,这种语言文字是他自己的而非沿用他人,这表明了罗马人明显的一种倾向,即想要通过引用法律来描述秩序和规律性。维吉尔(Virgil)和马尼琉斯(Manilius)两位诗人都受卢克莱修的影响很深,他们在自己的作品中重复了卢克莱用以描述自然的法则一词:foedus。①

提到与卢克莱修同时代的西塞罗来结束这一章最为合适,因为正是通过他的政治理论作品,廊下派关于自然法的理念在之后的基督教领域才得以广泛传播。② 西塞罗一直反对伊壁鸠鲁派对政治毫不关心的态度,且并不赞成廊下派是他所属的哲学派别。他称自己为学院派(Academic),即柏拉图的追随者,他的作品《论

---

① 维吉尔《农事诗》(*Georgics*)1.60,马尼琉斯 1.252,2.62,3.55;马尼琉斯专注于命运之"法则"(leges),1.56—65。法律的隐喻是怎样轻易深入罗马人的心中,参见贺拉斯的著作《诗艺》(*Art of Poetry*)72.464 中怎样谈论言辞的"正确性"(ius)和"准则"(norma)。

② 参见沃森(1971)。

共和国》(*Republic*)和《论法律》(*Laws*)表明了他用典型的傲慢表达了对柏拉图的拥戴。然而当西塞罗的著作与伦理学和政治学有关时，他的柏拉图主义又带有廊下派的观点，这一点在他的政治义务和对罗马宪政传统的尊敬中也同样尤其突出，而罗马的宪政传统在他的晚年时期受到了来自互相竞争的军事领袖的巨大压力。

西塞罗在《论共和国》中想象了一段两人的对话，一位反对自然法理念，另一位则表示赞同。反对者的言论部分遗失了，不过以下段落的提供者拉克坦提乌斯(Lactantius)说，他们关注的是正义的理念，按常规理解，正义仅仅是弱者的一种功利性和相互性的保护政策，它在自然中没有基础。赞同自然法的人反驳时说了如下的话(3.33＝LS67S)：

　　　　真正的法律是与本性相结合的正确的理性；它是普遍适用的、不变和永恒的；它以其指令提出义务，并以其禁令来避免做坏事……试图去改变这种法律是一种罪孽，也不许试图废除它的任何部分，并且也不可能完全废除它。我们不可以因为元老院和人民大会的决定而免除其义务，我们也不需要从我们之外来寻找其解说者或解释者。罗马和雅典将不会有不同的法律，也不会有现在与将来不同的法律，而只有一种永恒、不变并将对一切民族和一切时代有效的法律；对我们一切人类来说，将只有一位主人或统治者，这就是上帝，因为他是这种法律的创造者、宣告者和执行法官。（参沈叔平、苏力译文）

这也许是对自然法理念传统的阐述。其基本的理念明显是廊下派的观点，但我们没有从西塞罗那里看到关于绝对明智的理想共和体。至此我们可以判断，西塞罗引入了自己国际观的理念，通过自然法对时间和地点完全无涉的特点表述了他的这一想法。

据赫拉克利特所说,450 年前,也正如我们所看到的那样,据说民法是由普通的神法"培育的"。我们引用西塞罗也未考虑到那两种类型的法律之间真正的关系;但在《论法律》1.19 处,西塞罗明显认为自然法("聪明人的理智和理性")是寻找"衡量正义和非正义的标准"的恰当地方。在同一篇著作中,他认为"最高法律"比任何成文法或公民团体都有更早的起源。

正如他在其他地方做的那样,他在《论法律》中同样提到的了罗马制度:万民法(ius gentium),这一法律是关于城邦和城邦中的外邦人以及罗马公民之间的关系。就我的知识所及,他没有明确地就自然法的标准测试国际法的准则,但我们在他的著作《论义务》(*On duties*,1.34)中可以看到有关自然法的一个示例,他说当协商无果时,战争作为解决争端的一种方法才是合理的,且它是一种正当防卫。他对自然法的赞同明显被一种罗马人的理想所激发,即法律的规则应该知道不存在公民的界限。

希腊对于法律和自然之间的联系或联系欠缺的沉思已经成形。从赫西俄德到亚里士多德,我们通过研究有时看到自然法和自然的法则这两种理念的因素,但他们几乎不能被证明为理论。我认为这种沉默主要有两种原因:其一是 nomos 和 physis 受到质疑的寓意,其二是民间风俗和成文法对 nomos 形成的压力。随着古希腊文化的传播,同时大量城邦的自治权开始衰退,法律完全超越了局域的边界,正如我们所看到的早期廊下派关于自然法的理念一样。当希腊哲学渗入到罗马时,它遇到的法律传统比当地希腊人的经验曾拥有的法律传统更为系统和清晰。因为罗马的思想家们没有受到 nomos/physis 争论的限制,因此他们比其希腊祖先们更容易地解释就法律而言的自然和类似法律的规则。

# 参 考 文 献

Adkins, A. 1961. *Merit and Responsibility*. Oxford.

Alessandri, S. 1984. "Il significato storico della legge di Nicofonte sul doki-mastes mon etario." In *Annali della Scuola Normale Superiore di Pisa* (3rd Ser. 14): 369—93.

Allen, Danielle S. 1997. "Imprisonment in Classical Athens." *Classical Quarterly* 47: 121—35.

Allen, Danielle S. 2000a. "Envisaging the Body of the Condemned: The Power of Platonic Symbols." *Classical Philology* 95: 133—50.

Allen, Danielle S. 2000b. *The World of Prometheus: The Politics of Punishing in. Democratic Athens*. Princeton.

Arnaoutoglou, Ilias. 1998. *Ancient Greek Laws*. London/New York.

Atiyah, P. 1986. *Essays on Contract*. Oxford.

Atkinson, J. E. 1992. "Curbing the Comedians: Cleon versus Aristophanes and Syracosius' Decree." *Classical Quarterly* 42: 56—64.

Avramovic, Sima. 1990. "Die epiballontes als Erben im Gesetz von Gortyn." *Zeitschrift der Savigny-Stiftung* 107: 363—70.

Avramovic, Sima. 1991. "Response to Alberto Maffi." *Symposion* 1990: 233—7.

Avramovic, Sima. 1994. "Response to Monique Bile." *Symposion* 1993: 53—60.

Avramovic, Sima. 1997. *Iseo e il diritto attico*. Naples.

Balot, R. K. 2001. *Greed and Injustice in Classical Athens*. Princeton.

Barkan, I 1935. *Capital Punishment in Ancient Athens*. Chicago.

Beauchet, L. [1897] 1969. *Histoire du droit privé de la république athénienne*. 4 Vols. Amsterdam.

Behrend, D. 1970. *Attische Pachturkun den-Ein Beitrag zur Beschreibung der μίσθωσις nach den griechischen Inschriften*. München.

Behrend, D. 1975. "Die *anadikos dike* und das Scholion zu Plato Nomoi 937d." *Symposion*. 1971: 131—56.

Bennett, W. L., and M. S. Feldman. 1981. *Reconstructing Reality in the Courtroom*. New York.

Berneker, E. 1959. "Pseudomartyrion Dike." *Real-Encyclopädie* 23/2: 1364—75.

Bers, V. 1985. "Dikastic *thorubos*." In *Crux: Essays Presented to G. E. M. de Ste. Croix on his 75th birthday*, eds. P. A. Cartledge and F. D. Harvey. Exeter: 1—15.

Bertrand, J. -M. 1997. "De l'usage de l'epigraphie dans la cité des Magnètes platoniciens." *Symposion* 1995: 27—47.

Bertrand, J. -M. 1999. *De L'écriture à l'oralité. Lectures des lois de Platon*. Paris.

Bianchetti, S. 1980. "La commedia antica e la libertà di parola." *Atti e mem. dell'Accadem. Tosc. di Sci. e Lett. La Colombaria* [Florence] n. s. 31: 1—40.

Bile, Monique. 1980. "Système de parenté et systèmes matrimoniaux à Gortyne." *Verbum* 3: 1—21.

Bile, Monique. 1981. "Le vocabulaire des structures socials dans les Lois de Gortyne." *Verbum*. 4: 11—45.

Bile, Monique. 1988. *Le dialecte crétois ancien. Étude de la langue des inscriptions. Recueil des inscriptions postérieures aux IC. Études crétoises*, 27. Paris.

Bile, Monique. 1994a. "L'organisation matérielle du texte des lois de Gortyne." *Verbum* 17: 203—17.

Bile, Monique. 1994b. "La *patrioikos* des lois de Gortyne: Etude Linguistique." *Symposion* 1993: 45—51.

Biscardi, Arnaldo. 1970. "La 'gnome dikaotate' et l'interprétation des lois dans la Grèce ancienne." *Revue internationale des droits de l'antiquité* 17: 219—32.

Biscardi, Arnaldo. 1982a. *Diritto greco antico*. Milano.

Biscardi, Arnaldo. 1982b. "Introduction à l'étude des pratiques commerciales dans l'histoire des droits de l'Antiquité. " *Revue internationale des droits de l'antiquité* 29: 21—44.

Biscardi, Arnaldo. 1991. Αρχαίο Ελληρικό Δίκαιο. Athens. (Translation of *Diritto greco antico*, Milan 1982. )

Bleicken, J. 1985. *Die athenische Demokratie*. Paderborn.

Bleicken, J. 1994. *Die athenische Demokratie*, 2nd ed. Paderborn.

Blundell, S. 1995. *Women in Ancient Greece*. Cambridge, MA.

Bobonich, C. 2002. *Plato's Utopia Recast: His Later Ethics and Politics*. Oxford.

Bobzien, S. 1998. *Determinism and Freedom in Stoic Philosophy*. Oxford.

Boedeker, D. , and K. Raaflaub, eds. 1998. *Democracy, Empire and the Arts in Fifth-Century Athens*. Cambridge, MA.

Boegehold, Alan L. , and Adele Scafuro, eds. 1994. *Athenian Identity and Civic Ideology*. Baltimore.

Boegehold, Alan L. 1995. *The Law-Courts at Athens. Sites, Buildings, Equipment, Procedure, and Testimonia* (*The Athenian Agora* XXXVIII). Princeton.

Boersma, J. S. 1970. *Athenian Building Policy from* 561/0 *to* 405 /4. Groningen.

Bogaert, R. 1968. *Banques et banquiers dans les cités grecques*. Leyden.

Bohannan, Paul. 1957. *Justice and Judgment among the Tiv*. London.

Bongenaar, J. 1933. *Isocrates' trapeziticus vertaald en toegelicht*. Utrecht.

Bonner, R. J. 1905. *Evidence in Athenian Courts*. Chicago.

Bonner, R. J. , and G. Smith. 1938. *The Administration of Justice from Homer to Aristotle*, vol. Ⅱ. Chicago.

Branham. R. B. , and M. -O. Goulet-Cazé, eds. 1996. *The Cynics. The Cynic Movement in Antiquity and its Legacy*. Berkeley/Los Angeles/London.

Bremmer, J. 1983. "Scapegoat Rituals in Ancient Greece. " *Harvard Studies in Classical Philology* 87: 299—320.

Bresson, A. 1994. "L'attentat d'Hiéron et le commerce grec. " In *Économie antique. Les échanges dans l'Antiquité: le rôle de l'État*, eds. J. Andreau, P. Briant, and R. Descat. Saint-Bertrand-de-Comminges: 47—68. (Reprinted in, and quoted from, Bresson, *La cité marchande*, Bordeaux 2000: 131—49. )

Bresson, A. 2000. "Prix officiels et commerce de gros à Athènes. " In Bresson, *La cité marchande*, Bordeaux: 183—210.

Brixhe, Claude, and Monique Bile. 1999. "La circulation des biens dans les lois de Gortyrne. " In Dobias-Lalou 1999: 75—116.

Brown, Peter. 1982. "Society and the Supernatural: A Medieval Change. " In Brown, *Society and the Holy in Late Antiquity*. Berkeley: 302—32.

Brulé, P. , and J. Oulhen, eds. 1997. *Esclavage, guerre, économie en Grèce ancienne: Hommages à Yvon Garlan*. Rennes.

Buck, C. D. 1955. *The Greek Dialects*, 3rd ed. Chicago.

Burkert, W. 1985. *Greek Religion*. Cambridge, MA. (Translated by J. Raffan from 1977 *Griechische Religion der archaischen und klassischen Epoche*).

Burnett, A. 1976. "Tribe and City, Custom and Decree in *Children of Heracles*. " *Classical Philology* 71: 4—26.

Calero Secall, I. 1997. *Leyes de Gortina*. Madrid.

Calhoun, G. 1927. *The Growth of Criminal Law in Ancient Greece*. Berkeley

Camassa, G. 1988. "Aux origines de la codification écrite des lois en Grèce. " In *Les Savoirs de l'écriture en Grèce ancienne*, ed. M. Detienne. Lille: 130—55.

Cane, P. 1991. *Essays for Patrick Atiyah*. Oxford.

Cantarella, Eva. 1976. *Studi sull' omicidio in diritto greco e romano*. Milan.

Cantarella, Eva. 1979. *Norma e Sanzione in Omero*. Milan.

Cantarella, Eva. 1987. *Pandora's Daughters: The Role and Status of Women in Greek and Roman Antiquity*. Baltimore/London.

Cantarella, Eva. 1991a. "Moicheia, Reconsidering a Problem. " *Symposion* 1990: 289—96.

Cantarella, Eva. 1991b. *I Supplizzi Capitali*. Milan.

Cantarella, Eva. 1997. "Filiazione e cittadinanza ad Atene." *Symposion* 1995: 97—111.

Cantarella, Eva. 2002a. *Bisexuality in the Ancient World*, 2nd ed. New Haven/London.

Cantarella, Eva. 2002b. "Dispute Settlement in Homer: Once Again on the Shield of Achilles. In *Mélanges en l'honneur Panayotis Dimakis: Droits antiques et société*. Athens: 147—65.

Cantarella, Eva. 2002C. *Itaca. Eroi, donne, potere tra vendetta e diritto*. Milan.

Capdeville, G. 1997. "Le droit international dans la Crète antique." *Comptes rendus de l'Académie des Inscrptions et Belles-Lettres*, 273—307.

Carawan, Edwin. 1998. *Rhetoric and the Law of Draco.* Oxford.

Carawan, Edwin. 2002. "The Athenian Amnesty and the 'Scrutiny of the Laws'. "*Journal of Hellenic Studies* 122: 1—23.

Carey, Christopher. 1992. *Apollodoros Against Neaira.* Warminster, England.

Carey, Christopher. 1993. "Return of the Radish, or Just When You Thought It Was Safe to Go Back into the Kitchen. " *Liverpool Classical Monthly* 18: 53—55

Carey, Christopher. 1994. "'Artless' Proofs in Aristotle and the Orators. " *Bulletin of the Institute of Classical Studies* 39: 95—106.

Carey, Christopher. 1995a. "Rape and Adultery in Athenian Law. " *Classical Quarterly* 45, 2: 407—17.

Carey, Christopher. 1995b. " The Witness's *exomosia* in the Athenian Courts. " *Classical Quarterly* 45: 114—19.

Carey, Christopher. 1996. "Nomos in Attic Rhetoric and Oratory." *Journal of Hellenic Studies* 116: 33—46.

Carey, Christopher. 2000. *Aeschines.* Translation with introductions and notes. Austin.

Carey, Christopher, and R. Reid. 1985. *Demosthenes: Selected Private Speeches.* Cambridge.

Cartledge, Paul, Paul Millett, and S. C. Todd, eds. 1990. *Nomos: Essays in Athenian Law, Politics and Society.* Cambridge.

Casabona, J. 1966. *Recherches sur le vocabulaire des sacrifices en grec.* Aix-en-Provence.

Cawkwell, G. 1. 1969. "The Crowning of Demosthenes. " *Classical Quarterly* 19: 163—80.

Chaniotis, Angelos. 1995. "Problems of 'Pastoralism' and 'Transhumance' in Classical and Hellenistic Crete. " *Orbis Terrarum* 1: 39—89.

Chaniotis, Angelos. 1996. *Die Verträge zwischen kretischen Poleis in der hellenistischen Zeit.* Stuttgart.

Chaniotis, Angelos. 1997. "'Tempeljustiz' im kaiserzeitlichen Kleinasien. " *Symposion* 1995: 353—384.

Chaniotis, Angelos. 1999a. *From Minoan Farmers to Roman Traders. Sidelights on the Economy of Ancient Crete.* Stuttgart.

Chaniotis, Angelos. 1999b. "Milking the Mountains. Economic Activities on the Cretan Uplands in the Classical and Hellenistic Period. " In Chaniotis 1999a: 181—220.

Christ, Matthew R. 1998. *The Litigious Athenian*. Baltimore.

Clanchy, Michael T. 1993. *From Memory to Written Record: England 1066—1307*. 2nd ed. Oxford.

Clarysse, Willy. 1985. "Greeks and Egyptians in the Ptolemaic Army and Administration. *Aegyptus* 65: 57—66.

Clarysse, Willy. 1988. "Une famille alexandrine dans la chora. " *Chronique d'Égypte* 63: 137—140.

Clinton, K. 1982. "The Late Fifth-Century Revision of the Athenian Law-Code. " *Hesperia Suppl.* ⅩⅨ: 27—37.

Cohen, David. 1983. *Theft in Athenian Law*. Munich.

Cohen, David. 1984. "The Athenian Law of Adultery. " *Revue internationale des droits de l'antiquité* 31: 147—65.

Cohen, David. 1985. "A Note on Aristophanes and the Punishment of Adultery in Athenian Law. " *Zeitschrift der Savigny-Stiftung* 102: 385—7.

Cohen, David. 1989. "Problems, Methods, and Models in the Study of Greek Law. " *Zeitschrift der Savigny-Stiftung* 106: 81—105.

Cohen, David. 1991. *Law, Sexuality and Society: The Enforcement of Morals in Classical Athens*. Cambridge.

Cohen, David. 1993. "Law, Autonomy, and Political Community in Plato's *Laws*. " *Classical Philology* 88: 301—17.

Cohen, David. 1995. *Law, Violence, and Community in Ancient Athens*. Cambridge.

Cohen, David. 1996. "Seclusion, Separation and the Status of Women in Classical Athens. " In *Women in Antiquity*, eds. I. McAuslan and P. Walcot. Oxford. 135—45.

Cohen, David. 2003. "Writing, Law, and Legal Practice in the Athenian Courts. " In *Written Texts and the Rise of Literate Culture in Ancient Greece*, ed. H. Yunis. Cambridge: 78—96.

Cohen, Edward E. 1973. *Ancient Athenian Maritime Courts*. Princeton.

Cohen, Edward E. 1990. "Commercial Lending by Athenian Banks: Cliometric Fallacies and Forensic Methodology. " *Classical Philology* 85: 177—90.

Cohen, Edward E. 1992. *Athenian Economy and Society: A Banking Per-*

*spective*. Princeton.

Cohen, Edward E. 2000a. *The Athenian Nation*. Princeton.

Cohen, Edward E. 2000b. "Whoring under Contract": The Legal Context of Prostitution in Fourth-Century Athens. " In *Law and Social Status in Classical Athens*, eds. V. Hunter and J. Edmondson. Oxford. 113—47.

Cole, David. 1976. *Asty and Polis*: *"City" in Early Greek*. Ph. D. dissertation, Stanford University.

Cole, Susan G. 1984. "Greek Sanctions against Sexual Assault. " *Classical Philology* 79: 97—113.

Cole, T. 1991. *The Origins of Rhetoric in Ancient Greece*. Baltimore.

Collins, D. 2001. "Theoris of Lemnos and the Criminalization of Magic in 4th c. Athens. " *Classical Quarterly* 51: 477—93.

Connor, W. R. 1985. "The Razing of the House in Greek Society. " *Transactions of the American Philological Association* 115: 79—102.

Coquillette, D. R. 1999. *The Anglo-American Legal Heritage*: *Introductory Materials*. Durham.

Cowey, M. S. , and K. Maresch. 2001. *Urkunden des Politeuma der Juden von Herakleopolis* (144/3—133/2 v. Chr. ) (P. Polit. Iud. ) (Pap. Col. XXIX ). Wiesbaden.

Crane, G. 1998. *Thucydides and the Ancient Simplicity*: *The Limits of Political Realism*. Berkeley.

Csapo, E. , and W. J. Slater. 1995. *The Context of Ancient Drama*. Ann Arbor.

Darmezin, L. 1999. *Les affranchissements par consécration en Béotie et dans le monde grec hellénistique*. Nancy/Paris.

Daube, B. 1939. *Zu den Rechtsproblemen in Aischylos' Agamemnon*. Basel.

Daube, D. 1947. *Studies in Biblical Law*. Cambridge.

Daube, D. 1973. "The Self Understood in Legal History. " *The Juridical Review* 85: 126—34.

Davidson, J. 1997. *Courtesans and Fishcakes*: *The Consuming Passions of Classical Athens*. London.

Davies, John K. 1977—1978. "Athenian Citizenship: The Descent Group and the Alternatives. " *Classical Journal* 73: 105—21.

Davies, John K. 1984. "Cultural, Social and Economic Features of the Hellenistic World. " In *Cambridge Ancient History*, 2nd ed. , 7. 1: 257—320.

Davies, John K. 1996. "Deconstructing Gortyn: When is a Code a Code?" In Foxhall and Lewis 1996b: 33—56.

De Brauw, Michael. 2001. "'Listen to the Laws Themselves': Citations of Laws and Portrayal of Character in Attic Oratory. " *Classical Journal* 97: 161—76.

De Philippo, G. , and P. Mitsis. 1994. "Socrates and Stoic Natural Law. " In Van der Waerdt 1994a: 252—71.

Deacy, Susan, and Karen F. Pierce. 1997. *Rape in Antiquity*. London.

Decharme, P. 1906. *Euripides and the Spirit of His Dramas*, trans. by J. Loeb. New York.

Demeyere, J. 1952. "La formation de la vente et le transfert de la propriété en droit grec classique. " *Revue internationale des droits de l'antiquité*. 3rd Ser. 1: 215—66.

Demeyere, J. 1953. "Le contrat de vente en droit grec classique: les obligations des parties. " *Revue internationale des droits de l'antiquité*. 3rd Ser. 2: 197—228.

Diamantopoulos, A. 1957. "The Danaid Tetralogy of Aeschylus. " *Journal of Hellenic Studies* 77: 220—29.

Diamond, A. S. 1935. *Primitive Law*. London.

Dickie, M. W. 2001. *Magic and Magicians in the Greco-Roman World*. London.

Di Lello-Finuoli, A. L. 1991. "Trasmissione della proprietà per successione ereditaria femminile e sistema di parentela nel Codice di Gortina. " In Musti et al. 1991: 215—30.

DK=Diels, H. , and W. Kranz. 1951—1952. *Die Fragmente der Vorsokratiker*. Berlin.

Dobias-Lalou, C. ed. 1999. *Des dialectes grecs aux lois de Gortyne*. Nancy: ADRA and Paris: De Boccard.

Dobrov, Gregory, ed. 1997. *The City as Comedy. Society and Representation in Athenian Drama*. Chapel Hill.

Donker van Heel, K. 1990. *The Legal Manual of Hermopolis [P. Mattha]. Text and Translation*. Leiden.

Dorjahn, A. P. 1930. "Extenuating Circumstances in Athenian Courts. " *Classical Philology* 25: 162—72.

Dover, Kenneth J. 1968a. *Aristophanes Clouds*. Oxford.

Dover, Kenneth J. 1968b. *Lysias and the Corpus Lysiacum*. Berkeley/Los

Angeles.

Dover, Kenneth J. 1972. *Aristophanic Comedy*. Berkeley/Los Angeles.

Dover, Kenneth J. 1974. *Greek Popular Morality in the Time of Plato and Aristotle*. Berkeley.

Dover, Kenneth J. 1978. *Greek Homosexuality*. New York.

Dover, Kenneth J. 1988. "The Freedom of the Intellectual in Greek Society. " In Dover, *The Greeks and Their Legacy*. Oxford: 135—58. ( First in *Talanta* 7, 1976. )

Drew, Katherine Fischer. 1973. *The Lombard Laws*. Philadelphia.

Drew, Katherine Fischer. 1991. *The Laws of the Salian Franks*. Philadelphia.

Dunbar, N. 1995. *Aristophanes Birds*. Oxford.

Dworkin, R. M. 1996. *Freedom's Law: The Moral Reading of the American Constitution*. Cambridge, MA.

Easterhng, Pat, ed. 1982. *Sophocles' Trachinae*. Cambridge.

Eder, W. 1986. "The Political Significance of the Codification of Law in Archaic Societies: An Unconventional Hypothesis. " In *Social Struggles in Archaic Rome*, ed. K. Raaflaub. Berkeley/Los Angeles: 262—300.

Edwards, A. T. 1993. "Historicizing the Popular Grotesque: Bakhtin's *Rabelais* and Attic Old Comedy. " In Scodel 1993: 89—117.

Edwards, P. , ed. 1967. *The Encyclopaedia of Philosophy*. New York/ London.

Engels, J. 2001. "Das athenische Getreidesteuer-Gesetz des Agyrrhios. " *Zeitschrift für Papyrologie und Epigraphik* 134: 9 7—124.

Erxleben, E. 1974. "Die Rolle der Bevölkerungsklassen im Aussenhandel Athens im 4. Jahrhundert v. u. Z. " In *Hellenische Poleis*, ed. E. C. Welskopf. Vol. I. Berlin: 460—520.

Faraguna, M. 1999. "Intorno alla nuova legge ateniese sulla tassazione del grano. " *Dike* 2: 63—97.

Faraguna, M. 2003. "Vendite di immobili e registrazione pubblica nelle città greche. " *Symposion* 1999: 97—122.

Farnell, L. R. 1896—1909. *The Cults of the Greek States*. Oxford.

Feinberg,J. 1970. *Doing and Deserving*. Princeton.

Feinberg,J. 1984. *The Moral Limits of the Criminal Law*, vols. 1—2. Oxford.

Figueira, T. 1986. "*Sitopolai and Sitophylakes* in Lysias' ' Against the

Graindealers': Governmental Lntervention in the Athenian Economy. " *Phoenix* 40: 149—71.

Fine,John V. A. 1951. *Horoi: Studies in Mortgage, Real Security and Land Tenure in Ancient Athens.* Baltimore.

Finkelstein, J. J. 1961. "Ammisaduqa's edict and the Babylonian ' Law Codes. '" *Journal of Cuneiform Studies* 15: 91—104.

Finley, Moses I. (Finkelstein). 1935. "'Εμπορος ,ναύκληρος and κάπηλος. " *Classical Philology* 30: 320—36.

Finley, Moses I. 1951. "Some Problems of Greek Law (review of Pringsheim 1950). " *Seminar* 9: 72—91.

Finley, Moses I. 1966. "The Problem of the Unity of Greek Law. " In *La storia del diritto nel quadro delle scienze storiche (Atti del primo Congresso Internazionale della Società Italiana di Storia del Diritto).* Florence: 129—42. (Reprinted in *The Use and Abuse of History.* London, 1975, 134—52, 236—37. )

Finley, Moses I. 1973. *Democracy Ancient and Modern.* New Brunswick, NJ.

Finley, Moses I. 1983. *Politics in the Ancient World.* Cambridge.

Finley, Moses I. [1951]1985. *Studies in Land and Credit in Ancient Athens* (with a new introduction by P. Millett). New Brunswick, NJ.

Finley, Moses I. [1973]1999. *The Ancient Economy* (with a new foreword by I. Morris). Berkeley.

Finnis,J. 1980. *Natural Law and Natural Rights.* Oxford.

Fish, S. 1989. *Doing What Comes Naturally: Change, Rhetoric, and the Practice of Theory in Literary and Legal Studies.* Durham, NC.

Fisher, N. R. E. 1976. "*Hybris* and Dishonour I . " *Greece and Rome* 23: 177—193.

Fisher, N. R. E. 1979. "*Hybris* and Dishonour II . " *Greece and Rome* 26: 32—4 7

Fisher, N. R. E. 1990. "The Law of *Hybris* in Athens. " In Cartledge, Millett, and Todd 1990: 123—38.

Fisher, N. R. E. 1992. *Hybris: A Study of the Values of Honour and Shame in Ancient Greece.* Warminster.

Fisher, N. R. E. 1995. "*Hybris*, Status and Slavery. " In *The Greek World* , ed. A. Powell. London/New York: 44—84.

Flensted-Jensen, P. , T. H. Nielsen, and L. Rubinstein, eds. 2000. *Polis and Politics*: *Studies in Ancient Greek History Presented to Mogens Herman Hansen*. Copenhagen.

Fletcher, G. 1998. *Basic Concepts of Criminal Law*. Oxford.

Forrest, W. G. 1960. "Themistocles and Argos." *Classical Quarterly* 10: 221—41.

Foucault, M. 1977. *Discipline and Punish*. New York.

Foxhall, Lin. 1989. "Household, Gender and Property in Classical Athens." *Classical Quarterly* 39: 22—44.

Foxhall, Lin, and Andrew D. E. Lewis. 1996a. "Introduction." In Foxhall and Lewis 1996b: 1—8.

Foxhall, Lin, and Andrew D. E. Lewis, eds. 1996b. *Greek Law in Its Political Setting*: *Justifications Not Justice*. Oxford.

Funkenstein, A. 1986. *Theology and the Scientific Imagination*. Princeton.

Gabrielsen, V. 1986. "φανερά and ἀφανής οὐσία in Classical Athens." *Classica et Mediaevalia* 37: 99—114.

Gabrielsen, V. 1987. "The Antidosis Procedure in Classical Athens." *Classica et Mediaevalia* 38: 8—38.

Gabrielsen, V. 1994. *Financing the Athenian Fleet*: *Public Taxation and Social Relations*. Baltimore.

Gagarin, Michael. 1976. *Aeschylean Drama*. Berkeley.

Gagarin, Michael. 1979. "The Athenian Law against Hybris." In *Arktouros*: *Hellenic Studies Presented to Bernard M. W. Knox*, ed. G. W. Bowersock et al. Berlin: 229—36.

Gagarin, Michael. 1981. *Drakon and Early Athenian Homicide Law*. New Haven.

Gagarin, Michael. 1982. "The Organisation of the Gortyn Law Code." *Greek, Roman and Byzantine Studies* 23: 129—46.

Gagarin, Michael. 1984. "The Testimony of Witnesses in the Gortyn Laws." *Greek, Roman and Byzantine Studies* 25: 345—9

Gagarin, Michael. 1986. *Early Greek Law*. Berkeley.

Gagarin, Michael. 1988. "The First Law of the Gortyn Code." *Greek, Roman and Byzantine Studies* 29: 335—43

Gagarin, Michael. 1989. "The Function of Witnesses at Gortyn." *Symposion* 1985: 29—54.

Gagarin, Michael. 1990. "The Nature of Proofs in Antiphon." *Classical Philology* 85: 22—32.

Gagarin, Michael. 1991. "Response to Henri van Effenterre." *Symposion* 1990: 87—91.

Gagarin, Michael. 1994. "The Economic Status of Women in the Gortyn Code: Retroactivity and Change." *Symposion* 1993: 61—71.

Gagarin, Michael. 1995. "The First Law of the Gortyn Code Revisited." *Greek, Roman and Byzantine Studies* 36: 7—15.

Gagarin, Michael. 1996. "Review of Sealey 1994." *Classical Philology* 91: 276—81.

Gagarin, Michael. 1997. "Oaths and Oath-Challenges in Greek Law." *Symposion* 1995: 125—34.

Gagarin, Michael. 2001. "The Gortyn Code and Greek Legal Procedure." *Symposion* 1997: 41—51.

Gagarin, Michael. 2002. *Antiphon the Athenian. Oratory, Law, and Justice in the Age of the Sophists.* Austin.

Gagarin, Michael. 2003. "Letters of the Law. Written Texts in Archaic Greek Law." In *Written Texts and the Rise of Literate Cultrure in Ancient Greece*, ed. H. Yunis. Cambridge: 59—77

Gagarin, Michael. 2004. "Writing Athenian Law." In *Law, Rhetoric, and Comedy in Classical Athens: Essays in Honour of Douglas M. Mac-Dowell*, ed. D. L. Cairns and R. A. Knox. London: 15—31.

Gagarin, Michael. forthcoming. "Inscribing Laws in Greece and the Near East." *Symposion* 2003.

Gagarin, Michael, and Paul Woodruff. 1995. *Early Greek Political Thought From Homer to the Sophists.* Cambridge.

Garland, D. 1985. *Punishment and Welfare.* London.

Garland, Robert. 1984. "Religious Authority in Archaic and Classical Athens." *Annual of the British School at Athens* 79: 75—123.

Garland, Robert. 1987. *The Piraeus.* Ithaca, NY.

Garner, Richard. 1987. *Law and Society in Classical Athens.* London.

Garnsey, Peter. 1970. *Social Status and Legal Privilege in the Roman Republic.* Oxford.

Garvie, A. F. 1969. *Aeschylus' Supplices: Play and Trilogy.* Cambridge.

Gauthier, P. 1972. *Symbola. Les étrangers et la justice dans les cités grecques.* Nancy.

Gauthier, P. 1974. "Review of E. Cohen 1973." *Revue des Etudes Grecques* 87: 424—25.

Gauthier, P. 1981. "De Lysias à Aristote (Ath. Pol. 51, 4): Le commerce du grain à Athènes et les fonctions des sitophylaques. " *Revue historique de droit français et étranger* 59: 5—28.

Gehrke, H. -J. 1985. *Stasis.* Munich.

Gehrke, H. -J. , ed. 1994. *Rechtskodifizierung und soziale Normen im interkulturellen Vergleich.* Tübingen.

Gehrke, H. -J. 1997. "Gewalt und Gesetz. Die soziale und politische Ordnung Kretas in der archaïschen und klassischen Zeit. " *Klio* 79: 23—68.

Geissler, P. 1969. *Chronologie der altattischen Komödie.* Dublin/Zurich.

Gernet, Louis. 1938a. "Introduction à l'étude du droit grec ancien. "*Archives d'Histoire du Droit Oriental* 2: 261—92.

Gernet, Louis. 1938b. "Surles actions commerciales en droit athénien. " *Revue des Études Grecques* 51: 1—44. .

Gernet, Louis. 1951. "Droit et prédroit en Grèce ancienne," *L'Année Sociologique* 3ᵉ sèrie (1948—1949): 175—260. (Reprinted in Gernet, *Anthropologie de la Grèce antique*, Paris 1968; Eng. tr. Baltimore 1981. )

Gernet, Louis. 1953. " Sur l'obligation contractuelle dans la vente hellénique. " *Revue internationale des droits de l'antiquité.* 3rd Ser. 2: 229—47. (Reprinted in Gernet 1955b. )

Gernet, Louis, ed. 1954—1960. *Démosthène, Plaidoyers Civils.* 4 Vols. Paris.

Gernet, Louis. 1955a. "Sur la notion du jugement en droit grec. " In Gernet 1955b: 61—81.

Gernet, Louis. 1955b. *Droit et société dans la Grèce ancienne.* Paris.

Girard, R. 1992[1977]. *Violence and the Sacred.* Trans. by P. Gregory Baltimore.

Gofas, D. 1978. " Les ' emmenoi dikai' à Thasos. " *Symposion.* 1974: 175—86.

Gofas, D. 1989a. " La vente sur échantillon à Athènes d'apres un texte d'Hypéride. " *Symposion* 1982: 121—29.

Gofas, D. 1989b. "Epiplous: une institution du droit maritime grec. " *Symposion* 1985: 425—44.

Gofas, D. 1993. Μελέτες ίστορίας τοῦ ἑλληνικοῦ Δικαίου τῶν συναλλαγῶν. Athens.

Goldhill, Simon. 1990. "The Great Dionysia and Civic Ideology. "In Winkler and Zeitlin 1990: 97—129.

Goldhill, Simon. 1991. *The Poet's Voice*. Cambridge.

Goldhill, Simon. 1994. "Representing Democracy: Women at the Great Dionysia." In *Ritual, Finance, Politics: Athenian Democratic Accounts Presented to David Lewis*, eds. Robin Osborne and Simon Hornblower. Oxford: 347—69.

Goldhill, Simon. 2000. "Greek Drama and Political Theory." In Rowe and Schofield 2000: 60—88.

Gomme, A. W. 1962. *More Essays in Greek History and Literature*. Oxford.

Gomme, A. W. , and F. H. Sandbach. 1973. *Menander: A Commentary*. Oxford.

Green, T. A. 1985. *Verdict According to Conscience: Perspectives on the English Criminal Trial Jury*, 1200—1800. Chicago.

Grenier, J. -Y. 1997. "Économie de surplus, économie du circuit. Les prix and les èchanges dans l'antiquité gréco-romaine et dans l'ancien régime." In *Prix et formation, des prix dans les économies antiques*, eds. J. Andreau, P. Briant, and R. Descat, *Entretiens d'archéologie e t d'histoire*. Saint-Bertrand-de-Comminges: 385—404.

Griffith, R. D. 1993. "Oedipus Pharmakos? Alleged Scapegoating in Sophocles' *Oedipus the King*." *Phoenix* 47: 95—114.

Guarducci, Margherita. 1946. "Tripodi, lebeti, oboli." *Rivista di filologia e di istruzione classica* 72—73: 171—80.

Guarducci, Margherita, ed. 1950. *Inscriptiones Creticae,* IV. Rome.

Guizzi, F. 1997. "Terra commune, pascolo e contributi al 'sussitia' in Creta arcaica e classica." *Aion Arch.* ² 4: 45—51.

Guthrie, W. K. C. 1962. *A History of Greek Philosophy*, Vol. 1. *The Earlier Presocratics and Pythagoreans*. Cambridge.

Guthrie, W. K. C. 1969. *A History of Greek Philosophy. Vol. 3. The Fifth-Century Enlightenment*. Cambridge.

Habermann, W. 1998. "Zur chronologischen Verteilung der papyrologischen Zeugnisse." *Zeitschrift für Papyrologie und Epigraphik* 122: 144—60.

Häge, Günther. 1968. *Ehegüterrechtliche Verhältnisse in den griechischen Papyri Aegyptens bis Diokletian*. Köln/Graz.

Hall, Edith. 1995. "Lawcourt Dramas: The Power of Performance in Greek Forensic Oratory." *Bulletin of the Institute of Classical Studies* 40:

39—58.

Halliwell, S. 1991. "Comic Satire and Freedom of Speech in Classical Athens." *Journal of Hellenic Studies* 111: 48—70.

Hamel, Debra. 2003. *Trying Neaira: The True Story of a Courtesan's Scandalous Life in Ancient Greece*. New Haven.

Hamilton, R. 1992. *Choes and Anthesteria: Iconography and Ritual*. Ann Arbor.

Hansen, Mogens H. 1975. *Eisangelia: The Sovereignty of the People's Court in Athens in the Fourth Century B. C. and the Impeachment of Generals and Politicians*. Odense.

Hansen, Mogens H. 1976. *Apagoge, Endeixis and Ephegesis against Kakourgoi, Atimoi and Pheugontes: A Study in the Athenian Administration of Justice in the Fourth Century BC*. Odense.

Hansen, Mogens H. 1983. "Two Notes on the Athenian *dikai emporikai.*" *Symposion* 1979: 167—75.

Hansen, Mogens H. 1989. "Solonian Democracy in Fourth-Century Athens." *Classica et Mediaevalia* 40: 71—99.

Hansen, Mogens H. 1990a. "Diokles' law (Dem. 24. 42) and the Revision of the Athenian Corpus of Laws in the Archonship of Eukleides." *Classica et Mediaevalia* 41: 63—71.

Hansen, Mogens H. 1990b. "The Political Powers of the People's Court in Fourth-Century Athens." In *The Greek City from Homer to Alexander*, eds. O. Murray and S. Price. Oxford: 207—26.

Hansen, Mogens H. 1991. *The Athenian Democracy in the Age of Demosthenes*. Oxford.

Hansen, Mogens H. 1994. "*Poleis* and City-States, 600—323 B. c. : A Comprehensive Research Programme." In *From Political Architecture to Stephanus Byzantius*, ed. D. Whitehead. *Historia Einzelschriften*, 87. Stuttgart: 9—17.

Hansen, Mogens H. ed. 1996. *Introduction to an Inventory of Poleis. Symposium August 23—26 1995. CPCActs* 3. Copenhagen.

Hansen, M. V. 1984. "Athenian Maritime Trade in the 4th Century B. C. : Operation and Finance." *Classica et Mediaevalia* 35: 71—92.

Hardcastle, M. 1980. "Some Non-leg Arguments in Athenian Inheritance Cases." *Prudentia* 12: 11—22.

Harris, Edward M. 1988. "When Is a Sale Not a Sale? The Riddle of Atheni-

an Terminology for Real Security Revisited. " *Classical Quarterly* 38:
351—81.

Harris, Edward M. 1990. "Did the Athenians Regard Seduction as a Worse
Crime Than Rape?" *Classical Quarterly* 40: 370—7

Harris, Edward M. 1994. "Law and Oratory. " In *Persuasion: Greek Rheto-
ric in Action*, ed. I. Worthington. London: 130—50.

Harris, Edward M. 1995. *Aeschines and Athenian Politics*. Oxford.

Harris, Edward M. 1999a. "Notes on the New Grain-Tax Law. " *Zeitschrift
für Papyrologie und Epigraphik* 128: 269—72.

Harris, Edward M. 1999b. "The Penalty for Frivolous Prosecutions in Athe-
nian Law. " *Dike* 2: 123—42.

Harris, Edward M. 2000. "Open Texture in Athenian Law. " *Dike* 3: 27—79

Harris, William V. 1989. *Ancient Literacy*. Cambridge, MA.

Harris, William V. 2001. *Restraining Rage*. Cambridge, MA.

Harrison, A. R. W. 1968. *The Law of Athens*, Ⅰ, *The Family and Prop-
erty*. Oxford.

Harrison, A. R. W. 1971. *The Law of Athens*, Ⅱ, *Procedure*. Oxford.

Hart, H. L. A. 1958. "Positivism and the Separation of Law and Morals. "
*Harvard Law Review* 71: 593—606.

Hart, H. L. A. 1968. *Punishment and Responsibility*. Oxford.

Harvey, F. 1966. "Literacy in the Athenian Democracy. " *Revue des études
grecques* 79: 585—635.

Hastie, R. , S. D. Penrod, and N. Pennington, eds. 1983. *Inside the Jury*.
Cambridge.

Hatzopoulos, M. B. 1994. *Cultes et rites de passage en Macédoine*. Athens.

Headlam, J. W. 1892—1893. "The Procedure of the Gortynian Inscription. "
*Journal of Hellenic Studies* 13: 48—69.

Henderson, J. 1990. "The *dēmos* and the Comic Competition. " In Winkler
and Zeitlin 1990: 271—313.

Henderson, J. 1991. *The Maculate Muse: Obscene Language in Attic Come-
dy*. Oxford.

Henderson, J. 1998. "Attic Old Comedy, Frank Speech, and Democracy. " In
Boedeker and Raaflaub 1998: 255—73.

Herman, Gabriel. 1993. "Tribal and Civic Codes of Behaviour in Lysias 1. "
*Classical Quarterly* 43:406—19.

Herman, Gabriel. 1994. " How Violent was Athenian Society?" In *Ritual*,

*Finance，Politics：Athenian Democratic Accounts Presented to David Lewis*，eds. R. Osborne and S. Hornblower. Oxford：99—117.

Herman，Gabriel. 1995. "Honour，Revenge，and the State in Fourth-Century Athens." In *Die athenische Demokratie im* 4. *Jahrhundert v. Chr*，ed. Walter Eder. Stuttgart，43—66.

Herman，Gabriel. 1996. "Ancient Athens and the Values of Mediterranean Society." *Mediterranean Historical Review* 11：5—36.

Herrmann，P. 1981. "Teos und Abdera im 5. Jahrhundert v. Chr."*Chiron* 11：1—30.

Hillgruber，Michael. 1988. *Die zehnte Rede des Lysias. Einleitung，Text und Kommentar mit einem Anhang über dre Gesetzesinterpretationen bei den attischen Rednern*. Berlin.

Hoebel，E. A. 1954. *The Law of Primitive Man*. Cambridge，MA.

Hoffmann，G. 1990. *Le châtiment des amants dans la Grèce classique*. Paris.

Hölkeskamp，Karl-Joachim. 1992. "Written Law in Archaic Greece." *Proceedings of the Cambridge Philological Society* 38：87—117.

Hölkeskamp，Karl-Joachim. 1994. "Tempel，Agora und Alphabet. Die Entstehungsbedingungen von Gesetzgebung in der archaischen polis." In Gehrke 1994：135—64.

Hölkeskamp，Karl-Joachim. 1999. *Schiedsrichter，Gesetzgeber und Gesetzgebung im archaischen Griechenland. Historia Einzelschrift* 131. Stuttgart.

Hölkeskamp，Karl-Joachim. 2000. "（In-）Schrift und Monument. Zum Begriff des Gesetzes im archaischen und klassischen Griechenland." *Zeitschrift für Papyrologie und Epigraphik* 132：73—96.

Hopkins，K.，and P. J. Roscoe. 1978. "Between Slavery and Freedom：On Freeing Slaves at Delphi." In *Conquerors and Slaves*，ed. K. Hopkins. Cambridge：133—71.

Hopper，R. 1979. *Trade and Industry in Classical Greece*. London.

Horwitz，Morton J. 1977. *The Transformation of American Law* 1780—1860. Cambridge，MA.

Humphreys，S. C. 1974. "The Nothoi of Kynosarges."*Journal of Hellenic Studies* 94：88—95.

Humphreys，S. C. 1983. "The Evolution of Legal Process in Ancient Attica." In *Tria Corda. Studi in onore di Arnaldo Momigliano*，ed. E. Gabba. Como：229—56.

Humphreys, S. C. 1985. "Social Relations on Stage: Witnesses in Classical Athens." In *The Discourse of Law*, ed. S. Humphreys. (= *History and Anthoropology* 1. 2): 313—69.

Humphreys, S. C. 1988. "The Discourse of Law in Archaic and Classical Greece." *Law and History Review* 6: 465—93.

Hunter, Virginia J. 1994. *Policing Athens: Social Control in the Attic Lawsuits*, 420—320 B. C. Princeton.

Hunter, Virginia J. 1997. "The Prison of Athens: A Comparative Perspective." *Phoenix* 51: 296—326.

Inwood, B. 1987. "Commentary on Striker." *Proceedings of the Boston Area Colloquium in Ancient Philosophy* 2: 95—102.

Inwood, B. 2003. "Natural Law in Seneca." *Studia Philonica* 15: 81—99.

*IPArk* = G. Thür/H. Taeuber. 1994. *Prozeβrechtliche Inschriften der griechischen Poleis: Arkadien*. Vienna.

Isager, S. , and M. Hansen. 1975. *Aspects of Athenian Society in the Fourth Century B. C.* Odense.

*IvKnidos* I= W. Blümel. 1992. *Die Inschriften von Knidos* I (= Inschrifte n griechischer Städte aus Kleinasien 41). Bonn.

Jacoby, F. 1949. *Atthis.* Oxford.

Jakab, Eva. 1989. "Zwei Kaufvorschriften im Recht von Gortyn." *Zeitschrift der Savigny-Stiftung* 106: 535—44

Jameson, M. 1997. "Women and Democracy in Fourth-Century Athens." In Brulé and Ouhlen 1997: 95—107.

Janko, R. 2001. "The Derveni Papyrus (Diagoras of Melos, *Apopyrgizontes Logoi?*): A New Translation." *Classical Philology* 96: 1—32.

Jebb, R. C. 1893. *The Attic Orators from Antiphon to Isaeus*, 2nd ed. London.

Jeffery, L. H. 1990. *The Local Scripts of Archaic Greece*, revised ed. by A,Johnston. Oxford.

Jeffery, L. H. , and A. Morpurgo-Davies. 1970. "Poinikastas and poinikazein: BM 1969. 4—2. 1, A New Archaic Inscription from Crete." *Kadmos* 9: 118—54.

Johnston D. 2000. "The Jurists." In Rowe and Schofield 2000: 616—34.

Johnstone, S. 1999. *Disputes and Democracy: The Consequences of Litigation in Ancient Athens.* Austin.

Jones,J. Walter. 1956. *The Law and Legal Theory of the Greeks.* Oxford.

Just, R. 1989. *Women in Athenian Law and Life.* London.

Kahn, C. H. 1979. *The Art and Thought of Heraclitus.* Cambridge.

Kahn, C. H. 1993. "Foreword." In Morrow 1993: xvii—xxxi.

Kapparis, K. 1999. *Apollodoros "Against Neaira."* Berlin.

Karabélias, Evanghélos. 1982. "La situation successorale de la fille unique dans la koinè juridique hellénistique." *Symposion* 1977: 223—34.

Karabélias, Evanghélos. 1990. "Le roman de Chariton d'Aphrodisias et le droit. Renversements de situations et exploitation des ambiguïtés juridiques." *Symposion* 1988: 369—96.

Kaser, M. 1944. "Der altgriechische Eigentumsschutz." *Zeitschrift der Savigny-Stiftung* 64: 134—205.

Kennedy, George. 1963. *The Art of Persuasion in Greece.* Princeton.

Kerferd, G. B. 1981. *The Sophistic Movement.* Cambridge.

Knorringa, H. [1926.] 1987. *Emporos: Data on Trade and Trader in Greek Literature from Homer to Aristotle.* Amsterdam.

Knox, B. M. W. 1957. *Oedipus at Thebes.* New York.

Koerner, Reinhard. 1993. *Inschriftliche Gesetzestexte der frühen griechischen Polis.* Cologne.

Kohler, J. and E. Ziebarth. 1912. *Das Stadtrecht von Gortyn und seine Beziehungen zum gemeingriechischen Rechte.* Göttingen.

Konstan, David. 2000. "Pity and the Law in Greek Theory and Practice." *Dike* 3: 125—45.

Kontorovich, E. forthcoming. "Law and Social Cohesion in Democratic Athens."

Korver, J. 1934. *De Terminologie van het Crediet-wezen in het Grieksch.* Amsterdam.

de Koutorga, M. 1859. *Essai sur les trapezites ou banquiers d'Athènes.* Paris.

Kränzlein, A. 1963. *Eigentum und Besitz im griechischen Recht des fünften und vierten Jahrhunderts v. Chr.* Berlin.

Kraut, R. 1984. *Socrates and the State.* Princeton.

Kristensen, K. R. 1994. "Men, Women, and Property in Gortyn: The *karteros* of the Law Code." *Classica et Mediaevalia* 45: 5—26.

Lafont, Sophie. 2000. "Codification et subsidiarité dans les droits du Proche-Orient ancien." In Lévy. 2000a: 49—64.

Lambert, S. D. 2002. "Review of I. Worthington, C. Cooper and E. M.

Harris, *Dinarchus, Hyperides and Lycurgus*: Translation with Introductions and Notes. " *Bryn Mawr Classical Review* 2002. 05. 24. (http://ccat. sas. upenn. edu/bmcr/2002/2002—05—24. html)

Lämmli, F. 1938. *Das attische Prozeßverfahren in seiner Wirkung auf die Gerichtsrede*. Paderborn.

Langdon, Merle K. 1991. "Poletai Records. " In *The Athenian Agora* XIX. Princeton.

Lanni, A. M. 1997. "Spectator Sport or Serious Politics? οἱ περιεστηκότες and the Athenian Lawcourts. " *Journal of Hellenic Studies* 117: 183—9.

Lanza, D. , and M. Vegetti. 1977. "L'ideologia della città. " In *L'ideologia della città*, eds. D. Lanza, M. Vegetti, G. Caiani, and F. Sircana. Naples: 13—28.

Larsen,J. A. O. 1947. " The Origin and Significance of the Counting of Votes. " *Classical Philology* 44: 164—81.

Latte, Kurt. 1920. *Heiliges Recht*: *Untersuchungen zur Geschichte der sakralen Rechtsformen in Griechenland*. Tübingen.

Latte, Kurt. 1930. "Martyria, " *Real-Encyclopädie* 14. 2: 2032—9.

Latte, Kurt. 1948. " Kollektivbesitz und Staatsschatz in Griechenland. " *Nachricht. Ak. Wiss. Göttingen* 1945/1948, phil.-hist. Klasse 1946/47, 64—75; reprinted in *Kleine Schriften*: 294—312.

Lavency, M. 1964. *Aspects de la logographie judiciare attique*. Louvain.

Lavrencic, M. 1988. "Andreion. " *Tyche* 3: 147—61.

Lawless,J. M. 1991. *Law, Argument, and Equity in the Speeches of Isaeus*. Ph. D. dissertation, Brown University.

Leduc, C. 1991. "Comment la donner en marriage?" In *Histoire des femmes en Occident I*: *L'antiquité*, ed. P. Schmitt-Pantel. Paris: 259—316 and 535—9.

Leisi, E. 1908. *Der Zeuge im attischen Recht*. Frauenfeld.

Lemosse, M. 1957. "Les lois de Gortyne et la notion de codification. " *Revue internationale des droits de l'antiquité* 4: 131—7

Lempert, R. 1991. "Telling Tales in Court: Trial Procedure and the Story Model. " *Cardozo Law Review* 13: 559—73.

Lévy, Edmond. 1997. "Libres et non-libres dans le Code de Gortyne. " In Brulé and Oulhen 1997: 25—41.

Lévy, Edmond, ed. 2000a. *La codification des lois dans l'antiquité*. *Actes du colloque de Strasbourg*, 27—29 *Novembre* 1997. Strasbourg.

Lévy, Edmond. 2000b. "La cohérence du code de Gortyne." In Lévy 2000a:
185—214.

Lewis, D. M. 1959. "Attic Manumissions." *Hesperia* 28: 208—38.

Lewis, N. 1982. "Aphairesis in Athenian Law and Custom." *Symposion*
1977: 161—78.

Link, Stefan. 1991. *Landverteilung und sozialer Frieden im archaischen
Griechenland*. Stuttgart.

Link, Stefan. 1994a. "Die Ehefrau als Erbtochter im Recht von Gortyn."
*Zeitschrift der Savigny-Stiftung* 111: 414—20.

Link, Stefan. 1994b. *Das griechische Kreta. Untersuchungen zu seiner sta-
atlichen und gesellschaftlichen Entwicklung vom 6. bis zum 4 Jahrhun-
dert* V. *Chr.* Stuttgart.

Link, Stefan. 1997. "Versprochene Töchter? Noch einmal zur Ehefrau als
Erbtochter im Gesetz von Gortyn." *Zeitschrift der Savigny-Stiftung*
114: 378—91.

Link, Stefan. 1998. "Die vermögensrechtliche Stellung der Frau nach dem
grossen Gesetz von Gortyn." *Zeitschrift der Savigny-Stiftung* 115:
214—34.

Link, Stefan. 2001. "'Dolos' und 'woikeus' im Recht von Gortyn." *In Dike*
4:87—112.

Lipsius, J. H. 1905—1915. *Das attische Recht und Rechtsverfahren*. Leip-
zig.

Lloyd, Geoffrey E. R. 1966. *Polarity and Analogy: Two Types of Argu-
mentation in Early Greek Thought*. Cambridge.

Lloyd, Geoffrey E. R. 1979. *Magic, Reason and Experience: Studies in the
Origin and Development of Greek Science*. Cambridge.

Lloyd, Geoffrey E. R. 1987. *The Revolutions of Wisdom: Studies in the
Claims and Practice of Ancient Greek Science*. Berkeley/Los Angeles/
London.

Lloyd-Jones, H. 1971. *The Justice of Zeus*. Berkeley.

Long, A. A., ed. 1971. *Problems in Stoicism*. London.

Long, A. A. 1977. "Chance and Natural Law in Epicureanism." *Phronesis*
22: 63—88.

Long, A. A. 1996. "The Socratic Tradition: Diogenes, Crates, and Hellen-
istic Ethics." In Branham and Goulet-Cazé 1996: 28—46.

Long, A. A, and D. N. Sedley. 1987. *The Hellenistic Philosophers*. Cambridge.

Lopez, G. P. 1984. "Lay Lawyering," *U. C. L. A. Law Review* 32: 1—60.

Lotze, D. 1959. Μεταξὺ ἐλευθέρων καὶ δούλων. *Studien zur Rechtsstellung unfreier Land-bevölkerungen in Griechenland bis zum 4. Jahrhundert v. Chr.* Berlin.

LS=Long and Sedley 1987.

MacDowell, D. M. 1963. *Athenian Homicide Law in the Age of the Orators*. Manchester.

MacDowell, D. M. 1976a. "Hybris in Athens." *Greece and Rome* 23: 14—31.

MacDowell, D. M. 1976b. "Review of E. Cohen 1973." *Classical Review* 26: 84—5.

MacDowell, D. M. 1978. *The Law in Classical Athens*. London.

MacDowell, D. M. 1986. *Spartan Law*. Edinburgh.

MacDowell, D. M. , ed. 1990. *Demosthenes Against Meidias*. Oxford.

MacDowell, D. M. 1994. *Aristophanes and Athens*. Oxford.

MacDowell, D. M. , ed. 2000a. *Demosthenes, On the False Embassy* (*Oration* 19). Oxford.

MacDowell, D. M. 2000b. "The Length of Trials for Public Offences in Athens. " In Flensted-Jensen et al. 2000: 563—8.

Macedo, S. 1999. *Deliberative Politics*: *Essays on Democracy and Disagreement*. New York/Oxford.

Mackenzie, M. M. 1981. *Plato on Punishment*. Berkeley.

Maffi, Alberto. 1983. *Studi di epigrafia giuridica greca*. Milan.

Maffi, Alberto. 1987. "Le marriage de la patrôoque 'donnée' dans le Code de Gortyne. " *Revue historique de droit français et étranger* 65: 507—25.

Maffi, Alberto. 1991. "Adozione e strategie successorie a Gortina e ad Atene. " *Symposion* 1990: 205—32.

Maffi, Alberto. 1995. "Encore une fois le marriage de la patrôoque 'donnée' dans le Code de Gortyne. " *Revue historique de droit français et étranger* 73: 221—6.

Maffi, Alberto. 1997a. *Il diritto di famiglia nel Codice di Gortina*. Milan.

Maffi, Alberto. 1997b. "Nomima: droit et épigraphie dans la Grèce archaïque (à propos d'un ouvrage récent)". *Revue historique de droit français et étranger* 75: 435—46.

Maffi, Alberto. 2003. "Giudice e mezzi di prova nel diritto di Gortina." Web
publication: http://www. ledonline. it/rivistadirittoromano/attipontigna-
no. html.

Maine, H. S. 1861. *Ancient Law*. London.

Maine, H. S. 1883. *Dissertation on Early Law and Customs*. London.

Malinine, Michel. 1965. "Partage testamentaire d'une propriété familiale." In
*Nachrichten d. Akad. d. Wiss. Göttingen, philol. -hist. Klasse*, no.
4, 97—101.

Mandalaki, A. 2000. "O 'klaros' sti megali dodekadelto epigrafi tis Gorty-
nos." *Tekmeria* 5: 71—85.

Manning, J. G. 2003. "Demotic Law." In Westbrook 2003: 2. 819—62.

Manville, Brook. 1990. *The Origins of Citizenship in Ancient Athens*. Prin-
ceton.

Martini, R. 1998. "La terra a Gortina." *Dike* 1: 87—94.

Marzi, M. 1977. "Iperide." In *Oratori Attici Minori I: Iperide, Eschine,
Licurgo*, eds. M. Marzi, P. Leone, and E. Malcovati. Turin: 7—328.

Mattha-Hughes, P. 1975. *The Demotic Legal Code of Hermopolis*. Inst.
Franc. d'Archeol. Orientale du Caire, Bibl. d'Etudes X L V, Cairo.
(New, more clearly arranged edition: Donker van Heel 1990. )

Meier, C. 1988. *Die politische Kunst der griechischen Tragoedie*. Munich.

Meier, C. 1990. *The Greek Discovery of Politics*. Cambridge, MA.

Meiggs, Russell, and David Lewis. 1969. *A Selection of Greek Historical
Inscriptions*. Oxford.

Meinecke, J. 1971. "Gesetzesinterpretation und Gesetzesanwendung im Attis-
chen Zivilprozess." *Revue internationale des droits de l'antiquité* 18:
275—360.

Meineke, A. 1839. *Fragmenta Comicorum Atticorum*. Berlin.

Meister, R. M. E. 1908. "Eideshelfer im griechischen Rechte." *Rheinisches
Museum*. 63: 559—86.

Metzger, R. R. 1973. *Untersuchungen zum Haftungs-und Vermögensrecht
von Gortyn. Schweizerische Beiträge zur Altertumswissenschaft*, Vol.
13. Basel.

Meyer-Laurin, H. 1965. *Gesetz und Billigkeit im attischen Prozeß.
Gräzistische Abhandlun-gen*, vol. 1. Weimar.

Meyer-Laurin, H. 1969. "Review of Willetts 1967." *Gnomon* 41: 160—9.

Michaels, W. B. 1979. "Against Formalism: The Autonomous Text in Legal and Literary Interpretation. " *Poetics Today* 1: 23—34.

Migeotte, L. 2002. *L'éonomie des cités grecques*. Paris.

Millett, Paul C. 1990. "Sale, Credit and Exchange in Athenian Law and Society. " In Cartledge, Millett, and Todd 1990: 167—94.

Millett, Paul C. 1991. *Lending and Borrowing in Ancient Athens*. Cambridge.

Millett, Paul C. 2000. "Mogens Hansen and the Labelling of Athenian Democracy. " In Flensted-Jensen et al. 2000: 337—62.

Mirhady, David C. 1990. "Aristotle on the Rhetoric of the Law. " *Greek, Roman and Byzantine Studies* 31: 393—410.

Mirhady, David C. 1991a. " Non-technical *Pisteis* in Aristotle and Anaximenes. " *American Journal of Philology* 112: 5—28.

Mirhady, David C. 1991b. "The Oath-Challenge in Athens. " *Classical Quarterly* 41: 78—83.

Mirhady, David C. 1996. "Torture and Rhetoric in Athens. " *Journal of Hellenic Studies* 116: 119—31.

Mirhady, David C. 2002. "Athens' Democratic Witnesses. " *Phoenix* 56: 255—74.

Mitteis, Ludwig. 1891. *Reichsrecht und Volksrecht in den östlichen Provinzen des römischen Kaiserreichs : Mit Beitragen zur Kenntniss des griechischen Rechts und der spätrömischen Rechtsentwicklung*. Leipzig.

Modrzejewski, Joseph Mélèze. 1961. "La dévolution à l'État des successions en déshérence dans le droit hellénistique. " In *Revue internationale des droits de l'antiquité* 8: 79—113. = *Statut personnel et liens de famille*, Aldershot, 1993, n° IX.

Modrzejewski, Joseph Mélèze. 1971. "La dévolution à l'État des biens vacants d'après le Gnomon de l'Idiologue (BGU 1210 § 4). " In *Studi in onore di E. Volterra* VI, Milan: 91—125 = *Droit impérial et traditions locales*, Aldershot, 1990, n° IV.

Modrzejewski, Joseph Mélèze. 1983. " La structure juridique du mariage grec. " *Symposion* 1979: 37—71.

Modrzejewski, Joseph Mélèze. 1984. "Dryton le Crétois et sa famille ou les mariages mixtes dans l'Égypte hellénistique. " In *Aux origines de l'hellénisme, la Crète et la Grèce. Mèlanges Henri van Effenterre*, Paris: 353—77 = *Statut personnel et liens de famille*, Aldershot, 1993, n° VIII.

Modrzejewski, Joseph Mélèze. 1988. "'La loi des Égyptiens': le droit grec dans l'Égypte romaine." In *Proceedings of the* Ⅹ Ⅷ *International Congress of Papyrology* (*Athens*, 25—31 *May* 1986), Athens: 383—99 and "*Historia Testis.*" *Mélanges T. Zawadzki*, Fribourg, 1989: 97—115=*Droit impérial et traditions locales*, Aldershot, 1990, n° Ⅸ.

Modrzejewski, Joseph Mélèze. 1993. "Diritto romano e diritti locali." In *Storia di Roma* dir. A. Schiavone, Ⅲ/2, Torino: 985—1009.

Modrzejewski, Joseph Mélèze. 1995. "Law and Justice in Ptolemaic Egypt." In *Legal Documents of the Hellenistic World*: *Papers from a Seminar*, eds. M. J. Geller, H. Maehler, and A. D. E. Lewis. London: 1—11.

Modrzejewski, Joseph Mélèze. 1996. "Jewish Law and Hellenistic Legal Practice in the Light of Greek Papyri from Egypt." In *An Introduction to the History and Sources of Jewish Law*. Oxford: 75—99.

Modrzejewski, Joseph Mélèze. 1997. "La Septante comme nomos. Comment la Tora est devenue une "loi civique" pour les Juifs d'Égypte." In *Annali di scienze religiose* 2: 143—58; English version: "The Septuagint as Nomos: How the Torah Became a "Civic Law" for the Jews of Egypt." In *Critical Studies in Ancient Law*, *Comparative Law and Legal History*. *Essays in Honour of Alan Watson*, eds. John Cairns and Olivia Robinson. Oxford: 183—99.

Modrzejewski, Joseph Mélèze. 1998a. "'Paroles néfastes' et 'vers obscènes.' À propos de l'injure verbale en droit grec et hellénistique." In *Anthropologies juridiques. Mélanges Pierre Braun*, eds. J. Hoareau-Dodinau and P. Texier. Limoges: 569—85 and *Dike* 1: 151—69.

Modrzejewski, Joseph Mélèze. 1998b. "Le forme del diritto ellenistico." In *I Greci. Storia, cultura, arte, società* 2. Ⅲ: *Una storia greca, Trasformazioni*, ed. Salvatore Settis. Torino: 636—64.

Modrzejewski, Joseph Mélèze. 1999. "Le droit hellènistique et la famille grecque." In *Nonagesimo anno. Mélanges en hommage à Jean Gaudemet*, ed. Claude Bontems. Paris: 261—80.

Modrzejewski, Joseph Mélèze. 2000. "What is Hellenistic Law? The Documents of the Judean Desert in the Light of the Papyri from Egypt." *The Qumran Chronicle* 9. 1. Cracow: 1—16.

Montevecchi, O. 1982. *La papirologia*, 2nd ed. Milano.

Moore, M. 1997. *Placing Blame*: *A General Theory of the Criminal Law*. Oxford.

Morris, Herbert. 1968. "Persons and Punishment." *The Monist* 52: 475—501.

Morris, Herbert. 1981. "A Paternalistic Theory of Punishment." *American Philosophical Quarterly* 18: 263—71.

Morris, Ian. 1987. *Burial and Ancient Society: The Rise of the Greek City-State*. Cambridge.

Morris, Ian. 1990. "The Gortyn Code and Greek Kinship." *Greek, Roman and Byzantine Studies* 31: 233—54.

Morris, Ian. 1999. "Gender Relations in the Classical Greek Household: The Archae-ological Evidence." *Annual of the British School at Athens* 90: 363—81.

Morrow, G. R. 1960. *Plato's Cretan City: A Historical Interpretation of the Laws*. Princeton.

Morrow, G. R. 1993. *Plato's Cretan City: A Historical Interpretation of the Laws*, 2nd ed. Princeton.

Mossé, C. 1996. *Les institutions grecques*. Paris.

Murray, A. 1978. *Reason and Society in the Middle Ages*. Oxford.

Musti, D. et al., eds. 1991. *La transizione dal miceneo all'alto arcaismo. Dal palazzo alla città. Atti del convegno internazionale, Roma 14—19 Marzo 1988*. Roma.

Nelson, D. 2002. *Pursuing Privacy in Cold War America*. New York.

Nesselrath, H. -G. 1997. "The Polis of Athens in Middle Comedy." In Dobrov 1997: 271—88.

Nevett, L. 1994. "Separation or Seclusion? Toward an Archaeological Approach to Investigating Women in the Greek Household in the Fifth to Third Century B. C. E." In *Architecture and Order: Approaches to Social Spaces*, eds. M. Parker Pearson and C. Richards. London: 98—112.

Nevett, L. 1999. *House and Society in the Ancient Greek World*. Cambridge.

Nielsen, T. H., ed. 2002. *Even More Studies in the Ancient Greek Polis: CPC Papers* 6. Stuttgart.

Nightingale, A. 1999. "Plato's Lawcode in Context: Rule by Written Law in Athens and Magnesia." *Classical Quarterly* 49: 100—22.

*Nomima*. See van Effenterre and Ruzé 1994.

Nussbaum, M. 1995. *Poetic Justice: The Literary Imagination and Public*

Life. Boston.

Oates, J. F et al. 2001. *Checklist of Editions of Greek, Latin, Demotic, and Coptic Papyri, Ostraca, and Tablets*, 5th ed. Oakville, CT.

O'Barr, W. M., and J. M. Conley. 1985. "Litigant Satisfaction vs. Legal Adequacy in Small Claims Court Narratives." *Law and Society Review* 19: 661—701.

Ober, J. 1989. *Mass and Elite in Democratic Athens: Rhetoric, Ideology, and the Power of the People.* Princeton.

Ober, J. 1998. *Political Dissent in Democratic Athens: Intellectual Critics of Popular Rule.* Princeton.

Ober, J. 2000a. "Living Freely as a Slave of the Law: Notes on Why Socrates Lives in Athens." In Flensted-Jensen et al. 2000: 541—52.

Ober, J. 2000b. "Quasi-Rights: Political Boundaries and Social Diversity in Democratic Athens." *Social Philosophy and Policy* 17: 27—61.

Ober, J., and B. Strauss. 1990. "Drama, Political Rhetoric, and the Discourse of Athenian Democracy." In Winkler and Zeitlin 1990: 237—70.

O'Brien, J. V. 1978. *Guide to Sophocles' Antigone.* Carbondale, IL.

Oelsner, J. 1995. "Recht im hellenistischen Babylonien: Tempel—Sklaven—Schuldrecht—allgemeine Charakterisierung." In *Legal Documents of the Hellenistic World*, ed. MJ. Geller, H. Maehler, and A. D. E. Lewis. London: 106—27.

Ogden, D. 1996. *Greek Bastardy in the Classical and Hellenistic Periods.*

Ogden, D. 1997. "Rape, Adultery and the Protection of Bloodlines in Classical Athens." In Deacy and Pierce 1997: 25—41.

Ogden, D. 1999. "Binding Spells: Curse Tablets and Voodoo Dolls in the Greek and Roman World." In *The Athlone History of Witchcraft and Magic in Europe. Vol. ii. Ancient Greece and Rome.* London: 1—90.

Omitowoju, R. 1997. "Regulating Rape: Soap Operas and Self-Interest in the Athenian Courts." In Deacy and Pierce 1997: 1—24.

Omitowoju, R. 2002. *Rape and the Politics of Consent in Classical Athens.* Cambridge.

Osborne, M. J. 1981—1983. *Naturalization in Athens.* Brussels.

Osborne, R. 1985. "Law in Action in Classical Athens." *Journal of Hellenic Studies* 105: 40—58.

Osborne, R. 1988. "Social and Economic Implications of the Leasing of Land and Property in Classical and Hellenistic Greece." *Chiron* 18: 279—323.

Osborne, R. 1990. "Vexatious Litigation in Classical Athens. " In Cartledge, Millett and Todd 1990: 83—102.

Osborne, R. 1997. "Law and Laws: How Do We Join up the Dots?" In *The Development of the Polis in Archaic Greece*, eds. L. Mitchell and P. Rhodes. London: 74—82.

Osborne, R. 2000a. "Religion, Imperial Politics and the Offering of Freedom to Slaves. " In *Law and Social Status in Classical Athens*, eds. V. Hunter and J. Edmondson. Oxford: 76—92.

Osborne, R. 2000b. "Review of Stroud 1998. " *Classical Review* 50: 172—3.

Ostwald, Martin. 1969. *Nomos and the Beginnings of Athenian Democracy*. Oxford.

Ostwald, Martin. 1973. "Was There a Concept ἄγραφος νόμος in Classical Greece?" In *Exegesis and Argument*: *Studies in Greek Philosophy Presented to G. Vlastos*, eds. E. N. Lee, A. P. D. Mourelatos, and R. M. Rorty. *Phronesis* Suppl. 1: 70—104.

Ostwald, Martin. 1986. *From Popular Sovereignty to the Sovereignty of Law*: *Law, Society, and Politics in Fifth-Century Athens*. Berkeley.

Ostwald, Martin. 1996. "Shares and Rights: 'Citizenship' Greek Style and American Style. " In *Demokratia*, eds. J. Ober and C. Hedrick. Princeton: 49—61.

Padel, R. 1992. *In and Out of the Mind*: *Greek Images of the Tragic Self*. Princeton.

Padel, R. 1995. *Whom Gods Destroy*. Princeton.

Panagos, C. 1968. *Le Pirée*. Athens.

Paoli, U. E. [1930] 1974. *Studi di diritto attico*. Milan.

Paoli, U. E. 1935. "Sull' inscindibilità di processo nel diritto attico. " *Rivista di diritto processuale civile* 12: 253 ff.

Parker, R. 1983. *Miasma. Pollution and Purification in Early Greek Religion*. Oxford.

Parker, R. 1996. *Athenian Religion*: *A History*. Oxford.

Parker, R. 2004. "What Are Sacred Laws?" In *The Law and the Courts in Ancient Greece*, eds. E. Harris and L. Rubinstein. London: 57—70.

Partsch, J. 1909. *Griechisches Bürgschaftsrecht I*: *Das Recht des altgriechischen Gemeindestaats*. Leipzig.

Patterson, C. 1981. *Pericles' Citizenship Law of* 451/0 *B. C.* New York.

Patterson, C. 1986. " *Hai Attikai*: The Other Athenians. " *Helios* 13:

49—67.

Patterson, C. 1990. "Those Athenian Bastards." *Classical Antiguity* 9:40—73.

Patterson, C. 1991. "Marriage and the Married Woman in Athenian Law." In Pomeroy 1991: 48—72.

Patterson, C. 1994. "The Case against Neaira and the Public Ideology of the Athenian Family." In Boegehold and Scafuro 1994: 199—216.

Perlman, Paula. 1992. "One-Hundred-Citied Crete and the Cretan Politeia." *Classical Philology* 87: 193—205.

Perlman, Paula. 1996. "Πολις 'Υπ'ηκοος: The Dependent *Polis* and Crete." In Hansen 1996: 233—87.

Perlman, Paula. 2000. "Gortyn: The First Seven Hundred Years. Part I." In Flensted-Jensen et al. 2000: 59—89.

Perlman, Paula. 2002. "Gortyn. The First Seven Hundred Years, Part Ⅱ. The Laws from the Temple of Apollo Pythios." In Nielsen 2002: 187—227.

Pestman, Pieter W. 1974. "Hellenistic Law" In *Encyclopaedia Britannica*, 15 th ed. : 746—8.

Pestman, Pieter W. 1985a. "Registration of Demotic Contracts in Egypt." In *Satura Roberto Feenstra*, ed. J. A. Ankum, J. E. Spruit, and F. B. J. Wibbe. Fribourg: 17—25.

Pestman, Pieter W. 1985b. "Ventes provisoires de biens pour sûreté de dettes: *onai en pistei à Pathyris et à Krokodilopolis." Papyrologica Lugduno-Batava* 23: 45—59.

Pestman, Pieter W. 1990. *The New Papyrological Primer*, 5th ed. Leiden.

Petsas, P. M. , M. B. Hatzopoulos, L. Gounaropoulou, and P. Paschidis, eds. 2000. *Inscriptions du sanctuaire de la Mère des Dieux Autochthone de Leukopétra (Macédoine).* Athens.

Petzl. G. 1994. *Die Beichtinschriften Westkleinasiens (Epigraphica Anatolica 22).*

Piccirilli, L. 1981. "'Nomoi' cantati e 'nomoi' scritti." *Civiltà classica e cristiana* 2: 7—14.

*Podlecki*, A. 1966. *The Political Background of Aeschylean Tragedy.* Ann Arbor.

Pomeroy, Sarah B. , ed. 1991. *Women's History and Ancient History.* Chapel Hill.

Pomeroy, Sarah B. 2002. *Spartan Women*. New York.

Popper, K. 1966. *The Open Society and Its Enemies*. Princeton.

Posner, E. A. 2000. *Law and Social Norms*. Cambridge, MA.

Posner, R. 1988. *Law and Literature: A Misunderstood Relation*. Cambridge, MA.

Pringsheim, F 1950. *The Greek Law of Sale*. Weimar.

Pringsheim, F. 1953. "Griechische Kauf-horoi." In *Festschrift Hans Lewald*. Basel: 143—60. (Reprinted in Pringsheim 1961, II: 382—400.)

Pringsheim, F. 1955. "The Transition from Witnessed to Written Transactions in Athens." In *Aequitas und Bona Fides: Festgabe für A. Simonius*. Basel: 287—97.

Pringsheim, F. 1961. *Gesammelte Abhandlungen*, 2 vols. Heidelberg.

Purpura, G. 1987. "Ricerche in tema di prestito marittimo." *Annali del Seminario Giuridico dell' Università di Palermo* 39: 189—337.

Quass, F. 1971. *Nomos und Psephisma*. Munich.

Raaflaub, Kurt. 2000. "Poets, Lawgivers, and the Beginnings of Political Reflection in Archaic Greece." In Rowe and Schofield 2000: 34—7, 39—42.

Radin, M. 1927. "Freedom of Speech in Ancient Athens." *American Journal of Philology* 48: 215—30.

Rhodes, P. J. 1981. *A Commentary on the Aristotelian Athenaion Politeia*. Oxford.

Rhodes, P. J. 2004. "Keeping to the Point." In *The Law and the Courts in Ancient Greece*, eds. E. M. Harris and L. Rubinstein. London: 137—59.

Ricl, M. 1995. "Les ΚΑΤΑΓΡΑΦΑΙ du sanctuaire d'Apollon Lairbenos." *Arkeoloji Dergisi* 3: 167—95.

Roberts, J. T. 1994. *Athens on Trial. The Anti-Democratic Tradition in Western Thought*. Princeton.

Robertson, N. 1990. "The Laws of Athens, 410—399 B. C.: The Evidence for Review and Publication." *Journal of Hellenic Studies* 110: 43—75.

Robertson, N. 1993. "Athens' Festival of the New Wine." *Harvard Studies in Classical Philology* 95: 197—250.

Robinson, E. W. 1997. *The First Democracies: Early Popular Government Outside Athens. Historia Einzelschriften*, 107. Stuttgart.

Robinson, E. W. 2003. "Review of Hölkeskamp (1999)." *Bryn Mawr Clas-*

*sical Review* 2003. 04. 16. (http://ccat. sas. upenn. edu/bmcr/2003/ 2003—04—16. html)

de Romilly, J. 1971. *La loi dans la pensée grecque, des origines à Aristote.* Paris.

Rommen, H. A. 1955. *The Natural Law: A Study in Legal and Social History and Philosophy.* St. Louis.

Rosén, Haiim B. 1982. "Questions d'interpretation de textes juridiques grecs de la plus ancienne époque." *Symposion* 1977: 9—32.

Roth, Martha T. 1995. *Law Collections from Mesopotamia and Asia Minor.* Atlanta.

Roth, Martha T. 2000. "The Law Collection of King Hammurabi: Toward an Under standing of Codification and Text." In Lévy 2000: 9—31.

Rowe, C. , and M. Schofield, eds. 2000. *The Cambridge History of Greek and Roman Political Thought.* Cambridge.

Roy, J. 1991. "Traditional Jokes about the Punishment of Adulterers in Ancient Greek Literature." *Liverpool Classical Monthly* 16: 73—6.

Rubinstein, Lene. 2000. *Litigation and Cooperation: Supporting Speakers in the Courts of Classical Athens.* Stuttgart.

Rubinstein, Lene. 2005. "Main Litigants and Witnesses in the Athenian Courts: Procedural Variations." *Symposion*, 2001: 99—120.

Rupprecht, H. -A. 1984. "Vertragliche Mischtypen in den Papyri." *Mneme Petropoulos* II. Athens: 271—83.

Rupprecht, H. -A. 1994. *Kleine Einführung in die Papyruskunde.* Darmstadt. (Italian trans. : *Introduzione alla Papirologia*, a cura di Livia Migliardi Zingale. Turin 2000. )

Rupprecht, H. -A. 1995. "Sechs-Zeugenurkunde und Registrierung." *Aegyptus* 75: 37—53

Rupprecht, H. -A. 1997a. "Veräußerungsverbot und Gewährleistung in pfandrechtlichen Geschäften." *Akten* X XI. *Intern. Papyrologenkongreß*, Stuttgart/Leipzig 11: 870—80.

Rupprecht, H. -A. 1997b. "Zwangsvollstreckung und dingliche Sicherung in den Papyri der ptolemäischen und römischen Zeit." *Symposion* 1995: 291—302.

Ruschenbusch, Eberhard. 1966. *Solonos Nomoi. Historia Einzelschriften* 9. Wiesbaden.

Ruschenbusch, Eberhard. 1978. *Untersuchungen zu Staat und Politilk in*

*Griechenland vom 7. —4. Jh. v. Chr.* Bamberg.

Ruschenbusch, Eberhard. 1983. "Die Polis und das Recht." *Symposion* 1979: 303—26.

Ruschenbusch, Eberhard. 1984. "Die Bevölkerungszahl Griechenlands im 5. und 4. Jh. v. Chr." *Zeitschrift für Papyrologie und Epigraphik* 56: 55—7.

Ruschenbusch, Eberhard. 1985. "Die Zahl der griechischen Staaten und Arealgrösse und Bürgerzahl der 'Normalpolis'." *Zeitschrift für Papyrologie und Epigraphik* 59: 253—63.

Ruzé, Françoise. 1988. "Aux débuts de l'écriture politique: le pouvoir de l'écrit dans la cité." In *Les savoirs de l'écriture en Grèce ancienne*, ed. M. Detienne. Lille: 82—94.

Ruzé, Françoise. 1997. *Délibération et pouvoir dans la cité grecque de Nestor à Socrate*. Paris.

Saunders, T., trans. 1951. *Plato: The Laws*. Middlesex: Penguin.

Saunders, T. 1991. *Plato's Penal Code: Tradition, Controversy, and Reform in Greek Penology*. Oxford.

Scafuro, Adele C. 1994. "Witnessing and False Witnessing: Proving Citizenship and Kin Identity in Fourth-Century Athens." In Boegehold and Scafuro 1994: 156—98.

Scafuro, Adele C. 1997. *The Forensic Stage: Settling Disputes in Graeco-Roman New Comedy*. Cambridge.

Scalia, Antonin. 1997. *A Matter of Interpretation: Federal Courts and the Law, An Essay*. Princeton.

Scarborough, J. 1991. "The Pharmacology of Sacred Plants, Herbs, and Roots." In *Magika Hiera*, eds. C. A. Faraone and D. Obbink. New York: 138—74.

Schaps, D. M. 1979. *Economic Rights of Women in Ancient Greece*. Edinburgh.

Scheyhing, R. 1971. "Eideshelfer." In *Handwörterbuch zur deutschen Rechtsgeschichte*, Vol. I. Berlin: 870—72.

Schodorf, K. 1904. *Beiträge zur genaueren Kentnis der attischen Gerichtssprache aus den Zehn Rednern. Beiträge zur historischen Syntax der griechischen Sprache*, vol. 17. Würzburg.

Schuhl, P. 1953. "Adèla." *Annales publiées par la Faculté des Lettres de Toulouse, Homo: Études philosophiques*, I (May): 86—93.

Scodel, Ruth, ed. 1993. *Theater and Society in the Classical World*. Ann Arbor.

Seager, R. 1966. "Lysias and the Corn-dealers. " *Historia* 15: 172—84.

Sealey, Raphael. 1987. *The Athenian Republic: Democracy or the Rule of Law?* London.

Sealey, Raphael. 1990. *Women and Law in Classical Greece*. Chapel Hill.

Sealey, Raphael. 1994. *The Justice of the Greeks*. Ann Arbor.

Segal, C. 1981. *Tragedy and Civilization: An Interpretation of Sophocles*. Cambridge MA.

Seidl, Erwin. 1965. "La preminènte posizione successoria del figlio maggiore nel diritto dei papyri. " *Rendiconti dell'Istituto Lombardo, Classe di Lettere* 99: 185—92.

Seidl, Erwin. 1969. *Der Eid im ptolemäischen Recht*. Munich.

Shaw, M. H. 1982. "The ἦθος of Theseus in 'The Suppliant Women. '" *Hermes* 110: 3—19.

Shipp, G. 1978. *Nomos "Law. "* Sydney.

Sickinger, J. P. 1999. *Public Records and Archives in Classical Athens*. Chapel Hill.

Smith, R. M. 1995. "A New Look at the Canon of the Ten Attic Orators. " *Mnemosyne* 48: 66—79

Sokolowski, F. 1955. *Lois sacrées de l'Asie Mineure*. Paris.

Sokolowski, F. 1962. *Lois sacrées des cités grecques, supplément*. Paris.

Sokolowski, F. 1969. *Lois sacrées des cités grecques*. Paris.

Sommerstein, A. 1986. "The Decree of Syracosios. " *Classical Quarterly* 36: 101—8.

Sourvinou-Inwood, C. 1990. "What Is Polis Religion?" In *The Greek City*, eds. O. Murray and S. Price. Oxford: 295—322. (Reprinted in *Oxford Readings in Greek Religion*, ed. R. Buxton, Oxford, 2000, 13—37).

Starkie, W. J. M. 1909. *The Acharnians of Aristophanes*. London.

de Ste. Croix, G. E. M. 1972. *Origins of the Peloponnesian War*. London.

de Ste. Croix, G. E. M. 1974. "Ancient Greek and Roman Maritime Loans. " In *Debits, Credits, Finance and Profits: Essays in Honour of W. T. Baxter*, eds. H. Edey and B. Yamey. London: 41—59.

Steiner, D. T. 1994. *The Tyrant's Writ: Myths and Images of Writing in Ancient Greece*. Princeton.

Steinwenter, A. 1925. *Die Streitbeendigung durch Urteil, Schiedsspruch und Vergleich nach griechischem Rechte.* Munich.

Stinton, D. 1976. "Notes on Greek Tragedy." *Journal of Hellenic Studies* 96: 121—45.

Stoddart, Robert. 1990. *Pindar and Greek Family Law.* New York.

Storey, I. C. 1989. "The 'Blameless Shield' of Kleonymos. " *Rheinisches Museum* 132: 247—61.

Strauss, B. S. 1991. "On Aristotle's Critique of Athenian Democracy. " In *Essays on the Foundations of Aristotelian Political Science*, eds. C. Lord and D. K. O'Connor. Berkeley: 212—33.

Striker, G. 1986. "Origins of the Concept of Natural Law. " *Proceedings of the Boston Area Colloquium in Ancient Philosophy* 2: 79—94 (Reprinted in Striker 1996, 209—20).

Striker, G. 1996. *Essays on Hellenistic Epistemology and Ethics.* Cambridge.

Stroud, R. 1968. *Drakon's Law on Homicide.* Berkeley/Los Angeles.

Stroud, R. 1974. "An Athenian Law on Silver Coinage. " *Hesperia* 43: 157—88.

Stroud, R. 1979. *The Axones and Kyrbeis of Drakon and Solon.* Berkeley/Los Angeles.

Stroud, R. 1998. *The Athenian Grain-Tax Law of 374/3 B. C. Hesperia*, Supplement 29. Princeton.

Strubbe, J. H. M. 1991. "Cursed Be He That Moves My Bones. " In *Magika Hiera*, eds. C. A. Faraone and D. Obbink. New York/Oxford: 33—59.

Stumpf, G. 1986. "Ein athenisches Münzgesetz des 4. Jh. v. Chr. "*Jahrbuch für Numismatik und Geldgeschichte* 36: 23—40.

*Symposion*, 1971. *Vorträge zur griechischen und hellenistischen Rechtsgeschichte.* Ed. Hans Julius Wolff. Köln/Wien: 1975.

*Symposion.* 1974, *Vorträge zur griechischen und hellen istischen Rechtsgeschichte (Gargnano am Gardasee, 5—8 Juni 1974).* Ed. A. Biscardi. Köln/Wien: 1979.

*Symposion.* 1977. *Vorträge zur griechischen und hellenistischen Rechtsgeschichte (Chantilly, 1—4 Juni 1977).* Eds. J. Modrzejewski and D. Liebs. Köln/Wien: 1982.

*Symposion 1979. Vorträge zur griechischen und hellenistischen Rechtsgeschichte (Ägina, 3—7 September 1979).* Ed. P. Dimakis. Köln/

Wien: 1983.

Symposion. 1982. *Vorträge zur griechischen und hellenistischen Rechtsge-schichte* (*Santander*, 1—4 *Sept* 1982). Ed. F. J. Fernández Nieto. Köln/Wien: 1989.

Symposion. 1985. *Vorträge zur griechischen und hellenistischen Rechtsge-schichte* (*Ringberg*, 24—26 *Juli* 1985). Ed. G. Thür. Köln-Wien: 1989.

Symposion. 1988. *Vorträge zur griechischen und hellenistischen Rechtsge-schichte* (*Siena-Pisa*, 6—8 *Juni* 1988). Eds. G. Nenci and G. Thür. Köln/Wien: 1989.

Symposion 1990. *Vorträge zur griechischen und hellenistischen Rechtsge-schichte* (*Pacific Grove CA*, 24—26 *Sept* 1990). Ed. M. Gagarin. Köln/Weimar/Wien: 1991.

Symposion 1993. *Vorträge zur griechischen und hellenistischen Rechtsge-schichte* (*Graz-Andritz*, 12—16 *Sept*. 1993). Ed. G. Thür. Köln/Wei-mar/Wien: 1994.

Symposion 1995. *Vorträge zur griechischen und hellenistischen Rechtsge-schichte* (*Korfu*, 1—5 *September* 1995). Eds. G. Thür and J. Vélissaropoulos-Karakostas. Köln/ Weimar/Wien: 1997.

Symposion. 1997. *Vorträge zur griechischen und hellenistischen Rechtsge-schichte* (*Altafiumara*, 8—14 *Sept*. 1997). Eds. E. Cantarella and G. Thür. Köln/Weimar/Wien: 2001.

Symposion, 1999. *Vorträge zur griechischen und hellenistischen Rechtsge-schichte* (*Pazo de Mariñán*, *La Coruña*, 6—9 *Sept*. 1999). Eds. G. Thür and F. J. Fernández Nieto. Köln/Weimar/Wien: 2003.

Symposion 2001. *Vorträge zur griechischen und hellenistischen Rechtsge-schichte* (*Evanston*, *Illinois* 5. —8. *September* 2001). Eds. Robert W. Wallace and Michael Gagarin. Vienna: 2005.

Szegedy-Maszak, Andrew. 1978. "Legends of the Greek Lawgivers. " *Greek*, *Roman and Byzantion Studies* 19: 199—209.

Szegedy-Maszak, Andrew. 1981. *The Nomoi of Theophrastus*. New York.

Talamanca, Mario. 1953. *L'arra della compravendita in diritto greco e in diritto romano*. Milan.

Talamanca, Mario. 1979. "Dikazein e krinein nelle testimonanze greche piu antiche. " *Symposion*, 1974: 103—35.

Taubenschlag, R. 1955. *The Law of Greco-Roman Egypt in the Light of the*

*Papyri*, 332 BC—640 AD, 2nd ed. Warsaw.

Thomas. B. 1997. *American Literary Realism and the Failed Promise of Contract*. Berkeley.

Thomas, Rosalind. 1989. *Oral Tradition and Written Record in Classical Athens*. Cambridge.

Thomas, Rosalind. 1994. "Law and the Lawgiver in the Athenian Democracy." In *Ritual*, *Finance*, *Politics*: *Athenian Democratic Accounts Presented to David Lewis*, eds. R. Osborne and S. Hornblower. Oxford: 119—33.

Thomas, Rosalind. 1995. "Written in Stone? Liberty, Equality, Orality and the Codification of Law." *Bulletin of the Institute of Classical Studies* 40: 59—74.

Thomas, Rosalind. 2000. *Herodotus in Context*: *Ethnography*, *Science and the Art of Persuasion*. Cambridge.

Thür, Gerhard. 1970. "Zum *dikazein* bei Homer." *Zeitschrift der Savigny-Stiftung* 87: 426—44.

Thür, Gerhard. 1977. *Beweisführung vor den Schwurgerichtshöfen Athens*: *Die Proklesis zur Basanos*. Wien.

Thür, Gerhard. 1987. "Der Streit über den Status des Werkstättenleiters Milyas." In *Demosthenes*, ed. U. Schindel, Darmstadt, 403—430.

Thür, Gerhard 1989. "Zum *dikazein* im Urteil aus Mantineia (*IG* V 2, 262)." *Symposion* 1985: 55—69.

Thür, Gerhard. 1995. "Die athenischen Geschworenengerichte -eine Sackgasse?" In *Die athenische Demokratie im 4. Jh. v. Chr.*, ed. W. Eder. Stuttgart: 321—34.

Thür, Gerhard. 1996a. "Oaths and Dispute Settlement in Ancient Greek Law." In Foxhall and Lewis 1996b: 57—72.

Thür, Gerhard. 1996b. "Reply to D. C. Mirhady, Torture and Rhetoric in Athens." *Journal of Hellenic Studies* 116: 132—34.

Thür, Gerhard. 2000. "Das Gerichtswesen Athens im 4. Jahrhundert v. Chr." In *Große Prozesse im antiken Athen*, eds. L. Burckhardt and J. von Ungern-Sternberg. München: 30—49.

Thür, Gerhard. 2002. "Review of Scafuro 1997." *Zeitschrift der Savign y-Stiftung* 119: 403—10.

Thür, Gerhard. 2003. "Sachverfolgung und Diebstahl in den griechischen Poleis (Dem. 32, Lys. 23, IC IV 72 I, IPArk 32 u. 17)." *Symposion*

1999: 57—96.

Thür, Gerhard, and H. Taeuber. 1994. See *IPArk*.

Todd, S. C. 1990. "The Purpose of Evidence in Athenian Courts." In Cartledge, Millett, and Todd, 1990: 19—39.

Todd, S. C. 1993. *The Shape of Athenian Law*. Oxford.

Todd, S. C. 1996. "Lysias against Nikomakhos: The Fate of the Expert in Athenian Law." In Foxhall and Lewis 1996b: 101—31.

Todd, S. C. 2002. "Advocacy, Logography and *erōtēsis* in Athenian Lawcourts." In *Thinking Like a Lawyer: Essays on Legal History and General History for John Crook on his Eightieth Birthday* ( = *Mnemosyne* suppl. 231), ed. P. McKechnie. Leiden: 151—65.

Todd, S. C. , and P. Millett. 1990. "Law, Society and Athens." In Cartledge, Millett, and Todd 1990: 1—18.

Trevett, J. 1992. *Apollodoros, the Son of Pasion*. Oxford.

Usher, S. 1976. "Lysias and His Clients." *Greek, Roman and Byzantine Studies* 17: 31—40.

Usher, S. 1999. *Greek Oratory: Tradition and Originality*. Oxford.

Van Caenegem, R. C. 1991. *Legal History: A European Perspective*. London.

Vander Waerdt, P. , ed. 1994a. *The Socratic Movement*. Ithaca/London.

Vander Waerdt, P. 1994b. "Zeno's *Republic* and the Origins of Natural Law." In Vander Waerdt 1994a: 272—308.

Van Effenterre, Henri. 1982. "Les epiballontes." In *Studi in onore di A. Biscardi*Ⅲ. Milano: 459—62.

Van Effenterre, Henri. 1991. "Criminal Law in Archaic Crete." *Symposion* 1990: 83—6.

Van Effenterre, Henri, and Micheline. 1994. "Ecrire sur les murs." In Gehrke 1994: 87—96.

Van Effenterre, Henri, and Micheline. 1997. "Du nouveau sur le Code de Gortyne." *Symposion* 1995: 11—15.

Van Effenterre, Henri, and Micheline. 2000. "La codification gortynienne, mythe ou realité?" In Lévy 2000a: 175—84.

Van EfFenterre, Henri, and Françoise Ruzé, eds. 1994—1995. *Nomima. Recueil d'inscriptions politiques et juridiques de l'archaïsme grec*. École française de Rome.

Vélissaropoulos, J. 1977. "Le monde de l'*emporion*." *Dialogues d'histoire* ancienne: 61—85.

Vélissaropoulos,J. 1980. *Les naucléres grecs: Recherches sur les institutions maritimes en Gréce et dans l'Orient hellénisé.* Geneva.

Vélissaropoulos, J. 1993. Λόγοι Εὐθυνης. Athens.

Vernant, J. -P. , and P. Vidal-Naquet. 1988. *Oedipe et ses mythes.* Brussels.

Vlastos, G. 1947. "Equality and Justice in Early Greek Cosmologies." *Classical Philology* 42: 156—78. (Reprinted in Vlastos, *Studies in Greek Philosophy* 1995, 1. 57—88.)

Von Reden, S. 2001. "The Politics of Monetization in Third-Century BC Egypt." In *Money and Its Uses in the Ancient Greek World*, eds. A. Meadows and K. Shipton. Oxford: 65—76.

Wallace, Robert W. 1989. *The Areopagos Council to 307 B. C.* Baltimore.

Wallace, Robert W. 1994a. "The Athenian Laws against Slander." *Symposion* 1993: 109—24.

Wallace, Robert W. 1994b. "Private Lives and Public Enemies: Freedom of Thought in Classical Athens." In Boegehold and Scafuro 1994: 127—55.

Wallace, Robert W. 2001. "*Diamarturia* in Late Fourth-Century Athens." *Symposion* 1997: 89—101.

Wallace, Robert W. forthcoming. *Freedom and Democracy: "Living as You Like" in Ancient Athens.*

Watson, G. 1971. "The Natural Law and Stoicism." In Long (1971), 216—38.

Weiss, E. 1923. *Griechisches Privatrecht auf rechtsvergleichender Grundlage.* Leipzig.

Weiss, R. 1998. *Socrates Dissatisfied: An Analysis of Plato's Crito.* New York/Oxford.

Westbrook, Raymond. 1989. "Cuneiform Law Codes and the Origins of Legislation." *Zeitschrift für Assyriologie und vorderasiatische Archäologie* 79: 201—22.

Westbrook, Raymond, ed. 2003. *A History of Ancient Near Eastern Law.* Leiden.

Whitby, M. 1998. "Athenian Grain Trade in the Fourth Century B. C." In *Trade, Traders and the Ancient City*, eds. H. Parkins and C. Smith. London: 102—28.

White, J. B. 1988. *The Legal Imagination*, abridged ed. Chicago.

Whitehead, David. 1977. *The Ideology of the Athenian Metic.* Cambridge.

Whitehead, David 2000. *Hypereides: The Forensic Speeches*. Oxford.

Whitley, James. 1997. "Cretan Laws and Cretan Literacy" *American Journal of Archaeology* 101: 635—61.

Wickersham, John, and Gerald Verbrugghe. 1973. *The Fourth Century B. C.* Toronto.

Willetts, R. F. 1955. *Aristocratic Society in Ancient Crete*. London.

Willetts, R. F. 1961. "Leg. Gort. 35—55." *Classical Quarterly* 11: 55—60.

Willetts, R. F. 1967. *The Law Code of Gortyn*. *Kadmos* Supplement 1. Berlin.

Williams, B. 1993. *Shame and Necessity*. Berkeley.

Wilson, P. 1992. "Demosthenes 21 (Against Meidias): Democratic Abuse." *Proceedings of the Cambridge Philological Society* 37: 164—95.

Winand, Jean. 1985. "Le rôle des hiérothytes en Égypte." *Chronique d'Égypte* 60: 398—411.

Winkler, J. , and F. Zeitlin, eds. 1990. *Nothing to Do with Dion ysos? Athenian Drama in Its Social Context*. Princeton.

Wolf, E. 1952. *Griechisches Rechtsdenken*, vol. 1. Frankfurt.

Wolff, Hans Julius. 1946. "The Origin of Judicial Litigation among the Greeks." *Traditio* 4: 31—87.

Wolff, Hans Julius. 1957. "Die Grundlagen des griechischen Vertragsrechts." *Zeitschrift der Savigny-Stiftung* 74: 26—72 = *Zur griechischen Rechtsgeschichte*, ed. E. Berneker. Darmstadt 1968: 483—533.

Wolff, Hans Julius. 1962. "Gewohnheitsrecht und Gesetzesrecht in der griechischen Rechtsauffassung." *Deutsche Landesreferate zum 6. internationalen Kongreß für Rechtsvergleichung in Hamburg*: 3—18.

Wolff, Hans Julius. 1965. "Griechisches Recht" and "Ptolemäisches Recht." In *Lexicon der Alten Welt*. Zurich: 2516—30, 2530—32.

Wolff, Hans Julius. 1966. *Die attische Paragraphe*. Weimar.

Wolff, Hans Julius. 1968a. *Demosthenes als Advokat. Funktionen und Methoden des Prozeßpraktikers im klassischen Athen*. Berlin.

Wolff, Hans Julius. 1968b. "Review of Willetts, 1967." *Zeitschrift der Savigny-Stiftung* 85: 418—28.

Wolff Hans Julius. 1970a. *Das Justizwesen der Ptolemäer*, 2nd ed. München.

Wolff, Hans Julius. 1970b. "*Normenkontrolle" und Gesetzesbegriff in der attischen Demokratie*. Heidelberg.

Wolff, Hans Julius. 1973. "Hellenistisches Privatrecht." In *Zeitschrift der Savigny-Stiftung* 90: 63—90. (English version, "Hellenistic Private Law." In *Compendia rerum Ludaicarum ad Novum Testamentum*, vol. Ⅰ, Assen 1974: 534—60.)

Wolff, Hans Julius. 1975. "Juristische Gräzistik—Aufgaben, Probleme, Möglichkeiten." *Symposion* 1971: 1—22.

Wolff, Hans Julius. 1978. *Das Recht der griechischen Papyri Ägyptens in der Zeit der Ptolemäer und des Prinzipats. Organisation und Kontrolle des privaten Rechtsverkehrs*. München. (Rechtsgeschichte des Altertums im Rahmen des Handbuchs der Altertumswis-senschaft 5. 2. )

Wolff, Hans Julius. 1983. "Neue juristische Urkunden Ⅶ, Neues Material zum Zwangsvollstreckungsrecht der Papyri." *Zeitschrift der Savigny-Stiftung* 100: 444—53.

Wolff, Hans Julius. 1998. *Vorlesungen über juristische Papyruskunde*. Berlin.

Wolff, Hans Julius. 2002. *Das Recht der griechischen Papyri Ägyptens in der Zeit der Ptolemäer und des Prinzipats. Bedingungen und Triebkräfte der Rechtsentwicklung*, ed. Hans-Albert Rupprecht, München. (Rechtsgeschichte des Altertums im Rahmen des Handbuchs der Altertumswissenschaft 5. 1. )

Wolff, Hartmut. 1979. "Die Opposition gegen die Radikale Demokratie in Athen bis zum Jahre 411 v. Chr." *Zeitschrift für Papyrologie und Epigraphik* 36: 279—302.

Wollheim, R. 1967. "Natural Law." In Edwards 1967, vol. 5: 450—54.

Wolpert, A. 2002. *Remembering Defeat: Civil War and Civic Memory in Ancient Athens*. Baltimore.

Wormald, Patrick. 1999. *The Making of English Law: King Alfred to the Twelfth Century. Vol. Ⅰ. Legislation and its Limits*. Oxford.

Worthington, Ian. 1989. "The Duration of an Athenian Political Trial." *Journal of Hellenic Studies* 109: 204—7

Worthington, Ian. 1994. "The Canon of the Ten Attic Orators." In *Persuasion: Greek Rhetoric in Action*, ed. I. Worthington. London/New York: 244—63.

Yiftach, Uri. 1997. "The Role of the *Syngraphe* 'Compiled through the *Hierothytai.* ' A Reconsideration of W. Schubart's Theory in Light of a

Recently Published Alexan-drian Marriage Contract (*P. Berol.* 25423)."
　　*Zeitschrift für Papyrologie und Epigraphik* 115: 178—82.

Yiftach-Firanko, Uri. 2003. *Marriage and Marital Agreements. A History
　　of the Greek Marriage Document in Egypt. 4th century BCE—4th cen-
　　tury CE.* München: Münchener Beiträge zur Papyrusforschung und an-
　　tiken Rechtsgeschichte 93.

Youni, M. 2000. *Provincia Macedonia.* Θεσμοὶ ἰδιωτικοῦ δικαίου στὴ Μα-
　　κεδονία ἐπὶ Ρωμαιοκρατίας. Athens/Komotini.

Youni, M. 2001. "The Different Categories of Unpunished Killing and the
　　Term ΑΤΙΜΟΣ in Ancient Greek Law." *Symposion* 1997: 117—37.

Yunis, Harvey. 1988. "Law, Politics, and the *Graphe Paranomon* in Fourth-
　　Century Athens." *Greek, Roman and Byzantine Studies* 29: 361—82.

Yunis, Harvey 1996. *Taming Democracy: Models of Political Rhetoric in
　　Classical Athens.* Ithaca.

Yunis, Harvey. 1998. "The Constraints of Democracy and the Rise of the Art
　　of Rhetoric." In Boedeker and Raaflaub 1998: 223—40.

Yunis, Harvey. 2000. "Politics as Literature: Demosthenes and the Burden of
　　the Athe-nian Past." *Arion* 8: 96—117.

Zeitlin, Froma. 1993. "Staging Dionysos between Thebes and Athens." In
　　*Masks of Dionysos*, eds. T. Carpenter and C. Faraone. Ithaca:
　　147—82.

**图书在版编目(CIP)数据**

剑桥古希腊法律指南/加加林等编;邹丽,叶友珍等译.
—上海:华东师范大学出版社,2017.1
(经典与解释·古希腊礼法研究)
ISBN 978 - 7 - 5675 - 5423 - 8

Ⅰ.①剑… Ⅱ.①加… ②邹… ③叶… Ⅲ.①法制史—
研究—古希腊 Ⅳ.①D954.59

中国版本图书馆 CIP 数据核字(2016)第 143256 号

华东师范大学出版社六点分社
企划人 倪为国

古希腊礼法研究
**剑桥古希腊法律指南**

英文版编者 加加林 科 恩
译　　者 邹　丽 叶友珍 等
审读编辑 杨　凯 陈哲泓
责任编辑 彭文曼
封面设计 吴元瑛
出版发行 华东师范大学出版社
社　　址 上海市中山北路 3663 号　邮编　200062
网　　址 www.ecnupress.com.cn
电　　话 021 - 60821666　行政传真　021 - 62572105
客服电话 021 - 62865537
门市(邮购)电话　021 - 62869887
地　　址 上海市中山北路 3663 号华东师范大学校内先锋路口
网　　店 http://ecnup.taobao.com

印 刷 者　上海景条印刷有限公司
开　　本　890×1240　1/32
插　　页　2
印　　张　17.25
字　　数　300 千字
版　　次　2017 年 1 月第 1 版
印　　次　2017 年 1 月第 1 次
书　　号　ISBN 978 - 7 - 5675 - 5423 - 8/D·202
定　　价　88.00 元

出 版 人　王 焰

(如发现本版图书有印订质量问题,请寄回本社客服中心调换或电话 021 - 62865537 联系)